天津市哲学社会科学重点学科建设工程
滨海新区开发开放研究系列丛书

滨海新区开发开放与产业发展

郝寿义　吴敬华　曹达宝　主编

南开大学出版社
天　津

图书在版编目(CIP)数据

滨海新区开发开放与产业发展 / 郝寿义,吴敬华,
曹达宝主编. —天津:南开大学出版社,2012.4
　(滨海新区开发开放研究系列丛书)
　ISBN 978-7-310-03874-9

　Ⅰ.①滨…　Ⅱ.①郝…　②吴…　③曹…　Ⅲ.①经济开
发区－经济发展－研究报告－天津市　Ⅳ.①F127.21

中国版本图书馆 CIP 数据核字(2012)第 056128 号

南开大学出版社出版发行
出版人:孙克强
地址:天津市南开区卫津路 94 号　邮政编码:300071
营销部电话:(022)23508339　23500755
营销部传真:(022)23508542　邮购部电话:(022)23502200

*

唐山天意印刷有限责任公司
全国各地新华书店经销

*

2012 年 4 月第 1 版　2012 年 4 月第 1 次印刷
787×960 毫米　16 开本　33.125 印张　4 插页　476 千字
定价:64.00 元

如遇图书印装质量问题,请与本社营销部联系调换,电话:(022)23507125

序　言

　　党中央、国务院高度重视天津滨海新区的开发开放,邓小平、江泽民、胡锦涛等中央领导同志多次视察滨海新区,为新区的发展作出许多重要指示。2005 年 10 月召开的党的十六届五中全会,将"推进天津滨海新区开发开放","带动区域经济发展"写入国家"十一五"规划建议,这标志着天津滨海新区纳入国家整体发展战略,成为中国经济发展的第三增长极。2006 年 5 月,国务院批准天津滨海新区为国家综合配套改革试验区,并作出《国务院关于推进天津滨海新区开发开放有关问题的意见》。2010 年 10 月,党的十七届六中全会再次将天津滨海新区写入国家"十二五"规划的建议,要求"更好发挥天津滨海新区在改革开放中先行先试的重要作用"。在这期间,胡锦涛总书记视察天津和听取天津工作汇报时又先后提出了"要当好一个排头兵"、"两个走在全国前列"、"四个着力"、"五个下功夫见成效"、"四个注重"等一系列重要要求,为天津滨海新区的开发开放指明了方向。

　　市委、市政府认真贯彻中央的要求,将加快滨海新区改革开放与发展作为落实好国家发展战略,带动区域经济发展和天津加快发展重要战略任务,始终紧紧抓住不放,全力以赴抓出成效。在市委的领导下,天津社科界充分认识到,在当今国际国内经济发展复杂多变的形势下,加强对滨海新区开发开放这一重大理论和实践问题的研究,是必须承担起的重大历史责任。经市委批准,市哲学社会科学规划领导小组办公室决定把滨海新区开发开放纳入市哲学社会科学重点学科建设工程项目,自2006年开始拨专款资助研究,滨海新区区委、区政府,原滨海新区管委会对此大力支持,每年拨出专款作为研究的配套资金,开始了对滨海新区发展方向、发展战略以及综合配套改革等重大问题思路的研究。

在研究指导思想上,坚持以邓小平理论、"三个代表"重要思想为指导,深入贯彻科学发展观,将滨海新区作为贯彻落实科学发展的排头兵加以落实;坚持理论与实践相结合,把滨海新区改革发展的规律性研究与新区建设的实际要求紧密联系起来,把普遍研究与重点探讨相结合,不断推动研究的深度;坚持自主研究与利用外脑相结合,既建立自己的研究队伍,同时吸引国家和我市各类研究机构、大专院校的专家学者共同研究滨海新区,提高课题研究的适用性和深度。

在组织形式上,滨海新区开发开放课题研究采取首席专家负责制。首席专家为原市委副秘书长、研究员吴敬华,市人大财经委主任委员曹达宝,滨海新区管委会副主任、天津滨海综合发展研究院院长、南开大学教授、博士生导师郝寿义。首席专家决定课题的设立、研究力量的配备、研究成果验收等重大事项;成立课题研究工作的协调组,负责按照首席专家和市社科规划办的要求,做好组织评审论证、监督研究进度、落实手续经费等课题研究辅助工作;建立课题研究的课题组,设牵头人、联系人和参加人,牵头人负责组织课题调研和撰写报告,对课题研究工作全权负责。

在程序安排上，滨海新区开发开放课题研究分为选题、课题立项、调研撰稿、验收结项几个阶段来开展。选题阶段坚持围绕与滨海新区经济、社会、改革、开放密切相关的重点、难点、热点问题，确定子课题题目，请有关领导同志、高校及科研院所学术带头人、相关领域著名专家担任课题负责人，以年为周期进行调研研究；立项阶段，课题组就所承担选题的研究意义、主要内容、提纲框架进行论证，明确参与人员和经费预算，报市社科规划办审批立项，签署项目合同书；调研撰稿阶段，定期召开滨海新区开发开放研讨会，邀请相关领域专家提出改进建议，对课题研究开展情况进行汇报和检查，对未能按计划进度开展的课题采取相应措施督促；结项验收阶段，委托相关领域资深专家对课题研究成果进行鉴定，通过鉴定的办理结项手续。

时至今日，滨海新区开发开放课题研究已连续开展了5年，累计完成课题达63个，内容涵盖滨海新区落实国家功能定位、综合配套改革、区域经济合作、产业发展、社会管理、金融创新、涉外经济、科技创新、功能区建设等重点领域，受到市及新区机关研究部门、高校及科研院所、市社会科学理论界的大力支持和直接参与，取得了大量富于决策参考价值的研究成果。这些研究成果受到了市委、市政府、区委、区政府领导的充分肯定，发挥了顾问咨询作用，在社会上产生很大反响。课题报告通过专报件报领导参阅，多次获得市领导、区领导的批示或批转，并大量以论文、专著形式公开发表，多个课题报告荣获市级各类评奖奖项。

日前，已将历年课题研究成果修编整理，出版了这套滨海新区开发开放研究系列丛书。此套丛书是目前国内专门研究滨海新区体系最完整、内容最丰富、水平最高的专著合集，希望它的出版能够对滨海新区开发建设和理论政策研究有促进作用,对政府有关决策部门有借鉴咨询作用。同时,我们也期待广大理论和实际工作者进一步深化和扩展对滨海新区的研究,产生更多更好的研究成果。

高怀远

2012年3月26日

前　　言

新世纪新阶段,党中央、国务院把天津滨海新区的开发开放上升为国家战略。滨海新区加快开发开放肩负着国家赋予的三大历史使命。一是实施国家重大发展战略。加快转变经济发展方式,构筑高端高质高新化的现代产业体系,整合区域发展要素,强化服务辐射功能,发挥区域增长极作用,带动环渤海乃至我国北方地区的快速发展,打造提升我国区域经济发展的第三大板块。二是综合配套改革先行先试。在改革开放进入攻坚期,深层次体制机制矛盾和问题日益突出的形势下,在事关经济社会全面协调可持续发展的重点领域和关键环节,探索破解之道、创新举措,从而形成经验范式;率先基本建立以自主能动的市场主体、统一开放的市场体系、精简高效的行政体制、科学高效的调控机制、公平合理的保障体系、完备规范的法制环境为主要特征的、完善的社会主义市场经济体制。三是加快成为深入贯彻落实科学发展观的排头兵。探索二、三产业互补、内外需并举、经济社会环境和谐的科学发展模式,形成符合时代要求、具有新区特色的发展经验,探索新形势下我国区域全面协调可持续发展的实现路径。这就要求我们高度重视滨海新区开发开放的研究工作,把研究作为滨海新区开发开放整体工作的重要组成部分,认真抓紧抓好。

滨海新区开发开放研究不同于一般的社科研究,它的思路要新,起点要高,立意要深,眼界要远。在研究内容上,要以实施国家发展战略,推进滨海新区开发开放为目标,以贯彻科学发展观、建设和谐社会为宗旨,以推动综合配套改革为重点,以解决实际问题的方案研究和工作可行性研究为主要形式,突出研究的全局性、前瞻性和务实性,深入探索滨海新区开发开放的规律性,提出滨海新区加快发展、实现新跨越的战略措施。在研究力量上,鉴于研究的综合性,一个单位、一个系统、一个院校、一两个学科单独完成是不可能的,要集全市社科研究界之力,做好总体规划、任务分工、科学整合、积极转化等一系列工作。在成果应用上,特别强调研究成果的宣传和转化工作,直接为市委、市政府和滨海新区区委、区政府科学决策服务。

天津市委、市政府对滨海新区开发开放研究工作高度重视,2005 年 9月,市社科规划办把滨海新区开发开放研究作为天津市哲学社会科学重点学科建设工程项目,成立了以时任市委副秘书长、市委财经办主任的吴敬华同志,市委副秘书长、市委研究室主任的曹达宝同志和滨海新区管委会副主任、天津滨海综合发展研究院院长的郝寿义同志为首席专家的项目课题组。项目采取滚动式立项和资助的方法,一年一规划,连续 5 年。市社科规划办将项目纳入日常重点管理之列,严格管理,及时指导,主动服务,保证这项工作善始善终,确获实效。

其后,在市委宣传部、滨海新区区委、区政府,原滨海新区管委会的领导下,市社科规划办、天津滨海综合发展研究院开展了卓有成效的工作,针对新区开发开放和综合配套改革亟待解决的重大理论和实际问题,广泛组织社会各界科研力量,进行了大量的战略和对策研究,取得了很好的效果。

产出了一批研究成果。5 年间累计立项完成了 63 个兼具理论和实用价值的课题报告。《肩负历史使命,做深入贯彻落实科学发展观的排头兵》课题荣获天津市纪念改革开放 30 周年理论征文一等奖;《建设天津东疆保税港区的战略研究报告》课题荣获天津市优秀调研成果一等奖;《关于滨海新区在国家区域发展战略中地位和作用的研究报告》、《关于滨海新区建设全国性产业基金市场的方案研究》、《天津辟建自由贸易港区的研究报告》、《综合配套改革的先行先试与法制建设互动关系的研究》、《滨海新区文化产业发展研究》、《天津市滨海新区公共服务设施规划与建设研究》等一批课题荣获市级各类评奖奖项。历年课题报告共形成百余篇论文在核心期刊上公开发表,部分论文被 CSSCI、CNKI、万方、维普资讯等数据库收录;《中国区域经济发展趋势与总体战略》、《全新定位下京津合作发展研究》等课题的研究成果形成专著并正式出版。持续多年、成体系的课题研究为推进滨海新区开发开放提供了具体的操作方案,积累了扎实的理论基础,在社会上产生了强烈的反响。

起到了决策参考作用。滨海新区开发开放课题成果通过市委研究室、原市委财经办、市政府研究室、天津滨海综合发展研究院的专报件报我市及滨海新区领导参阅,得到了充分肯定。《天津建设国家级环保型石化产业基地研究报告》、《关于设立和发展渤海产业基金的研究报告》、《建设天津东疆保税港区的战略研究报告》、《天津辟建自由贸易港区的研究报告》、《关于天津东疆保税港区发挥政策辐射作用的研究》、《关于滨海新区打好开发开放攻坚战的研究》等课题研究成果得到了戴相龙、黄兴国、何立峰、杨栋梁等市领导同志的高度重视和重要批示。这些紧密联系实际的针对性研究及时为领导提供决策咨询,对提升滨海新区开发开放水平起到了重要的支撑作用。

形成了一支研究新区的队伍。滨海新区开发开放研究受到市及新区机关单位、高校及科研院所、市社会科学理论界、相关企事业单位的大力支持和直接参与。参与单位包括:天津市委办公厅、天津市委宣传部、天津市委研究室、原天津市委财经办、天津市政府研究室、天津市发展和改革委员会、天津市财政局、天津市经济和信息化委员会、天津市科学技术委员会、天津市政府法制办公室、天津市人大财经委、天津市政协、天津市高级人民法院、天津市人民检察院、天津海关、天津出入境检验检疫局、天津市银监局、天津外汇管理局、原滨海新区工委办公室、原滨海新区工委宣传部、原滨海新区工委组织部、原滨海新区管委会研究室、原滨海新区管委会投融资局、原滨海新区管委会综合配套改革办公室、滨海新区区委宣传部、滨海新区政府办公室、滨海新区国土与规划管理局、滨海新区民政局、滨海新区教育局、滨海新区卫生局、滨海新区文广电局、滨海新区纪委、塘沽工委、管委会、原塘沽区委、区政府、汉沽工委、管委会、原汉沽区委、区政府、大港工委、管委会、原大港区委、区政府、天津经济技术开发区管委会、天津港保税区管委会、天津滨海高新区管委会、原天津高新技术产业园区管委会、天津海洋高新技术开发区管委会、天津东疆保税港区管委会、滨海新区中心商务区管委会、中新生态城管委会等机关单位；天津滨海综合发展研究院、南开大学、天津大学、天津市委党校、天津财经大学、天津师范大学、天津理工大学、天津城建学院、天津职业技术师范大学、天津工业大学、天津科技大学、天津商业大学、天津财贸干部管理学院、清华大学、北京大学、中国民航大学、中国政法大学、首都经贸大学、河北联合大学、河北工业大学、天津市租赁行业协会、中国租赁业研究中心、天津市经济发展研究所、天津港航发展研究中心、天津城市规划设计院、天津市教科院等高校及科研院所；天津港（集团）有限公司、国家开发银行天津分行、天津泰达控股有限公司、天津天保控股有限公司、天津海泰控股集团有限公司、天津滨海快速交通发展有限公司、天津泰达集团有限公司、天津市房地产开发经营集团、天港建设开发有限公司、金诺律师事务所、长丰律师事务所等企事业单位。来自上述单位的千余人次研究人员参与课题的设计、调研、写作、论证，形成了一支关注新区、了解新区、扎根新区、研究新区的专家学者队伍，为滨海新区研究工作的进一步深入开展积蓄了力量、培养了人才。

打造一个新区研究工作平台。以历年滨海新区开发开放研究项目为依托，天津滨海综合发展研究院与天津市社会科学界联合会每月举办"滨海新区开发开放研讨会"，围绕事关滨海新区开发开放的长远发展战略和亟待解决的现实问题，邀请承担相关研究课题的专家作专题报告，开展研讨。截至2011年底，"滨海新区开发开放研讨会"已成功举办30多次，参会人员包括市委、市政府、市人大、市政协和市发改委、市经信委、市金融办、滨海新区区委、区政府各委办局，各功能区、管委会等有关部门负责同志和全市十余所高校和科研机构的专家学者。"滨海新区开发开放研讨会"已成为天津市社科界了解研究滨海新区开发开放的重要阵地。

为更好发挥研究成果在推进天津市发展和滨海新区开发开放中的作

用,我们把历年结项的课题报告缩编整理,以滨海新区开发开放研究系列丛书的形式呈现给各位读者。这套丛书围绕区域、产业、社会、改革、开放专题由 5 本书组成,分别为《滨海新区开发开放与区域发展》、《滨海新区开发开放与产业发展》、《滨海新区开发开放与社会管理》、《滨海新区开发开放与综合配套改革》、《滨海新区开发开放与涉外经济》,收录了全部 63 篇课题报告,共计 200 万字左右。

希望这些研究成果对进一步深化研究滨海新区开发开放的伟大实践能够发挥示范效应,这也是对所有参研同志常年来坚持关注滨海新区、研究滨海新区的最好的回报。同时也希望这些研究成果能够对中国许多新兴经济区域的管理者、研究者有所启迪、以资借鉴。最后,本套丛书付梓之时恰逢党的十八大召开在即,希望以此研究的丰硕成果来迎接党的十八大,迎接天津市及滨海新区科学发展、和谐发展、率先发展的美好明天!

内容提要

　　本书为滨海新区开发开放与产业发展专题,重点研究了滨海新区自主创新、石化产业发展、转变产业发展模式、具体产业发展模式四个方面的内容,收录了十三篇课题报告。

　　滨海新区自主创新研究方面,收录了四篇课题。《关于滨海新区自主创新体制机制研究》主要通过对一些国家和地区自主创新的经验和特点进行总结的基础上,概括了自主创新的涵义和创新型国家的主要特征。明确了自主创新将成为未来滨海新区落实科学发展观,实现跨越式发展,建设创新型城市的必然要求。通过回顾滨海新区自主创新的经验和特点,分析滨海新区自主创新的基础和条件,以及存在的相关的问题,有针对性地提出了滨海新区构建自主创新体制机制的对策研究。《滨海新区构筑自主创新高地的发展路径和实现机制研究》依据自主创新的相关理论和国内外区域创新的典型案例,结合示范区自身实践的经验,推出了自主创新高地的内涵和特征与量化指标体系。通过访谈及问卷调查法,对滨海新区政府及规模以上工业企业开展深度调研活动,归纳出滨海新区构筑自主创新高地的制约因素。然后,结合滨海新区特征,提出构筑自主创新高地的"R－P－I－RI 路径",接着研究构建相应的支撑机制,包括动力机制和保障机制。最后,对滨海新区建设自主创新高地作了展望。《天津滨海新区科技研发与转化的体制机制研究》全面分析了滨海新区当前在培育自主创新主体、完善创新机制和构建创新平台等方面发展的现状和存在的问题,并比较研究了浦东、深圳等特殊经济区的发展前景,在对世界科技研发转化趋势和模式分析的基础上,提出了滨海新区科技研发与转化体制机制的创新思路。《天津滨海高新区发展战略》以"科技部和天津市政府共建滨海高新区"为立足点,提出充分发挥部市共建、与北京"同城效应"、各类资源聚焦"三大优势",实施建设期、提升期、完善期"三步走"发展战略,并聚焦建设期重点发展的平台载体"五园二台",对天津滨海新区的战略定位、战略目标、发展思路、步骤、发展的重点任务、主要策略、措施和建议进行了全面阐述。

滨海新区石化产业发展研究方面,收录了两篇课题。《天津建设国家级环保型石化产业基地研究报告》通过对天津石化和化工产业发展概况的回顾,分析了当前世界和全国相关产业发展所面临的形势。在此基础上,提出天津国家级环保型石化产业基地发展战略、目标和重点建设项目,并在土地使用、市场建设、财税扶持等方面系统性地提出了建设国家级环保型石化产业基地的政策建议。《加快滨海新区石化商品交易市场建设的方案研究》对滨海新区建立石化商品交易市场的意义进行了分析,并探讨了滨海新区建设国家级石化商品交易市场所具备的基础条件,与此同时还参考总结了国内外主要石化商品商场的发展经验和建设模式。在此基础上,有针对性地提出了滨海新区石化商品现货交易市场建设的组建方案和政策建议。

滨海新区转变产业发展模式方面,包括两篇。《关于滨海新区发展循环经济的研究报告》从循环经济理论的产生和发展入手,通过世界各地发展循环经济的经验,总结了循环经济的内涵、特征与作用。结合滨海新区开发开放的实际情况,论述了滨海新区经济发展和社会环境的关系,说明了滨海新区发展循环经济的必要性和可行性。详细阐述了滨海新区发展循环经济的思路与模式选择,提出了具体的建议。《滨海新区低碳经济发展研究》则研究了低碳经济内涵和特征,对防守型和进取型两种低碳经济发展方式进行了比较,提出了进取型低碳经济的发展路径,并对世界先进地区的低碳经济发展进行了比较,将低碳发展和区域开发相结合,并根据滨海新区的产业情况,试图寻找滨海新区通过发展低碳经济提升区域发展动力和长期发展的战略。最后,对滨海新区低碳产业发展提出了具体建议和政策支持的基本框架。

滨海新区具体产业发展模式方面,收录了五篇课题。《滨海新区新型金融产业研究》针对新区的新型金融产业做了研究,界定"滨海新区新型金融产业"的概念,并分析了滨海新区实体经济和金融产业的发展状况。梳理了国内外可供借鉴的理论和实践经验,从理论高度论证了金融业发展和实体经济发展的关系,提出了滨海新区新型金融产业的定位和主要发展思路,要充分考虑"实体经济的需要"与"金融体系自身的完善"两个驱动力,并提出相关建议。《滨海新区文化产业发展研究》对滨海新区文化创意产业发展的现状和特征进行了深入分析,对现时期滨海新区发展文化创意产业的必要性和重要意义进行了详尽阐述,并力图在科学发展观指引下,立足于滨海新区经济社会发展功能定位,结合新区近期发展目标,提出 2011-2015 年新时期发展文化创意产业的战略思路和目标,以及战略重点和主要任务。《滨海新区新型服务业发展战略研究》分析了新型服务业的内涵,进而分析了我国新型服务业发展的现状和未来趋势,并在全面分析滨海新区发展新型服务业的基础、机遇、挑战以及影响因素的基础上,提出了新时期滨海新区促进新型服务业加快发展的策略建议。《关于依托天津滨海新区临空产业区发展航空产业实施方案的调研报告》从航空产业的特征和内涵入手,系统分析了全世界先进地区的航空基地发展的基础和特点,在此基础上,对滨海新区航空产业发展进行了优劣势分析。结合航空业发展的先进理论和实践与滨海新区的实际相结合,提出了依托天津滨海新区临空产业区发展航空产业实施方案的具体建议。《滨海新区先进制造业发展研究》针对国家对新区先进制造业和研发转化基地的定位,界定了"滨海新区先进制造业"的概念,并分析了滨海新区发展哪些产业,如何发展成为先进制造业基地,并提出了滨海新区成为先进制造业基地的定位和主要发展思路以及相关建议。

目　录

滨海新区自主创新研究　/1

关于滨海新区自主创新体制机制的对策研究　/3

滨海新区构筑自主创新高地的发展路径和实现机制研究　/40

天津滨海新区科技研发与转化的体制机制研究　/85

天津滨海高新区发展战略　/127

滨海新区石化产业发展研究　/167

天津建设国家级环保型石化产业基地研究报告　/169

加快滨海新区石化商品交易市场建设的方案研究　/203

滨海新区转变产业发展模式研究　/245

关于滨海新区发展循环经济的研究报告　/247

滨海新区低碳经济发展研究　/273

滨海新区具体产业发展模式研究　/317

滨海新区新型金融产业研究　/319

滨海新区文化产业发展研究　/356

滨海新区新型服务业发展战略研究　/393

关于依托天津滨海新区临空产业区发展航空产业实施方
案的调研报告　/431

滨海新区先进制造业发展战略研究　/469

后　记　/511

滨海新区自主创新研究

关于滨海新区自主创新体制机制的对策研究

【摘要】本文通过对一些国家和地区自主创新的经验和特点进行总结的基础上，概括了自主创新的涵义和创新型国家的主要特征。明确了自主创新将成为未来滨海新区落实科学发展观，实现跨越式发展，建设创新型城市的必然要求。通过回顾滨海新区自主创新的经验和特点，分析滨海新区自主创新的基础和条件，以及存在的相关的问题，有针对性地提出了滨海新区构建自主创新体制机制的对策研究。

一、关于自主创新和创新型城市建设

（一）创新概念溯源

创新是个涵义非常丰富的概念，涉及社会生活各个领域，包括理论创新、科技创新、文化创新、制度创新以及其他各方面的创新。

较早提出创新理论的是经济学家熊彼特。在他的论述中，创新是被作为一个经济过程来理解和定义的。在 1912 年出版的《经济发展理论》一书中，熊彼特用"循环流转"的概念，概括那种只有数量扩张而没有创新、没有质的突破的现象，认为这种状况并不是发展。他把发展定义为创新，是质的突破，是对"循环流转"的打破。依据当时的情况，他将创新概括为五个方面：一是开发一种新产品或一种产品的新特性；二是采用一种新的生产方法;三是开辟一个新市场;四是控制原材料或半成品的一种新供应来源;五是实现工业的一种新组合。

库兹涅茨是一位侧重于从经济史和统计分析的角度研究经济发展的美国经济学家,在其著作《长期运动》中,更为详细和形象地描述了创新引领经济发展的过程:先是出现一种新技术,接着产生扩散效应,引发一个部门、一个国家、一个时期的经济增长。他说:"在许多工业中,在某个时期,基本技术条件发生了革命性的变化。当这种根本性变化发生时,一个时代就开始了。"

(二)自主创新的涵义

自主创新是指一个国家在不依赖外部技术的情况下,依靠本国的力量独立开发新技术,进行技术创新活动,即摆脱技术引进方式下对国外技术的依赖,依靠自己的力量所进行的原始创新。它有五大特性:在技术突破上的内生性;在技术方面的首创性;在市场方面的率先性;在知识和能力支持方面的内在性;在经济效益和环境效益上的显著性。自主创新,是一种全新的创新理念,既是指一种国家战略和发展道路,也是一种科技创新方式。作为科技创新方式,主要是指从全面提升国家创新能力出发,通过拥有自主知识产权的独特的核心技术以及在此基础上实现新产品的价值过程。自主创新不只是单纯的科学发现和技术发明,更重要的是科学技术第一生产力的实现程度,也就是科技成果产业化的程度和先进技术成果、产品在全社会的应用程度,自主创新的成果一般体现为新的科学发现以及拥有自主知识产权的技术、产品、品牌等。自主创新包括原始创新、集成创新、引进消化吸收再创新,三者没有前后之分,只有应用范畴之别,是相互包容、相互依存,各有侧重的重要组成部分。

(三)关于创新型国家的主要特征

据专家分析,创新型国家的基本特征大致体现在四个方面:一是在投入上,科学研究与开发(R&D)经费占 GDP 的比例要达到 2% 以上;二是科技进步贡献率达 60% 以上;三是对外技术依存度在 30% 以下;四是创新产出高,发明专利多。

目前世界上有美国、日本、韩国等将近 20 多个国家属于创新型国家,这些国家主要特征是：创新能力综合指数明显高于其他国家，R&D 占 GDP 比重都超过了 2.5％以上；科技进步贡献率达到或超过了 70％以上，对外技术的依存度小于 30％。这些国家的发明专利加起来占世界总数的 99％。

建设创新型国家，就是要把科技进步和创新作为经济社会发展的首要推动力量，把提高自主创新能力作为调整经济结构、转变增长方式、提高国家竞争力的中心环节，把建设创新型国家作为面向未来的重要战略。建设创新型国家，核心就是把增强自主创新能力作为发展科学技术的战略基点，走出中国特色的自主创新道路，推动科学技术的跨越式发展；是把增强自主创新能力作为调整产业结构、转变增长方式的中心环节，建设资源节约型、环境友好型社会，推动国民经济又快又好发展；就是把增强自主创新能力作为国家战略，贯穿到现代化建设各个方面，激发全民族创新精神，培养高水平创新人才，形成有利于自主创新的体制机制，大力推进理论创新、制度创新、科技创新，不断巩固和发展中国特色社会主义伟大事业。

二、一些国家和地区自主创新的经验和特点

（一）建立完善的法律和制度体系

法国针对本国 20 世纪 90 年代在以信息技术为代表的高新技术竞争中有所落后的状况下，制定了《创新与科研法》，以解决"创新"这个核心问题。《创新与科研法》对推广高科技成果、给予创新企业财政与税收优惠、鼓励科技人员创建高科技企业、界定创业者法律地位等问题做出明确规定。此外，政府还制定一系列配套规定和条例，逐步形成了比较完善的科技法律体系。

日本自 1981 年始先后创建了三项重要制度以保证科技创新，包括在科技厅设立"创造科学技术推进制度"，在通产省设立"下一代产业基础技术研究开发制度"，在综合科学技术会议上设立"科学技术振兴调整费"（主要用于超越现存科技体制框架、跨部门的综合研究开发）等。芬兰在政府贸工部下成立"芬兰技术发展中心"，负责行使科技开发的规划、管

理、指导等职能,特别是负责国家部分科技投资的使用和推进技术开发成果的转化与应用。

美国政府认为,今后国家安全取决于经济和技术的整体实力,要维持美国的霸权地位,必须把保持美国科学研究和教育的优势置于最重要的地位。他们特别强调加强鼓励创新的制度环境建设,专门制定了技术创新法、知识产权法、专利法、促进科技成果转化的法律等,内容涵盖技术转让、联邦政府研发经费管理、考核与激励机制等诸多领域。其体制特征就是以市场为导向,鼓励竞争,特别是鼓励创新企业。

(二)提供强有力的政策支持

20 世纪 90 年代,巴西科技政策开始战略性转变,即适应国家"新工业和外贸政策",促进巴西经济由"替代进口"向"全面开放"转型。为全面启动科技政策的战略转变,1990 年,巴西制定了国家科技发展新五年计划(1991 年—1995 年)。计划的总方针是全面提高国家技术能力,积极调整产业结构吸收外资,发展高技术产业;突出重点,加强战略基础研究,促使科研部门与企业密切合作,加速科研产品商品化进程。1995 年,巴西又制定了 1996—1999 年科技发展战略,并在此基础上制定了科技发展政策和鼓励发展民族高科技的一系列政策措施。巴西科技政策的特点,一是以立法形式确立科技政策;二是推动科技与经济和社会发展相结合,这是巴西制定科技政策的一贯原则;三是发展和推广适应本国条件的独创技术;四是引进先进技术,吸引外国科技人才。

日本政府一向使用灵活有力的产业政策干预经济发展,使用大量特定的技术创新政策鼓励、刺激产业技术的发展,其中主要是经济资助政策和组织协调政策。日本的经济资助政策主要包括财政补贴、税收优惠和贷款优惠三大政策。财政补贴政策是政府直接对技术创新项目进行补贴,补助对象是政府和大学的研究机构、企业重大技术创新项目。对企业进行的技术研究、应用研究经费或研究开发所必须的设备费和运转费,其中的一半由政府补助金提供。税收优惠政策是政府对有关产业技术研究与开发活动减免税收,如早在 20 世纪 80 年代中期,日本政府分别制定了《促进基础技术开发税制》和《关于加强中小企业技术基础的税制》。

（三）构建产学研紧密结合的创新体制

日本的"科学技术创造立国"势必要提到"产官学联合"，它是一种在政府的支持下，充分利用大学强大的科研队伍和企业的经济实力，开发新技术新产品，增强日本企业国际竞争力的机制。在这种机制下，基础研究为技术开发提供雄厚的理论基础，而新技术新产品推向市场后又为基础研究换来大量经费，从而形成一种基础研究和技术开发"比翼齐飞"的良性循环。目前"产官学联合"日趋活跃，据统计，2004 年度，大学和民间企业联合研究突破 1 万件，比上一年度增加 16%，大学接受企业委托研究超过 1.5 万件，比上一年度增加 11%。

韩国支持基础科学领域研究，推动前沿科技领域研发，形成了以企业为开发主体，政府承担基础、先导、公益研究和战略储备技术开发，产学研结合的创新体系。自 20 世纪 80 年代韩国提出"科技立国"的发展战略以后，独立研发能力逐渐增强，研发投入经费大量增加，但是用于基础研究的经费投入却占很小的比重，如 1996 年国家研发投入经费为 138 亿美元，其中基础研究投入仅占 3.4%。为了摆脱这种以引进和模仿为主的产业技术模式，韩国政府近几年来加强了基础研究，并增加了资金投入。1998 年，在金融危机的情况下，政府对各研究机构拨款比上年减少 20%，但是对资助基础研究的经费却增加了 25%，1999 年继续加强基础科研，投入 1696 亿韩元，比上年增加 7.4%。韩国逐年增加"基础科学基金"等专项基金额，更新大学的科研设施。长期以来，韩国的重大科技开发项目都由政府确定。随着经济规模的持续扩大和竞争的不断加剧，韩国政府开始通过"产学研协同技术开发"，着重提高企业技术研究开发的水平和效率。

（四）推动实现科技成果产业化

日本历来十分重视科研成果的转化工作，为尽量缩短科研成果从实验室走进工厂的时间，日本政府一方面设立一些特殊机构，在科研成果和企业间牵线搭桥；另一方面，还制定了各项政策和法律，鼓励企业开发应用新科技成果。日本早在 1961 年就设立了专门负责科研成果转化工作的特殊法人——新技术事业团，并制定了"委托开发"和"开发斡旋"等制度。为了进一步加强科研成果的转化工作,日本政府在 1996 年将日本科学技术信息中心同新技术事业团合并,组建成日本科学技术振兴机构,每年该机构通过各种渠道,把上百项重要科研成果成功转化为产品。此外,日本文部科学省、经济产业省、总务省、农林水产省和厚生劳动省等都设有促进科研成果转化为生产力的部门或独立行政法人。日本还有"促进专利转化中心"、"工业所有权综合信息馆"、"产业技术综合研究所"、"大学专利技术转让促进中心"等与政府有关的机构,大力推动科研成果的产业化事业。

德国通过不断改革加强产、学、研之间的合作,推动实现科技成果产业化。改革措施包括:在高校内创建企业以促进其新的科研成果向产品转化;创建"战略基金",建立研究界与经济界的合作网络,加快科技成果产业化;开辟"创新市场",为科研人员与投资者合作牵线搭桥。

芬兰由政府下属的技术发展中心专门负责推进科技创新。该中心在不同地区设有 12 个分支机构,以规划和协调全国科技开发;利用所支配的 1/3 政府研发投资,资助有关机构和企业上万项技术和产品的开发,使开发与生产有效结合,成为名副其实的新技术和新产品的"孵化器"。同时,政府十分重视多渠道参与国际科技合作尤其是欧盟的高科技发展项目,引进最新科技成果,提高自身科技水平。

(五)重视实施教育和人才战略

美国把加强教育特别是科学与工程教育作为增强自主创新能力和促进高科技发展的基本战略,及时采取有力措施解决其中存在的重大问题,为自主创新提供智力基础。政府鼓励和吸引有才华的青年加入发展高科技的行列,并通过国家科学基金会给予资助。政府的研发管理机构都以人才、思想和科研成果作为产出的三大目标,不仅要出科研成果,更要培养出有发展潜力的科研人员。

芬兰是当今世界上公认的创新型国家之一。早在 20 世纪 90 年代,芬兰就已建立了适合本国经济发展的创新机制,并在实践中不断加以调整和完善,现已形成从教育和研发投入、企业技术创新、创新风险投资,到提高企业出口创新能力的一整套较为完善的自主创新体系。长期以来,芬兰政府重视教育,不断加大对教育领域的投入,为企业的技术创新创造良好的条件与环境。芬兰政府每年在教育方面的支出仅次于社会福利开支,在国家预算中占第二位。

德国全社会高度重视教育、研究与创新,研发投入逐年递增,渠道畅通,政府促进创新方式多样。德国研发投入体制具有政府投入为导向、企业为主力、社会投入为补充、国外投入日渐重要的特点。政府采用科研事业费、专业项目计划、促进投融资计划以及政府投资计划等多种方式支持创新。2002年,科教投入1926亿欧元,占GDP的9.1%。

三、自主创新成为当今时代的最强音

(一)我们党历来高度重视理论和实践创新

我们党的历代领导集体对理论创新、科技创新、走自主创新之路等都有过精辟的论述。毛泽东同志在探索中国革命道路时,率先提出了马克思主义必须与中国革命实践相结合,并大胆进行理论创新的原则。在1930年发表的《反对本本主义》中,毛泽东论述了理论结合实际和理论创新的必要性,他说:"我们要把马恩列斯的方法用到中国来,在中国创造出一些新的东西。只有一般的理论,不用于中国的实际,打不得敌人。但如果把理论用到实际上去,用马克思主义的立场、方法来解决中国问题,创造些新的东西,这样就用得了。"建国后,毛泽东又进一步阐发了这个原则。正是基于这些创新的思想,中国走出了一条自己的革命和建设的新路子,开创了马克思主义中国化的新局面。

邓小平同志十分重视创新。解放思想、实事求是是邓小平理论的精髓。在1978年召开的全国科学大会上,他特别强调科技在发展中的重要作用,指出科学技术是第一生产力。四个现代化,关键是科学技术的现代化。没有科学技术的高速度发展,也就不可能有国民经济的高速度发展。他指出,提高我国的科学技术水平,必须依靠我们自己努力,必须发展我们自己的创造,必须坚持独立自主、自力更生的方针。他鼓励在改革过程中要有新的思维方式,要"大胆试、大胆闯"。

江泽民同志对于自主创新也有过非常精辟的论述,多次强调,"创新是一个民族进步的灵魂,是一个国家兴旺发达的不竭动力。""一个没有创新能力的民族,难以屹立于世界先进民族之林。""作为一个独立自主的社会主义大国,我们必须在科技方面掌握自己的命运。"他说,"知识经济、创新意识对于我们 21 世纪的发展至关重要。""我国已经具有一定的科技实力和基础,具备相当的自主创新的能力。加快建立当代中国的科技创新体系,全面增强我们的科技创新能力,对于实现我国跨世纪发展的宏伟目标,实现中华民族的伟大复兴,是至关重要的。""我们必须在学习、引进国外先进技术的同时,坚持不懈地着力提高国家的自主研究开发能力。"

党的十六大以来,以胡锦涛同志为总书记的党中央,紧密结合新世纪新阶段国际国内形势的发展变化,在深刻总结新中国成立以来特别是改革开放以来的历史经验和吸收世界文明成果的基础上,把我们党的发展思想精华进一步上升为科学发展观。科学发展观是新世纪新阶段指导发展的世界观和方法论的集中体现,是我们党实现经济社会又快又好发展、加快推进社会主义现代化的指导思想,是我们在邓小平理论和"三个代表"重要思想指导下取得的理论创新的最新成果。胡锦涛同志多次指出,自主创新能力是国家竞争力的核心。一个国家、一个民族要真正赢得发展、造福人类,必须注重自主创新。加快提高我国科技自主创新能力,对于我们全面建设小康社会、加快推进社会主义现代化,对于我国应对世界新一轮科技革命和产业革命的挑战,具有十分重大的意义。

(二)自主创新是时代发展的需要

面对 21 世纪世界科技发展的大势,面对日趋激烈的国际竞争,我国要想加快发展,壮大实力,关键还要靠我们自己,必须要真抓实干,急起直追,把科学技术真正置于优先发展的战略地位,加强自主创新能力,不断提高核心竞争能力,不断提高自己的原创力,不断提出创新的思维,创新的产品,创新的管理方法,创新的体制和机制等,只有这样,才能把握先机,赢得发展的主动权,增强国家竞争力,自立于世界民族之林。

(三)自主创新是落实科学发展观的具体体现

我国正处于并将长期处于社会主义初级阶段,社会的主要矛盾仍然是人民日益增长的物质文化需要同落后的社会生产之间的矛盾。解决这个主要矛盾的根本途径是集中力量发展社会生产力。因此,树立和落实科学发展观,是我国做出的符合自身国情和需求的战略选择。我们要充分发挥科技创新在支撑和引领经济社会发展中的作用,把经济社会发展转移到依靠科技进步和提高劳动者素质上,充分调动我国科学技术发展的巨大潜力,迅速提升科学技术的整体实力和自主创新能力,打破资源和环境等方面的瓶颈制约,努力扩展新的发展领域和空间,使我国走上科技主导、资源消耗低、环境污染少、人力资源优势得到充分发挥的新型工业化道路,为全面落实科学发展观打下坚实的基础。

(四)自主创新是经济社会保持生机和活力的持久动力

纵观人类社会几千年的文明发展史,一个国家、一个民族、一个政党要推动生产力的发展和社会的进步,走在时代的前列,攀登文明的高峰,就必须具备创新的勇气和能力,积极进行创新的实践。当今世界综合国力竞争日益激烈。综合国力的核心是科技实力和自主创新能力,经济社会发展水平更多表现为科技水平。谁拥有了科技优势,谁就占据了有利地位,谁就掌握了发展的主动权。提高自主创新能力,是"十一五"时期的一项重要任务,是全面贯彻落实科学发展观的重要环节,是保证我国各项事业持久永续发展的必由之路。

(五)自主创新是建设创新型城市的必然要求

天津要建设创新型城市面临着市场竞争更加激烈的严酷现实。一是各地产业结构趋同,市场上供大于求的产品越来越多,价格战越演越烈;二是资源能源日益紧张,天津是一个以加工工业为主的城市,能源、原材料主要依赖外部,原材料价格呈上涨趋势,生产成本越来越高,利润空间越来越小;三是国际竞争压力更加严峻,尤其是我国加入世贸组织过渡期即将结束,开放的领域将进一步扩大,开放的程度进一步纵深,呈现出国内竞争国际化,国际竞争国内化的局面;四是发达国家对我们的技术封锁不断加剧,知识产权、技术标准等已经成为我国参与国际竞争的巨大障碍。面对残酷的竞争环境,技术领先是赢得竞争的法宝。要通过增强自主创新能力,促进产业结构优化升级,实现经济增长方式由粗放型向集约型转变;提高资源能源的利用效率,实现从资源消耗型经济向资源节约型经济转变,推动经济增长从资源依赖型向创新驱动型转变;加强生态建设和环境保护,实现以生态环境为代价的增长向人与自然和谐相处的增长转变,促进经济社会全面协调可持续发展;开发具有自主知识产权的核心技术,创造自己的品牌,增强产业的竞争力。通过自主创新走出一条技术含量高、附加价值高、消耗低、污染少的取胜之道,推动天津更快更好地发展。

（六）自主创新是滨海新区实现跨越式发展的生命力所在

坚持自主创新,符合中央对新区的定位要求。党的十六届五中全会通过的《中共中央关于制定国民经济和社会发展第十一个五年规划的建议》明确指出:"继续发挥经济特区、上海浦东新区的作用,推进天津滨海新区等条件较好地区的开发开放,带动区域经济发展。"滨海新区作为国家级的新区,肩负着带动区域发展的重大使命。能不能进一步增强辐射和服务功能,很大程度上取决于技术水平,取决于自主创新,自主创新是提高科技水平的关键。

坚持自主创新,符合新区的功能定位。随着以京津冀为经济核心区、以辽东半岛和山东半岛为两翼的环渤海区域经济发展大格局的形成,新区承担着带动环渤海区域经济振兴,促进东、中、西互动和全国经济的协调发展的历史重任。当前,更要以发展的眼光、国际的视野、科学的谋划,重新审视当前工作,进一步理清发展思路,实现发展新飞跃。

四、滨海新区具备了自主创新的基础和条件

经过十多年的努力,滨海新区取得了长足的发展,形成了较为完善的基础设施,一批高新技术和技术密集型的优势产业已经形成规模,辐射和带动作用越来越明显,已经具备了进一步加快发展的基础和条件。

（一）纳入国家发展战略为滨海新区发展奠定了政策优势

党的十六届五中全会和十届全国人大四次会议,将天津滨海新区纳入国家"十一五"总体发展战略,2006年3月22日国务院审议通过了天津市城市总体规划,4月22日国务院常委会研究加快推进天津滨海新区开发开放意见,批准滨海新区为综合改革配套试点。天津市委八届八次

全会通过了加快推进滨海新区开发开放的意见,对滨海新区的发展做出了全面部署。这些都为滨海新区实现自主创新,谋求更大发展,取得更新突破,提供了难得的历史性机遇和政策优势。

(二)实施科教兴市战略为滨海新区自主创新奠定了重要基础

1992 年,市委、市政府于提出并实施的科教兴市战略,经过全市人民的共同奋斗,我市科技进步的基础条件和实力大大增强,主要表现为:全市综合科技进步水平连续多年位居全国第三位,全社会 R&D 占 GDP 的比例达到 2%,专利申请连续三年快速增长,年均增幅为 39.7%,超出全国平均水平 20.8 个百分点;科技创新能力不断提高,“十五”期间,我市启动了 15 项重大科技专项的研究,在集成电路设计、高清晰度电视、海水淡化、高性能电池、生物芯片、生物技术药物、纳米技术、电动汽车、动植物新品种选育等领域取得突破,获得一批拥有自主知识产权的科技成果和产品;科技体制改革取得成效,科技创新体系逐步完善。近年来,我市陆续出台了《关于加快科技进步和技术创新的若干意见》等几十个政策法规,不断调整和优化科技环境,支持科技创新的社会氛围日益浓厚。科教兴市战略的实施,为滨海新区自主创新奠定了重要基础,为自主创新提供了战略、技术、环境等多层次的科技支持。

(三)较为完善的基础设施为滨海新区自主创新提供了保障

建成了比较完善的基础设施框架。增强了新区发展活力。此外电子政务、电子商务、电子口岸建设快速推进,生态环境明显改善。社会事业也实现了全面发展。南开大学、天津大学等 10 余所高校在新区建立分校。泰达图书馆、心血管医院等一批公共设施投入使用。现代交通、物流体系初步建成。十多年来,滨海新区集中资金、集中物力进行了大面积的基础设施改造。仅 2001 年至 2004 年,滨海新区就完成基础设施投资 456 亿元,超过了“十五”计划 450 亿元的目标。到 2005 年年底,新区累计完成固定资产投资 3364 亿元,其中基础设施建设投入 880 亿元,建设了 475 个重点工程,竣工 443 项,新建和改造了海滨大道、津沽二线、南疆 220 千伏变电站、北塘水库扩容等一批城市基础设施。机场扩建、天津港 15 万吨级深水航道、蓟港铁路、津滨轻轨等重大交通项目相继建成。形成了内中外三环和"六横六纵"的道路骨架。

（四）经济技术开发区成为领航滨海新区自主创新的龙头

通过对外开放和引进国外技术与资本发展起来的天津经济技术开发区，连续多年综合指标位居全国开发区之首，站在了中国生产力发展的前沿。目前，经济技术开发区已经形成一个由大学、研发中心以及高新技术企业组成的比较强大的自主科技创新群体。截至 2011 年，开发区共有国家和省级工程技术中心 29 家，大学 3 所，经认定的高新技术企业 192 家。总结开发区多年来大力建设自主创新体系的做法：一是规划先行。从 1996 年起开发区就出台了首个科技规划，而后又相继出台了电子信息、生物技术与现代医药、汽车机械三个产业发展规划。二是政策推动。开发区颁布了《关于促进高新技术产业发展的规定》和《关于鼓励高级人才入区的规定》。这些政策措施吸引了一大批优秀人才和国内一些知名研究机构、大学来天津开发区创业，促进了具有自主知识产权创新体系的形成。三是人才为本。吸引高级人才已达 334 名，院士 13 名，博士后工作站 34 个，在站博士后 40 名，在国家级开发区中居第一位。四是资金扶持。从 2000 年起开发区每年从可支配财政收入中拿出 4％，设立"泰达科技发展金"，再拿出 1％，设立"泰达科技风险金"。目前支出的"两金"已经累计 10.66 亿元。五是重视科技创新平台的建设。开发区不仅有被科技部评为国家级创业中心的泰达国际创业中心，而且还拥有以国家纳米产业化基地、泰达华生生物园等为代表的专业孵化器。在商务部连续多年对国家级经济技术开发区投资环境综合评价中，天津开发区的投资环境综合指数、技术创新环境、人力资源及供给方面一直位居第一。开发区作为滨海新区发展的龙头和引擎，坚持自主创新的经验为新区自主创新树立了标杆，创造了条件。

（五）工业东移战略为滨海新区自主创新集聚了产业优势

滨海新区自主创新还受益于市委、市政府于 20 世纪 90 年代末确定的工业东移战略，工业东移不是简单的厂房搬迁，而是把东移与技术改造、招商引资、产业结构调整、建设 12 大工业基地、现有资源的整合相结合，通过统筹规划、合理布局、有序调整、分步实施，大力发展信息技术、生物技术、新能源、新材料等高新技术产业,加快用高新技术和先进适用技术改造传统产业。经过几年努力,逐步在滨海新区形成产业优势明显、行业布局集中、工艺装备先进、生产流程衔接、公用服务设施统一配套、投入少、成本低、充分体现聚集效益的现代化工业基地。通过东移,促进了全市工业结构优化升级,有力地支撑和带动了滨海新区经济的发展和优势产业集群的形成,更重要的是,工业东移战略转移到滨海新区的许多传统企业依靠自主创新提高核心竞争力,发生了脱胎换骨的变化,一批技术含量高、环境污染低、经济效益好、辐射带动作用强的大项目为滨海新区集聚了自主创新的能量。

五、滨海新区自主创新的经验和特点

回顾 20 多年来滨海新区改革开放的历程,我们不难发现,滨海新区坚持不懈地走自主创新之路,并将自主创新置于新一轮改革开放的首要地位,有力地促进了产业结构的优化升级和经济增长方式的转变,创造了鲜活的经验和特点。

(一)研发机构的不断集聚,科技的示范带动作用逐步增强

截止到 2005 年,滨海新区成立了 42 家国家及市级科研机构,44 家博士站,50 余家大型企业研发中心,每年工业企业申请专利超过 250 余件。新区在增强企业自主创新能力和引进消化吸收再创新能力的同时,大力开发新产品、新技术、新工艺,鼓励进行具有自主知识产权的核心技术研发。国家级企业技术中心建设位居全国先进行列,钢管有限责任公司、天士力集团等 5 家企业技术中心进入全国前 60 名,企业技术中心成为聚集人才、吸引人才、培育人才的基地,技术中心建设提高了企业自主创新能力,研发出一大批具有自主知识产权的产品,增强了企业核心竞争力。钢管公司技术中心坚持将引进消化吸收再创新作为提升自主创新能力的重要途径,使公司在工艺技术上领先世界 5 到 10 年的水平,开发的电弧炉炼钢综合节能技术,平均冶炼周期由 89 分钟缩短至 67 分钟,高效圆坯连铸新工艺技术提高拉坯速度 30%,年创综合效益 1.2 亿元。

(二)面向高新技术的产业集群,推动了新技术的广泛应用

滨海新区实施的产业创新包含三项内容,即发展高新技术产业、采用高新技术和先进适用技术改造提升传统产业、转移扩散部分传统产业。经过十多年的发展,新区产业和科技优势明显。已经形成了电子信息、石油和海洋化工、汽车及装备制造、石油钢管和优质钢材、生物技术和现代医药、新型能源和新型材料及环保等主导产业,形成高新技术和技术密集型产业群,高新技术产值占工业总产值的比重已达到44%。新区按照科学发展观的要求,坚持用"两条腿走路",开展面向高新技术产业集群的创新,一是直接引进国外处在世界前沿的高新技术企业,如美国摩托罗拉、韩国三星、丹麦诺和诺德等,对这些企业鼓励他们增资扩产,直接提高新区高新技术产业的技术层次。二是以开展应用型技术为突破口,吸引、聚集国内外的科研人员将实验室技术创新与应用型技术相结合,建立各种类型的孵化器,培育、孵化具有自主知识产权的高新技术产业,如泰达国际创业中心从1996年成立以来,在孵化的项目中,有两项获"国家863计划"、三项获国家"九五、十五攻关项目"、两项"火炬计划",并多次获得布鲁塞尔国际发明博览会金奖、全国发明博览会金奖、国家和天津科技进步等奖项,科技成果涵盖了生物医药、新材料等多个当前高科技领域的尖端行业,在创业中心,他们提出了一句响亮的口号:"带着种子进来,带着果实出去",如今已经涌现出如泰达生科、膜技术工程中心、易步科技等多个高技术代表性企业。自主研发平台为提升新区科技创新水平,促进高新技术产业集群发展发挥着积极作用。

(三)产学研模式初步形成,带动了区域自主创新的发展

滨海新区开展自主创新所形成的产学研模式包括两个方面,一方面是科学研究始终围绕市场需求进行,并形成了面向市场的开放循环体系。课题为企业服务,合作成败以市场为评判标准,采取集技术创新、成果转化、公共技术服务及人才培养等功能于一体方式,构建产学研体系。另一方面为抓好产学研结合,搭建技术创新平台,实施大学校区建设与科技园区创业联动创新模式。在该模式中,大学校区承担知识创新、人才培养的职能,为区域经济、社会发展提供人才贡献和智力支持,科技园区承担科

技孵化、技术创新和产品生产的职能,是产学研相结合的重要场所。去年以来,新区与中科院、工程院、军事医学科学院、民航总局等建立全面科技合作关系,引导国内外科技资源聚焦滨海新区开发开放,在工业生物技术、干细胞、大型计算机服务器、新药和民航客机等领域联合共建了一批具有国内领先水平的研发基地和产业化基地。天津本地高等院校和科研机构在滨海新区自主创新的进程中扮演着重要的角色,各科研院校与新区相关企业共同搭建科研平台,加大与企业的合作力度,与企业开展了多层次、多渠道、多领域的科研合作,成效显著。如天津理工大学与钢管公司建立了紧密的联系,有效地促进了企业新产品的开发和技术水平的提高,南开大学与中新药业合作,通过推广和应用分离提取技术极大地推进我市中药现代化步伐。

(四)创新型人才的不断聚集,提升了自主创新的水平

在吸纳创新型人才方面,滨海新区注重抓住培养、吸引和使用三个环节,用更好的环境、政策和服务,来吸引国内外的人才到新区发展。一是鼓励开展内外资企业的人才双向流动。具有先进技术的外资企业,培育了大批具有国际化思维、紧跟全球发展趋势的科技及管理人才,随着人才双向流动的加快,这些人才成为新区自主创新的"火种"。二是吸引国内外高技术人才为滨海新区服务。如开发区颁布了"促进高新技术产业发展、鼓励高级人才入区"的"双高"规定,并不断修订,重点扶持有自主知识产权的产品及项目,吸引高级人才在国家级开发区中位居第一位。

(五)投融资体制改革逐步深化,缓解了资金瓶颈的制约

完善自主创新投融资机制是支撑滨海新区自主创新的核心战略。例如,早在1996年,在各地开发区轰轰烈烈地开展招商活动时,开发区就出台了滨海新区第一个科技发展规划,其科技扶持政策的特点是"S+S+B+1",既要在上海(S)、深圳(S)、北京(B)政策基础上再进一步,并且每两年修订一次。从2000年开始,开发区每年还从可支配财政收入中拿出4%,设立"科技发展金",拿出1%,设立"科技风险金",缓解高新技术产业发展的平静,带动民间资本参与高科技的研发。自2005年1月1日起实施的《国家级天津市重点科技项目开发区匹配专项资金管理暂行办法》

对于注册并经营在开发区的企业获得国家重点科技项目,开发区配套资助的比例为国家资助额度的 50%,配套资助金额最高达 100 万元;获得天津市重点科技项目,开发区配套资助的比例为天津市资助额度的 30%,配套资助金额最高为 50 万元。按此《暂行办法》,2005 年享受到资金支持的有 26 家企业,共计 43 个科技项目,开发区配套资助总额共 1197.15 万元,这是历年来开发区对区内科技项目资助最多的一次,也是资助力度最大、范围最广的一次。通过投融资制度改革,滨海新区形成了相对完善的创新、创业资金链,制度创新所形成的市场机制,使新区具备了在全国配置创新要素的能力和条件。

(六)整体环境逐步优化,促进了自主创新能力进一步提升

第一,充分发挥政府的规划、引导、扶植、协调作用。从 20 世纪 90 年代初开始,市委、市政府就主动调整产业结构,着力发展高新技术产业。坚定不移地贯彻自主创新战略,及时提出重点培育本土自主创新企业的战略方针,并于近期提出了建设国家创新型城市的目标。新区通过依托京津冀的综合优势和开发开放先行先试的优势,不断集聚创新资源,引领高科技产业快速发展,走出了一条特色鲜明、优势突出的发展之路,成为推进科教兴市战略的重要载体和生力军,并取得显著成效。

第二,政策激励引导。10 多年来,市委、市政府及其职能部门先后制定和实施了多个有关鼓励自主创新和发展高新技术产业的规范性文件。最近,市委、市政府又在投融资、技术标准、对外贸易、政府采购、财政资助和消费政策等方面形成协同一致的创新激励政策等。例如,市财税部门以加快建立技术创新和自主创新体系为目标,制定实施了七项税收激励政策,涉及技术开发费用抵扣企业所得税、固定资产加速折旧、减免高新企业所得税、免征土地税房产税、对风险投资企业投资收益抵扣所得税、对科技企业孵化器大学科技园在一定期限免征所得税以及对自主创新基金的捐赠免税等政策。用政策鼓励自主创新企业生产经营和吸纳高水平人才,将新区建成我市自主创新示范引领区。

第三,营造创新环境。新区注重软环境建设,健全和完善新区的服务体系,创建符合国际惯例的商务环境,为新区经济良性发展和环境建设奠定了基础。涌现出一大批具有国际、国内先进水平的科技成果。同时为企业自主创新提供优质高效服务,市政府倡导政府服务的成绩单由企业填写的理念,全力服务和支持自主创新骨干企业,使政府部门逐步从科技资源配置的主体转变为资源配置方式的制定者、过程的监督者和绩效的评估者,建立起适应市场经济条件和自主创新要求的科技管理新体制。

六、滨海新区在自主创新体制机制方面存在的主要问题

——有利于自主创新的体制、机制尚未完全形成,与创建全国规模最大、水平最高的现代化制造和研发转化基地要求存在较大差距。

——科技创新的带动、辐射、集聚作用没有真正形成,科技的引领与支撑作用与国家对滨海新区定位要求差距较大。

——环境建设还不能适应滨海新区构建富有活力的自主创新体系,提升整体技术水平和综合竞争力的要求。

——企业自主创新的动力机制没有完全建立,实现技术跨越的"再创新"能力还不是很强,核心技术和系统集成能力需要进一步突破。

——公共服务平台建设相对滞后,缺乏支持自主创新和高新技术产业长期发展的中介服务组织。

——科技资源分散重复、自成体系、整体运行效率不高,还没有真正实现科技资源的整合利用、资源共享、协同配合的科技创新运行机制。

——拥有知识产权的核心技术、知名品牌少,较为完善的知识产权信息服务平台和知识产权保护体系尚未建立。

七、存在问题的原因分析

(一)科技统筹管理体制不能适应科技创新的要求

自主创新是以体制创新为条件的,必须首先解决障碍自主创新的体制和政策问题。一是,由于滨海新区的区域构成包括了几个行政区和功能区,区域管理的行政职能由于调控权利的"部门化"、"区域化"而被弱化,造成了企业、学校、研发机构等各自为政,缺乏有效的合作,致使政府的主导作用、企业的主体作用、市场的基础性作用、科研机构的骨干和引

领作用、大学的生力军作用等,很难得到充分发挥和体现。随着滨海新区纳入国家整体发展战略,在行政管理体制方面,则面临着改革、完善自我创新管理体制与引导、培育科技及企业创新体制的双重任务,要通过深化体制改革,为机制创新提供必要的基础和条件。二是,在机制的微观构成方面,也不能适应自主创新的发展要求,如在政策环境方面,存在着各行政区域和功能区内鼓励自主创新的政策不统一,而且缺乏力度,有的制定了政策但在实践中难以得到全面落实;在激励机制方面,支持企业人才培养和人才向企业流动以及激励创新、鼓励创业、促进科技成果转化的人才引进、评价、激励机制还没有完全形成,吸引聚集人才的创新创业环境有待改善等。因此,行政管理部门要在政策、法律、法规、制度、规范建设等方面,进一步发挥好宏观调控、组织、协调和控制作用。

(二)产学研合作及风险共担、利益分享机制没有真正形成

科技成果转化机制,风险共担、利益分享机制,市场化、专业化的金融服务、技术服务机制,新产品研发、新技术创新激励机制、信息网络共享机制等还不能构成对自主创新的有效支撑,科技资源很难实现合理配置和优化利用,导致产学研结合的有效机制发育不充分。由于技术交易市场建设的滞后,一些科研机构只重视成果研究和试验,忽视了成果的市场化和产业化,存在着"两张皮"的现象。一些企业不重视自主创新能力的提高,或贸而不工、或科而不研、或研而不果;一些企业存在着短期行为,重视即期效应忽视远期效应,舍不得科技投入,不愿冒研发风险,失去了创新和自主开发的欲望;还有一些企业,重视竞争规模而忽视竞争水平,重视空间扩张而忽视核心竞争力的形成等。所有这些,都导致了滨海新区整体科技创新优势难以形成。

(三)支持企业自主创新的动力机制需要进一步完善

企业技术创新能力不足的现象,实质是企业自主创新的动力机制没有完全建立。由于一系列支持企业自主创新的机制存在缺失,导致促进自主创新和科技进步的一些政策措施很难落实到位,而且缺乏企业的响应。由于追求速度、扩大投资、扩大外延的倾向通过不同的渠道传递到了企业,使得一些企业宁愿低水平复制生产能力,却不愿增加对技术和人力

资源的投入;宁愿在同类同档次产品上持续进行低成本恶性竞争,而不愿采取差异化战略,探索通过创新、品牌和服务提高效益;宁愿引进、再引进,持续跟踪模仿,而不愿下苦功夫走消化、吸收再创新的道路。一些企业管理人员存在着短期行为,把短期内实现企业的规模和扩张作为经营团队最迫切的要求,不愿意把有限的资源投入自主研发,而是在有限的任期内靠引进或再引进作为技术来源,以实现近期的业绩。有的企业经营管理者认为,自己的技术实力根本无法与跨国公司相抗衡,短期内无法实现跟踪和超越,瓦解了创新的意志,放弃了技术创新的努力,走上了漫无边际的多元化经营。有的企业把技术引进作为省时省力的技术来源,在一次一次的引进中失去了信心,渐渐地掉进了技术依赖的泥潭。

(四)支持自主创新的多元化科技投入体系还没有真正形成

以企业为主体、财政投入为导向,多元化、多渠道的科技投入体系尚未形成,科技投入水平与建设创新型滨海新区的要求不适应。科技投入增长机制、财政科技投入管理机制以及财政投入结构等,还不能适应滨海新区自主创新的要求。以实现科技投融资体系运营国际化为目标的市场资源配置机制还没有完全建立,不能很好地实现引导和鼓励风险投资等社会资金更多的投向自主创新。支持企业自主创新的政府采购政策、税收政策、无形资产折旧政策等还没有在整个区域内得到很好的落实。创业风险投资机制,股权退出机制,信贷担保机制等需要进一步建设和完善。科技与金融还没有实现很好的有机结合,科技中小型企业融资难的问题还没有得到根本解决,银行、证券、保险等金融机构对创新型企业的金融服务支持还有很大的发展空间。

(五)支持自主创新的科技服务体系建设需要进一步完善

科技中介服务机构赖以建立和运行的政策和制度环境,如地方性法规、科技中介服务体系行业规范等还不够完善,社会化、专业化的科技中介服务体系还没有完全形成,还不能为企业科技创新活动提供管理、信息、技术咨询、技术转让、知识产权保护、金融、法律等全方位、高水平的服务,产学研联合的桥梁和纽带作用不明显。为技术商品化、市场化和社会化提供服务,支撑和促进创新活动的各类专业机构还不健全,如利用技术、资金、管理和市场为创新主体提供咨询服务的科技评估机构、科技招投标机构、风险投资机构、知识产权事务中心等,如为科技资源有效流动、合理配置提供服务的技术市场、技术产权交易机构等。科技中介服务机构存在的基础条件还比较薄弱,如人才、公共信息服务平台和公共技术服务平台等,缺少既懂技术,又懂法律、善经营的复合型人才,一些机构缺乏清晰的业务定位和核心竞争力,专业化水平低,无法满足客户的综合要求。高水平的科研开发机构与科技创新服务机构比较少,科技企业孵化器(包括生产力促进中心)的作用还没有真正发挥出来。

(六)人才的培养、使用、管理、协调机制需要进一步创新

当前,滨海新区还没有形成系统配套的创新型人才(团队)培养、使用、引进的政策措施,多层次、多元化、统一开放的人才市场体系没有形成,产业聚集促进人才集聚的效果不明显,无论是人才的数量、质量还是人才的视野和水平,都不能适应建设高水平的现代化制造业和研发转化基地、实现区域创新的要求。人才的集聚机制、人才的评价机制、人才的选拔任用机制、人才的市场配置机制、人才的培训机制、人才的收入分配激励机制、人才的保障机制等还需要在实践中不断创新和完善。有利于自主创新的环境建设还需要进一步加强。

(七)知识产权管理体制机制建设需要进一步创新

知识产权的激励机制、调节机制以及规范与保障机制还不很健全,较为完善的知识产权信息服务平台和知识产权保护体系尚未建立。利用外资、引进国外先进技术成效显著,但是,核心专利技术不足的状况还没有得到根本性的改变,对外技术依存度较高,2005 年发明专利申请量仅占全市的约 5%,显然与建设高水平的现代化制造业和研发转化基地要求差距较大。知识产权意识薄弱,与现代知识产权法律要求之间存在着较大的反差,一方面表现在领导意识和社会公众意识的淡薄,只注重即期效益而忽视长远效益;另一方面表现在一些企业"重成果、轻专利"、"不搞专利也能生存"的思想严重,热衷于搞仿制,没有建立一套完整的知识产权信息收集、研究、分析和发展体系,知识产权战略还不能转化为企业经营战略的重要组成部分,知识产权在市场中的独特价值难以体现。知识产权专业人才缺乏、法制建设不完善、行政与司法执法水平较低、诚信体系建设滞后等，也是影响知识产权保护体系建设的重要制约因素。

（八）吸引、集聚、整合国内外科技创新资源的机制尚未形成

区域内各方面科技力量自成体系、分散重复，整体运行效率不高，存在着条块分割、部门所有、自成体系的结构性弊端；科技资源的管理各自为政，科技资源配置方式、评价制度等不能适应科技发展新形势和政府职能转变的要求；没有真正形成科技资源向创新能力强、创新绩效高的科技队伍、创新团队和科研机构倾斜的格局；有效促进各类创新主体网络化互动的组织体系尚未形成，引导科技发展方向及社会资源配置的经济手段不够完善，没有真正实现区域内科技资源的整合利用和共享。经过十几年的努力，国家和市级科研机构、工程技术研究中心、科技企业孵化器、科技中介机构建设取得长足的发展，与京、冀区域合作呈现出良好态势，与国家级科研院所和大型企业建立了全面的合作关系，但是，由于整个区域吸引、集聚、整合国内外科技创新资源的机制建设相对滞后，各方面的优势得不到有效发挥，不同程度地影响了吸纳国内外高端产业和聚集科技创新资源能力的提高，因此，必须把整合科技资源，构建区域创新体系，作为滨海新区提高自主创新能力重中之重的任务高度重视。

（九）科技创新的支撑、引领、辐射、带动作用还不够明显

无论是科技综合实力、科技人才聚集，还是开放型经济发展，现代制造业规模等，滨海新区对全市的支撑带动作用是十分强劲的，但是与中央提出的"建设高水平的现代化制造业和研发转化基地"，"推进京津冀和环渤海区域经济振兴、促进东中西互动和全国经济协调发展中发挥更大作用"的要求差距还很大。究其主要原因，一方面是因为滨海新区的自主创新能力和研发水平还不是很强，没有形成整体区域优势；另一方面是实现技术"扩散效应"、研发机构的"溢出效应"、优势产业"带动示范效应"、产学研结合的"纽带效应"，真正与市场对接的、一系列社会化的机制建设尚未形成。

（十）缺乏产业链的有效延伸，影响了产业化基地的形成

经过十多年发展，滨海新区高度开放的外向型经济格局已经基本形

成,对全市引进外资和学习国外的先进技术发挥了重要作用。但是,我们的生产企业还只是处于生产基地的阶段,大量企业集中在附加值较低的生产加工和组装环节,缺乏产业链的有效延伸和高效供应链整合的上下游关联企业,存在着低层次、重复性竞争,具有较强竞争力、能够带动上下游相关产业发展的大型的、高水平的优势产业较少,很难分享到高附加值的利益,与跨国公司相比还有很大差距。区域内企业与机构之间的产业与技术关联度不高,企业聚集呈现"形聚而神不聚"的发展形态,没有形成在全球范围内具有特色和竞争优势的产业集群,科技创新的带动、辐射、集聚作用也就很难发挥。缺少一批具有自主知识产权的核心技术、知名品牌和具有全局性、带动性,影响城市竞争力的关键技术,在"引进、消化、吸收、创新"的整个"链条"中,尽快提高原始创新、集成创新和消化吸收再创新的能力,依然是实现技术追赶和跨越的首要任务。

八、滨海新区自主创新体制机制对策研究

滨海新区科技创新体系建设的目标:通过体制机制改革和创新,构建起以政府为主导、充分发挥市场配置资源的基础性作用、有利于各类科技创新主体紧密联系、有效互动、国内一流的区域科技创新体制机制,把滨海新区建设成为全国规模最大,水平最高,具有较强带动和辐射功能的现代化制造和研发转化基地。

(一)努力创造有利于自主创新的体制机制环境

要坚持理论创新与实践创新相结合,以新的思路和宽广的视野,创新滨海新区的组织形式和管理体制,为构建国内一流的科技创新体系创造有利的体制机制环境。

1. 推进滨海新区行政管理体制的改革创新

要按照《国务院关于推进滨海新区开发开放有关问题的意见》和建立综合配套改革试验区的要求,突破不适应社会主义市场经济体制要求的体制和机制障碍,进一步整合行政资源,调整和改革目前的行政管理体制,建立起新的适合新区发展要求的、能统筹新区经济社会协调发展的、高效和公共服务型的行政管理体制,以新思路、新体制、新机制推动滨海

新区不断提高综合实力、创新能力、服务能力和国际竞争力。要通过行政管理体制的改革创新，以及在宏观管理上的政府职能转变，进一步明确政府与市场在滨海新区科技发展中的职能和作用，为科技体制的改革创新提供必要的基础和条件。

2. 推进滨海新区科技管理体制的改革创新

要按照中央和天津市建设创新型国家、创新型城市的要求，突破制约自主创新发展的体制束缚和政策障碍，由市政府或滨海新区成立统领新区自主创新、科技发展的决策和协调机构（或成立滨海新区科技局），建立健全滨海新区科技发展的决策机制，摒弃地区、部门利益，强化对滨海新区科技发展的总体部署和宏观管理，加强部门之间、不同行政区划之间的统筹协调，加强对重大科技政策的制定、重大科技计划实施和科技基础设施建设的统筹，按照有利于促进科技创新、增强自主创新能力的目标，有效集成各个方面的科技资源，形成滨海新区统一的科技政策与经济政策协调互动政策体系，更好地实现政府的科技管理目标。

3. 推进和完善滨海新区创新体系建设

推进和完善创新体系建设是实现提高滨海新区综合竞争力的关键所在，也是实现滨海新区可持续发展的根本动力。因此，要通过对政策的调整、环境的改善、资源的整合，推动各种创新要素，包括政府、企业、研究机构、大学、中介机构的合作、协调、整合与互动，保证区域创新能力的提高，把滨海新区建成有较强辐射、带动作用的区域性知识技术创新基地。首先，要站在国家综合配套改革试验区的高度，确定滨海新区区域创新体系建设的战略目标，要从原来局部、封闭、分散的区域知识技术创新体系向辐射京津冀乃至整个环渤海地区的动态、开放、一体化的知识技术创新体系转变。其次，要通过深化新区的科技体制改革，建立起以企业为主体、市场为导向、产学研相结合的技术创新体系，推动企业通过应用新技术、新工艺，包括新的组织形式、新的管理体制和管理模式，把科技创新成果和发明转化为现实的生产力，以实现产学研"链条"的完整连接。第三，要建立科研院所与大专院校有机结合的开放、流动、竞争、协作的知识创新体系，提高知识和信息的生产、传播和应用水平，这是实现滨海新区建设

"高水平的现代化制造业和研发转化基地"目标,实现可持续创新的根本保证。第四,建立组织网络化、功能社会化、服务产业化的科技中介服务体系,既要体现政府的宏观引导和调控作用,又要逐步引入市场机制,实现政府服务与市场服务、公益性服务与赢利性服务、综合性服务与专业性服务的互补互利,最终实现政府主导公益性服务、市场主导经营性服务的目标。

(二)努力创造有利于自主创新的政策环境

市场竞争是技术创新的重要动力,技术创新是企业提高竞争力的根本途径。建立和完善有利于自主创新的制度性、政策性支持体系,是实现企业自主创新的重要保证。

1.保持全国领先的政策环境和优势

要强化科技政策的引导和促进作用,认真落实中央和天津市支持自主创新的各项政策以及《关于实施科技发展规划纲要,建设创新型城市的政策措施》,在增加科技投入、税收激励支持、金融支持、政府采购、引进消化吸收再创新、创造和保护知识产权、创新人才队伍建设等方面,紧密结合滨海新区的实际,制定和完善滨海新区提升自主创新能力的科技发展规划。由政府牵头会同滨海新区及相关部门,对滨海新区规划范围内各行政区域(功能区)分别制定的科技政策进行整合,形成统一的、较为完善的、覆盖整个滨海新区的科技政策体系,并结合新区发展实际,每两年进行一次修订,使滨海新区支持自主创新的各项政策、措施始终处于全国领先水平。

2.努力营造支持自主创新的政策法规环境

加强科技法规、政策体系建设,是政府调节和干预科技创新的重要手段,是维护自主创新活动正常秩序,推进科技进步的根本保障。要制定和完善符合国际规则和区域特点的科技政策体系,结合滨海新区的进一步开发开放,制定和落实的一系列鼓励创新的财税、金融、人才流动、市场竞争、企业创新、中介服务、人才技术奖励、知识产权保护以及高新技术产业政策规定等,进一步明确区域科技创新要素运动的原则和利益分配关系以及创新主体经营行为和方式。要把知识产权保护作为新区支持自主创新法规体系建设的核心内容,通过法制和经济的手段为自主创新项目所有者、自主创新投资者构筑起一道权益保护和风险防范的重要屏障,保护创新者的合法权益不受侵犯。积极引导和支持企业、科研机构在关系新区产业竞争力的重点领域和未来发展的新兴领域,加强自主创新,抢占技术制高点,形成自主知识产权,全面提升区域核心竞争力。

3.努力营造支持自主创新的财税政策环境

在财政科技投入方面,要建立科技投入大幅度增长的长效机制,并将科技投入作为预算保障重点,每年科技投入的增幅要明显高于财政经常性收入的增幅。改革和强化科技经费管理,建立严格规范的监管制度和绩效评价体系,提高资金使用效益。创新财政科技投入管理机制,按照科技部门、行业主管部门和科研机构的职责,合理配置科技资源,充分发挥财政资金对激励企业自主创新的引导和支持作用,支持企业成为自主创新的主体。优化财政科技投入结构,重点支持企业研发和创新成果转化项目,发挥好市科技创新专项基金项目的导向和带动作用,建立新区科技产业发展资金,扶持科技型初创企业和成果转化,中央给予滨海新区的开发建设专项补助,应作为创业投资引导基金全部用于支持科技创新。在税收政策方面,要认真落实市有关部门制定的推进科技创新的七项税收激励政策,科学的运用好激励企业自主创新的这一有效政策工具,鼓励和引导企业与科研机构联合,调动企业和科研机构的积极性,促进科技成果在生产实践中推广和使用。同时,要根据新区产业发展和提高核心竞争力的要求,在普惠政策的基础上,对符合条件的重点行业或企业实行特惠性政策。

4.努力营造支持自主创新的金融政策环境

在建立科技投入增长长效机制同时,滨海新区要加强与政策性和商业性金融机构在推进自主创新政策领域的合作,充分发挥中央给予滨海新区进行金融改革和创新的政策优势,把滨海新区建设成为直接与世界经济接轨、与最新金融创新结合、与最具市场体制和机制特征的国际企业合作的开发、开放区域。积极探索发展有利于自主创新的新型金融工具,以实现科技投融资体系运营国际化和建设多层次资本市场为目标,鼓励民间资本、金融资本、国际资本，以及银行、证券、保险等金融机构对科技创新活动的支持，从根本上解决科技型中小企业融资难的问题。进一步改善创业投资业的发展环境，创新多元化科技投融资工具，完善创业风险投资、信贷担保等机制，建立多元化、多渠道的投融资支撑体系，吸引和集聚海内外创业投资机构来滨海新区投资、发展。建立多种资金来源、多种组织形式、多层次结构的信用担保体系，逐步形成较为完善的支持中小企业科技投融资体系和创业风险投资机制。要本着"立足当前、放眼未来、兼容并蓄、开拓创新"的原则，充分借鉴国内外先进的投资理念、经营模式、管理方法，推进产业投资基金的发展。要加强产业基金服务滨海新区开发开放的投资引导和政策扶持，消除体制机制中存在的各种障碍，制定合理的准入制度，鼓励金融机构、保险公司、投资公司、上市公司、外资企业、民间资本等参与设立产业基金。探索建立和健全有利于产业基金发展的法律保障措施，以及发展过程中的风险防范体系，努力营造良好的金融发展环境，努力促进全国性的产业基金市场在我市形成。

5.努力营造有利于自主创新的创业环境

宏观上要进一步完善吸引和凝聚人才的政策、法律和事业发展的综合环境。微观上要创造局部优化的工作、生活环境，根据新区整体布局和产业发展，建设若干适应人才特点与实际需要的研发创新"特区"。要在坚持科学态度和科学精神的前提下，弘扬学术民主，宽容个性，不求全责备，既创造一种"不创新就淘汰"的紧迫感，又要真正做到尊重人、关心人、理解人、帮助人。要正确处理好引进人才与现有人才的关系，吸引人才与留住人才的关系，关心领军人才与关心创新团队的关系，营造公平、公正、公开的竞争和创新创业环境。要尊重差异、包容多样、宽容失败，以宽广的胸怀吸引和留住更多国内优秀人才的同时，还要吸引更多的海外留学人员回国创业以及国外优秀人才汇集滨海新区，为他们搭建大展宏图的舞台，让一切有利于社会进步的创造愿望得到尊重，创造活动得到支持，创造才能得到发挥，创造成果得到肯定，构建有利于创新人才成长的人文环境。

6.努力构建有利于促进企业自主创新的政策激励机制

要从过去注重强调产值、利税等经济指标,转变为突出强化自主创新能力建设的指标。在创新资源集聚方面,将引进和培育高水平研发机构、高素质人才、有良好产业化前景的孵化项目等反应研发资源集聚的指标列入考核体系;在创新投入强度方面,将研发机构投入与政府引导资金投入的绝对量和相对比例纳入考核指标;在创新产出贡献方面,把知识产权相关工作列入考核体系,以企业的知识产权工作绩效代替以往单纯的经济指标考核。同时,也要把创新成果的国际化水平纳入考核,不仅要考核创新的数量,还要考核创新成果在该领域的国际领先程度,即创新的质量;在技术转移方面,要将技术的转移数量及其占知识产权贡献的比率等指标纳入考核体系,考察科研成果与产业的结合度和技术扩散能力。

(三)进一步确立企业在自主创新中的主体地位

增强自主创新能力,关键是强化企业在技术创新中的主体地位,建立以企业为主体、市场为导向、产学研相结合的技术创新体系。因此,必须采取更加有力的措施,营造更加良好的环境,使企业真正成为研究开发投入的主体、技术创新活动的主体和创新成果应用的主体。

1. 进一步增强企业自主创新活力

要把技术创新能力作为企业考核的重要指标,把技术要素参与分配作为企业产权制度改革的重要内容。对于重大引进项目,承担企业在项目引进前必须制定关键技术和装备的消化吸收创新方案,明确消化吸收与再创新的计划、目标和进度,促进外源技术内源化。大中型工业企业必须制定提升企业竞争力的战略与研发创新的规划,并建立相应的企业研究开发机构,每年按不低于销售收入3%的比例提取研究开发专项经费。建立健全企业技术研究开发机构,在滨海新区范围内,通过自建或与高校、科研院所共建方式建立企业研发机构的大中型工业企业在2010年要达到90%以上。扶持一批民营科技型企业做大做强,鼓励他们增强创新意识,充分利用科技资源及创新成果,解决企业竞争中的科技难题。

2. 支持企业实施"名牌战略"

大力实施"名牌战略",以自主品牌创新为着眼点,完善有利于企业品牌培育发展的政策环境和市场环境,形成"共担投入、共享利益、协调运作"的品牌培育市场化机制。鼓励企业强化品牌意识和商标意识,争创名牌产品,并提高名牌产品国内外市场占有率。加大名牌扶持与激励力度,对新获得中国名牌产品和全国驰名商标的企业,要给予重奖,对新获得国家免检产品称号的企业和新获得省市级名牌产品、著名商标的企业也要给予奖励。加大对企业专利申请的扶持力度,重点对发明专利、有出口能力和出口商品目的地企业的 PCT 专利申请进行资助,鼓励其实现技术交易。实施专利信息利用与开发计划,引导企事业单位利用专利信息检索,加强二次开发,提高再创新与开发能力。引导、扶持企业积极参与行业标准、国家标准和国际标准制定,形成有自主知识产权的技术和标准。鼓励企业结成技术标准联盟,推动自主知识产权与技术标准的结合,形成优势产业实施标准。

3.实施扶持自主创新的政府采购政策

建立政府采购审核制度,完善政府购买向自主创新产品倾斜的有效措施。制定政府采购技术标准和目录,由科技部门会同综合经济部门按照公开、公正的程序对自主创新产品进行认定,并向全社会公告。建立财政性资金采购自主创新产品制度,对本市企业开发的符合政府采购技术标准和目录的具有自主知识产权的产品,实施政府采购政策和订购制度,不断提高政府采购中本市创新产品和服务的比例。各级政府机关、事业单位和团体组织用财政性资金进行采购的,必须优先购买列入目录的产品。

4.加大对自主创新型企业的政策扶持力度

要认真贯彻《天津市科技发展"十一五"规划纲要》和建设创新型城市的一系列要求,把对企业技术创新的政策扶持落实到位。要加大对企业技术创新投入的支持和引导,政府资源配置和公共服务向自主创新型企业倾斜,自主创新型中小企业要优先获得创业资本资助,科技研发资金对创业投资要实行优先匹配投入,自主创新型企业除依法享受税收优惠政策外,可优先获得土地资源和厂房资源。

(四)实现国内外科技创新资源的共享和优势互补

积极开展和推动环渤海地区各方面的科技协作与交流,联合解决区域发展中的重大科技瓶颈问题,搭建起吸纳整合各方资源、聚集各方力量的开放式创新平台,实现各种技术的集成创新。加强滨海新区区域内各种创新要素的集成,实现资源共享和优势互补,提高滨海新区的整体创新能力和水平。

1.加强部(大型企业)、市合作,充分利用各种科技创新资源

充分发挥科技部与天津市"部市合作"会商机制,在已确定的开展滨海新区创新和发展模式战略研究等七个方面进一步加强合作,全面提高自主创新能力,为滨海新区的长远发展提供强有力的科技支撑。与国家有关部门建立合作机制,共同建设好国家级的产业化基地、产业创新基地、科技产业园等项目,充分利用它们的科技、人才、信息、网络等优势,在电子信息、石油化工、汽车和装备制造、石油钢管、生物医药、新型能源和航空航天等领域,抢占前沿技术制高点。积极开展和推动环渤海地区各方面的科技协作与交流,联合解决区域发展中的重大科技瓶颈问题,实现各种技术的集成创新,增强科技创新对区域的辐射带动作用。在国家科技基础条件平台建设总体框架下,建设具有区域特色的公共服务平台,把增强自主创新能力作为中心环节,全面提升科技资源集聚、创新引领和辐射带动功能,提升整体技术水平和综合竞争力,建设高效率的创新体系和开放性、国际型、创新型研发转化基地。

2.建立京、津、冀科技合作协调机制,搭建起开放式创新平台

建议成立由国家科技部牵头、国家有关部委以及京、津、冀地方政府参加的区域科技合作协调领导小组,统筹协调京津冀区域科技规划和京津塘高新技术产业带规划的制定和实施。加强京津冀地方政府间的协商机制,联手解决经济社会发展中的重大科技问题,推动京津塘高新技术产业带建设,推进科技文献、科技信息、专家库等基础资源联网共享,联合建立实验室、股份制工程中心、研发中心、博士后流动站等机构,联合开展国际科技合作与交流,鼓励科技成果、科技人才、创业资本等科技要素在区域内有序流动等,共同推进京津冀区域科技创新体系建设。特别要加强与中关村科技园区的协调合作,通过建立创新联盟等方式,联合打造区域创新极和高新技术创新链,发挥两大节点对整个区域科技自主创新、技术

转移的辐射带动作用和梯度链接作用。

3.进一步整合滨海新区各行政区、功能区的科技资源

以滨海新区科技管理体制创新为突破口,彻底改变科技宏观管理各自为政,各方面科技力量自成体系、分散重复、整体运行效率不高,以及科技资源配置方式、评价制度不能适应滨海新区科技发展新形势需要的状况。尽快制定并出台《滨海新区科技发展规划纲要》,坚持"不分所有制,不分地域,不分隶属关系"原则,有效整合开发区、保税区、滨海高新区、海洋高新区、天津港以及塘沽、汉沽、大港、东丽、津南区域内的科技资源,加强各种创新要素的集成,发挥各自的区位、产业链延伸、聚纳和辐射、对外开放功能区的优势,实现资源共享和优势互补,提高滨海新区的整体创新能力和水平。

4.进一步吸引、整合国内外科技资源聚焦滨海新区创新发展

充分发挥国家级技术交易市场——北方技术交易市场的品牌效应,建立有新区特色的北方技术转移基地和北方技术转移中心,聚集一批国内外科技企业在新区孵化发展,推进滨海新区成为先进技术引进、消化、吸收的承接地和扩散地。同时,要依托滨海新区的综合优势,推进国际国内合作,扩大科技开放交流。通过设立专项基金等方式,支持与国家科研机构合作建设研发机构与转化基地,吸引国家直属大企业集团或外省市知名企业集团合作建立产业化基地。不断提升科技国际合作和区域合作水平,吸引国际性和国家各类行业协会、学会、标准委员会及相关组织来滨海新区建立分支机构,吸引国际知名的科研机构和跨国公司在滨海新区建立研发分支机构或合作建立研发机构,鼓励外资研发机构就地转化科研成果,放大技术外溢效应。

5.发挥好天津滨海高新技术产业园区的领航作用

天津滨海高新技术产业园区是科技部与天津市共同建设的首个国家级高新园区,要充分利用滨海新区开发开放的历史机遇和科技部拥有的专家资源、科技资源、信息资源等,制定一系列有利于推动自主创新的政策、规定,积极探索并构建能够使多种资源优势得到充分发挥的体制机制模式,发挥滨海高新区推动自主创新的核心作用,构建与国际接轨的研发

转化环境以及高效并充满活力的科技创新体系,使国家科技发展战略在滨海新区真正得到充分体现,并发挥好引导、示范、辐射和带动作用。

(五)构建国内一流的科技创新服务体系

把发展科技中介服务机构作为服务滨海新区经济建设和社会发展的重要途径,以组织网络化、功能社会化、服务产业化为方向,实现产学研之间的有机互动,努力构建有利于自主创新和加快科技成果转化的科技服务体系。

1.努力构建一流的科技服务和保障体系

要以建设国际技术转移体系为目标,通过高水平的公共科技服务平台、技术平台、研发平台、孵化平台、融资平台、人力资源平台建设,充分发挥其优化配置创新资源的桥梁和纽带作用,逐步构建起有利于自主创新和加快科技成果转化的科技创新服务保障体系。进一步集成已有的创新服务资源,完善以滨海新区生产力促进中心等为主体的科技产业孵育体系,加快建设滨海高新技术产业园区,成为环渤海地区自主研发转化、人才和高新技术产业化的聚集区。加快制定滨海新区科技创新服务体系建设项目管理办法,通过引导和推动各类科技创新服务机构加强常规业务和能力建设,深化体制改革,提高服务能力和水平,着力培育一批管理规范、服务优良、市场竞争力较强的科技创新服务机构,加快建设社会化的科技创新服务体系,为提高新区科技创新能力提供有力的支持。

2.重点支持并大力发展科技中介机构

尽快制定扶持政策,加大对科技中介服务的支持力度,完善科技风险投资的运行机制,培育和发展各种形式的科技风险投资机构和咨询机构,从孵化器、创投公司、担保机构到技术产权交易,形成较完整的风险投资市场机制,促进科技成果转化和高新技术产业化。要逐步把政府职能转变到制定政策、营造环境和提供科技公共产品及服务上来。在产业化环境建设上,充分发挥科技中介服务机构的功能和作用。引导科研机构、高等院校、广大科技工作者和其他社会力量,把发展科技中介机构作为服务经济建设和社会发展的重要途径。鼓励科技中介机构承担面向中小科技企业的共性技术推广任务,参与各类科技产业化计划的市场调研和实施策划。促进科技中介行业协会的建设和发展,大力发展会计师事务所、律师事务所、资产评估事务所、审计事务所、税务事务所、咨询公司等。此外,还要强化执业风险意识,规范中介机构行为,积极引进和培养高素质的科技中介人才,引导中介服务组织打造精品服务项目,树立服务品牌和信誉,推进滨海新区中介服务机构整体水平的提升。

3.加快创新成果产业化的载体建设

要围绕滨海新区的产业集群和优势产业,如生物技术与创新药物研发与转化、高端信息技术研发与转化、纳米及新材料研发与转化、新能源与再生能源研发与转化、民航科技研发与转化、海洋科技研发与转化等,充分发挥新区现有的各类园区建立中小企业技术创新基地、产业化基地的作用,进一步加强对各级各类科技孵化器发展的规划和引导,明确各类科技企业孵化器的主导方向,推动孵化器专业化发展、市场化运作,形成主体多元化、功能专业化、形式多样化的孵化器集群。成立滨海新区科技企业孵化器专家指导委员会,促进孵化器发挥成果转化、中介、投融资等培育企业的服务功能,同时,要制定科学合理的评价体系,对科技企业孵化器运行情况进行考核,择优由财政安排专项资金给予扶持。

(六)构建有利于自主创新的投融资机制

在建立科技投入增长机制同时,滨海新区要加强与政策性和商业性金融机构在推进自主创新政策领域的合作,充分发挥中央给予滨海新区进行金融改革和创新的政策优势,把滨海新区建设成为直接与世界经济接轨、与最新金融创新结合、与最具市场体制和机制特征的国际企业合作的开发、开放区域。

1.构建以政府投入为导向的多元化、多渠道科技投入体系

认真贯彻科技进步法,落实《天津市科技投入条例》,加大科技投入力度、提高科技投入利用率、建立稳定增长的政府财政科技投入增长机制,发挥政府资金的杠杆作用。认真落实中央和天津市给予滨海新区的财政税收支持政策和措施,中央给予滨海新区的开发建设专项补助,应作为创业投资引导基金全部用于支持科技创新,我市建立的科技创新专项资金,也应该重点支持滨海新区的发展。优化财政科技投入结构,提高资金使

用效率,特别是要加大对滨海新区重大科技专项、科研基地、科技队伍建设、科技基础条件的投入力度,加强对应用基础研究与前沿技术、社会公益研究的支持。创新财政科技投入管理机制,建立多元化、多渠道的科技投入体系,提高全社会科技投入水平。探索发展新型金融工具,采取贷款贴息、担保、信用体系等有效手段,鼓励民间资本、金融资本、国际资本对创新活动的支持。

2.进一步完善有利于自主创新和科技资源集聚的金融机制

紧紧抓住滨海新区作为我国金融制度改革与创新的历史机遇,充分利用拓展金融机构、发展金融业务和市场、扩大金融开放的有利契机,探索发展新型金融工具,构建起有利于自主创新和科技资源集聚的金融机制,打通科技成果转化的资金瓶颈。要加强产业基金服务滨海新区开发开放的投资引导和政策扶持,消除体制机制中存在的各种障碍。充分借鉴国内外先进的投资理念、经营模式、管理方法,制定合理的准入制度,鼓励金融机构、保险公司、投资公司、上市公司、外资企业、民间资本等参与设立产业基金,通过建立"科技风险投资公司"、"科技创业投资公司"等,吸引国内外风险投资公司进入滨海新区投资。探索建立和健全有利于产业基金发展的法律保障措施,努力促进全国性的产业基金市场在我市形成。

(七)实施国际化人才建设滨海新区战略

积极采取长久、持续和有效的措施,突破人才流动的体制、机制和政策壁垒,构建有利于创新人才成长的政策、人文和事业发展环境,形成面向全国、面向世界的人才大市场,吸引和凝聚国际化人才建设滨海新区。

1.建立长久、持续、有效的人才管理机制

紧紧抓住滨海新区开发开放列入国家发展战略这一难得的历史性机遇,以及创新型人才的国际化流动趋势,积极采取长久、持续和有效的措施,突破人才流动的体制、机制和政策壁垒,实现人才管理制度与机制从单一创新向机制、制度、流程、技术等层面的系统创新转变,建立开放式、动态型人才引导机制、激励机制、竞争与淘汰机制、约束与监督机制,实行"柔性"流动,"刚性"管理。要创新人才观念,树立科学的人才观,坚决破除"唯学历、唯职称、唯资历、唯身份"的狭隘人才观,把品德、知识、能力、业绩作为衡量人才的主要标准,不拘一格选用人才,把能力业绩作为人才的核心标准。努力做到人尽其才,才尽其用,形成国内一流的人才管理机制和科技创新人才成长环境。

2.构建创新人才的评价、使用、激励机制

一是创新人才评价机制。要制定人才评价工作的相关法规及相应的实施细则,建立健全评价的组织体系,使人才评价机制在完善的体制保障下有效运行,以确保评价工作的规范化和健康有序发展。克服人才评价中重学历、资历,轻能力、业绩的倾向,建立以业绩为导向,由品德、知识、能力等要素构成的各类人才评价体系。二是创新人才使用机制。要打造竞争平台,体现"公开、平等、竞争、择优"的原则,力求才尽其用、广纳群贤,要公开选拔、平等竞争、公正评价,实现由"静态用人"向"动态用人"方式转变。三是创新人才激励保障机制。针对各类人才特点,建立健全与社会主义市场经济相适应、与工作业绩紧密联系、鼓励人才创新创造的分配制度和激励机制。要满足多样化的人才需求,建立规范化、正常化的人才奖励制度和多元化的价值分配体系。

3.创新人才市场配置机制

推进人才引进由行政驱动向市场驱动转变,进一步完善人才资源市场化配置机制,消除人才流动中的区域、部门、行业、身份、所有制等限制,充分发挥供求、价格和竞争机制的调节作用,形成统一规划,各功能区、行政区相互衔接的人才工作整体协调机制。全面加强国内区域人才资源开发合作,进一步推进京津冀人才开发一体化进程,不断扩大合作领域,创新合作机制,提高合作水平,努力构建统一开放的人才市场体系。积极开拓海外人才引进渠道,通过举办海外人才项目洽谈会、国外人才招聘会和委托国外人才机构招聘等途径,为企业搭建海外人才引进平台。制定和完善海外高层次人才在外汇、税收、居留等方面的法规和优惠政策,实现吸引和凝聚国际化人才建设滨海新区。

4.创新社会化的人才服务机制

加强人才公共服务体系建设,特别是要加快人才公共信息网络建设,形成面向社会的人才公共信息服务平台,提高公共管理的水平。大力发展与国际接轨的人才服务机构、适应人才国际化的人事代理服务机构、国际互认的专业技术资格制度,为国内外优秀人才来滨海新区创业,提供宽领域、多层次、无障碍的优质服务,吸引和柔性引进国内外高水平的专家、团队和拔尖人才。建立人才资源开发分析系统,完善人才资源开发运行监测体系和人才统计指标体系,健全人才结构动态变化的预测调控机制,加强人才资源信息分析,定期发布人才资源发展报告和人才需求目录,引导人才合理流动和配置。完成人才基础数据库建设,加快电子政务建设,丰富、充实各级政府人才门户网站的政务信息和服务内容,积极推行人才网上在线服务。

(八)实施知识产权战略

加强滨海新区知识产权保护的区域环境建设,实施知识产权和技术标准战略,构建知识产权与科技、经济协调发展的工作运行机制和政策环境体系。

1.进一步加强知识产权保护环境建设

一方面要加强全市知识产权保护的大环境建设,尽快将《天津市专利保护办法》列入立法议程,并早日颁布实施;加快建立和推进《天津市知识产权战略纲要》的制定和实施,推动全市经济、科技、教育等部门的知识产权工作,促进企事业单位专利的创造、转化和保护工作,建立知识产权与科技、经济协调发展的工作运行机制和政策环境体系;定期发布天津市知识产权保护状况,营造良好的对外开放的知识产权环境;参照其他三个直辖市机构设置情况,将我市知识产权局调整为政府序列,并提高规格,增加相应的编制,同时解决区县知识产权管理机构和人员编制问题,理顺知识产权管理体系。

2.进一步提升专利技术的实施转化率

实施"专利技术产业化"示范工程,充分发挥国家级工程技术中心、国家重点实验室、省部级重点实验室、国家级企业技术中心、国家级成果推广中心、各类科技企业孵化器以及全市科研基础共享信息网络的作用,提升专利技术的实施转化率。逐步扩大"重点推广扶持优秀专利技术项目"

的范围,建成一批知识产权实施和产业化示范单位,搭建专利技术交易平台。建立健全知识产权激励机制和知识产权交易制度。财政除划拨行政费、事业费外,还要增加专利申请专项资金和专利技术产业化专项资金,并纳入财政预算,形成制度化和专项化。

3.加强对知识产权专业人才的培养

要设立知识产权高层次人才培养专项资金,落实吸引高水平人才的相关政策,完善项目申报的绿色通道制度,培养和引进一批知识产权工作所必须的高层次、复合型专门人才。加大科技帅才和领军人物的培养力度,培养一批具有技术背景、市场眼光、法律知识的知识产权专家。结合滨海新区未来软件、生物技术、现代中药、绿色能源、环保科技、水资源、纳米与新材料、海洋科技、民航科技、科技服务业十大新兴高新技术产业发展,选拔若干优秀中青年科技人才、科研团队给予连续支持,培育出具有自主知识产权的知名品牌和骨干高新技术企业。

4.要进一步促进专利奖励对科研项目的导向作用

专利奖励的重点,要根据国家对天津未来发展的战略定位和建设创新型城市的要求,规划设计鼓励企业自主创新的政策体系,根据中央对滨海新区的政策支持,对现行的政府采购政策、税收政策、贷款担保政策、进出口政策、高技术产业政策等进行必要的调整,形成经济政策与科技政策的协调互动,共同构成促进企业自主创新的政策体系。要建立政府引导,市场运作的投资机制,出台鼓励专利实施的优惠政策,通过奖励制度的引导,对人力资本要素进行适当倾斜,实现劳动、知识、资本、技术和管理等要素,按贡献参与分配,并使其创造权益得到充分保障。

课题组负责人:于树香(天津市委研究室)、刘明森(天津市塘沽区委、天津海洋高新技术开发区管委会)

课题组成员:张同顺(天津市委研究室文化调研处)、张清玲(天津市委研究室社区调研处)、杨竹(天津市委研究室文化调研处)、李志水(天津市委研究室社区调研处)、杨绍松(天津海洋高新技术开发区管委会)、夏正淮(天津市科学技术委员会体改处)、虞一平(天津高新技术产业园区管

委会研究室)

课题报告完成时间：2009 年 8 月

参考文献

胡锦涛在全国科学技术大会上的讲话[Z].2006

温家宝在全国科技大会上的讲话[Z].2006

张立昌在天津市科技大会上的讲话[Z].2006

胡锦涛、温家宝等中央领导视察滨海新区时的讲话[Z].2006

国务院关于推进天津滨海新区开发开放有关问题的意见[Z].2006

天津滨海新区国民经济和社会发展"十一五"规划纲要[Z].2006

天津市国民经济和社会发展"十一五"规划纲要[Z].2006

天津市中长期科学和技术发展规划纲要[Z].2006

国家中长期科学和技术发展规划纲要[Z].2006

中国海洋高新技术及其产业化发展战略研究[Z].中国海洋大学出版社,2006

科技部长徐冠华谈建设创新型国家[Z].2006

滨海新区构筑自主创新高地的发展路径和实现机制研究

【摘要】本课题依据自主创新的相关理论和国内外区域创新的典型案例,结合示范区自身实践的经验,推出了自主创新高地的内涵和特征与量化指标体系。通过访谈及问卷调查法,对滨海新区政府及规模以上工业企业开展深度调研活动,归纳出滨海新区构筑自主创新高地的制约因素。然后,结合滨海新区特征,提出构筑自主创新高地的"R—P—I—RI路径",接着研究构建相应的支撑机制,包括动力机制和保障机制。最后,对滨海新区建设自主创新高地作了展望。

一、概述

(一)构筑自主创新高地提出背景

提升自主创新能力是调整产业结构、转变经济发展方式、建设"创新型国家"的根本保障。在新时期,滨海新区面临着探索增强自主创新能力、更好地发挥科学技术对滨海新区开发开放的引领支撑作用、推进新区经济社会发展向创新驱动、内生增长模式转变的巨大挑战。在此形势下,研究构筑自主创新高地的发展路径和实现机制具有其迫切性和重大意义。

1. 全球科技革命加速推进给滨海新区带来机遇

经济全球化与科技进步相结合，使世界更加开放，全球经济合作和区域经济合作不断加强，形成了全球资本、技术和信息超越国界的结合，这种结合创造了一个整合的全球市场。环境优越的地区能够利用这个市场获得人才、技术等创新资源。这就给环渤海经济区的启动，滨海新区的建设带来了新的机遇。

2. 区域经济进入协调发展阶段凸显了滨海新区的重要地位

新世纪，我国区域经济发展的重要特点是城市群的出现，已形成京津冀、长江三角洲、珠江三角洲三大城市群。他们是我国经济发动机，每一个经济发动机又有一个带头羊，即深圳、浦东和滨海新区，形成三大"经济引擎"。滨海新区是京津冀都市圈规划中经济发展的重点，基本处于起步阶段。面对全国经济区域竞相发展的格局，加快新区的开发建设，实现跨越式发展，比过去显得更为重要。

3. 滨海新区构筑自主创新高地具有迫切需求

2010年，国务院先后批准北京中关村科技园区、武汉东湖新技术产业开发区、上海张江为国家自主创新示范区。滨海新区面临新的挑战，要在未来区域竞争中与其比肩，当以国家自主创新示范区为参照，发挥先行先试、探索经验的优势，准确把握从自主创新活动到自主创新高地转变过程中的丰富内涵和实现形式，加速创新发展步伐，实现国家科技创新政策与区域发展有效对接，增强创新能力和辐射带动效应，达到引领经济发展方式转变等目的，因此滨海新区对自主创新高地建设有着迫切需求。

（二）构筑自主创新高地的重大意义

1. 为滨海新区确立了新的发展战略导向

党的十七大明确指出，要发挥经济特区、上海浦东新区、天津滨海新区在改革开放和自主创新中的重要作用。经过各级的努力，滨海新区综合实力、创新能力、服务能力和国际竞争力显著提升，正在努力成为科学发展的排头兵，标志着滨海新区把自主创新作为今后发展的战略导向。

2. 符合区域自主创新发展规律的要求

滨海新区经过近年来经济、社会发展所积聚的技术资源、人才资源、资金资源等,为滨海新区自主创新能力的培养提供了有利的政策背景和宏观环境等优良的条件。因此进一步进行自主创新高地的建设,为天津市经济发展提供强劲增长引擎是完全符合区域自主创新发展规律的。

3.建设实践能为我国提供借鉴和指导

构筑自主创新高地的动力、机制和路径都与我们所熟知的工业园、科技园这样的以优化投资、招商引资发展起来的自主创新活动有较大区别,因此,对滨海新区自主创新高地构筑的研究是一次难得的机会,对高地建设战略规划、机制、路径和空间形态等的研究,可为我国自主创新高地的发展实践提供借鉴与指导。

(三)研究思路

本课题的研究思路为:

1.自主创新高地涵义:自主创新高地目前尚无成熟的理论,其内涵及研究边界均不确定,在依托相关理论和经验借鉴基础上,首先研究高地的涵义,再结合滨海新区实际确定基本特征,为后面的深入研究奠定坚实基础。

2.自主创新的现状分析:围绕与自主创新高地特征相关的方面展开对现状的研究,发现与先进区域比较的差距和问题。

3.自主创新高地发展路径的研究:以滨海新区建区以来的发展特征和目标定位为指导展开发展路径的研究,以自主创新高地特征为维度确定自主创新高地培育的不同发展阶段,作为其发展路径的外化表示。

4.自主创新高地实现机制的研究:提出路径实现的支持体系,确定相应的实现机制,对实现机制的内容和运行展开具体研究,并提出相关建议。

二、自主创新高地相关理论基础与分析

自主创新是相对技术引进、模仿而言的一种创造活动,是指通过拥有自主知识产权的独特的核心技术以及实现新产品的价值过程。自主创新到自主创新高地的建设,突出由点到面、引领辐射的内涵,反映了国家自主创新战略基点的提升。

(一)自主创新高地研究的相关理论

现阶段对自主创新高地尚无统一理论,只能借助相关理论来研究自主创新高地。我们发现当自主创新活动的各种要素资源得以在一定区域内迅速地聚合,与地域功能布局有机地结合起来的时候,实际上与解释以区域为空间形态而进行的创新性活动为主要内容的区域理论及产业集群等理论比较接近。

1. 区域创新系统理论

(1)区域创新系统的起源与涵义

1992年英国威尔士卡迪夫大学教授库克(P. Cooke)发表了《区域创新系统:欧洲的竞争规则》一文,首次提出了区域创新体系的概念。Cooke将区域创新系统定义为:企业及其他机构经由以根植性为特征的制度环境系统地从事交互学习[1][2]。该定义的关键在于根植性这一概念,与国家创新系统相比,区域创新体系更带有地域色彩。我国学者王核成、宁熙认为,区域创新系统是指某一特定区域内互相联系,在地理位置相互靠近的经济主体之间通过某种方式而形成的一系列长期交易关系的集合,其中既包括把各类行为主体连结起来的一般联系,更大量的则是体现在系统内以资产、信息、人才、技术的流动等具体形式之上的经济主体之间的交互关系[3]。刘金友认为区域创新体系是指一个经济区域与技术创新的产生、扩散和应用直接相关,并具有内在相互关系的创新主体、组织和机构的复合系统[4]。

(2)区域创新系统的构成

Autio(1998)认为,区域创新系统主要由根植于同一区域社会经济和文化环境中的两个子系统构成:知识应用和开发子系统,以及知识生产和

---

[1]Cooke P. Regional Innovation Systems:Competitive Regulation in the New Europe. Geoforum,1992,23:365—382

[2]Cooke P. Regional Systems of Innovation:an Evolutionary Perspective. Environment and Planning,1998,30:1563—1584

[3]王核成,宁熙. 硅谷的核心竞争力在于区域创新网络. 经济学家,2001.5:125—12

[4]刘金友. 基于政行区划的区划创新体系研究. 企业经济,2001,3:13—16

扩散子系统。他的观点也得到了 Cooke(2002)以及 Trippl(2004)的认同。Andersson 和 Karlsson(2002)则认为集群在区域创新系统中处于极其重要的位置,大力推崇 Asheim 和 Isaksen(2002)对区域创新系统的定义,并在 Eriksson(2000)研究的基础上提出了以集群为中心的区域创新系统结构图(见图1)。

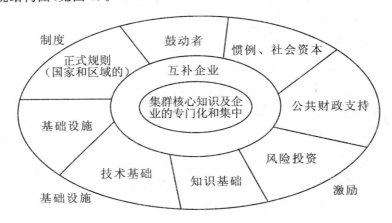

图 1　以集群为中心的区域创新系统结构图

国内学者主要对区域创新系统构成要素进行了阐述,主要有主体要素、功能要素及环境要素等,其中主体要素包括区域内的企业、大学、科研机构、中介服务机构和地方政府,功能要素包括制度创新、技术创新、管理创新和服务创新等,环境要素包括体制、机制、政府或法制调控、基础设施和保障条件等[①]。

(3)区域创新动力机制的框架

随着波特(Porter,1990,1998)引入了"集群"的概念,并论述了集群在国家创新能力和竞争力中的重要作用和角色后,创新理论便转向对创新环境与产业集群环境及其之间联系的研究上。甘斯(Gans,2003)总结了波特的研究工作,提出了区域创新动力机制的一般框架[②],见图 2。

---

①胡志坚,苏靖. 关于区域创新系统研究. 科技日报,1999.10.16
②Joshua Gans & Scott Stern. Assessing Australia's Innovative Capacity in the 21st Century,2003,6:27－28

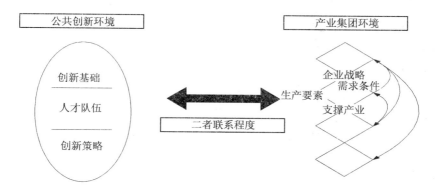

图 2　区域创新动力机制的一般框架

图中左边椭圆形代表了支持创新的公共环境,包括:创新基础,即对基础研究和对教育的投入,对创新人才队伍的培养以及刺激企业创新的政策。右边菱形代表波特的钻石理论,即产业集群环境。同时,公共创新环境与产业集群环境之间具有相互联系,任何一个集群环境都要依靠公共创新环境,同时集群的产业发展和投资方向也反过来影响公共创新环境的建设。因此,甘斯将创新的动力总结为三个决定因素:即公共创新环境的完善程度;产业集群的生命力;创新环境与产业集群的联系程度。

2.创新极理论

(1)创新极的特征与功能

创新极是达到临界规模并在区域创新系统中有创新引导、规划和支撑作用的产业技术创新网络,是区域创新系统内达到临界规模的产业创新子系统,相对于整个区域创新系统,这些产业创新子系统处于一个"极"的位置,扮演了带动区域创新能力发展的角色,具有典型的根植性、系统复杂性、层次性、多样性、动态性等特征。作为区域创新极,其主要功能表现在以下三个方面:一是极化功能,使区域的中心与外围创新能力呈现差异;二是知识扩散功能;三是带动功能。创新极的创新能力、创新绩效和技术水平代表了区域创新系统的能力与水平,进而对区域经济的支撑和引领起决定性作用。

(2)创新极运行的动力机制及结构

创新极网络形成的动力主要来自于交易成本的降低、获取社会资本优势、参与产业价值链分工、获取创新的网络效应或创新溢出,最终提高企业和产业的创新效率和绩效,具体动力机制如下图3。

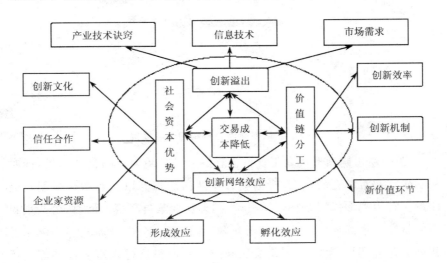

图3　创新极的运行动力机制

3.区域产业集群相关理论

(1)高新技术产业集群的涵义

产业集群是一种世界性的经济现象,是指在某一特定领域中通常以一个主导产业为核心,大量相互关联的企业及支撑机构在空间上的聚集、并形成强劲、持续的竞争优势的现象[1]。按照集群的产业性质,可以分为三类性质:传统产业集群、高新技术产业集群、资本与技术结合型产业集群。依据世界先进科技园区的发展经验,高新技术产业的创新活动明显多于传统产业,高新技术产业的企业更倾向于积聚,以增强隐性知识的流动。

(2)高新技术产业集群促进区域经济发展的方式

---

[1]Porter. Michael E Clusters and The New Economics of Competitions. Harvard Business Review,Nov.—Dec.,1998

根据王辑慈关于高技术产业集群特征的分析,高技术产业的地方联系有前向与后向之分。其中,如果非标准化的产品由小企业小批量生产,那么在本地的后向联系就显著。相反,如果产品是标准化的,企业是大型的,企业在本地的后向联系就不突出[①]。所以,若论及产业的地方联系对高技术产业集聚的影响,其准确含义多指高技术产业的后向联系。由此可见,若使高技术产业对地方经济产生较大的促进作用,可借助于高效的产业创新系统和支撑机制的力量,形成较强地方植根性的产业集群,将高技术产品最大限度地纳入本地市场,从而有效地促进区域经济的发展。

(二)自主创新高地的指标选取

基于以上对自主创新实践运行角度的分析,本题对滨海新区自主创新高地特征进行基本阐述,并首先把握以下两点:

1. 自主创新高地与一般创新活动不同,应具有标杆作用,通过局部试验示范带动全局发展,而示范效应是通过长期不断探索与积累而形成的。

2. 由于区位特点及开发阶段不同,需紧密结合滨海新区特点。滨海新区发展改革与深圳、浦东目前的改革相比,仍处于工业化加快发展阶段,特征的内在逻辑顺序、重要性程度会有所不同。

基于上述考虑,参考了大量相关的衡量指标,如天津市委、市政府工作会议报告中关于加快自主创新高地建设要求中提及的核心任务和量化目标;中国软件自主创新报告——软件城市竞争力评价指标体系[②];辽宁省高新技术企业竞争力评价指标体系[③]以及自主创新示范区及其他关于区域自主创新能力评价指标体系文献,充分考虑指标的反映功能、指标数据的可得性,最终将内容凝练为创新资源、产业集聚、创新网络与环境、创新辐射四个关键要素,建立评价自主创新高地特征的基本框架,具体由 4 个一级指标、11 个二级指标及 29 个三级指标所组成(见表 1)。

---

①王辑慈. 创新的空间[M]. 北京:北京大学出版社,2001,5

②卢爱芳等. 2008 中国软件自主创新报告—软件城市竞争力. 21 世纪经济报道,2008,7,3

③王满. 辽宁省高新技术企业竞争力实证研究. 东北财经大学内部控制与风险管理研究中心 2010 年度研究报告,2010,12

表1 自主创新高地特征指标体系

创新资源	人力资源	R&D从业人员占总从业人员比例
	资本资源	R&D经费与GDP比例
		R&D投入强度
		政府资金投入比重
		企业资金投入比重
	技术资源	技术引进占新增固定资产比重
		科技引进费用占科技经费支出比例
		新增固定资产数占总固定资产比例
		每万名从业人员专利申请授权数
		单位企业拥有的获国家科学技术奖的科技成果
产业集聚	产业集聚与创新能力	高新技术企业产值增加额占总产值增加额比例
		新产品产值占总产值比例
		新产品出口额占总出口额比例
		新产品销售收入占所有产品销售收入比例
		技术市场成交合同占总成交合同金额比例
		高新技术企业数占全部企业数比例
		总收入超亿元高新技术企业数占全部企业数比例
		总收入超亿元高新技术企业总产值占全部总产值比重
创新网络与创新环境	科技机构支撑	单位企业所依托高等院校数
		单位企业拥有科研机构数
		单位企业拥有国家重点实验室数
	金融机构支撑	金融机构对科技活动经费的贷款占全部贷款额比例
	外商投资	国外直接投资占总投资比例
		外商投资高新技术产业实现工业总产值占工业总产值比例
	政府作用	地方财政科技拨款占地方财政支出比例
	高科技转化水平	产学研关联系数
创新辐射	创新贡献	企业贡献率(利税/科技经费筹集中政府资金)
	区域带动	人均GDP与周边省份的比值
		平均利润率与周边省份的比值

1. 创新资源

创新资源体现于构筑自主创新高地所需要的人力与物质禀赋,包括人力资源、技术资源与资本资源,构建了3个二级指标和10个三级指标。

创新资源是自主创新高地发展的基础。

2. 产业集聚

产业集聚主要来自于企业与产业聚焦。选择产业集聚与创新能力为二级指标,又分为 8 个三级指标,其聚焦程度主要体现在企业集聚状况与产业价值链上,通过企业与产业集聚状况反映自主创新高地的产业集聚状况。

3. 创新网络与环境

创新网络与环境主要反映科技机构、金融机构、外商投资与政府支撑等与自主创新有关的支持条件上,由于指标之间涵义互有交叉,完全分离有困难,故合并设置,共分为 5 个二级指标与 8 个三级指标。

4. 创新辐射

创新辐射表现为企业创新贡献和新兴技术与高新技术产业化的引领示范,以 2 个二级指标与 3 个三级指标来体现,企业创新贡献从量上来看体现为运用政府科技投入资金对社会的利税贡献,新兴技术与高新技术产业化的引领作用重点表现在该地区别于其他地区在价值量级方面的区域特征上。

三、滨海新区自主创新发展现状及分析

为准确地把握滨海新区自主创新发展状况,本项目组首先查阅了大量滨海新区统计资料和滨海新区各部门提供的相关数据,在此基础上,采用访谈及问卷调查法,针对滨海新区高新区、开发区和保税区三区政府及辖内规模以上工业企业开展了深度调研活动。再辅以比较分析法,对浦东新区、深圳特区、北京中关村等相应区域作了对比研究。

(一)滨海新区构筑自主创新高地特征分析

滨海新区自 2005 年纳入国家整体发展战略以来,在“十一五”期间,实现了突破性的飞跃发展。结合前述自主创新高地内涵和特征,目前滨海新区构筑自主创新高地现状如下:

第一,创新资源方面。截至 2010 年,滨海新区完成生产总值 5030.1 亿元,“十一五”期间实现年均增长 22.5%;财政收入 1006 亿元,实现年均增长 25.8％,其中地方财政收入 623.2 亿元,年均增长 38.2％;"十一五"期间完成固定资产投资 9522.8 亿元,是规划目标 5000 亿元的 1.9 倍。目前,滨海新区"一核双港、九区支撑、龙头带动"的空间布局规划得到落实并初显成效,为自主创新高地构筑和发展打下了坚实的基础。

第二,主导产业方面。经过"十一五"时期的快速发展,滨海新区高新技术产业总产值占全市比重近 80％,占全区工业总产值的比重提高到48％。截至 2010 年,滨海新区已初步建设 15 家国家级科技产业化基地,经认定的高新技术企业 514 家,占全市比重达到 68.3％。维斯塔斯、诺和诺德、中兴通讯、大唐电信、大运载力火箭、空客 A320 等国内外知名高科技企业或高端项目先后落户新区,培育了赛象、力神、曙光等一批自主创新龙头企业,促进了航空航天、电子信息、石油化工、汽车及装备制造、新能源新材料等优势产业的集聚。同时,在循环经济建设方面形成特色,建成了北疆电厂一期、新泉海水淡化、汉沽垃圾焚烧发电等循环经济项目,初步形成了石油化工、冶金、电子信息、汽车等 7 条循环经济产业链,开发区、临港经济区成为全国循环经济示范区。

第三,创新网络方面。"十一五"时期,滨海新区形成了 50 多家国家和市级科研机构、50 多家大型企业研发中心和 62 家企业博士后工作站。截至 2010 年,滨海新区重点建设了国际生物医药联合研究院等 12 个国家级科技创新平台、10 家行业技术研发平台。合计拥有各类经认定的创新机构 157 家,其中重点实验室 14 家、工程技术中心 26 家、企业技术中心 96 家、转化服务机构 300 家、科技孵化器和生产力促进中心 24 家、风险投资机构 15 家。国际生物医药联合研究院、中科院工业生物技术研究所等建成运营,滨海工业研究院等项目顺利启动。创新资源聚集进一步加快。

第四,创新环境方面。"十一五"时期,滨海新区在行政管理、金融创新、涉外经济、科技创新、土地管理等重点领域和关键环节的体制改革取得显著进展。2009 年,国务院同意把滨海新区设为行政区,新区开发开放进入一个新阶段。服务业加快发展,2010 年服务业占生产总值比重达到 31.6％。现代航运物流体系逐渐完善,融资租赁、产业基金等金融业态集聚成长,总部经济、旅游休闲等一批适合新区特点的服务业不断壮大,科技和中介服务、会展经济等配套发展。金融创新不断深入,产业投资基金成功运作,私募股权基金加快集聚。股权交易所、排放权交易所等创新型交易市场运营,"单船单机"、意愿结汇试点取得进展。科技投入力度进一步加大,科技活动经费筹集、研发经费投入、科技活动人员、R&D活动人员等主要科技活动投入指标增幅远高于全市平均增幅,占全市的比重明显提高。

第五,创新辐射方面。"十一五"期间,滨海新区组织实施了100项高新技术产业化项目,每年市级以上科技立项超过300项,在基因药物、信息安全产品、新一代移动通信终端、民航机电产品、膜材料、海水淡化装置、电动汽车、无缝钢管等高端技术方面取得突破,拥有了一批具有自主知识产权的技术和产品,具有显著的技术溢出效应。截至2010年,滨海新区已与国内各部委、研究机构、央企及美国、意大利、瑞典等国家和地区,建立了全面科技合作关系,与天津城市创新体系、京津冀区域创新体系的互动和统筹协调得到加强,对区域创新体系中的龙头带动作用不断提升。

从自主创新高地特征上看,目前,滨海新区已积累了一定的产业基础,劳动密集型产业、资本密集型产业并存,知识密集型产业开始出现,产业集群成长迅速。区域对创新有很高需求,区内高校和研究机构成为创新的主体,企业在创新活动中的作用日益加强,政府是创新的主要推动者,科技对内对外开放度显著提升。滨海新区的商业环境得到改善,吸引外资能力得到进一步加强,能够引进和消化较高端的技术,通过技术溢出与扩散实现企业协同与集群,优势主导产业形成。滨海新区经过"十一五"期间的快速发展,已步入构筑自主创新高地的快车道。

(二)滨海新区与其他创新区域的比较分析

鉴于珠江三角洲(香港—深圳—广州)、长江三角洲(上海)和环渤海经济圈(北京—天津)是目前我国经济增长的主要引擎,也是我国自主创新的主要动力的现实,本课题拟选取三大区域中深圳、上海、北京中关村与滨海新区进行对比分析,以前述自主创新高地特征指标进行描述分析,明确滨海新区自主创新高地与其他创新区域比较的相对发展位置。

1. 三大区域自主创新状况对比研究

(1)三大区域 R&D 投入资源状况

R&D 投入是衡量自主创新力度的重要指标,包括人员投入与资金投入。科技的自主创新活动离不开新增固定资产投入的支持,因此将以 R&D 从业人员占总从业人员比例、R&D 投入强度(R&D 经费占 GDP 比例)、新增固定资产数占总固定资产比例来分别表示区域人力资源、资金资源与技术资源。结果分别见图 4、图 5、图 6、表 2 所示。

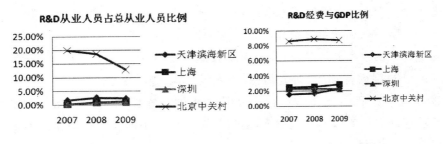

图 4　R&D 人员投入　　　　　图 5　R&D 经费投入

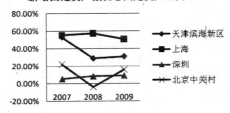

图 6　新增固定资产

表 2 三大区域 R&D 投入资源比较

	天津滨海新区			上海			深圳			北京中关村		
	2007	2008	2009	2007	2008	2009	2007	2008	2009	2007	2008	2009
a	1.81%	2.73%	2.40%	0.23%	0.93%	1.36%	0.21%	0.87%	0.92%	19.95%	18.57%	12.82%
b	1.58%	1.69%	2.30%	2.52%	2.57%	2.87%	2.32%	2.29%	2.26%	8.64%	8.93%	8.76%
c	53.36%	28.87%	31.08%	55.32%	57.42%	50.94%	5.30%	8.35%	9.14%	22.17%	-3.92%	16.07%

注:a 为 R&D 从业人员占总从业人员比例,b 为 R&D 经费与 GDP 比例,c 为新增固定资产数占总固定资产比例

由表 2 可见,滨海新区技术资源方面远远大于高新技术产业发展较早的北京中关村与深圳,说明为高新技术产业发展提供了坚实的前提和基础,只是与上海相比还有一定差距。而在人力资源、资金资源方面,北京中关村的高新技术产业发展较早且相对成熟,投入方面与其他三地相比占绝对优势,但滨海新区作为新起步的自主创新区域,与上海、深圳相比水平略低但基本持平,表明滨海新区拥有较好的资源基础,尤其在技术资源方面已有良好的自主创新基础,且在人力资源方面也略有优势,说明并不缺乏自主创新条件与能力,有较好的资源禀赋。

(2)三大区域资金资源状况

三大区域资金资源状况可用区域存款余额发展情况表示,见表 3、图 7 所示:

表 3 滨海新区与浦东新区和深圳市存款余额发展情况表

(单位:亿元)

年份	滨海新区			浦东新区			深圳市		
	存款余额	增长率	GDP增长率	存款余额	增长率	GDP增长率	存款余额	增长率	GDP增长率
2005	1026.08	23.52%	19.8%	4244	25.3%	12.1%	8478.16	19.40%	15.1%
2006	1293.00	26.01%	20.2%	5042	18.8%	13.4%	9540.42	12.53%	16.6%
2007	1630.59	26.11%	20.5%	6302	25.0%	15.2%	11495.79	20.50%	14.8%
2008	1966.96	20.63%	23.1%	7705	22.2%	11.6%	13011.24	13.18%	12.1%
2009	2983.19	51.67%	23.5%	10528	36.64%	10.5%	16938.19	30.18%	10.7%

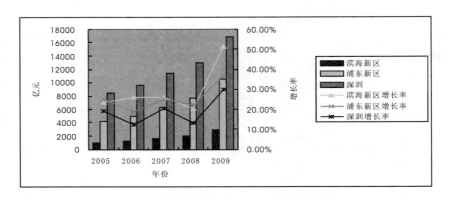

图7 滨海、深圳、浦东存款余额增长率

滨海新区存款余额增长速度均快于浦东新区和深圳,这也在一定程度上反映了目前滨海新区的金融规模仍落后于浦东新区和深圳,但发展势头迅猛,潜力巨大。

(3)三大区域产业集聚状况

自主创新高地产业集聚效应表现在自主创新活动的投入与产出上,其中新产品产值占总产值比例指标表明创新资源的投入力度所达到的水平,即产业聚集效应的投入效应。而新产品出口额占总出口额比例则表明创新产品与技术的市场需要程度,即产业集聚效应的产出效应。此外,高新技术企业数量,新能源企业产值占比等均能反映产业集聚效应,新能源产业技术含量高,也成为高新技术产业不可或缺的一部分。三大区域产业集聚比较分别见图8、图9、图10、图11、表4所示。

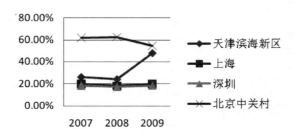

图8 新产品产值占总产值比重图

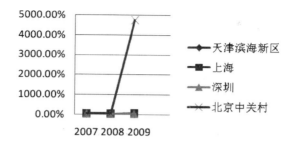

图 9　新产品出口额占总出口额比重图

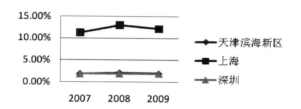

图 10　新能源企业产值占总产值比重图

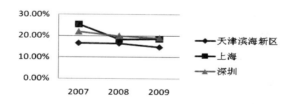

图 11　高新技术企业占全部企业比重图

表 4　三大区域产业集聚状况比较

	天津滨海新区			上海			深圳			北京中关村		
	2007	2008	2009	2007	2008	2009	2007	2008	2009	2007	2008	2009
新产品产值占总产值比例	26.20%	24.22%	48.03%	19.97%	18.20%	19.77%	18.27%	17.22%	18.47%	62.00%	62.61%	54.62%
新产品出口额占总出口额比例	28.82%	32.16%	34.19%	54.77%	47.17%	59.88%	44.13%	36.32%	45.67%	62.12%	52.86%	47.54%
新能源企业产值占总产值比例	1.89%	2.10%	1.95%	11.27%	12.98%	12.13%	1.86%	1.94%	1.96%	—	—	—

从趋势图对比可以看出,滨海新区与上海、深圳相比在新产品产值占总产值比例方面占优,但仍远远低于北京中关村。其他三项指标新产品出口额比例、新能源企业产值比例及高新技术企业数量均低于上海和深圳,且差距较大。因此滨海新区产业集聚度较低,约束其自主创新能力在所难免。代表自主创新的新兴产业和新业态尚未达到足够的规模和水平,尚未出现具有规模经济优势和技术领先优势的世界领先的创新型产业集群。

(4)三大区域创新网络与创新环境状况

创新网络是指由区域内企业、科技机构、金融机构、政府等组成的一个完整的高地创新链条。科技机构支撑、金融机构支撑、外商直接投资及政府作用构成了区域创新网络及环境,这四方面相互作用形成创新网络基础,在此基础上形成的良好区域创新环境能更好地促进创新活动。本文采用单位企业所依托高校数、金融机构对科技活动贷款比例、国外直接投资比例、地方财政科技拨款占地方财政支出比例分别表示四方面相互作用形成的创新网络基础与环境。比较结果分别见图12、图13、图14、图15、表5所示。

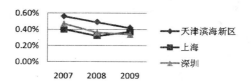

图 12　单位企业依托高等院校比重图

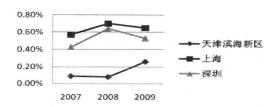

图 13　金融机构对科技活动贷款占全部贷款额比重图

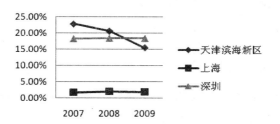

图 14　国外直接投资占总投资比重图

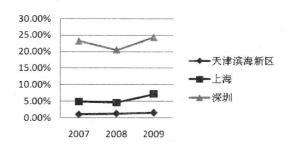

图 15　地方财政科技拨款占地方财政支出比例

表5　三大区域创新网络与创新环境状况比较

	天津滨海新区			上海			深圳		
	2007	2008	2009	2007	2008	2009	2007	2008	2009
单位企业所依托高等院校数	0.0056	0.0049	0.0042	0.004	0.0032	0.0037	0.47%	0.36%	0.34%
金融机构对科技活动的贷款占全部贷款额比例	0.09%	0.08%	0.26%	0.57%	0.70%	0.65%	0.57%	0.70%	0.65%
国外直接投资占总投资比例	22.81%	20.61%	15.43%	1.78%	2.09%	2.00%	18.24%	18.39%	18.34%
地方财政科技拨款占地方财政支出比例	1.14%	1.37%	1.62%	4.85%	4.60%	7.20%	23.20%	20.52%	24.38%

相比上海与深圳,天津滨海新区仅在外商直接投资方面占优势,科技机构支撑与金融机构支撑略低但基本持平,而在政府作用方面远远低于上海与深圳。

(5)三大区域引领辐射状况比较

上海、深圳、天津作为中国三大区域的引领者,应该对周边地区发挥示范与辐射作用。创新活动给区域带来的最直接影响表现在GDP的增长上,仅就2008年来说,滨海新区GDP仅为3810.67亿元,仅仅与北京中关村3632.6亿元相持平,而上海为14069.87亿元,深圳为7806.53亿元,三者差距较大且明显,滨海新区区域辐射作用还不够强,这可能与本区域的产业集聚力度还较弱有关。

2.创新区域比较分析总体评价

从总体来看,与上海、深圳相比,滨海新区自主创新高地区域创新能力不容乐观。在以上五个评价指标中,滨海新区只有创新资源中人力、技术资源指标占优势,即滨海新区的先天条件较好,拥有国内较为丰富的人力、技术与信息资源,科技能力强大,研究能力较强,自身拥有较好的资源禀赋;在产业聚集效应方面,产业化和市场实现能力也有一定优势。但就其他几项指标——金融资源、创新网络与环境、创新辐射而言,滨海新区都处于相对劣势。

(三)滨海新区构筑自主创新高地的制约因素

通过对滨海新区自主创新高地建设的现状分析,以及与其他创新区域的横向比较,可看出滨海新区在建设自主创新体系方面的快速发展,许多指标在全国同类区域中名列前茅,特别是拥有较好的创新资源禀赋,成为自身创新体系中极为宝贵的财富和难得的稀缺资源。但是在看到优势的同时我们也应清醒地认识到,从构筑自主创新高地的要素能力和效应来看,仍有不少薄弱之处,粗略分析如下:

1. 高新技术产业集群效应不突出

代表自主创新的新兴产业和新业态尚未达到足够的规模和水平,尚未出现具有规模经济优势和技术领先优势的世界领先的创新型产业集群。滨海新区内产业聚集程序相对于上海与深圳还较弱,高新技术产业集聚具有明显的外商直接投资导向(Foreign Direct Investment,简称FDI)。

2. 人才运作机制不够健全

人才运作机制不够完善主要体现在行政法规制度方面。新区政府在高端人才管理机制方面的政策及措施的效应虽已逐步显现,但各行政区间的人事法规制度尚未统一,还存在一定的行政壁垒。

3. 投融资环境功能尚显薄弱

主要体现在区内金融结构单一:(1)当前滨海新区金融组织结构以银行业为主。2007 年滨海新区银行类金融机构 55 家,占同期滨海新区金融机构的比重达到了 83.33%,证券化的市场直接融资渠道不畅。(2)机构能级较低,聚集效应较弱。滨海新区现有银行、保险、证券机构,除渤海银行外均为全国或天津市法人机构的基层分支,经营自主权十分有限,自身业务功能简单,层次和能级较低,不具有资金、信息、人才的优势,聚集效应弱。(3)横向联系较少,整体合力较差。

4. 企业信息化机制尚不健全

据调研结果得知,"十一五"期间,虽然滨海新区驻区企业非常重视信息化建设,采取不同合作方式进行信息系统的投入与建设,具体的信息系统类型有 ERP 系统居多,但是大多数系统还停留在较低层面,仅有部分企业初步实现决策支持系统与竞争情报系统,实现资源的统一整合,为企业高层决策提供支撑与服务。这充分说明企业信息化,只解决了企业的部分问题,但服务的智能化较弱、决策机制不够健全,尚未达到与政府信息双向互动打造智能化信息网络平台所要求的信息化系统。

5.科技创新服务机制不完善

本课题组主要通过问卷调查发现,滨海新区企业在自主创新过程中最需要的服务依次为上市融资相关服务,资产和资信评估,技术产权交易相关服务等,这恰是科技中介服务大显身手的领域。再比如对当前政策应用的有效性调查显示,许多企业并未享受到大量的扶持政策,对于企业未享受有关政策的主要原因进行分析,发现或是由于企业不符合政策的条件或不属于政策优惠的范围,享受政策的成本高等原因。对于滨海新区企业在自主创新过程中遇到的政策环境方面的制约因素的认知主要集中在技术市场和风险资本市场欠发达。

四、滨海新区自主创新高地发展路径的研究

(一)滨海新区构筑自主创新高地发展路径选择

1.滨海新区构筑自主创新高地发展路径的设计思路

通过对美国硅谷、韩国 Taedok 科学城以及我国北京中关村、武汉东湖等成功发展案例的深入分析,我们可以总结区域创新路径选择的两个最基本的思路:

第一,不论是宏观经济系统还是微观经济系统,在创新路径的选择上都首先要立足于系统发展的实情,同时把握系统和环境发展趋势,从而决定究竟是以产品、产业还是区域发展作为系统路径演化的起点。

第二,不论选取哪一个层面上的创新对象作为创新路径的起点,都需要从整体上予以布局,并实施定向发展。产品创新、产业创新和区域创新三者应该成为一个完整的演化链条,在产业布局和地区功能引导上让三者有机地结合起来。

2.滨海新区构筑自主创新高地发展路径及进化过程

借鉴国内外典型的区域创新发展的经验,结合滨海新区建区以来的

发展特征和目标定位,确定滨海新区构筑自主创新高地的发展路径为
"R－P－I－RI路径":即区域(Region)－项目(Project)－产业(Industry)－区域创新(Regional Innovation)。该自主创新高地发展路径的核心是政府通过主动引导的方式,借助行政力量在特定的区域制定特定政策,立足区域发展实情,以既有产业为基础,寻求比较优势作为创新突破口,选择性地吸引重大创新项目落户区内,再利用重大创新项目技术极化,引领企业发展,通过利用技术溢出效应,使得大量中小创新企业在龙头企业的带动下,丰富产业链条、形成有区域独特优势的产业链及相关上下游产业,通过对高新技术产业集群的培育,实现区域经济实力、创新能力和核心竞争力的整体提升,进而通过区域创新的扩散和辐射带动作用,最终实现国家创新的目标。其进化路径如图16所示。

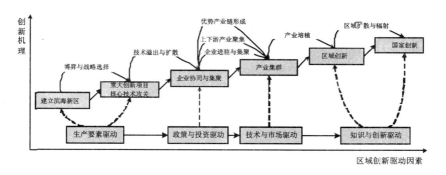

图16　滨海新区构筑自主创新高地发展路径

(二)滨海新区构筑自主创新高地发展路径的阶段特征及识别

根据前文对自主创新高地的基本特征的阐述,结合国内外典型区域创新发展的成果和经验,从一般特征分析的角度对自主创新高地的各发展阶段进行描述和界定,各发展阶段的一般特征归纳如表6所示。

表 6 自主创新高地发展阶段特征

阶段	萌芽	起步	成长	成熟
创新资源	区域建立,以资源为主要驱动要素,产业基础薄弱,区域内有若干高校和研究机构	依靠政策与投资驱动,积累了一定产业基础,商业环境得到改善,吸引外资能力加强,能够引进和消化较高端的技术	技术与市场驱动效应明显,具备较强自主创新能力,知识密集型产业发展迅速,拥有一流高校或研究机构,对人才吸引力较强	形成以知识和创新为驱动的经济体系,拥有著名高校和研究机构,高层次人才大量流入,企业创新能力强。适应外部环境的变化
主导产业	区内以传统的劳动密集型产业为主,包括低端制造业,简单服务业等	劳动密集型产业、资本密集型产业并存,知识密集型产业开始出现,产业集群成长迅速	资本密集型与知识密集型产业并存,高技术产业占主导地位,现代服务业发展迅速,产业集群的创新能力显著增强	高技术制造业、创新服务业、创意产业成为经济发展的支柱,产业集群成为创新的策源地
创新网络	高校、研究机构是创新活动的主要承担者,政府是创新的主要支持者。某些产业存在较初级的创新活动,创新模式单一	高校、研究机构是创新的主体,企业在创新活动中的作用日益加强,政府是创新的主要推动者。注重技术创新,各创新主体通过合作开展技术创新活动	高校、研究机构和企业共同充当创新主体,并开展广泛的合作,政府是创新环境的主要营造者。产学研密切合作,区域整体创新能力显著提升,企业成为技术创新主体	企业、高校、研究机构共同充当创新的主体,企业创新作用明显,政府是创新区域的主要营销者。在政府有目的地引导下,企业依托产业集群实现系统创新,形成密集的区域创新网络
创新环境	发掘科技资源的需求,产生核心技术,尚未形成创新系统和创新型文化	满足资金需求,开拓良好的融资渠道,保证市场流动资金充沛。政府着力培育自身创新管理能力以及创新的文化氛围	创新组织与企业集群,人才联合培养与大规模的融资渠道建设,政府与企业之间的和谐。政府按照市场规则对创新加以引导,创新文化开始形成	营造创新环境和建立产业协调机制保障产业链条的健康发展。知识的生产、转化和应用高效顺畅,创新文化成为区域的基础文化氛围
创新辐射	引进重大创新项目,实现核心技术攻关,政府关注区域发展模式的转型	通过技术溢出与扩散实现企业协同与集群,区域对创新有很高需求	通过上下游产业聚集和企业进驻与集聚,形成产业集群,成为周边区域的创新中心,有一定示范辐射功能	通过优势产业培植,形成区域创新能力,创新具备持续性,成为国家创新中心,示范辐射功能显著

五、滨海新区自主创新高地实现机制的研究

滨海新区自主创新高地的建设是一项系统工程,根据第四章中对滨海新区自主创新高地发展路径及战略选择分析,战略目标的实现是通过支持体系与推进实现的机制合力作用完成的,本章以构建滨海新区自主创新高地的支持体系为前提提出相关的实现机制。

(一)滨海新区构筑自主创新高地的动力机制

滨海新区自主创新高地要起到引领、导向与示范的作用,一方面来自于所处环境的动态竞争态势,另外一方面来自于自身的内生力量,即包括投融资、固定资产、人力资源、现代管理模式以及信息化系统的支撑力度。所以,依据自主创新高地支持体系而构建的动力机制至关重要。本部分有选择地阐述动力机制的建立,包括投融资机制、人才机制与信息化支持机制。

1. 投融资机制构建的研究

(1)自主创新高地成长阶段投融资机制的构建依据

目前,滨海新区正处于自主创新高地发展的成长阶段,本阶段核心任务是在已有的主导优势产业的基础上,通过上下游产业聚集和企业进驻与集聚,形成产业集群。

——针对滨海新区高新技术企业融资现状。前述调研表明,目前滨海新区多数高新技术企业均面临融资困难问题,企业内部自我积累与自我调剂资金为主的内源融资方式不能满足企业科技创新对资金的巨大需求,而包括财政投资、银行信贷、证券(股权)融资、商业信用融资以及国际融资等方式的外源融资也存在各种问题和障碍,不能有效解决企业资金需求。与此同时,滨海新区在金融市场创新发展、融资租赁等方面取得了突破性进展,为滨海新区高新技术企业融资方式的转变提供了基础条件。

——后发国家高新技术企业融资的经验。后发国家在经济发展初期大多面临着两个主要的障碍,一是市场发育不足,市场机制不健全;另一个是经济发展的长期资金严重不足,基础设施和基础产业不健全,形成"瓶颈约束"。在经济建设之初,单靠市场本身的力量极为有限,金融市场

更是如此。因此,政府的适度介入,酌情引导是必需的。随着市场机制的逐步发展与完善,金融市场发挥的作用与日俱增,政府角色也就逐步回归。相应地,高新技术企业融资也呈现出从以财政为主,市场融资为辅过渡到以间接融资主体的银行信贷以及直接融资主体的证券(或股权)类融资等在内的市场融资机制为主,财政融资为辅的制度变迁历程。

——财政融资与金融融资长期共存的规律。政府通过投资性财政或公共财政调控经济与社会发展,发挥其合理配置资源、均衡收入分配、经济、实现就业水平、协调增长等职能作用,有其必然的存在与发展空间;财政融资只能在金融市场不能或暂时还不能充分发挥作用的时期、领域起到补充性与诱导性的作用,不能过度依赖于财政的作用,就这一点来说金融融资的空间是不言而喻的。因此,财政融资与金融融资有其自身对应的目标主体与存在发展空间,两者只能是相互促进、相互补充与有效衔接,不可能完全替代。

(2)滨海新区自主创新高地投融资机制构建的基本思路与内涵

滨海新区自主创新高地投融资机制的构建,可以循着使财政与金融手段充分对接,各取所长,综合政府与市场的配置资源功能,从组织制度上精心安排的思路,在保持经济金融稳定的基础上,实现由原先的政府(财政)主导、市场(金融)为辅的方式向政府(财政)与市场(金融)相融合的变迁,并最终向以市场(金融)主导、政府(财政)为辅方式的目标发展。本阶段,滨海新区投融资政策的制定要更注重强调财税政策与金融政策的协调和对接,形成以政策性金融支持体系为有力引导,风险投资体系、多层次资本市场体系和商业性金融协调发展、合理分工、健全有效地支持科技创新的投融资体系。

(3)实现财政与金融有效对接的投融资机制的对策建议

构建财政与金融有效对接的融资方式,主要工作是致力于培育财政支持体系和市场支持体系,这里结合国外先进经验,结合滨海新区的实际情况,从三个方面提出建立财政与金融对接的投融资机制的对策建议。

——健全多层次的覆盖广泛的政策性担保体系。金融支持科技创新的国际经验表明,建立多层次的覆盖、广泛的担保体系是鼓励和支持银行等金融机构介入科技领域的重要举措。担保机构对科技贷款提供担保，虽然并不能减少科技贷款风险，但可将风险的一部分从银行转移到担保机构，从而降低银行的信贷风险，提高银行科技贷款的积极性。

——积极发展政策性科技保险。科技保险是用金融手段推动科技创新的一种全新的服务模式，是科技与金融结合的重要内容。科技保险保障、分散化解风险的作用，不仅能有效激励企业的研发活动，而且可以引导更多银行信贷资金流入，有助于优化创新的融资环境。

——加快发展风险投资。风险投资是促进创新和高技术产业发展尤其是中小型高技术企业发展的重要力量，针对滨海新区的实际情况，今后应做好以下几个方面的工作。首先，从战略的高度制定和实施促进风险投资业发展的法律和系统的财政资助政策、税收政策、信贷担保政策等，为风险投资的发展创造一个有利的政策和法律环境。其次，拓宽资金来源渠道，实现风险资金来源多元化。再次，加强风险投资专门人才的培养。最后，完善风险投资的退出机制。

2.人才机制构建的研究

(1)自主创新高地创新型人才机制的构建依据

——滨海新区创新型人才机制特点分析。在自主创新发展路径的不同阶段，不同的发展特征决定了人才管理也具有相应的模式和特征。目前滨海新区自主创新处于成长阶段，在创新要素人才方面表现出以下特征：

创新区域内人才流动取向特征

创新区域内人才的配置与集聚特征

创新区域内人才的多层次嵌入关系

——创新型人才机制模式类别。综观国内外人才机制的实践经验，可以归纳为以下几种基本模式：

领先型人才机制

赶超型人才机制模式

跟随型人才机制模式

(2)滨海新区自主创新高地赶超型人才机制模式的构建设想

根据目前新区的发展现状及对人才方面的特征分析,以及新区的定位及在全国各经济区域所处的地位,结合前述各人才机制模式的分析,对于高层次创新人才机制,滨海新区适合的模式是赶超型人才机制模式。

赶超型人才机制模式构建的基本思路为:以企业培养与引进为主导,政府服务为引导;坚持服务发展、人才优先、以用为本、创新机制、高端引领、整体开发的原则,加快打造滨海新区人才高地,为滨海新区当好科学发展排头兵提供坚强的人才保证。

(3)实施赶超型人才机制模式构筑人才高地的对策建议

通过对滨海新区自主创新成长阶段的特征分析,人才的吸引和集聚是由各方面原因综合导致的,要提升区域人才吸引力,首先需要各层面因素本身具有正向的积极作用,然后通过种种协同作用,将内部各企业分散的人才吸引力与有形无形资源整合为区域整体的人才吸引力。由于区域一产业集群一企业人才吸引力之间存在传导作用,我们根据三个层面之间的嵌入关系构建了高端人才全方位的立体管理模型:通过宏观层面——区域环境的改善、中观层面——产业集群中间层次组织的协同、微观层面——企业的人才吸引力的增强使滨海新区成为高度专业化、现代化、国际化的人才聚集交流、教育培训和创新创业高地。如图 17 所示。

3. 信息化机制构建的研究

信息化机制建设的主要目的是强化新区软硬件平台建设,搞好自主创新环境与基础,形成较为完善的自主创新依托,配套完善好自主创新成长阶段的重要指标,为路径的发展与演化提供约束与反馈机制。

(1)自主创新高地信息化机制的构建依据

——区域创新对信息化发展的客观需求。信息化机制是政府信息和企业信息资源整合集成的中心。企业信息化是企业创新变革的主要手段,通过企业信息化,可以有效地整合企业内外资源,实现资源的电子化、传输的网络化、服务的智能化与自动化等。同时改善组织的效能,提高效率,增强企业的竞争优势。

——信息化机制构建的软硬环境支撑条件已经具备。滨海新区无论是政府部门或者企事业单位,已经深入意识到了信息的价值与作用,领悟

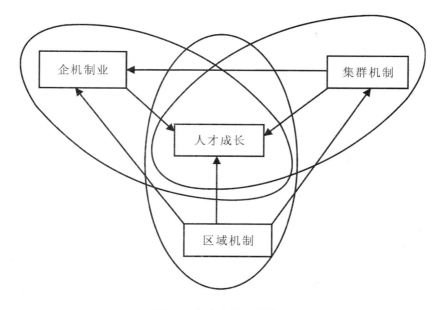

图 17　人才成长机制模型

到信息系统资源整合、集聚以及充分共享的意义,具有信息化机制建设的迫切需要。

——政府和企业对信息化关联、共享趋势的需求。21 世纪的社会是信息化社会,政府、企业都已建立信息化平台,政府和企业的联系更加紧密,信息关联程度不断提高。

(2)构筑自主创新高地的信息化机制框架内涵与特征

结合信息化机制建设的依据,考虑到滨海新区自主创新高地建设的目标与要求,构建一个融合政府与企业等相关组织的、能够为多方带来实效的信息化机制,打造一个多功能的公共信息平台,体现政府与企业的协作互动,约束各利益方在信息化建设方面的行为,更好地为政府与企业不同层次的决策服务。

——信息化机制框架内涵。基于以上分析,设想构建一个有利于政府与所属企业双方进行密切配合,为政府决策与企业发展提供参考与约束指导的信息平台。同时顺应企业信息化的发展要求,构建完善的智能化系统——竞争情报系统。竞争情报系统是信息化发展到一定阶段,在融合一般信息系统、集成各种内外部资源的基础上形成的多功能性智能化系统,是以人的智能为主导、信息网络为手段、增强创新主体竞争力为目标的人机结合的竞争战略决策支持和咨询系统,功能重在辅助高层管理者进行决策支持,达到信息化手段与决策支撑的融合统一。融合了该要求的信息化机制框架如图 18 所示。

该框架图充分体现了构建信息化机制需要政府与企业进行充分的合作与交流。底层无论是政府层面还是企业层面,均需要不断地借助于网络环境获取各种资源,同时需要依托软、硬设备进行资源集成、整合,为高层逻辑层次——政府与企业信息化升级辅助高层决策提供依据,最终形成包括政府与企业相互作用、相互联系和共享的公共信息平台。

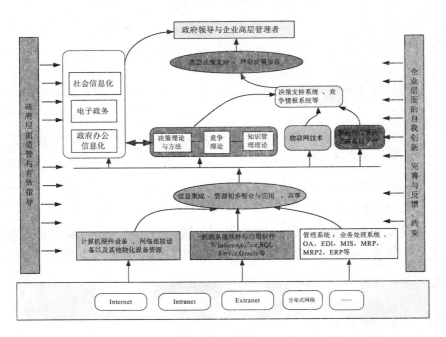

图 18　滨海新区自主创新高地建设信息化机制框架

——信息化机制框架特征。根据信息化机制的内涵,可以看出该机制具有如下特征:

层层演化,螺旋上升。信息化机制的建设是一个渐趋的过程,逐步提升,由底层的网络、软硬件平台逐步过渡到政府与企业的业务运作层面,随即完成资源的整合与集成,实现为高层决策服务的职能。

政企合作,紧密融合。通过信息化的落实与实现,致力于为政府和企业深入合作搭建公共信息交流平台,实现政府部门办公与企业信息化的有机联系,其建设过程需要二者不断地就客观需求提出内涵建设,实际运作也需要二者进行充分地协调与融合。

企业层面智能化升级。企业信息化为企业带来了效率的提升,借助于信息系统,企业可以进行资源共享,处理业务,这是较低的层面;根据大量的历史信息,利用数据挖掘与统计,发现一般规律,强化信息分析与处理,使企业层面智能化升级,得到辅助决策能力较强的竞争情报或者智能化的知识,服务于高层领导决策。

(3)信息化机制建设的对策与建议

——新区政府对信息化机制建设的促进与推动。滨海新区具有良好的优势环境与资源基础,区位优势明显,能够吸引大批实力雄厚的企业进驻,建立信息化机制既是企业自身工作改善、效率提高的需要,也是政府主管部门进行督促和监督管理的主要内容,企业信息化成效显著了,整个区域的信息化发展就有了保障,其实际效应与影响力就会大大提升。因此,新区政府需要以丰富的管理经验与成效吸引更多的和当地经济发展相适应的大型信息化项目的引进与落实,也需通过良好的机制管理好实际项目。

——驻区企业对信息化机制的建设与完善。信息化机制的建设中,企业是信息化实施的重要主体。一般情况下,企业信息化基本上都实现了信息资源的统一管理与共享,这时还需在政府职能部门的指导下,依据信息化机制建设的内涵进行深层次开发,从项目流程上进行过程控制,着眼于信息化项目的实施。

(二)滨海新区构筑自主创新高地的保障机制

政府、中介作为重要的推动力量,可以将产、学、研几个主体有机地协同联系起来,最终目的都是提高区域的技术创新效率,实现滨海新区构筑自主创新高地的目标。因此,本节相应提出产学研合作机制和产官中加速机制,作为滨海新区构筑自主创新高地的保障机制。

1. 产学研合作机制构建的研究

(1)产学研合作机制设计思路

客观上讲,与北京中关村和上海浦东、深圳相比,滨海新区的创新资源并不丰富,但整体上看,区内科研机构、工业体系、经济社会发展比较均衡。因此,针对滨海新区实际,设计产学研合作机制的基本思路是:通过构建企业、高校、研究机构等各主体的多位一体合作机制,充分发挥各自功能,形成"混合驱动力",实现协同效应。通过深化产学研的合作层次,凝聚产学研多方力量,形成资本、研发、服务等平台,引导创新要素向优势主体集聚,加快科技成果的转化,政府在整个过程中起到重要的引导作用。

(2)产学研合作机制的内涵

滨海新区高科技企业、高校、科研机构是滨海新区自主创新系统的构成要素,分析各个主体的定位与功能,构建由各主体有机组成的创新运行系统,是实现滨海新区构建自主创新高地的有力支撑。

——各类高科技企业是自主创新的主体。以技术创新为中心的自主创新,是指以企业为主体,以市场为导向,以提高企业竞争力为目标,从开发新产品、采用新工艺入手,经过技术的获取及其工业化和商业化的生产,直至将产品投入市场的一系列活动的总和。

——高校是知识创新主体和人才基地。高校在创新系统中有着独特的功能,既可承担研发任务,又可承担教学任务,进行培训和知识传播。更重要的是,在创新系统的发展中,高校起到为当地、为企业培训和输送有创新能力的人才的功能。

——科研机构是技术创新主体。科研机构是创新的源泉之一,许多发达国家都很重视成立健全的研究开发机构,专业化的研发机构在核心技术领域具有独特的创新能力和资源实施、人才等优势,可为区域乃至企业的自主研究开发提供基础科研支撑。

(3)产学研合作机制建设的对策建议

　　——加强政府制定政策与引导职能。政府在产学研合作机制建立的过程中扮演着管理者的重要角色。为产学研的合作提供有利的产业政策和技术政策,采取各种合作措施提高技术、知识等创新成果的应用、开发与转化进程,提高技术创新成果的共享程度。为有利的科研项目提供有利的金融政策,为科研提供经济基础与资金支持,推动并保证产学研合作机制的顺利进行。

　　——确保各创新主体角色功能和作用的发挥。

　　对于企业创新主体。首先企业要成为研究开发投入的主体,根据国际经验,技术研发投入占销售额比重在 1% 以下的企业是难以长期生存的,比重为 2% 左右的企业仅可以简单维持,只有比重达到 5% 的企业才具有核心竞争力。而对于滨海新区大部分中小企业而言,该比例仍然很低,应引起足够重视。

　　对于高校创新主体。大学科技园的主要任务是孵化科技企业和培育科技企业家以及创新型人才,可以将大学人才、技术、信息、实验设备、图书资料等综合智力资源优势与其他社会资源优势相结合,将国家重点实验室、工程研究中心、大学科技园与构筑自主创新高地的目标相衔接,发挥国家重点学科的核心作用,促成多学科集成科研和交叉突破。

　　对于科研机构创新主体。应鼓励大型企业与科研院所合作,建设以滨海新区企业为主体、以科研院所为技术依托的新型科研机构,以此引导科研院所与滨海新区共建自主创新的科技态势。

　　——加强信息网络建设。建设服务于产学研结合的信息网络就是要建立能适应需求变化,高度灵活、可靠、经济、易用的信息化系统。信息网络应具备充分的"柔性"或"伸缩性",支持产学研结合从基础、简单应用开始,逐渐扩展、深入。

　　——建立产学研结合的利益分配机制。产学研结合的利益分配机制指合作各成员作为利益主体对合作创新过程中形成的有形和无形的利益进行分配的制度安排。

　　——促进形成产学研结合的协同机制。产学研结合的协同,其实质就是促进技术创新所需要的各种生产要素的有效组合,协同行为的最终目的是为了提高合作创新的绩效水平。产学研合作的各种机制都应该在协同的基础上才能有效开展,企业、高校和科研机构的协同能力越强,创新绩效越高。

2.产官中加速机制构建的研究

(1)产官中加速机制设计思路

如前所述,本课题研究的滨海新区产学研合作是在特定的经济区域内和该区域特定的社会经济、文化、技术背景下,企业、高校和科研机构在政府的引导下,以中介机构(科研中介和金融中介)为重要支撑,在技术合作的前提下,充分发挥各自的优势,根据一定的机制选择合适的模式,实现不同主体的局部或整体结合,按分工的原则达到资源共投、风险共担、成果或收益共享,从而提升滨海新区技术创新能力,最终实现构筑自主创新高地的发展目标。因此,研究滨海新区产学研合作问题,事实上是研究特定经济区域内官(政府)、产(企业)、学(高校)、研(科研机构)、中(中介机构)等有效结合。其中,政府、中介机构(包括金融机构)起到的是加速推动结合的作用,其目的是通过推动滨海新区内产学研结合,促进新技术、新知识的产生、流动、更新和转化。

(2)产官中加速机制的内涵

滨海新区政府通过相应的政策制定和提供各种支持吸引条件,如发布项目引导,企业科技人员奖励政策、融资政策、税赋政策、技术政策、知识产权保护政策、提供技术信息和市场信息服务等,以支持和推进产、学、研紧密结合,形成以政府为主导、中介机构为协调和保障,高新技术产业加速发展的态势。旨在通过完善创新成果产业化软环境,以实现滨海新区构筑自主创新高地的目标。

——滨海新区政府机构是制度的制定者。在滨海新区自主创新过程中,政府机构所起的作用是举足轻重的。政府通过制定和执行政策和法规,管理和规范系统中其他要素的创新活动,同时政府还规划设计了一系列的项目和措施,直接参与实际的技术研发和扩散项目活动。在创新系统中,政府可以直接有效地调控机制的具体运行,特别是在一些市场机制无法发挥作用的地方,政府可以凭借其特殊的身份完成其他创新主体无法实现的系统功能。因此,滨海新区政府发挥着较其他主体有时难以发挥的作用,同时也是这个机制重要的参与者,其在培育创新环境、树立创新意识、引领创新方向、制定行为规则等方面具有无可替代的职能。

　　——科技中介在自主创新中的协调作用。科技中介的主要职责是使科技成果尽快从实验室走向市场,为高校和科研机构寻找合作伙伴,一方面将企业的科技难题提供给高校和科研机构,另一方面向前来了解高校情况的企业介绍高校的研究与开发情况。同时中介机构还根据政府制定的产业发展规划,提出研究课题,牵线搭桥,促成产学研各方的合作。在市场经济体制下,科技中介机构是"上联"政府、"下联"企业的桥梁,也是"中联"企业、高校、科研院所的纽带。依据国家科技发展规划和目标,按照政府的意图或市场规律的要求,科技中介机构以专业知识、专门技能为基础,通过沟通信息,整合资源,提供活动平台和优质服务,减少交易成本。

　　——金融中介在自主创新中的保障作用。金融中介并不直接参与到产学研结合技术创新过程中,将金融机构(风险投资机构)引入主要是为了解决技术创新资金短缺的问题。这里所说的金融机构主要包括工商、农业、商业等多家银行、风险投资公司、基金等机构。各种金融机构的加入,可以帮助建立健全一套完善的风险投资机制,有效地弥补企业、高校、科研机构筹资能力、国家财政支持、私人资金投入和银行贷款之间的空白。风险投资机构不会直接参与到产学研合作的链条中,但是通过对其经过调研认证并且认为具有市场前景的科技创新项目/企业提供资本,对推动科技资源与产业资本结合、科技成果转化为现实生产力发挥核心作用。

　　(3)产官中加速机制建设的对策建议

　　——政府是管理与体制创新的主体。在滨海新区构筑自主创新高地的发展路径中,政府起到协调与导向作用。政府是滨海新区构筑自主创新高地路径培育的管理基础主体,同时还是主要种子技术项目源头发起者和资金融资的倡导者,对投资和资源配置进行宏观调控和监督。

　　通过相应的政策制定和提供各种支持吸引条件,主要发布项目引导,企业科技人员奖励政策、融资政策、税赋政策、技术政策、知识产权保护政策、提供技术信息和市场信息服务等,以支持和推进产、学、研紧密结合,尽快打造实现滨海新区自主创新目标和创新成果产业化软环境。

建立围绕以项目管理为核心的系统科学化的决策管理与组织管理体系,政府通过重大项目引导产学研合作发展是促进滨海新区高新技术产业发展的有效方法,把中长期科技规划项目、重点工业性项目、科技攻关计划、技术改造计划、火炬计划、科技推广计划等一系列重大项目逐渐向以核心企业为主体的新型产学研合作倾斜,鼓励企业成为重大项目的主体,与高校和研究机构通过新型产学研促使技术创新推动高新技术产业发展。

通过政府采购确定引领技术创新方向。由于产官中合作的特殊性,政府的引领作用十分重要。自主开发生产的新产品新设备,在投入市场的初始阶段,特别需要政府的扶持,需要政府部门带头购买使用。通过政府采购,鼓励消费者使用新产品、新设备,以带动市场消费需求。

——大力发展科技中介组织。对于滨海新区内的科技中介组织,如各种技术市场、劳动力市场、行业协会、商会、创业服务中心等组织机构,以及律师事务所、会计师事务所等各种形式的服务机构,介于政府和企业及高校和科研机构等创新主体之间,所起到的是协助的作用,尤其是在扶植中小企业方面发挥着重要的作用。

积极制定和实施有利于科技中介机构发展的政策法规。通过政策法规来明确各类科技中介的法律地位、权利义务、业务范围、组织制度和发展模式,理顺政府与科技中介机构之间的关系,形成法律定位明晰、政策扶持到位、监督管理完善的良好环境。

积极发展科技中介机构行业协会。行业协会的主要任务是为会员企业或机构提供信息、技术、管理、经营、培训等方面的支持,实行行业自律规范。行业协会的建立必须是行业内独立经营单位"自愿组成"的自律性行业管理组织联合会,起到行业协会的真正作用。

建立信息网络和开放式的共享性数据库。网络和数据库建设是科技服务中介体系能力建设的重要内容。

加大人才培养。科技中介服务具有知识密集的特征,其从业人员不仅具有较为深厚的科技背景,而且更要具有广阔的视野,通晓管理、经济、金融、法律等多学科知识。

科技中介机构的发展应积极引导社会资金的投入,大力发展民营科技中介机构,逐步完善风险投资体系,投融资担保体系,科技转让和退出机制等,加大股份合作制科技中介机构规范运作的力度,给予示范型科技服务中介机构以无偿的启动资金,通过建立正常的市场退出淘汰机制来增加滨海新区科技中介机构的整体竞争力。

通过上述措施,有利于科技中介组织更好地为创新主体提供专业化的服务,从而促进创新活动的开展和创新成果的产业转化,实现科技中介服务于技术协同创新的沟通、协调、粘结作用,提高创新资源配置效率。

——完善金融中介组织。以商业银行、投资银行、风险投资公司等为代表的金融中介机构为各类型企业的创新活动提供金融支持,是创新活动的催化剂,也是投融资体系的高效运转的必要条件之一。

滨海新区构筑自主创新高地的发展路径的各阶段都离不开金融的支持。引进商业银行,为创新企业提供流动资金贷款;发展以民间资本为主体的风险投资事业,扶持创新企业实现高速增长;引进投资银行,推动企业走向资本市场。因此,以各类金融中介机构构成的多层次的投融资体系对于滨海新区的综合协调快速发展至关重要。

培育风险投资中介机构。在金融机构建设中,风险投资是其中的重中之重。首先,发展我国风险投资中介机构的关键,在于以市场为导向,建立和完善风险投资中介服务体系,充分发挥中介机构的特殊功能。其次,进一步提高中介机构的专业化水平,重点发展综合性的风险投资中介服务机构。一是构建合理的人才结构和专业结构,特别是引进掌握风险投资相关技术、管理、金融等知识的复合型人才;二是加强国内外风险投资中介机构之间的交流与合作,改变条块分割、各自为政的局面。既扩大业务领域和业务范围,又提高国内风险投资中介机构整体专业水平和服务;三是通过并购、重组等方式,培养打造人才、技术、资金实力雄厚的中介机构优秀品牌。再次,充分发挥政府在中介机构发展中的引导、规范作用。行业制度缺陷是制约行业自身发展的重要原因之一,政府要充分发挥在制度建设中的主导作用,逐步制定并完善风险投资中介机构市场准入、资格审定、业务开展等方面的法律法规,为风险投资中介机构的发展提供制度保障和支持。最后,加强行业信用建设,进一步提高信用水平。一是要依靠政府监管部门和行业自律组织,加强对风险投资中介机构的监督和规范,严厉惩处违规和失信行为,不断提高风险投资中介机构的信用水平;二是中介机构要通过提高自身的专业水平和服务质量,树立良好信誉和品牌形象。

拓宽融资渠道,建立多层次的投资网络。为科技成果转化和高新技术产业化提供资金支撑体系,必须有雄厚的资本。结合滨海新区实际情况,原有的政府科技风险投资仍然保持和增加,以发挥政府风险投资在主导产业的作用及对其他投资主体的市场导向作用;原有的银行科技贷款仍要继续向风险企业发放,使之成为风险资本的一个相对稳定的来源;企业特别是大中型企业和企业集团要高瞻远瞩地敢于投入,逐渐使企业投资成为风险资本的一个重要来源。

六、结语

(一)研究总结

1. 研究要点

滨海新区自主创新高地的建设,是在依据党中央、国务院推进滨海新区开发开放的重大战略部署下,在建设国家综合配套改革试验区的契机下,面临着更大开发开放背景下进行的。天津市将构筑自主创新高地作为当前和"十二五"期间科技工作的核心任务和目标,为滨海新区确立了新的发展战略导向、符合区域自主创新发展规律的要求。自主创新高地的构筑是一个宏大的框架,也是一个渐进的过程。我国自主创新的内涵与实现形式在不断发展变化,对滨海新区自主创新高地构筑的研究是一次难得的机会,通过对高地建设战略规划、机制、路径和空间形态等的研究,可以总结出宝贵经验,为我国自主创新高地的发展实践提供借鉴与指导。因此,研究构筑自主创新高地的发展路径和实现机制具有其迫切性和重大意义。

本研究课题从滨海新区实际出发,阐述了构筑自主创新高地的研究背景与意义。全球科技革命加速推进,给滨海新区的建设带来了新的机遇。滨海新区面临着探索增强自主创新能力,推进新区经济社会发展向创新驱动、内生增长模式转变的巨大挑战,使其构筑自主创新高地具有迫切需求。构筑自主创新高地的提出,为滨海新区确立了新的发展战略导向,符合区域自主创新发展规律的要求,其建设实践能为我国提供借鉴和指导。

依据自主创新的相关理论和国内外区域创新的典型案例,结合示范区自身践行提供的宝贵经验和规律,对自主创新高地内涵进行了推定;从实践角度提出了自主创新高地的基本特征,确定了创新资源、产业集聚、创新网络、创新环境、创新辐射五个特征维度;以自主创新高地特征维度为构建思路,考虑指标的反映功能、指标数据的可得性,建立了评价自主创新高地特征的指标体系框架。

对滨海新区自主创新发展现状进行分析,采用文献调查法、访谈及问卷调查法,对区政府及辖内规模以上工业企业开展了深度调研活动。发现滨海新区自主创新活动要素中还有多项不完善,但经过"十一五"期间的快速发展,已经步入构筑自主创新高地的快车道。再进一步和典型创新区域进行差异比较,看出滨海新区自主创新高地区域创新能力不容乐观,还大有潜力可挖。综合分析得出构筑自主创新高地的五大制约因素,即高新技术产业集群效应不突出;人才运作机制还不够健全;投融资环境功能尚显薄弱;企业信息化机制尚不健全;科技创新服务机制不完善。

论述了滨海新区自主创新高地的发展路径。借鉴国内外典型的区域创新发展的经验,结合滨海新区建区以来的发展特征和目标定位,确定出滨海新区构筑自主创新高地的"R－P－I－RI 路径",即区域(Region)－项目(Project)－产业(Industry)－区域创新(Regional Innovation)。对滨海新区构筑自主创新高地发展路径各阶段特征进行描述和界定,归纳出各发展阶段的一般特征;根据滨海新区的资源禀赋优势和所处阶段,制定了滨海新区目前发展阶段应确定"创新中端聚焦战略"的整体思路,以提高科技成果转化效率为切入点,加快自主创新发展。

研究构建了滨海新区自主创新高地的实现机制,包括动力机制和保障机制。动力机制有投融资机制、人才机制、信息化机制;保障机制有产学研合作机制、产官中加速机制。分别从构建的依据与思路、机制内涵、机制建设的对策建议等方面对以上机制进行了阐述。

2. 主要创新点

(1)对自主创新高地这一较为抽象的研究对象进行了具体化和细化,提出了自主创新高地的内涵和特征,初步建立了自主创新高地构筑的研究框架。

(2)首次基于滨海新区自主创新高地的角度研究发展路径与实现机制。对滨海新区自主创新高地的构筑研究按照涵义确定—路径发现—机制支持的逻辑主线,紧密结合滨海新区战略定位和区情,进行了性质分析、路径制定到机制推进全过程的研究,丰富了这一研究领域或填补了相关空白。

(3)对国内外成功创新区域进行了对比研究,对滨海新区自主创新高地构筑中的制约因素进行归纳和分析,将宏观区域与中观产业、微观企业研究相结合,提出了从战略制定到策略实施完整的研究过程。为解决实际问题,提出了有针对性、可操作的改进建议,使滨海新区自主创新高地的建设更具合理性和科学性,可为我国自主创新高地的发展实践提供借鉴与现实指导,为政府决策提供参考。

(4)借鉴、融合了多种理论与方法于研究中。以区域经济理论为基本指导,综合运用产业经济学、财政金融、企业投融资、人才与激励、信息系统管理多种相关理论进行问题研究。在研究技术上采用多种研究方法,包括问卷调研、比较研究、统计描述、案例研究等。使本课题的研究理论联系实际。多种理论与方法的交叉融合,体现了学科间的交叉与融合,得出了许多实质性结论,拓宽了本课题的研究视角和思考范围。

3. 不足或缺憾以及需要进一步深入研究的问题

(1)自主创新高地特征量化评价研究的深化

本报告对典型创新区域进行了关键指标的对比分析。但囿于数据限制,评价指标体系的量化应用范围和程度有待进一步深化。在未来的研究中,需加强国内外主要创新区域相关历史数据的积累,构建更适合评价我国自主创新高地特征的指标体系,并研究相宜的数据处理模型,解决实际评价问题。

(2)对高地路径和机制的关系研究进一步深入

本研究报告确定了目前滨海新区的发展瓶颈,相应构建了动力和保障机制,但由于自主创新高地的构建是一项复杂的系统工程,受各子系统之间相互作用影响,共同构成自主创新高地建设支持体系。囿于研究所限,本报告未能全面体现上述系统特性。在今后的研究中,将加强对于系统间关联性的研究,将各支持体系均纳入到整体研究框架内,并结合滨海新区高地建设的实践发展,对改进建议措施等进一步细化,以便政策制定和有关部门具体执行。

(二)研究展望

滨海新区作为环渤海区域的一个重要的经济增长极,经过十多年的大规模开发建设,在资金、技术、人才、商贸服务等方面都产生了一定的聚集效应和扩散效应,形成一个增长和发展极,具有贸易、金融、信息、技术创新和物流等中心功能。展望未来,滨海新区自主创新高地的构筑将对整个环渤海地区起着重要的带动辐射作用,对周边的辐射和服务作用日益增强。根据世界自主创新区域发展实践,辐射效应是有规律可循的。

课题组负责人:赵海山(天津高新区管委会)

课题组成员:魏亚平(天津工业大学)、孙彤(天津工业大学)、马翠华(天津工业大学)、刘建准(天津工业大学)、张炜熙(天津工业大学)、李宁剑(天津高新区管委会发展研究室)、谢文魁(天津高新区管委会科技局)、刘宪明(天津高新区管委会经发局)、韩书君(天津高新区管委会发展研究室)、赵江敏(天津海泰集团)、杨萌(天津滨海综合发展研究院)

课题报告完成时间:2011 年 6 月

参考文献

Cooke P. Regional Innovation Systems: Competitive Regulation in the New Europe[J]. Geoforum,1992(23)

王核成,宁熙.硅谷的核心竞争力在于区域创新网络[J].经济学家,2001(5)

刘金友.基于行政区划的区划创新体系研究[J].企业经济,2001(3):13－16.

Andersson M. , Karlsson C. Regional Innovation Systems in Small& Medium—sized Regions: a Critical Review& Assessment[J]. JIBS Working Paper Series. 2002

胡志坚,苏靖.关于区域创新系统研究[N].科技日报,1999(10)

Joshua Gans & Scott Stern. Assessing Australia's Innovative Capacity in the 21st Century. 2003(6)

Porter,Michael E. Clusters and The New Economics of Competitions[J]. Harvard Business Review, Nov. —Dec,1998

王辑慈.创新的空间[M].北京:北京大学出版社,2001(5)

顾新.区域创新系统的运行[J].中国软科学,2001(11)

李家俊.加快体制机制创新、构筑自主创新高地,充分发挥科技对经济社会发展的支撑引领作用[J].天津经济,2010(1)

辜胜阻.国家自主创新示范区的功能定位与政策选择[N].长江日报,2010(11)

Cooke P. Regional Innovation Systems: Competitive Regulation in the New Europe[J]. Geoforum,1992(23)

卢爱芳.2008中国软件自主创新报告——软件城市竞争力[Z].21世纪经济报道,2008(7)

王满.辽宁省高新技术企业竞争力实证研究[Z].东北财经大学内部控制与风险管理研究中心2010年度研究报告,2010(12)

付丹.区域创新系统与高新技术产业集群互动机制研究[D].哈尔滨

工程大学博士学位论文,2008

　　曹静,范德成,唐小旭.产学研结合技术创新合作机制研究[J].科技管理研究,2009(11):50—52

　　陈士俊,柳洲.产学研合作的"钻石玻拍模型"及其启示[J].科学学与科学技术管理,2008(2):14—18

　　夏天.创新驱动过程的阶段特征及其对创新型城市建设的启示[J].科学学与科学技术管理,2010(2):124—129

　　夏亚民.国家高新区自主创新系统研究[D].武汉理工大学博士学位论文,2007

　　王峰.我国国家高新区自主创新能力培育与测度研究[D].吉林大学博士学位论文,2010

　　魏久檗.区域创新系统自主创新行为研究[D].中国科学技术大学,2008

　　刘鑫.我国自主创新与产学研——主体合作视角的分析[D].上海社会科学院,2006

　　刘应力.深圳高新区自主创新的基本特征和思路[J].中国高新区,2005(11)

　　邓平.中国科技创新的金融支持研究[D].武汉理工大学博士学位论文,2009

　　中关村国家自主创新示范区条例(草案征求意见稿)[Z].中关村国家自主创新示范区:http://www.zgc.gov.cn/zcfg10/sfq/68638.htm

　　王爱俭.现代金融服务体系的构建与优化——基于滨海新区金融改革创新基地建设[J].中国流通经济,2009(12):70—73

　　戴相龙.中国金融业改革开放30年的思考[J].中国金融,2009(1):9—11

　　李彩良,杜纲.天津滨海新区金融创新的系统分析及对策[J].天津大学学报(社会科学版),2009(3):215—218

　　杨冬梅.创新型城市的理论与实证研究[D].天津大学博士学位论文,2006

牟仁艳. 产品—产业—区域创新的路径模式研究[D]. 武汉理工大学博士学位论文, 2008

李子彪. 创新极及多创新极共生演化模型研究[D]. 河北工业大学博士学位论文, 2007

Fumi Kitagawa. Universities and regional advantage: higher education and innovation policies in English regions [J]. European Planning Studies, 2004, 12(6)

中华人民共和国国家统计局. 2010 中国统计年鉴[Z]. 北京, 中国统计出版社

天津市统计局, 国家统计局天津调查总队. 2010 天津统计年鉴[Z]. 北京, 中国统计出版社

深圳市统计局, 国家统计局深圳调查队. 2010 深圳统计年鉴[Z]. 北京, 中国统计出版社

天津市滨海新区统计局. 2006—2010 天津滨海新区统计年鉴[Z]. 北京, 中国统计出版社

天津滨海高新技术产业开发区管理委员会. 2009 天津滨海高新技术产业开发区年鉴[Z]. 中华书局

滨海新区科技发展"十二五"规划[Z]. 2012

滨海新区科技创新政策大全[Z]. 2011

滨海新区高新技术产业区政策汇编[Z]. 2011

滨海新区完善自主创新平台载体 力争领航科技创新[N]. 天津日报, 2011—02—06

建设中关村国家自主创新示范区行动计划(2010—2012 年)[Z]. http://www. gov. cn/gzdt/2010—06/24/content_1635628. htm

新区发挥金融改革创新优势股权投资基金破解融资难题 每年 1.5 亿扶持科技"小巨人"[N]. 天津日报, 2011—01—04

天津市国民经济和社会发展第十二个五年规划纲要报告[Z]. http://www. 022zs. com/viewnews—10280—page—2. html

天津市滨海新区国民经济和社会发展第十二个五年规划纲要(草案)

[Z]. http://www.bh.gov.cn

朱华晨.产业集群发展中的企业家功能[J].浙江经济,2004(20)

周敏.城市人才竞争力指标体系比较与改进思考[J].贵州工业大学学报(社会科学版),2006,8(3):33—3

张为会,吴进红.对长三角、珠三角、京津地区综合竞争力的比较分析[J].浙江社会科学,2002(6)

罗伯特·D.盖特伍德著,薛在兴,张林等译.人力资源甄选[M].清华大学出版社,2005

晏雄,寸晓宏.基于文化层面的企业集群竞争力探析[J].经济问题探索,2005(11)

吴贵明,周碧华.产业集群人才优势形成机理研究[J].生产力研究,2007(17)

王建强.区域人才竞争力评价指标体系设计[J].中国人才,2005(8)

张西奎,胡蓓.产业集群的人才集聚研究[J].商业研究,2007(3)

吴贵明,周碧华.产业集群人才优势形成机理研究[J].生产力研究,2007(17)

涂荣良.我国高技术人才流动趋势分析[J].集团经济研究,2007(3):41

李琳.高新技术产业集群中的知识流动分析框架[J].科技管理研究,2006(6)

王福谦.深圳:依托人才打造创新型城市[J].中国人才,2006(3)

Yamawaki H. The evolution and structure of industrial clusters in Japan [J]. Small Business Economies,2002(2)

Timothy,R. Hinkin,J. Rruce,T. The cost of turnover [J]. Cornell Hotel and Restaurant Administration Quarterly,2000(6)

Stemberg R,Litzenberger T. Regional Clusters in Germany—their Geography and their Relevance for Entrepreneurial Activities. European Planning. Studies,2004(12)

倪鹏飞.中国城市竞争力报告[M].北京:社会科学文献出版社,2006

中共深圳市委,深圳市人民政府.深圳市人民政府《关于实施自主创新战略建设国家创新型城市的决定》〔深发(2006)1 号〕的配套政策[Z].
2006

徐晓林等.信息化与当代中国城市政府决策模型研究[J].管理世界,
2007(6)

张玉林.企业信息化战略规划的一种新的分析框架模型[J].管理科
学学报,2008(4)

丰志勇等. 南京自主创新能力的现状分析研究[J].科技与经济,
2007(2)

姜照华等. 全球化、信息化条件下的自主创新规律[J].科技管理研
究,2008(12)

李洋等.信息化与我国政府治理变革[J].管理世界,2007(7)

毛付俊等.信息化机制建设不可忽略[J].信息系统工程,2003(3)

李良美. 信息化:机制转换的时代要求[J].系统辨证学学报,2006(7)

王云峰等.从 ERP 成功要素透视中国企业信息化之路[J].管理世
界,2005(8)

刘海滨.煤炭企业信息化机制研究[J].煤炭经济研究,2004(3)

高新区.天津滨海高新技术产业开发区统计资料[Z].2009

高新区.天津滨海高新技术产业开发区统计资料[Z].2008

董小麟等.深圳经济特区提升自主创新能力的经验及启示[J].经济
纵横,2010(11)

江蕾等.我国区域自主创新能力的评价体系构建与实际测度研究
[J].自然辩证法通讯,2010(3)

天津滨海新区科技研发与转化的体制机制研究

【摘要】本文全面分析了滨海新区当前在培育自主创新主体、完善创新机制和构建创新平台等方面发展的现状和存在的问题,并比较研究了浦东、深圳等特殊经济区的发展前景,在对世界科技研发转化趋势和模式分析的基础上,提出了滨海新区科技研发与转化体制机制的创新思路。

一、问题的提出——新区定位的需求

(一)滨海新区的国家定位

国务院对天津滨海新区的整体定位,突出和核心内容是"两个基地,两个中心。"其中的逻辑关系可分为两个层次:

其一,"北方的国际航运中心和物流中心",尽管是在"中国北方对外开放的门户"、"服务环渤海,辐射三北"的前提下,但毕竟要靠滨海新区自身的实力来支撑,是依附于"现代制造业基地",以"现代制造业基地"的规模,生产资料和最终产品的大量吞吐为根据的。没有"现代制造业基地",就不可能建成国际航运中心和物流中心。

数据佐证:2007年天津港全年货物吞吐量累计完成3.09亿吨,同比增长20.2%;集装箱吞吐量累计完成710.3万标准箱,同比增长19.4%。这都是航运、物流中心雏形的展现。

1985 年,天津市的 GDP 为 175.8 亿元,工业生产总值 319.5 亿元,出口 11.5 亿美元,进口 3.3 亿美元;到 2005 年,上述各指标分别达到 3697.6 亿元、7169.6 亿元、274.2 亿美元、259.7 亿美元。天津港的总吞吐量中,天津的比例为 65.2%①。

上述数据可以说明"两个中心"和"现代制造业基地"的关系。

其二,"高水平的现代化制造业基地和研发转化基地"的关系。从未来十年的发展趋势来看,现有的和蓄势待发的支柱产业,使"现代制造业基地"的建成问题不大,并可称有把握。但是冠以"高水平",意义就完全不同。

数据佐证:滨海新区 2005 年限额以上(年销售额在 500 万元以上)的企业数 1234 个,其中有科技活动的企业 61 个,占 4.9%;从事科技活动的人员 10 639 人,其中在企业的科技机构中工作的 4150 人,占 39.0%;企业科技活动经费筹集 45.73 亿元,其中企业自筹 45.08 亿元,占 98.56%,政府投入 0.27 亿元,占 5.9‰;企业专利申请 276 件,占全部专利申请量的 53.3%。②

由上所述,滨海新区内技术进步对制造业提升的作用是不成比例的。无论有科技活动的企业,还是科技机构、科技人员、科技投入、自有知识产权的专利,都与形成研发转化基地差之甚远。因此,建设"研发转化基地"并寄希望于为制造业服务,困难是很大的。天津滨海新区核心功能定位的逻辑和现实关系为:未来一段时期,天津滨海新区的强项和发展最坚实的基础,是以现代制造业基地建设为本,带动航运中心和物流中心的形成;而现代制造业基地的长盛不衰,达到和保持高水平,研发转化基地是源头和原动力依赖。

①天津市统计局.2006 年天津统计年鉴.中国统计出版社,2007 年
②天津市滨海新区管理委员会,天津市统计局.2005 年天津滨海新区统计年鉴.2006 年

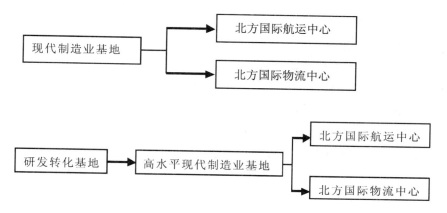

图 1

(二)滨海新区的科学技术基因和变化趋势

滨海新区的产业结构呈现二产为主的特征(制造业的增加值比重达 67.70%),而第二产业中,又以外商投资企业为主(工业销售额中,外商投资企业的比重为 62.9%),表明滨海新区经济发展的外向型特征,利用外资是滨海新区发展的第一动力。[①]

滨海新区共引进世界 500 强 57 家,建立企业 123 个,这些跨国公司投资的同时,带进了先进的工业技术。中国以市场换技术的战略,也使中国的技术水平取得了很大进步。但是另一方面,滨海新区的科学技术基因是转移型和引进型的。即外商投资企业虽是中国法人,但是其技术并不掌握在国人手中,工厂里的现实应用技术靠母公司按全球的市场需要配置,最先进的技术主动权并不在国人手中。以利用外资最集中的开发区为例,工业销售额中高新技术产业的比重达到 62.1%,但基本上是外商投资企业实现的。[②]

在原始创新方面,新区云集了国家级及部委的工程技术研发中心 31 个,企业技术开发中心 70 家,纳入国家发展战略之后,天津市正在与科技部、两院合作建立工业技术研究院。以壮大自主知识产权的技术开发方

①天津市滨海新区管理委员会,天津市统计局.2005 年天津滨海新区统计年鉴.2006 年
②天津经济技术开发区管理委员会.2005 年天津开发区经济发展报告.2006 年

兴未艾,这都预示着研发转化基地的建设,从逻辑需求以及动力、前途诸方面,都具备了发展的可能性。

(三)中国特殊经济区的发展归宿

中国将深圳特区、上海浦东新区、天津滨海新区并列为中国综合改革试验区,尽管综合改革试验包含多方面内容,三家面临的问题和努力方向有同有异,但已在两点上达成一致:三城今后十年,要以金融为龙头壮大现代服务业,以自主知识产权的科技创新提升现代制造业(资料来源:《第二届三城论坛资料汇编》)。其中重视科技对现有产业的改造和升级都实现了。这三个区都是外向型经济区,今后要代表中国经济的国际竞争力,那么必须弄清外向型经济区的最终前途和发展归宿是什么。

从目前掌握的情况看,深圳特区的综合改革提出四个要点:即①港深一体化共建国际大都会,在制度创新上有所突破(这个课题已经研究了不少于十年);②两税合一之后,很关注政策硬件的配备,把特区更名为自由贸易区;③在现有保税区的基础上转型,变成自由贸易园区,研究用好自由港政策,并已出了大、中、小三个方案;④发展高端的生产性服务业,主要是关注并致力于金融、物流和中介机构。从深圳的综改方案看,其核心是要建立自由贸易区,因为四个重点改革内容都指向自由港,这可能是深圳为自己设计的特区发展归宿和前途。为此,他们认为在改革实践中的困难有两点:一是改革与现行法律法规的冲突;二是现行体制存在明显的制度缺失。而改变这种困难局面,就是由自由港的"新"和"特"来满足制度供给,解决与国内现行法律法规的冲突。

上海浦东方面,配套改革围绕"着力于转变政府职能,着力于转变经济增长方式,着力于改变城乡二元结构"三方面,共 21 项主要内容,涉及面很广。但应引起注意的是:最近上海理论界发出一个声音,希望中央在综合改革试验上,给上海更大的试验权,提出把上海建成"特别行政区"。这是一个很大胆的想法。因为"特别行政区"有很鲜明的政治意义,只有香港、澳门以及两岸统一之后的台湾可以这样称,"特别行政区"的实质是"一国两制"。这种观点是否代表上海方面的深思熟虑不得而知,但对综合改革试验在制度创新方面,与深圳异曲同工,隐约折射出他们对综合改革试验和特殊经济区的前景期望：即更宽的市场经济制度，更高的开放度，更大的自主权，模式偏重于自由港和自由贸易区，以取得更大的发展空间和活力。

　　天津滨海新区的综改方案，是严格按照国务院 20 号文件的精神的，提出的九大改革任务中，金融创新、土地流转制度创新、科技体制改革、涉外经济体制改革四个方面为重点，致力方向明确，就是围绕着滨海新区"两个基地、两个中心"的核心定位，直至滨海新区的体制设计都以此为根据，本课题就冠以"滨海新区科技创新的体制和机制"。如果解读天津的方案，可以看出与沪、深有不同。从内容上看，综合改革的覆盖面与深、沪毫无差别，"一个围绕，九个推进，五个突出"的总体思路，对金融、保税港建设、涉外经济体制、政府体制、农村体制、土地管理体制都有同样的重视，不同点在于：

　　金融业，天津滨海新区的规模很小。2005 年，新区金融业的增加值只占全部生产总值的 0.68％，在第三产业中的比例也只占 2.1％。[①] 由此看来，滨海新区重视金融近期补课的意义比创新实践和对环渤海有形辐射的服务意义要大得多，还在起步和尽量做大的发展阶段。具体的金融创新出台的措施中，建立商业银行、产业基金、风险投资基金，以及多年来一直争取的第三证券交易所，其指向都不是金融业的独立发展，而是建立资本市场，为产业发展作投融资的服务（银行、产业基金、风险投资的作用很明显是与"一个围绕"相呼应的）。

　　国家给东疆保税港的政策足够宽松，天津港的发展速度也很快，20年内保持着两位数的增长率。但近期运作尚在填海造地阶段，2007 年封区的面积也只有 10 平方公里，与国家批准的面积相差很大，基本建设、基础设施建设的构建环境的任务很重，距离发展保税港自身的业务仍需时日。

　　这导致天津滨海新区的第三产业发展水平比浦东有较大差距，2005

---

①天津市滨海新区管理委员会，天津市统计局.2005 年天津滨海新区统计年鉴.2006 年

年,浦东新区第三产业比重为 49.0%,而滨海新区统一指标只有 31.86%。①因此,滨海新区与沪、深不同,短时间内还不能指望第三产业突破性独立发展为经济增长出力,这决定了滨海新区要考虑切合自身条件的基本道路。

滨海新区的经济基因是外向型经济区,历史形成的经济增长方式是第二产业的制造业为主,并且是相对优势。2005 年,滨海新区工业增加值 1045.60 亿元,浦东为 1070.96 亿元,略差一点,但工业增加值率的比值为 26.16%:25.75%,这是滨海新区唯一强于浦东新区的经济指标。②在新区内,开发区、保税区的经济功能举足轻重。工业产值占全区的 63.37%,生产总值占新区的 49.06%,这两个功能区的走向相当一段时间内决定新区的发展框架。

从滨海新区的定位出发,抓科技发展的体制和机制问题研究,实际上就是在研究研发转化基地和高水平现代制造业基地的关系,从外向型经济区的逻辑轨道和历史趋势角度来谋求滨海新区的发展前景问题。③

二、滨海新区科技研发转化现状与问题

(一)目前现状

1.在培育创新主体方面

(1)以科技项目招商、壮大创新主体为重点,形成国内外科技资源聚焦新区的良好态势。

2005 年以来,滨海新区加大了聚集国内外科技资源的力度,与科技部、信息产业部、民航总局等部委,中科院、中国工程院、中国医科院、军事医学科学院等国家科研机构,中航集团、电子科技集团等国家大型科技企业以及清华大学等知名大学,都建立了全面科技合作关系。与中科院全面合作成效显现,实施了 28 个院市科技合作项目,其中产学研合作的科

①天津市滨海新区管理委员会,天津市统计局.2005 年天津滨海新区统计年鉴.2006 年
②天津市滨海新区管理委员会,天津市统计局.2005 年天津滨海新区统计年鉴.2006 年
③皮黔生,王恺.走出孤岛.三联书店,2004 年版,第 14 章

技成果转化项目 16 项,共建研发机构 12 个。

(2)新区创新主体网络不断扩大并初具规模,形成了以跨国公司与驻津国有大企业研发机构为骨干、以国家级和省部级研发中心、工程技术中心为先导、以民营科技企业为重要力量的多元化创新主体网络。

截至 2006 年底,滨海新区内高新技术企业 371 家(新认定 88 家);跨国公司研发机构 40 家,区属内资企业研发机构 33 家,驻区国有大中型企业研发机构 15 家;国家级和省部级工程技术中心或研发中心 44 家;民营科技企业 300 多家。从专业技术队伍和高科技企业数量看,以开发区和大港区为例,截至 2006 年底,开发区累计引进高级人才 421 名,院士 20 名,现有在站博士后 61 名,本科及以上学历就业人口 8.26 万人。高新技术企业 286 个,其中当年新认定的各类高新技术企业 77 家,软件企业 7 家,企业研发机构 44 家,各类工程技术中心 26 个。大港区,截至 2005 年底,驻区大企业拥有专业技术人员 20739 人,区属规模以上工业企业专业技术人员 8236 人,民营科技企业 150 多家,见表1。整个滨海新区本科以上学历的专业技术人员至少十万以上。

表1　滨海新区创新主体一览表

	高新技术企业	企业研发机构	各类工程技术中心	民营科技企业
开发区	286	44	26	—
保税区	10	—	7	—
大港区	20	15(驻区)20(区属)	8 1(虚拟)	150
塘沽区	45	3	1(在建)	150
东丽区	10	6	1	—
汉沽区	—	—	—	—
津南区	—	—	—	—
合　计	371(新认定88)	88(内33,外40,驻区15)	44	300

注:"—"为没有统计数据。

(3)新区内各区域创新主体各有侧重和特色。

开发区形成外资企业研发机构(44 个企业研发机构中,外资企业占

40 个)和国家级、省部级技术工程中心"双轮并举"格局。保税区侧重吸引中科院和本市大专院校共建工程技术中心。大港区由于以石油石化产业为主导的行业技术优势基本集中在大港油田、天津石化公司、中石化四公司、大港发电厂等驻区大企业 15 个研究所,因而形成了以驻区大企业研发机构为核心、区属企业研发机构和民营科技企业共同发展的格局。

2. 在完善创新机制方面

(1)加大政府扶持力度,成为企业自主创新和成果转化的主动力

2006 年新区的科技立项及科技资助明显增加。据不完全统计,2006年新区各类创新主体共申报各级各类科技项目 301 项,创历年项目申报的新高,获得国家和天津市以及区级科技资助 1.69 亿元。仅开发区就申报各级各类科技项目 185 项,其中有 78 个项目列入国家和天津市科技计划,共得到国家经费支持 7400 万元,2006 年开发区还为 65 个国家和天津市重点科技项目提供配套资金 2507.3 万元,全年技术交易总额 1.20亿元,完成技术合同登记 86 份,科技成果鉴定登记 9 项。保税区 2006 年申报市级以上科技项目 12 项,获得科技资助 3260 万元。塘沽区以组织高新技术企业认定和项目申报为契机,促进民营高技术企业自主创新。2006 年申报了市级、国家级科技计划项目 25 项,其中国家级项目 3 项,天津市级项目 22 项。

(2)完善激励机制、导向机制和协调机制

以天津开发区为例,2006 年在充分了解科技企业需求的基础上,对《天津开发区促进高新技术产业发展的规定》做了进一步修订,新增了一系列鼓励自主创新和成果产业化的政策措施,如新药产业化资助、专利产业化资助、研发机构成果转化奖励等,既起激励作用,又具导向作用;又如科技服务业扶持、中小企业贷款担保、特别风险专项资金、贷款贴息扶持等政策措施,对科技企业的成长壮大以及科技成果产业化具有扶持与协调作用。尤其对于电动车技术工程中心、水稻技术工程中心等科研机构实施的产业化项目,开发区全力支持和推动,在土地划拨、项目审批、工商税务手续办理等各方面做好协调工作。开发区还启动了区域分配改革,出台了《天津经济技术开发区优化分配机制、提高职工收入、构建和谐社

会的指导意见》,建立了企业工资集体协商机制等。

(3)建立科技创新专项基金,为区域科技自主创新提供长效机制

2006年开发区投入科技发展金和科技风险金2.11亿元,历年累计投入科技发展金和科技风险金达到17.26亿元。保税区2006年的科技发展资金也达1亿元。塘沽区设立科技创新专项资金后,规定由区财政每年再安排1000万元资金,重点扶持重大科技项目的引进和转化、重大科技攻关、重大高新技术成果产业化等。大港区在2005年区级财政科技投入1294.43万元(占当年本级财政决算支出比例为1.35%)的基础上,设立每年不少于200万元的科技创新专项资金和不少于100万元的人才培养、引进、奖励专项资金和企业自主创新奖等。汉沽区2005年财政拨款用于科技投入491万元,2006年为606万元。据不完全统计,整个滨海新区2006年用于科技发展投入的资金(包括企业技术开发投入、各区科技专项发展基金、各级政府资助等)共计大约8.06亿元。

3.在构建创新平台方面

(1)以孵化器基地建设为切入点,促进高新技术成果转化和产业化

新区将建设孵化器基地、博士后工作站、创建高新技术产业化基地作为工作重点。开发区不仅建设了国家级的泰达国际创业中心,引进了民营企业投资的开泰企业孵化器,而且拥有以国家纳米产业化基地、泰达华生生物园等为代表的专业孵化器,共建有创业孵化基地9个,企业博士后科研工作站47个,风险投资机构4家(其注册资本达到8亿元)。保税区建立博士后工作站以后,中金黄金、天保控股两家企业也相继在保税区建立了博士后工作分站,为高级人才来区开展科技研发构建发展平台。

(2)积极拓宽市场化融资渠道,形成多元化的科技融资平台。

新区各单位一方面积极争取财政对科技的投入,另一方面努力拓宽市场化投融资渠道,建立风险投资公司等,初步形成了政府、企业、社会多渠道的投融资体系。如设立了吸引国内外风险资本的政府引导资金,风险投资机构和资本由2000年的10家、9亿元增加到2005年的65家、41.8亿元,分别增长了5.5倍和3.6倍,建立了国内首家中外合资的非法人制创业投资基金赛富成长基金和专门投资生命科技的博乐生命科技

创业投资基金和三只超 2 亿元规模的天使投资基金。2006 年 9 月份,由开发区管委会和天津市科委合作投资的滨海天使创业投资基金正式注册成立,基金额度 1 亿元,主要投资于生物医药、IT 领域内的初创型科技项目,并吸引有潜力的优秀项目进入开发区发展。此外,组织企业参加天津市政府"金桥之友"银企联谊、成果转化认定扶持计划、科技项目成果推介、IDG 集团"DEMO CHINA 2006"等一系列活动,使科技产业融资条件得到了较大改善。

(二)存在的问题

目前在新区云集了国家级及部级的工程技术研发中心 31 个,2006年从事科技活动的人员为 16269 人,其中在企业工作的有 7254 人,2006年科技投入经费 58.5 亿元,其中企业自筹 56.9 亿元。从这些数字来看,非常令人兴奋,特别是科技投入占 GDP 的比重已达到 2.8%,并且98.6%是来自企业自筹的投入,这已经接近发达国家的水平和科技创新模式。

但是实际情况并非如此乐观。

1. 滨海新区的科技体制由于现存的行政管理体制决定,最大的问题是缺乏统一的权威以及对工作布局的有效推进。新区的科技部门刚刚建立一年不到,工作尚在摸清情况阶段,对新区科技研发转化的推动和组织并不十分有力;新区各组成部分的科技工作水平参差不齐,科技活动分散,各自为政,整体状况的统计体系也不十分准确。科技活动的成果及效果在年鉴中反映不力,信息不全。新区管委会对科技工作的领导、指导的体制不顺。

2. 科技研发转化体系中各职能部门的作用发挥不平衡。新区内有国家级的海洋高新技术园区,但科技活动并不活跃;新建的科技园刚刚起步,发展什么科技门类尚在选择;拟建的国家级生物医药研究院刚刚开始设计,体制仍是政府养起来的事业单位模式,与企业、市场联系不够紧密;23 个工程技术研发中心孵化器的工作缺乏必要监督,很多巨额投入购置的设备利用率不高,如中药研究院的中试设备,南开大学泰达学院的新材料试验设备等,投入之后的问效机制不健全。

3. 企业有科技研发活动的比例仅为 4.9％，即 95％以上的企业中没有科技研发活动，科技创新的主体不活跃；外商投资企业建立的研发中心向政府的科技政策寻租，政府对其支持也缺乏考核机制；区内几大支柱产业尚没有实用性很强的专门研究机构，每年专利数量仅 200 多项，且不论质量，数量也微乎其微。企业不活跃，这是科技体制面临的最大困惑。

4. 科技投入渠道新区本有优势，如原计划中央每年定额补贴 10 亿元中，用 60％支持科技研发；新区建立的全国第一支产业基金，有一个明确的投入方向，即有自主知识产权的大型企业创新产品的生产环节资本金注入。这都是很好的决策和发展条件。但是由于新区科技体制不顺畅，科技研发转化的规划不明确，资金投不出去。

上述四点说明新区目前以企业为主体、市场为导向、利益为纽带、产学研有机结合的创新机制系统尚不健全。

目前，在国内创新体系建设中，产学研有机结合是公认的难点之一。如何实现企业与科研院所、研发人员与创业风险投资者的有机结合，如何使政府投资创办的企业孵化器与入驻企业以及与产业化园区之间实现利益共享与投资回报可持续运转，如何促进新区内各功能区和行政区之间、新区与周边区县之间的科技合作与共赢发展，建立和完善科技资源的整合机制、创新主体合作机制和利益协调机制等，都是我们下一阶段亟待解决的新课题。

1. 随机到新区的科技项目，包括很多慕名而来的科技人员（含海外留学生回国），希望能得到一些支持，但因为体制原因，没有人能很好地评估它们的项目，一方面资金投不出去；另一方面，想动用一点政府资源或社会资源又难上加难，往往是失望而去。天津滨海新区乃至全天津目前看，并不是一流科技人员向往的理想聚集地，因此，在前面谈及"基地"的标准时，加了一条"科技研发基地的可持续性"，是有针对性的。

2. 新区内各类风险投资机构数量少，业务开展不足；中小科技企业融资担保、银行贷款困难。抑制了种子资金的作用发挥。

3. 技术交易氛围和机制没能形成，无法市场化地完成技术成果向应用的转化，甚至很好的科技应用项目无法推广。

上述三点说明新区的科技服务市场发育不成熟、科技服务体系不健全。

目前制约天津滨海新区高新技术企业快速发展的最为突出的问题是融资渠道少,资本市场发育滞后。研发和创新必须要有资金的投入。政府的科技投入固然重要,但仅靠它是远远不够的,充分动员金融资本、社会资本和海外资本投资创新创业是推动区域科技进步的重要途径。由于天津滨海新区内的投资科技创新型企业,推动科技进步的投融资渠道比较单一,研究与开发经费主要依靠自身积累和财政支持,受企业自身实力薄弱、政府扶持力度有限和透明度、资金到位率较低等因素制约,企业R&D经费及其他科技投入不足。这在相当程度上反映了新区企业在科研开发活动的经费筹集上受到资金制约。尽管近年来,天津在设立吸引国内外风险资本的政府引导资金,引进风险投资机构和发展风险投资基金等方面取得明显进展,但是与全国情况一样,由于创业投资退出渠道缺失,仅发挥了金融机构投资功能,还没有发挥出真正的风险投资作用。因此,通过金融创新来促进科技创新,通过发展资本市场、设立创业风险投资引导基金等融资平台、构建多元化的退出渠道来破解科技型中小企业融资难已迫在眉睫。

目前新区的主要兴奋点在招商引资,依靠科技谋求发展的战略思考尚在启蒙阶段,很大程度上重视不够。新区各组成部分有没有自己的科技发展规划和操作思路均不可知,观念直接影响体制。

此外,新区的政策、法制与文化环境还有待进一步改善。创新环境是有利于各创新主体充分发挥作用的制度政策环境,包括保障公民权利的法律制度环境、引导和激励创新的政策环境和有利于创新基因孕育发展的文化环境等。目前,天津滨海新区在创新环境建设方面,还存在一些突出问题亟待解决:如在知识产权和技术入股方面,虽有政策(经过资产评估后最高可占到注册资金总额的35%),但在工商部门注册时却难以实行;在实施企业所得税"三年全返、五年返半"的政策时,税收返还期限过长;在创业者股权收益再投资免征个人所得税方面也没有得到真正贯彻;在吸引人才方面,诸如户口、购房、子女入学或入托、社会保障等问题在政策制定和实施之间存在一定的差距;基础设施使用的优惠政策(如水电气的工业用价格)或补贴未能落实等。

综上所述,天津滨海新区的科技研发转化机制存在不少问题。实事求是地说,照现在的样子,离建成两个基地差之较远,从目前的工作推进预测,到建成研发转化基地还有很长一段路要走。而真正的研发转化基地的起步首要的是解决体制机制问题。现实的思路是:既然目前新区内科研转化的市场化程度不够,那么政府推进这项事业的紧迫性责任就是无可推托的,政府推进科技研发转化基地的建设,应从机制培育入手,反向来锻造、改造并最终形成一个有效率的体制,来领导、引导、推进基地的建设和发展。

三、世界科技研发转化趋势及模式分析

(一)世界成功科技研发地区的演进

现代科技园区的发展经历了 55 年的成长与进步,其历史发展大概可分为三个阶段:

1.初步成长期(1951—1980)

1951 年,美国斯坦福大学在其校园内创办了世界上第一个专门化的科学研究园——斯坦福研究园,嗣后发展成为闻名世界的"硅谷"(silicon valley),堪称园区的典范。随后,马萨诸塞州沿波士顿 128 公路两侧也出现了高技术企业密集的现象。1957 年,前苏联开始筹建科学院西伯利亚总分院,并以此为基础建立了新西伯利亚科学城(1966 年基本建成),它是世界上最早冠以"科学城"名称的园区,并且成为前苏联乃至世界上最大的综合性科研基地之一。战后,随着市场全球化的发展、生产国际化的推动、经济发展战略的转换、利用外资方式的变化、港口的开发与完善和新技术革命的推动,自由港、出口加工区、自由贸易区等新型园区也得到了发展。但这一时期,园区发展作为一种经济现象并未引起美国及世界其他国家和地区政府与企业界的足够重视。

2.快速扩散期(1981—1990)

20 世纪 80 年代之后,世界各国经济逐渐回升,这一时期,园区不仅

在美国获得蓬勃发展,而且在世界范围内形成热潮,西欧一些国家园区发展比较迅猛,法国、德国、意大利、西班牙、荷兰、比利时、爱尔兰、瑞典、苏格兰等国相继建立了各种不同形式的园区。一些新兴工业化和发展中国家及地区如新加坡、印度尼西亚、印度、中国大陆以及中国台湾省等,也相继创建了一批园区。美国最早设立的园区,如硅谷、128公路地区和北卡三角研究园,已经经历了 30 年左右的发展,树立了成功的典范,到 1989年底,美国已设立了 141 个园区,遍布全国,居世界之冠。加拿大也在几个主要省兴建了 9 个园区。日本也加快了建立技术城的步伐,到 1990 年全国共选定了 18 个地方兴建技术城。这一阶段的主要特征是:园区发展较快,10 年间新增园 500 多个,使世界园区总数达到 641 个,据 IASP 统计显示,这 10 年间产生的科学园区占全世界科学园区总数的 30%;一些发展中国家和地区开始举办园区,使园区的分布扩大到 34 个国家和地区,当然主要仍分布在发达国家;另外,其他各种形式的园区也迅猛发展,如经济开发区等,园区在各国和地区经济发展和产业升级中发挥了极为重要的推动作用。

3. 稳步发展期(1991—2005)

20 世纪 90 年代园区的数量继续膨胀,这一阶段产生的科技园区占目前世界上科学园区总数的 48%,如我国在 20 世纪 80 年代后期创办试验区的基础上建立了 53 个国家级高新区和 54 个国家级经济技术开发区、几百个地方高新技术产业开发区和经济技术开发区,而且涌现出像北京中关村、上海张江、天津泰达、苏州工业园等一些有相当知名度的园区。截至 1997 年,美国的科技园区有 398 个、德国 106 个、日本 104 个、英国50 个。

进入 21 世纪后,仍然有新的科技园区不断产生,2003 年意大利政府在原有工业园区和科技园区基础上又建立了 17 个技术园区,到 2005 年澳大利亚建设了近 20 个较大的科技园区。但这一时期园区繁衍的速度稍微有了下降,21 世纪初产生的科技园区占目前世界上科技园区总数的18%。

(二)世界园区发展的基本模式

园区尽管在一定程度上超越了社会制度、经济发展水平和地域上的限制,在世界上得到了普遍的发展,但由于各国和地区在社会制度、文化传统、经济实力上存在着差异,因此其发展的模式也不尽相同。园区采取什么样的发展模式、能否成功,主要在于这种模式能否充分发挥自身的比较优势,形成自己的特色。概括起来,园区主要有以下几种分类方式。

1.发展优势模式

一是以地区优势为主导的优势主导模式,如美国 I－270 高技术走廊依托联邦政府的研究机构发展成为以生物技术和信息为主导的园区;英国剑桥研究园、犹他大学医学研究园、德国不伦瑞克生物科学园、法国梅斯 2000 科技园、中国的台湾新竹科学工业园区和北京中关村科技园区属此类发展模式。二是地区优势不突出的优势导入模式,如法国索菲亚·安蒂波利斯科学城原来是一个旅游胜地,原有的科技、工业技术基础几乎是空白,经过创办孵化器、新型研究机构等努力,吸引了上千家研究机构和公司。日本九州“硅岛”从面临困境的煤矿发展成为高技术产业区;法国布列尼塔高技术园是在失去原有的船业优势后建立起来的。三是利用本地区的多种优势的综合发展模式,如法国法兰西岛科学城,美国费城科学城、波士顿 128 公路地区,英国的 M4 号公路走廊等均属于此种发展模式。

2.区域拓展模式

一是松散联合型,即建园之前并没有统一规划,园区的开始是自发形成的,占地面积比较大,松散联合型一般是某个国家科技园区初创时采取的一种形式,好处是省去一大笔建园投资,上马快,政府包袱小,但它只是在特定的条件下才能实现,而不是各地都可以效仿的。二是创建新区型,即在大城市近郊或经济发达的地区单辟一块农田或荒地建立集中的园区,有的是作为新城的一部分,如上海的浦东新区和法国蒙彼利埃市的新城区,有的是单独建立一个园区,如法国的索菲亚·安蒂波利斯科技工业园、日本的筑波科学城和韩国的大德研究城。三是旧区拓展型,即在原有园区的基础上拓展新区,如以原有经济技术区拓展的德国斯图加特科技工业园和原有大学科研区拓展的英国剑桥科技工业园。

3.投资主导模式

一是市场投资主导型模式,如美国硅谷;二是政府投资主导模式,如中国的 53 个国家级高新区。

4.动力驱动模式

一般地,发达国家的园区以创新驱动为主,而发展中国家的园区更多地表现为工业园区,以投资驱动为主。两种不同模式在经济发展环境、企业组织结构等方面要求不同。创新型园区发展关键在于营造良好的创新环境。

5.产业链、价值链模式

产业链、价值链有 OBM (Original Brand Manufacture,原始品牌制造商)、ODM (Original Designed Manufacture,原始设计制造商)、OEM (Original Equipment Manufacture,原始设备制造商)三种模式。OBM模式的技术创新处于前期阶段,即主要从事原创性研究,技术储备一般都有几代,选择的技术多为关键性技术和核心技术,因此在高技术产业发展中具有主动权;ODM 模式的技术创新处于中期阶段,选择的技术为高技术产业发展的主要技术;而 OEM 模式的技术创新处于价值链条的末端,在高技术产业国际分工中处于下游,主要是进行组装加工,利润率较低,选择的技术多为应用技术层次。

(三)世界园区发展的演变趋势

"不创新,就死亡",管理学专家彼得·德鲁克的忠告已成为新经济时代企业生存与发展的真实写照,在信息时代,社会经济环境变化迅速,城市化和信息化不断推进,出现了新空间形态,如赛博空间、信息空间、数字空间、虚拟空间等,新空间形态的出现使传统区位论所依托的概念发生变化,人们从事的活动已经不一定在某一具体的空间场所中进行了,在这种条件下,科技园区也出现了以下演变趋势。

1.集群化特征鲜明

拥有健康、外向型的产业集群是强有力经济的关键前提。近年来,以硅谷为代表的世界先进园区发展的集群化特征突出。一是产业集群的形成。据硅谷权威社会调研机构 JOINT VERTURE NETWORK 发布的"2006 硅谷指数"指出,成熟、外向型的产业集群是经济强劲增长的首要前提,并指出硅谷最具发展动力的八个集群,即计算机及通信硬件制造业、半导体及设备制造业、电子产品制造业、生物医药业、软件业、创造性服务、创新服务、社团机构。二是社会簇群的支持体系。20 世纪 90 年代,硅谷有核心高新技术创业型公司 200 多家,支持公司 4000 多家,其他服务型公司 3000 家左右。除生产服务商外,硅谷还出现了非生产性服务商集群,如律师、市场调查公司、咨询公司、公共关系公司、电子产品分销商以及风险投资公司等。三是各产业集群与社会簇群之间存在着复杂的"共生"关系,校企合作、银企合作、专家合作等合作活动使它们之间形成"联动"机制,进而使整个园区呈现出技术创新的活力和氛围。

2. 技术创新作用突出

技术创新始终是园区发展的关键,硅谷自诞生以来的四次发展浪潮都是与新技术革命相伴而生的,随着硅谷从微电子技术创新向计算机硬件、软件和网络技术创新的过渡,信息产业发展迅猛,进人成熟阶段,代之而起的是生物技术,目前硅谷已成为世界一流的生物技术产业中心,大约有 168 家生物技术公司在此创业,生物经济时代初见端倪。

3. 大部分国家都有园区扩建计划

据 IASP 对世界上现有的科学园区的统计分析,绝大部分园区都准备在土地面积、设施设备等方面实施扩展计划(占 89%),仅有 10%的科学园区不会扩建。美国的《创新国家》报告中也提出要在硅谷、128 公路等高新区基础上建设 10 个新的高新区,韩国、日本都有扩建科学城或技术城的计划。

四、滨海新区科技研发与转化的体制机制创新

(一)必要的理论准备

理论准备即廓清一些与课题有关的基本概念和观点,其倾向性是非常明确的。之所以作这些基础理论的选择,就是研究者的眼界范围,认为这些观点都是正确的,可以依赖为展开研究的理论依据。以下引用的观

点,可视为研究本课题的"引理",在研究展开中予以应用。

引理 1. 人类文明与文化的关系

文明(civilization)是指人类借助科学、技术等手段来改造客观世界,通过法律、道德等制度来协调群体关系,借助宗教、艺术等形式来调节自身情感,从而最大限度地满足基本需要,实现全面发展所达到的程度。

文化(culture)是指人在改造客观世界,在协调群体关系,在调节自身情感的过程中,表现出来的时代特征、地域风格和民族样式。

文明是文化的内在价值,文化是文明的外在形式。

文明是一元的,文化是多元的。

本课题研究滨海新区的科技发展,尽管离不开独特的文化——文明的外在形式,但强调的不是地域风格、民族样式,而是时代特征。因此,不承认所谓脱离人类文明已经达到的高度和主流,来看待中国乃至一个地区科技发展道路的问题。

引理 2. 社会生产力

"社会生产力是人类开发自然资源、生产物质资料的现实力量。"

"社会生产力是一个系统。"①

"科学、技术是社会生产力系统的附着性因素。"②

生产力是经济学的核心基本概念,在中国与西方经济学中还是有区别的。西方经济学中生产力(productivity)侧重生产率的方面,是一个小概念。但中国使用的生产力(productive forces)带有哲学意义,属大概念,即与上层建筑相对应的经济基础的主要内涵。

改革开放以来,对生产力的重视,衍生出一门生产力经济学,主要的理论贡献是:生产力不是一个工艺学的技术范畴,而是理论经济学的重要概念,与生产关系相对应;社会生产力不再是以往的"改造自然的能力"即不是可能性的东西,而是现实的物质力量;生产力由要素论提升到系统论;界定了生产力系统的硬件与软件区分;界定了科学技术与现实生产力

---

①熊映梧.生产力经济概论.黑龙江人民出版社,1983 年
②薛永应.生产力系统论.人民出版社,1981 年

的关系;生产力有其自身的发展规律,如此等等。其中大部分观点已被共识。最显著的就是生产力系统的软件论,被后来的"软环境"等发展成基本理念。但还有不确切之处,即科学技术与生产力的关系没有共识,确切说较笼统。本研究按照生产力系统的理论,将科学技术当作生产力的附着性因素。

引理 3. 科学

科学的定义应以理论的形式表明,人类以其智慧认识客观世界和主观世界探求未知领域所达到的时代高度。是人类不断地由不知到知之,有浅知到深知,由必然王国向自由王国过渡的知识积累过程。以其阶段性呈现其革命性。其真理意义表现为能够通过实验证实或证伪,由相对真理趋近绝对真理的永无休止的过程。科学的理论表明了人类的物质观、宇宙观、世界观,其结论是人类观察物质、宇宙、世界的结果,因而有一个方法论的问题。但认识世界与改造世界尚有一步之遥,"哲学家用不同的方法解释世界,问题在于改造世界。"(马克思)科学是人类改造世界的根据,但变成可以应用的生产力,总显超前性。比如:人类对核聚变的理论已经成熟,通过半可控的手段也造出了热核武器,但是完全可控的核聚变由给人类提供能源变成提供生产力,尚有待应用技术的突破。

引理 4. 技术

广义的技术,是指把科学研究已经证实的原理工具化,"附着在"或"物化"在生产手段(设备)、生产者(技能)和生产过程(工艺)、劳动对象(自然物质和经过改造的物质)上,功利性地把科学与满足人类需要的产品联结起来的手段。技术以科学为依据、为原理,没有科学不会有技术,但有了科学不见得就一定有技术,技术是实现科学原理的再加工环节。

科学是技术的必要条件,技术是科学的充分条件,而科学通过技术才使二者与生产力成为充分必要条件。

"衡量人类的生产力水平,不看他生产什么,而在于看他用什么方式进行生产"——恩格斯

引理 5. 准确的科学技术与生产力之间关系的表述

生产力系统论的重要思想来源是马克思认为只有到了机器工业生产

时代,科学才真正成为科学,成为生产的应用。即大机器工业以前的分散的、小规模的生产方式,相互没有不可分割的关系和经济联系,只有到这种联系内在要求必须是一个有组织、有序运行的整体时,即成为一个系统时,才能谈科学技术对生产力的作用。因此,就有一个科学技术是在系统中,还是在系统外,还是兼而有之的问题出现。生产力经济学的特殊观点认为:科学技术与生产力的关系是一个模糊集合(fuzzy set),生产力的水平以科学技术进入生产力系统或附着在生产力系统因素上的程度,称模糊度(degree of membership)来衡量其现实性。

模糊数学理论在生产力经济学上的应用,在哲学上解释了"科学技术是第一生产力"的正确性,在经济学上解释了科学技术转变为生产力的不对称性,因而需要衍生出一门专门的科学来研究这个过程所需的一切条件和路径,而体制、机制问题就顺理成章地成为课题。

引理6.世界科学技术变迁推动生产力发展的阶段与标志

按图2,中国的生产力和经济发展阶段,处于20世纪80、90年代的信息技术领引经济发展的阶段,从迎头赶上的角度看问题,应该抓住机遇;但社会主义初级阶段的生产力水平又使我们并没有完全走到这一阶段。展望未来,又出现了21世纪前20年将面临的重大科技革命。这决定了我们如同在世界民族之林中的学习进步课堂中,既补课,又跟进现实知识,同时预习下一步课程的追、赶、超的总体形势之中。

引理7.信息时代生产力发展后发的一般形态和我们面临的新追赶路径

代表着世界生产力水平的跨国公司,其组成部分有三个结点:生产制造中心,生产性服务中心,技术研发中心。生产制造中心就是靠其研发力量生产出原创产品,并形成以世界市场为视野的制造能力,即可称之为原始设备制造商——OEM(Original Equipment Manufacturing)。所谓生产制造中心以独创和掌握核心技术在世界经济中立足。

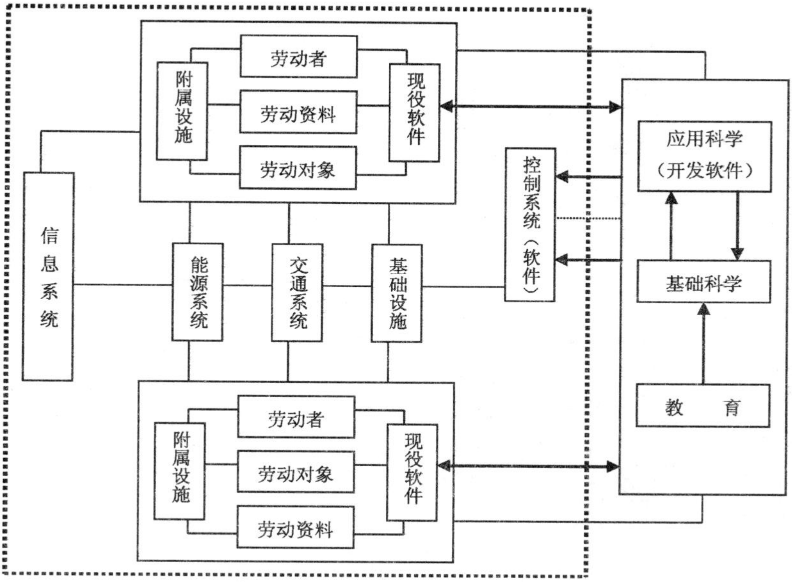

图 2　生产力系统与科学技术关系图

——引自:熊映梧.生产力经济学原理.

表 2

早期机器工业时代:18 世纪 70、80 年代—19 世纪 30、40 年代	
主要行业	纺织、纺织化学、纺织机器、铸铁、水力、制陶
基础设施	运河、公路
企业组织	私人企业家和小型企业(雇员少于 100 人)之间竞争激烈。合伙企业制度为技术发明家和金融家的合作提供了便利
全球主要经济体	英国、法国、比利时
蒸汽动力和铁路时代:19 世纪 30、40 年代—19 世纪 80、90 年代	
主要行业	蒸汽机、蒸汽船、机床、钢铁、铁路设施
基础设施	铁路、船舶
企业组织	小型企业之间竞争激烈,但稍大型企业开始雇用上千人。有限责任和股份公司的出现促成了新的投资和所有制形式
全球主要经济体	英国、法国、比利时 德国、美国
电气和重型机器时代:19 世纪 80、90 年代—20 世纪 30、40 年代	
主要行业	电气工程、电气机械、电缆、重型工程/武器、钢造船舶、重化工业、合成染料

基础设施	电力供应和分配
企业组织	出现巨型企业、卡特尔、托拉斯，垄断和寡头垄断成为主流，对自然垄断行业和公用事业实行国有制
全球主要经济体	德国、美国 英国、法国、比利时 荷兰、瑞士
福特主义的大规模生产时代：20 世纪 30、40 年代—20 世纪 80、90 年代	
主要行业	汽车、卡车、拖拉机、坦克、飞机、消费类耐用品、合成材料、石化
基础设施	高速公路、机场
企业组织	出现以外国直接投资为主的跨国公司，实行垂直一体化管理
全球主要经济体	美国、德国、其他欧洲经济体成员国、日本、瑞士、瑞典、其他欧洲自由贸易同盟的成员国、加拿大、澳大利亚
信息和通讯时代：20 世纪 80、90 年代至今	
主要行业	计算机、软件、电信、光纤、机器人、信息服务
基础设施	数字网络、卫星
企业组织	大企业和小企业共同发展，实行"零库存"等更灵活的管理方式
全球主要经济体	美国、日本、德国、其他欧洲经济体和欧洲自由贸易联盟的成员国、瑞典、中国台湾、韩国、加拿大、澳大利亚

资料来源：Peter Dicken, Global Shift. Transforming the World Economy, 3rd edition. Paul Chapman Publishing Ltd. ,1998

　　但是后发的发展中国家对生产力的追赶，以掌握 OEM 厂商不能再垄断的核心技术为手段和起始，以竞争姿态挤入了生产制造环节。以低成本和不逊色的产品技术含量，争得了生产制造环节的主体地位，迫使跨国公司被迫以代工形式放掉生产制造中心环节，转而靠其研发的原生创造力去巩固地位，经营品牌和标准，在生产性服务领域获得其利益。其结果，使 OEM 词义发生了颠覆性变化。重新定义为"品牌拥有者将生产制造业务外包给其他厂家的业务模式"。并不断深化地衍生出其他的概念：

　　ODM（Original Design Manufacturing）：品牌拥有者将生产制造和部分设计环节外包给生产厂商的业务模式；

　　OLM（Overall Logistics Manufacturing）：指品牌拥有者将生产制造、物流环节外包给生产厂商的业务模式；

　　MS（Manufacturing Services）：制造服务商；

EMS(Electronics Manufacturing Services):电子制造服务商。

上述几个业务模式与跨国公司垄断的 OBM(Original Brand Manu-facturing)业务模式相比,自有品牌厂商自行完成产品设计、生产、营销、物流等环节的业务模式有了后起新兴工业化国家发展科学技术并增强生产力和经济实力的可能性。[①]

这些代工(fundry)式的生产业务模式发展很快,迅速扩散,时尚化蔓延到软产业,出现服务外包(Outsourcing Services),不仅产品制造可以外包,软件、金融、医疗、社会服务、企业内部的管理都可以外包,创造出与世世代代服务和贸易只能面对面进行的传统完全革命性的跨地区、跨国界的服务和贸易形式。

医药行业也出现了新兴的研究外包的形式,即 CRO(Contract Research Orgnization)即以合同约定形式为大企业进行研究外包的组织。

这些新的科技发展形式和内容的变化,我们必须给予极大的重视。除了及时跟进效法的原因之外,关键在于为滨海新区研发转化基地建设提供了一条非常需要借鉴的途径和思维方式。

引理 8.21 世纪前 20 年可能发生技术革命的领域

美国兰德公司的近期研究,提出了"2020 年十大技术应用"。

(1)廉价太阳能(Cheap Solar Energy);

(2)农村无线通讯(Rural Wireless Communication);

(3)普适信息访问(Ubiquitous Info Access);

(4)转基因作物(Genetically Modified);

(5)快速生物鉴定(Rapid Bioassays);

(6)特殊过滤和催化剂(Filters and Catalysts);

(7)导入式药物制剂(Targeted Drug Delivery);

(8)廉价及具备独立系统的房屋(Cheap,Autonomous Housing);

(9)绿色制造业(Green Manufacturing);

(10)普适无线射频识别技术(Ubiquitous Radio Frequency Identifi-

---

①朱晓明. MS&EMS——制造业服务业的新起点. 复旦大学出版社,2003 年

cation）

引理 9. 熊彼特的创新理论

熊彼特认为，所谓创新就是要"建立一种新的生产函数"，即"生产要素的重新组合"，就是要把一种从来没有的关于生产要素和生产条件的"新组合"引进生产体系中去，以实现对生产要素或生产条件的"新组合"；作为资本主义"灵魂"的企业家的职能就是实现创新，引进"新组合"；所谓"经济发展"就是指整个资本主义社会不断地实现这种"新组合"，或者说资本主义的经济发展就是这种不断创新的结果，而这种"新组合"的目的是获得潜在的利润，即最大限度地获取超额利润。

"创新"的五种情况：

（1）采用一种新的产品——也就是消费者还不熟悉的产品——或一种产品的一种新的特性。

（2）采用一种新的生产方法，也就是在有关的制造部门中尚未通过经验检定的方法，这种新的方法决不需要建立在科学上新的发现的基础之上，并且，也可以存在于商业上处理一种产品的新的方式之中。

（3）开辟一个新的市场，也就是有关国家的某一制造部门以前不曾进入的市场，不管这个市场以前是否存在过。

（4）掠取或控制原材料或半制成品的一种新的供应来源，也不管这种来源是已经存在的，还是第一次创造出来的。

（5）实现任何一种工业的新组织，比如造成一种垄断地位（例如通过"托拉斯化"），或打破一种垄断地位。

后来人们将熊彼特的这一段话归纳为五个创新，依次对应产品创新、技术创新、市场创新、资源配置创新、组织创新，而这里的"组织创新"也可以看成是部分的制度创新，当然仅仅是初期的狭义的制度创新。

熊彼特的创新理论主要有以下几个基本观点：

第一，创新是生产过程中内生的。他说："我们所指的'发展'只是经济生活中并非从外部强加于它的，而是从内部自行发生的变化。"尽管投入的资本和劳动力数量的变化，能够导致经济生活的变化，但这并不是唯一的经济变化；还有另一种经济变化，它是从体系内部发生的。这种变化是许多重要经济现象的原因,所以,为它建立一种理论似乎是值得的。这种经济变化就是"创新"。

第二,创新是一种"革命性"变化。熊彼特曾作过这样一个形象的比喻:你不管把多大数量的驿路马车或邮车连续相加,也决不能得到一条铁路。"而恰恰就是这种'革命性'变化的发生,才是我们要涉及的问题,也就是在一种非常狭窄和正式的意义上的经济发展的问题。"这就充分强调了创新的突发性和间断性的特点,主张对经济发展进行"动态"性分析研究。

第三,创新同时意味着毁灭。一般说来,"新组合并不一定要由控制创新过程所代替的生产或商业过程的同一批人去执行",即并不是驿路马车的所有者去建筑铁路,而恰恰相反,铁路的建筑意味着对驿路马车的否定。所以,在竞争性的经济生活中,新组合意味着对旧组织通过竞争而加以消灭,尽管消灭的方式不同。如在完全竞争状态下的创新和毁灭往往发生在两个不同的经济实体之间;而随着经济的发展,经济实体的扩大,创新更多地转化为一种经济实体内部的自我更新。

第四,创新必须能够创造出新的价值。先有发明,后有创新,发明是新工具或新方法的发现,而创新是新工具或新方法的应用。"只要发明还没有得到实际上的应用,那么在经济上就是不起作用的。"因为新工具或新方法的使用在经济发展中起到作用,最重要的含义就是能够创造出新的价值。把发明与创新割裂开来,有其理论自身的缺陷;但强调创新是新工具或新方法的应用,必须产生出新的经济价值,这对于创新理论的研究具有重要的意义。

第五,创新是经济发展的本质规定。可以把经济区分为"增长"与"发展"两种情况。如果是由人口和资本的增长所导致的经济增长,并不能称作发展,创新是发展的本质规定。

第六,创新的主体是"企业家"。熊彼特把"新组合"的实现称之为"企业",那么以实现这种"新组合"为职业的人们便是"企业家"。因此,企业家的核心职能不是经营或管理,而是看其是否能够执行这种"新组合"。这个核心职能又把真正的企业家活动与其他活动区别开来。每个企业家只有当其实际上实现了某种"新组合"时才是一个名副其实的企业家。[①]

引理 10. 国家中长期科学和技术发展规划纲要(2006—2020 年)

中国的中长期科技发展纲要与兰德要研究的科技革命发生的时间段吻合。

《纲要》中写道:今后 15 年,科技工作的指导方针是:自主创新、重点跨越、支撑发展、引领未来。

经过 15 年的努力,要实现以下目标:一是掌握一批事关国家竞争力的装备制造业和信息产业核心技术,制造业和信息产业技术水平进入世界先进行列;二是农业科技整体实力进入世界前列;三是能源开发、节能技术和清洁能源技术取得突破;四是在重点行业和重点城市建立循环经济和技术发展模式;五是重大疾病防治水平显著提高;六是国防科技基本满足现代化武器装备自主研制和信息化建设的需要;七是涌现出一批具有世界水平的科学家和研究队伍;八是建成若干世界一流的科研院所和大学以及具有国际竞争力的企业研究开发机构。

到 2020 年,全社会研究开发投入占 GDP 的比重提高到 2.5% 以上,科技进步贡献率达到 60% 以上,对外技术依存度降到 30% 以下,本国人发明专利年度授权量和国际科学论文被引用数均进入世界前 5 位。

为实现上述目标,一方面确定了国民经济和社会发展的 11 个重点领域,和近期获得技术突破的 68 项优先主题;安排 16 个重大专项填补国家空白;超前部署重点安排 8 个技术领域 27 项前沿技术,18 个基础科学问题,4 个重大科学研究计划。另一方面,提出科技体制改革和国家创新体系建设的重点任务:支持鼓励企业成为技术创新主体;建立现代科研院所制度;推进科技管理体制改革;全面推进中国特色国家创新体系建设。

(二)科技研发转化的全过程机理和概念范畴

如果本课题以天津滨海新区建立"研发转化基地"为研究对象,重点

---

①注:熊彼特的观点与马克思主义的创新理论并非完全一致。但是有些看法是有意义的。特别是其中的"增长并非发展"、"创新是生产过程中内生的"、"创新是一种革命性变化"、"创新是一种经济实体内部的自我更新"、"创新必须能创造新的价值"以及"创新的主体是企业家"的观点,我们认为是正确的,可以作为以下研究的理论依据。

在转化上,那么必须从科学、技术、研发、转化几个词组联结的全过程链式机理出发,廓清概念和范畴,然后才能谈其他问题。

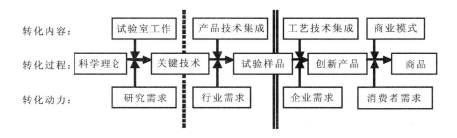

图3　科技(研发转化)全过程的链式机理图

资料来源:朱德权.发挥京津优势,提升研发链和供应链竞争力

1.转化的定义

由引理2知,"社会生产力是生产物质资料的现实力量",图3的终端是满足消费者需求的商品,二者同理,即所谓转化,就是指转化成社会生产力。舍此最终目的,转化没有意义。而前面的科学、技术、研发都是为转化结果服务的手段。

2.科学与转化的关系

由引理5知,科学必须通过技术(不同层面的应用技术)才能进入生产力系统发挥作用。其原理在于:即时生产力系统内部的主体(企业),在生产过程中,总要有相对稳定的技术来支撑。这些技术附着在设备上,或工艺上,或劳动者的技能上。即已经应用的技术,是科学理论研究的过去完成时。图3用虚线将链条划分成两段,科学活动和理论研究的正在进行时,是在社会生产力系统之外,可以(事实上也是)独立存在的。

二者关系最大的弊端是科学脱离生产力系统,在链式机理上被隔离。所谓"第一生产力",系指二者紧密联结的理想状态。由社会分工所至,科学家的理论研究,有探究未知世界,挑战人类智慧极限的意义,追求"形而上学",就有自成体系实现自身价值的圈子。但是单一的科学发现在当代研发转化链上,并不能立即应用,甚至不知道将在哪个领域里被应用。因此科学理论没有技术集成,外化成生产手段,就被隔离在转化过程之外,不能成为生产力。恩格斯曾说,"一个社会需求,要比十所大学更能推动科学的进步。"

3.技术与转化的关系

由引理4知,科学通过技术使二者与社会生产力成为充分必要条件,技术相比科学在整个链条中的转化作用更为关键。这种连接可分为三种模式:

其一,从科学发现的原理出发,看到理论应用的前景,在实验室里实现突破,再到关键技术集成,生产出样品或样机,经中试,得到可商业化生产的产品,然后投资生产推向市场。即科技研发转化整个链条从头到尾的过程,这种模式就是所谓的"原始创新"。原始创新必然具备自主的知识产权,原始创新更具意义的是从一点突破可以带动与其相关的科学技术门类的共同进步。

其二,从研发转化链的中间入手,在既有的科学理论指导下,特别是其他门类已有的科技成果的启发下,对现有的生产方式、现有的生产技术进行革命性的改造。这类技术研发可能使原有的产品脱胎换骨完成升级换代,或者淘汰过去的工艺,采用全新的生产技术来装备工厂的生产线,提供给社会一种潮流性的新商品,这种模式就是所谓的"集成创新"。集成创新的难度比原始创新稍低,产生作用的直接有效性比在技术创新总体比例中大得多。在实践中"机电一体化"就是集成创新的一个最成功的范例。

其三,转化链的起始点再度后移,先行引进前卫的新技术、新设备和新工艺,省掉原始创新和集成创新的过程,即所谓的迎头赶上。但是其后的技术转化是向前延伸。在使用新技术的过程中,消化技术难点和瓶颈,达到完全掌握,这种转化难度并不低。转化成功的重要标志是能掌握技术原理和核心技术,能复制出同样水平的成套设备,再进一步能有新的技术改进和创新,这就是"引进吸收消化以后的再创新"。

所有的技术转化都离不开这三种模式。

4.研发的意义

由引理9知,经济发展和经济增长并不是一回事,单靠引进技术,以人口和资本的增加投入导致的价值量增加,并不能在根本意义上称为发展。而研发,就是指靠上述技术转化的三种模式达到的某一种创新,才是发展的本质规定。

因此,研发转化是双向的。一方面是科技成果的产业化,转化成直接的生产力;另一方面是现有产业的科技化,不断地技术改进,提高劳动生产率。前者更强调原始创新,后者更强调集成创新和消化吸收以后的再创新。

同时,片面强调研发的前卫性和独创性,不符合中国的实际,会事倍功半。在操作中不可避免地产生类似科学理论与转化过程存在的隔离状态,即技术开发止步于试验室。另一方面,这种再度隔离的片面性会使现役生产技术几十年一贯制,得不到研发环节的重视和与时俱进的改进和提高。会出现志存高远的追求高精类的投入很多,短期、中期看不到效果,但现行企业的技术总是处于被动引进,或被不断淘汰的不发展状态。

5. 关于基地

字面上,基地乃作为某种事业基础的地区。具体而言,基地就是其建立者动用自己的资源,依靠自身的力量,不靠外力能够独立存在和发展,解决某种命脉性问题的组织系统在某一特定区域的高度聚集。如果上升到国家的高度,基地就是国家在某一领域所达到的水平高度,赖以在世界民族之林所拥有的发言权。基地的意义是:没有这种基地,就没有该国家的这项事业站得住脚的地位。

本课题研究的是国家级科技研发和转化基地,需要强调的是科技研发和研发转化应该是两个基地。这两个基地当然是有联系的,但又不能笼统地看作一回事,因为这两个基地的界定和标准是不同的。

研发基地是转化基地的前提,没有研发谈不上转化;但没有转化基地,研发就失去了存在的终极意义。

与科技研发基地的标准相关的几个关键点如下:

a、综合性基地还是某一类或某几类的专门基地;

b、国家对该基地的依赖程度;

c、科技研发各环节的完整性;

d、科学技术研究机构的密集度；

e、科技人才的数量、质量，顶尖人才和其国际理论地位和水平；

f、科技研发的投入，占 GDP 的比重；

g、科技研发的投入渠道；

h、科技研发机构的活跃程度；

i、科技研发成果的数量和水平；

j、科技研发基地的可持续性。

上述这些标准，与通常公认的标准内容和衡量尺度不尽一致，这是本课题研究的结果，充分考虑了中国和天津滨海新区的实际情况。这些标准每一项都可以量化和指标化，总体构成一个可测的指标体系。

研发转化基地的标准：

a、各类研发机构的研究方向、研究能力与主导产业的关系；

b、企业之外的研发机构接受企业委托的攻关项目和经费；

c、企业内部的研发项目，投入总量占销售额的比例；

d、跨地区、跨行业的委托技术研究和技术改造的项目和投入；

e、各类中试基地的数量及工作量满负荷程度；

f、中小型科技企业创业活动的活跃程度，孵化器的质量和水平；

g、各类博士后工作站的数量以及研究成果解决具体技术课题的数量；

h、风险投资、科技贷款担保的机构和资金投入量；

i、技术交易市场和技术交易额；

j、中试后投产的资本金来源（产业基金、上市融资）和环境；

k、新产品、技术改造、技术引进实现的销售额；

l、科技进步对经济增长的贡献度；

m、各级政府支持科技发展的政策引导和支持力度；

n、企业每年申请和持有的技术专利数量。

这些标准，同样可以量化成一个指标体系，对科技研发转化基地进行评估和衡量。

具体到天津滨海新区，科技创新体系有其明显的特殊性，即大量外商投资企业的存在。外资企业的技术装备和技术提升受几方面因素制约：一是外商投资企业的现役生产技术一般高于国内同类行业，但是技术来源受控于国外的母公司；二是市场需求，若没有市场压力，外资企业并没有注入新技术的主动性，这包括外商投资企业之间的竞争；三是外商投资企业建立的所谓研发中心，充其量是一些技术改进小组和针对中国市场的一些适应性技术开发，技术扩散和技术传播效果有限。

因此，滨海新区的科技研发及转化，要承认这种现状，需要两条腿走路。即对外商投资企业的技术进步，要坚决予以支持，甚至应该提出要求促使其技术水平不断提升，这包括各种鼓励政策和手段，对这类技术进步"不求所有，但求所用"。因为这类科技活动，可以直接转化为市场份额和经济效益；但对于区内的内资企业，所有的科技研发转化体系则应该"既求所用，又求所有"。注意到前面对"基地"的定义，说到底，国家级的科技研发转化基地，只靠外力是站不住、站不稳的。一个国家，一个地区真正的经济发展不仅仅是要实现经济增长，更是取决于掌握在自己手中的科技创新和转化的能力，这是我们面对这个课题所涉及的新区乃至中国的未来应时刻不忘的。

滨海新区同时抓两个基地是毫无疑义的，但应有所侧重。研发转化基地应侧重于引进消化以后的再创新，强调以企业为主体的科技研发的作用；研发基地要靠专业的科研院所，应侧重于集成创新，适度地推进原始创新；当然这不是绝对的，关键还在于两者之间功利性地相互联结。

（三）关于科技研发转化的体制和机制

1. 科技研发转化体制

在一整套制度和政策的保障下，科技研发转化活动从科学源头、技术开发到转化成现实生产力全过程相关的各类机构、团体，按照既定的目标组成的内部有序、各司其职、分工协作的组织来完成预期的共同利益系统。

简言之，就是机构＋制度。

（1）机构

科技研发转化体制的机构由主体和辅助支持机构两部分组成。

主体是指企业的 R&D、专业工程技术研究院所、大学的相应系、科专业；辅助支持机构指政府、银行及非银行金融机构的风险投资、产业基金、资本市场。

(2)各机构的职能

企业：大型企业内设的 R&D，直接接受企业领导，由企业核实拨出研发经费，解决现有技术提升和老产品改造以及新产品的研制；针对中小企业的技术研发，开发出某种新产品；当企业的研发能力不足时，向专业技术研究院所和大学谋求技术支持和合作。

专业工程技术研究院所：跟踪和了解某一专业的国际、国内技术动态，由其主管部门下达研究课题，进行有应用对象的技术攻关；根据技术能力自行选择研究课题；受委托进行特定的技术研究；研究成果的交易。

大学相应科、系：研究基础理论，关注和把握科学前沿；其余与专业科研院所职能相同。

三者的相互关系：企业的 R&D 主要关注具体的技术、工艺在生产一线的应用；大学主要关注理论，提供原理性的科学支撑；专业科研院所介于两者之间，既要有一定的理论能力，也要具备解决实际技术问题的能力。在市场经济制度和环境中，三者的关系应在技术市场、技术交易中各自取得自身利益的前提下进行合作。

政府：提供信息、规划、环境建设、必要的资源支持，引导、调控和协助解决区域科技研发和科技转化各职能部门的功能实现，对"基地"整体形象和发展水平负责。

信息：有关科技研发和技术转化的内部、外部所有信息的搜集、汇总、分析、利用，形成专业化的网络和数据库，为各职能部门提供服务，是政府推进科技事业和实现科技发展的基础。

规划：某一地区的科技规划，"基地"的规划，只能由政府牵头制定。规划要近期、中长期相结合，既有超前性也要有可操作性。以规划来引领和指导具体的科技研发活动。

资源：指政府能将拥有和可以动用的制度资源、政策资源、机构资源、人力资源、物质资源、财政资源等各种资源的总和，形成合力有效支持科技研发活动。

环境:上述的各种因素是否适应科技研发、转化和基地建设的需要和持续提供科技事业发展的一切软、硬条件的总和。

银行及非银行金融机构:银行、风险投资、产业基金、资本市场一方面补充政府科技资源并支持科技研发,另一方面是推动最终产业化形成现实生产力的主要资金渠道。其中银行贷款、风险投资主要支持科技转化前期,产业资金、资本市场主要支持科技转化的后期。

2.科技研发和转化的机制

指系统内部分工协作关系明确,资源分配、资源运用制度明晰的前提下,内生出的完成系统总目标的积极性和自组织能力。

简言之,就是制度+动力。

机制的主体:不同的制度安排所形成的机制主体不同,在计划经济下,掌握计划和进行资源分配的是政府,各个职能部门的运作都向政府报告,因此政府是当然的机制主体。

在市场经济体制下,机制和主体与计划经济相比不能说毫无共同之处,但区别还是很大的。由引理9知,科技研发转化全过程的实质是创新,这种创新的主体是活跃在企业内的"企业家",企业家注重科技创新的目的是获得利润和超额利润,并且这种利润要在市场上实现,因此,推动科技研发转化的主体角色就是一定的,最终利益的驱动使主体具有第一推动力和最大的内在冲动,而其余环节都被这种功利性纳入了科技创新机制,随主体问题的解决,动力问题就迎刃而解。

机制:具体地研究科技研发转化机制,有如下几个角度:

(1)科技研发转化链的主体及领导者的演变

如图4,科技研发转化链的领导者在各阶段是不同的,除去最后的企业领导者,每个阶段的领导者都只是完成阶段性的工作,最终成果要物化在商品上、体现在市场上,这些都由企业家的动机决定。因而各环节的领导者向企业家负责,就是这种接力式演变的本质。

(2)科技研发转化链中投资主体和资金来源的演变

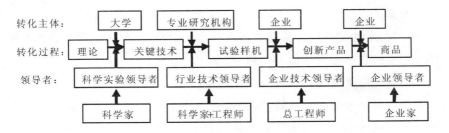

图 4　科技研发转化链的主体及领导者的演变

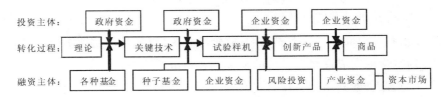

图 5　科技研发转化链中投资主体和资金来源演变

　　图 5 实际上揭示了科技研究转化体制中需要资金的企业、政府、各银行和非银行金融机构在整个产业链上的分工、投资、融资支持模式。

　　(3)政府在科技(研发转化)链上的责任、作用和支持方式

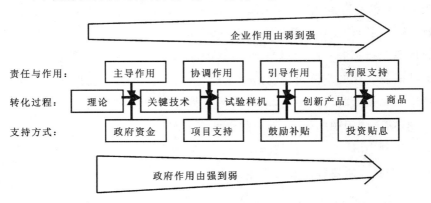

图 6　政府在科技链上的责任、作用和支持方式

　　图 6 说明了政府在整个科技研发转化机制中作用的变化。起始阶段,政府的推动作用较强,但企业参与程度加大之后,政府作用转弱,而企业在政府引导下,看到科技成果的市场前景之后,渐变成主体,作用不断

增强,直至脱离政府支持。

(四)具体的几点对策性建议

1.成立领导工作小组

强化在滨海新区领导小组和新区管委会直接领导下的科技研发转化基地建设的工作班子,对全区科技工作进行统一领导。强化新区的科技部门,有职有权,决策、执行、监督、考核的责任要落实。要建立定期研究科技工作的制度,掌握发展进程同时解决实际问题的问责制是关键。

2.进行全方位普查

立即着手对新区的科技资源、科技活动、科技研发转化动态、现有队伍和机构、工作状态进行全方位的普查,为下一步决策打好基础。

3.制定发展规划

立即着手在普查基础上制定滨海新区科技研发转化基地建设的总体规划,包括近期、中长期的五年、十年乃至更长时间的规划。新区的科技规划不同于国家和天津市的规划,要立足新区实际,规划必须强调对位和依托京津冀且方向明确,避免脱离实际好高骛远,形成一个非常实际的、有可操作性的、以有限目标为特色的整体规划和各个分规划。规划不仅仅要就科技研发本身进行部署和预测,而且应该包括机制、体制和政策、资源等相关问题同时研究,一旦定下来,就应具备法律的严肃性,坚决执行。

4.确定几个着力点

滨海新区的科技研发转化基地建设不能全面出击,在资源有限的情况下,确定几个着力点,即所谓布局;确定几个主攻方向,与滨海新区的主导产业和全市科技基础相匹配;发展方向注重转化和应用环节,在科技成果产业化和现有产业科技化两方面用力,对基础理论研究适度延伸,基础理论的研究也要与新区的科技进步有关。总之,正如孙子曰:"并敌一向,千里杀将",就是这个意思。

5.与国家规划衔接,选定重点领域

在引理10中提到,国家已经制定了2006—2020年15年的中长期科技发展纲要,其中要实现的八个目标中,除国防和农业之外(其实新区的大火箭项目以及袁隆平先生建立的研发中心也涉及了这两个领域)其余六个目标都与滨海新区的现有产业相关。而六个目标中,具体有关科技方面的只有四个,即装备制造业和信息产业的核心技术、能源、循环经济、重大疾病防治。另外两个是支撑这些具体攻关方向的队伍和功能建设。滨海新区的科技研发转化规划一定要与国家规划相联结,选定我们自己可能有作为的领域,集中力量予以出击和努力。

6.重视咨询意见的实施

在引理 8 中提到,滨海新区与美国兰德公司合作,对新区下一步科技发展问题进行战略咨询研究,其框架已经提出来。这是一个很重要的契机。既然我们花了很多钱搞这个咨询,那么就应该重视咨询意见的实施。兰德的咨询研究出台后,会伴随有国外权威的投资促进机构按兰德的研究结果,聚集一批国外的企业来新区进行投资,建立一个高科技工业园。这一点应立即引起我们的重视,因为我们拟建的科技园区还在为项目发愁,尽管引进科技项目不完全等于基地建设,但这正是两条腿走路发展新区科技事业的具体落实。

7.注重现有产业的科技化

在引理 7 中提到,中国的现实生产水平处于既补课跟进现实知识,又预习下一步课程的追、赶、超的总体形势之中,因而滨海新区的现实选择,大部分精力应放在消化引进吸收后的再创新和集成创新之上,在高科技成果产业化和现有产业科技化的两方面,要注重后者。

8.着手整合、改造、建立滨海新区的工业研究院

这方面,台湾地区新竹科学工业园给我们提供了重要启示。为了给区内的企业解决工业技术问题,新竹园内早早地组建了工业研究院,云集了一大批科技人员,依靠大学的研究力量,采取市场化的运作模式,即接受企业的研究题目,直接为企业服务,研究的结果直接变成企业能应用的技术。产、学、研的联系从一开始就是非常紧密的。尽管台湾有关部门给予了一些支持,但工业研究院的生命力不是靠政府拨款,养一些所谓"事业单位"式的人才和机构,而是靠企业的需求来支撑。换句话说,搞不出企业认可的技术成果,变不成现实生产力,企业就不会再给研究院课题和

资助,研究院也维持不下去。双方利益的结合,是工业研究院的立身之本。正是由于工研院的成果不断提升区内企业的技术能力,使得新竹成就了一大批掌握了产业核心技术的企业,也正因为技术的相对自主,台湾地区才能跻身世界上"新兴工业化地区"的行列,开始大规模对外投资。

目前,滨海新区的八大支柱产业中,四个是外资主导,四个是内资主导。内资主导的产业群的巨大技术需要,是工业研究院的生存基础;同时,如果没有直接为新区产业服务的工业研究院,只靠零散的创业中心和中小企业自己苦苦挣扎,提升区域自主创新能力也很难取得真正的成效。再加上滨海新区的政策体系——国家财政补贴可以为建院提供硬件支持(政府投入);产业基金的设立,可以对有自主知识产权和市场需求的内资企业提供产业化的资本金(市场投入)。作为一项重大的综合改革实验内容,如果做好了,可以解决中国科技向生产力转化长期未能解决好的大问题,具有极大的示范效应。建立工业研究院的模式是:要么一个综合研究院下设若干分院,要么独立建几个专门研究院。整合、改造的意思是,必须改变这些研究院、所的体制,不能完全靠政府"养起来",要与企业的技术需求结合起来,走台湾新竹科学园区内工业研究院的道路,即工业研究院的研究课题,必须来源于生产所需。没有研究院,就没有技术源头,反过来,没有技术需求,研究院的存在就失去意义。如果这个问题不能很好地解决,工研院的建立走过去的老路,再新建多少个都是政府的包袱,不起作用。

9.加大科技研发的投入

发展科技研发转化是要花钱的,并且钱花出去可能暂时对 GDP 的增长看不到立竿见影的实效,这就必须克服浮躁,眼光看远一点。针对科技产业融资难问题,新区各单位一方面积极争取财政对科技的投入,另一方面努力拓宽市场化投融资渠道,建立风险投资公司等,初步形成了政府、企业、社会多渠道的投融资体系。如设立了吸引国内外风险资本的政府引导资金,风险投资机构和资本由 2000 年的 10 家、9 亿元增加到 2005 年的 65 家、41.8 亿元,分别增长了 5.5 倍和 3.6 倍,建立了国内首家中外合资的非法人制创业投资基金赛富成长基金和专门投资生命科技的博乐生命科技创业投资基金和三只超 2 亿元规模的天使投资基金。2006 年 9 月份,由开发区管委会和天津市科委合作投资的滨海天使创业投资基金正式注册成立,基金额度 1 亿元,主要投资于生物医药、IT 领域内的初创型科技项目,并吸引有潜力的优秀项目进入开发区发展。目前该基金已经锁定了一批优秀项目。为降低中小科技企业获取银行贷款的难度,在"泰达科技发展金"中划拨 2000 万元成立贷款担保特别风险专项资金,通过泰达小企业信用担保中心,为中小型高新技术企业提供流动资金融资担保、采购担保等服务。同时,还推出了贷款贴息政策,对符合开发区重点鼓励的高新技术产业领域的已具有一定水平、规模和效益的科技项目,采取贴息方式支持其使用银行贷款,以扩大生产规模,对重大项目贴息可以达到 200 万元。此外,组织企业参加天津市政府"金桥之友"银企联谊、成果转化认定扶持计划、科技项目成果推介、IDG 集团"DEMO CHINA 2006"等一系列活动,使科技产业融资条件得到了较大改善。但具体的投入渠道(政府引导的科技投入),应立即建立科技发展基金,没有资金支持,基地建设永远是水中月、镜中花。即使投入后见效可能并不理想,但没有投入却永远不会有基地,这是一个必要条件。

滨海新区也有自己的优势。最近,一批批的来自上海张江、北京的科技研发企业到新区寻求发展的机会,这说明两个问题:①在上海,这种科技企业难以支付越来越大的成本而不得不寻求新的出路;②上海、北京这类国际化大都市的工业在转移,他们那里的工业用地在被悄悄侵蚀,以工业的幌子在搞长期持有、盈利性质的房地产业,改变之后的制造业已得不到成本适合的空间。而这两者正是滨海新区的优势。滨海新区要打这个时间差,发展阶段差,加速科技资源的聚集,我们注重的是研发以后的生产制造环节,是实事求是和现实可行的。

关于人才培训。由引理 7 知道,现代服务业所谓离岸外包方兴未艾,这个产业的发展需要大量高、中、低不同层次的劳动力需求。因此为了基地建设和天津的充分就业,抓专业培训和院校建设也是刻不容缓的,此乃百年大计。

关于环境建设。如果说,深圳成为国内第一个形成以企业为主体的技术创新体系的城市,主要得益于市场经济体制的率先建立和完善;那么张江园区在自主创新方面能够做出一番突出成绩,则主要得益于上海市委、市政府做出的"聚焦张江"的战略决策。聚焦后的近六年(截至 2004 年底),张江园区已经云集了 883 个高科技项目,121 亿美元的投资额(其中 107 亿美元为外资),4 万名高素质的专业人员。据统计,聚焦后六年的项目引进量和外资引进额分别是聚焦前七年的 9.6 倍和 11 倍,其中单位土地投资密度和人均技工贸收入已经达到了国际知名高科技园区——台湾新竹园区 1999 年的水平,其自主创新能力呈现出量的跨越和质的变化。深圳高新技术产业的异军突起和上海张江高科技园区自主创新能力的迅速提高,彻底颠覆了传统的创新理论:中国高新技术产业发展和自主创新体系建设的示范区没有出现在科技资源基础雄厚的地区,而是诞生于科技资源先天不足的深圳和张江园区。深圳和张江园区之所以能够在自主创新方面获得某种成功,重要原因之一就在于通过营造有利于自主创新的良好环境来聚集了大量的创新要素。

在政策环境建设方面,上海的经验值得我们学习和借鉴。值得我们关注的是,上海为营造有利于自主创新的良好政策环境,2007 年正式出台了《实施〈上海中长期科学和技术发展规划纲要〉的若干配套政策》(以下简称创新 36 条),是一个实实在在惠及企业、推动创新的政策体系。这些政策不仅较好地体现了"普惠性",而且含金量很高。比如创新 36 条政策规定,不管你是什么类型的企业,只要是技术开发费用,都可享受按当年实际发生额的 150% 抵扣当年应纳税所得额,而且在企业缴纳所得税时就可享受抵扣优惠。更实惠的是,企业委托高校或科研机构进行的开发研制费,也允许列为技术开发费用。凡符合规定条件的高新技术企业,可自获利年度起两年内免征企业所得税,两年后按 15% 的税率征收企业所得税;企业购买国内外专利技术的支出,可一次或分次计入成本费用;对转制为企业的科研机构,5 年内免征企业所得税和科研开发自用土地、房产的城镇土地使用税、房产税,政策执行到期后可再延长 2 年等。由于创新 36 条政策涉及自主创新的各个环节,因此制定和落实实施细则的过程,事实上也是上海进一步完善政府科技投入体制机制、进一步加强政策聚焦努力实现重点突破的过程。天津滨海新区也要加大政府科技投入力度,增强政府科技投入的杠杆作用,尽快完善鼓励自主创新的科技投入、税收激励、金融支持、政府采购、知识产权保护、人才队伍建设等各项政策措施。

法律制度环境建设方面,要深化科技体制改革,深入贯彻落实《关于国有高新技术企业开展股权激励试点工作的指导意见》《关于转制科研院所深化产权制度改革的若干意见》等政策与措施,推动技术要素参与分配、股权激励等政策制定和制度建设。鼓励和支持企业建设技术研发机构。推动开发类科研机构加快建立现代企业制度,增强持续创新能力。

在创新文化建设上,要积极营造"自我设计、自主经营、自由竞争"和"鼓励成功、宽容失败"的园区文化和创业氛围。建设和发展创新文化,就必须建立切合科研实际的社会评价和价值取向,形成激励创新、宽容失败的社会氛围;弘扬创业精神、团队精神与合作精神;营造一个更加注重人才、不断发掘人才潜力、不拘一格使用人才的创新创业环境。总之,要大量聚集创新资源,迅速提升区域自主创新能力,营造有利于创新创业的良好环境。

结论:

滨海新区两个基地的建设,已刻不容缓。研发转化基地的最大问题是体制和机制的问题。综合改革试验中,科技体制是其中重要内容。

科技体制不宜提出"体制创新",而应该换为"组织创新"。组织创新的要点是从机制出发来设计适合新区基因和现状操作系统。

创新的本质是解决科技研发和转化之间的脱节问题。研发转化的主体的活跃和积极性是第一位的。

转变观念。加强对新区科技研发转化的领导和推进是新区决策机构经常摆到议事议程上来的大事。

近期,政府推进是不可避免的,但长期看,应该走市场化发展道路,应该着手培养技术交易市场。

两条腿走路(引进外资和自主发展)不可非此即彼地思考问题。

基地建设任重道远,千里之行始于足下。天津、天津滨海新区应牢牢把握这一被国家、被历史垂青的机会。

课题组负责人：王恺（天津开发区管委会）

课题组成员：王新（原天津开发区管委会政研室）、张瑞华（天津开发区管委会政研室）、徐代鸿（天津开发区管委会政研室）、王斌（天津开发区管委会政研室）、贺楠（天津开发区管委会政研室）、何艳维（天津滨海综合发展研究院）、杨萌（天津滨海综合发展研究院）、尚晓昆（天津滨海综合发展研究院）

课题报告完成时间：2008 年 8 月

参考文献

天津市统计局.2006 年天津统计年鉴［M］.中国统计出版社,2007

天津市滨海新区管理委员会,天津市统计局.2005 年天津滨海新区统计年鉴［M］.2006

天津市滨海新区管理委员会,天津市统计局.2006 年天津滨海新区统计年鉴［M］.2007

天津市滨海新区管理委员会,天津市统计局.2007 年天津滨海新区统计年鉴［M］.2008

天津经济技术开发区管理委员会.2005 年天津开发区经济发展报告［R］.2006

天津经济技术开发区管理委员会.2006 年天津开发区经济发展报告［R］.2007

辛承越.经济全球化与中国商务发展［M］.人民出版社,2005

皮黔生,王恺.走出孤岛［M］.三联书店,2004

熊映梧.生产力经济学原理［M］.中国社会科学出版社,1987

熊映梧.生产力经济概论［M］.黑龙江人民出版社,1983

薛永应.生产力系统论［M］.人民出版社,1981

刘刚.高校科技成果转化和技术转移的新机遇［M］.中国高校科技与产业化,2007,4

朱晓明. MS&EMS——制造业服务业的新起点[M].复旦大学出版社,2003

《国家中长期科学发展规划纲要》(2006—2020)[Z]. 2006

《实施〈上海中长期科学和技术发展规划纲要〉的若干配套政策》[Z],2007

Peter Dicken. Global Shift:Transforming the World Economy,3rd edition[M]. Paul Chapman Publishing Ltd. ,1998

天津滨海高新区发展战略

【摘要】报告以"科技部和天津市政府共建滨海高新区"为立足点,提出充分发挥部市共建、与北京"同城效应"、各类资源聚焦"三大优势",实施建设期、提升期、完善期"三步走"发展战略,并聚焦建设期重点发展的平台载体"五园二台",对天津滨海新区的战略定位、战略目标、发展思路、步骤、发展的重点任务、主要策略、措施和建议进行了全面阐述。

一、超常规跨越式发展——滨海高新区的战略选择

(一)超常规跨越式发展是体现国家战略的必然要求

在国务院批准的《天津滨海新区综合配套改革试验总体方案》(2008年3月13日国函〔2008〕26号文批复)中明确要求:"加快天津高新技术产业园区建设,由天津市政府与科技部共建,相关企业联合开发滨海高新技术产业区。"

推进滨海新区开发开放是党中央、国务院从我国经济社会发展全局出发作出的重要战略部署;"要更好地发挥经济特区、上海浦东新区、天津滨海新区在改革开放和自主创新中的重要作用"是党的十七大要求;"两个走在全国前列"、"一个排头兵"是胡锦涛总书记对天津的指示;天津滨海高新区作为滨海新区八个功能区之一,肩负着领航滨海新区开发开放

的重要使命。发展的紧迫感要求滨海高新区必须要超常规跨越式发展。

(二)超常规跨越式发展是滨海高新区的必然选择

推动滨海高新区建设是天津市和科技部落实党的十七大精神的具体体现,是完成党中央国务院的历史重托实现滨海新区跨越式发展的战略举措。

国家科技部和天津市委、市政府对滨海高新区寄予厚望,将其定位为滨海新区的领航区,明确提出世界一流园区的目标要求。

2008年,天津市委市政府在滨海新区大发展战略中,已经提出聚焦滨海高新区的重大举措。围绕滨海高新区的战略目标和重点任务,举全市之力,聚集国内外各方面的科技资源和创新要素,全力推进滨海高新区的跨越式发展。

经过50年的发展,目前全世界高科技园区已有1000多个,国内高新区经过20年发展已有100多个。在新的国际和国内大环境下,滨海高新区的发展不再是其他成功高新区的翻版。滨海高新区只有在充分借鉴成功发展经验的基础上,以超常规跨越式的全新发展模式,充分发挥"三大独特优势",才能实现世界一流水平高新区的目标。

(三)滨海高新区具备超常规跨越式发展的独特优势

滨海高新区的发展,从国家高度、天津市层面和区位格局上具有"三大独特优势"。

从国家高度而言——加快滨海新区开发开放成为国家战略,作为全国综合配套改革试验区滨海新区的领航区,滨海高新区被赋予"先行先试"的最大政策。作为国务院批准的第一个由科技部与天津市政府"部市共建"的国家高新区,将为超常规跨越式发展,充分发挥国家战略与天津特色整合的优势。

从天津市层面来说——"聚焦滨海高新区"是市委市政府为超常规发展提供的必要保障。天津的经济实力和良好的科技资源优势也为滨海高新区超常规跨越式发展提供了有力的基础和支撑。

从区位格局分析——天津紧邻北京,"京津快速列车"开通后,与北京的"半小时同城互动效应"优势愈加明显,京津科技合作,实现与中关村园区互动发展,将推动滨海高新区和中关村成为世界一流的高新技术产业开发区"双子星座",实现联手打造区域创新极,带动北方地区高新技术产业带、产业集群的快速发展。

二、战略定位、战略目标

(一)战略定位

领航滨海新区,带动天津发展,促进环渤海新经济极崛起,辐射"三北"地区,建设成为创新型城市的先导区,成为引领天津市科技进步和增强自主创新能力的重要载体,成为引领中国新的经济增长极——环渤海区域发展的强大引擎,成为具有世界一流水平、中国创新研发基地的高新技术产业开发区。

1.在管理、技术、科技创新等体制上进行新的探索,对具有前瞻性、战略性、普遍性的发展策略先行先试。

2.重点发展无污染永续性的新能源产业、环境保护和修复产业、生物健康产业、高技术服务业等新产业和新型业态,聚集高端要素和专业要素,形成一批创新集群,成为"知识产品"产业化的先行区,推进从"中国制造"到"中国创造",引领我国产业发展潮流。

3.建设国内首个"零排放、电子化、生态文明示范区"。实现园区与社区融为一体、产业与文化融为一体、人与自然融为一体。

(二)战略目标

用5到10年或更长一些的时间,把滨海高新区建设成为世界一流水平的高科技园区;具有自主创新能力和可持续发展能力,能为滨海新区乃至天津市源源不断地培育具有世界先进水平的科技成果,高新技术企业和新兴产业的研发转化基地;成为拥有独特的创新创业文化氛围,最具创新活力机制,以研发产业化为特色的世界一流、持续和谐发展的示范区,为实现党中央、国务院赋予滨海新区的功能和天津市的"两个走在全国前列"、"一个排头兵"发挥领航作用。走出一条具有时代特征、天津特色的高科技园区发展之路。

1.成为以生产性研发服务业为代表的新兴产业和新业态的发源地,

位于产业链高端,能够引领世界高科技产业发展潮流。

2.成为聚集国际、国内高端人才、技术和其他创新要素资源的"洼地",成为世界一流的新型研发转化基地。

3.在区域经济发展中,培育出一批具有内生成长机制、辐射带动能力强、富有竞争力的世界一流领军型企业。

4.凸显区域特色,成为新型创新创业文化和社会经济发展新模式的策源地和示范区。

三、发展思路和实施步骤

(一)发展思路

着眼于高起点、国际化、自主创新、聚焦资源、跨越发展。

滨海高新区不仅仅是滨海的、天津的,更是中国的、世界的。天津曾经是名副其实的北方经济中心,当时在全国形成"南有上海,北有天津"的商贸经济格局。扩大开放,充分利用国际资源,这是天津重振历史辉煌的战略选择。国家赋予了滨海新区先行先试权,给予滨海新区的扶持和关爱超过任何一个地区和区域,这绝不仅仅是为了再造一个经济发达区,而是对滨海新区寄予厚望,希望能够走出一条科学发展、和谐发展、可持续发展的崭新道路。

在发展思路上应当借鉴国际国内高新园区实践经验,聚集各方优势资源,走突出自主创新、研发转化产业化和超常规跨越式发展之路。

1.充分发挥"三大优势"

以科学发展观为指导,依托京津冀,面向东北亚,充分发挥部市共建优势;充分发挥与北京"半小时同城互动效应"的优势;充分发挥各类资源聚焦的优势,走突出自主创新、研发转化产业化和超常规跨越式发展之路。

(1)充分发挥部市共建的独特资源优势。通过科技部与天津市共建滨海高新区的模式,共同领导、共同规划,共同实施、共同推动,快速整合国家、地方及全球创新资源,推动滨海高新区的跨越发展。

(2)充分发挥对外开放与北京"半小时同城互动效应"的独特区位优

势。强化吸收国际资源,扩大对外开放。强化京津科技合作,联手打造区域创新极,实现与中关村园区互动发展,推动滨海高新区和中关村成为世界一流的高新技术产业开发区双子星座,带动北方地区高新技术产业带、产业集群的快速发展。

（3）充分发挥聚焦发展的政策优势。天津滨海新区有先行先试的优势,可以出台聚焦滨海高新区发展战略,制定人才、资金、技术等创新要素向滨海高新区聚集的优惠政策,举全市之力支持滨海高新区建设世界一流科技园区。

2.提升"三大能力"

（1）创新能力

提高自主创新能力是高新区履行职能的根本要求。

（2）服务能力

以市场为导向,建立、健全配套的支撑服务体系是提升高新区的自主创新能力的保障。

（3）国际竞争力

提升国际竞争力,才能使高新技术企业走出去参与国际竞争,抢占世界高技术产业制高点的前沿阵地。

3.促进"三大聚焦"

（1）高端产业聚焦

注重发展新的产业和新的业态为主的高端产业。

（2）高端研发聚焦

注重科技含量,走研发高端路线。

（3）高端人才聚焦

聚焦高端研发人才,建立起一整套有利于人才培养和使用的激励机制。

4.实现"三位一体"

在滨海高新区实现领军人才、高端产业和资本市场"三位一体"模式,这是滨海高新区显著区别于其他高新区的重要标志。

（二）实施步骤

滨海高新区从建成到发挥影响,达到世界一流的水平,其发展过程大

致可分为三步:

1. 第一步,启动建设期

用1~3年时间,理顺体制,完善规划,制定政策,完成硬件建设。配备副市级、注重创新的领导班子,组织执行力强的工作班子,建立顺畅有效的保障体制,实现基础设施和功能的九通一平。部市共建机制发挥重要作用,聚焦政策开始实施,资金、技术、人才等创新要素向滨海高新区集聚,形成良好的发展态势;初步形成高端产业的布局和一流创新体系的雏形。

2. 第二步,能力提升期

再用2年左右时间,建成创新型园区。形成以企业为主体、市场为导向、自主创新能力突出的发展平台,发挥自主创新在园区发展中的主导作用,形成较为完备的科技成果转化及产业化的体制机制、服务体系和产业链,初步显示滨海高新区对滨海新区的领航作用,能够在技术创新研发转化能力方面走在国内创新型高新园区的前列。

3. 第三步,全面完善期

再用5年左右或者更长的时间,全面达到以研发转化为特色的世界一流科技工业园区水准,以一批内生型国际竞争力的高科技企业、世界一流的自主创新成果、一批引领产业潮流的新业态、独特的园区创新创业文化为支撑,达到国际领先水平,成为自主创新特色明显,走在建设创新型国家前列的世界一流科技园区。

四、启动建设期的重点任务

(一)国家 EET 产业创新园

与国家中长期发展规划相对接,集成优势资源,努力在 EET,即能源和环境技术(Energy and Environment Technology)方面有所突破,建设中国第一个"国家 EET 产业创新园"。与中海油等知名企业战略合作互动发展,这是有别于全国其他所有高新区的独特优势。通过引进战略投资者和实施资源整合,形成具有国际竞争能力的绿色能源产业研发产业化体系;依托行业知名龙头企业建立的国家级、市级企业技术中心,集成行业研发转化领先的科研院所和高校的技术资源,建设绿色能源联合研究院、环境保护和修复技术产业联合研究院以及相应的技术产业化国际交流中心,支持绿色能源、环境保护和修复技术产业化等高水平项目的实施。

(二)国际生物健康产业创新园

与国家的生物经济发展规划相对接(可参照国家发改委公布的《生物产业发展"十一五"规划》),以科技部、商务部、卫生部、国家食品药品监督管理局和天津市人民政府共建的"国家生物医药国际创新园"为基础,实现医药产业向健康产业的转化,发展现代中药、化学药和生物工程药的结合机制,建设"生物医药研发与成果转化平台";加快产业化进程;瞄准世界水平,在技术创新和产业化上实现重大突破,成为国内最高层次、国际知名的生物技术与健康产业创新研发与转化基地,带动环渤海区域生物健康产业的发展。

(三)国家高技术现代服务业示范园

与国家现代服务业科技行动纲要相对接,打造中国第一个"国家高技术现代服务业示范园"。重点发展高技术服务业,以新兴产业、产业高端的研发、工业设计、创意产业、软件服务外包为发展方向,培育一批在国际、国内知名的企业,提升滨海新区乃至整个天津市第三产业的比例。

(四)国家重大科技成果转化产业园

与国家重大科技项目相对接,联合国内6个一流园区和部分创新型园区及国内10所著名大学的EMBA、10位863首席科学家、10位院士、10大投资公司共同参与滨海高新区开发建设,建设中国第一个"中国EMBA创业基地"。紧紧围绕滨海新区、天津市、环渤海、三北地区、东北亚的主导产业、支柱产业,尤其是紧紧围绕航空、航天、航海、海洋等新业态,探索联合开发、利益分享的新机制,共建重大科技专项研发转化平台,专门承接国家重大科技项目成果转化,建设国家级重大科技成果转化、产业化示范区。充分利用综合配套改革试验区的优势,重点试验科技管理体制创新和突破性政策。

（五）国际高端研发创新园

与国家的国际科技合作计划相对接，以建设中国第一个"中国－芬兰国际合作创新园"为抓手，创新开发与管理模式，建设吸纳欧盟、美国、日本、新加坡等国内外高端研发机构和人才的"国际研发创新园"、"发明专利产业园"。以局部优化的环境，以生产性研发服务企业为重点，吸纳北京、东北亚及北欧民营的研发机构及高端人才。创新研发转发模式，重点采用"部市共建"型转化模式、"引进、消化、创新"型转化模式、"集成—创新"型转化模式、"飞鸟"型转化模式等，培育一批位于产业链高端，具有国际竞争力的研发企业。

（六）多层次资本市场交易平台

与国家金融体制改革方案相对接，在天津滨海高新区设立全国性非上市公众公司股权交易市场（OTC）。作为多层次资本市场和场外交易市场的重要组成部分，逐步探索产业基金、创业投资基金等产品上柜交易。

（七）国际创新创业人才聚集平台

与国家高端人才发展战略规划相对接，在国家人才领导小组的指导下，建立国际人才市场和"领军人才库"，联合中组部、人力资源与劳动保障部等国家有关部门，共同实施"领军人才工程"，吸引全球顶尖的金融、管理、技术和研发人才，打造中国第一个国家级"人才银行"。

探索与国际通行做法相衔接的人才评价方法。制定人才引进计划和相应政策，建立人才基金，成为实施人才强国战略的试验基地。创新人才流动机制，实行人才全球招聘制度，对高层次人才可实行协议工资、项目工资等灵活多样的分配办法。试行高级人才双聘制度，探索新型人才管理模式。

五、主要策略、保障措施与具体建议

根据上述战略目标、重点任务和发展步骤，课题组向各有关方面提出四项主要策略、九项推进及保障措施和五项具体建议。

（一）主要策略

1.突出创新引领

强化自主创新意识,进一步突出科技创新在区域发展中的核心和关键作用,把自主创新贯穿于滨海高新区建设和发展的各个环节;进一步突出滨海高新区在区域创新体系建设的战略地位,打造区域创新链优势,引导创新要素向企业聚集,探索促进产学研结合的新机制,促进科技成果向现实生产力转化,引领新的发展方式、生活方式。

2.加强规划指导

充分借鉴先行科技园区一切好的经验发展模式,以规划为统筹指导,以新产业、新业态发展要求为根本出发点,设施先行,优先完善交通路网建设和公用事业设施建设,为产业快速发展提供坚实基础;优先建设信息网络和各种基础条件平台,为科技创新活动的开展提供便捷的保障,优先打造高水准的生态环境,实施最严格的环保政策和排放标准,营造人、产业与自然和谐的高新区环境。

滨海高新区从起步开始要特别注重功能拓展规划、产业集聚规划、地下空间综合利用规划、全光网络试点、端口速率设定、海量数据异地备份等。

要设施先行。完善交通路网建设,形成对外便捷、区内畅通的现代化交通网络体系——完善园区内的道路建设、快速路网建设、轨道交通建设。延伸主干道、延伸地铁,使高新区与周边地区联系更加紧密;完善信息网络建设,提供快速、完备的通信网络体系——把滨海高新区通信网络建设成为数字化、综合化、宽带化为特征的满足未来园区发展需要的现代化信息网络,达到国际先进的信息网络水平。从滨海高新区开发建设之初,就进行双体设计和超前施工;完善水、电、气等公用事业设施建设,为产业快速发展提供坚实基础——建设以交通、信息、能源和给排水四大基础设施为支撑,以文化教育、医疗卫生、环境保护和商贸服务四大设施体系为保障的布局合理、设施先进、功能齐全的基础设施系统框架;完善生态环境建设,营造人、产业与自然和谐的园区环境——增加绿地、湖泊、湿地,以增强园区环境的自净能力。按照准入制度,科学筛选入园项目。

3.促进三地合作

进一步确立滨海高新区在滨海新区,津京冀三地合作乃至环渤海经济圈中产业发展的作用和地位,在国家层面加强京津冀三地的科技合作,协调区域各类生产要素、各种资源的平衡与综合利用,推动区域产业布局协调发展,促进形成区域经济一体化。

创建有利于区域科技合作的环境与机制,制定有关的政策及规划。形成密切的对话交流与区域合作决策沟通机制,形成区域内协同创新、共同发展的文化氛围。实施京津科技资源共享行动,推进科技资源相互开放和共享。

4.推进资源聚焦

制定聚焦滨海高新区的优惠政策,实现政策聚焦;吸引资金、技术、人才等创新要素向滨海高新区流动,实现创新要素聚焦;实施各类社会资源流向滨海高新区倾斜政策,实现社会资源聚集;积极学习借鉴其他城市、区域在建设、发展、改革、创新等方面一切好的做法、经验,实现成功经验与发展模式的聚焦。

(二)推进及保障措施

1.深化改革为创新驱动发展营造良好法规和政策环境

加快出台《天津滨海高新区》条例,营造良好的法规环境。加大政策倾斜力度,在财政政策上,设立专项资金、建立政府对自主知识产权创新项目的采购制度、对核心关键技术的创新项目进行补贴,支持自主创新的研发。在税收政策上,施行税收反哺研发、施行税收转移支付、资质认定、出口退税补贴。在外汇政策上,满足跨国公司对于拓展地区总部资金集中管理的需求,在一定范围内试行小额外币的自由兑换;允许在区内设立离岸金融公司,进行海外资本运作。

2.突出金融创新,构建科技产业融资示范

一是着眼于做强研发产业,发展新产业、新业态,大力发展风险投资,建立多层次的资本市场和风险投资体系;二是开拓渠道,支持区内企业在国内外资本市场融资;三是建立政府担保机构;四是积极探索在滨海高新区设立证券柜台交易市场(OTC),为全国高新技术企业提供一个交易平

台；五是优先在滨海高新区试验风险投资资金退出机制；六是在滨海高新区率先开发高新区投融资创新和资产证券化试点；七是充分利用好天津滨海新区基金，在一定期限内（未来三到五年）将按一定比例用于滨海高新区建设；八是结合滨海新区的金融创新试点，设立由国家外汇出资、面向全球运作的风投公司或国家外汇投资公司的子公司，重点是并购国外前瞻性的公司，推进对国民经济和社会发展具有战略意义的技术并购，扶持中小高新技术企业及民营研发机构，加快国家自主创新的进程。

3.强化平台建设，提升科技创新服务能力

一是整合区内外科研资源建设科技创新服务平台，建设滨海高新区图书馆和各大中企业联合研究机构的数字图书馆，并实现与国家大型数据库网的联接合作共享；整合和建立大型仪器设备共享及专业服务协作网，实现区内大型科技仪器、设备和公共实验室的开放共享；二是为检测、设计、技术信息、流程管理、质量控制等平台建设创建一批为区内重点产业和特色产业发展服务的科技创新设计服务平台，支持专业化设置、产业化运作；三是结合主导产业的发展和新兴产业的培育，强化信息化为企业的服务和支撑，建立科技、法律、政策、市场、人才、资金各类信息平台，促进信息资源共享；四是建立"环渤海国际专利及知识产权检索中心"、"环渤海高新科技成果交易中心"等辅助性平台，为滨海高新区及周边企业提供多方位的科技服务。

4.充分利用国家科技资源，聚集一批重大科技项目

滨海高新区要创造良好的基础环境和条件，根据发展目标吸引和聚集一大批重大项目和优势科研机构；并积极争取国家各有关部门的大力支持，在组织实施国家重大科技专项中，优先向滨海高新区倾斜。引导推动区域内大中型企业、大学和科研院所优势互补、强强联合，组成区域产学研战略联盟。

5.打造高端人才聚集的特区

人才是滨海高新区发展的第一要素和第一竞争力。要加强高端人才的引进和培养，以能否吸引人才、留住人才、培养人才作为衡量滨海高新区建设成败的最高标准。营造鼓励创新、宽容失败的创新文化品格。

天津市要进一步优化人才环境,健全并落实人才政策,为高级人才提供一流的科研条件,解决后顾之忧,形成磁场效应和人才洼地;推动高新区干部在全市的流动,保持干部队伍不竭的活力。

一是打造人才银行,与跨国猎头公司合作,在全球范围内挖抢领军人才来滨海高新区创业,吸引全球顶尖的技术和研发人才;二是以新的举措建设和发展高水平的留学生创业园和大学科技园;三是着力解决在吸引高级人才,以及在人才管理方面的突出问题,如高级人才免签、多次往返、人才落户、住房、子女上学等问题,提供宽领域、多层次、无障碍的优质服务。

6.按国际自由贸易港模式,进一步开放搞活

加强与国际上同类产业集聚地的合作交流,融入国际高科技产业分工的大格局。兴建"环渤海高新科技成果交易中心"和"滨海高新区会展中心",举办"东北亚高新技术产业开发展示交易会";在全国率先建造"科技创新主题公园"。为发挥滨海高新区在东北亚经济圈的区位优势,借助国际产业转移的趋势,按国际自由贸易港模式,试行离岸金融、离岸研发、服务外包等扶持政策,减免高新技术设备进出口、服务进出口方面的关税。积极扩大开放,拓展国际科技交流、合作渠道,加强国际科技合作研究和产业化基地建设,开展与世界一流科研机构和优秀科学家的合作与交流,深化中国企业、大学、科研机构与外资研发机构的合作。

7.营造"生态文明和谐园区"

滨海高新区要以"高新区让城市更美好"的创新理念和科学规划为指导,提倡经济价值的生态化、再生化、环保化,实现生态环境、生存环境、生活环境、生产环境的动态平衡。对区内的一切项目必须严格按照"生态文明和谐高新区"要求,先评价,后建设。

打造生产、生态、生活和谐的现代化科技新城。按照宜居、森林、景观和休闲四个概念打造都市风貌展示区,实现整体的绿化面积达到40%的园林式高新区,营造数字式家庭办公室(DOHO)生态居住区。建设国内首个"零排放、电子化、生态文明示范区",在全国高新区中率先营造清洁优美,有着优雅花园绿地的"生态文明和谐园区"。

提高产业的文化价值、生活的文化内涵、环境的文化品位,促进形成开放合作、交流沟通的学习氛围和创新氛围,并以独特的文化理念反过来带动滨海高新区的产业发展,实现文化与产业互动。

8.建立符合科学发展观的创新指标考核体系

滨海高新区在建设和发展中要全面贯彻落实体现科学发展观,用以"知识经济"为取向的全新的指标考核体系统筹建设和发展工作,要突出自主创新能力、突出创新发展方式、突出对周边区域的示范辐射效应、突出社会和生态效益。将国家意志、地方要求与高新区实际相统一,按照新的评价指标实施考核。

9.深化职能改革,创新机制、体制

针对滨海高新区发展的重大意义和迫切需要,用全新的管理体制机制来推动战略目标、重大任务的落实,赋予滨海高新区管理机构以地方政府最大限度的权限,允许管理机构在改革和创新方面有足够的刬制权、支配权、裁量权和否决权。

勇于探索并推进管理创新,在开发模式、产业发展模式、招商引资模式、土地出让模式、投融资模式和管理体制机制等方面进行有益的探索。逐步减少土地买卖,转向实施以出租标准厂房为主的招商模式;探索园区多元化投资结构和国内外上市,增强活力和社会经济效益。

(三)具体建议

1.组建高层次共建领导小组和顾问小组

领导小组实行高位配置。建议由分管教科文卫的国务院领导担任组长,由科技部和天津市领导担任副组长,由国家有关部委和天津市相关部门主要负责人任成员。研究确定适应形势发展的重大政策,确定解决重大专项的实施方案,总结部署相关工作。

建议组建一个由国内外资深专家、领导组成的高级顾问小组,顾问组下还可设若干专题咨询专家组,为滨海高新区的发展谋划对策,提供建议。

2.落实部市共建机制

认真贯彻落实国务院批复《天津滨海新区综合配套改革试验总体方

案》(2008年3月13日国函〔2008〕26号文批复)中关于"创新高新区开发与管理模式,建设具有国际水平的研发转化基地。加快天津高新技术产业园区建设,由天津市政府与科技部共建,相关企业联合开发滨海高新技术产业区"的要求,明确建设滨海高新区对天津市政府与科技部双方工作的战略定位,明确共建机制的工作思路、具体部署和执行机构、责任主体和考核要求,扎实推进共建工作。

科技部和天津市应将滨海高新区作为体现国家战略的示范区和科技体制改革的试验区来特殊对待,建成引领国家高新区发展的新的经济形态和社区形态示范区。

3.加大聚焦滨海高新区力度

2008年,天津市委市政府在滨海新区大发展战略中,已经提出聚焦滨海高新区的重大举措,围绕滨海高新区的战略目标和重点任务,举全市之力,聚集国内外各方面的科技资源和创新要素,全力推进滨海高新区的跨越式发展。

充分利用滨海高新区三大独特优势,在国家层面:超前部署若干重大项目;超前试验若干重大政策;超前突破若干重大瓶颈问题。

4.加强国际交流与合作,打造国际知名品牌

引进顶级的脑库资源,与国家发改委、科技部、商务部、北京大学等合作,共建"天津滨海高新区发展战略研究院",为滨海高新区的发展提供一流的智力支撑。

由科技部和天津市政府主办,滨海新区管委会协办,滨海高新区管委会、中国产学研促进会、中国科技创业协会、北大国家高新区研究院等承办,创办"滨海论坛",结合滨海高新区未来的主导产业,在滨海高新区定期举办EET、生物经济产业和高技术服务业的国际化论坛。打造成"南有浦江,北有滨海"的格局,逐渐成为国际上具有品牌影响力的国际论坛。

5.将滨海高新区列入世界一流高科技园区试点行列

建议科技部在确定北京、上海、深圳、西安、武汉、成都六个国家高新区为"建设世界一流园区试点单位"的基础上,将滨海高新区作为"6+1"加入到该行列,使之成为国内先进园区向世界一流园区冲刺的队伍之一,

与上述六个园区共同争取"做自主创新的示范区和先行区,担当建设创新型国家的先锋"。

(四)当务之急

滨海高新区是国家综合配套改革试验区——滨海新区的领航区,由国家科技部和天津市人民政府共建,它不同于一般的国家级高新区,滨海高新区的建设意义重大、使命光荣、众人瞩目、具有特殊的战略地位。

1.尽快召开以"部市共建"为重要内容的部市会商会议

尽快召开以"部市共建"为重要内容的部市会商会议,把课题研究成果变为科技部党组和天津市委、市政府决策的支撑。

明确建设滨海高新区对天津市政府与科技部双方工作的战略定位,明确共建机制的工作思路、具体部署和执行机构、责任主体和考核要求,扎实推进共建工作。

2.加强聚焦

加大科技部计划司、体改司、国际合作司、高新司、社发司、火炬中心等有关司局、中心,天津市有关部门聚焦滨海高新区的力度。

在深化改革、构建创新体系、促进国际合作等方面先行先试,在高新技术研发及产业化项目等方面优先安排。共同成立滨海高新区产业发展基金,可从国家财政每年给滨海新区的财政转移支付中提取一定比例直接作为此项基金,专门用于滨海高新区创新发展,使地方资金与国家资金有效整合,发挥最大的效力。

3.抓紧落实

把"五园二台"建设作为今后一个时期部市共建的重中之重。部市双方共同细化出可操作性的方案和路线图,抓紧落实。

六、天津滨海高新区"领航区"研究

在世界经济区和我国三个区的发展过程中,我们分析发现一个共同的特点,即拥有一个创新源,那就是科技工业园(国家高新区),他们对区域经济发展起到了引擎的作用。建设国家高新技术产业开发区是党中央、国务院为贯彻改革开放总方针,促进科技与经济结合,调整经济结构,优化科技和产业布局所做出的重大战略部署。

（一）滨海高新区领航内涵的研究

1.新产业新业态领航

滨海高新区要更加注重发展新的产业和新的业态，实现领航。正如硅谷二十世纪五十年代抓住了处于信息革命前夜的机遇实现领航一样，现在人类三百年发展模式已经走到尽头，石化能源的不可再生和高污染性使得其难以为继，新能源革命的必然性显而易见，急待突破。滨海高新区正是诞生在这样一个时机，国家也寄予厚望，给予综合配套改革实验区的优越政策，有机遇有条件利用高起点，改变数百年来人类繁荣的煤炭石油能源基础，如能通过环保能源产业反映出这场革命，自然就能实现领航。代替石化的无污染、永续性的能源、绿色交通、物料循环、解决淡水危机的水产业的新形态等未来时态的新产业、新业态，以及下一代互联网技术、生物健康产业等当代已经呈现远大前途的先进产业和业态，都是可能在 21 世纪有所突破，发挥领航作用的新产业、新业态。

2.从"中国制造"到"中国创造"领航

经过改革开放三十年的发展，中国已经成为制造业大国，有"世界工厂"之称。但是劳动生产率低，产品附加值低，自主创新的核心技术少，知名品牌少，作为国民经济脊梁、制造业的核心部分的装备制造业明显落后。天津作为我国老牌工业城市，包括滨海新区制造业基础相对雄厚，但是现代制造业和核心与关键技术的掌握仍然欠缺，例如空中客车落户滨海新区组装，"空客 A320 系列飞机总装线项目本身可能带来的效益有限。天津市有关部门初步计算：按最大可能年组装飞机 50 架、产值 150 亿元人民币、增加值 8％计算，带来的增加值最多不过 12 亿元。"所以要更加注重培植本土的企业和科技力量。高技术产业发展"十一五"规划要求，建设创新型国家，高技术产业要努力掌握核心技术的自主知识产权，着力提升自主发展能力。保障产业安全，高技术产业必须扭转关键技术受制于人、核心产品长期依赖进口的被动局面，加强自主创新，突破技术瓶颈，实现自主发展。滨海高新区的核心作用是推动自主创新，引领中国经济增长方式的转变，发展有自主知识产权的高新技术产品和产业。把我国从制造业大国推向制造业强国,是滨海新区的光荣任务。

3.现代服务业领航

工业设计、研发产业、制造业的高端都可以包涵到现代服务业里去。从国际经验看,现代服务业业已成为带动经济发展的关键要素,占 GDP 的比例不断上升,吸纳就业人员占据主体地位,带动一、二产业发展能力不断增强,国际贸易增长势头良好。现代服务业的全球产业转移开始加速,直接投资重点已转向服务业,全球分工体系正在形成新的格局。现代服务业的内部结构正在不断调整和优化,生产性服务业成为主要部分,知识服务业大量兴起。现代服务业成为推动国家创新能力不断提升的重要力量,是新技术的重要提供者和促进者,是创新活动最为活跃的部门,其研发强度不断增大,有力地支撑了技术扩散和国家创新能力的提高升级,技术不断创新应用推动服务模式转变和产业升级。我国作为后发国家,在其内部,服务业有着更加显著的二元结构特征,当传统的服务业还在发展的过程中,国际上现代服务业就迅速壮大起来了。滨海高新区对现代服务业的领航,既有利于增强自主创新能力,又能增强辐射带动作用,强化环渤海重工业基地的优势。

4.企业孵化领航

企业孵化器作为高新技术中小企业成长的摇篮,在帮助企业提高自身技术水平、拓宽融资渠道、增强国际合作能力与国际化的管理水平等方面已经显现出强大的优势。建设和发展科技企业孵化器,是发展高新技术产业的突破口。天津高新区国际创业中心也已在全国高新区中树立起全国精品孵化器的品牌,短短八年内,康库得机电、协和干细胞、生机生物、南开创元、凯发电气、华翼蓝天、天堰医教、蓝剑网际等一批孵化企业就脱颖而出,迅速崛起,成为天津市、中国乃至世界的知名企业。由于中国的国际高技术大企业的数量稀少,竞争力也不强,高技术中小企业成长困难,企业孵化的作用就显得特别重要,也是全国的一个普遍性问题。在新条件下探讨孵化企业的新模式,提高成效,应成为滨海新区的发挥领航功能的突破点。

5.在融资、土地管理等体制改革方面领航

融资问题对于中小型高科技企业来说一向是个头疼的问题,我国作为发展中国家,资金并不充足;中小型高科技企业发展的风险大,短期难见收益,贷款难度大;此外,我国的风险投资业不发达。科技型中小企业由于其科技含量高、成果转化周期较长等因素,在科技成果转化的前期投入往往又都非常大。如何解决融资问题不仅是对高技术产业和企业发展的一大福音,也有可能对整个金融体制的改革有重大启发。土地是不可再生的重要资源。"十一五"纲要明确提出"坚持最严格的耕地保护制度,确保基本农田总量不减少,质量不下降。"要求强化节约利用土地,提高土地集约化水平。而在传统的高新区建设初期,廉价的土地往往是吸引投资者的一张王牌,或者是获得资金来源的一个渠道,形成"以地招商、以地生财、以地养区"的模式。在国家紧缩地根的情形下,老路子行不通,而新路子依然有待开辟。享受着综合配套改革实验区的滨海高新区有责任先行先试,在创建高新区融资和土地利用的新模式实现领航。

6. 在落实国务院创新 60 条配套政策中领航

《国家中长期科学和技术发展规划纲要》60 条配套措施具备五大特色:一是大幅度增加科技投入,二是创新财政科技投入管理机制,三是重视加强企业自主创新能力,四是对引进、消化吸收、再创新给予更多关注,五是以我为主的技术标准。配套措施具有很强的可操作性,又充分反映了中长期纲要的精神,针对性很强,均是针对我国现在科学技术包括高新技术在内发展中产生的重大问题、高新区进行自主创新的瓶颈所在有的放矢。60 条措施落实的好坏,直接决定着我国科学技术发展的限制因素能不能消除,能不能健康快速发展,和支撑我国发展方式转换进度的问题。滨海高新区借助政策优势,能在落实 60 条上有所创新推进,就能实现发挥科技政策的领航作用。

7. 在和谐社会(社区)建设中领航

和谐社会建设在高新区中具体体现为和谐园区。随着我国社会经济发展转型日益深入,出现了一些新的社会矛盾,旧有的社会矛盾也以新的表现形式呈现,且有不同程度的激化,国家适时提出和谐社会的建设是解决这些问题,安定社会,助推发展方式转变的根本战略。方向指出来了,具体的措施和做法就需要不断摸索和创新。所谓的和谐包括三个方面：发展与环境的和谐，人与人之间关系的和谐，人与物的关系和谐。如社会治安、建筑布局、土地绿化、清洁能源、环保排放等集中体现这些关系。达到三种关系的和谐已经成为社会深入发展需要思考的战略性和迫切性问题。滨海高新区一张白纸，旧有的种种阻力较小，利于在建设和谐社会过程中采取包含革命性因素的举措发挥领航作用。

8.在科学发展观贯彻中领航

党的十七大报告指出："科学发展观，第一要义是发展，核心是以人为本，基本要求是全面协调可持续，根本方法是统筹兼顾。"科学发展观是我国经济社会发展的重要指导方针。滨海高新区是一个新区，要把统筹兼顾转化为具体可行的措施，通过种种创新的具体做法，来体现和保障以人为本，实现全面协调可持续发展。如，建造高科技自循环的宜居社区实验城、远程医疗诊断中心等。科学技术是发展的基本支撑，科学技术与人的关系，科学技术在实现发展的可持续中的作用，滨海高新区大有文章可做，做好了就能够实现在贯彻科学发展观过程中发挥领航作用。

(二)发展思路、目标和步骤

1.滨海高新区发展思路

是深入贯彻十七大精神，以邓小平理论和"三个代表"重要思想为指导，全面贯彻落实科学发展观，进一步解放思想，充分吸收国际国内科技工业园的建设经验，结合天津的经济基础和滨海新区发展定位，做好发展战略和规划，依托部市共建机制，发挥政府主导作用，以企业为主体，以市场为导向，充分利用国际国内两种资源，从产业发展、土地利用、空间布局领域入手，不断提高自主创新能力和国际竞争力，用三十年时间打造国际一流的科技工业园区与和谐社会建设的先行区，在建设环渤海经济区的进程中作出应有的贡献。

2.滨海高新区发展目标

由于滨海高新区处于我国社会发展新的增长极中，享有独一无二的政策支持力度，在国家发展战略和国家高新区"二次创业"中承担特殊重要使命和责任，因此，滨海高新区应该确定以建设成为世界一流高科技园区作为奋斗目标。

世界一流的高科技园区有五个具体目标：

（1）成为高水平现代制造业为代表的新兴产业和新业态的发源地，位于产业链高端，能够引领世界高科技产业发展潮流；

（2）成为聚集国际国内高端要素和专业资源的洼地，成为高新技术产业创新集群和新型研发转化的基地；

（3）具有极强的科技企业的内生成长机制，成功孕育出一批辐射带动能力强、富有国际竞争力的，世界一流的跨国大公司；

（4）成为区域和国家经济竞争力的核心，成为具有国际影响力科学技术创新中心；

（5）凸显区域特色和自主创新的优势，走在贯彻科学发展观和建设和谐社会前列，成为新型创新文化和社会经济发展新模式的策源地。

3.滨海高新区发挥领航作用的发展步骤

根据世界科技工业园和我国高新区建设发展的一般规律，以及建设天津滨海高新区的紧急性和迫切性，将其发展过程分为三步是比较合适的。滨海高新区建设成应用 5 到 10 年或更长一些时间，使其建设成世界一流水平的高科技园区。为实现党中央、国务院赋予滨海新区的功能和天津市的"两个走在全国前列"、"一个排头兵"发挥领航作用。

（1）第一步，近期目标：用两年左右时间，经过全面深入的调查研究，找准高新区的发展战略，制定合理详细的实施规划，配备注重创新的领导班子，组织执行力强的工作班子，实现基础设施和功能的九通一平，采取有力措施，吸引人才、资金、技术、企业、项目等入园，集聚高水平研发机构、高新技术企业、高素质人才，通过不断改革、理顺关系、建立顺畅发展的保障体制，为滨海高新区的高速健康发展打下坚实基础。

（2）第二步，中期目标：再用两年左右时间，形成企业为主体、市场为导向、提高自主创新能力为目标的发展平台，发挥自主创新在园区发展中的主导作用，初步显示滨海高新区对滨海新区、天津、环渤海的领航作用，能够在技术创新能力方面走在国内自主创新型高新园区的前列。

（3）远期目标：再用五年左右或者更长的时间，全面达到世界一流科技工业园区水准,以若干内生型国际大企业,世界一流的自主创新成果,数个引领产业潮流的新业态、独特的园区创业文化为支撑,达到国际领先水平,成为自主创新特色明显,走在建设自主创新型国家前列的世界一流科技园区。

(三)产业发展重点领域

1.环保能源(EET)产业

随着全球气候变化和石油能源日益枯竭,人类300年来的经济发展模式已经难以为继,石油价格飞速上涨,对于刚刚进入工业化中期的我国,压力十分巨大,发展低成本和零排放的EET产业。不仅是推进我国现代化的紧迫任务,也是全世界的难题,现在还没有哪个国家取得突破,或者取得优势地位,谁能够突破EET产业谁就能够走在世界前列。包括核聚变能、地热能、太阳能、氢能、生物能、水能等,如果能够代替石化能,就可能成为未来的主导能源。中海油的新能源研究机构在这方面已经有了很好的基础,有条件在EET产业方面作出自己应有的贡献。

2.高端制造业

控制产业技术高端,发展高端制造业,是提高制造业竞争力的核心。要紧抓产业价值链的高端环节,瞄准产业关键领域的核心技术,从源头上掌握整条产业价值链,增强控制力,取得竞争优势。同时,要注意高端制造业形成对区域经济增长的重要支撑,发挥产业结构和增长方式转变的主要驱动作用,利用这些高端产业,核心技术,加强其对传统产业的广泛渗透作用,根本上改变天津环渤海传统产业比例高但竞争力不强的局面,提升制造业在环渤海地区占主导地位的发展优势。现代造船业、高速列车、航空航天等产业都属于此范畴。

3.现代研发服务业

研发产业是现代服务业发展的新型业态,是指从事研发活动,提供智力成果、技术服务和现代商务服务组织的集合。高新区要率先承担起自主创新的战略重任,首先要在自主研发上有重大突破,再进行成果的转化。世界产业发展趋势说明,过去往往附着于其他产业链上,处于价值链顶端的研发环节正逐渐独立出来,形成了横截面集合成新的产业形态的现象,研发产业因为技术交易市场的完善已经具有独立的价值,作为独立的产业形态开始形成。当然,研发服务业不单只是单纯的研发,一系列转化实现放大研发价值,提供服务的具有现代服务业特性的机构组织,均是此新型业态的组成元素。滨海高新区设计的产业中可以考虑研发、工业设计、检测技术、创意产业等。这也有利于改善滨海新区乃至整个天津地区的第三产业比例低,传统服务业比例过大的不利现象。

4. 生物健康产业

生物技术和人类健康事业的结合是未来生物产业的发展潮流之一。健康产业相对于医药产业的领域更加广泛些。越来越多的企业都在关注健康产业的发展。生物产业将成为未来经济发展新的主导产业,也是我国努力跟上了世界最前沿并在某些方面实现领先的领域,要充分发挥我国特有的资源优势和技术优势,以人为本,把生物技术和增进最广大人民的健康结合其来。人们已经度过了勉强在温饱线上挣扎的阶段,开始有余力关注自身的健康问题;人们健康水平仍然没有达到期望的水准,而且随着生活水平的提高,这种要求和期望会越来越高;人们对健康的认识从限制消极因素过渡到采取积极措施促进其提高。所有这些因素的变化,都为生物健康产业在我国的未来发展展现了光明的前景。滨海高新区国家生物医药国际创新园,中医药联合实验室等为生物健康产业的发展提供了有力的技术支持。

5. 海洋高技术产业

滨海高新区濒临大海的区位优势,天津研究海洋机构的强大力量,滨海新区深厚的海洋情节,作为传统陆上大国的中国海洋意识的迅速觉醒,海洋强国战略的稳步实施,海洋代表着人类的未来,这种种因素都是滨海高新区发展海洋高技术产业的重要理由。淡水资源的不可再生,因为浪费和污染因素的迅速减少,却又是人类生存必不可少的战略资源,海水淡化技术是人们希望避免恶梦的重要希望,这样的产业只要合适,不必担心市场的问题。海洋的丰富元素又可能是构成未来能源的重要因素,是个庞大的"聚宝盆"。天津已经被确定为国家级海水淡化与综合利用示范城市和海水利用产业化北方基地,拥有国家海洋技术中心、海水淡化所等一批海洋高级研究所,为未来海洋高技术产业的发展奠定了雄厚的基础。海水淡化、海洋精细化工、海洋石油、远洋运输等均可以纳入滨海高新区海洋高技术产业建设的范围。

(四)领航区建设的措施

1.制定正确的发展战略和规划

包括制定规划,制定发展战略,制定有利于高新技术产业开发区发展的政策,包括人员的激励政策和对于企业的扶植政策,包括加强高新区发展过程中出现有倾向性问题的指导,做好国际渠道的沟通,开辟国际合作和国际金融的联系等。

2.用足用活综合配套改革试验区政策,创新园区管理体制

加快出台《天津滨海高新区》条例、创新园区土地开发模式,确保土地利用可持续发展、推进园区内部组织人事制度和行政管理体制改革、发挥与中海油的共建优势、利用国家丰富的外汇储备,获取全球创新资源、以企业为创新主体,为新时期高新区创新体系建设提供有力支撑。

3.增强高新区内生机制,走内涵式发展道路

通过创新科技投融资机制,发挥资本市场的助推作用、探索民营科技机构发展机制,激发社会的创新活力、建立区域互动机制,实现创新领航,辐射、带动周边发展等方式增强高新区内生机制,走内涵式发展道路。

4.建立全球创新网络与平台,打造国际化园区

在国外设立招智引才平台,构筑全球合作网络、鼓励本土企业走出去,提升自主创新的国际水平、大力引入国外政府和民间中介机构,建设国际合作重镇、定期举办 EET 产业与健康产业国际论坛,树立国际品牌。

5.建设京津创新圈

营造有利于区域科技合作的环境,实施京津科技资源共享,推进科技资源相互开放、组建创新联盟、合作技术创新,培育有区域特色的产业集群、设立京津创新圈转向合作计划,资助重要意义的合作项目。

6.更加注重创新文化建设,营造吸引人才的氛围

进一步解放思想,孕育创新创业文化、进一步改革选人用人机制、培育有国际水平的企业家队伍,建设创新型"航母式"企业、打造人才银行,

吸引全球顶尖的技术和研发人才。

七、天津滨海高新区"研发转化和创新模式"研究

(一)天津滨海高新区研发转化的战略定位

战略定位:增强创新、服务和国际竞争三个能力,发挥引擎、示范、带动和辐射四个作用,构建高新技术研发创新基地与产业化孵化基地。

(二)天津滨海高新区研发转化的发展目标

1. 总体目标

天津滨海高新区作为滨海新区的领航区,应综合发挥原始创新、集成创新、引进消化吸收再创新的优势,积极探索以企业为主体、市场为导向、产学研相结合的研发转化创新模式。将通过体制创新与机制创新,建设世界一流的高新技术研发与转化基地,成为国内外高技术研发转化机构的聚集地,关键技术、关键材料研发产业化的聚集地,高素质人才的聚集地,最具创新活力机制的实验区;形成一批科技含量高、附加值高、研发设计能力强、零排放、无污染的新兴产业和新型业态;形成一批具有自主创新能力的本土高新技术企业;构建起具有国际水平、高效共享的研发转化公共服务平台。努力建设成为具有世界先进水平的现代化基础设施,完善的服务配套体系,人文环境和谐,生态环境优美的国际一流高新区。在天津和全国的创新型城市建设上切实发挥引领作用和引擎作用。

2. 阶段性目标

到 2010 年,基础设施初步完善,体制框架初步形成,园区研发转化的基本环境和条件具备。

到 2015 年,聚集一批国内外知名研发机构和创新型企业,形成较为完备的科技成果转化及产业化的体制机制、服务体系和产业链,逐步培育自主创新能力。

到 2020 年,国内外创新资源聚集,本土企业创新活力增强,全国和世界一流的科研成果比例不断提升,成为世界高新技术制高点的前沿阵地。

(三)滨海高新区研发转化模式的实施路径

1. 创建"一个联盟"

　　政府成立专职的高新区研发转化职能部门,专职专权,上与中央政府和市政府及相关科技、财政、发改委等部门进行沟通协调工作,下与其他各研发转化相关联盟方进行沟通协调。

　　政府方的作用是:"动员资源、建制定策、推动发展、保驾护航"。

　　(1)分析联盟方资源、寻找新的加盟成员

　　该职能部门,要在已确定的高新区下一步发展产业领域的基础上,认真采集、分析每个行业技术项目研发转化合作各方的背景、资源质量等方面的数据或资料,尤其是作为技术源头的技术拥有方的背景、技术质量、发展前景等的数据或资料。建立各联盟方及其他相关方的资源数据库,进一步遴选、确立可资加盟的目标客户。然后该机构可以通过如媒体宣传、招商会议、定点拜访等方式,走出去请进来,寻找新的加盟成员,确立重点客户,并制定下一步合作的加盟方案。

　　(2)打造科技发展环境、制定研发转化政策

　　这是市政府和园区政府,对园区研发转化所进行的硬件和软件环境建设,是研发转化顺利进行的基础性工作。

　　硬件建设包括:基础建设设施、技术基础设施、知识基础设施、研发转化孵化平台、自然和人文环境建设。

　　软件建设包括:制定、实施研发转化政策;以政府的力量设计、导入和启动研发转化的运行机制,并逐渐引入市场机制使之不断优化、改善、成熟,最后形成以市场力量为主导的研发转化运行局面,完成研发转化从入口到出口的历史使命。走向市场、符合市场需求是技术创新之根本、研发转化之前提。

　　(3)整合联盟各方资源、促进研发转化的成功

　　政府通过制定各项政策,建立起研发转化的机制和制度。以利益为导向,对企业方、资本方、技术方、中介方的资源进行充分整合,快速形成技术项目的研发及其转化。每个行业、每个模式都尽快形成成功的案例,起到固化成果、榜样带动、风气形成的作用。

　　(4)增值综合权益,促成落地生根

　　让联盟各方形成"根植性"是园区长远、长足发展的保证和目标。对

此要在保障联盟方综合权益上下功夫。除了经济效益这些利益的权益之外,还要联盟方打造人文的、自然环境的、运行支持的、市场的等多方受益点,这样才能使优秀的联盟方进得来、留得住,落地生根。

2.搭建"两个孵化平台"

研发转化的过程有两个环节:研发和转化。即:技术项目的研发孵化及技术项目的产业化的孵化。园区政府要建立起这两个孵化体系,使滨海高新区既成为我国产业化基地,也成为科技创新与研发孵化基地。

从孵化过程的角度分析,园区研发转化职能部门的工作要注意以下几点:搭建优质的孵化平台、确立严格的进出标准、配置必需的孵化资源、制定配套的孵化政策、辅助必要的市场导入。

(1)对技术、项目的研发孵化

搭建优质的孵化平台:除部分实力强大的技术方外,许多技术主体,需要政府提供研发平台予以孵化支持。

确立严格的进出标准:市政府要根据滨海高新区产业发展的相应技术领域,制定孵化准入标准,以遴选优质的和必需的技术项目。

配置必需的孵化资源:市政府要为核准进入孵化平台的技术方配置必需的资源,以保证孵化技术的研发所需。

制定配套的孵化政策:对技术研发的孵化,背后对应的是一个以人为核心的科研和生活系统,需要建立一套对人、对技术项目本身、对研发过程和研发成果应用等配套的孵化政策。

辅助必要的市场导入:进行必要的研发转化制度和机制设计、市场导入安排。如:进入技术交易市场、产权交易市场、资本市场、企业或者政府采购等。

(2)对技术成果的产业化孵化

搭建产业化孵化平台:政府提供产业转化平台予以孵化支持,应该发挥滨海高新区多个功能区的作用,将高新技术产业化转化延伸到整个新区、天津市、河北省,乃至环渤海和华北地区。

制定产业化转化政策:对天津市和滨海新区、滨海高新区支持发展产业,有针对性地制定有利于发展的政策。

提供政府主导的联盟支持：政府对高新技术产业化孵化的作用，很重要的体现在资源整合优势的支持，在这过程中，由政府主导，转向政府部门、企业界、科研机构、中介机构、社会团体的全面协助。

市场导入：政府对技术产品产业化成功后的出路，在转化过程中，尤其是在市场和中介机构还不健全的初期，为企业进行必要产品下游需求设计和市场导入安排。如：优先选择滨海高新区、组织产品发布会、供需见面会或者市政府采购等。

（3）塑造"三个品位"

重大高新技术项目的研发及其产业化转化，以及滨海高新区所树立的"建设世界一流的高新技术研发与转化基地，成为环渤海地区高技术研发转化机构的聚集地、高素质人才的聚集地和最具创新活力机制的区域"的远大目标，既需要科技人员和全体高新区人员艰苦奋斗、勇创一流、在白纸上绘制最新最美图画的拼搏与奉献精神，更需要振兴中华的豪迈气概与思想境界。这种精神风貌的获得，依靠的是园区文化建设，即高新区独特的"使命、愿景、核心价值观"所组成的园区三个品位建设。

"使命"：是一个组织存在的理由和在社会发展中应承担的责任。表明组织是干什么的，应该干什么，为社会贡献什么。

"愿景"：一个组织未来一段时期内所要达到的具体目标。

"核心价值观"：一个组织一切行为取向和价值判断的终极原则，亦即这个组织的一切行为从"核心价值观"出发，一切的价值取向以"核心价值观"作为原点。

（四）把握"四个标准"

建立标准体系，制定诸如研发技术准入标准、重点扶持标准、准予孵化标准、考量转化成败标准、园区研发转化的程序与退出标准等。这些标准是研发转化实施路径的题中应有之义。建议滨海高新区在高新技术研发转化实施过程中，重点考虑建设以下四个标准：

1."领航性"标准

天津市政府应制定对研发转化技术引航性分析的标准体系。建议设立研发转化技术的"国际竞争性、新业态发源性、内生增长性、辐射带动性"四个指标维度,具体考量研发转化技术项目的领航性。

2."财富性"标准

市政府要建立起研发转化技术项目财富性评估标准体系。建议设立"资产财富性、品牌财富性、文化财富性"三个维度的财富标准体系,来具体考量研发转化技术及项目的财富性。

3."根植性"标准

市政府应建立研发转化技术项目"根植性"评估标准体系。建议设立"技术项目自主创新性、与园区技术互补性、技术人才的凝聚性"三个维度的技术项目根植性标准体系,来考量研发转化技术项目的根植性状况。

4."超越性"标准

建议设立以"阶段跨越性(原始阶段、起步阶段、稳键发展阶段、跨越突破阶段)、拓展跨越性(点式拓展、线式拓展、面式拓展、网式拓展)、运作跨越性(产品运作、资产运作、资本运作)"三个维度的超越性指标体系,来考量研发转化技术项目的超越性程度。

(五)修筑"五个通道"

1."部市共建型"研发转化模式实施路线

对于国家研究的大项目,如863项目、火炬项目等,适宜采用"部市共建"模式进行研发转化。

"部市共建"是滨海高新区跨越式发展的重大战略选择,同样也是滨海高新区高新技术研发转化的重要模式。这种研发转化模式的具体实施是"部市共建"实质内容的主线。

"部市共建"内容主要体现在:对滨海高新区共同规划和设计、共同组织和实施、共同推动区域协作、共同建设各类平台上。

"部市共建"主要依靠机制来保障:高层会商机制、聚焦资源机制、联合协调机制、共同开发机制、共赢共享机制、交叉任职机制、政策倾斜机制。

在这样的背景下,部市共建研发转化的实施路线分为两部分:科技部既有科研项目的转化,又有部市共同立项科研项目的研发转化。

(1)科技部既有科研项目转化实施路线

科技部既有科研项目转化实施路线为:项目的行业选择——技术的领域确定——研发转化的"四性标准"考量——通过立项论证——确定实施方案——转化系统的"四到位"方案设计——具体落地实施——研发转化过程管理——"四性"达标考核验收——确认验收——转化成功完成。

(2)部市共同立项研发转化实施路线

部市共同立项研发转化实施路线为:园区或企业技术需求申请——技术需求确认——通过研发转化的"四性标准"考量——通过研发转化系统的"四到位"可行性分析——科技部立项——招标研发——研发成果认证验收——具体实施——转化过程管理——"四性"达标考核验收——确认验收——转化成功完成。

2."引进、消化、创新型"研发转化模式实施路线

在引进外国先进技术的基础上,研究、消化、吸收,再创造出新的技术和产品,这是后发型国家普遍采用的研发转化模式。这种模式具有投资少、风险小、见效快的优点。但这种模式的生命力在于引进消化后的创新,只有创新才是园区发展的活力之泉、生命之源。

(1)引进阶段实施路线

园区、企业技术需求申请——园区行政职能部门对技术需求确认——通过转化的"四性标准"考量——通过转化系统的"四到位"可行性分析——确定引进方案——具体实施——转化过程管理——"四性"达标考核验收——确认验收转化成功完成。

(2)消化阶段实施路线

成立消化吸收创新部门(组织保证)——设计落实"四到位"保障方案——设计消化吸收方案——制定消化吸收标准——完善本土化转化过程——精细化分解技术——消化吸收过程管理——"四性"达标提高率和升级率考核——认证确认消化吸收成功完成。

(3)创新阶段实施路线

成立引进项目技术创新部门(组织保证,可以是政府主导,也可以是企业进行)——由科研院所或者企业设计落实技术创新"四到位"保障方案——设计创新方案——制定创新标准——完善本土化创新转化过

程——精细化分解技术创新环节和内容——创新过程管理——"四性"创新达标提高率和升级率考核——确认验收引进项目技术创新成功完成。

3."点、线、群"转化模式实施路线

(1)"点"式转化实施路线

结合滨海高新区产业规划,选择高成长性行业内项目——在技术高集聚性领域选择项目——考量符合高能量型技术项目转化的"四性标准"——通过立项论证——确定实施方案——转化系统的"四到位"方案设计——具体落地实施——转化过程管理——"四性"达标考核验收——确认验收转化成功完成。

(2)"点变线"转化实施路线

"点式"技术上下游的"点变线"配套规划——"点变线"配套技术高成长性行业选择——"点变线"配套技术高集聚性领域选择——考量符合"点变线"配套转化的"四性标准"——通过"点变线"转化立项论证——确定"点变线"转化实施方案——"点变线"转化系统的"四到位"方案设计——"点变线"具体落地实施——"点变线"转化过程管理——"点变线"转化"四性"达标考核验收——确认验收"点变线"转化成功完成。

(3)"线变群"转化实施路线

"线变群"技术配套规划——"线变群"配套技术高成长性行业选择——"线变群"配套技术高集聚性领域选择——考量符合"线变群"配套转化的"四性标准"——通过"线变群"转化立项论证——确定"线变群"转化实施方案——"线变群"转化系统的"四到位"方案设计——"线变群"具体实施——"线变群"转化过程管理——"线变群"转化"四性"达标考核验收——确认验收"线变群"转化成功完成。

4."集成整合"研发转化模式实施路线

其实施路线为:园区管理部门、企业对新学科、新技术领域、新产品、新业态进行规划——自有技术＋他有技术盘点审视——优势互补、强强联合整合方案设计——成立引进技术集成部门(组织保证)——设计落实技术集成"四到位"保障方案——设计集成方案——制定集成达标标准——完善集成转化实施——集成过程管理——集成达标"四性"提高率和升级率考核——确认验收引进技术集成工程成功完成。

八、天津滨海高新区"部市共建创新模式"研究

（一）我国已有的部省合作探索为创新部市共建模式提供了宝贵经验

改革开放以来，我国政府与外国政府为加强经济科技贸易合作，双方采取合作共建的形式建立了一批国际科技工业园区。国家各个部委与许多省市政府通过部市（省）共建（合作）等多种模式共同推进中国特色园区的建设。如新加坡苏州工业园、杨陵农业高科技园区、绵阳科技新城、上海"部市合作"等，都为我们创新部市共建模式提供了宝贵的经验。

1. 部市（省）共建（合作）的几个典型

（1）新加坡苏州工业园

新加坡苏州工业园以不到苏州市 4％的土地、人口和 5％的工业用电量，创造了全市 14％的地方一般预算收入、16％的工业总产值、17％的固定资产投资、30％的注册外资、31％的进出口总额。为了推进苏州工业园区的顺利发展，中新双方建立了三个层面的领导和工作机构。第一层面是中新两国政府联合协调理事会，负责协调苏州工业园区开发建设和借鉴新加坡经验工作中的重大问题。由两国副总理担任理事会共同主席。我国国家发改委、科技部、商务部、财政部、外交部、建设部、国土资源部、海关总署和新加坡内阁有关部门及江苏省政府和苏州市政府的负责人为理事会成员。第二层面是中新双边工作委员会，由苏州市市长和新加坡裕廊镇管理局主席共同主持，苏州市政府和园区管委会及新加坡有关部门和机构负责人组成。双方定期召开会议，就开发建设中的重要问题和借鉴新加坡经验工作进行协商，向理事会双方主席报告工作。第三层面是联络机构，由新加坡贸工部软件项目办公室和苏州工业园区借鉴新加坡经验办公室负责日常联络工作。

（2）杨凌农业高新技术产业示范区

为推进我国干旱、半干旱地区农业发展，国务院于 1997 年 7 月 13 日决定设立杨凌农业高新技术产业示范区，并实行"省部共建"的领导和管理体制，由国家 19 个部委与陕西省共同领导和建设。国家交给杨凌的任

务是:通过体制改革和科技创新,把科技优势迅速转化为产业优势,依靠科技示范和产业化带动,推动我国干旱、半干旱地区农业实现可持续发展,带动这一地区农业产业结构的战略性调整和农民增收,并最终为我国农业的产业化、现代化做出贡献,并要在"农业改革发展思路","培养、吸引、发挥人才作用","农科教结合","产学研结合","科教体制改革","干旱农业研究和开发","对外交流与合作","省部共建","农业产业链延伸"以及"行政管理体制改革"十个方面发挥示范作用。杨凌示范区的体制优势是省部共建。由国家科技部等 19 个部委和陕西省人民政府共同管理建设,陕西省政府成立了由 34 个厅局组成的省内共建领导小组。示范区管委会享有地市级行政管理权、省级经济管理权及部分省级行政管理权。

(3)绵阳科技城

2001 年 7 月国务院关于建设绵阳科技城有关问题的批复中指出:绵阳市是我国重要的国防军工和科研生产基地,科技人员和智力资源密集;高新技术产业发展有一定基础。建设好绵阳科技城,把绵阳市丰富的科技资源转化为巨大的生产力,促进我国西部地区的经济发展,是邓小平同志关于"科学技术是第一生产力"重要论断的具体实践,对实施西部大开发战略和科教兴国战略具有重要意义。建设绵阳科技城的主体是四川省和绵阳市。建设中需国务院有关部门解决的问题,有关部门要给予积极支持;重大问题,由四川省人民政府或会同科学技术部等有关部门报国务院审批。国务院作出建设中国(绵阳)科技城的决策后,成立了由科技部牵头、13 个部委参加的科技城建设部际协调小组,科技城建设拉开序幕。

(4)上海部市合作

科技部与上海市自 2004 年 7 月签署"部市合作"议定书,其主要内容是注重资源整合,优势凸现:

一是启动崇明生态岛建设重大科技专项。2005 年 3 月,崇明生态岛建设重大科技专项推进大会召开,上海市副市长严隽琪、科技部副部长马颂德共同为上海市崇明生态科技创新基地揭牌,《崇明生态岛建设科技支撑方案(2005-2007)》及时出台,32 位专家组成的科技咨询专家委员会为"崇明生态岛"建设中的科技问题献计献策。

二是实施世博科技项目。2005 年 2 月,"世博科技行动计划"领导小组在京召开成立大会,《世博科技行动计划(2005—2010)》在领导小组首次全会上获得通过。这一行动计划在展馆建设、环境保护、交通运输、食品卫生和安全保障五大领域,提出相应措施。2004 年,首批 9 项"世博科技项目"启动实施;2005 年,又重点聚焦"信息服务与半导体照明"等 20个研究方向。

三是组织实施以能源研究开发为主要内容的重大科技项目。"部市合作"先期提出组织"清洁能源"、"食品安全"以及"e－上海"三个项目,并将"氢能与燃料电池"、"可再生能源"、"煤清洁利用"作为战略重点提出研发。"高性能宽带信息网"等一批国家重大科技攻关项目落户上海,相关技术的突破将为我国在新一代信息通信网研究领域赢得主动。

四是共同建设上海精细化工火炬创新创业园。2007 年元月国家科技部火炬中心、上海市科委、金山区人民政府三方签署《共建上海精细化工火炬创新创业园协议书》。国家科技部火炬中心和上海市科委共同组织十多名专家进行评审、论证。上海精细化工火炬创新创业园是继全国科技大会后的第一个创新创业园、第一个高新园区外的创新创业园、第一个专业性的创新创业园。

五是开展科技体制综合改革试点。根据"部市合作"科技体制综合改革试点总体要求,上海在研发公共服务平台建设与完善的基础上,研究和确定专制院所新一轮改革的总体思路,加快区县活力的释放与创新机群建设三个方面,立足于突破体制机制瓶颈,加大探索和实践力度。2004年,"上海研发公共服务平台"正式对外服务。该平台使上海更好地为长三角乃至全国科技创新的资源共享和服务,提供了基础性支撑。在短短的一年时间内,有 743 台(套)的大型仪器设施入网,自主开发了 2 个大型科学数据库、40 多个特色数据库,三个系统的累计访问量达到 99.25 万余人次。

2.部市(省)共建(合作)的几点启示

通过回顾总结部市(省)共建(合作)特色园区的探索,我们认为要使"部市共建"工作落到实处,收到实效,应该注重以下几个方面:

(1)搞好部市共建,必须加强组织领导推动

无论苏州工业园,还是杨凌农业示范区,强有力的组织领导是共建园区工作顺利运转的核心与关键。其特点在于:一是领导层次高。苏州工业园由中新两国副总理担任联合协调理事会共同主席,杨凌示范区领导小组组长由科技部部长和陕西省长共同担任。二是组织架构齐。苏州工业园联合协调理事会由国家发改委、科技部、商务部等八个重要部委和江苏省政府、苏州市政府为成员单位,一般由部委正职或主管副职组织参与共建实施。杨凌示范区由国家科技部等 19 个部委和陕西省政府组成领导小组。三是执行能力强。苏州工业园由苏州市市长和新加坡裕廊镇管理局主席共同担任中新双边工作委员会主任,苏州市政府、新加坡有关部门和园区管委会为成员,因此能将理事会重大决策事项迅速落到实处,有效推进园区建设。

(2)搞好部市共建,必须注重中国特色,把握部市内涵,发挥共建作用

对国家重大战略实施部市共建是充分体现中国特色社会主义"集中力量干大事"、有效快速推进项目的重要措施。多年的实践说明,搞好部市共建首先要做好"部"字的文章,从狭义上讲,主要是国家科技部充分发挥科技统领优势,在科技重大领域进行大胆改革探索,实现有效突破,要将部市共建内容列入科技部各司局(中心)工作重点,并加以监督考核,要充分调动科技系统、高新区等多方面积极性,集中有限资源,带动全局发展。

(3)搞好部市共建,必须形成共识,明确职责,充分发挥各方面积极性

要使部市共建成为政府推进科技工业园区建设与发展的一种重要手段,上下形成共识是十分重要的。

首先,国家和地方、部委与省市之间要形成共识。如建立新加坡苏州工业园,中新双方认为这是共同加强两国经济技术合作,搭建互利互助平台,应对世界经济科技一体化的战略举措。因此,中新两国领导高度重视,多次沟通,共同解决发展中存在的困难和问题,从而使园区开发建设得到顺利推进,并收到良好效益。

其次,代表国家利益的部委在内部要达成共识。如国家为解决我国

干旱,半干旱地区农业发展问题在我国西北地区创建杨凌示范区,科技部围绕这一重大课题,发挥大科技系统和农业科技优势,各相关司局及有关部门组织现代农业高新技术资源到杨凌试点或实施,这样既使部门工作落到实处,又使杨凌在农业高新技术产业化方面工作在全国得以示范。

第三,地方政府的积极性与主动性最为关键。无论是共建还是合作,地方政府的积极性与主动性是取得成效的关键要素。科技部已经与近20个省、市进行了共商、共推或合作,其中合作内容最多、发挥作用最明显的当推上海。从2004年7月科技部与上海市政府正式签署了工作会商制度议定书后,科技部与上海市每年召开部市合作委员会工作会议,科技部与上海市的主要领导必然出席。双方在项目攻关、人才培养、基地建设、机制创新等方面密切合作,取得了积极进展。一批重大战略产品的研发,为国家安全、产业升级提供了重要支撑;一组重要科技示范工程的建设,为促进公益事业和可持续发展发挥了引领作用。

(4)搞好部市共建,必须健全运行机制,提高工作效率

建立科学运行机制是提高部市共建工作效率的重要保证。为此,从领导决策、专家咨询、组织实施、效果检验等各环节,应当建立健全部市共建工作责任制、定期高层会商机制、协调协作机制、专家指导机制、考核评估等机制,处理共建过程中的难题。只有各相关运行机制能够发挥协同作用,共建运转的效率就会得到极大提高,共建运转的效益就会得到切实增强。

(5)搞好部市共建,必须抓住重点、注重特色,有效整合各类资源

从我国已经组织实施的部省(市)共建的情况来看,要使共建工作收到实效,就必须明确共建的重点,发挥共建的优势,实现共建的目标。在共建工作中,国家部委要解决的问题是能给什么、怎么给和达到什么目标,也就是说要将国家重大战略部署和项目有选择性地安排到地方进行试点,探索经验,然后在全国组织实施;省市政府要解决的问题是什么、怎么做和得到什么收益,也就是说要深刻领会国家战略意志,把握本地资源,分析发展中的困难和问题,找准切入口和突破点,从而使国家的重大项目能够在本地得到顺利的实施,并且收到良好的经济效益和社会效益。

只有这样，才能强强联合，实现共赢。

（二）部市共建滨海高新区的目的、目标、原则

（1）落实十七大报告中关于"更好发挥天津滨海新区在改革开放和自主创新中的重要作用"的要求，通过科技部和天津市共建的模式，有效整合国家与地方的相关资源，共同领导、共同规划、共同实施、共同推动，促使滨海高新区建设成为滨海新区的领航区，具有带动与示范作用的新的经济形态和社区形态。

（2）在把提高自主创新能力作为国家战略的新形势下，通过科技部和天津市共同建设在全新起点上的滨海高新区，探讨科技创新的新途径以及高新区在二次创业中如何更加自觉地走科学发展的道路，把握发展规律、创新发展理念、转变发展方式、破解发展难题，提高发展质量和效益，实现又好又快发展。

（三）部市共建目标

1. 总体目标

通过部市共建，充分发挥国家科技部的科技统领优势和天津滨海新区国家级综合配套改革试点区的优势，实施聚焦滨海高新区战略，整合优势资源，创新管理体制、机制，全面提升综合实力、创新能力、服务能力和国际竞争能力，实现国家赋予滨海高新区四位一体的功能；对国家高新区二次创业起到引导、示范和带动的作用，最终发展成为"自主创新能力强、带动滨海新区发展的领航区，国家综合配套改革的先行区和制度创新的示范区，拥有独特的创新创业文化氛围、最具创新活力机制、以研发产业化为特色的世界一流、持续和谐发展的高新技术产业开发区"。

2. 具体目标

（1）2008－2010 年：部市共建机制发挥重要作用，聚焦政策开始实施，资金、技术、人才等创新要素向滨海高新区集聚，形成良好的发展态势；初步形成高端产业的布局和一流创新体系的雏形。

（2）2010－2015 年：科技部在滨海高新区部署的科技体制改革及其他各项先行先试的举措成效明显，并对国家高新区发挥示范与引领作用；初步成为中国的创新增长极，产生一批具有世界影响的创新成果；成为滨海新区的领航区。

（3）2015－2020年：集聚一批世界领先的研发机构、创新团队；产生一批具有世界重大影响的重大创新成果；新业态不断涌现、新产业不断生成；进入世界一流科技园区的行列，成为全球有影响的创新极；能够支撑实现创新型国家建设的使命，能够对整个国家的自主创新发挥重要的领航作用。

（四）部市共建原则

对滨海高新区进行研发转化基地建设和实现领航区过程中各阶段需要部市共同解决的重要问题，部市通过统筹部署、设计解决途径、有效协调、监督实施共同解决。

1. 部市互动，目标一致原则

推动滨海高新区建设是科技部与天津市共同的目标。由天津市人民政府为主进行总体策划和组织实施，科技部进行指导、根据需求和实际可能提供相应支持。

2. 统筹部署，有效协调原则

按照《国家中长期科技发展纲要》和国家关于滨海新区发展战略的部署和要求，充分发挥天津市、科技部及国家相关部门的积极性和优势，鼓励多方合作，双向推动共建滨海高新区工作。

3. 突出重点，整合资源原则

围绕天津滨海高新区发展的突出问题，着力凝炼共性目标和工作重点，集成国家和地方的经济、科技及政策资源，找准工作切入点和突破口，并注重发挥区域示范带动作用。

4. 讲求实效，创新机制原则

结合滨海高新区特点，在管理、技术、科技创新等体制上进行新的探索，对具有前瞻性、战略性、普遍性的发展策略先行先试，为国家高新区发展发挥示范带动作用，推动共建工作不断深化，切实取得工作实绩。

（五）部市共建主要内容

1. 共同规划与设计

目的是高起点规划，更好地促进国家战略与天津市要求及滨海高新区实际的结合,更充分地体现国家目标。规划设计的组织主体是天津市,实施主体是滨海高新区,科技部予以指导。

(1)对滨海高新区总体发展规划,包括总体思路、发展布局、发展模式、发展战略、工作部署等进行统筹设计,使之在起点上就按照世界一流园区的标准来设计。

(2)对滨海高新区组织管理体系、政策体系、创新体系进行统筹规划与设计,充分体现科技部在科技管理体制机制方面的创新思路。

(3)对滨海高新区重大需求和发展重点进行统筹谋划,集中力量共同解决。

(4)对滨海高新区产业发展环境进行统筹规划,按照特色产业集群和创新集群的模式对滨海高新区产业发展规划进行统筹设计,确定最适合滨海高新区最具生命力的特色与优势产业。

2.共同组织实施

(1)共同推动滨海高新区创新体系建设

研发转化是滨海高新区的最大使命,自主创新是滨海高新区的灵魂和生命线,是建设"领航区"的引擎和根本动力所在。科技部和天津市应该联合有关国家科研单位和大专院校共同推进以企业为主体、市场为导向,跨单位、跨部门、跨国界的官产学研相结合的技术创新体系建设。

共同打造"滨海高新区部属转制科研院所的研发转化基地"。科技部与天津市政府联合出台相关政策,鼓励并吸纳部属科研院所在天津建立研发转化基地。

共同推动建设"滨海高新区中国—芬兰国际合作创新园",与科技部的国际科技合作计划相对接,吸纳国外高端研发机构和高级人才在滨海高新区建设中国第一个"国际研发创新园"。

共同谋划建设以市场为导向、企业为主体、部属高校为主要技术依托,强强联合、优势互补、长期合作、共同发展的部市产学研战略联盟。

依托高校和科研院所,建立多种模式的产学研合作创新组织。

(2)共同推进综合配套改革试点

共同针对自主创新的深层次问题,对照国务院"创新60条及其配套政策",推进综合配套改革试点。要坚持重点突破、整体推进,积极探索和建立创新发展的新体制、新机制、新模式。广泛吸收深圳特区、浦东新区和沿海开放城市的成功经验,先行先试一些重大的改革开放措施,大力推进科技体制、金融体制、土地管理体制、政府管理和服务体制的改革与创新。做到凡是体现科学发展观要求的、凡是符合国际通行做法的、凡是有利于激发发展活力的,就大胆地试、大胆地改,走出一条又好又快发展高科技、振兴区域经济的新路子,为全国推进综合配套改革提供经验和示范。

区域开发模式的创新:借鉴国内国外先进园区的经验,创新开发模式,后来居上。如独创部市共建、区企共建的模式。

园区管理制度的创新:要在制度创新上进行突破,成为制度创新的试点示范区。要通过对《天津高技术产业园区管理条例》的修订对制度进行创新设计,进一步理顺管理体制,授予滨海高新区计划单列的权限,如项目审批权、高新技术企业认定权。探索园区干部考核新机制;园区主要领导由天津市委、市政府任命,征求科技部意见,实行科技部与地方政府双重管理、考核等。

土地管理方式的创新:探索土地资产证券化试点,为全国高新区土地资源的最优使用和循环使用进行"领航"。

金融改革与创新:应用金融创新工具,探讨产业基金、私募基金、风险投资引导基金、金融业综合经营、多种所有制金融企业、外汇管理政策、离岸金融业务等改革与创新,授予滨海高新区计划单列的进出口审批权、金融租赁业经营权。

国家高新区新的评价指标体系的试点:将国家意志、地方要求与园区实际相统一,建立符合科学发展观的创新指标考核体系,以全新的指标考核体系统筹建设和发展工作。

（3）共同整合国家和地方的各类资源

天津市和科技部发挥各自优势,联合有关部委,整合空间资源、行政资源、政策资源、人才资源、项目资源、资金资源、信息资源等,优先向滨海高新区倾斜。

(4)共同推动区域协作

由科技部牵头成立京津冀科技发展战略联盟,确立滨海高新区在滨海新区,津、京、冀合作乃至环渤海经济圈中的作用和地位,协调区域各类生产要素、各种资源的平衡与综合利用,推动区域产业布局协调发展,联手打造区域协作网络和区域创新体系。

制定有关的政策及规划,创建有利于区域科技合作的环境与机制,形成密切的对话交流与区域合作决策沟通机制,形成区域内协同创新、共同发展的文化氛围。

实施京津科技资源共享行动,推进科技资源相互开放和共享。

充分发挥与北京"同城互动效应"的独特区位优势,实现与中关村园区互动发展,推动滨海高新区和中关村成为世界一流的高新技术产业开发区双子星座,带动北方地区高新技术产业带、产业集群的快速发展。

课题组负责人:于树香(天津市政协)

课题组成员:王其文(北京大学国家高新区研究院)、任民谊(天津高新区管委会)、裴夏生(北京大学国家高新区研究院)、刘琦岩(科技部办公厅调研室)、徐冠华(全国政协、科教文卫委员会)、石定寰(国务院参事)、陈丽华(北京大学国家高新区研究院)、于维栋(中央办公厅调研室)、马俊如(国家外国专家局)、邹祖烨(北京市科委)、何志明(国家高新区协会)、武常岐(北京大学光华管理学院)、邱文江(北京大学国家高新区研究院)、李宁剑(天津高新区管委会政策法规处)

课题报告完成时间:2008 年 4 月

滨海新区石化产业发展研究

天津建设国家级环保型石化产业基地研究报告

【摘要】本文通过对天津石化和化工产业发展概况的回顾，分析了当前世界和全国相关产业发展所面临的形势。在此基础上，提出天津国家级环保型石化产业基地发展战略、目标和重点建设项目，并在土地使用、市场建设、财税扶持等方面系统性地提出建设国家级环保型石化产业基地的政策建议。

石油化学工业是国民经济的基础产业，产品关联性广、门类多、领域宽、市场大、带动性强，其增长速度往往是同期国内生产总值增速的 1.5 倍以上，在一定程度上是代表一个国家或地区现代化程度和综合经济实力的重要标志。

随着经济全球化和石化市场一体化进程的加快，国际石化产业呈现出规模化、一体化、集约化、园区化的发展趋势。我国进入现代化工业发展阶段，对石油、石化及化工产品的需求大幅度增加，为石化产品升级换代以及产业链延伸提供了良好的发展空间。国家发改委制定了加快炼油、乙烯工业发展规划，按照区域化、园区化发展战略，集中建设一批与国际接轨的大型石化企业，通过进一步优化重组，形成长江三角洲、珠江三角洲和环渤海地区等具有国际竞争力的、上下游一体化发展的炼油化工产业群或石化产业基地。

21 世纪初,中央把推进滨海新区开发开放纳入国家发展总体战略布局,确定在天津重点建设国家级石化产业基地。2006 年 6 月,天津市工业史上最大的建设项目——百万吨级炼化一体化项目获得国务院核准正式开工建设,标志着天津石化产业进入了一个大发展的重要时期,为天津发展石化及化学工业提供了千载难逢、前所未有的机遇。

用 10～15 年时间,坚持科学发展观,遵循循环经济理念,举全市之力,高标准、高水平地规划和建设好天津国家级石化产业基地,做大做强石油化工产业,不仅直接影响滨海新区开发开放和天津整体经济的长远发展,而且对辐射带动环渤海地区和我国北方经济发展将起到重要作用。

一、天津石化和化工产业发展概况

(一)天津石化和化工产业基本情况

天津是中国现代化学工业重要的发源地,是全国重要的石化化工基地之一。化学工业有近百年历史,是天津经济发展的重要支柱产业。

天津拥有雄厚的化工产业基础,已经形成了石油、石化、化工三大产业和十几个行业,主要包括石油天然气勘探及开采、石油炼制、乙烯及聚烯烃、合成纤维、有机化工原料、盐化工、染料、涂料、化肥及农药、化学试剂及助剂、橡胶及塑料加工、化学建材等行业。

天津是全国唯一集聚中国石化集团、中国石油天然气集团、中国海洋石油总公司和中国化工集团四大国家石化公司于一地的城市。天津渤海化工集团是全国最大的以氯碱化工为核心的盐化工企业。

天津石油、石化及化学工业在全市工业中占有重要位置。到 2004 年底,石油、石化和化工产业总资产达到 1089 亿元,占全市工业的 21.3%;实现销售收入 1033 亿元,占全市工业的 18.8%;工业增加值 373 亿元,占全市工业的 25.96%;利税总额 191 亿元,占全市工业的 31.83%,其中税金 65 亿元,占全市工业的 34.8%。利税总额在全市六大支柱产业中居第一位,是第二位电子信息产业的 1.3 倍;销售收入仅次于电子信息产业居第二位;从业人员 21.73 万人,占全市工业从业人员的 18.3%。

天津石油、石化及化学工业近两年经营形势趋好,行业整体经济效益指标高于全市工业平均水平。从行业看,石油和天然气开采、基础化学原料制造、有机化工原料、橡胶制品等行业一直保持效益较好状态;原油加工、特别是乙烯工业呈现良好态势。

天津石油、石化及化学工业具有较强竞争力,多种产品规模及技术水平处于国内领先地位。其中原盐、低盐重质纯碱、氯化铵、烧碱、聚氯乙烯、顺酐、蛋氨酸、工程轮胎和橡胶硫化促进剂等产品居国内同行业第一位;环氧丙烷、环氧氯丙烷、涂料、轿车子午胎等产品居第二位;聚酯、化纤、纯碱、苯酐、炭黑、涂料、增塑剂等产品居国内前列。

(二)天津石化和化工产业存在的主要问题

1.产业规模不够大

目前,我市现有石化和化工企业近900家,除聚酯、纯碱外,装置生产能力均未达到经济规模。

天津原油加工总能力900万吨/年,由中石化、中石油、中化工三家企业构成,炼油装置平均规模为225万吨,而目前世界炼厂平均规模达到572万吨/年,其中最大炼厂规模为4700万吨/年,最大单套能力为1250万吨/年。

天津乙烯装置经过改造,生产能力虽已达到20万吨/年,仍达不到经济规模。而目前世界最大的乙烯工厂为281.2万吨/年,最大单套乙烯装置为127万吨/年。

天津聚氯乙烯总能力76万吨/年,是目前全国产能最大的地区。但由大沽化(28万吨)、天化(14万吨)、大沽乐金(34万吨)三家企业构成,装置平均规模仅为10万吨。目前聚氯乙烯单套装置国际上最大规模已达到150万吨/年。

2.产业布局比较分散

目前,我市没有形成具有先进水平的化工产业园区。由于布局分散、各成体系,造成公用工程及配套设施建设投资大,利用效率低,企业间产品原料互供程度差,运输成本高。例如:炼油、乙烯装置在大港,聚氯乙烯装置在塘沽和汉沽,相距较远,难以实现行业的集约化经营。

缺乏统一规划、合理布局的化工园区,已成为影响对外招商引资和制约我市石化与化学工业发展的重要因素。

3.行业配套协作能力不够强

国内外大型石化企业均是集原油炼制、烯烃、芳烃及下游化工产品加工设施为一体,具有产业链紧密、优势互补、效率高、抗风险和竞争力强的特点。

天津的原油开采行业归属中石油集团、中海油集团,石化行业主要归属中石化集团,而大部分化工企业为市属企业。由于企业隶属关系不同,侧重于考虑自身效益,致使跨行业的原料互供问题长期难以解决。例如聚氯乙烯是天津市化工支柱行业,年能力达到 76 万吨,而原料有 45％依靠进口二氯乙烷、氯乙烯,40％依靠电石法工艺路线,乙烯氧氯化法仅占 15％,天津石化只能供应少量乙烯,远不能满足其对乙烯原料的需求,市场风险大。天津的化工企业极其缺乏与之配套的紧密关联的石化龙头装置,体制的障碍阻断了石化—化工一体化产业链的形成,成为制约天津市石化和化工产业大发展的主要制约因素。

4.技术创新亟待加强

企业技术开发能力不足,产、学、研结合不够,高新技术开发和成果产业化进程缓慢,企业缺乏技术储备,对日新月异的市场变化反应迟钝。产品品种单一,如聚氯乙烯国际上品种达数百种,而我市仅生产十余种;聚烯烃专用树脂品种少,化纤的差别化率低;精细化率低,产品跟不上市场发展的需求,全市精细化工产品率仅达到 30％,与国际先进水平 60％—70％相距很远。

5.环保问题比较突出

我市化工企业分布于市内人口密集区和其他十一个区县,随着城市发展,生产与环境的矛盾日益突出。例如:染料行业、无机行业尚有多家企业处于城市中心地带,生产中排出废水、废渣、废气的治理达标成为紧迫问题。一些乡镇化工企业的三废治理达不到标准。

6.市场关联度不够高

一方面天津市化学工业产品自配水平不够高,石化下游加工行业发展缓慢,产业链延伸度比较低,企业间配套不够完善。另一方面,石化及化工行业与本市其他工业、农业行业配套性也不够高,本市所产的大量石化、化工产品外销到南方市场。

二、天津建设国家级环保型石化产业基地面临的形势和机遇

(一)世界石化产业现状和发展趋势

1. 世界石化产业现状和需求预测

世界石化工业已有 80 多年的发展历史。近年来,以乙烯等基本有机原料为基础的合成树脂、合成纤维及合成橡胶三大合成材料迅猛发展,世界主要石化产品生产能力总体上大于市场需求,世界性的市场竞争和技术竞争日趋激烈。

世界石油市场保持供大于求的基本态势。自 20 世纪 90 年代以来,世界石油产量年均增长 1.03%,石油消费量年均增长 1.01%,供求相对平衡。据预测,2020 年世界石油的消费量将达到 53.9 亿吨,世界原油产量将达到 56.5 亿吨,继续保持相对平衡。其中,亚太地区到 2010 年的石油需求增量将占世界石油需求增量的 45% 左右。

世界炼油能力总体变化不大,但炼厂的规模趋于大型化。世界各国都在调整炼油企业布局,调整装置结构和产品结构,关闭小炼油厂,改扩建老炼油厂,以满足提高出油率和清洁生产的要求。2004 年底,世界炼油能力为 41.2 亿吨/年,而炼厂数量由 2003 年底的 717 座减少到 675 座。

世界乙烯生产能力约为 1.12 亿吨/年,有 7 个国家的生产能力超过 500 万吨。其中美国居世界第一位,产能 2765.3 万吨;日本居第二位,产能 757.6 万吨;中国居第三位,产能 578 万吨;沙特阿拉伯居第四位,产能 564 万吨;韩国居第五位,产能 545 万吨;德国居第六位,产能 541.5 万吨;加拿大居第七位,产能 537.7 万吨。

目前,世界乙烯供需基本平衡,装置能力略大于需求量。据预测,世界乙烯需求量将以年均 5.1% 的速率增长,2010 年需求量将达到 14000 万吨,生产能力 14800 万吨;2020 年需求量达到 17500 万吨,生产能力

18500万吨,供需仍可保持基本平衡。亚太地区经济快速发展,乙烯需求增速将快于全球的增长速度,增量占世界需求增量的57%左右,生产能力与需求相比略有缺口。

2.世界石化产业发展趋势

石化工业的发展水平在一定程度上代表着一个国家或地区的综合经济水平。美、日、德等发达国家在实现工业化进程中,许多都将石油化工作为国民经济的支柱产业加速发展,目前,这些国家的石油化工产业已进入成熟期,正加快技术开发向上下游协调发展,解决原料供给及产品深度加工问题。发展中国家石化工业也已初具规模,将逐步由粗放型向集约型转变。未来一段时间,由于原油等能源供应趋紧、主要石化产品的供需基本平衡,在全球范围内优化整合要素资源、加强核心技术的开发和目标市场的渗透,将成为石化产业提高综合竞争力的关键。

进入二十一世纪,随着世界经济稳定增长,贸易、投资、金融自由化和区域经济一体化步伐加快,将带动石油、石化产品需求稳定增长,石化及化学工业进入了一个新的发展周期。预计到2015年,世界主要石化产品的需求将以GDP增长率1.5倍以上的速度增长,石化产业迎来了新一轮的投资高峰。今后一段时间,世界石油化工产业将进一步向技术先进化、装置规模化、布局集约化、上下游一体化和经营全球化发展,主要呈现以下六大趋势:

(1)高新技术成为石化工业提升国际竞争力的重要因素

石化工业属技术密集型产业,技术创新是取得优势的关键,无论采取技术领先战略还是技术追随战略,都可以通过技术创新取得成本优势和质量、性能和服务上的优势,高新技术成为石化企业提升国际竞争力的重要手段。

(2)规模化、集约化、全球化成为石化工业发展的基本趋向

二十世纪末,世界经济趋向"生产跨国化、贸易自由化、区域经济集团化、装置建设规模化"的特征在石化工业中得到充分体现。现代化的先进技术与廉价的原料组合形成的优势,使世界石化最先跨入全球一体化市场。

跨国公司依据其巨额资本、庞大的生产规模、先进的科学技术、现代化的管理手段和完善的销售网络,在全球寻求生产要素的最优配置和最佳市场组合,把研究与发展、生产与销售以及售后服务等环节延伸向世界各地,逐步实现就地生产、就地销售,从而达到扩大产量和增加利润的目的。如:埃克森美孚(Exxon Mobil)、壳牌(Shell)、英国石油公司(BP)、阿莫科(Amoco)等综合性大石油公司,以巨大的跨国油气资源储量、产量及强大的炼油能力占据了国际市场。这些跨国公司控制了世界石化产品生产的33%、贸易的67%、直接投资的70%、技术开发和转让的80%,其产值约占世界石化总产值的70%。

(3)园区化、基地化成为石化产业集聚发展的主流模式

石化产业布局具有大型化、基地化、炼化一体化的特点,其上中下游产品、物料和能量利用关联性很强,宜于集中规划发展。世界上已建成和初步建成的化工区都趋向于园区化、炼化一体化模式集中建设,且大部分建设在临海、临港、海陆交通枢纽地带,数十家甚至上百家石化企业集中在一个区域内,通过"产品项目、公用辅助、物流传输、环境保护、管理服务"五个"一体化",实现资源、能源以及公用设施综合利用。区内装置互为上下游,管网相关,原料互供,产品和副产品细分,集中体现上中下游一体化,延伸产业链,降低投资费用和运营成本,减少中间环节,增强产品竞争力,提高经济效益。便于统一规划建设水、电、汽、公用气体、交通运输、通信等基础设施,节约投资。便于对"三废"进行集中处理,既利于环境保护,又可减少环保投资,节约治理费用,而且便于实现环保监测,有效降低社会治理成本。有利于大幅度减少易燃、易爆、有毒的石化物料的往返运输,降低运输成本,消除不安全隐患。

(4)精细化、系列化、专业化成为石化工业结构调整的重点

大型跨国公司纷纷将发展重点向精细化学、专用化学及生物化学等高附加值领域转移,通过采用高新技术提高加工深度,实现产品的精细化、系列化、专业化,使采油、炼油、石化、精细化工投入产出价值比达到1∶10∶100∶1000,达到高投入、高产出、资源互供、产业链更长和发展能力更强。这是当今石化和化工产业的另一重要发展趋势,将对二十一世

纪世界石化市场的竞争和石化工业的发展带来重大影响。

表1 世界主要化工园区表

园 区	乙烯生产能力（万吨）	占全国总能力的比例
美国墨西哥湾化工区	2655	96％
比利时安特卫普化工区	250	100％
韩国丽川化工区	275	50％
新加坡裕廊化工区	160	100％
日本千叶化工区	240	32％

（5）并购重组成为石化产业跨国投资、一体化发展的战略选择

进入二十世纪九十年代以来，世界大型石化跨国公司纷纷进行产业结构调整，突出核心业务和优势产业，加强对资源、技术和市场的控制，降低生产和经营成本，提高市场竞争力。通过一系列的兼并重组，形成了埃克森美孚（Exxon Mobil）、英国石油公司（BP）、壳牌（Shell）、雪弗龙一德士古（Chevron Texaco）、道达尔一菲纳一埃尔夫（Total Fina Elf）、大陆菲利普斯（Phillips）以及陶氏化学（Dow chemical）、巴斯夫（BASF）、杜邦（Dupont）和拜耳（Bayer）等超大型跨国石油公司和化工公司。其主要特点是：产品规模追求特大型化；生产技术追求高新、绿色；企业布局追求贴近资源和市场的就地加工战略；结构调整突出核心业务，兼并、联合、重组，实现跨国经营。

（6）亚洲将成为全球石化领域市场潜力最大、投资最多、增长最快的地区

中国及亚太地区人口多、经济发展迅速，对石化产品的需求持续高涨，逐步形成了巨大的化学品市场消费潜力。目前，亚洲成为世界最重要的液化天然气（LNG）市场，占据市场总量的77％；亚太地区是炼油增长最快的地区，生产能力已达到10.5亿吨，占全球的25％，居世界第一位；乙烯能力占全球的24％，高于西欧的22％。预计到2010年，亚洲在世界石化市场需求中所占的比重将达到38％。据预测，二十一世纪前二十年，亚太地区将是规模化石化产业投资最大、增长最快的地区。

(二)我国石化产业现状和发展趋势

1.我国石化产业现状和发展预测

我国石化工业经过 40 多年的发展,已经形成了门类齐全、具有相当规模、品种大体配套的产业发展体系。目前,我国原油加工能力居世界第二位,乙烯生产能力居世界第三位,合成树脂能力达到 1720 万吨,居世界第五位,合成橡胶能力 139 万吨,居世界第四位,合成纤维能力 1150 万吨,居世界第一位。

我国石化及化学工业与发达国家相比还存在很大差距,主要表现在企业数量多,规模小,集中度差,经济效益低下,产品结构不合理,精细化率低,高消耗、粗加工、低附加值产品比重高,高技术、高附加值产品缺乏,相当一部分产品原料技术落后,污染严重,同时在管理和经营体制上也不能适应新形势的要求。目前,国内化工产品自给率很低,市场容量较大,各行业对化工产品的需求仍将有较大增幅。我国将加大对石化工业的投入,加快发展和结构调整,缩小与发达国家在技术和生产水平上的差距,逐步适应国民经济和社会发展的需要。

(1)我国炼油工业现状和发展预测

我国炼油工业经过五十年的发展,已经具有较大的规模和基础,炼油企业的生产规模、技术装备水平等又上了一个台阶,形成比较完整的炼油工业体系,总体上步入世界炼油大国行列。

到 2003 年,我国已经拥有大中型石油炼制加工企业 50 家,原油一次加工能力 3 亿吨,原油加工量 2.4 亿吨,生成汽、煤、柴三大类油品 1.41 亿吨。我国已超过日本,成为世界第二大原油进口国。预计到 2010 年和 2020 年,我国石油总需求将分别达到 3.5 亿吨和 4.5 亿吨,2003—2010 年,汽煤柴需求增量将占亚太地区需求增量的 41%。

2005—2015 年国家炼油工业发展战略是:"以结构调整为重点,提高炼油企业的集中度和竞争能力,优化资源配置,提高油品质量。关停国内 100 万吨以下炼厂,100 至 500 万吨的炼厂,要发展特色,实现向炼化一体化转型转向。"

到 2015 年将形成 20 个左右千万吨级原油加工基地,包括改造茂名、广州、福建、镇海、金山、高桥、金陵、齐鲁八个千万吨级加工进口含硫原油的生产基地。改扩建天津、大连、独山子千万吨级炼厂以及新建惠州、青岛、海南炼厂。

(2)我国乙烯石化工业现状和发展预测

我国是世界最大的合成树脂、合成纤维和合成橡胶消费国,消费量占全球消费量的18%以上。目前,我国合成树脂自给率只有45.5%、合成橡胶自给率为62%、合成纤维自给率为50%。

20世纪,我国先后建立了燕山、大庆、齐鲁、扬子、金山、茂名、吉化7个大型石化基地,北京、天津、广州、新疆、盘锦、抚顺、中原、兰化、辽化9套中型乙烯项目。建成了辽阳、上海、天津、仪征、洛阳、福建翔鹭、珠海碧阳7个大型石油化纤生产基地。

2000—2004年国家批准新建南京扬巴60万吨、上海赛科90万吨、惠州中海壳牌80万吨、福建中石化埃克森80万吨4套中外合资乙烯项目。

扩建大庆48万吨至80万吨、齐鲁45万吨至72万吨乙烯、茂名38万吨至80万吨、兰化24万吨到60万吨、吉化38万吨到60万吨等5套乙烯项目。

天津100万吨乙烯炼化一体化项目是国内最大的石化项目,也是目前世界最大、最先进的单线乙烯联合装置之一。

按照国家中长期发展规划,预测2010年我国乙烯能力将达到1700万吨,比2003年增加1122万吨,当量需求量2400万吨,自给率达到70%;生产装置27套,平均规模57万吨,主要技术经济指标达到国际水平。

到2020年,国家规划建设百万吨级乙烯17套,我国乙烯能力达到2500万吨,当量需求量3600万吨,自给率力争达到69%以上;生产装置35套,平均规模和主要技术经济指标达到同期国际先进水平。

2.我国石化产业发展趋势

适应加速工业化进程和石化市场需求大幅增长的要求,未来20年将是我国石化产业发展最快最好的时期,有以下六个重点取向:

（1）依托大型石化企业，深入调整产品结构，向集约化、炼化一体化、高附加值化迈进；

（2）进一步与国际接轨，实现与世界石化产业互动合作，更大范围参与国际市场竞争；

（3）加强技术创新和自主开发，提升产品科技含量和产业核心竞争力；

（4）优化区域产业布局，有效整合和配置资源，带动区域经济发展；

（5）实施上下游一体化战略，延伸产业链条，提高互供配套水平和整体效益；

（6）加强环境保护，发展循环经济，实现石化产业的协调和可持续发展。

3.我国国家级石化产业区现状

（1）上海化学工业区

1984年提出设想，1996年开始围海造陆，2001年正式启动。园区占地29.4平方公里，石化项目总投资1500亿元。目前已有世界著名的英国石油公司、巴斯夫、拜耳、亨斯曼等众多跨国公司在此落户。主要项目包括：上海赛科90万吨/年乙烯工程，投资34亿美元，包括15个子项目，其中9个子项目是由中石化、上海石化与英国石油公司合作的；异氰酸酯项目，总投资10亿美元，包括年产16万吨二苯基甲烷二异氰酸酯（MDI）和13万吨甲苯二异氰酸酯（TDI）项目，是中石化、高桥石化、上海华谊（集团）公司、上海氯碱化工集团与德国巴斯夫、美国亨斯曼公司合资建设，将于2006年底竣工投产；与德国拜耳公司合资建设的聚碳酸酯项目及一揽子项目，总投资31亿美元，其中上海天原集团与德国拜耳公司合资建设的聚碳酸酯项目，总投资4亿美元，拜耳公司的一揽子项目计划投资27亿美元；天原公司投资42亿元的氯乙烯、聚氯乙烯和25万吨烧碱项目等。

（2）南京化学工业园区

1997年提出，2002年开始建设。园区占地45平方公里，有扬子、金陵、南化和南京化工厂等大型企业。主要项目包括：投资26.5亿美元的扬巴一体化 60 万吨乙烯工程、中石化投资 500 亿元扩大南京地区石化产业生产规模项目、南京市投资 100 多亿元的石化一体化配套项目、招商引资 4 亿美元的合资项目等。

(3)齐鲁化学工业园区

2003 年 5 月开始建设。园区占地 20 平方公里,主要建设项目包括:中石化投资改造 45 万吨乙烯到 72 万吨工程、年产 60 万吨氯乙烯/聚氯乙烯项目、17 万吨丁辛醇项目、45 万吨烧碱项目和 20 万吨苯乙烯项目等。

4.环渤海地区石化产业现状

环渤海地区已成为国际上最具经济活力和发展潜力的区域之一,形成了以北京、天津为核心的京津冀经济带和包括辽东半岛、山东半岛的环渤海经济圈。该地区是我国第三大经济发展区和石化产品主要消费市场。

当前,环渤海地区拥有原油加工能力 9400 万吨,占全国总能力的 31%,乙烯生产能力为 160 万吨,占全国总能力的 27%。"十一五"期间,环渤海地区将形成天津、青岛和大连 3 个千万吨级原油加工基地,炼油加工能力将达到 15000 万吨左右,占全国总能力的 38.6%,乙烯能力将达到 450 万吨,占 27%;PTA 200 万吨,占全国总能力的 25%。

(三)天津建设国家级环保型石化产业基地面临的机遇

党的十六大提出了全面建设小康社会的奋斗目标,到 2020 年,实现经济总量比 2000 年翻两番。这一奋斗目标,必将拉动石化产品需求的强劲增长。

20 世纪 80 年代,中央决定建立深圳等经济特区,90 年代支持上海浦东新区的开发开放,带动了珠江三角洲和长江三角洲地区的迅猛发展。进入 21 世纪,中央把推进天津滨海新区的开发开放提到了重要的议事日程,以期带动环渤海地区和我国北方经济的发展,成为我国经济增长的第三极。2004 年 11 月,温家宝总理对天津滨海新区的发展作出重要批示:"规划和建设好天津滨海新区,不仅关系到天津长远发展,而且对于振兴环渤海区域经济有着重要作用。请发改委结合制订经济、社会发展'十一五'和长远规划予以统筹研究。"2005 年 6 月,温家宝总理带领十六个国家部委主要领导视察滨海新区,并对新区的发展作出重要指示。2005 年 10 月,党的十六届五中全会把推进滨海新区开发开放写入《中共中央关于制定国民经济和社会发展第十一个五年规划的建议》。2006 年 3 月,十届全国人大四次会议把推进滨海新区开发开放列入国家"十一五"规划纲要。2006 年 4 月,国务院批准滨海新区为综合配套改革试验区。2006 年 6 月,国务院发布《国务院关于推进天津滨海新区开发开放有关问题的意见》。2006 年 8 月,国务院对天津市城市总体规划作出批复,进一步明确了天津市城市性质、定位和发展重点,并对天津市城市发展、建设和管理提出明确要求,强调天津市是环渤海地区的经济中心,天津的发展建设,要按照经济、社会、人口、资源和环境相协调的可持续发展战略,以滨海新区的发展为重点,不断增强城市功能,充分发挥中心城市作用,将天津逐步建设成为经济繁荣、社会文明、科教发达、设施完善、环境优美的国际港口城市、北方经济中心和生态城市。

党中央、国务院对天津的发展,特别是滨海新区的开发开放寄予厚望,把推进滨海新区开发开放纳入国家发展总体战略布局,进一步明确天津的城市定位,其发展大势为在天津建设国家级环保型石化产业基地创造了难得的历史机遇。这一重大项目,必将对促进滨海新区、天津市乃至环渤海地区和我国北方经济的发展起到举足轻重的作用。

(四)天津建设国家级环保型石化产业基地的优势条件

天津集产业基础、区位、市场、港口运输、油气盐和土地资源、科技人才以及国家支持、国家大集团跟进等发展石化产业的诸多优势条件于一体,在全国是独一无二的,已经形成了龙头项目先行、石油化工与盐化工结合互补、新型行业带动老企业提升改造的巨大发展势头,成为建设国家级环保型石化产业基地的有效支撑和重要保证。国内第一套世界级规模的百万吨级乙烯项目获得国务院核准并于 2006 年 6 月 26 日开工建设。

1.国家支持天津建设国家级石化产业基地

国家在全国炼油和乙烯发展规划中,将天津确定为重点支持发展的以千万吨级炼油、百万吨级乙烯为代表的国家级环保型石化产业基地。

国家能源局将天津列为第二批原油战略储备基地,规划建设1000万吨原油战略储备库和800万吨成品油战略储备库。

2. 天津具有建设大型石化产业基地的产业基础

天津是全国重要的工业基地之一,天津及周边地区经济快速发展,港口及城市基础设施的不断扩大与完善,使中国四大石化集团纷纷看好天津,把目光聚焦到天津,将天津作为今后重点发展的地区之一,规划建设大炼油、大乙烯和液化天然气(LNG)等项目。

中石化集团将天津作为其国内第二大石化产业基地发展,天津百万吨级乙烯炼化一体化项目2009年建成后,天津石化公司将成为世界级、高科技、油—化—纤一体化的、具有国际竞争力的大型石化企业。

中化工集团投资600亿元将天津作为其国内第一大石化产业基地发展,2005—2010年建设年产20万吨有机硅、13万吨聚碳酸酯等12个世界级规模的化工新材料项目,形成国内最大的化工新材料基地。

中石油集团2004年开始将大港石化250万吨炼油装置扩大到500万吨,然后再由500万吨扩大至1500万吨,并适时发展下游石化产品。

中海油集团计划"十二五"期间,利用渤海重质原油在天津建设1500万吨大炼油项目。

渤海化工集团将抓住天津石化产业大发展的历史契机,以天津碱厂搬迁改造为标志,启动新一轮全行业的"嫁改调",展开新的产业布局。为乙烯下游配套建设年产23万吨丁辛醇、54万吨聚氯乙烯、25万吨环氧丙烷、60万吨苯乙烯等项目,形成国内最大的石化与氯碱工业相结合的海洋化工基地。

这些项目的建设,不仅可以使天津石油化工产业形成炼化一体化的良好格局,还将充分发挥"龙头"项目的带动作用,使天津原有的以氯碱、纯碱为代表的海洋化工,以苯酐、顺酐为代表的有机化工,以染料、涂料、农药、医药中间体、日用化学为主的精细化工,以炭黑、轮胎、橡胶制品为主的橡胶加工等产业链得以优化。

3. 天津具有建设大型石化产业基地的区位和市场条件

天津拥有153公里海岸线,具有临海、临港的天然优势,对内是华北、西北地区的主要出海通道及进出口商品口岸,对外面向东北亚,与日本、朝鲜半岛隔海相望,由于天津市交通便捷,腹地市场广阔,经济上具有联结内外、承东启西、沟通南北的区位优势,发展潜力巨大。

由北京、天津两个特大型城市和河北省唐山、保定、秦皇岛、廊坊、沧州、承德、张家口七个大型城市组成的京津冀区域,土地面积 16.72 万平方公里,人口 6007 万,2003 年区域地区生产总值 10310 亿元,占全国的 8.8%,地方财政收入 944 亿元,占全国的 9.6%,社会消费品零售总额占全国的 9.2%,巨大的市场容量为石化产业发展提供了广阔的市场前景。

4.天津具有突出的港口等基础设施优势

天津港是我国北方最大的综合性国际贸易港口,与 170 多个国家和地区的 300 多个港口有贸易往来。2003 年港口吞吐量已超过 1.6 亿吨,集装箱 302 万标箱,其中原油及液体石化产品吞吐量达 2000 万吨。根据建设国家级环保型石化产业基地和国家战略石油储备基地的需要,2007 年前天津港将建成一座 30 万吨级深水原油码头。2010 年港口吞吐量将达到 3 亿吨,集装箱 1000 万标箱,石油及液体石化产品吞吐量将达 5000 万—6000 万吨。

天津是华北地区的交通枢纽,京山、京沪两大铁路干线在天津交汇,高速公路网四通八达,现代化的立体交通体系已初步形成,电力供应充足,现有水量可基本满足石化基地需求,海水淡化、中水回用产业化及南水北调等工程实施后,形成多水源供水格局,这些均为石化产业发展提供了有力保障。

5.天津具有丰富的油、气、海盐等自然资源和大量的荒地滩涂

天津地区石油、天然气、海盐等自然资源十分可观。渤海湾已探明的石油储量达 40 亿吨,天然气储量达 1300 亿立方米;海盐的产量居全国前列,达到 250 万吨;沿海有大片荒地滩涂可以利用,项目建设不占用农田耕地,可为建设大型石化产业基地提供充足的土地资源。

6.天津具有雄厚的科技和人才资源

多年来,天津坚持"高水平是财富,低水平是包袱"的理念,坚持走科技路、吃科技饭,走出了一条依靠科技进步实现加快发展的路子。全市科

技和教育综合水平位居全国前列,科技进步对经济社会发展的促进作用越来越突出,区域创新体系初步形成,城市综合实力显著增强。科技教育人才资源比较集中,拥有一大批高级工程技术人才和高水平技术工人,工程与技术学科体系较为完备,产业技术水平、高新技术产业化水平和基地建设水平具有比较优势,高新技术改造传统产业成效显著,一些关键技术领域形成了较强的自主创新能力。2005年,全市受理专利申请11657件,专利授权3045项。科研成果获国家科学技术奖14项,市级科技成果登记1508项,其中属于国际领先水平75项,达到国际先进水平321项。应用技术成果1232项,软科学成果86项,基础理论成果190项。天津市现有大专院校37所,各类专业人才50多万人,技术人才和熟练劳动力素质较高。以天津石化乙烯厂为例,全厂961人中大专学历以上731人,为新建100万吨乙烯工程储备了雄厚的技术和人力资源。天津比较雄厚的科技和人才资源必将为建设国家级环保型石化产业基地提供良好的技术和人才支撑。

三、天津国家级环保型石化产业基地发展战略、目标和重点建设项目

(一)天津国家级环保型石化产业基地发展战略和思路

1. 发展战略

总体要求应该确定为:坚持以邓小平理论和"三个代表"重要思想为指导,全面落实科学发展观,突出循环经济理念,按照国内领先、世界一流的标准和基地化、大型化、一体化、专业化的集约发展模式,统一规划,科学布局,分步实施,滚动发展,用新思路、新理念建成经济规模大、经营机制活、技术水平高、工艺装备新、土地利用佳、聚集效益好、生态环境优、持续发展能力强的国家级石化产业基地。

(1)顺应国际石化产业发展趋势,实现规模化、一体化、专业化的集约发展战略

主要装置达到经济规模,园区建设实现"产品项目、公用辅助、物流传输、环境保护、管理服务"五个"一体化",形成上下游产品衔接、基本原

料互供、公用设施共享的集聚发展格局,降低投资费用和运营成本,提高综合竞争力。

(2)依托滨海新区,实现天津化学工业区域布局调整和东移战略

充分发挥港口、资源优势和石化龙头项目的吸附作用,推进市区化工企业的搬迁改造,根本解决石化产业集中度差、布局分散的问题,使石化产业成为滨海新区的主导产业,形成企业集中、资源集约、投资集聚的新型化学工业区。

(3)依靠科技进步,实现石化产业的高水平发展战略

瞄准世界一流水平,把引进先进技术与自主创新相结合,采用高新技术,提升工艺装备整体水平,开发高附加值、高技术含量的石化产品,打造技术上的领先优势。

(4)推进传统化学工业改造,实现产业、产品结构的优化升级战略

把石油化工与海洋化工、精细化工有机结合,对接上下游产品,提高配套水平,做大、做长产业链。利用炼化一体化项目,带动氯碱工业的调整改造,扩大优势产品规模,建成我国最大的氯碱工业基地。

(5)突出循环经济理念,构建天津石化产业基地协调和可持续发展模式

实施"绿色发展"战略,推行清洁生产,发展清洁能源。以"减量化、再使用、可循环"为方向,加强能源、资源的高效和循环利用,严格节能、节水、节材、节地和污染排放标准。发展海水循环冷却、海水淡化和中水回用,建设节水型园区。实现生产与生态的平衡、发展与环境的和谐。

2.发展思路

(1)依托现有条件

围绕国家规划布局,立足滨海新区,依托国家四大石化企业集团,发挥天津现有产业基础及区位、港口、科技等优势,利用环渤海周边市场的有利条件。

(2)用好四大资源

用好原油、天然气、海盐、荒地滩涂四大资源。

(3)发展四条主线

以乙烯、丙烯为原料,发展聚烯烃塑料产业链;以炼油芳烃为原料,发展聚酯化纤轻纺产业链;以碳四、碳五和乙烯焦油为原料,发展炭黑轮胎合成橡胶制品产业链;以基本有机化工、天然气、合成气和海盐为原料,发展精细化工产业链。

(4)建设石化产业基地

实施工业战略东移,改善城市环境,发展循环经济。将城区的化工企业迁入基地,变分散为集中,形成以乙烯为龙头、上中下游产品紧密关联、原料互供、资源共享的产业集群。依托港口,建设特色突出、具有比较优势的大港石化化纤产业区和临港石化海洋化工区。改造滨海大道为天津石化大道(大港至塘沽),沿线建设铁路、化工原料管廊和与石化基地配套的生活、生态设施。用 15 年左右的时间,建成天津石化工业走廊。

(二)天津国家级环保型石化产业基地发展目标

今后 10 年,天津建设国家级石化产业基地的主要目标是:按照"启动年—建设年"(2005—2008 年)、"发展年—效益年"(2008—2015 年)分步实施。

1.建设 3 套千万吨级石油项目

包括千万吨级原油战略储备库和成品油战略储备库项目、2~3 套千万吨级大炼油项目。

2.建设 10 套百万吨级石化项目

包括 2~3 套百万吨级乙烯、百万吨级 LNG、百万吨级聚氯乙烯、百万吨级聚乙烯、百万吨级聚丙烯、百万吨级聚苯乙烯、百万吨级聚酯、百万吨级纯碱、百万吨级烧碱、百万吨级精对苯二甲酸、百万吨级合成树脂塑料加工项目。

3.形成 6 个以上销售收入超过 400 亿元的企业集团

包括中石化天津石化公司、中石油天津公司、中海油天津公司、中化工天津公司、天津渤化集团,招商引资 LG、SK、Dow、Shell、Sabic、Dupont、阿联酋国家石油公司、台塑等若干个国内外有实力的大公司。到"十一五"末,每个集团销售收入达到 200 亿—300 亿元;"十二五"期间进一步扩大规模,力争达到 400 亿—500 亿元。

4.建成两大石油化工区

以中石化、中石油为主，建设国际一流的乙烯炼化一体化装置为标志的大港石化化纤产业区；中化工、中海油与渤化集团紧密结合，建设国内最大的石化与盐化工对接、具有特色的临港石化海洋化工区。

5.经济效益指标

2005—2015年天津国家级石油化工产业基地预计投资达到2680亿元，其中：项目投资2400亿元，公用工程投资280亿元，新增销售收入2980亿元、增加值960亿元、利税总额640亿元，创造直接就业岗位5万多个。

"十一五"期间，预计投资1380亿元，其中：项目投资1200亿元、公用工程投资180亿元，新增销售收入1080亿元、增加值350亿元、利税总额230亿元。

到2010年，我市石化和化学工业销售总收入将突破2000亿元，增加值700亿元，利税总额400亿元。

到2015年，我市石化和化学工业销售总收入预计达到4000亿元左右（相当于2003年全市工业销售收入的总和），增加值约1300亿元，利税总额约800亿元。

从现在开始，再用10年时间，建成功能齐全、设施先进、技术领先、世界一流的石化产业基地，将成为带动环渤海经济发展的龙头，承担起重振天津历史辉煌和再造新天津的历史重任。

（三）天津国家级环保型石化产业基地重点发展产业链

按照"大、新、长、全"的原则，利用炼油及乙烯龙头项目提供的"三烯、三苯"（三烯：乙烯、丙烯、丁烯；三苯：苯、甲苯、二甲苯）等基础原料，重点发展聚烯烃塑料、聚酯化纤轻纺、炭黑轮胎合成橡胶制品和精细化工4条主导产业链和40条产品链。

1.建设国内规模最大的以炼化一体化乙烯、丙烯为原料的聚烯烃塑料产业链。

2.建设国内水平最高、品种最新的以炼油、芳烃为原料的聚酯化纤轻纺产业链。

3.建设综合利用率最高、加工深度最深、产品链最长的以碳四、碳五和乙烯焦油等为原料的炭黑轮胎合成橡胶产业链。

4.建设低耗能、高附加值、市场最广、产品最全的以基本有机化工、天然气、合成气和盐为原料的精细化工产业链。

天津国家级环保型石化产业基地产业链充分考虑了市场需求、资源优势和现有产业基础,通过发展4条主产业链,实现天津化学工业产品链的延伸,达到资源的合理配置和最大化利用,辐射带动塑料加工、化纤纺织、汽车制造、电子信息、医药、轻工、建筑、机械、军工、航天等相关领域的发展。

(四)天津国家级环保型石化产业基地重点建设项目

依据天津国家级环保型石化产业基地产业链的发展需要,重点建设260多个项目,预计总投资2400亿元,分为上游、中游及下游三部分:

上游:以乙烯炼化一体化项目为龙头,重点建设10个特大型项目;

中游:以石油化工与海洋化工相结合为特点,重点建设50多个大型项目;

下游:利用石化及基本有机化工原料,重点建设200多个精细化工项目。

1.2005—2010年重点建设十大项目

(1)中石化100万吨/年乙烯炼化一体化项目

中石化投资250亿元,建设100万吨/年乙烯炼化一体化项目。乙烯部分主要包括:100万吨/年乙烯裂解、60万吨/年聚乙烯、60万吨/年聚丙烯、20万吨/年丁二烯抽提等7套下游装置;炼油部分主要包括:新建1000万吨/年炼油常减压装置,配套建设延迟焦化、加氢裂化、重整抽提、航煤精制等11套二次加工装置。

(2)渤化集团与中石化大乙烯工程对接项目

渤化集团利用中石化大乙烯项目提供的乙烯、丙烯等原料,投资56亿元,建设一批对接项目。主要包括:利用15～20吨乙烯建设40万吨/年氯乙烯单体及配套30万吨/年聚氯乙烯项目。利用丙烯扩建3万吨/年环氧氯丙烷装置。利用丙烯建设23万吨/年丁辛醇装置。利用纯苯扩建 3.5 万吨/年顺酐装置。利用纯苯新建 3 万吨/年苯胺及 2.3 万吨/年间苯二胺装置。利用苯和乙烯新建 30 万吨/年苯乙烯及配套建设 20 万吨/年聚苯乙烯项目。利用邻二甲苯扩建 3 万吨/年苯酐装置。利用乙烯焦油扩建 8 万吨/年炭黑装置。

(3)渤化集团天津碱厂搬迁改造项目

渤化集团投资 84 亿元,实施天津碱厂搬迁改造项目,主要包括 40000m³/h 煤造气装置、80 万吨/年纯碱、30 万吨/年合成氨、80 万吨/年氯化铵、23 万吨/年丁辛醇、20 万吨/年醋酸、50 万吨/年甲醇、6 万吨/年丙烯腈、10 万吨/年甲醛、3 万吨/年偏硅酸钠等项目。

(4)LG 公司氯乙烯(VCM)项目

韩国 LG 公司投资约 20 亿元,利用进口乙烯或二氯乙烷,建设 35 万吨/年氯乙烯单体和配套的 24 万吨/年烧碱项目,并进一步扩大聚氯乙烯规模。

(5)液化天然气(LNG)上岸项目

中石化投资 60 亿元,建设 300 万吨/年(40 亿立方米/年)LNG 项目,主要建设内容包括 LNG 接卸专用码头、接收站、储罐、输气主干管等。

(6)中化工新材料基地项目

中化工规划投资 178 亿元,建设 12 套化工新材料项目,形成国内最大的化工新材料基地。化工新材料基地分两期进行建设,一期投资 54 亿元,建设 20 万吨/年有机硅、1 万吨/年光气法聚碳酸酯、5.5 万吨/年 1,4-丁二醇、2.5 万吨聚四氢呋喃的 4 个项目和配套设施;二期投资 124 亿元,建设 13 万吨/年非光气法聚碳酸酯、10 万吨/年 TDI、5 万吨/年 1,3-丙二醇(PDO)及配套的 10 万吨/年聚对苯二甲酸丙二醇酯(PTT)、10 万吨/年聚甲醛、1 万吨/年聚苯醚、5 万吨/年丁基橡胶、12 万吨/年双酚 A 8 个项目。

(7)国家原油及成品油战略储备库项目

国家规划建设 1000 万吨原油战略储备库和 800 万吨成品油战略储备库项目。

(8)中石油1500万吨/年大炼油项目

中石油利用进口原油分两期改扩建大港炼厂,一期由250万吨/年扩建到500万吨/年,二期由500万吨/年再扩至1500万吨/年。"十二五"期间,利用1500万吨/年炼油装置生产的原料,适时发展乙烯及下游石化产品。

(9)树脂塑料加工项目

吸引国外著名化工企业和国内企业,投资约50亿元,利用聚乙烯、聚丙烯、聚氯乙烯、聚苯乙烯、ABS五大树脂原料优势,建设100万吨/年树脂塑料加工项目。

(10)海水资源综合利用项目

按照循环经济、清洁生产和节约发展的思路,由渤化集团、新加坡凯发公司及其他企业,利用海水循环冷却装置排放的海水,建设两套20万吨/日海水淡化装置,利用海水淡化后产生的浓盐水,引进高新技术制盐,改造盐田,实现盐碱联合及盐化工产品的深加工。

2.2011—2015年重点建设八大项目

(1)按照统一规划、分步实施的原则,再建设300万吨/年LNG项目。

(2)利用渤海重质含酸原油建设1500万吨/年大炼油项目。

(3)改扩建天津石化公司20万吨/年乙烯装置,规模达到80万吨/年。

(4)建设60万吨/年聚酯化纤项目。

(5)利用大乙烯项目提供的原料,新建65万吨/年氯乙烯单体和聚氯乙烯项目,配套建设25万吨/年环氧丙烷、60万吨/年苯乙烯、30万吨/年聚苯乙烯、30万吨/年ABS树脂、10万吨/年聚醚等项目。

(6)建设7万吨/年苯酐项目,使苯酐生产能力达到12万吨/年,配套建设6万吨/年邻苯二甲酸二辛酯(DOP)项目;扩建3万吨/年顺酐项目,使顺酐生产能力达到10万吨/年。

(7)通过招商引资等方式,建设聚乙烯、聚丙烯塑料薄膜、医药、轻工、包装等塑料制品加工项目;建设聚氯乙烯及聚乙烯管材、片材、型材等化学建材项目;利用聚苯乙烯、ABS 树脂建设汽车内装饰、电子 IT 产业树脂加工项目。

(8)利用石化产业基地上游、中游项目提供的原料,重点发展下游系列精细化工项目;同时,引进世界先进技术,发展生物工程、生物化学制药等新兴行业。

四、天津国家级环保型石化产业基地布局

全面落实科学发展观,按照循环经济的先进理念和国家的土地、环保、能源等产业政策,抓住国家实施石化产业发展规划和区域布局结构调整的机遇,借鉴国际开发建设化工区的模式,发挥临港临海优势,实施工业战略东移向滨海新区聚集的方针,充分利用荒地、滩涂等土地资源,走新型工业化道路,实行集约化管理,建成国内领先、世界一流的环保型石化产业基地,成为中国的安特卫普、休斯顿化工区。

(一)天津国家级环保型石化产业基地布局原则

引入世界大型化工区"一体化"先进理念,营造符合国际惯例的良好投资环境,吸引更多的国内外资金和项目,将天津石化产业基地建成专业集成、投资集中、资源集约、效益集聚的世界一流的化学工业区,达到生产与生态的平衡、发展与环境的和谐,实现社会、经济和环境的共赢发展。

天津国家级环保型石化产业基地的布局应遵循以下原则:

1.统一规划,科学布局,分步实施,滚动发展,坚持"占地少、用人少、水平高、起点高"的原则,满足长远发展的需要。

2.加强资源整合,集约开发土地,实行土地使用权的出让、转让和拍卖,提高土地利用率。

3.满足环境保护和化工生产防火、防爆及卫生等安全环保要求。

4.按上中下游产业链合理布局、有序建设,形成多个完整的产品链,达到资源的高效利用和废弃物的综合利用,实现产品项目一体化。

5.根据基地内生产需求集中建设公用辅助工程,实行能源统一供给,梯级使用,实现公用辅助一体化。

6.通过基地内与各生产装置连成一体的输送管网及仓库、码头、铁路

和道路等物流设施,将区域内的原料、中间体和能源安全、快捷地送达用户,实现物流传输一体化。

7.通过从源头和生产过程中运用环境无害化技术和清洁生产工艺来保护环境,达到绿色、生态工业标准和环境友好,实现环境保护一体化。

8.为入驻石化产业基地的业主提供政府"一门式"办公,实现管理服务一体化。

(二)天津国家级环保型石化产业基地布局

在天津市东部滨海地区,规划开发80平方公里,一期规划开发50平方公里,以大港石化化纤产业区和临港石化海洋化工区为核心,建设企业布局整齐、公用工程统筹、资源共享、原料互供、环境友好、政策统一的国家级环保型石化产业基地,形成世界级水平的沿海岸线石化工业走廊。

1.大港石化化纤产业区

在大港中心区南部建设大港石化化纤产业区,一期发展用地30平方公里,分独流减河南北侧两个区域。北区西至天津石化炼油厂,北至葛万公路,东至大港区与塘沽区交界,南至独流碱河,建设面积22平方公里;南区位于独流减河以南,以中石油石化区为主,建设面积8平方公里。

该区建设应坚持因地制宜、科学布局、近远期相结合原则,合理配置土地资源、技术资源和生态资源,集中建设公用工程。

以中石化、中石油、中化工三大集团为依托,以招商引资为抓手,以百万吨级乙烯炼化一体化、千万吨级炼油、化工新材料基地等项目为核心,大力实施龙头带动战略,由上游向中游、下游产业延伸,重点发展以乙烯、丙烯为原料的聚烯烃塑料产业链和以炼油、芳烃为原料的聚酯化纤轻纺产业链。最终形成装置规模经济、技术装备先进、管理模式科学、生产生态协调的世界级水平的大港石化化纤产业区。

2.临港石化海洋化工区

临港石化海洋化工区北至海河口大沽沙河道规划右治导线,西至滨海大道,南至水门路向东延伸段,东至海水等深线约负2米,发展用地20平方公里。

该区的建设可以实行一次规划、分步完成。依托便利的港口设施,改造大沽南排污河,建设绿色环保河道景观。结合围海造陆,改造沿海岸线盐碱滩涂,实现海河口的综合治理。根据"填海造地"分期建设的需要,石化项目的布局可以由西向东推进。采用"公用工程岛"的规划理念,集中建设原水处理、海水淡化、污水处理、气体中心、热电站、变电站等设施。

以中化工、渤化集团和中海油为主,以炼油及乙烯等大型装置为龙头,发展石油化工、盐化工和氯碱化工为代表的海洋化工产业,重点突出石油化工与煤化工、海洋化工相结合,重点发展上下游相关联的石油化工、一碳化工、氯碱化工产业链。利用海水淡化排放的浓海水发展新型制盐,建成国内领先、世界一流、特点鲜明的临港石化海洋化工区。

(三)天津国家级环保型石化产业基地公用工程

天津国家级环保型石化产业基地的建设,应统一规划建设道路交通、供水、供电、供热、供气、排水、通信、污水处理等基础设施及公用工程,并合理集中建设绿化设施和布置行政管理及生活服务设施。在公用工程项目建设中坚持"以我为主,配套先行"的方针,引进国外资金、技术和管理,实现公用工程全面合资,确保公用工程进度满足主体化工项目建设和竣工投产需要。2005~2015 年预计总投资 280 亿元,其中"十一五"期间预计投资 180 亿元。

1.供电、供热

天津石化产业基地建成后,将新增用电负荷 145 万 KW,蒸汽负荷为 7270 吨/小时。

按照以汽定电原则,基地内建设 2 座 2×30 万千瓦、1 座 2×13.5 万千瓦的燃气自备电站,实现双回路电源,提高石化产业基地用电的灵活性和经济性。

电力部门将新建 2 座 500KV 变电站、4 座 220KV 变电站、5~10 座 110KV 变电站,扩建 1 座 220KV 变电站,同步改扩建 500KV、220KV 电网通道、网架,可完全满足石化产业基地近期及远期的用电需求。

2.供水和污水处理

天津石化产业基地建成后,新增用水总量达到 70 万吨/日,按照市水利部门规划,石化产业基地用水在南水北调工程通水前由引滦、引黄两水源供给。目前,天津市年总收水量达 12.95 亿吨,年用水量为 10.24 亿吨,余量可满足 2010 年前基地用水 1.68 亿吨/年的需求,也基本满足 2015 年 2.78 亿吨/年的需求。南水北调工程通水后,天津市供水量可提高2~3倍,进一步形成多水源供水的格局。

按照合理使用淡水、充分利用海水、提高中水回收利用的原则,规划建设 2 座 20 万吨/日海水淡化装置和 10 万吨/日中水回用装置做为辅助水源,同时扩大海水直接冷却的规模和水平,基地用水可得到充分保证。

基地建成后,新增需处理污水量 34 万吨/日,基地要加强污水处理技术的应用,扩大污水处理厂规模,使污水处理总能力达到 40 万吨/日。

3.交通运输

基地建成后,原料及产品运输总量达到 1.2 亿吨/年,由港口、铁路、公路及管道等运输方式分担。

(1)港口

通过港口传输的原油、石脑油、液化天然气及其他物料达到 5000 万吨/年,天津港将配套建设 30 万吨级深水原油码头,同时改造码头、航道、储罐、管输等设施。

(2)铁路

通过铁路运输的物料总量达到 2000 万吨/年,完善铁路枢纽设施,提高运输能力,改造南仓编组站,新建北塘西编组站,修建或改造天津港南北疆、咸水沽至南疆、天津西站至李七庄等 9 条必要的联络线;同时,改造万家码头编组站、周芦线和李港线。在基地内部建设 100 公里铁路专用线。

(3)公路

通过公路系统传输的物料总量达到 1000 万吨/年,建设及改造滨海大道、北围堤、津歧、唐徐、杨北、港塘等公路。基地内部将建设 140 公里区内公路。

(4)液体化工管输工程

现有原油、成品油及石化产品管线 10 条,管道输送总长度约 1300 公里,传输量 2000 万吨/年。包括天津石化公司至南疆库区 100 万吨/年的汽油管道;天津石化公司至南疆库区 150 万吨/年的柴油管线;天津石化公司至南疆库区 450 万吨/年的原油管线;天津石化公司至大沽化 6 万吨/年的乙烯管线;天津港至燕山石化公司 500 万吨/年的石油管线;天津港至首都机场 150 万吨/年航煤管线;天津至沧州石家庄 500 万吨/年的原油管线;大港石化公司至南疆码头 500 万吨/年的原油管线;大港石化公司至南疆码头 120 万吨/年的汽油管线;大港石化公司至南疆码头 140 万吨/年的柴油管线。

基地建成后,通过管道传输的物料总量达到 6000 万吨/年,新建天津港至天津石化、大港石化输送能力 2×1500 万吨/年的原油管线,经沧州、德州、临沂至黄岛输送能力 500 万吨/年的原油管线;天津石化至首都机场、天津机场输送能力 2×100 万吨/年的航煤管线;管线总长度约 1000 公里。

基地界区内通过管道传输的物料总量达到 3300 万吨,按照物料传输一体化的原则,在基地内部建设总长度约 50 公里的环形高架工业管廊,根据生产装置需要,在管廊内安装不同管径的管道;建设大港、临港之间长度约 50 公里的大口径管输系统管廊,传输原油、乙烯、丙烯、LNG、成品油等。

4.环境保护治理及辅助设施

建设污水处理厂、固体废物处理中心、供排水外管、通信设施、工业管廊及采用国际先进技术的集中火炬及再利用等项目。

5.附属公用工程

建设消防站、事故处理中心、仓储物流中心、电子信息网络项目。

(四)天津国家级环保型石化产业基地投资及土地利用强度

基地建设项目用地严格按照投资强度和土地利用强度两项指标控制,必须符合国家颁布的《工程项目建设用地指标》和《天津市各级开发区、园区工业建设项目用地主要控制指标》的规定。根据上述规定,国家级开发区投资强度应不低于 3600 万元/公顷,按照目前列入规划的公用工程及工业建设项目总投资测算,基地的投资强度可达到 3830 万元/公顷以上,高于国家级开发区标准。

国家规定国家级开发区土地利用强度不低于 0.6,天津国家级环保型石化产业基地土地利用强度应达到1.0。

五、天津国家级环保型石化产业基地技术进步与可持续发展

基地建设要全面落实科学发展观,坚持发展循环经济,坚持走新型工业化道路,坚持降低消耗、清洁生产、减少排放、延伸和耦合产业链,通过再利用延长产品生命周期,变废为宝,实现经济发展、技术进步和环保生态安全的相互促进。

要以循环经济理念统领石化产业基地的规划和建设工作,遵循经济发展增长、资源消耗低增长、环境污染负增长的发展新模式,合理调整和优化区域布局、产业结构、产品结构和能源结构,形成以高新技术为先导、基础产业为支撑、相关产业相结合的全面发展格局。

统筹基地项目建设布局,采用按照上—中—下游顺序科学布局方式,实现原料互供、资源共享。同时,改造挖潜现有化学工业存量资产,按照下—中—上游顺序发展,做大做强下游产业,并向上游产业发展,真正做到项目投资少、建设周期短、整体效益好。

基地建设要全面贯彻落实《清洁生产促进法》、《节约能源法》、《矿产资源法》等法律法规,建立健全逐级管理和实施机制,制定相关的规范、基地准入标准及合格评定制度,建立科学的循环经济评价、统计和核算体系,发展指标管理体系认证和重要指标公告制度。

(一)天津国家级环保型石化产业基地的建设必须坚持技术进步

以市场为先导,健全市场网络系统,设立研发中心和质量监督检测机构,加强石化产品的研究开发,提高科技进步贡献率。

1.淘汰氯碱工业电石法,全部采用乙烯法及 EDC 裂解法替代,解决废渣及能耗高的问题。

2.淘汰纯碱生产的氨碱法工艺,实现资源综合利用,达到节约能源、改善环境的目的。联碱工艺采用清洁的煤气化装置制合成气,解决原料及煤的综合利用问题。

3.大力提高聚酯产品差别化率,提高产品市场竞争力。

4. 聚烯烃、PVC 产品向多品种、专用料发展,达到国际先进水平,提高市场竞争力。

5. 有机原料、顺酐利用丁烷原料路线,改善工艺、降低成本。

6. 大力引进先进工艺及设备,使大乙烯装置由目前国产化的浅加工、短流程向深加工、长产品链发展,提高乙烯工业整体技术水平。

7. 突破渤海高硫值重质原油的炼制工艺,为长远利用渤海资源奠定基础。

8. 努力将化工行业产品精细化率由目前的 30% 提高到 40%—45%,提升行业整体配套水平及经济效益。

(二)天津国家级环保型石化产业基地的建设必须坚持环境友好与可持续发展

遵循高人一筹、领先一步的原则,引进国际先进工艺、设备和世界一流化工区的管理经验,通过使用清洁能源,推行清洁生产,坚持清洁环保处理,做好资源循环利用,提高技术水平和资源、能源利用率,彻底改变高投入、高消耗、高排放、不协调、难循环、低效率的老路子,做到产业发展但三废排放等均不增加,保障环保生态安全及可持续发展,促进生态化城市的建设进程。

1. 按照循环经济要求,建立化工区三圈循环经济体系:一是企业内部循环圈;二是园区内部循环圈,使园区内资源实现最优配置,废弃物得到有效利用,污染排放达到最低水平;三是化工区与周边地区循环圈,通过管道、铁路等运输方式,实现化工区之间物料的连接,构建更大区域的循环圈。

2. 采用天然气为主的清洁能源,改善环境质量,提高能源利用率。

3. 从生产源头到生产过程采用环境无害化清洁生产工艺技术,使化工区达到生产与生态的平衡、发展与环境的和谐。

4. 采用清洁环保处理设施,尽量减少废气和废水的排放,最大限度地进行固体废弃物深加工,将三废排放总量降低至最低水平,达到国家标准及天津市环保规定要求,大力推行化工企业三废零排放。

5. 严格项目准入条件,进区项目经济规模、工艺技术、环境评价、三废排放、安保措施必须符合国家要求,限制高能耗、高物耗、高水耗、高污染项目进入化工园区。

6. 扩大污水处理和中水回用,发展海水淡化和海水循环冷却,再利用浓海水制盐,通过发展石化产业基地实现淡水资源的增长,促进循环经济与可持续发展。

7. 加强生态保护。在规划建设中,正确处理好园区建设与环境保护之间的关系,坚持一体化发展。在厂区与居住区之间建设生态防护林,厂区绿化率超过 40%,形成区内"绿肺"。加强大港水库等周边水源、湿地的生态保护,改善生产基地与周边地区的生态环境质量。

六、建设国家级环保型石化产业基地的政策建议

建设国家级环保型石化产业基地,是推进滨海新区开发开放的重要组成部分,是加快天津经济社会发展的重要支撑,需要从各方面给予政策支持。

(一)土地使用政策

国家实行严格的土地政策和信贷政策后,国家级环保型石化产业基地的建设用地受到影响。受国有荒地数量的限制,大项目建设和石化下游产品开发建设用地受到制约。建议在进一步调整和完善石化产业基地布局、制定好土地利用专项规划的基础上,千方百计为石化产业基地建设开绿灯、行方便,在土地使用、项目审批等方面给予最大限度的政策支持。

1. 凡在石化产业基地投资、发展石化产业项目的企业用地,其土地须有偿取得。土地竞争性价格可低于国家规定的价格,通过税收返回等内部运作加以补偿。建议适当降低土地出让金政府收益部分,凡投资额在 1000 万元以上的项目,优先安排使用土地,市政府收取土地出让金的 10%;投资额在 3000 万元以上的项目,市政府收取土地出让金的 4%。

2. 企业投资基础设施建设,应以划拨方式取得土地使用权。企业投资石化产业项目开发的荒坡、荒地、盐碱滩涂,免收土地出让金,所需缴纳的配套费给予优惠。

3. 本市其他石化生产经营企业进入石化产业基地,其原有土地由土

地管理中心收购,在土地交易中心挂牌交易后,其增值部分减除政府净收益和大配套费后,可以返还企业剩余部分的 60%。

4.建立灵活经营土地的机制,采用"弹性地价政策",即根据项目的投资规模和达产效益,对土地出让价格确定基数,弹性浮动,使优价土地向优势项目倾斜,确保土地开发的效益。

(二)基础设施建设政策

基础设施是建设国家级生态石化基地的重要基础。要围绕石化基地建设,统筹考虑基础设施建设,对水、电、气、路等设施建设进行统一规划。

1.建议尽快建设津港高速公路

目前,大港区通往市区的交通主要依靠津港公路。随着车流量的逐年增加,目前津港公路已经严重超载。国家重点项目中石化 100 万吨乙烯炼化一体化、中国蓝星集团化工新材料基地启动建设后,将对道路交通环境提出更高的要求,道路的承载能力亟待提高。目前,津港公路无论在道路等级还是在承运能力方面,已经不能适应发展的需要。建议尽快建设津港高速公路,进一步完善运输网络,在建设资金和项目立项上积极争取国家相关优惠政策。

2.建设石化产业基地配套供热工程

石化产业基地计划建设配套供热工程 2×300MW 机组,整个工程投资 32.5 亿元,建成后可同时发电、供热和淡化海水,是打造世界一流石化产业基地的重点公用工程项目。石化产业基地的整体发展和布局是以炼化一体化项目为龙头,并着眼于石化下游产品开发,公用公共系统中的供热,应立足当前,放眼长远,统一规划,分步实施。目前,可考虑大港发电厂承担供热工程,供热项目可在大港电厂建设三期扩建工程,即 2×300MW 供热机组。这样可以充分利用大港电厂现有的人才、技术优势、海水循环系统及自有铁路运输设施,并可与大港一期、二期共用公共系统,建设周期在 2 年以内,可做到投资少、见效快、效益好。建议市有关部门积极协调国家发改委,争取配套供热工程早日立项开工。

(三)财政税收政策

石化产业基地的建设需要大量资金,需要各级政府从财政、税收等方面给予大力支持。一方面,市财政可以结合石化产业基地建设的总支出,拿出一定比例的资金予以扶持。积极争取 200 亿元的渤海产业发展基金足额到位,并优先用于滨海新区各功能区建设。另一方面,税收可采取先征后返的办法,按一定比例返还给区财政,用以支持石化产业基地建设。此外,对一些重点配套项目应该给以税收优惠。

1. 所得税优惠政策

在产业基地生产经营石油、石化、化工三大类十几个行业的企业,经营期在 10 年以上的,从获利年度起,前两年免,后三年减半征收所得税。其中属于先进技术型企业的,减免期满后,可以延长 3 年按减 10% 征收所得税;属于出口型的企业,减免期满后,凡当年出口产值达 70% 以上的,减按 10% 征收所得税;属于高新技术企业,经认定可按 15% 征收所得税。

对经确认的国家级新产品和专利产品所实现的利润,自销售之日起三年内免征企业所得税;对经确认的市级新产品所实现的利润,自销售之日起两年内免征企业所得税。

鼓励各类企业投资石化产业项目,投资额达到被投资企业资本金 25% 以上的,对其股权分利免征企业所得税,并按该分利额的 50% 抵扣投资企业自身的计税利润,减征企业所得税三年。

2. 增值税优惠政策

企业在石化产业基地内生产加工的出口产品,除实行出口被动配额管理的外,不实行进出口配额、许可证管理,免征关税和增值税、消费税。在基地内销售免征生产环节增值税。基地内企业拥有自主知识产权的高新技术成果转化项目,八年返还增值税地方分成部分的 50%。属于国家级新产品,以及在我市首家生产的发明专利产品,自产品销售之日起三年内,对新增增值税的地方分成部分返还 50%。市级新产品,以及在我市首家生产的实用新型专利产品,自产品销售之日起两年内,对新增增值税的地方分成部分返还 50%。对于基地内高新技术企业和高新技术项目的增值税,可以上一年为基数,新增增值税的地方分成部分三年内返还 50%。新设立的石化生产经营企业,自营业之日起,三年内对其缴纳的增值税地方分成部分给予 50％ 的财政扶持。

　　3.海关关税优惠政策

　　除法律、行政法规另有规定的外,从境外进入石化产业基地的货物,其进口关税和进口环节税可享受以下优惠:(1)基地内生产性的基础设施建设项目所需的机器、设备和其他基建物资,予以免税;(2)基地内企业进口自用的生产、管理设备和自用合理数量的办公用品及其所需的维修零配件、生产用燃料、建设生产厂房、仓储设施所需的物资、设备,予以免税;(3)基地内企业为加工出口产品所需的原材料、零部件、元器件、包装物料,予以保税。转口货物和在基地内储存的货物按照保税货物管理。此外,保税货物在海关办理备案手续后,可在基地内企业之间流转。加工企业生产的产品,除国家另有规定的外,免领出口许可证,免征出口关税和出口增值税。基地内企业开展加工贸易业务,不设银行保证金台账制度,其加工产品全部出口的,免征加工环节增值税。

　　(四)投融资政策

　　1.设立滨海新区产业发展基金和中小企业发展基金。加强石化产业引导,用于扶持从事石化产业的中小企业、民营企业和高新科技企业技术创新、扩大规模、鼓励专业化发展以及与大企业的协作配套、支持此类中小企业服务开展,支持他们开拓国际市场。

　　2.引导商业银行调整信贷结构,加大对从事石化产业的中小企业、民营企业和高新科技企业的信贷支持,改善融资环境。

　　3.推进石化企业的信用制度建设,建立信用信息征集与评价体系,实现此类企业信用信息查询、交流和共享的社会化。推动信用担保体系建设,为融资创造条件。鼓励从事石化产业的中小企业、民营企业和高新科技企业依法开展多种形式的互助性融资担保。

　　4.可发行 200 亿～300 亿元的石化产业发展债券,用于基地的基础设施、公用工程建设和项目的投资入股。

　　(五)市场建设政策

　　据了解,大港区为促进石化产业发展,计划建设石化物流中心和石化产品交易中心,建成集运输、进出口货物代理、仓储、保税仓库、信息服务、货物配送、汽车配件、汽车维修、停车及货物中转调度、餐饮娱乐等多功能为一体的"物流园区",在国内形成有影响的石化产品集散地。规划建设石化产品交易市场,能吸引国内外重点大型石化企业设立交易窗口,为生产商、贸易商提供更多的商机。同时,定期举办大型产品交易会、博览会、展示会、鉴定会,能及时把我市石化产品推向全国、推向世界,增强天津在全国石化行业的影响。建议我市研究制定促进现代物流业发展的相关政策,积极支持物流园区的开发和建设,在物流项目用地方面给予优惠。扶持物流行业协会的发展,发挥好中介作用。放宽资本限制,鼓励各种资本进入物流市场,吸引国外知名的物流企业投资发展第三方物流项目。

(六)人才政策

建设国家级环保型石化产业基地,需要培养和引进各级各类优秀人才。为给石化产业基地建设提供有力的人才支撑,建议在人才流动上突破区域、部门、行业、身份、所有制等限制,畅通人才流动渠道。改革户籍、人事档案管理制度,放宽户籍准入政策,推广以引进人才为主导的工作居住证制度,探索建立社会化的人才档案公共管理服务系统。应鼓励专业技术人才通过兼职、定期服务、技术开发、项目引进、科技咨询等方式进行流动。

课题组负责人:林凤兴(天津市委财经工作办公室)

课题组成员:张晓雁(天津市发展和改革委员会)、王伟庄(天津市大港区人民政府)、贾家琦(天津市委财经工作办公室)、张东昇(天津市发展和改革委员会石化办公室)、周泓(天津市经济委员会)、宗燕锋(天津市委财经工作办公室)、运乃锋(天津市委财经工作办公室)、张殿武(天津市大港区政府研究室)、刘金海(天津市大港区委研究室)、郑雪梅(天津市滨海新区管理委员会研究室)

课题报告完成时间:2006年8月

加快滨海新区石化商品交易市场建设的方案研究

【摘要】本文首先对滨海新区建立石化商品交易市场的意义进行了分析,并探讨了滨海新区建设国家级石化商品交易市场所具备的基础条件,与此同时还参考总结了国内外主要石化商品商场的发展经验和建设模式。在此基础上,有针对性地提出了滨海新区石化商品现货交易市场建设的组建方案和政策建议。

一、加快建设滨海新区石化商品交易市场的重大意义

石化工业是国民经济的重要基础原材料产业,在国民经济中具有举足轻重的地位和作用。在滨海新区的"十一五"发展规划中,石化产业被列为重点发展的支柱产业之一,定位为重点发展的国家级石化产业基地。滨海化工区规划面积80平方公里,中石化百万吨级乙烯炼化一体化、渤海化工园等大型项目正在建设之中,到2010年,炼油能力将达到3000万吨,乙烯生产能力120万吨。伴随着滨海新区石化产业产能的不断扩大和石化商品交易的日益频繁,现有简单的、分散的交易越来越难以满足需要,建立全国性的、集中的、市场化的石化产品交易市场就显得尤为必要

和迫切,这无论对石化产业自身的发展,还是对实现滨海新区的功能定位都具有非常重要的意义。

(一)微观层面上,建立石化商品交易市场有助于滨海新区石化企业实现规模经济

一个运行良好的商品交易市场具有交易、信息发布、价格形成、物流配送等诸多功能。从微观方面来看,商品交易市场汇聚了大量的人流、物流、资金流和信息流,在为广大企业和消费者提供集中交易的场所、降低交易成本、提高交易效率的同时,也为企业调整产品结构提供了准确的市场需求信息。因此,在滨海新区建立石化商品交易市场,对区域石化企业的发展将产生重要的促进作用。主要表现在三个方面:

1.可以优化资源配置

现代市场经济竞争非常激烈,企业要想长期在激烈的市场竞争中立于不败之地,必须打造企业的核心竞争力。根据有关资料分析,我国大型工业企业目前的国际竞争力仍然处于较低水平,石化企业也不例外。而企业核心竞争力最根本的表现在于企业是否有能力达到资源配置结合的最优化。很显然,企业内部资源的最优化配置,需要依靠市场来实现。市场通过专业化、精细化的分工,对企业的供应链和价值链发生作用,对企业资源配置产生影响。有了专业化的石化商品交易市场,我们的石化企业就有可能集中人力、物力、财力对专有技术和关键技术进行研究、攻关、开发、改造,并进一步提高和巩固,以形成自有知识产权的核心技术,真正提高核心竞争力。

2.可以扩大市场

市场占有率是企业发展的根基,企业只有努力抢占市场份额,才能为长期发展提供不竭动力。建立区域石化商品交易市场后,本地企业肯定可以近水楼台先得月,能够更好地利用交易市场的信息、价格等机制,扩大其专业产品市场份额,从而扩大生产规模。企业扩大市场份额的另一个有效途径就是通过资本市场的兼并重组来实现,现阶段石化产业的跨国重组更趋活跃,有了石化商品交易市场,本地的石化企业在接受国际产业资本转移方面的优势将更加突出。

3.可以降低采购和销售经营成本

交易市场的重要功能之一是可以提供专业化的物流服务。我国的石化企业正处于重要的发展阶段,随着企业规模的扩大,其经济效益和竞争能力不断加强,企业的物流成本也在不断增加。目前,石化企业物流的市场化程度较低,多数石化企业都拥有自己的供应部门、运输公司或大型车队,各自为政的经营方式造成了目前石化企业物流的统筹化、市场化程度较低。设备购置和人员配备重复现象严重,加之缺乏统筹,物流资源有效利用率较低。第三方物流市场薄弱,原本应该由社会物流公司承担的职能现在仍然由企业内部物流单位承担,从而导致企业物流成本偏高。而建立区域石化商品交易市场,可以充分发挥市场所带来的专业化物流管理功能,构建石化物流网络,提升石化企业物流管理水平和信息化水平,从而大幅度降低企业的采购和销售成本。

(二)中观层面上,建立石化商品交易市场有利于滨海新区石化产业实现产业聚集

滨海新区的石化产业具有较为雄厚的发展基础,建立石化商品交易市场,可以进一步发挥滨海新区石化产业优势,把市场的大流通功能与滨海新区的石化产业优势有机结合起来,为加快实现石化产业聚集起到十分重要的作用。

1.能够有效地带动滨海新区石化产业基地发展

石化工业因其生产规模大,产业链长和能耗量大等特点,其发展趋势是集中和集聚,如美国休斯顿、比利时安特卫普、德国路德维希等世界级石化基地的集中度都是非常高的,这也是滨海新区的石化产业基地的发展目标。石化产业的集聚和集中,不仅仅是生产的集中,更是石化产品流通的集聚和集中,建立石化商品交易市场,可以为滨海新区石化产业的集聚和集中提供更强的动力支撑。

2.有助于整合滨海新区石化产业链,实现无缝连接

世界大型石化基地的最重要的发展模式之一就是一体化,国内大型化工区,如上海化工区、南京化工区基本上也借鉴这种生产模式。一体化生产管理模式一般包括产品项目一体化、公用辅助一体化、物流传输一体

化、环境保护一体化、管理服务一体化,通过一体化的生产模式,对上下游产业链的整合,极大地降低原料成本,降低运输和终端销售成本,以及公用工程和管理成本,提高装置利用率。建立石化商品交易市场是实现石化基地的一体化的基础条件之一,通过交易市场可以更有效地对石化上下游产业链进行整合,实现上下游产业、生产和流通、产品流和信息流之间的无缝连接。

(三)宏观区域层面上,建立石化商品交易市场对实现滨海新区国家第三增长极的定位有战略意义

滨海新区开发开放纳入了国家发展战略布局,成为继深圳特区和上海浦东新区之后第三个经济增长极。一个经济增长极的重要衡量因素是对周边的产业辐射和带动功能。石化产业作为滨海新区重点发展的支柱产业之一,其辐射和带动作用大小直接影响第三增长极的实现。而石化商品交易市场是石化产业发挥辐射和带动作用的最有效的载体,因此,建立石化商品交易市场对实现滨海新区国家第三增长极具有非常重要的战略意义。

1. 有利于推进滨海新区向高水平的现代制造业基地转化

国务院在 20 号文件当中非常明确地把滨海新区定位为现代制造业和研发转化基地。滨海新区发展的最大亮点是在制造业方面,对经济增长的贡献率也是最大的。2006 年滨海新区的制造业占到整个滨海新区国内生产总值的 71%,对整个天津市国民生产总值的贡献率也超过了50%。而且滨海新区制造业的发展潜力仍然十分巨大,特别是石化产业。目前,国内中石油、中石化、中海油、中化工四大石化集团都在滨海新区设有生产基地,国外大型石化公司也正在积极进入,这种发展态势客观上就需要一个大型石化商品交易市场来有效整合各方面的资源,促进石化产业整体发展,带动滨海新区制造业向现代制造基地转化。

2. 滨海新区石化商品交易市场的形成为周边石化产业发展提供巨大的市场空间

滨海新区是天津的新区,也是环渤海的新区、全国的新区,在区域发展中发挥好龙头和带动作用,其中重要的一方面就是要全面提升滨海新区的服务功能。而商品市场在发挥龙头和带动功能、服务企业发展方面具有独特的作用,建立区域性的石化商品交易市场,可以为环渤海石化企业提供更加广阔的市场空间和发展空间。

3.石化商品交易市场的充分发展使滨海新区石化产业向周边梯度转移成为可能

在石化产业发展方面,环渤海地区石化企业很多,但市场化程度较低,各自为战的现象比较普遍,石化企业产品雷同,重复建设的现象也比较普遍。这不仅削弱了环渤海地区石化产业的整体竞争力,同时也造成很大浪费。建立区域石化商品交易市场,进一步强化市场的价格和信息传导机制,以市场机制来配置资源,使得石化产业以滨海新区为中心逐步向周边地区梯度转移,增强环渤海地区石化产业的整体竞争力。

(四)在宏观国家层面,可以推动我国石化产业的市场化进程

商品交易市场的重要功能之一是商品价格形成功能,是市场经济规律发生作用的重要载体。在商品交易市场上,来自四面八方的交易者带来了大量的供求信息,交易双方根据市场的供求状况形成的商品的交易价格,从而起到发现价格的功能。因此,从宏观上来看,建设石化商品交易市场,在加快国内石化产业市场化方面具有不可替代的作用。

1.可以实现石化产品价格市场化,并与国际价格接轨

建立石化产品交易市场不仅仅能够为交易者提供了一个能安全、准确、迅速成交的交易场所,提高交易效率,更重要的是它能够形成石化产品的市场价格。拿石油来说,目前国际上石油价格的确定主要参照六大现货市场(欧洲鹿特丹、远东新加坡、北美、加勒比海、西北非、中东)和三大期货市场(纽约、伦敦和新加坡石油交易所)。我国作为世界第五大石油生产国、第二大石油消费国和第七大石油进口国,在国际石油市场上却难以发挥应有的作用,甚至国内石油价格也不能拥有自己的市场发现机制。随着中国石化商品市场交易规模的不断扩大,现货交易、期货交易等多种交易形式的建立,石化产品的市场价格形成机制逐步完善,石化产品的价格将逐步与国际价格接轨。

2.有助于石化产业竞争,实现技术进步、规模经济和优胜劣汰

通过市场形成的石化产品价格,具有很强的指导性,石化产品市场价格的形成过程,也就是我国石化企业真正走向市场的过程。石化企业只能按照市场价格来提供其石化产品,国家不再实行特别的保护措施,石化企业之间的真正的市场竞争关系就能够形成。有的企业由于生产成本得不到有效控制,很难生存下去,实现了市场经济的优胜劣汰。因此,石化产品市场价格的形成,就会迫使石化企业不断增强创新能力,加快技术进步,实现规模经济,以保持竞争的优势。

3.有助于防范国际石油价格波动带来的价格风险和市场风险

石化产品交易市场可以进行期货交易。期货市场最突出的功能就是为生产经营者提供回避价格风险的手段,即生产经营者通过在期货市场上进行套期保值业务来回避现货交易中价格波动带来的风险,锁定生产经营成本,实现预期利润。通过石化产品交易市场进行石化产品期货交易,能在一个生产周期开始之前,就使石化产品的买卖双方根据期货价格预期商品未来的供求状况,指导商品的生产和需求,起到稳定供求的作用。另外,由于投机者的介入和期货合约的多次转让,使买卖双方应承担的价格风险平均分散到参与交易的众多交易者身上,减少了价格变动的幅度和每个交易者承担的风险。面对国际油价波动比较频繁的状况,建立石化产品交易市场,能够较好地防范国际石油价格波动带来的价格风险和市场风险。

二、滨海新区具备建设国家级石化商品交易市场的基础条件

(一)滨海新区及周边地区蕴含着丰富的油气资源

1.滨海新区的石化资源情况

作为滨海新区重要组成部分的大港区,石油、天然气、地热和荒地资源丰富,是国家重点发展的特大型石油化工基地之一,目前已探明石油地质储量为 9.36 亿吨,天然气 734.77 亿立方米,原油年加工能力超过 800 万吨,聚酯年生产能力达到 30 万吨,乙烯年生产能力达到 23 万吨,化纤年生产能力达到 25 万吨,已形成炼油-化工-化纤生产的一体化产业链

条,具有发展石化产业的优势。

2.环渤海湾地区石化资源情况

渤海海域探明石油储量 98 亿吨、天然气 1937 亿立方米,是国内石化产品的主要消费市场之一,成品油和合成树脂消费量约占全国的 1/4,医药、纺织、汽车、家电等关联产业发达,市场极为广阔,2007 年 5 月河北省曹妃甸南堡探明石油储量 10.2 亿吨,预计到 2012 年,南堡油田年产量可达到 1000 万吨,成为世界级的高产油井,依托原油进口码头和冀东油田,国家已批准建设 1500 万吨的华北原油储备基地和 1000 万吨级炼油、100 万吨乙烯炼化一体工程,并延伸发展化工深加工产业。作为我国重要的成品油生产基地和最大的原油及制品的转运中心和环渤海地区重要城市之一的大连,是国内最大的石油仓储基地和石油及成品油集散地之一,经大连港口岸中转进口的原油和下海的成品油总量已经达到 4500 多万吨,石油加工能力达到 3000 万吨,目前已建和在建的原油和成品油仓储设施规模超过 1200 万吨,在东北乃至全国经济中占有重要的地位,2005 年,实现原油加工 1968 万吨,中转量 2185 万吨,消费量 287 万吨。大连交易所的建立和运行,为大连市石化产业发展提供有力的市场流通和交易基础。作为中国化工第一大省,产油第二大省的山东,拥有着丰富的矿产资源,是中国的石油和海洋化工基地,其所辖青岛市依托良好的基础设施和港口优势,将成为国家原油储备库之一,丽东化工、国家石油储备基地等石化产业集群龙头项目的相继落户和建设,使得青岛石化产业集群大发展的态势已经凸现,为发展石油化学工业提供得天独厚的条件。

(二)滨海新区具备雄厚的石化产业基础

1.滨海新区集中了大型石化企业

多年来,天津市一直把石油石化产业作为重点发展的支柱产业,加大投入,重点扶持,已形成从石油开采、油品加工到化工生产、石化建筑安装、电力生产的成套工业体系。原油开采、聚酯、化纤、聚氯乙烯、苯酐、有机涂料、重质纯碱、烧碱、环氧丙烷、环氧氯丙烷等的规模及技术水平在国内位居前列,逐步成为全国重要的石油石化基地之一。目前,滨海新区内有天津渤海化工集团公司、天津渤海化工集团公司、中石油大港油田股份分公司、石化公司、中石化天津石化公司等国有大型石油石化企业,是全国唯一集中石化、中石油、中海油和中化工四大国家石化企业于一地的城市。

2.滨海新区目前石化产业的发展规模和在建项目

天津乙烯炼化一体化项目投资 270 亿元,2009 年建成,新建 1000 万吨/年加工装置,100 万吨乙烯等生产装置。天津渤海化工集团规划在天津大港化工区投资约 60 亿元建设精细化工和新材料项目,目前正在筹建过程中。中国化工集团蓝星化工新材料基地 11 月 15 日在临港工业区奠基,基地占地 3.88 平方公里,计划总投资 500 亿元,其中一期项目投资 245 亿元人民币,包括化工新材料、有机化工和 DCC 联合深加工三个板块共 15 个项目,将于 2009 年至 2011 年陆续建成投产。项目全部建成投产后,年销售收入约 300 亿元人民币,年利税总额约 36 亿元人民币。

3.滨海新区的石化产业发展前景

2007－2015 年,滨海新区石化项目共计投资 1000 亿元,建设千万吨级原油及成品油战略储备库项目;建设两套千万吨级大炼油项目,使炼油能力达到 3000 万吨;建设两套百万吨级乙烯项目,乙烯生产能力达到 200 万吨;建设百万吨级聚乙烯、聚丙烯、聚苯乙烯、对苯二甲酸、聚酯、塑料加工等十余套大型项目。建设 300 万吨/年新型清洁能源二甲醚生产装置,配套 500 万吨/年甲醇生产装置。到 2015 年,大港石油化工产业新增销售收入达到 1300 亿元,利税新增 280 亿元。

(三)滨海新区具备良好的支撑石化商品交易市场的外部环境

1.滨海新区具备发达的交通运输环境

海运:天津港位于华北平原海河入海口,是仅次于上海港的中国大陆第二大港口,是我国北方主要的集装箱干线港,铁矿石、原油、液体化工中转储存基地和国际煤炭中转、储存基地;是我国沿海最为繁忙的港口之一,也是我国北方重要的对外贸易口岸,经济腹地包括北京市、天津市、河北省、山西省、陕西省、甘肃省、青海省、内蒙古、新疆、宁夏自治区、西藏,以及河南省、四川省、山东省的一部分,2007 年货物吞吐量超过 3 亿吨。

铁路:天津市是中国北方重要铁路枢纽,连通贯穿全国的六大铁路干线,客货运输可达全国各地,并可经蒙古人民共和国转口到欧洲,是欧亚大陆桥的主要通道之一。

公路:天津将在五年内计划投资 350 亿元,架起滨海新区交通网,重点服务滨海新区,建设高速公路 561 公里;新建和改建一般干线公路 318 公里;新建和改造农村公路 5000 公里,建成通达三北公路圈。5 年后,全市公路设施将形成市域内的"一小时市域快速交通圈"、京津冀都市圈一体化发展的"三小时都市经济圈"和服务环渤海区域经济发展的"八小时腹地服务圈"。

空运:天津滨海国际机场正在改扩建,建成后面积达 12 万平方米,其中航站楼及相应配套工程 10 万平方米,跑道延长到 3600 米,天津城市地铁、京津城际客运专线、京津塘高速公路二、三线等也将逐步与天津机场相通,预计在 2010 年实现旅客吞吐能力 1000 万人次,逐步建设成中国北方航空货运基地和客运干线机场,与首都机场共同构建东北亚地区的国际航空枢纽。

管道运输:目前已建成相关原油、成品油和乙烯管线 14 条,管线输送总长度 1873 公里,传输量 3516 万吨/年,形成天津及大港与周边省市管输网络,特别是每年通过天津港传输原油、石脑油、液化天然气及其他物料达到 3500 万吨大港化工区。

2.滨海新区具备优越的物流服务环境

现代物流业作为天津市"五大支柱"产业近年来进入快速发展期,物流基础设施的建设速度加快,物流及相关企业总数已达 2 万多家,其中跨国物流企业 50 多家,形成了海港、空港、信息港和保税区为重点,项目涉及港口、铁路、公路、机场、邮政、通信枢纽、各类物流中心、配送中心、仓储设施、运输工具、应用软件等,总投资达到 100 亿元以上。天津港作为综合运输枢纽和物流节点,通过持续投资已打造成了一个国际性大港,在环渤海区域内产生了强烈的辐射带动作用,2007 年吞吐量超过 3 亿吨,集装箱吞吐量超过 700 万标准箱。

3.滨海新区具备良好的金融服务环境

天津滨海新区为全国综合配套改革试验区,随着《关于贯彻落实国务院〈关于保险业改革发展的若干意见〉的实施意见》、《天津市促进企业总部和金融业发展优惠政策》、《天津市建立企业年金制度的意见》、《天津市促进现代服务业发展财税优惠政策》以及国家外汇管理局批复天津滨海新区七项外汇管理改革政策等先行先试政策的出台，为滨海新区金融改革创新创造了良好的政策环境。

三、国内外主要石化商品交易市场发展经验和模式借鉴

(一)国内外主要石化商品交易市场情况

1. 新加坡发展模式及经验

经过 20 年的努力，借助良好的区位和投资环境，新加坡在没有油气资源的情况下石化工业发展非常迅速，已建设成亚洲主要的石油交易中心，仅次于纽约和伦敦的世界第三具有影响力的石化商品交易市场，成为重要的世界石油交易加工中心以及石油精炼和储存中心。新加坡燃料油市场主要由三个部分组成：一是传统的现货市场，二是普氏(PLATTS)公开市场，三是纸货市场。传统的现货市场，是指一般意义上的进行燃料油现货买卖的市场，市场规模大约在每年 3000 万—4000 万吨左右。目前普氏(PLATTS)公开市场每年的交易量大约在 600 万—1000 万吨左右。而新加坡燃料油纸货市场的市场规模大约是现货市场的三倍以上，每年成交 1 亿吨左右，其中 80％左右是投机交易，20％左右是保值交易。

发展经验：一是政府提供了高水平、高效率的基础设施与公共服务；二是建立了健全高效的法制；三是该国培育了专业化的商品交易公司，具备成为高效、透明的定价中心的条件；四是独立储油公司规模大，新加坡年总储油能力达 9000 万桶，其中 20％以上由独立公司控制。

2. 俄罗斯发展模式及经验

俄罗斯、伊朗和土库曼斯坦三国是当今世界天然气最主要的供应国，俄石油出口占世界石油贸易量的 12％，天然气出口占欧洲进口量的 40％，拥有对国际能源市场的重要影响力。2006 年 6 月 8 日，俄罗斯石油交易市场开业。当日成交 239 笔、金额 9170 万卢布。2007 年 6 月，俄

罗斯与纽约商品交易所签署协议，计划分三个阶段合作建设圣彼得堡国际石油交易所，逐步建设成俄罗斯原油期货产品的主要交易地，目前还处在起步发展阶段。

俄石油交易市场的特点：一是垂直一体化结构，即勘探、开采、加工和批零业务在集团公司内部完成，因此俄石油交易市场远期合同和期权交易主要是发挥结算和保值功能，实际供货合同少；二是所有干线石油管道由国有"石油管道运输公司"垄断经营，本国大石油企业参与少。这些特点也决定着俄石油交易市场的特点。

发展经验：政府托市，俄石油交易市场是在政府主导下建立的，目前，俄政府把部分国家订货通过石油交易市场采购，意在托市。预计交易市场稳定运行后，政府的直接影响会逐渐减弱，影响的方式将主要通过国有石油公司的市场参与。

3.上海石化产品交易市场模式和经验

（1）上海中油石油交易中心

上海中油石油交易中心有限公司（下称交易中心）成立于1998年4月，是一个现代化的大型石化产品要素市场，由中国石油天然气股份有限公司、上海浦东华油实业有限责任公司和上海市发改委下属的上海久联集团有限公司共同出资组建，注册资本5000万元。初期整合当时在上海经营石化产品的不足100家中小企业，以会员方式运作和经营，中心主要收入为会员单位交纳的会费，初期交易额约为30亿元，后逐步扩大，到2006年会员发展到270家，实现交易额275亿元，年纳税额2.3亿元，经营产品6大类60多个品种，其中石油产品和化工产品各占一半。

政策扶持：中心设立初期，扶持力度很大，原则上对各类企业均实行90%的地方税收返还给企业的政策，一定三年。目前政策调整为对新进入的企业给予50%的地方税收返还。对老企业年交易额5000万元以下的返还地方留成的10%，年交易额1亿元以上的返还地方留成的30%。

主要效益：一是增加了税收，全年纳税2.3亿元，区级税收约7000万元；二是创造了利润，年收会费1080万元，净利润500万元以上；三是繁荣了市场，造就了上海第五大商品交易市场，除西藏和内蒙外，各省、市、区都有企业入所交易;四是拉动了消费,所有会员都有席位和办公场所,对当地房产销售和租赁市场、餐饮市场、日用消费市场、就业市场,都是一个很大的拉动。

(2)上海期货交易所燃料油期货

在我国原油市场高度集中、成品油价格受政府管制的情况下,燃料油由于进口比重较大,是我国石化产品中市场化程度最高的一个品种。2001 年 10 月 15 日,国家正式放开了燃料油的价格;2004 年 1 月 1 日,完全取消了燃料油的进口配额,实行进口自动许可管理,使得燃料油的流动和价格完全由市场调节,国内市场与国际市场完全接轨。从市场结构上看,经商务部批准的燃料油进口经营企业达到 100 多家,其中一半为非国营贸易企业,其他生产、消费和流通企业的数量更多,燃料油市场成为竞争较为充分的市场。2005 年,国内进口燃料油企业中实力较强的前 10 位占据的进口市场份额接近 8 成,鉴于燃料油市场化程度较高,2004 年 8 月 25 日上海期货交易所推出燃料油期货。燃料油期货的推出促进形成燃料油的"中国标准"。上海期交所确定的交割等级为 180CST 高硫燃料油,质量标准高于新加坡标准,体现国内市场需要,初步确立了被市场普遍认可的燃料油期货的"中国标准"。这使国内企业在谈判中获得更多的主动,也使上海燃料油生产商开始参照燃料油期货标准来组织生产或进行调和,以参与期货交割,满足终端用户的需要,从而改善国内燃料油生产品质不统一的现状。

(3)上海石油交易所

上海石油交易所(SPEX),2006 年 8 月 18 日正式开业,该市场是在国家商务部 2001 年《创建中国现代石油市场》课题研究的基础上,遵循"政府搭台、企业唱戏、市场运作"的指导思想,由中国石油国际事业有限公司、中国石化销售有限公司、中海石油化工进出口有限公司、中化国际石油公司和上海久联集团有限公司共同出资组建并注册在上海浦东新区的有限公司,公司注册资本 1.05 亿元。上海石油交易市场在体制设计上是公司制的服务企业,并明文规定"在适当的时候,吸收战略投资者参股",意在建立并形成一个为公共服务的交易平台。上海市政府高度重视与中国四大石油公司合作创建现代石油现货市场的工作,将其列入上报国家的《上海市发展服务业行动纲要》之中,上海市浦东新区政府大力扶持上海石油交易所的发展,并给予特别财税优惠政策扶持。

按照上海石油交易所未来几年的规划,该所将坚持源于传统现货、创新现代现货的战略定位,探索建设新型 B2B 交易平台,逐步建设成为全国石油石化现货交易中心和亚太地区乃至世界上有影响力的能源商品交易市场之一。

上海石油交易所近期是为石油产品中远期合同(包括仓单)交易提供交易场所和交易保障服务的现货市场,属于石油现货市场中的中远期交易市场,交易对象主要为石油商品中远期合同,即交易商以标准合同对未来的石油商品进行买卖。

该市场不同于产销见面式的传统石油交易市场,是采用先进交易机制和交易方式的现代石油市场。一是采用电子化、网络化的现代交易手段,实现人机对话、屏幕显示、意向传输、撮合成交,降低交易成本。二是根据"公开、公平、公正"的交易原则,由交易商自主按照交易规则竞价成交。三是具有一定的价格发现、套期保值、规避风险和净化市场、优化资源配置的功能。

市场吸收现代贸易模式中有积极意义的运行机制,与石油期货交易既有联系又有区别。根据该所公布的首批上市交易品种的质量标准讨论稿,180CST 燃料油质量标准(1 号)品种与目前上海期货交易所燃料油期货品种基本一样,唯一的区别是交易单位名称为"批",而上期所的品种为"手"。这一品种也是目前市场上交易量最大的品种。从结算模式来看,上海石油交易所将通过"差价结算",即根据当日结算价向买卖双方提供结算单,如果持仓资金不足,还可能追加保证金,这一做法与期货交易极为相似,如果是纯粹的现货交易,只需在交易时交纳定金后到期交割就可以了。此外,在上海石油交易所网站列出的交易商的 8 种盈利模式中,明确将"通过套期保值操作,锁定价格波动的风险"这种期货独有的锁定风险方式归纳进来。石油交易所与期交所燃料油交易最大的区别是不允许交易商卖空标准合同。

(二)可供选择的市场模式及其设立条件

从大宗商品市场形态来看,现代商品市场并存着"实货"与"纸货"两个市场。"实货"交易一般是指最终以商品交付为结果的交易行为,通常有现货合同、中远期合约和长期供给合约三种交易方式;"纸货"交易是指与商品相关联,但不以商品交付为目的,主要以资金收付为结果的交易行为,它以商品期货为代表。实货市场、纸货市场是一个完整市场体系中的两个重要形态。根据西方的市场理论,社会经济和实货市场发育到一定程度,需要纸货市场来更好地实现规避风险和发现价格,但纸货市场的基础始终是实货市场。

我们将以签订现货合同为交易方式的商品市场称为即期现货市场,将以签订中远期合约或长期供给合约为交易方式的商品市场称为中远期市场,将以转让标准化期货合约为交易方式的商品市场称为期货市场。这些市场模式都是构建石化商品交易市场可供选择的模式,每一模式都有自身的特点和实现条件。

1. 即期现货市场

即期现货交易是指即刻或在一定时期内以实物交收为目的的交易,即通常所说的一手钱、一手货交易。在商品经济产生后的相当长的历史时期,人们从事商业活动的主要交易方式都是即期现货交易。在现代商品经济中,即期现货市场发育是非常重要的,是市场交易必要途径。

即期现货市场经过漫长时间的发展,以电子化、集群化、网络化为主要趋势不断完善。从石化产品现货交易的发展历程来看,以石油产品为例,我国走过了"计划配置、集中批发"、"产销见面、市场营销"和"公开交易、电子成交"的三个历史过程,这三个阶段是相互交融,互为补充的。现代石油市场利用公开竞价、电子撮合的交易技术,能为即期现货市场创造一个低成本的现代交易平台。

但是尽管今天的即期现货市场已经日臻完善,其仍只是商品交易市场的初级形态。随着商品经济的发展和社会化生产体系的扩大,市场价格的变动成为经常现象,并常常引起其他商品价格波动和社会生产的连锁反应。因此,以即期交割为主要特征的即期现货交易,由于受交割时间的约束很大,难以对现实的供求矛盾和价格波动进行有效的调整,相反,有时甚至加剧供求矛盾,增大价格波动的幅度。可见,单纯的即期交易方式已不能满足社会经济进一步发展。

不过我们也必须看到,在现代成熟的市场体系中,即期现货市场是中远期市场、期货市场等更高市场形态不可或缺的基础。商品经济相对稳定的供需数量和价格状态,是在包括现货市场在内的完整的市场体系综合作用下实现的。

2. 中远期现货市场

中远期交易是在将来某一时刻交付商品的交易。最初的中远期交易是生产经营者彼此间允诺在一定时期交收一定数量的商品,这种允诺由小范围的口头允诺发展到大范围的签定买卖契约,并产生了中间担保人以监督买卖双方到期交割货物和交付货款。中远期交易有利建立稳定的购销关系,克服了即期现货市场的许多弊病,但也有局限性:如契约内容由买卖双方自行商定,不规范且易产生纠纷;合约不能转让,不利于转移风险和调整生产经营;缺乏担保和履约机制,一旦某方违约会造成一系列连锁反应,仅靠商业信用,难以满足需要。

中远期交易是以买卖双方签订中远期交货合约或长期购销合同来进行的。中远期交货合约是供需双方针对未来某时点交付的一定数量、一定价格的实货进行买卖而签定的合同,这种合同常常在中远期交货合约市场中交易,但到达交货期时会完成实货的交付。长期购销合同或协议又叫长约,是指供需双方就未来一年或几年内按一定的周期、一定的数量、一定的价格计算方法买卖原油或成品油而签定的合同或协议。此举保证了在合同期内供求双方稳定的买卖关系,这种关系是特定的,不能轻易撤换,更不能转让。

中远期石化商品交易市场不同于产销见面式的传统交易市场,是采用先进交易机制和交易方式的现代石油市场。它采用电子化、网络化的现代交易手段,实现人机对话、屏幕显示、意向传输、撮合成交,可降低交易成本。

另一方面,远期合同交易方式吸收了现代交易模式中有积极意义的运行机制,与商品期货交易既有联系又有区别。其与期货交易最大的区别有两个:一是不允许交易商卖空标准合同,二是不进行现金交割。若交易商要卖出石油石化商品中远期合同,则必须是有资质的单位或持有有资质单位开具的仓单额度,以表明其拥有实物商品或合同保证,这样可有效防止过度投机和资金炒作,净化市场环境,规范市场秩序,增强调控能力,可以有效规避市场交易风险,确保市场安全。

中远期石油交易市场是规范化的现代市场形式之一,有统一透明的交易规则,根据"公开、公平、公正"的交易原则,由交易商自主按照交易规则竞价成交。它现在还是现货市场,因为中远期合约属于现货交易,但再前进一步就跨进期货市场的门槛。所以,它会为未来开展石油的期货交易准备条件。

我国 2006 年先后开立的上海石油交易所和大连石油交易所即属于石油、石化产品的中远期市场。归结起来,要实现中远期现货公开市场的顺利开办,必须考虑以下五个基本条件:

第一,以大型国有石化公司为主导是实现石化商品市场平稳运行,向着正确方向发展的必要保证。

第二,公平、公开、公正的交易机制是现代石化商品市场的根本特征。现代石化商品市场的特征体现在三个方面:一是使用现代交易技术,采用计算机网络通信和电子撮合成交,以利于发现价格,为生产者和消费者提供参考;二是充分发挥市场调节机制,能够切实起到优化石油资源配置和规避风险的功能;三是有效地降低交易成本,净化流通环节。

第三,现代石化商品交易市场必须贴近生产与消费,最真实地反映中国的石化商品需求与供给。天津滨海新区,是我国经济最发达的地区,经济增长较快,石油加工业和石油石化产品贸易集散有良好的基础,同时也是我国金融创新基地、北方国际航运中心和物流中心,信息畅通,交易氛围较浓。

第四,坚持以实货为依托,以生产者、消费者和经营者为交易主体,能够保证市场价格的真实性,并可有效地避免过激的投机炒作。市场反映的需求是前瞻性的需求,形成的价格就是供给与需求充分交融的真实价格,对企业经营和国家的总量平衡均有不可替代的启示和预警作用。

第五,建立公平、公开的石化商品中远期现货交易市场,应当作为我国与国际市场的接口。中远期石油现货交易市场是一个信息交流的窗口、发现价格的平台,也是内外资源流动的良好接口。在此,通过发挥两种资源、两个市场的积极作用,有利于实现繁荣市场,保证供应,有序竞争的石化商品流通新格局。

3. 期货交易中心

期货交易是在中远期交易基础上发展起来的。为了克服中远期交易的弊端,一些商人便通过同业分会等形式把期货交易集中组织起来,创立了初级期货市场,在这里进行商品合约的转让和买卖。随着初级期货市场的发展,中远期合约逐步规范化,产生了专门的经纪人和保证机构和固定的交易场所——商品交易所,交易规则逐渐规范化。初级期货市场在进一步的演变过程中,其内容和形式也由单一的保值交易逐步发展为以投机和套期保值交易为主的现代期货市场。可见,期货市场的出现完全是商品经济和现货市场长期发展的必然结果。

期货交易的性质可以概括为一种买卖双方不谋面的虚货交易,是一种买空卖空行为。这种行为依照买卖目的的不同可分两种:一是保值性的买空卖空,其目的是为规避现货价格风险,即根据生产经营状况、市场供求关系及价格的变动趋势,通过及时补进和卖出现货实现保值。二是投机性的买空卖空,是通过正确预测期货和现货市场的价格变动趋势,以从期货价格的变动中牟利为目的而进行期货合约买卖。

期货交易有其自身的特点:一是期货交易的对象是标准化的期货合约,只有价格是唯一的可变因素;二是期货交易的目的是为了规避风险、保值或投机获利;三是期货交易场地集中化,从而汇集了市场供求商品价格的信息;四是期货交易有固定的交易程序,严格的交易规则,竞争公平;五是有严格的保证金制度,所有期货交易所每天都要对交易的各个品种计算出结算价,如出现"浮动亏损",则交易商必须补足交易保证金,以确保交易的正常履行;六是期货交易的商品种类有较大限制,是一种特殊商品交换方式,上市商品通常要具备一定的条件才能进入期货市场。

交易所期货具有金融衍生工具的属性,具有最大程度的开放性和交易灵活性,它可吸引全社会各界参与。一般而言,开办石化商品期货交易市场要有三个必要的条件:一是石油现货市场必须规范有序和充分活跃。只有现货交易发展到一定阶段,市场参与者才会逐渐提出对套期保值和价格发现市场工具的需求。而期货交易者采取现货交割时,应可获得实物资源,实现从纸货到实货的转化(即"期转现"),达到期货与现货的制约平衡,防止期货过度投机。二是政府限制少,没有垄断经营。所有期货交易参与者均可规范地从事合约买卖,价格由市场决定。三是要有一个充分发育、自由流动的资本市场,无论是企业法人还是自然人,都可通过卖空和买多建立仓位,随时调动投机资金,最终通过现金结算或现货交割实现投机获利。

全球广泛参与的石油期货交易所有三个,它们是:纽约商品交易所(NYMEX),主要交易品种是西得克萨斯中质原油、汽油、取暖油;伦敦国际石油交易所(IPE),主要交易品种是北海布伦特原油;新加坡国际金融交易所(SIMEX),主要交易品种是中东迪拜原油。

期货交易与中远期市场运行有很多相似之处,但也存在本质的区别,标准期货是金融的衍生工具之一,金融性大于商业性,可以直接根据交易所提供的结算价进行现金结算,而不进行实物交割,像纽约、伦敦石油交易的实物交割量仅为 3%－6%。

四、滨海新区建设石化商品交易市场的总体构想

(一)滨海新区石化商品交易市场的发展目标

根据建设现代化石化商品交易市场体系的客观需要,为实现交易市场"十一五"期间的规划目标,天津滨海新区石化商品交易市场的发展目标为:用 5 年左右的时间,逐步建成贸易商、生产商、投资商、金融商和需求者等多元主体广泛参与的,交易产品品种多样、价格放开、竞价公开、成交公平和履约公正的,市场管理和监控、协调、服务于一身的,交易方式集即期现货交易、中远期现货交易、期货交易于一体的,面向全国并与国际市场接轨的现代石化商品市场体系。

(二)滨海新区建设石化商品交易市场的努力方向

1.要强化交易市场的服务功能

交易市场必须积极组建自身多层次的营销网络和信息网络,网络的一头是生产企业,另一头是分散的中小户,网络的重心应在用户一头。

2.要建立新型的流通方式

交易市场不能以"坐镇"市场等客户的服务方式,交易市场应在营销网络的基础上,通过监控方式附设若干经营实体,积极开展代理经销、加工、仓储、配送等业务,为建立新型的工商关系,使商流、物流、信息流一体化,加速物资流通发挥更大的主渠道作用。

3.要积极探索国内外市场一体化的途径

我国对外贸易体制的改革,为交易市场走向国际化,提供了发展机会,要抓住这一契机,争取交易市场附加外贸出口经营权,这一方面为客户提供了从事国际物资交流的机会,同时,交易市场附设的外贸机构也可顺利开展对外贸易。

4.要实现石化商品现货交易和期货交易并举

根据目前国家对商品期货市场的监管政策,市场应在现货交易的基础上做好下列两项准备工作:

(1)与现货交易相衔接,对交易市场的职能机构按照期货交易的需要,进行规范化的改造,使职能机构更加健全,为开展化工产品期货交易做准备。

(2)根据期货交易对产品特征的四项要求(可长期存储;进行大宗交易;商品的品质可明确的划分等级,以便实现标准化;商品价格变动频繁),从众多的化工产品中筛选若干种适宜进行期货交易的品种。

5.要大力拓展业务范围和服务领域

根据交易市场"十一五"发展目标及其运作方式,市场今后应大力拓展业务范围。交易市场必须增强服务意识,强化服务功能,除常规的市场管理交易服务之外,应向信息咨询、融资结算、仓储配送、代理经销商、商业延伸加工、进出口代理等方面拓展业务。在交易品种上要推行战略转移,要转向全部的化工产品,根据一业为主,多种经营的原则,还可跨行业经营。

(三)滨海新区石化商品交易市场的功能设计

1. 交易服务功能

这是市场的基本功能。交易市场应向供需双方提供交易洽谈、签约的场所和设备,做好交易管理指导和中介工作。会员企业按市场的交易程序和交易规则,就某种或多种石化商品达成一致意向,并按照交易市场提供的规范的合同形式签订合同,然后进行履约,再到交易市场其他部门进行结算、现货交割等,最终把货物送到用户手中,完成整个交易过程。

2. 信息集散咨询功能

信息是商品交易的基础,交易市场应与供需网络相配套,提供各网员单位及国内外厂商石化商品的货源情况,包括主要产品的品种、数量、质量、价格、交货期、交货地点等,供用户购买使用;提供用户需求的石化商品的数量、品种、质量、价格、交货期、交货地点等,为供货单位提供比较准确的信息。

建立相应的信息网络,出版刊物,及时收集石化商品物资的供求信息、价格信息,经过加工并通过计算机网络、大屏幕、分屏显示、多媒体演示等方式,向交易双方提供供求信息、价格信息,同时做好咨询服务。

3. 价格形成功能

供需双方把石化商品的品种、数量、质量、价格、交货期、交货地点等,通过营销网络提供到交易市场营销网络的集结点,通过综合分析比较形成市场价格,把交易市场建成石化商品物资的价格形成中心。

4. 统一标准功能

石化商品交易市场的交易对象为即期现货和中远期标准合同,为满足规模化交易的需要,必须对目前同一产品多样化的产品品质进行统一,制定被市场普遍认可的石化商品标准。随着交易规模的扩大,使越来越多的生产商参照相同的标准来组织生产,逐渐形成石化商品的"中国标准"。

5. 结算融资功能

交易市场实行保证金和"结算中心"统一结算制度,开展会员间的有偿信用融资活动,加速结算和资金周转。

6.交割配送功能

开展交易市场的交割配送功能,建立仓储、配送网络,不仅仅为了提高交易市场的服务质量,更是为现货市场交易进行配套。

7.市场管理功能

依据市场筹建的宗旨,交易市场具有贯彻政府有关物资流通的政策法规,以及对交易活动进行调控、规范、指导义务和功能。交易市场按照市场规律,在公平、公正、公开竞争交易的原则下,制定适于操作、方便客户的管理制度、章程、交易规则。

8.代理经销功能

代理经销制是国际市场上普遍推行的物资流通形式,它对协调工商关系,稳定物资流通有着积极的作用。滨海新区石化商品交易市场应采取积极稳妥的办法,开展国内及进出口代理经销业务。

9.综合服务功能

为方便供需客户从事交易活动,交易市场除要向客户提供交易纠纷仲裁、公证、通信服务和生活服务之外,还要为客户提供税收、社会融资、法律等方面的配套服务。

(四)滨海新区石化商品交易市场的模式选择

依据我国石化商品市场的目前发展情况及未来发展趋势,结合滨海新区及环渤海地区石化产业的基础条件和实际需要,滨海新区建设石化商品交易市场应采取从即期现货市场和中远期现货市场起步,逐步培育建立主要石化产品期货市场的市场发展模式。

1.滨海新区应优先发展现货市场

滨海新区石化商品现货市场必须要优先发展,主要基于以下考虑:

(1)这是由石化市场演变的规律性决定的

现代石化商品交易市场体系是个完整的系统,即期现货、中远期合约、期货、期权等各种交易形式需要协调发展。特别是在市场体制建设起步阶段,现货市场机制有待进一步完善,期货市场建设仍处于不发达状态,建设即期和中远期交易市场是我国逐步完善石化市场体系、促进现代交易方式形成的现实有效途径,西方目前的石油价格体系就是从中远期现货交易发展而成的。

结合我国现行石油流通体制的特点,比较可行的市场创新模式是建立公开、公平的即期现货和中远期现货交易市场。在这个市场内交易的是以实货为基础的销售合同,它可以是标准化的实货仓单,其根本属性是现货交易,而不是金融衍生工具。既要保证市场的实货交易属性,并赋予套期保值、发现价格这两种我国目前石油流通领域急需的重要功能。在这个市场中,"禁止卖空"和"不搞现金交割"是现货市场保证交易安全,避免投机炒作的两条根本法则。

(2)这是由我国稳定石化市场的客观需要决定的

我国石化商品交易市场体制还不完善,市场准入和石油价格尚未完全放开,开办期货交易不仅难以运作,还可能会引起市场秩序的混乱。

中远期交易市场介于传统现货交易与现代期货交易之间,符合国家现行的石油价格政策,并能同国家石油流通体制的改革步骤相衔接,条件具备,能够很快启动,而且还可以弥补我国现货市场发育不充分的缺陷。

中远期现货市场既能弥补传统的一对一的交易方式低效、高成本等缺陷,又能避免期货市场由于过度投机和资金操作可能给社会、市场、企业造成的不稳定。此外,相对期货而言,现货市场的调控比较容易,可以把油品交易价格控制在国家规定的中准价 8% 的范围内,使之符合国家现行的石油价格政策。市场运行起来后,政府还可以参照市场价格定价,使国内石油等石化商品价格在跟踪国际价格的同时,也能反映国内供求关系。随着市场渐趋成熟,市场发现价格的功能在国家定价体系里所占比重就会越来越大,并最终过渡到以市场来定价,中远期现货市场的建立,对价格体系改革将产生巨大的推动作用。

此外,中远期现货市场还可吸引国外石油、石化资源,有利于促进国家战略石油储备和商业石油储备,并能提供充分真实的市场即时信息,维护市场稳定。所以,从中远期现货交易切入,逐步探索场内交易与场外交易、石油业与金融业合作发展,最终实现即期现货交易、中远期交易、期货期权交易、招标、拍卖和现代复合(场内、场外)交易等多种交易方式相结合的市场模式,是建设现代石化商品交易市场的必由之路。

(3)这是由滨海新区石化市场的发展现状决定的

滨海新区现代石化商品交易市场体系的建设是在市场发育程度很低的基础上提出来的,现货市场不发育使得供求各方的满足很不方便,因此建立公正透明、顺畅有序的现货交易市场是当务之急。生产者迫切需要石化产品方便多样的销售渠道,消费者迫切需要获得石化产品的采购渠道,因此现货市场必须首先充分发展起来。

建立我国中远期交易市场,能够引导我国石油石化企业公平交易、公平竞争,进而起到优化配置资源,推动科技进步和促进石油、石化工业发展的作用。同时还可加强与国际市场的联系,使我国石油石化企业在利用国内外两种资源、两种资金和两个市场上发挥更大作用。

2.滨海新区要逐步构建石化商品期货市场

滨海新区未来需要在现货市场充分发育的基础上,逐步构建主要石化商品的期货市场,这主要是基于如下考虑:

(1)期货市场独有价格发现和风险转移功能,是石化商品市场发展的必然方向

西方发达国家的经验表明,现代市场经济的发展需要一个强有力的稳定机制,也就是必须建立和发育期货市场。

首先,期货市场具有价格发现功能。价格发现即指在交易所内能够产生出各种商品的期货价格体系。这种体系唯一地产生于期货交易过程中,集中地反映出各种影响供求关系的因素。与现货市场相比,期货价格预先给出了今后时期交易商品的价格信号,提供了超前的市场信息。期货市场能够增加市场信息导向的功能,为经营者提供正确的经济参数。期货市场可将大量较分散的国内外市场信息集中起来,进行分析处理,提供出准确的信息参考系,便于交易者对未来市场进行预测,把握未来价格。商品经营者可以根据此价格体系及时定出近期或远期的经营决策,随时调整产销关系,预测未来商品的价格走势,使生产经营得以较为稳定的发展。

然后,期货市场具有风险转移功能。风险转移即指期货交易者可以

通过套期保值行为最大程度地减少价格波动所带来的风险。其交易方式是通过在期货市场进行与现货市场的商品种类、数量等相同,但交易方向恰恰相反的合约交易来抵消现货市场交易中存在的价格波动风险。风险转移是期货市场最重要的经济功能之一,即给经济运行提供避险机制,消除或减少经济运行中存在的风险。保证了经济的稳定和发展。正是由于期货交易其有价格发现和风险转移这两大主要经济功能价值.才使期货市场得以存在和发展。

石化商品符合商品期货设立的四个条件:一是商品可储存,能保存较长时间而品质不变;二是商品品质易于分级和评价;三是交易存在规模性;四是价格波动频繁。因此,石化商品完全可以通过期货市场进行交易。

(2)我国存在开办石化商品期货市场的现实需求

开办石油期货市场的主要理由:一是商品期货已有一百多年的历史,石油期货从1978年问世,也已有近30年历史。商品期货之所以能够存在和发展,是因为它是市场经济发展中的一种进步、科学和文明,它所具有的发现价格、套期保值,规避风险和优化资源配置、净化市场的功能,是其他商业模式无法比拟的。我国改革开放30多年来,石油、石化企业的市场化进程明显,再加上法制建设步伐加快,应当说企业从客观到内在都有需求,环境条件还算可以。再加上近几年国际石油价格波动很大,"入世"后石化上游产业垄断格局被打破,"专营"被取消,政策性照顾也不再存在,市场扩大开放已成必然,如果在石油石化产品贸易上还是抱着陈旧、单一的方式不放,很难有效地参与到国际竞争中去。

建立主要石化商品期货市场是不可避免的趋势,当务之急是分析现阶段发展石化商品期货的有利条件和制约因素,积极利用区位、资源、产业、政策优势申请设立期货市场,并研究如何推出适应市场需求、条件比较成熟的期货品种。

五、滨海新区建设石化商品现货交易市场的组建方案

(一)建立功能完备的石化交易有形市场

1. 交易市场的功能设计

依据市场的管理服务与监控经营相结合的混合运作模式,交易市场应向管理服务与代理经销相结合、内部统一交易结算与外部交割配送相结合、国内贸易与国际贸易相结合的方向发展,同时推出主要石化商品的即期现货交易和中远期现货交易,并实行全方位配套服务。

2. 交易市场的组织结构

组织结构设置是实现科学管理,建立高效运作机制,落实交易市场基本功能的组织保证,它将组织跨地区、高层次的常年运行的物资交易活动,因此,交易市场应按照市场机制的原则,建立精干的、高效率的组织结构和办事机构。

根据上述交易市场功能设计,交易市场需要在自主经营、自负盈亏、独立核算的经营原则基础上设置七个职能部门,其职责如下:

(1)交易部

其职能为:交易场所(交易厅、洽谈室、签约室)管理;建立和管理供销网络;交易活动监督与管理;交易中介服务;组织商品展示、宣传、展销会、订货会。

(2)结算部

其职能为:会员保证金管理;交易合同管理;会场交易合同统一结算;会员席位费收取;会员手续费收取;场内会员之间结算融资活动服务;国际贸易结算。

(3)信息部

其职能为:建立和管理信息网络;收集、加工、处理供求信息、价格信息;场内交易信息统计分析;负责交易市场中心计算机网络运行;信息检索、交流、咨询和服务;行情预测、发布市场交易指导价格。

(4)综合部

其职能为:交易市场管理制度建立;市场通信服务;市场后勤保障服务;公关接待;文秘;日常行政事务管理;法律事务。

(5)市场部

其职能为:交易市场发展战略研究;国内外市场开发策略研究,开发外贸对策研究;发展外籍会员,拟定外籍会员管理办法;组织货物出口报关交割。

(6)代理部

其职能为:建立代理经销网络;代理协议管理;代理经销业务(代理销售、代理采购);与交割配送部合作完成经销货物交割配送;代理业务的统计、财务管理;国际贸易代理业务。

(7)交割配送部(配送中心)

其职能为:建立交割仓储网络;依据交易合同,统一调度货物收、交仓库地点;办理货物入库、验收、保管;库存动态统计发布,优化货物收交地点;组织短途、保管、卸装费;推行标准仓单交易。

(二)市场营销网络的建立与运营

1.营销网络的建设及形成过程

为实现交易市场的功能,建立好营销网络是关键,为此主要抓好两项工作:一是组织好货源,建立起供应网络,抓好化工产品生产企业的产品组织工作、疏通供货渠道、理顺关系,做到保质量保货源;二是建立销售网络,化工产品交易市场将产、销、用紧密结合起来,形成网络。

(1)供应网络的建立

以市场为中心点,组织大、中、小型石化公司、零散公司、经销石化商品外贸专业分公司、外商、外国石化企业,建立起化工产品的供应网络,保证货源产品数量符合国家或国际标准,数量计量准确,供在交易市场中进行交易,供用户及其代理商等选择,以达到最后的成交目的,供应网络有以下几种形式:

一是与大型石化商品生产企业建立供应网络。构成效率高、渠道畅、费用低、服务好、周转快、信誉好的生产资料流通体系,形成社会化、专业化流通体系。滨海新区石化商品交易市场应与国内各大型石化商品生产企业建立供货渠道,做到互惠互利、合理分工、保证货源供应。

二是与各地中小型石化商品企业建立网络,以解决化工产品的品种和数量,同时,抓零散货源,集零为整,供用户选择。

三是与外贸专业分公司联合,解决国内客户急需、在国内还暂时不能生产的、或者是在数量上、质量上不能满足需要的化工产品。

四是与外商相联系,通过国内、国外展销会等形式与外商直接联系,通过进出口渠道解决用户急需。

通过上述几种途径,建立起天津石化商品交易市场的供应网络。

(2)销售网络的建立

工业发达国家的营销网络都十分完善,有先进的信息处理设施、计算机网络,快捷的运输,良好的仓储和配送中心,其营销网络也有多种形式,比较常见的有代理经销,连锁经营等方式。

市场的销售网络,可以采用以下几种形式:

一是交易市场自身培育较为稳定的大、中型用户。

二是以天津为中心,在本市范围内的代理商、经销商、经济人等,组建成经常的、稳定的销售网络。交易市场应具有优惠政策,吸引他们成为正式会员单位。

三是建立区域性销售网络,在一定销售半径的区域内,选择一家或几家作为交易市场的代理商或经销商,成为交易市场的网员单位。

四是培训建立经纪人队伍,形成随机销售网点。

五是建立连锁经营,形成规模优势。推行代理制、经销制,这是建立新型工商、工贸关系的重要形式,国外已有多年的经验,目前国内已开始发展。

六是内外贸结合,充分利用内外贸企业,发挥其优势,以解决国内短缺的石化商品,满足用户急需。

七是面向零散客户,集零为整与化整为零相结合,建立定期与不定期的销售网络。

按照上述几种形式,使天津石化商品交易市场逐渐成为一个供、销、用网络的集合点,通过运作,形成比较完善的营销网络。

2.营销网络的构成

市场的营销网络可由以下七个方面构成：

(1)天津市场；

(2)有关城市建立区域市场；

(3)以不同形式的合作关系组建不同类型的化工产品经销商、代理商网络；

(4)经纪人；

(5)连锁化经营；

(6)内、外结合；

(7)上级有关单位委托组织展销会、订货会、交易会。

3.营销网络的运作

市场除应具备齐全的设施、先进的手段等物质条件外，应特别重视其营销运作的灵活高效，这是繁荣石化商品交易市场，获得经济效益和社会效益的关键。

(1)转变经营观念

坚持市场为生产企业和用户服务的方向，变被动工作方式为积极主动的工作方式。积极与会员联系，经常走访和邀请会员单位交换意见并做好服务，把满足用户特别是中小用户的不同需要作为经营的信条。

(2)强化服务功能

积极开展代理经销、仓储配送业务，充分利用社会储运设施，为企业提供代储代运中转服务，使商流、物流、信息流一体化，发挥化工物资流通的主渠道作用。

(3)充分发挥会员与网员单位在营销网络中的核心作用，积极拓宽市场供销渠道

做好集零为整和化整为零的组织工作，使营销网络具有集散和辐射能力，实现多渠道、多形式的营销活动。

(4)建立良好的信誉

要求生产企业按质、按量、按时发货，代理商应在合同规定的时间内按期结清货款，不托欠。

（5）接受生产企业委托，举办订货会，展销会或交易会。

（6）在运作中及时掌握价格信息，并在交易中注意费用节约，精打细算。

（三）市场交易原则、交易主体及交易对象、主要交易制度和交易程序

1. 交易原则

根据国际惯例和国内通常做法，交易市场交易原则如下：

（1）交易市场遵循规范化管理，热情服务，良好信誉，高质高效的原则，采用集中交易，公开竞价，统一结算的办法进行。

（2）交易品种的质量按国家现行标准执行。

（3）交易商品实行计量标准化。现货交易的单位以"吨"计算。

（4）交易商品等人民币计价单位为：元/吨。

以上仅是常规做法，交易的原则和交易程序还要根据实际情况制定详细办法才可正常运作。

2. 市场主体及交易对象

按照国际惯例，交易市场一般采取会员制，结合我国实际情况建议仍采用会员制，但其组织形式可分两种类型：一是紧密型，另一种为松散型。前一种主要是大型的化工企业，大型的经销商、代理商以及具有稳定性、长期性、供应和销售都有相当实力的中型企业，将他们吸收为会员，作为交易市场的营销基础。后一种主要指营销规模比较小，但营销能量大的生产企业或营销商，将他们组织起来，属松散型。

会员参加交易市场应遵守会员管理办法和章程。凡承认交易市场章程，遵守交易规则的生产企业和区域市场代理商、经销商、连锁店等，交纳信用准备金后，都可成为交易市场的会员或网员单位。

交易商交易的对象近期为即期现货和中远期标准合同。标准合同必须明确标明交易物的数量标准、质量标准、交割期限标准和交割地点等。交易品种上，将按照"边实践、边研究，成熟一个，推出一个"的原则，陆续推出燃料油、原油、天然气、乙烯等石油、石化主要产品的中远期合同交易。

3. 主要交易制度

（1）商位制

交易商以自己的名义参与交易，并需交纳交易手续费、税金和按年度收取的交易商位维护费。经批准，交易商可代理其他客户进行交易。

（2）准备金制

凡有正式商位资格者，都要按规定缴纳交易准备金和追加交易准备金，并按规定浮动。

（3）每日结算制

每个交易日结束后，按照当日价同结算价，对交易商交易准备金账户进行每日无负债结算，并相应增加或减少交易商的交易准备金，本市场实行分级结算制度，即市场对交易商、交易商对其代理的客户分别进行结算。

（4）统一交割制

交易商实物交割必须在交易市场认定的标准交割库中进行。仓单要履行注册手续，并按质按量限时交割、转让或注销。

（5）风险准备金制

本市场将从自己收取的交易手续费中提取一定比例的资金，作为确保交易市场担保履约的备付金，以降低市场履约风险。

此外，本市场的交易制度还包括涨跌停板制、大户报告制、信息公开制、持仓限额制、强行平仓制等。

4. 交易程序

参照国内外周边市场的交易程序，交易市场的交易程序如下：

（1）会员代表在交易日开市前应填写交易单，并标明买卖商品的品名、生产厂、交货期、交货地点等代码；

（2）出市代表在交易日开市前应填写交易单，并标明买卖商品的品名、生产厂、交货期、交货地点等代码；

（3）每个交易日可分为若干小节，不同类别的商品分节进行交易，每小节的时间由交易主持人根据交易的具体情况掌握；

（4）每节交易由交易主持人按铃宣布交易开始，各出市代表在计算机终端上输入有关代码和数据（即交易意向）；

（5）在交易过程中允许出市代表对各自未成交的交易意向进行修改或删除,因此可随时输入新的交易意向;

（6）交易按照价格优先和时间优先的原则进行;

（7）每一种交易结束,交易主持人将计算机打印的交易成交单送达各出市代表,该笔交易即行生效;

（8）交易成交后,买卖双方出市代表当日到交易市场履行合同,办理有关手续;

（9）交易市场结算部在交易结束后,根据成交单向成交方单位核收相应的交易保证金及手续费,并根据当日交易汇总表向会员单位送达当时结算单和盈亏通知单;

（10）出市代表凭成交单及时报告本单位及通知被代理人,然后再进行交割并提货。

（四）交易市场的商品展示组织管理

交易市场作为华北乃至三北地区的营销中心,其商品展示是必不可少的,通过商品展示达到促销的目的。

1.商品的展示构成

（1）各类产品生产企业的石化商品目录;

（2）各类产品生产企业的石化商品的样品及说明书;

（3）各类石化商品的样品;

（4）各类产品生产企业的生产工艺流程,主要设备模型。

2.商品的展示方式

（1）商品的文字与图表说明或通过电视机进行多屏幕显示;

（2）商品的实物样品展示或橱窗展示;

（3）商品的录像带,录放显示;

（4）石化产品生产企业的生产工艺流程及主要设备模型显示;

（5）交易市场应建立商品的展示柜;

（6）石化企业新产品的展示;

（7）定期不定期的商品展示会。

3.交易市场的商品展示组织与管理

（1）交易市场应设置专门机构，配备人员负责石化产品等展示组织工作；

（2）由展示部门负责收集整理有关需要展示的石化产品目录、样本、录像带、实物样品等，然后分析整理再以各种形式进行展示；

（3）规定展示时间、位置等；

（4）凡参加展示石化商品展示应合理收取一定费用；

（5）利用各种场合组织有关与会人员参观展示柜，并由讲解员介绍商品有关知识，开展促销活动；

（6）组织买卖双方按样品标准进行交易。

（五）市场信息网络与技术支撑系统

1. 石化商品交易市场的信息咨询功能

市场的信息咨询业务应具备信息交流与咨询服务两大功能。具体如下：

（1）发布石化商品供求信息；

（2）发布石化商品成交信息；

（3）传播石化商品行情和有关经济政策法规；

（4）报道国内，国际石化商品交易动态，预测市场发展趋势；

（5）建立以会员单位为主，由不同层次网员单位参加的，能覆盖华北和三北乃至全国的化工信息网络；

（6）建立国家信息中心，了解国内与国际市场动态，预测市场发展趋势，保证上述各项功能的实现。

2. 石化商品交易市场信息网络设计

现代化的石化商品交易市场必须具备现代化管理，为此必须建立完善的管理信息系统，为交易提供可靠的信息，提高经营管理水平。

石化商品交易市场最基本的运作形式是由物流、商流和信息流组成的。石化商品交易市场各部门各环节都是为保证和促进物流、商流和信息流的通畅流动，使物流、商流和信息流形成最佳状态，使石化商品成交快、效率高、促进石化商品生产的发展，为用户创造最佳的经济效益和社会效益。

（1）信息的来源

一是石化商品供方信息：包括商品数量、品种规格、商品价格、质量等级、交货期及交货地点等。

二是石化商品需方信息：包括商品数量、品种规格、商品价格、质量等级、交货期及交货地点等。

三是通过计算机网络广泛收集国际、国内石化商品市场动态信息。如市场供需状况、价格行情变化、政策法规与动态、专家分析与预测等。

四是市场交易信息。如商品成交量、成交价格、成交金额、交割配送情况及交易中产生的问题等。

（2）信息的构成

石化商品交易市场信息的构成主要有三部分。

一是商品供需信息。市场通过各种渠道收集到的供方与需方的供需信息主要有：商品供需的数量、品种规格、商品价格、质量等级、交货期及交货地点等。对商品供需信息强调其可靠性与及时性，为供需双方提供交易决策的依据，是石化商品市场最基本的信息，是搞好石化商品市场运作的基础。

二是交易服务信息。交易服务信息主要侧重于商品行情、政策及与市场预测有密切联系的信息，及时为交易双方提供咨询。它包括国内、国外商品动态信息，经济政策信息，咨询服务信息，通信服务信息，商品配送信息等。

三是市场管理信息。市场管理信息包括会员网络组织、商品成交动态信息、财务结算信息、法律法规保障信息及展销信息等。市场管理信息为石化商品交易市场各职能管理部门提出了相应的任务和要求，规划石化商品交易市场的发展，是石化商品交易市场管理功能工作的核心。

（3）信息流

根据石化商品交易系统信息的构成与功能的不同，其信息流主要有两种：石化商品营销系统信息流和石化商品交易系统信息流。

一是石化商品营销系统信息流，营销系统信息流主要描述石化商品交易市场营销系统网络的构成，物流信息流和商流信息流的运动过程，以此来协调和控制石化商品交易市场的运行,促进营销活动的开展,实现整个石化商品交易系统的功能目标,创造良好的经济效益和社会效益。

二是石化商品交易系统信息流。石化商品交易系统信息流是由会员组织和石化商品交易市场各有关职能部门组成的。通过会员组织将供需双方信息输入市场部,在市场部内进行供需双方的商品匹配与价格协商,为商品成交做好充分准备,当一切商妥后,供需双方进入交易部办理商品成交手续,并发布商品成交信息,继而进入结算部进行财务结算,成交双方按规定交纳手续费和保证金,结算部当即向交割配送中心发出商品结算配送信息,配送中心负责为用户所购商品配送发货,这样就完成一项交易工作。

(4)信息处理

从石化商品交易系统信息流中可以看出,每一个工作环节都有信息的输入、输出和反馈,最终形成一个完整的、封闭的信息循环系统,这个系统不断周而复始的运转,高速有效地完成石化商品交易系统的功能目标,为实现石化商品交易计划起到了保证作用。

一是原始数据的收集。及时、准确、完整地收集原始数据,是搞好信息处理工作的首要条件。作为石化商品交易市场最主要的原始数据,应是供需双方对石化商品所提供的供需信息,诸如产品名称、规格、质量、数量、价格、产地、交货地等。

二是信息的加工。信息的加工是信息处理的基本内容,它要进行信息的分类、排序、计算、比较、选择等项工作。通过加工使其成为符合一定管理决策所必须的信息。在石化商品交易过程中,对商品交易的各种信息,按照一定的要求,分门别类地填入各种统计报表中。通过这些统计报表所提供的丰富的交易信息,可以明显地反映出石化商品交易市场的现状,为用户和石化商品交易市场的管理提供可靠的动态咨询信息和决策依据,预测石化商品交易市场的发展趋势。

三是信息的传输。将各种统计报表作为信息的载体,通过石化商品交易系统信息流,由各有关的职能部门将自己的信息传输给石化商品交易市场的信息部,再由信息部将各种交易信息进行综合分析并写出报告,以计算机屏幕显示和文件形式传送给市场管理者,市场管理者再依据计算机屏幕和文件报表提供的信息,对比石化商品市场交易现状与原定的计划目标找出存在的差异,采取相应有效的措施,发出决策指导信息,及时反馈给各有关职能部门,指导、调整和控制各部门工作,保证按计划执行。在管理过程中,信息不断地传输与反馈,是现代化管理的一个非常重要的手段,是取得管理有效的重要保证。

　　四是信息的存储与检索。信息经过处理后,有的信息可以立即应用,有的信息在使用后或未使用时需要存储起来,这就是信息的存储。为了便于对一些信息的日后查询,必须有一套科学的、方便的查找方法和手段,这种方法和手段就是信息的检索。滨海新区石化商品交易市场将对信息做分类和编码,编制产品品种代码、品种规格代码、生产厂代码、交货地代码、会员单位代码等,为迅速准确地查询检索信息提供了便利条件。

　　3.石化商品交易市场技术支撑系统设计

　　(1)石化商品交易市场技术支持系统的目标

　　技术支持系统就是指能满足交易市场功能实现,以信息流的方式贯穿起来的计算机网络构成的可快速灵活运转的结构体系。

　　为使滨海新区石化商品交易市场建成交易规范化和管理现代化的全新的市场交易模式,设计先进的计算机网络管理系统,以支撑天津石化商品交易市场成为“设备先进、功能齐全、高效运作、供需便捷”的市场,并立足天津、面向华北、覆盖“三北”、辐射全国的重要的石化商品交易市场。

　　(2)技术支持系统的功能

　　技术支持系统的功能主要包括以下三个部分:

　　一是信息集散功能。技术支撑系统及时、准确地由会员网络收集石化商品供需信息,通过国内外信息资源网络抽取石化商品交易的动态信息,共享和自建石化商品交易系统数据库,存储石化商品交易信息,利用计算机硬、软件系统对收集和抽取的信息精选加工处理,通过计算机网络系统检索、查询商品供需信息,应用多媒体、大屏幕、多屏幕设施显示石化商品交易信息,为用户进行交易决策提供依据。

　　二是交易服务功能。在计算机硬件设备和软件环境上支持和保障石化商品交易供需便利和高效运作;实现交易结算处理,包括交易合同录入、交易合同分析、结算录入分析、交易结算报表输出;国际、国内商品动态咨询;商品的档次和附加值,特别配送及通信服务等。

三是管理功能。对与交易相关的综合服务机构及会员管理子系统等提供计算机网络、数据库、信息处理手段支持;及时沟通信息,了解市场运作状况,为商品交易管理和服务提供条件。

(3)石化商品交易市场计算机网络信息流分析

基于技术支撑系统的目标和功能要求,从信息集散和石化商品交易的角度分析信息流和建立相应的数据库。

一是信息流。贯穿于整个技术征程系统的信息流主要有:从商品供方到商品需方的集散过程信息流;反映商品交易过程,及时准确地查询检索商品交易结果的商品交易信息流;场内职能管理及与商品交易相关的综合服务机构的管理、服务过程的职能管理信息流。

二是数据库。从信息和商品交易要求出发,建立商品供方数据库、需方数据库、企事业名录库、交易服务数据库和市场管理数据库。

(4)计算机管理系统设计

根据石化商品交易市场的整体功能要求,首先要对计算机管理系统进行设计。

依据功能的不同,该系统包括七个子系统。各子系统的功能如下:

一是交易部子系统:主要功能是建立和管理营销网络;会员管理;交易活动管理与监督;组织商品展示、宣传、展销会、订货会等。

二是结算部子系统:主要功能是交易合同管理;会场交易合同统一结算;会员保证金管理;会员席位费、手续费收取;国际贸易结算等。

三是信息部子系统:主要功能是收集、加工、处理供需信息;建立和管理信息网络;负责交易市场计算机网络运行;场内交易信息系统统计分析;信息检索、交流与咨询服务;市场行情预测、发布市场交易指导价格。

四是综合部子系统:主要功能是交易市场管理制度建设;市场后勤保障服务;公关文秘及日常行政事务管理等。

五是市场部子系统:主要功能是交易市场发展战略研究;国内外市场

开发策略研究;发展外籍会员、拟订外籍会员管理办法;组织货物进出口报关交割等。

六是代理部子系统:主要功能是建立代理经销网络;代理协议管理;代理经销业务;代理业务的统计与财务管理;与交割配送部合作完成经销货物交割配送;国际贸易代理业务等。

七是交割配送部子系统:主要功能有建立交割仓储网络;依据交易合同,统一调动货物收、交仓库地点;办理货物入库、验收、保管及库存动态统计发布;收取仓储、保管、装卸费;推行标准仓单交易等。

(5)网络系统设计

计算机网络系统是为实现石化商品交易市场整体功能而设计的,它要满足交易市场的需要,要求系统反映快速、准确,系统要有高的安全性、可靠性和易操作性,整个系统便于维护和扩充。

六、滨海新区建设石化商品交易市场的政策建议

(一)聚集利益主体,集资组建交易市场

在市场体制和组织机构上,遵循"政府引导、企业主体、市场运作"的指导思想,由滨海新区大港区、保税区主要建投公司、四大国有石化公司天津分公司、渤化集团等机构共同出资,组建符合《公司法》规范,具有健全公司法人治理结构的现代公司制企业——有限责任公司,分别设立股东会、董事会、监事会和总裁班子,完善"自主经营、自负盈亏、自我发展、自我约束"的企业经营机制,建立归属清晰、权责明确、保护严格、流转顺畅的现代产权制度。

(二)放宽准入条件,吸引多元市场主体

目前,我国石油化工产品的生产和贸易以中石油、中石化、中海油和中化集团总公司四大公司为主体,隶属于这些企业集团的全资和合资子企业总数逾千余家。该市场可从这些企业中吸收有实力的优秀企业作为该市场的交易商。以后,随着交易市场的逐步开放,还可接纳具备资质的民营企业和外资企业成为交易商。其他符合规定又暂不能直接进入市场的企业,可以由有资质的交易商代理交易。

(三)将现有保税区政策叠加到交易市场

滨海新区同时拥有保税区、出口加工区、保税物流园区、保税港区等各类高度开放的功能区。同时,按照党中央、国务院对天津滨海新区的功能定位,滨海新区要进一步成为我国北方对外开放的门户,积极探索海关特殊监管区域管理制度的创新,并以点带面;推进区域整合。当前,围绕着滨海新区支柱产业建立商品交易市场,并赋予交易市场以开放功能区特殊开放政策,更好地发挥开放和市场互相融合、互相推动的政策合力,是滨海新区综合配套改革的重要突破口。

滨海新区建设石化商品交易市场及其交割仓库应当积极申请成为保税市场,充分利用现有保税区、保税港区的优惠政策进行叠加,赋予石化商品交易市场新的特色和更大的发展空间。这些政策包括:

1. 对于会员企业从境外运入交易市场及交割仓库的石化商品免验进口许可证,免进口配额管理。

2. 对于会员企业从境外运入交易市场及交割仓库的供自身经营所需的机器、设备和基建物资等,企业自用的生产、管理和合理数量的办公用品及所需维修零配件、生产用燃料、设备等免关税和进口环节税。

3. 对于会员企业从境外运入交易市场及交割仓库存储的石化商品实行保税。交割仓库内石化商品存储无期限限制。

4. 交易市场会员企业可以开立经常项目外汇账户和资本项目专用账户。企业外商投资者的利润、股息、红利可以汇出境外。

(四)给予交易市场相关企业以财税政策优惠

为促进滨海新区石化商品交易市场实现更好起步和经营上的良性循环,最大限度地吸引石化企业入市经营,建议对交易市场的经营企业给予如下财税政策优惠:

1. 对于交易市场新入市的大型会员企业,自营业年度起,前两年全额返还营业税,后三年减半返还营业税;自获利年度起,前两年全额返还企业所得税地方分享部分,后三年减半返还企业所得税地方分享部分。

2. 对于为交易市场提供专业物流服务的仓储及货物运输类企业以及提供融投资及理财服务的金融类企业,自营业年度起,三年内减半返还营业税；自获利年度起，三年内减半返还企业所得税地方分享部分。

3.对于在交易市场内举办石化商品展示会、交易会、博览会的主办单位以及参展单位，减半返还会展收入所缴纳的营业税。

（五）采取有效监管措施，防范政策性和市场性风险

石化商品交易市场的主要经营风险，一是政策性风险，会使市场运转不正常，甚至难以运行；二是市场价格失控的风险，主要是交易商非理性运作而带来的风险。交易市场要实行科学、严格的风险管理，有效地防范和化解经营风险。

1.政策性风险防范。随着政策的开放度和透明度的不断提高，政策日趋减少，不会增加。但为了防范政策性风险，市场还应加强政策和法规研究，及时向国家有关部门反映情况，提出有关政策建议。比如：根据国家有关石油价格市场化进程的总体安排，滨海新区石化商品交易市场可适时提出阶段性石油价格机制改革建议，积极协助和配合国家推进石油价格改革。

2.市场操纵风险防范。市场操纵风险是石化商品交易市场面临的主要风险，这方面上海石油交易市场建设经验值得我们学习。上海石油交易所非常重视从规则上规范交易商理性操作，严格仓单管理，防止过度投机，比如搞了资格审查、持仓限额、交易回避、稽查制度、风险准备金、禁止卖空、信用担保、市场准入制度等，也搞了实盘交易制度、价格涨跌停板制度等相关制度。市场运作中要时刻注意交易风险的复杂性，为防范和化解石油产品价格被交易商操纵，出现非理性波动的风险，应继续加大力度，建立健全风险预警机制，通过加强对各种可能风险的事前预测、事中监控和事后总结，稳妥有效地予以防范和化解。

防范石化商品交易市场主要经营风险的交易规则应当包括：

一是信用担保。入场交易商之间的买进和卖出交易，由交易市场提供信用担保。

二是竞价成交。市场交易方式为竞价交易，即市场对买卖双方的报单，按照"价格优先、时间优先"的顺序，通过计算机系统连续配对、撮合成交。确保交易价格是由石化商品的供给和需求双方，在竞争条件下形成的完全市场化的价格,这是对石化商品未来实际交易价格的一种理性预期。

三是禁止卖空。中远期市场是现货市场,禁止交易商卖空,交易商如果要卖空合同,必须是有资质的单位或持有有资质单位开具的仓单额度,以表明其拥有实物商品或合同保证。

四是合同义务履行。交易商在完成交易后,履行合同义务的方式,一是实物交割,二是通过交易市场完成仓单权属转移,完成自己的合同义务。

五是稳定价格。在实际交易过程中,市场还将通过实行严格的涨跌停板制度和交易准备金浮动制度,避免石化产品批发价格大起大落对零售市场价格造成不必要的冲击,以利于国家现行管制的贯彻实施。

(六)将申请设立石化商品期货交易市场纳入综合配套改革

依照《国务院关于推进天津滨海新区开发开放有关问题的意见》,"在金融企业、金融业务、金融市场和金融开放等方面的重大改革,原则上可安排在天津滨海新区先行先试。"商品期货作为金融衍生品之一,符合我国金融改革的探索方向。滨海新区应充分分析现阶段滨海新区构建石化商品期货的有利条件和制约因素,积极利用区位、资源、产业、政策优势申请设立期货市场,并研究如何推出适应市场需求、条件比较成熟的期货品种,力争将建立北方石化商品期货交易市场纳入综合配套改革金融专项实施方案。

课题组负责人:吴敬华(天津市委办公厅)

课题组成员:郝寿义(天津滨海新区管委会、南开大学)、刘宁(天津市政府金融办)、张继和(大港区委)、张志方(大港区政府)、张勇(天房集团)、徐延琥(大港区政府经贸委)、张殿武(大港区政府研究室)、赵学森(保税区管委会企业服务局)、杜建宁(大港区政府经贸委)、梁发建(大港区政府经贸委经济规划发展科)、冯志刚(保税区管委会企业服务局)、赵恩成(天津滨海综合发展研究院)、赵岩(天房集团经营部)、韩杰(天港建设开发有限公司前期部)

课题报告完成时间:2007 年 12 月

参考文献

管清友.建立期货市场,规避油价风险[J].银行家,2006,4

王震.中国石油期货市场的发展与展望[N].期货日报,2005-8-29

舒朝霞.我国主要石化产品市场近期回顾与展望[J].当代石油石化,2006,7

陈琦.石油市场开放后中国石化的发展机遇与面临的挑战[R].国研网,2005-12-8

白颐.我国"十一五"期间石化和化工行业发展预测与建议[J].中国石化杂志,2007,1

约翰·C.赫尔.期货期权入门[M].金融学译丛.中国人民大学出版社,2005

芮明杰.产业经济学[M].上海财经大学出版社,2005

王述英.新工业化与产业结构跨越式升级[M].中国财政经济出版社,2005

黄运成,马卫锋,李畅.中国石油金融[M].经济科学出版社,2007

滨海新区转变产业发展模式研究

关于滨海新区发展循环经济的研究报告

【摘要】本文从循环经济理论的产生和发展入手,通过世界各地发展循环经济的经验,总结了循环经济的内涵、特征与作用。结合滨海新区开发开放的实际情况,论述了滨海新区经济发展和社会环境的关系,说明了滨海新区发展循环经济的必要性和可行性。详细阐述了滨海新区发展循环经济的思路与模式选择,提出了具体的建议。

一、循环经济理论与实践的系统评价

(一)循环经济理论的产生

循环经济一词,是由美国经济学家 K. 波尔丁在 20 世纪 60 年代提出的。它是相对于传统经济而言的一种新的经济形态,是人类对难以为继的传统发展模式反思后的创新。

考察人类社会经济发展历史可以看出,循环经济是社会经济一定发展阶段的经济发展模式。美国经济学家 W. W. 罗斯 1960 年在《经济增长的阶段》中从世界经济史主要是生产力发展史的角度,把人类社会发展划分为初期阶段、工业化阶段和后工业化阶段。也可以把经济发展过程划分为三个阶段:传统经济阶段、生产过程末端治理阶段和循环经济阶段。传统经济阶段是人类从自然中获取资源,又不加任何处理地向环境排放废物,是一种"资源—生产—消费—废弃物排放"单向流动的线性经济过程。其特征是"三高一低"(高开采、高消耗、高排放、低利用)。经济增长靠高强度的开采和消费资源以及高强度地破坏生态环境。在早期阶段,由于人类对自然的开发能力有限,以及环境本身的自净能力较强,所以人类活动对环境的影响并不凸显。但是后来随着工业的发展、生产规模的扩大和人口的增长,环境的自净能力削弱甚至丧失,这种发展模式导致的环境问题日益严重,资源短缺的危机越发突出。由此进入了第二个阶段——生产过程末端治理阶段,它开始注意环境问题,但其具体做法是"先污染、后治理",强调生产过程的末端采取措施治理污染。结果,治理的技术难度很大,不但治理成本极高,而且生态恶化难以遏制,经济效益、社会效益和生态效益都很难达到预期目的。因此必然走向了循环经济阶段,它要求遵循生态学规律,合理利用自然资源和环境容量,在物质不断循环利用的基础上发展经济,使经济系统和谐地纳入到自然生态系统的物质循环的过程中,实现经济活动的生态化。

进入 21 世纪面对经济发展中的高消耗、高污染和资源环境约束问题,我国开始寻求经济增长模式的全面转变,走节约型发展道路的模式。党和国家领导人对发展循环经济作了专门论述。胡锦涛同志 2003 年 3 月 9 日在中央人口资源环境座谈会上指出:"我们讲发展是党执政兴国的第一要务,绝不是只要求搞好经济发展,而是要在经济发展的基础上促进社会主义物质文明、政治文明和精神文明的协调发展,是实现社会全面进步和人的全面发展,是实现经济和社会的可持续发展。要加快转变经济增长方式,将循环经济的发展理念贯穿到区域经济发展、城乡建设和产品生产中,使资源得到最有效的利用。最大限度地减少废弃物排放,逐步使生态步入良性循环。"温家宝同志 2004 年 2 月 21 日在省部级主要领导干部"树立和落实科学发展观"专题研究班结业式上的讲话指出:"要大力发展循环经济,在经济建设中充分利用资源,提高资源利用效率,减少环境污染。在全社会进一步树立节约资源、保护环境的意识,形成有利于节约资源、减少污染的生产模式和消费方式,建设资源节约型和生态保护型社会。"2004 年、2005 年中央经济工作会议和国家"十一五"规划,都提出大力发展循环经济。如同"知识经济"一样,它已经跻身于中国主流的经济概念,并将对中国未来经济发展产生深远影响。

(二)循环经济的内涵、特征与作用

1.基本内涵

所谓循环经济,本质上是一种生态经济,它要求运用生态学规律而不是机械论规律来指导人类社会的经济活动。发达国家率先提出和实践了"减量化、再利用和再循环"(3R)原则,将传统经济发展模式改造成循环型可持续发展模式。

关于循环经济内涵,国内说法很多,但主要包括以下内容:(1)循环经济遵循的基本原理:生态经济学原理;(2)循环经济实现途径:转变经济发展模式即物质流从单向型走向循环型;(3)循环经济发展目标:在整个社会经济再生产的各个环节中实现减量化、资源化(循环利用)和无害化(也称为"3R"原则)。

理论界普遍认为"减量化、再利用、再循环"("3R原则")是循环经济最重要的实际操作原则。具体讲"3R原则"是:减量化原则(reduce),要求用较少的原料和能源投入来达到既定的生产目的或消费目的,进而从经济活动的源头就注意节约资源和减少污染。减量化有几种不同的表现。在生产中,减量化原则常常表现为要求产品小型化和轻型化。此外,减量化原则要求产品的包装应该追求简单朴实而不是豪华浪费,从而达到减少废物排放的目的。再使用原则(reuse),要求制造产品和包装容器能够以初始的形式被反复使用。再使用原则要求抵制当今世界一次性用品的泛滥,生产者应该将制品及其包装当作一种日常生活器具来设计,使其像餐具和背包一样可以被再三使用。再使用原则还要求制造商应该尽量延长产品的使用期,而不是非常快地更新换代。再循环原则(recycle),要求生产出来的物品在完成其使用功能后能重新变成可以利用的资源,而不是不可恢复的垃圾。按照循环经济的思想,再循环有两种情况,一种是原级再循环,即废品被循环用来产生同种类型的新产品,例如报纸再生报纸、易拉罐再生易拉罐等;另一种是次级再循环,即将废物资源转化成其他产品的原料。原级再循环在减少原材料消耗上面达到的效率要比次级再循环高得多,是循环经济追求的理想境界。

2. 主要特征

循环经济作为一种科学的发展观,其特征主要体现在以下几个方面:

一是新的系统观。循环是指在一定系统内的运动过程,循环经济的系统是由人、自然资源和科学技术等要素构成的大系统。循环经济观要求人在考虑生产和消费时不再置身于这一大系统之外,而是将自己作为这个大系统的一部分来研究符合客观规律的经济原则,将"退田还湖"、"退耕还林"、"退牧还草"等生态系统建设作为维持大系统可持续发展的基础性工作来抓。

二是新的经济观。在传统工业经济的各要素中,资本在循环,劳动力在循环,而唯独自然资源没有形成循环。循环经济观要求运用生态学规律,而不是仅仅沿用 19 世纪以来机械工程学的规律来指导经济活动。不仅要考虑工程承载能力,还要考虑生态承载能力。在生态系统中,经济活动超过资源承载能力的循环是恶性循环,会造成生态系统退化;只有在资源承载能力之内的良性循环,才能使生态系统平衡地发展。

三是新的价值观。循环经济观在考虑自然时,不再像传统工业经济那样将其作为"取料场"和"垃圾场",也不仅仅视其为可利用的资源,而是将其作为人类赖以生存的基础,是需要维持良性循环的生态系统;在考虑科学技术时,不仅考虑其对自然的开发能力,而且要充分考虑到它对生态系统的修复能力,使之成为有益于环境的技术;在考虑人自身的发展时,不仅考虑人对自然的征服能力,而且更重视人与自然和谐相处的能力,促进人的全面发展。

四是新的生产观。传统工业经济的生产观念是最大限度地开发利用自然资源,最大限度地创造社会财富,最大限度地获取利润。而循环经济的生产观念是要充分考虑自然生态系统的承载能力,尽可能地节约自然资源,不断提高自然资源的利用效率,循环使用资源,创造良性的社会财富,真正全面提高人民生活质量。

五是新的消费观。循环经济观要求走出传统工业经济"拼命生产、拼命消费"的误区,提倡物质的适度消费、层次消费,在消费的同时就考虑到废弃物的资源化,建立循环生产和消费的观念。

3.循环经济的主要作用

主要是调整产业结构,振兴区域经济,转变经济发展方式。产业经济学研究表明,随着社会经济发展,区域产业结构经历着农业—工业—第三产业的演替过程,而目前循环经济就是构建废物循环利用产业即第四产业(分解产业),为区域产业结构调整提供了新的方向;区域经济学研究也表明,区域开发往往沿袭着地理区位优势—产业优势—产业集聚优势的过程;我国经济开发区实践模式也经历了沿海、沿江、沿边经济开发区—高新技术开发区—工业园区—生态工业园区的演进过程。以上充分说明发展循环经济就是促进产业结构调整实现产业环境化或发展,废物循环利用产业就是发挥区域生态环境和废物循环利用产业优势,振兴区域经济。目前循环经济就是资源利用和环境保护政策及资源利用模式的转变:由单向末端型转向循环型。因此,循环经济是转变传统经济发展方式的最有效途径。

(三)国际循环经济的基本模式与经验启示

从 20 世纪 60 年代以来,世界各国、特别是发达国家逐步形成了循环经济的四种模式。

1.杜邦模式——企业内部的循环经济模式

主要是通过组织厂内各工艺之间的物料循环,延长生产链条,减少生产过程中物料和能源的使用量,尽量减少废弃物和有毒物质的排放,最大限度地利用可再生资源;提高产品的耐用性等。杜邦公司创造性地把循环经济三原则发展成为与化学工业相结合的"3R 制造法",通过放弃使用某些环境有害型的化学物质、减少一些化学物质的使用量以及发明回收本公司产品的新工艺,到 1994 年已经使该公司生产造成的废弃塑料物减少了 25%,空气污染物排放量减少了 70%。

2.工业园区模式

按照工业生态学的原理,通过企业间的物质集成、能量集成和信息集成,形成产业间的代谢和共生耦合关系,使一家工厂的废气、废水、废渣、废热或副产品成为另一家工厂的原料和能源,建立工业生态园区。典型代表是丹麦卡伦堡工业园区。这个工业园区的主体企业是电厂、炼油厂、制药厂和石膏板生产厂,以这 4 个企业为核心,通过贸易方式利用对方生产过程中产生的废弃物或副产品,作为自己生产中的原料,不仅减少了废物产生量和处理的费用,还产生了很好的经济效益,形成经济发展和环境保护的良性循环。

3. 德国 DSD——回收再利用体系

德国的包装物双元回收体系(DSD)是专门组织回收处理包装废弃物的非盈利社会中介组织,1995 年由 95 家产品生产厂家、包装物生产厂家、商业企业以及垃圾回收部门联合组成,目前有 1.6 万家企业加入。它将这些企业组织成为网络,在需要回收的包装物上打上绿点标记,然后由 DSD 委托回收企业进行处理。任何商品的包装,只要印有它,就表明其生产企业参与了“商品包装再循环计划”,并为处理自己产品的废弃包装交了费。“绿点”计划的基本原则是:谁生产垃圾谁就要为此付出代价。企业交纳的“绿点”费,由 DSD 用来收集包装垃圾,然后进行清理、分拣和循环再生利用。

4. 日本的循环型社会模式

日本建设循环型社会主要体现在三个层次上。一是政府推动构筑多层次法律体系。2000 年 6 月,日本政府公布了《循环型社会形成促进基本法》,这是一部基础法。随后又出台了《固体废弃物管理和公共清洁法》、《促进资源有效利用法》等第二层次的综合法。在具体行业和产品第三层次立法方面,2001 年 4 月日本实行《家电循环法》,规定废弃空调、冰箱、洗衣机和电视机由厂家负责回收。2002 年 4 月,日本政府又提出了《汽车循环法案》,规定汽车厂商有义务回收废旧汽车,进行资源再利用,5 月底,日本又实施了《建设循环法》,到 2005 年,建设工地的废弃水泥、沥青、污泥、木材的再利用率要达到 100%。第三层次立法还包括《促进容器与包装分类回收法》、《食品回收法》、《绿色采购法》等。二是要求企业开发高新技术,首先在设计产品的时候就要考虑资源再利用问题,如家电、汽车和大楼在拆毁时各部分怎样直接变为再生资源等。三是要求国民从根本上改变观念,不要鄙视垃圾,要把它视为有用资源。堆在一起是垃圾,分类存放就是资源。

国际上发展循环经济的主要启示:一是国外的法律比较健全,老百姓的意识比较高,发展循环经济的基础设施比较好。二是立法先行,以法律促进和规范循环经济的发展。几个循环经济做得较好的国家如日本、德国、美国、法国、比利时、奥地利等国都有循环经济的相关立法。三是注意制定相关政策,形成发展循环经济的激励和约束机制。同时要注意发挥社会中介组织的作用。

(四)循环经济测度方法与环境标志国际标准区别

1. 测度方法

循环经济测度方法就是生态经济系统的定量评价方法。主要有三类:能值分析法、物质量评价法和价值量评价法。能值分析法,是指用太阳能值计量生态经济系统为人类提供的服务或产品;物质量评价法是指从物质量的角度对生态经济系统提供的各项服务与产品进行定量评价;价值量评价法是指从货币价值量的角度对生态经济系统提供的服务与产品进行定量评价。其中,价值量评价方法主要包括市场价值法、机会成本法、影子价格法、影子工程法、费用分析法、人力资本法、资产价值法、旅行费用法和条件价值法。

物质流分析方法(Material Flow Analysis)属于生态经济系统定量评价方法中的物质量评价法的应用。简单说,物质流分析是指对经济活动中物质流动的分析,它的基础是对物质的投入和产出进行量化分析,建立物质投入和产出的账户,以方便进行以物质流为基础的优化管理。物质流分析主要衡量的是经济社会活动的物质投入、产出和物质利用效率。目前,国际上对于物质流分析的理论方法研究很活跃。欧洲统计局已经正式出版了建立物质流账户,进行物质流分析的标准方法,现在奥地利、丹麦、德国、芬兰、意大利、日本、荷兰、瑞典、英国、美国等国家都建立了国家物质流账户,我国的物质流分析也正在进行中。

循环经济强调从源头上减少资源消耗,有效利用资源,减少污染物排放。可见,物质流分析是循环经济的重要技术支撑。主要指标包括投入指标、产出指标、消耗指标、平衡指标、效率指标、综合指数 6 个方面。

2.环境标志国际标准区别

为规范绿色产品,全球标准化组织颁布了 ISO14020、ISO14021、ISO14024、ISO14025 等标准,提出了认证、验证、检测产品并授予三种不同环境标志的原则规定。这是全球各国为防止绿色贸易技术壁垒共同遵守的大规则。

Ⅰ型环境标志——ISO14024。Ⅰ型环境标志计划是一种自愿的、基于多准则的第三方认证计划,以此颁发许可证授权产品使用环境标志证书,表明在特定的产品种类中,基于生命周期考虑,该产品具有环境优越性。各国在国际标准 ISO14024 规定的原则和程序的指导下,把产品的环境行为标准具体化,目前世界主要国家共颁布环境标志产品标准 1000余个,每 2～3 年修订一次,以适应科技进步和公众对绿色不断提高的要求。Ⅰ型环境标志在鼓励社会层次上的大循环经济的同时,还注重人体健康安全,提倡的是更高层次上的"循环经济"。

Ⅱ型环境标志——ISO14021。Ⅱ型环境标志即自我环境声明,它是一种未经独立第三方认证,基于某种环境因素提出的,由制造商、进口商、分销商、零售商或任何能获益的一方自行作出的环境声明。它所对应的国际标准是 ISO14021,规定了产品和服务在作自我环境声明时应遵循的通用原则,以及对当前正在或今后可能被广泛使用的 12 个自我环境声明给出具体要求。相对于Ⅰ型环境标志计划,Ⅱ型与循环经济的关系更为密切。对于Ⅱ型环境标志来说,它所体现的不仅仅是循环经济的"3R 原则",它还有更深层次的含义,不仅要求能源资源投入的减量化、产品的再使用、废弃物的减量化、可再循环物质的再循环利用,还对那些不能实现再循环的物质,提出了"可降解"、"可堆肥"的要求,即废物的"无害化"。因此,从这种意义上来讲,Ⅱ型环境标志提倡的是更深层次上的"再循环经济"。

Ⅲ型环境标志——ISO14025。Ⅲ型环境标志是一个量化的产品生命周期信息简介,它由供应商提供,以根据 ISO14040 系列标准而进行的生命周期评估为基础,它根据预先设定的参数,将声明的内容经由有资格的独立的第三方进行严格评审、检测、评估,证明产品和服务的信息公告符合实际后,准予颁发评估证书。Ⅲ型环境标志声明中的信息应从生命周期评价中获取,运用的方法是在相关的 ISO 标准 ISO14040—ISO14043 中制定出来的。在 ISO14025 标准草案中为Ⅲ型环境声明提供了两种方法选择:一种是生命周期清单(LCI)方法,即用量化的数据,将生命周期中每个阶段的输入输出表征出来;另一种是生命周期影响评价(LCIA)方法,即在生命周期清单分析的基础上,进一步评价每个生产阶段或产品每个部件的环境影响程度。由于生命周期影响评价方法现在还不够成熟,因此,多数国家在Ⅲ型环境标志计划的开展过程中,都采用了以生命周期清单分析为基础,对个别重要的环境因素进行影响评价的方法。可以认为,Ⅲ型环境标志通过生命周期各阶段的输入输出清单分析,来求得各种量化的信息予以公布,最终目的都是为了借助公众监督和消费选择的力量来刺激和鼓励企业通过各种途径,实现资源能源的利用效率。

二、滨海新区发展循环经济的必要性和可行性论证

循环经济作为一个全新的发展理念,涉及经济、政治、社会、文化、环境和生产生活的方方面面,涉及生产、建设、流通和消费的各个领域,是全社会、全领域、全方位的变革。全面转变经济增长方式,大力发展循环经济,是关系今后长远发展的一项战略性任务。作为继深圳特区、浦东新区之后,又一带动区域发展的新的经济增长极,作为环渤海区域经济振兴的龙头,滨海新区在经济快速发展、资源环境矛盾压力不断趋紧的情况下,全面落实科学发展观,大力发展循环经济。深入分析和正确认识滨海新区发展循环经济的必要性和可行性,是确定发展循环经济新思路的重要前提。

(一)滨海新区发展循环经济的战略意义

1.全面落实科学发展观的需要

科学发展观,第一要义是发展,是全面协调可持续发展。发展循环经济,以尽可能少的资源消耗和环境成本,获得尽可能大的经济效益和社会效益,使经济系统与自然系统在物质循环上实现相互和谐,促进资源永续

利用,集中体现了科学发展观的内涵和精神实质,已经成为当今世界各国普遍认同的发展路径、原则和目标。作为资源和市场"两头在外"的以加工工业为主的经济区域,滨海新区在土地面积只占天津3.4%、人口只占15%的情况下,连续十多年保持20%以上的增速,用不到十年的时间新建了一个当年的"天津",主要得益于坚持走可持续发展道路。在新的形势下,滨海新区要进一步提升区域可持续发展能力,必须大力发展循环经济,走节约发展、清洁发展、安全发展和可持续发展的路子,以最小的资源和环境成本取得最大的经济社会效益,实现人与自然、经济社会与生态环境相和谐。

2.落实国家总体发展战略,实现新区功能定位的需要

党中央、国务院高度重视滨海新区的开发开放,作出了"推进天津滨海新区开发开放"的战略决策,要求滨海新区"努力建设成为我国北方对外开放的门户、高水平的现代制造业和研发转化基地、北方国际航运中心和国际物流中心,逐步成为经济繁荣、社会和谐、环境优美的宜居生态型新城区"。而目前滨海新区作为一个加工制造业区,是天津工业优势的集聚地,形成了电子信息、石油化工、汽车机械、生物医药、冶金等支柱产业,对资源、能源的需求非常迫切。而滨海新区的资源主要是土地、石油、天然气和盐等不可再生资源,且石油、天然气要由国家统一调配,其他的如用水的60%要由外部供给,铁矿石、煤炭等主要原燃料全部需要外购解决,资源、能源问题已成为影响区域经济快速协调发展的重要因素。在这种形势下,落实好国家战略部署,实现宏伟发展目标,就不能以大量消耗能源和环境为代价,而必须统筹资源、环境和经济发展,探索新的区域发展模式。而循环经济是以资源高效利用和循环利用为核心,以"减量化、再利用、资源化"为原则,以低能耗、低排放、高效率为基本特征,是一种符合可持续发展理念的经济增长模式。大力发展循环经济,用循环经济的理念指导新区的长远规划和合理布局,促进产业生态化的发展,将会更好地推动开发开放滨海新区这一战略目标的实现。

3.进一步转变经济增长方式的必然选择

目前,新区内部分企业技术装备水平低,资源能源消耗大,浪费严重,

资源生产率低下,经营方式还比较粗放,产品结构不合理,传统的高投入、高消耗、高排放、低效率的粗放型增长方式仍未根本改变。循环经济的发展模式从传统的片面的投入产出理念中走出来,注重经济系统的整体经济效率和动态经济平衡,有利于产业结构向科技含量高、经济效益好的结构转变,推动社会的科技创新和企业的技术创新,快速提升产业结构和经济运行质量,深刻地体现了经济增长方式从粗放向集约、高效的转变。滨海新区只有彻底摒弃传统的、粗放的经济增长方式,大力推行清洁生产,大力发展循环经济,用生态技术来改造传统技术,才能转向新的增长方式,实现节能、降耗、减污、增效的综合效益,提高参与国家竞争的实力。

(二)滨海新区发展循环经济的基础和条件

这些年,滨海新区经济社会持续快速发展,在大力发展循环经济方式上进行了很多有益的探索,创造了很多成功的经验,为进一步加快循环经济发展奠定了良好的基础。

1.初步具备发展循环经济的实践基础

滨海新区的重点区域——天津经济技术开发区,始终致力于环境与经济的协调发展。2000年成为区域环境管理体系ISO14000国家示范区,2001年确立了生态工业园的建设目标,2003年12月《天津开发区国家生态工业示范园区建设规划》通过专家论证后,国家环保总局于2004年4月正式批准天津开发区创建国家生态工业示范园区的申请。2003年成立了"天津开发区国家生态工业示范园区建设领导小组",2004年又成立了"天津开发区循环经济促进委员会",均由李勇主任担任组长,以全面推进区域循环经济工作。此外,还依托南开大学循环经济社科创新基地,组建了"泰达循环经济促进中心",解决循环经济发展中面临的管理和技术等问题。另外,在生态文化和生态教育等方面也做了一些尝试和探索。

2.初步积累了发展循环经济的工作思路和经验

近年来,滨海新区坚持从实际出发,以节水、节能、节地、节材和综合利用为基础,积极探索发展循环经济的模式,积累了宝贵的经验。

如在产业结构调整中发展循环经济。严格执行环境影响评价,重点围绕冶金、纺织、化工等行业,淘汰了化铁炼钢等一批落后工艺、装备,关闭了造纸等一批高消耗、重污染的企业,严格限制高耗能、高耗材、高耗水产业的发展,大力发展了一批技术含量高的电子信息、现代医药、石油钢管、优质钢材和高档金属制品、绿色能源与环保产业的先进制造业企业,从源头保证经济发展的合理布局。目前,新区万元工业增加值能耗降到了 0.25 吨标准煤,万元 GDP 能耗 0.18 吨标准煤,万元工业增加值消耗水为 8.48 立方米,远好于全国平均水平。

又如,在完善区域布局中发展循环经济。按照全市工业东移的战略部署,先后建设了微电子工业园、纺织工业园、临港工业区等园区,规划建设石化、冶金等工业区,形成了行业相对集中、公用设施统一配套、技术工艺先进、上下游产品一体化、资源配置生态化的几大现代工业园区。一批东移企业实现了生产流程连续化、能源利用高效化、环境保护清洁化。

再如,在不同层面开展了循环经济试点工作,形成了一批市级或国家级示范典型。在企业层面上,开展了 ISO1400 环境管理体系认证工作、清洁生产审核、环境友好企业评选等活动,诺维信中国生物技术公司、天津开发区新水源公司等十家企业,成为我市首批循环经济型环境友好企业。在区域层面上,开展了生态工业园创建、国家环保模范城区创建、国家级生态示范区建设等工作。大港区于 2000 年被国家环保总局命名为国家环保模范城区,2001 年被国家命名为国家级可持续发展实验区,目前正在编制石化生态工业园建设规划。经济技术开发区、大通铜业有限公司废旧家电回收利用项目及北疆发电厂建设项目被国家发改委、环保总局等 6 部委批准为全国首批开展循环经济试点单位。

3. 初步形成了有利于循环经济发展的社会氛围

发展循环经济是党中央、国务院的重大决策,国务院先后颁布了《关于做好建设节约型社会近期重点工作的通知》和《国务院关于加快发展循环经济的若干意见》,国务院各有关部门在推进循环经济方面做了大量的工作,为我们发展循环经济指明了方向。天津市委、市政府一直强调,要大力发展循环经济,努力构建集约型、节约型、生态型发展模式,建设节约型社会,并于近期出台了我市《发展循环经济建设节约型社会近期重点工作实施意见》。天津市"十一五"规划和市政府有关部门如市发改委、市经委、市环保局等在全市发展循环经济的意见和规划编制中,都把滨海新区大力发展循环经济摆在优先和突出位置上,在政策支持上加大了力度,国家和市级试点早已在滨海新区的开发区组织进行,并取得一定的成效。

4.基本拥有发展循环经济必须的技术保证

这些年,天津科技和教育综合水平位居全国前列,产业技术水平、高新技术产业化水平和基地建设水平具有比较优势,一些关键技术领域形成了较强的自主创新能力,可以为滨海新区领先发展循环经济提供技术支撑。2006年,市委作出建设创新型城市的决定,势必加快技术进步与创新,增强全市的自主创新的能力,会更大程度地满足新区循环经济发展对科学技术的需求。

高新技术产业尤其是环保科技、新材料、新能源产业发展将直接促进循环经济发展。海水淡化和综合利用、污水处理及回用、工业节水、废弃物综合利用等方面居于国内领先水平。新能源成为我国绿色电池生产基地,初步建成了北方环保科技产业基地。纯电动汽车等研发居于国内领先水平,自主开发的幸福使者纯电动车百余辆出口到美国,成为我国首批具有完全自主知识产权走出国门的电动车整车产品。掌握了适合本市海域海水水质特点的反渗透海水淡化各项技术经济参数和工艺流程,关键设备自主开发、浓盐水利用等已取得7项专利,为海水淡化工程化、产业化奠定了基础。工业循环冷却的浓缩倍数达到4~5倍,处于国内领先水平,在我市和国内近百家大型石化、冶金企业得到推广应用。

随着滨海新区高新区的建立,更多的国内外科技资源正向新区聚集,在工业生物技术、水资源、遥感、半导体照明、民航科技、新药等方面,有望建成国内一流的研发机构和产业化基地。这些都为新区发展循环经济提供了新的技术保证。

(三)面临的主要困难和问题

尽管这些年滨海新区在发展循环经济上探索了一些有益的经验,但距离循环经济成为新区经济发展的基本模式,还有相当的差距,从观念到实践各环节中,还存在着诸多亟待解决的问题。

1.循环经济理念尚未普及和深入,对循环经济发展模式的认识有待进一步深化

循环经济是一种关于人类经济发展模式的新理念,是一种追求经济、环境、社会效益多赢的经济发展模式,其核心是最有效地利用资源,提高经济增长质量,保护和改善环境。它不是孤立存在的,也不可能脱离社会支持系统而实现。只有整个社会在思想认识上得到根本转变,建立起有利于推动循环经济的社会价值、文化、道德、伦理等社会环境,形成全社会的广泛共识和自觉行为,才能真正落到实处。目前,在一些部门和单位,包括新规划建设的工业区域,对循环经济的具体内涵缺乏深入认识,对发展循环经济的概念、必要性和迫切性了解不深,知之不多,资源意识、节约意识和环保意识较差,没有把发展循环经济作为整体政策中的一个环节进行具体化落实,发展循环经济仍然处在主体经济政策的边缘。许多市场主体增长方式仍然非常粗放,侧重于末端治理,还未转到体现以全过程控制、从源头减少资源消耗和削减污染排放上来。全社会尚未形成节约型社会的公众意识,市民对循环经济的认识不足和参与意识不强,追求高消费和炫耀型消费方式比较普遍,缺乏绿色消费意识,用过即扔的现象严重存在。此外,循环经济的发展受法规、政策不健全及其他客观条件的制约,非自觉实行从而导致规模不经济、循环不环保、环保不节约等问题出现。

2.法规体系不健全,外部环境不适应

发展循环经济,法制既是保障,也是动力。国际经验表明,社会成员特别是企业往往不会主动为发展循环经济、转变增长方式付出代价,市场机制无法充分发挥作用,必须通过政府和立法机构的强力干预,来弥补市场失灵的缺陷,规范和约束企业的经营行为。同时也只有通过完善的法制,才能够保证循环经济体系的有序运行。因此,在发展循环经济的初始阶段,区域规划、法律法规、指导性标准等是加快循环经济发展的重要手段。虽然国家和地方在循环经济方面出台了一些法规,但大部分领域仍是空白;现行的有关环境保护法律中的一些制度,其着力点也是末端治理,把废弃物简单作为有害物,谈"废"色变,把人置于一种被动防御的地

位,使得对于废物的回收利用认识含糊,对于废物的回收利用也没有具体的法律法规,执行上没有明确的可操作性;相关法律之间存在着不够协调、有关的配套措施不到位等问题,缺乏必要的强制性标准等技术法规。同时,现有的国民经济核算体系、价格体系、税收体系、财政金融规制等基本经济制度和部分宏观产业政策仍服务于传统经济发展模式的制度和政策。目前,滨海新区还没有制定如循环经济促进条例等法规及实施方案,也未形成发展循环经济的总体规划。发展循环经济的实践处于探索试点层面,还没有形成全面规划,总体设计、既定目标,有序推进的工作格局。

3. 缺乏有效的激励政策体系,推动工作难度太大

循环经济的本意是资源利用是循环的,且是经济的。但在现有的技术水平条件下有些企业走循环发展之路还难以做到"循环"且"经济",由此,会导致"发展线性经济合算,发展循环经济吃亏"即"循环不经济"的现象。资源循环利用的成本比较昂贵,从企业成本－收益核算来看是得不偿失的。在缺乏硬制度约束的情况下,要求每个企业做到不经济的循环是困难的,必须依靠政府的推动作用。目前,对于生产者责任延伸制度、再生资源分类回收、建立不易回收的废旧物资回收处理费用机制等,这些都属于市场失灵的领域,缺乏政府的宏观调控和政策激励。现有财政政策、税收政策、金融政策、产业政策、环境政策、资源政策之间也缺乏配套的连接和协调,一些政策还存在执行走样的问题。

4. 缺乏支撑循环经济发展的共性和关键技术,社会推广工作不到位

发展循环经济与技术进步是密不可分的。循环经济的减量化、再利用和资源化,每一个原则的贯彻都离不开先进的处理和转化技术,也离不开这些先进的载体——设施、设备的开发和更新。如果没有先进技术的输入,循环经济只能是空中楼阁。目前我国在提高资源利用效率的某些技术上取得了一些突破,但总体上看,循环经济科学技术的研究和应用明显滞后,在能源的节约和替代技术、能量梯级利用技术、废物综合利用技术、循环经济发展中延长产业链和相关产业连接技术等方面,缺少自主开发的先进技术。同时也缺乏了解相关技术信息的渠道,政府、环保等部门的社会技术推广体系不健全,工作力度不够大。

5.尚未形成完善的管理机制,人才队伍水平有待提高

循环经济是一种有利于可持续的经济发展模式及消费模式,是一项复杂的系统工程,需要各地方各部门的协调一致。目前,在宏观管理上,管理机制和队伍没有建立起来,没有形成有效的循环经济网络。同时,政府基本物流表没有建立起来,对于企业和地区环境资源及管理缺乏基础数据信息,也没有建立一套科学的方法体系,以便能够对物质流进行监控和管理,并有针对性地采取相应的调控政策。缺乏高水平的专业管理人才。

三、滨海新区发展循环经济的思路与模式选择

党的十六届五中全会决定加快天津滨海新区开发开放,是有着世界影响的事件。按照什么原则、思路和模式进行开发开放,是世人关注的大问题,更是滨海新区必须解决好的大问题。应当看到,今天滨海新区开发开放所面临的环境和发展的基础已完全不同于当年深圳特区和上海浦东新区开发开放时的情形。科学发展观已确立为我国现阶段经济社会发展的重大战略思想,建设资源节约型环境友好型社会已上升为国家和城市发展的战略目标。滨海新区经过十年的开发开放,已拥有年增加值1600多亿元的经济规模,相当于全市总量的44%。这样的环境和基础,客观上要求滨海新区今后的发展模式将区别于当年上海浦东和深圳的开发开放,也区别于当年天津开发区的开发开放。原市委书记张立昌在2005年市委八届八次全会讲话中提出,滨海新区要"率先构筑集约型、节约型、生态型的发展模式,走新型工业化道路,在转变经济增长方式中发挥示范作用",这实际上已经为滨海新区提出了要走好发展循环经济新路子的总体要求。

当今时代,循环经济发展模式已经提升为天津市乃至全国经济发展的主推模式。滨海新区由其地位所决定,发展循环经济必须在发展理念、发展方针、发展标准、发展举措、发展结果等方面,先于、高于、优于全国一般、全市一般,才有可能在转变经济增长方式中发挥示范作用。

（一）关于滨海新区发展循环经济层次和水平的选择

循环经济是有效平衡经济增长、社会发展和环境保护三者关系的发展模式。我们认为，对三个要素摆位上的差异，决定着循环经济发展层次和水平上的不同。

循环经济作为一种经济增长模式，首要之义在于经济增长，这是无可争议的；循环经济解决的核心问题不是发展而是如何发展，这也是无可争议的。因此，支撑循环经济发展的是三要素，决定循环经济层次和水平的是看环境保护要素如何摆位，也说就，把经济活动控制在自然生态的承载力之内，是循环经济的核心要求。在循环经济的三要素中，环境保护无疑居核心位置。

1.建议滨海新区把"环境优先"确立为发展循环经济的基本理念

"环境优先"的含义，是把环境质量作为滨海新区内各项工作的根本衡量标准，在其他工作与环境要求有冲突的时候，要服从环境保护的要求。"环境优先"是相对于"经济优先"、"经济与环境兼顾"等提出的，它是一个很高的标准和要求。建议滨海新区把"环境优先"定为发展循环经济基本理念的主要依据是，滨海新区已经具备《国务院关于落实科学发展观加强环境保护的决定》中关于环境优先区域所规定条件的要求。《决定》指出，"在环境容量有限、自然资源供给不足而经济相对发达的地区实行优化开发，坚持环境优先"。

第一，滨海新区环境容量资源已得到较大的开发和利用。从1984年中央批准成立天津经济技术开发区以来，滨海新区已经历了连续25年的开发建设，特别是1994年实施"十年建成滨海新区"的战略目标以来，滨海新区的土地、水、油气、海岸等资源，均得到了前所未有的开发利用。比如土地，虽号称可供开发的盐碱荒地有1200多平方公里，但性质为农用耕地，正在向国家申请有可能变为建设用地的不到100平方公里。滨海新区已经不是一个尚待开发的地方，而是一个环境资源已得到比较大开发利用的区域。

第二，滨海新区属于经济相对发达的地区。2005年，新区生产总值达到1608亿元，实现财政收入317亿元，产业和科技优势明显，高新技术产业产值占工业总产值的比重达到44%,已相当于我国一个大中城市的经济总量和水平。

第三,滨海新区确立环境优先理念的根本目的在于提升经济质量。环境优先作为一种发展理念,对于滨海新区来说,其目的绝非仅仅是保护环境,而是为了通过实施环境保护措施来保证经济发展质量的提升。目前,广东省已提出"在珠三角地区实行环境优先的总体方针",上海浦东也提出"要实施环境优先战略,建设生态城区"。天津滨海新区就生态自然环境而言,明显好于上述两区,不仅土地资源和发展空间较大,且原有水面就达800多平方公里,这在我国大城市中是绝无仅有的。现在,天津滨海新区开发开放已被提升为国家发展战略,成为我国探索新时期区域发展新模式的试验田,把环境优先确立为发展循环经济的基本理念,既是时代发展潮流的要求,也是滨海新区发挥示范作用所必须,更是有条件可以做到的。

2.建议滨海新区把发展循环经济与建设生态城区一体规划

国发〔2006〕20号文件,要求把滨海新区"建设成为我国北方对外开放的门户、高水平的现代化制造业和研发转化基地、北方国际航运中心和国际物流中心,逐步成为经济繁荣、社会和谐、环境优美的宜居生态型新城区"。这就非常明确地提出了滨海新区既要建成一个新型的经济区域,也要建成一个环境优美的生活区域;既要经济发展的新成果,也要经济社会与生态环境相和谐。只有把发展循环经济与建设生态城区一体考虑、一体规划、一体实施,才有望实现这样的目标要求。

3.建议滨海新区采取三级联动的循环模式

循环经济可以有不同的发展模式,各国、各地仍在探索之中,实际做法区别很大。但基本上是三种模式,即企业层面的小循环、经济区域的中循环和社会层面(含消费)的大循环。考虑滨海新区的定位目标要求,特别是滨海新区发展循环经济已有一定基础,建议今后发展循环经济不一定从小循环到中循环再到大循环依次渐进推进,而是可以直接采取三级联动的模式,真正做到用生态链把企业的上游与下游、行业与行业、生产与消费、工业与农业有机结合起来,从根本上解决废物和废旧资源在新区的循环利用问题。这是把"环境优先"理念落到实处、成为滨海新区重要发展方针的具体体现,是提升滨海新区发展循环经济层次和水平、提升经济质量和国际竞争力的重要保证。

(二)关于滨海新区发展循环经济总体框架的设计

1.指导方针、发展目标和总体部署

(1)指导方针。"十一五"时期,是滨海新区落实国家重要战略部署、实现创新发展的重要战略机遇期。发展循环经济,是落实科学发展观,实现新区创新发展高水平的重要支撑。要模范地落实节约资源和保护环境的基本国策,按照减量化、再利用、资源化的原则,在资源开采、生产消耗、废物产生、生活消费等环节,逐步建立全区的资源循环利用体系,建设低投入、高产出、低消耗、少排放,能循环、可持续的国民经济体系和资源节约型、环境友好型社会。概括讲就是:高标准、全覆盖、大效益。高标准,就是着眼提供示范,创新循环经济发展;全覆盖,就是将节约体现在所有活动领域和活动过程,成为新区所有人的自觉行动;大效益,就是实现经济、社会、环境效益的统一,使环境成为支撑经济社会发展的重要资源,使经济社会发展从保护环境中获得丰厚回报。

(2)发展目标。到 2010 年,初步建立起循环经济的产业体系、生态保障体系和制度创新体系。万元 GDP 能耗比 2005 年降低 20%,废水、废气排放达标率为 98%以上。万元 GDP 建设用地比 2005 年下降 30%。工业用水重复利用率达到 90%以上,主要工业产品单位能耗指标接近世界先进水平。再生资源区内回收利用率达到 50%,中水回用率达到 30%,节水器具普及率达到 80%以上。工业固体废物综合利用率和生活垃圾无害化处理率分别达到 98%。通过循环经济的长足发展,到 2020 年,把滨海新区建设成为资源节约型和环境优先型社会。

(3)总体部署。一是重点启动:以建设循环经济产业体系为重点,培育形成主要产业的循环经济产业链和重要生态工业区。二是连环推动:在加快产业循环发展建设的同时,推动社会层面循环建设的步伐,部署生态新区建设,包括生态环境区、生态廊道、生态组团和生态人居建设和环境综合整治,逐步完善生态保障体系。三是健全制度:着手建立促进循环经济发展的政策法规体系建设,通过制度创新,保障滨海新区的循环经济以先于全市、优于全国的姿态发展。

2.发展重点及其主要目标

(1)建设2个生态工业区。

一是开发区生态工业园区:通过发展循环配套项目,延长补齐产业链条,形成园区内物流、能流、信息流的集成与交换体系,实现资源闭环流动、能量多级利用和废物资源化,成为国家级循环经济示范园区。

二是大港化工生态工业区:通过科学整合区内的火电、海水淡化、石油化工、建材等行业,形成共享资源和互换副产品产业的共生组合,建立生态工业体系。

(2)建设4条循环经济产业链。

一是石化产业链:以石油炼制为源头,搞好油气资源优化配置和上下游产品的衔接,实现生产链之间的物质流、能量流、资金流、信息流的最优化,解决废弃物的有效处理和综合利用,实现零排放,在资源利用效率和污染物控制方面达到国际先进水平。

二是汽车产业链:依托一汽丰田,培育成规模、技术强的零部件生产企业,构建汽车整车、零部件生产和汽车分解、废物回用循环产业链,实现资源的闭环流动和循环利用。

三是冶金产业链:建设以海河下游石油钢管和优质钢材深加工为龙头的循环经济产业链,推进行业的整体集成和系统优化,大幅度降低水资源和能源的消耗量,实现废水的零排放、工业副产品及余热的回收利用。

四是电水盐产业链:以海水淡化国家循环经济试点项目为依托,形成以北疆电厂为核心,集发电、海水淡化、制盐、盐化工、建材、废物利用等为一体的联产循环经济产业链。

(3)建设两大生态保护区。

北部连接七里海湿地,面积170平方公里;南部连接团泊洼水库,面积330平方公里。确保新区生态用地达到800平方公里。

(4)建设绿色消费市场。绿色消费是循环经济发展的内在动力,是实现滨海新区大循环经济的重要组成部分。在新区要积极倡导现代消费观念,推行建筑节能,发展绿色建筑,提倡消费绿色产品。实行环境标识、环境认证和政府绿色采购。推进生活垃圾减量化,完善生活垃圾综合利用系统,建设生活垃圾产业循环生态园。注重节约资源和能源,确立可持续消费观念和行为。

3.推进循环经济发展的主要思路

(1)坚持政府主导。迄今为止人类社会的经济发展,大体分为传统经济、高新技术经济和循环经济三个阶段,循环经济是社会经济发展的最佳模式。由于循环经济是提高资源能源利用效率、保护社会和自然环境的绿色经济,是以人为本、以社会公共利益为取向的经济,因此,发展循环经济必须以政府为主导。通过运用规划性、政策性、法律性和服务性的手段和措施,启动和推动全区循环经济发展。

(2)坚持规划统领。要把环境保护规划作为其他规划的基础,把发展循环经济作为编制各项发展规划的重要指导。在各个功能区的布局规划中,要充分考虑资源环境承载能力和环境安全,确保以环境容量为基础,按照优先发展、重点发展、限制发展和禁止发展的原则,明确各功能区环境功能定位,切实优化区域发展规划和产业布局。大力发展高新技术产业、金融业、物流业和文化产业,提高第三产业发展水平。严格执行产业准入和工业用地控制标准,控制传统"三高"产业发展,提升产业的资源综合利用水平。规划一旦颁布,就要确保执行上的严肃性和权威性。

(3)坚持市场推进。循环经济本质是一种经济,而不是环境治理。它是以企业为主体的经济活动。"循环"必须"经济",不经济循环就没有意义,不经济也不可能真正循环起来。因此,发展循环经济需要遵循市场经济规律,依靠市场去推动。要让企业在发展循环经济中提高水平、赢得效益,企业才会有积极性,循环经济才会有生命力。新区管理部门要坚持从社会效益和经济效益相统一的角度来把握和推动循环经济的发展,并依此制定政策、完善法规、创造环境,使发展循环经济成为市场经济条件下企业的自觉选择,保障循环经济可持续发展。

(4)坚持科技支撑。要加快循环经济技术开发和推广应用,加大科技投入支持循环经济共性和关键技术的研究开发,建立公共技术研发平台和技术检测中心,鼓励和帮助企业、高校和科研机构投入循环经济技术研究。积极引进和消化吸收国外先进的循环经济技术,提高循环经济技术支撑能力和创新能力。建立循环经济信息系统和技术咨询服务体系,及时向社会发布相关信息、推动循环经济技术成果的转化和运用。

(5)坚持政策导向。

一是加大对发展循环经济的资金支持。各地区和部门的相关专项资金,要向循环经济项目倾斜,通过专项补助、贷款贴息等方式,加大对清洁生产、示范工程和重点项目、资源回收基础设施、资源再生型企业的资金支持力度。先行先试发展循环经济的投融资体制改革。

二是制定循环经济的技术政策。研究制定发展循环经济标准和技术导向目录,对环境与生态工程技术、新材料技术、新能源技术、废物综合利用技术、可回收利用材料和回收拆解技术等创新活动给予政策倾斜。在园区和四大产业链鼓励推广集中供热、冷热电三联供等新技术,并有重点地引入和发展资源再生产业和环保产业,促进生产链的延伸和闭合物资循环链的形成。

三是发挥价格杠杆作用。能源价格和价格形成机制,是促进循环经济发展的要害。要发挥市场在资源配置中的基础作用,大胆进行能源价格形成机制的探索,调整水、电、天然气等价格政策,以促进资源的合理开发、节约使用、高效利用和有效保护。合理确定再生水价格,大力推行阶梯式水价,超计划、超定额用水加价制度。扩大峰谷电价和丰枯电价执行范围,拉大差价,加快实行尖峰电价、季节电价;坚决控制高耗能行业中淘汰类项目,限制类项目严格执行差别电价政策。

四是出台鼓励产业、产品目录。自觉围绕新区核心资源发展主导产业、优势产业和相关产业,形成资源循环利用产业链。重点制定推进循环经济新兴产业及相关配套产业发展的扶持政策,加快新区特别是园区生态产业体系形成。明确企业进入园区和产业聚集基地的土地、能源、水资源利用及污染物排放综合控制标准,充分发挥产业集聚和工业生态效应。抓紧编制禁止生产和销售的一次性产品目录、可再生或再生利用的废弃物目录。

五是强化政府采购的引导作用。组织有关力量,尽快编制绿色产品目录和政府绿色采购目录,纳入采购目录的产品生产企业享受相关优惠政策。逐年增加纳入绿色产品目录的数量,到 2010 年力争达到 60%以上。

(6)坚持制度创新。建议市人大制定《滨海新区循环经济发展促进条例》,确定循环经济的地位、作用,以及各部门发展循环经济的职责、权限、考核、奖惩等,为发展循环经济提供法律依据。创新发展循环经济的制度,建立健全从生产到消费再到环境建设等各环节的制度体系。包括:

一是生产者责任延伸制度和消费者付费制度,明确生产商、销售商和消费者在废物回收、处理、利用中的责任和义务。

二是绿色消费鼓励制度,鼓励使用能效标识、节能节水认证和环境、绿色标志产品,引导公众树立与环境保护相协调的价值观和消费观,重视资源的综合利用,减少废弃物的产生。

三是项目生态化评审制度,有关部门在审批新建、改建、扩建项目和产业园区时,要事先进行生态化评审。提高环保"准入门槛",新引进产业项目的能耗水耗及污染排放必须达到国际同行业先进水平。凡是利用各种废物生产的再生产品,市场优先准入。

四是统计与核算制度,探索建立绿色 GDP 核算体系,不断完善循环经济评价指标体系。

(三)关于滨海新区发展循环经济操作层面工作的建议

实施以"环境优先"为主导的循环经济,实际上是把新区的发展放在了区域乃至全国科学发展、创新型发展的龙头地位,在工作着眼点、启动点、切入点和工作机制上必须采取与以往不同的思维和做法。

1. 在工作着眼点上,应追求思路新、标准高、招法实、成效大

研究制定的《循环经济促进条例》,标准必须高于国家环境保护和循环经济法律法规的规定。国家的法律法规因为要兼顾各地的巨大差异,反映的只能是一般水平,无法达到环境优先的标准。而滨海新区则应当按照环境优先的原则,出台严于全国一般水平的环保和一般发展循环经济的要求。这是实现创新与突破的基本前提。不照搬照抄国内外已有做

法,立足自身实际,发挥比较优势,坚持扬长避短,勇于大胆实践,积极探索和提供反映时代要求、适于中国国情、具有一般借鉴意义的做法和经验。

2.在工作启动点上,应着手两方面的工作

一是应立即着手进行整个新区 2270 平方公里范围内未来环境压力的评估预测工作,并对前景作出准确分析。包括:维持新区现有资源消耗和污染排放强度,到 2010 年和 2020 年,资源消耗和污染排放强度将分别达到何等水平;以现状为基准,在维持现有环境负荷不变的情况下,GDP 以 20%的速度增长,到 2010 和 2020 年,资源消耗和污染排放强度将分别达到何等水平,如果降低生态环境压力,则资源消耗和污染排放强度需降低到何等水平;按照 20 世纪末欧洲国家提出的生态经济效益"倍数 4"目标,即实现经济增长增加一倍,而物质消耗减少一倍,新区单位 GDP 能源消耗、水资源消耗、污染排放强度的下降率将须分别达到的百分比等等。摸清底数,才会为发展循环经济提供依据,进而增强发展循环经济、提升产业水平的自觉性和紧迫感。

二是在环境优先方针指导下,选择对新区经济、社会、环境发展影响较大、资源消耗较多、产业关联度高、参与国际竞争和对公共生活有重大影响的领域和行业,率先进行循环经济试点,坚持以可再生、可循环利用、无污染和少污染的洁净技术为基础,进行产品和工业区的设计与改造,探索、创新和积累经验,逐步推广,努力在滨海新区走出一条突破资源和能源约束,推动经济发展的新路子。

3.在工作切入点上,应体现由易到难.切实可行

(1)抓建设项目的配套循环。建设项目按照循环经济的要求配套设计,是发展循环经济的源头保证。应突出抓三类项目:一是引进循环经济型生产企业,自己就可以实现循环,如丹麦诺维信;二是发展"补链企业",保证行业内部的配套循环,如汽车的配件和废钢再利用项目;三是发展"静脉产业"项目,可以把废弃物转化为再生资源的项目,如垃圾发电、污水处理等。

(2)抓环保基础设施的统一建设。推进滨海新区开发开放,除了要加快为一般生产、生活服务的道路、交通等基础设施和水、电、气等能源设施

的建设之外,必须把为发展循环经济所必须的环保基础设施建设一并进行,努力把基础设施建设成为环保型设施,发展成为环保产业。包括:按照单位土地增加值率对土地资源进行统一规划和高效利用;海陆空、干支线网络交通科学规划设计与配套,运输工具行、停、转合理衔接的体系建设;各工业小区水循环系统,特别是以自来水为主体的供水系统和以污水处理厂为主体的污水处理系统,以及中水供水生产和中水回用系统建设;符合无害化、减量化和资源化标准的基础设施,如垃圾发电、垃圾绿化工程建设等。

(3)抓废物信息交换平台的建设与完善。再生资源信息在供需双方企业共享,是实现再生资源循环的前提。信息辐射的面越广,交换利用率越高。抓紧启动搜集、整理废物现状资料归类建档等基础工作,建立并完善面向全市甚至全国范围的工业废物交换信息平台,设立专门网页,实现废物资源的社会化公布与交换。

(4)抓科学研究和技术推广。教学和科研单位,特别是环保系统的科研单位,要集中力量,重点组织生态设计技术、资源循环利用技术、能量梯级利用技术和生态工业链接技术、"零排放"技术、中水回用等技术的研发、集成和推广工作。还要组织技术咨询服务队伍,对耗能高、污染大的企业进行现场诊断,帮助企业制定投资收益型整改方案,推进企业实现节约、清洁生产。

4.在工作机制上,要建立健全长效管理机制

(1)要加强组织领导,成立新区发展循环经济领导小组及办公室,统筹、协调和指导全区循环经济发展工作,及时解决推进循环经济发展中遇到的重大问题。

(2)改革对领导干部的激励制度,不再以 GDP 等单一性指标考核和任用干部,而是要制定一套专门针对新区干部的考核任用体系,把保护环境、资源利用等作为重要的衡量标准。

(3)强化政府对环境保护公共事务的管制责任和管理权限,特别是强化环保执法部门的责任与权威。同时确保公众享有的环境权益,鼓励公众积极参与环境监督管理。

（4）建立良好的环境保护治理结构，改变环境保护由政府独立举办并过分依赖行政手段的传统，探索建立包括政府与企业的伙伴关系、政府问责制、发挥社会机构作用、公众参与环境管理、环境信息公开化等在内的现代治理结构。

（5）培育和形成有利于循环经济发展的社会文化。切实加大对领导干部、企业、学生和市民节约资源和保护环保教育的力度，普及生态文化。

（6）加强队伍和能力建设，建立"数字环保"体系，提高环保执法、环保预警和环境事故应急处理能力。加强与国内外先进城市在发展循环经济方面的交流与合作，积极引进国外资金、技术和先进管理理念。

课题组负责人：杨连芳（天津市委财经工作办公室）

课题组成员：唐广强（天津市汉沽区委）、王南利（天津市委财经工作办公室）、叶浩兵（天津市委财经工作办公室）、柳瑞东（天津市汉沽区委研究室）、刘建国（天津市汉沽区人民政府研究室）、杨德宏（天津开发区管委会研究室）、李彩良（天津滨海新区管委会研究室）

课题报告完成时间：2006 年 8 月

参考文献

翁裕斌.德国循环经济透视[J].地区和国别经济,2001(5)

吴季松.循环经济——全面建设小康社会必由之路[M].北京出版社,2005

诸大建.从可持续发展到循环经济[J].世界环境,2005(5)

段宁.清洁生产、生态工业和循环经济[J].环境科学研究,2001(6)

滨海新区低碳经济发展研究

【摘要】本文研究了低碳经济内涵和特征,对防守型和进取型两种低碳经济发展方式进行了比较,提出了进取型低碳经济的发展路径,并对世界先进地区的低碳经济发展进行了比较,将低碳发展和区域开发相结合,并根据滨海新区的产业情况,试图寻找滨海新区通过发展低碳经济提升区域发展动力和长期发展的战略。最后,对滨海新区低碳产业发展提出了具体建议和政策支持的基本框架。

一、低碳经济的内涵、特征和发展路径

(一)低碳经济的内涵

与发达国家不同,我国正处于工业化和城市化的快速发展阶段,低碳经济在我国应该有更加丰富的内涵:

从可持续发展角度认识,低碳经济是通过技术创新、制度创新、产业转型、新能源开发等多种手段,尽可能地减少煤炭、石油等高碳能源消费,减少温室气体排放,达到经济社会发展与生态环境保护双赢的一种经济发展形态。因此,衡量低碳经济水平的关键指标是经济增长与由能源消费引发的碳排放"脱钩",实现经济增长与碳排放的解耦。

从碳循环角度认识,低碳经济是一种由高碳能源向低碳能源过渡的

经济发展模式,是一种旨在修复地球生态圈失衡的人类自救行为,其根本目标是降低经济发展对生态系统碳循环的影响,促进经济发展的低碳性,维持生物圈的碳平衡。

从能源角度认识,低碳经济重点是高能源利用效率和清洁能源结构问题。低碳和零碳能源是低碳经济的基本保证,清洁生产与节能降耗是低碳经济的关键环节。因此,只有通过能源替代、发展低碳和零碳能源控制经济的碳排放弹性,才能最终实现经济增长的碳脱钩。

从技术角度认识,低碳经济是以市场机制为基础,在制度框架和政策措施的作用下,利用提高能效、节约能源、可再生能源和温室气体减排等各种低碳技术,促进整个社会经济朝着高能效、低能耗和低碳排放的模式转变。

从消费方式认识,低碳消费是低碳经济的重要环节之一。低碳消费首先是一种态度,然后形成习惯,最后定型为低碳价值观。所谓低碳消费就是消费者在购买决策过程中把低碳指标作为重要的考量依据和影响因子,在实际购买活动中购买低碳产品与服务。低碳在工业制造过程中可依靠节能减排实现,在终端领域就必须倡导低碳消费,将消费的产品与服务以碳排放量进行量化。可以说,低碳消费是低碳产业发展的源动力,它代表着人与自然、社会经济与生态环境和谐共生发展。

(二)低碳经济的主要特征

低碳经济作为一种前沿的经济发展模式,与以往的经济形态相比,具有先进性、创新性和阶段性三个主要特征。

首先,先进性,即低碳经济的发展理念较之以往的高碳经济具有先进性。传统的高碳经济具有高排放、高能耗、高污染的特征,对生态环境及全球气候产生了严重影响,随着能源资源的日益枯竭,高碳经济的发展模式难以为继。低碳经济则强调更高的碳生产率,即每单位碳排放所产生的 GDP 或附加值更高。同时,社会福利水平不因此而降低。这种经济模式与可持续发展的内涵相一致,具有明显的先进性。

其次,创新性,即低碳经济的发展模式与高碳经济相比,具有创新性。传统高碳经济主要以 GDP 的高低来衡量经济发展水平,对经济发展质量缺少考虑。低碳经济则强调对碳的排放进行计量，引入了碳排放指标来衡量经济发展的内在质量，通过技术创新来实现低碳化的目标，势必会带动并形成社会各行业、各领域的新技术研发应用的创新潮流。

最后，阶段性，即低碳经济的发展周期具有阶段性特点。归根结底，低碳经济与高碳经济都属于经济形态范畴。在当今全球气候变化的背景下，低碳经济所代表的提高能源利用效率、开发清洁能源和调整经济结构贴合了人类的发展要求。如果低碳经济能顺利发展，可再生能源能满足社会经济发展需求，气候环境问题也得到圆满的解决，那么经济发展的核心目标将会发生转移。因此，低碳经济具有一定的阶段性，在经历当前的发展阶段后，未来会产生出更高的经济形态。

（三）低碳经济发展的路径和关键

对于宏观导向性维度来说，低碳经济发展有两种模式可供选择：一是指通过发展循环经济来实现节能减排，实现绿色发展，但这种发展路径使得经济发展与环境保护相互矛盾，即因过多关注绿色，而损害了经济增长，我们称之为防守型发展路径；二是指通过发展低碳经济来实现环境保护和促进经济增长，即低碳和发展同时推进，我们称之为进取型发展路径，如图 1 所示。

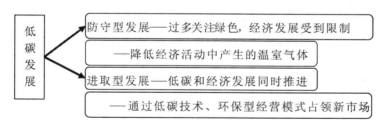

图 1　低碳发展路径

1. 防守型发展路径

防守型发展路径主张通过投入来实现温室气体排放降低的目标。防守型发展路径的实施是以引领经济社会大力发展循环经济模式为主线，在既定减排目标下，通过设备、产品的更新、应用来实现最终目标。然而，这种被动式的发展路径在高投入的情况下对社会生产方式的改变能够起到一定的作用,但这种改变又因企业成本上升、生活方式守旧等因素而受阻挠,其发展前景不乐观。另外,被动地接受市场强加因素,也使得循环经济模式下的市场发展动力不足。

2. 进取型发展路径

进取型发展路径,是指通过发展低碳经济、低碳产业来实现环境保护和促进经济增长,即低碳和发展同时推进。发展低碳经济能够创造市场新需求,针对市场新需求,发展相应的技术、产品,并使其产业化,因而,这种新需求带来了新的经济增长点,形成了推动经济发展新的动力。

3. 实现进取型低碳发展路径的关键

低碳经济模式是人类生产方式与生活方式的一次根本变革。因而,从高碳经济向低碳经济转变将在两个层面上进行,即生产方式层面的转变和生活方式层面的转变,这种转变都发生在具有一定面积的空间范围内。从我国现实情况看,生产方式和生活方式的转变的关键在于低碳产业的形成,在空间上则突出体现为低碳城市的建设,它是我国低碳产业发展的空间载体。将时间层面上的低碳产业发展与空间层面上的低碳城市建设同时推进,既是我国实现低碳经济发展的两大支撑点,也是实现进取型发展路径的关键。其关系如图2所示。

(1)进取型低碳发展路径的关键之一

① 产业化与低碳化及低碳产业

产业是社会经济运行的一个基本组织结构体系。产业革命,一般是指由于科学技术上的重大突破,使国民经济的产业结构发生重大变化,进而使生产、生活等方面出现崭新的面貌。

把低碳化作为产业来发展是一种新的、进取型的低碳发展模式,是人类从工业文明走向生态文明的一次新的产业革命。这种模式兼顾了产业化、低碳化和发展三个因素,其实质是摒弃传统的经济增长模式,通过低碳经济模式与低碳生活方式,来减少温室气体排放对全球气候的影响。核心是能源技术和减排技术创新、产业结构和制度创新以及人类生存和发展观念的根本转变。它必将影响整个经济社会的生产、消费和生活方式。

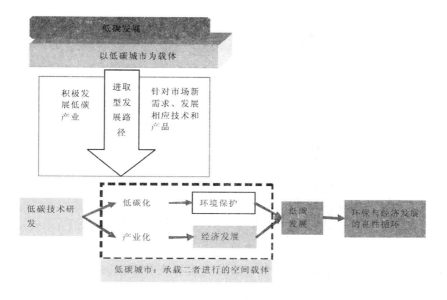

图 2 低碳城市、低碳产业与低碳发展

产业被视为经济发展的载体,因而发展模式的转变,首先体现在产业上,低碳产业是产业化、低碳化和发展三个因素相结合的最佳点,发展低碳产业是依托产业化和低碳化带动经济增长和发展的关键环节和内容,而把握低碳产业的内涵及其具体构成又是做实低碳产业的前提。

②低碳产业

进取型的低碳发展路径是一种主动整合市场需求及提供相应技术和产品供给的发展路径。产业化是指技术和产品在商业环境下以市场化的运作方式实现规模化生产或转化为现实生产力,并产生自我循环累积效应且需具备产业发展的基本特征,即商业环境下技术及产品的产业化是发展低碳经济的原动力。因而,落实进取型的低碳经济发展路径的关键——低碳技术及产品的产业化。同时,产业化也是占领新增市场需求最有效的方式。低碳化是指通过低碳技术及设备对传统产业进行改造升级。低碳化的过程与信息化的过程相似,一是采用低碳技术、产品及服务同样会广化、深化其他行业,使其具有"低碳"特征;二是低碳技术、低碳产品会像信息技术及信息产品一样,拥有自身产业,并且低碳化带来的影响不仅进一步浓缩信息化影响的精华,而且在不限制经济增长的前提下,实现发展与环境保护双赢的局面。这里,产业化是关键,如果丢弃产业化,保留低碳化,那么此时的发展路径转变为防守型,即通过投入来实现低碳化。因此,产业化是进取型低碳经济发展路径的关键。

发展产业是新技术及新产品产业化过程中切实可行的抓手,而低碳产业是产业化、低碳化等因素的最佳结合点,是推动低碳技术及低碳产品产业化过程中实实在在的着力点,同时,发展低碳产业也将带动产业结构优化、制度创新及经济发展方式转变,既是破解进取型发展路径的关键,又是实现低碳经济发展的现实基础。

经济增长方式转变首先体现在产业结构的调整及优化上,与传统经济发展模式相比,新模式下的能源结构、经济结构及产业结构必将得到调整和优化,特别是低碳产业的发展首先将触及技术革新及产业结构优化升级。同时,发展低碳产业又是推进新技术、新产品产业化过程中切实可行的抓手,因此,低碳产业是推动低碳经济发展的践行者。通过大力发展低碳产业来促进产业结构调整,进而影响生产方式的转变,使经济发展朝着低碳化、可持续的目标挺进。

因此,发展低碳产业是实现进取型发展路径的关键之一。准确地说,发展低碳产业是推动生产方式转变的关键。

(2)进取型低碳发展路径的关键之二

通过对前人研究成果的梳理及归纳后,发现前人对于实现低碳经济途径的研究结论较为丰富,不仅涉及低碳产业及其相关内容,也涉及发展低碳城市的方法,除此之外,实现途径还包括政治、人文社会、政府等方面的内容。涉猎内容虽多,但总让人感觉没有抓住解决问题的关键。提出的对策措施虽多,但各措施之间逻辑含糊且各自为战,没有有机地整合起来。

本文提到低碳经济发展涉及两个层面转变,低碳产业是推动生产方式层面转变的关键。如果从市场角度来看,其属于产品供给方生产行为的转变。然而,市场上只有供给没有需求是不能运行的,因此,生产方式转变的同时,也要求消费行为发生变化。而所有的变化同时发生在城市这个空间载体上。特别是低碳城市理念、城市低碳化的要求等促使消费者消费行为的转变,并最终使得整个社会的生活方式发生变化。而且,因共同的低碳城市理念使得有限的城市数目及规模带来了对低碳技术及产品无限的市场需求。因此,从高碳经济向低碳经济转变的第二个层面上看,发展低碳城市是实现低碳经济发展的又一关键性因素。

另外,低碳城市也承载着低碳产业发展、成长及集聚,低碳技术及产品开发及应用,既是生产行为的空间位置落定,又是低碳技术及产品应用的载体。

综上可见,实现进取型低碳发展路径的两个关键:发展低碳产业和发展低碳城市。前者指生产方式层面转变,后者既包括生产层面,又是生活方式层面转变的关键。并且,低碳城市是低碳产业发展与集聚的空间载体,低碳产业是推动城市低碳化发展的新动力。

二、低碳产业的成立条件和特征

(一)低碳产业成立的条件

首先从产业概念入手,来判断"低碳产业"。产业概念最核心的内容是"生产具有一定替代关系的同类产品的企业的集合",当前,市场上已经存在具备这种条件的企业集合,并且已形成一定的分工体系,这些竞争者又因市场、产业间的联系性等因素而聚集在一起。

其次,从市场需求与供给方面看。低碳经济将全面改变人类生产方式与生活方式,发展低碳经济会形成巨大的市场需求,如因生活方式改变而形成的消费需求、因生产方式改变而形成的生产需求,即对能够"降碳或零碳"的新技术、新产品、新设备的需求。

再次,从产业构成要件看。各种"低碳型"企业已经存在于国民经济的各部门中,提供"低碳技术及低碳产品"的企业不断诞生(如清洁能源技术、智能电网、碳交易、碳产品等);这些企业相互之间又发生着直接或间接的联系性,如同行业企业间的垄断行为、竞争与合作关系、产品供应的上下游关系等涉及低碳技术及产品的市场结构,即为低碳产业的"产业结构"。

最后,从产业体系角度看低碳产业。低碳产业,因可计量的"碳"而整合了各种生产环节,这些生产环节以产业区、产业链、产业集群的方式来呈现产业"整体性"的观念。产业区被定义为这样一种生产体系,它以使用灵活的生产技术、专业化于同质产品的不同生产阶段、被广泛的本地企业间网络联系在一起的大量企业为特点(Pyke et al.,1990)。就我国而言,大部分省市都已进行低碳产业园区的规划及落实工作,积极引进拥有先进低碳技术及设备的企业进驻园区,以扩大其规模效应和聚集效应,从而快速拉动当地经济。传统的产业链概念局限在产品的分工上,现在,产业链不仅仅是指产品链,还是一个信息链、功能连、网络链、知识链、模块化的组织方式,而集群与产业链密切相关,泛指通过垂直和水平的关系联系在一起的产业(Porter,1990)。

(二)低碳产业的特征

一是,低碳产业是低排放、低污染、低消耗的产业。以清洁能源技术为主的清洁能源产业本身具有"三低"特征。二是,低碳产业是一个涉及范围广、渗透性强的产业。低碳产业是基础性的新兴战略产业,它将像信息产业一样对人类的生产和生活方式带来深刻的影响,并通过低碳技术、低碳产品及服务广化、深化各产业各领域。三是,低碳产业是技术、资金及智力密集型产业。低碳产业在世界范围内刚刚兴起,特别是清洁能源技术及提高能效技术的开发与应用,需要投入大量资金和智力支持,且低碳产业中智力资源的密集度要高于全国平均水平。四是,低碳产业是一个附加值高、增长快的产业。智力密集决定了低碳产业具有较高的附加值。发展低碳经济的必然性,造就了新的产业发展机遇,从而创造了新的市场需求,这些需求将转化为拉动经济增长的新动力,从而促进低碳经济的快速发展。

三、低碳城市

(一)低碳城市

1. 低碳城市定义

低碳城市(Low—carbon City)是指,在保证城市经济增长和生活质量不断提高的前提下,以低碳园区和低碳社区为空间载体单元,通过低碳交通、低碳市政基础设施、低碳能源系统、城市智能化管理、低碳生活与低碳消费等城市职能运行体系将低碳园区与低碳社区紧密地联系在一起,从而形成低碳化的城市系统。其中低碳园区包括工业与产业园区、商务区、循环经济区、产业共生网络、服务业集聚区等以生产导向为主。低碳社区主要是指人类居住区,以生活和消费导向为主。

2. 低碳城市构成

(1)低碳城市构成的基本空间单元:低碳园区与低碳社区

① 低碳园区

低碳园区是低碳城市承载低碳产业生产行为与市场行为的空间场所,是构成低碳城市的基本空间单元,是低碳城市中经济系统运行的外在表现。同时,建设低碳园区,包括工业与产业生态园区建设、循环经济区建设、产业共生链建设、低碳商务区建设及发展低碳服务业等是实现城市低碳化发展的重要途径,也是推动低碳城市建设最直接的力量。

②低碳社区

低碳社区是低碳城市空间中承载人类生活、居住的载体,是构成城市空间的基本单元和细胞。城市低碳化建设中,与生活直接相关的城市体系的低碳化工作是在社区空间范围内进行的,特别是建筑材料低碳化、能源系统低碳化、资源利用低碳化、社区环境低碳化、生活方式和消费模式低碳化等。因此,建设低碳城市的重点任务之一就是建设低碳社区。同时,在社区中落实低碳理念、发展绿色低碳社区也是建设资源节约型、环境友好型社会的重要内容。

③低碳建筑

低碳建筑作为低碳园区与低碳社区的基本构成要素,是以住宅、厂房、办公楼宇等实体形式出现在低碳城市系统中。建筑在城市系统中的重要性不言而喻,其为企业生产、人类居住、商务办公、消费等提供所需场所。但建筑在二氧化碳排放总量中,几乎占到了一半,这一比例远远高于运输和工业领域。因此,加快推进建筑低碳化,既是城市低碳化在建筑领域中延伸的表现,又是建设低碳园区与低碳社区、提高能效、降低排放、提升城市生活品质与生态环境的基础。

(2)低碳城市体系的建设

低碳城市是由经济系统、社会系统及生态系统组成的复杂有机体。而低碳园区与低碳社区是城市有机系统中兼具生产与消费、生活与工作等功能的空间节点(基本单元)。构成低碳城市的各子系统便是这些空间节点,以及由低碳规划、低碳交通、低碳的公用基础设施(道路、通信等)、低碳市政设施、低碳能源、低碳消费等组成的城市体系,相互作用而形成的。也正是基于这些体系,才使得构成低碳城市的各个子系统之间产生广泛的经济联系、社会联系、生态联系、政治及文化联系等。因此,建设低碳城市,除低碳园区与低碳社区外,还应包括城市体系的低碳化。

(3)低碳城市的生态系统

生态系统是由城市生态系统和自然生态系统组成,前者是以人类为主导而形成的生态系统,后者则以自然为主导,包括农田生态系统、森林生态系统、草原生态系统、湖泊生态系统、海洋生态系统等。与前者相比,后者是碳汇的主要场所。

(4)低碳城市的社会系统

低碳城市建设除了要在硬件上(硬件包括:工业、交通、建筑、市政设施等方面)下功夫,还要加强软因素方面的建设。低碳城市的软因素包括社会系统、经济系统和生态系统。其中社会系统包含方方面面的内容,这里主要从低碳的生活方式、低碳政治、低碳文化与教育等角度来描述低碳城市中社会系统所发挥的作用。

(二)建设低碳城市的基本思路

1. 低碳城市建设需要科学的整体规划及合理的空间布局

科学的总体规划与合理的空间布局,不仅要致力于经济系统的建设、生态系统建设,还应注重社会系统与人文素质的建设和培养。并且,低碳城市总体规划与合理的空间布局结构作为指导和协调多部门利益、优化土地资源配置、合理组织城市空间环境的战略部署,必须在区域规划、总体规划、分区规划、控制性详细规划、城市设计、修建性详细规划、专项规划以及建筑设计和施工等层面都贯彻低碳化、生态化的基本理念,并使各层次之间关系协调、层次递进[①],各体系之间布局完善、结构合理。

2. 抓低碳园区及低碳社区建设

(1)狠抓落实低碳园区建设

建设低碳园区是推进低碳技术及低碳产品产业化进程的关键。低碳园区的建立能为低碳产业提供一个良好的发展环境,并可为低碳技术提供一个研发及孵化平台。建设低碳园区需要建立完善的投融资环境,提供园区创新能力(技术创新、管理创新),积极引进掌握关键技术的低碳企业和低碳科技人才,并通过财政、税收等提供的优惠措施鼓励民间资本进入,同时,积极跟进相关政策法规建设及服务体系建设。

此外,在已有园区改造方面。由于国内大多数低碳园区是在已有园区的基础上升级而成。一是配套设施及法律法规不完善;二是缺乏核心技术。并且各功能区定位比较单一、结构简单、无法形成低碳的上下游产业链、循环经济链及共生链。因此,旧有园区改造,也需向新建园区看齐,循序渐进、步步推进,将低碳与发展同时纳入园区发展规划中。

(2)积极推进低碳社区建设

一是规划设计低碳化。低碳社区规划设计要将社区作为一个生态系统,通过优化设计,使社区内外空间中的多种物质因素在社区生态系统内有序循环转换,并与自然生态系统相平衡,获得一种高能效、低物耗、低排放、无污染的宜居环境,从源头上减少社区的碳排放。二是建筑材料低碳化。建筑材料在社区节能领域具有非常重要的地位,节能型建材要求健康环保,可重复使用、可循环使用、可再生使用,能效性能高。三是社区环境低碳化。通过建设以森林为主体的生态系统,发挥森林生态系统的固碳功能增加碳汇,中和温室气体排放。四是能源系统低碳化。能源系统是低碳社区建设的核心环节,因为碳排放主要源自化石能源消耗。五是资源利用低碳化。社区资源利用要以"减量化、再利用、资源化"为原则,以物质闭路循环和能量梯次利用为特征,实现温室气体的低排放甚至零排放。六是生活方式低碳化。积极倡导节约型消费文化,以步代车、少开

[①]沈清基(2010)等人详细论述了城市规划在建设低碳城市中的重要性。

空调、减少"面子消费"和"奢侈消费"等。

3. 整合低碳城市建设中所形成的市场需求

对分散的、无序的新增市场需求进行整合,即可引导、支撑低碳产业发展,又可有效地调动地方政府的积极性。而市场需求整合的范围,一要整合本地低碳城市建设所形成的新增需求;二要整合周边地区及全国范围内的新增市场需求。整合工作可围绕节能减排技术、清洁能源技术及提高能源效率技术等,分阶段、分层次地进行。

4. 抓低碳城市生态系统建设

城市生态系统是城市主体主导建设的。包括生产方式转变的主体和生活方式转变的主体:企业和居民。案例分析的结果表明,无论是在生态保护及修复方面、近自然的景观系统建设方面,还是在环境保护和环境卫生方面,都是由企业和居民共同参与的。因而,低碳城市的生态系统建设,除了积极推进上述三大方面的建设,还要从企业的生产方式转变和居民生活方式转变入手。一方面要考虑如何增加碳汇能力,另一方面也要考虑如何减少碳排放强度。因此,建设低碳城市是一项系统而复杂的工程,特别是生产方式与生活方式转变的程度将直接影响生态修复程度、环境破坏程度等,所以,生态系统建设必须抓住"牵一发而动全身"的关键节点。

四、滨海新区低碳经济的发展现状

(一)滨海新区节能减排的现状

1. 循环经济组织工作扎实推进

滨海新区出台了《滨海新区节能工作实施方案》和《滨海新区促进节能降耗鼓励办法》以及首批《滨海新区节能降耗重点鼓励项目名录》等一系列节能政策,确定每年设置 2 亿元财政资金奖励各类节能减排项目,促进新区"两型"工业即资源节约型和环境友好型项目发展,努力使新区成为科学发展的排头兵。

2. 节能减排取得明显进展

按照国家产业结构调整政策,对高耗能、高污染、高排放的项目采取了"关、停、并、转"措施,加大了治理力度。按照国家《节能中长期专项规划》,实施了燃气工业锅炉改造、热电冷联产、余热余压利用、电机系统节能、能量系统优化等重点节能工程,并强化了监察督导,确保工程的建设进度。针对钢铁、电力、化工、建材、纺织等传统高耗能行业,制定了重点行业节能减排分类指导意见,并对承担节能减排的企业进行了政策、资金扶持,推动了企业节能减排工作,取得明显进展。

3. 水资源利用水平不断提高

在运用科学技术提高工业用水重复利用率的同时,加大了非常规水源的开发力度,包括海水利用、污水回用、雨水利用和微咸水利用等,以水循环促进循环经济发展。新区万元 GDP 水耗不断降低,海水淡化及其应用规模不断扩大。目前新区日均海水淡化量约 20 万吨,占全国总量的三分之一,预计 2010 年底,海水淡化总规模将达到日产 50 万吨左右,将在一定程度上缓解新区淡水资源短缺的现状。

4. 清洁能源使用比例有所提高

围绕能源结构调整,积极制定清洁能源使用政策,促使终端能源消费结构不断优化,原煤、原油等利用效率低、而污染重的能源消费比例逐年递减,以天然气、地热能、太阳能为代表的清洁能源使用量逐年增加,其中,天然气逐步代替石油气成为滨海新区的主要燃气。

5. "点一线一面"循环经济发展框架基本形成

目前,有北疆电厂一个国家级循环经济示范试点和长芦盐场、天铁冶金、蓝星化工、凯威化工、联博化工、渤大硫酸、云海裕森、津康制药、裕川建筑九个天津市循环经济试点;园区层面,以循环经济产业链构建为主要载体,推动了中循环体系建设。有开发区和临港工业区两大国家级循环经济示范园区和空港经济区一个市级循环经济示范园区,并在电子信息、化工、汽车制造、纺织、冶金和能源六大产业领域形成了循环经济产业链骨架;社会层面,以循环经济为主题,充分利用电视、报纸、网络等媒介,开展了多种形式的宣传教育活动,使循环经济理念深入人心。在政府机构、学校、医院等单位,在社区、酒店、广场等公共场所开展了专项节能减排活动,为循环经济发展创造了正确的价值导向和良好的社会环境,推动了大循环体系建设。

（二）滨海新区低碳产业的发展现状

1. 风电产业

风电产业在天津滨海新区迅速发展，目前已成为支柱产业之一。同时，风能资源丰富、电力需求大、地理位置优越、风电产业聚集等多重优势，让滨海新区在风能资源利用方面走在了全市乃至全国前列。

在滨海新区这片充满希望的经济勃发之地，世界上最大的风电机组制造商维斯塔斯、全球风机叶片专用不饱和聚酯树脂最大供应商雷可德集团、国内风电巨头东方汽轮机公司与华锐风电等均落户于此。到 2015 年，在这 1 平方公里的土地上将聚集 5 至 10 家整机厂商、20 至 30 家零部件厂商、占全国市场份额的 25% 至 30%。目前，一条涉及研发、生产、测试、物流、发电的完整的风能产业链条正在新区形成。另外 2010 年 3 月 18 日，天津市电力公司审查通过了沙井子风电场 110 千伏并网线路工程。工程一期容量 49.5 兆瓦，于 2011 年 4 月投入运行。另一个是大港马棚口风电场，位于大港东南角老马棚口村附近，规划容量 100 兆瓦，本期建设容量 49.5 兆瓦，将于 2012 年投入运行。

2. 太阳能光伏产业

作为中国第一块太阳能电池板的诞生地，滨海新区拉开了国内太阳能光伏产业发展的大幕。且作为天津市光伏产业的主要聚集区，滨海新区目前依托南开大学、中国电科第十八研究所等研发机构，已具备了国内最强的光伏产业研发实力。近年来，京瓷太阳能、皇明太阳能等知名企业争先抢滩滨海。2010 年年初落户滨海高新区的友达光电项目，目前一期已建成投产，二期施工也已全面展开，项目全面建成后将形成 1000 万兆瓦的产能。

3. 生物质能产业

(1)燃料乙醇

在滨海新区，中科百奥工业生物技术公司自主研发的以菊芋为原料的生产菊粉项目得到了山东、青岛、山西、甘肃、河南等 10 多个省份企业的青睐。该公司以技术入股形式，已在内蒙古建成了国内首个年产 100

吨菊粉生产企业,填补了国内空白,且产品全部出口。

表 1 滨海新区太阳能产业现有项目

实施单位	项目名称	落户地
天津津能公司和南开大学合作	玻璃衬底太阳能电池 100MW 项目、300MW 非晶微晶叠薄膜太阳能电池项目	滨海新区
泰阳光电科技公司	铜铟硒薄膜太阳能电池的中试研究项目	空港物流加工区
南开大学与企业合作	滨海新区建设 1MW 非/微叠层薄膜太阳能电池产业化基地项目	滨海新区
友达光电	高新区投资的多晶硅太阳能光伏电池项目	高新区
中国风电集团与湘电集团合作	高新区建设 2MW 风电整机生产厂,总投资 10 亿元,年产能可达 200 台,预计实现产值 20 亿元	高新区
中国电科(天津蓝天太阳科技有限公司)	500MW CISG 薄膜太阳能电池项目	滨海高新技术产业区
京瓷等	1000MW 多晶硅太阳能电池及组件项目	
中国电科十八所	500MW CISG 薄膜太阳能电池项目;500MW 聚光太阳能电池项目	
正泰太阳能	400MW 非晶硅薄膜太阳能电池项目	
讯力光能	500MW 柔性非晶硅薄膜太阳能天池项目	
	太阳能跟踪器项目	
	太阳能多晶硅铸锭炉项目	
	菲涅尔透镜项目	

作为国家科技支撑项目、天津市长基金项目、一轻重点项目——甜高粱燃料乙醇示范工程项目于 2009 年 5 月 8 日开工建设。该示范工程项目的开工具有国家能源的战略意义,可克服能源不足,并替代部分化石能源。同时,该示范工程的开工将为打通工艺路线,突破设备瓶颈,为大规模产业化奠定良好基础。

另外,第二代乙醇的工业化生产尚未实现,酶技术及其生产成本是生物质乙醇产业化的关键。目前诺维信公司与中粮集团正携手致力于第二代生物乙醇的工业化研发。

（2）二甲醚

2006 年山东久泰公司投资 50 亿元，在大港区海洋石化科技园区建设 300 万吨/年二甲醚项目。

目前我国生物质能的发展面临一些瓶颈问题，包括生物质能资源不足，品质不佳，收集困难，难于转化；生物质催化与转化效率底下，过程能耗和水耗高；产品标准缺失等。

4. 燃料电池

天津在燃料电池研究领域拥有一定的基础，但产业化进程缓慢。天津市是国内开展燃料电池研究较早的城市，主要集中在南开大学、天津大学、中国电子科技集团第十八研究所、天津理工大学等科研院所。天津大学"聚合物膜燃料电池膜电极"项目的基础研究获得"九五"支持，为聚合物膜燃料电池的研究奠定了基础。中国电子科技集团第十八研究所在国防科研中进行了 5 千瓦级氢气/空气 PEMFC 演示样机以及千瓦级燃料电池样机的研制，完成了 300W 自增湿通讯用燃料电池的研制。目前，天津市还没有设计和生产燃料电池企业，只有天津海蓝德能源技术发展有限公司等少数几家企业生产配套产品，产业规模较小。

5. 地热能

天津地热资源按期赋存特征可分为孔隙性热储和基岩岩溶隙型热储，二者顶板埋深躲在 1000～2000 米和 1000～1500 米以下。天津目前地热探采深度已达 4041 米，井口流体温度高达 102 摄氏度。截至 2005 年底，已进行勘查评价并经国家储量认定的有七大地热田。具体如表 2 所示。

6. 电动汽车行业

天津清源电动车辆有限责任公司是天津新能源汽车行业的佼佼者。2008 年，清源公司投入巨资建成了国内第一条电动汽车整车生产线和电动汽车动力总成生产线，实现了电动汽车整车和关键零部件的大批量生产。公司自主开发研制的 S 系列、B 系列纯电动轿车以及 T 系列纯电动微型卡车，已经走出国门大批量进入欧美市场，实现了我国电动汽车市场化和对外出口零的突破。清源公司电动汽车的工程化水平、产业化规模在国内首屈一指。

表 2　天津地热异常区一览表

地热异常区	行政区位置	面积（km²）	盖层最大地温梯度摄氏度/100 米
王兰庄	市区中南部及西区东部	534	8.0
山岭子	市区东北部,东丽区	315	8.3
万家码头	津南区,大港区西部	235	8.8
潘庄	宁河县西部	610	6.9
周良庄	宝坻区东南部	180	5.5
桥沽	汉沽区北部	90	5.5
王庆坨	武清区西南部	114	5.0
沙井子	大港区东南部	190	4.5
唐官屯	静海县南端	40	7.6
看财庄	汉沽区东部	20	5.5
合计		2328	

资料来源:天津市地热资源开发利用规划研究,2006

7. 锂电池应用行业

天津力神电池股份有限公司是一家拥有自主知识产权的专业从事锂离子蓄电池技术研发、生产和经营的企业。目前产品包括圆形、方形、聚合物和塑料软包装、动力电池四大系列几百个型号,同时为三星、苹果、摩托罗拉、诺基亚、联想、华为等国内外知名高端厂商提高配套产品,并为国内外企业提供整体电源解决方案。

天津斯特兰公司目前拥有年产 500 吨磷酸铁锂的生产能力,并计划扩产到 2000 吨,目前国内唯一的磷酸铁锂电池规模化生产厂家深圳比亚迪的磷酸铁锂材料主要向该公司采购。比亚迪在磷酸铁锂电池规模化生产上拥有国际领先的技术。

另外巴莫、中国电子科技集团第十八研究所等单位在磷酸铁锂连续化生产方面在国内处于领先地位,在国际上也有一定的影响力。

8. 电池材料

(1)锂离子电池

在国内,天津在电池材料领域优势明显,科研水平和产业化规模全国领先。天津市已形成完整的锂离子电池产业链、包括正极材料、负极材料、电解液、各种电池零部件等,主要厂商有力神、比克、挪威、三星 SDI、蓝天电源公司、三洋能源(天津)公司、巴莫公司、斯特兰公司、铁诚公司、金牛公司、中国电子科技集团第十八研究所等。其中,力神公司拥有全国锂离子电池行业唯一的一个国家级企业技术中心,建立了完善的锂离子电池及超级电容器的科技创新体系。2009 年,力神公司位居全球锂离子电池企业前十名。

我国锂离子电池的生产厂家集中在广东、天津、山东、江苏、浙江等地。目前,广东地区的锂电生产量已经占中国行业的 65%,而深圳市总量就占全国的 60%,天津锂电池市场份额约占全国的 31.5%左右。

(2)电解液

国产电解液是从 2002 年进入市场并逐步取代进口产品,通过不断改进和提高,国产电解液质量已达到国际先进水平,目前,国内电池生产商电解液配套基本上实现国产化。国内产商中,天津金牛公司是唯一一家采用自主研发技术,国产原料与装备生产六氟磷酸锂的企业,其电解液市场占有率约 15%左右。

表 3　2009 年全球主要锂离子电池企业市场份额

序号	企业	产量(百万只)	市场份额(%)
1	三洋	575.5	19.4
2	三星 SDI	559.8	18.8
3	LG	411.7	13.9
4	索尼	359.1	12.1
5	BYD	216.3	7.3
6	松下	176.4	5.9
7	力神	170.1	5.7
8	比克	150.6	5.1
9	MAZELL	117.8	4.0
10	ATL	115.5	3.9
11	E-one	39.2	1.3
12	A123	39	1.3
13	SGS	32.5	1.1
14	NEC	7.6	0.3
合计		2971.1	

9. LED产业

天津市 LED 产业初具规模,产业链雏形基本形成。天津市 LED 产业始于 20 世纪 90 年代初,经过十几年的发展已经形成了一定的规模,基本形成了集衬底材料、外延片制造、芯片生产、器件封装以及 LED 应用为一体的较为完整的产业链体系,形成了以由近百家上中下游各环节企业组成的半导体照明产业链企业集群。

根据《天津市半导体照明应用工程实施方案》,天津市将利用 3 年时间,通过 LED 大运会、LED 校园、LED 生态城、LED 工业园、LED 交通等五大板块,分阶段推广应用 LED 照明灯具 50 万盏以上。预计总投资为10 亿元,申请中央财政补贴两亿元,地方财政及市政建设经费投入 6 亿元,用户自筹两亿元。计划到 2012 年,带动半导体照明产业规模突破200 亿元;集聚相关企业 500 家,累计培训各类人才两万人,拉动新增就业 10 万人;年节电规模达到 2.5 亿度。

10.纳米材料

滨海新区正在发展 1 个研究院和 7 个产业园区。即国际纳米技术与工程研究院,纳米新材料产业园、纳米生物医药产业园、纳米微机电产业园、纳米电子信息产业园、纳米光电产业园、先进仪器装备产业园、纳米生态产业园。

发展的重点项目有:LED 半导体通用照明及新材料项目、纳米敏化光伏太阳能项目、纳米粒子肺部给药系统项目、稀土液晶磨料项目、动力UPS 节能项目、纳米生物诊断项目、光纤激光加工项目、纳米纸电池项目、纳米银粒子电子标签项目、纳米电阻器项目、绿色纳米油墨印刷项目、氧化铈在烟草中降焦减害项目、电动汽车动力电池用磷酸铁锂正极材料产业化项目、基于 MEMS 集成工业用流量计项目、纳米发电机项目等。

11.碳汇——碳金融

碳金融为我国参与世界金融体系重构提供了一个良好的契机,一方面可以成为我国在金融危机中参与国际金融市场体系构建的"突破口",另一方面也可以解决我国低碳技术研发和应用不足的问题。目前,国内有三家碳交易机构:北京环境交易所、上海环境能源交易所和天津排放权交易所。

天津排放权交易所(Tianjin Climate Exchange，TCX)是由芝加哥气候交易所、天津市政府，以及中石油(PetroChina)的资产管理部门三方成立的合资公司。

TCX是全国第一家综合性排放权交易机构，也是国务院国资委指定的四家国有企业国有产权转让试点机构之一；是国家财政部和环境保护部批复的第一个既包括二氧化硫又包括化学需氧量(污水)，既包括排放权管理机制建设又包括排放权交易市场机制建设，既包括排放权初始分配(一级市场)又包括排放权二级市场交易的综合试点交易所。

（三）滨海新区低碳城市建设情况

1.在生态城规划目标定位上

将致力于建设成为综合性的生态环保、节能减排、绿色建筑、循环经济等技术创新和应用推广的平台，国家级生态环保培训推广中心，现代高科技生态型产业基地，"资源节约型、环境友好型"宜居示范新城，参与国际生态环境建设的交流展示窗口。

2.在生态城发展的空间布局上

生态城坚持集约节约利用土地原则，采用紧凑型城市布局，将津滨轻轨向北延伸，结合两侧地块的开发，集聚现代服务业、居住、休闲等多种功能为一体，轨道沿线建设大面积开敞绿化空间，形成生态谷，成为生态城的发展主轴，并将生态城土地划分为四个综合片区。在中部片区结合生态谷建设生态城的城市主中心，在南北两个片区依托轻轨站点分别建设城市中心，形成"一轴三心四片"的布局结构。在蓟运河故道围合的区域大面积实施水体治理、土壤修复，形成湿地景观效应，建设生态岛。将营城污水库、蓟运河和蓟运河故道三大水系连通，加强水体循环，构建景观优美、循环良好的水生态环境。以蓟运河和蓟运河故道围合区域为中心，构建六条以人工水体和绿化为主的生态廊道，加强与区域生态系统的沟通与联系，构成生态城绿化体系的骨架，建成以景观、环境、休闲等功能为主的城市"绿脉"，形成"一岛三水六廊"的生态格局。

3.在低碳园区建设上

生态城根据发展定位,努力转变经济发展方式,探索低碳城市建设模式,重点发展节能环保、科技研发、总部经济、服务外包、文化创意、教育培训、会展旅游等现代服务业,形成节能环保型产业集聚区,努力构筑低投入、高产出、低消耗、少排放、能循环、可持续的产业体系,形成"一带三园四心"的产业布局,为生态城发展提供有力的经济支撑。一带是指生态城的发展备用地,将建成生态科技产业带;三园是指国家动漫产业综合示范园、生态科技园和生态产业园;四心是指城市主中心、南部中心、北部中心和特色中心。

4. 在低碳社区模式规划建设上

借鉴新加坡"邻里单元"的理念,优化住房资源配置,混合安排多种不同类别住宅形式,形成多层次、多元化的住房供应体系,全部采用无障碍设计,构成包括生态细胞、生态社区、生态片区3级的"生态社区模式",居住用地内绿地率不低于40%,政策性住房比例不低于20%。结合城市中心构建全方位、多层次、功能完善的公共服务体系,按照均衡布局、分级配置、平等共享的原则,建设社区中心;按照人口规模配建文化教育、医疗保健以及其他生活配套设施,保证居民在500米范围内获得各类日常服务。

5. 在绿色建筑开发建设上

高起点制定绿色建筑评价标准。参照美国 LEED、英国 BREEAM、新加坡绿色建筑评价体系等国际标准,在高于国家绿色建筑评价标准的基础上,2009年9月,中新天津生态城管委会制定出台了《中新天津生态城绿色建筑评价标准》,评价标准依据节能、节地、节水、节地、环境保护和运营管理六方面的要求设定了强制项和优选项。根据得分情况分为:基本级、银奖、金奖以及白金奖四个等级。其中满足所有强制项要求的为基本级,其他三个等级按强制项评分:60~74分为银奖;75~90分为金奖;90分以上为白金奖。

6. 在城市体系构建上

(1)在绿色交通体系建设上。贯彻城市可持续发展的理念,建设以绿色交通系统为主导的交通发展模式;以津滨轻轨延长线串接生态城主次中心和各片区,形成生态城对外大运量快速公交走廊。即满足生态城内部长距离交通需求,又连接生态城与周边重要区域。在生态城内部,构建以轨道交通为骨干、以清洁能源公交为主体的公共交通系统,轨道站点与公交线路无缝衔接,轨道站点周边1公里服务范围覆盖80％的片区用地。结合社区建设和滨水地区改造,建立覆盖全城的慢行交通网络,采用无障碍设计,创造安全舒适的慢行空间环境,引导居民的绿色出行,实现人车分离、机非分离。结合公共交通站点建设城市公共设施,使居民在适宜的步行范围内解决生活基本需求,减少对小汽车的依赖。80％的各类出行可在3公里范围内完成。2020年,生态城内部出行中绿色交通方式不低于90％。

(2)在公共市政设施建设上。构建"生态城中心－生态城次中心－居住社区中心－基层社区中心"4级公共服务中心体系,切实安排好关系人民群众切身利益的教育、医疗、体育、文化等公共服务设施,为居民提供舒适便利的服务,满足居民不断增长的物质文化需求,促进各项社会事业均衡发展。

(3)在水资源循环利用上。规划以节水为核心,注重水资源的优化配置和循环利用,建立广泛的雨水收集和污水回用系统,实施污水集中处理和污水资源化利用工程,多渠道开发利用再生水和淡化海水等非常规水源,提高非传统水源使用比例。建立科学合理的供水结构,实行分质供水,减少对传统水资源的需求。建立水体循环利用体系,加强水生态修复与重建,合理收集利用雨水,加强地表水源涵养,建设良好的水生态环境。

(4)在能源综合利用方面。规划按照建设资源节约型、环境友好型社会的要求,积极推广新能源技术,加强能源梯级利用,促进能源节约,提高能源利用效率,大力发展循环经济,推行清洁生产和节能减排,构建安全、高效、可持续的能源供应体系。

(5)在生态环保方面。规划将提升环境质量、保障环境安全作为生态城科学发展的重要支撑点,建立健全各项环保政策。建立项目审批与环境管理相结合的建设项目环境准入制度,建设覆盖全区的环境监控网络,严格管理施工项目。控制污水处理达标排放、提高污水处理设施的建设标准、严格监管,保障水环境达标。科学分区、加强对各类适用区域管理以及噪声防治监管,保障声环境达标。

完善环境卫生设施建设,建立生活垃圾分类收集、综合处理与循环利用体系,积极探索气力输送系统收集生活垃圾等先进环卫技术,逐步实现废弃物的减量化、资源化、无害化,科学管理固体废物。

(6)在城市智能化管理方面。充分利用数字化信息处理技术和网络通信技术,科学整合各种信息资源,将生态城建设成为高效、便捷、可靠、动态的数字化城市。建立统一的生态城基础数据平台,实现政府内部信息资源高度共享,提升电子政务建设水平。建立城市信息化管理平台,通过网格化、立体化管理,对城市部件、事件实施全时制、全方位、全过程的监控、处理和反馈,实现城市管理的科学化、现代化、规范化。未来将在区域范围内实现全方位、多等级、虚拟化的电子商务系统,建设智能化的交通系统,实现数字化社区管理。

五、滨海新区发展低碳经济的基础、优势及劣势分析

(一)滨海新区发展低碳经济的良好基础

1. 滨海新区的战略地位为发展低碳经济提供了有利条件

加快滨海新区开发开放,是以胡锦涛同志为总书记的党中央作出的重大决策。党中央、国务院要求滨海新区加快建设高水平的现代制造业和研发转化基地,建设北方国际航运中心和国际物流中心,建设宜居生态新城区。要求滨海新区切实承担起服务和带动环渤海区域经济发展的历史重任,切实承担起科学发展排头兵的艰巨任务。滨海新区作为国家综合配套改革试验区先行先试的特殊地位,为发展低碳经济提供了坚实基础和制度保证.

2. 滨海新区的开发开放创造了巨大的市场需求

滨海新区的全面开发开放,为发展低碳经济、低碳产业创造出巨大的潜在的新增市场需求。"十大战役"的全面打响,开创了滨海新区大开发、大建设、大发展的新局面。临港工业区、北塘区域、西部区域、东疆保税港区、滨海旅游区、中心商务区、滨海核心城区等各个战役,都在你追我赶,

奋勇争先,不分昼夜,强力突进,到处都变成了大开发、大建设的战场。在滨海新区的带动下,处在环渤海地区的辽宁,河北的曹妃甸、黄骅,山东的东营、日照等地区都处在大开发、大建设之中,形成了巨大的市场需求。

3. 滨海新区新能源开发利用、循环经济、低碳产业发展初具规模

重点开展纯电动汽车、混合动力汽车、清洁燃料汽车等领域的关键技术研究、产品开发和产业化工作,取得了大量的技术专利和科研成果,其中多项科研技术达到国际先进水平;以柔性薄弱太阳能还有硅太阳能、聚光太阳能为标志,形成了研发和生产基地,太阳能新能源光热、光技术及推广、LED照明等新能源项目已经高位起步;以力神电池为龙头的锂离子电池制造业,是迄今国内锂离子蓄电池专业投资规模、产品品种、技术水平名列前茅的生产企业,并跻身世界锂电行业前列;以水源热泵、地源热泵以及其他新兴材料的大规模开发利用为标志,滨海新区在新型能源建设方面走在了全国的前列;以北疆电厂的海水淡化、大港新泉海水淡化项目为标志,滨海新区在水资源利用方面达到了世界先进水平。

4. 滨海新区金融资源不断密集

国务院已批准《天津市滨海新区综合配套改革试验金融创新专项方案》,内容涉及搞好产业投资基金,发展证券期货业,支持股权产权交易,开展银行综合经营试点,进行排放权交易综合试点等30个重点改革创新项目。这为滨海新区大力发展低碳产业,推广低碳建筑,培育低碳消费提供了良好的金融基础。特别是作为国内唯一的专业从事碳排放权交易的天津排放权交易所,为新区大力发展绿色金融,绿色服务提供了很好的平台。

5. 滨海新区智力资源不断汇聚

低碳经济发展的根本动力是科技创新,推进低碳、节能、环保技术的研发与应用。而滨海新区依托京津冀地区约占全国27%的科技人才资源,新区建成了国家级、省部级工程中心50家,各类企业研发中心150多家,博士后工作站66家。高新技术产业产值占工业总产值比重达到47%,智力资源的汇聚为实现新区产业向低碳化发展,提供了有力的技术支撑和人才保障。目前,滨海新区已有天津市环科院滨海分院、天津排放权交易所、天人合环保产业研发中心等一批从事低碳经济研究、促进的机

构,并且拥有一批实力雄厚的环保企业为实现环保产业化做着努力。

6. 国际交流与合作全面展开

天津经济技术开发区成功申请欧盟"亚洲可持续生产与消费基金项目",借助欧盟经验,为滨海新区提出发展低碳经济政策建议;创建"泰达低碳经济促进中心",积极实施国际合作项目,引进和培育先进低碳技术,努力打造低碳技术与服务汇集地。

(二)滨海新区发展低碳经济的优势与劣势分析

1. 内部优势因素分析

滨海新区石油及天然气资源丰富,陆地上有大港油田,海上有渤海油田,年产原油 600 多万吨,天然气 6.50 亿立方米。区内地热资源丰富,主要有三个地热异常区,即沙井子、万家码头、桥沽,总面积数百平方公里,地温梯度为 3.5～3.8℃/百米。而且,以水源热泵、地源热泵的大规模建设为标志,滨海新区在地热能源开发利用方面已经走在全国前列。大港油田目前已有地热井 10 多眼,但是主要用于采暖,面积达 20 万平方米。

滨海新区月平均风速为 4m/s,极端最大风速为 33m/s,是天津市风能资源最丰富的地带,风能密度平均可达 155～170 W/m²,大于 3m/s 风速的年积累时数可在 6000 小时左右,是全市开发风力资源最有前景的地区。同时,滨海新区也是全市太阳辐射量最丰富的地区。新能源与新材料行业中风能和太阳能是滨海新区重要的新能源产业。

滨海新区目前已经形成了多层次的科技创新体系和初具规模的科技人才创业基地。现有各类国家和市级科研机构 42 家、大型企业研发中心 50 余家、博士后工作站 44 个,还拥有一大批掌握国际先进技术和现代管理经验的高级人才。特别是天津泰达低碳经济促进中心已在滨海新区挂牌成立。该中心将致力于建设成为中国首个促进低碳经济技术创新和应用推广的国际合作实施机构,扶持低碳技术与咨询服务公司成长,创建低碳科技的中国"硅谷"。

2. 内部劣势因素分析

(1)能源结构不合理

从常见能源种类看,产生单位能量或热量,煤炭、石油排放的温室气体多,天然气、沼气相对较低(排放的二氧化碳比石油、煤炭分别大约低30%和50%),而风能、太阳能、地热能则更低,其中风能、太阳能在使用过程中的温室气体排放几乎为零。但滨海新区目前的能源结构中,高碳能源比例过高,低碳能源比例则明显偏低。从一次能源消费结构看,煤炭一直占主要地位。

(2)产业结构待升级

滨海新区开发开放已经纳入国家发展战略,即将成为引领我国经济发展的第三极。空客 A320、百万吨乙稀、千万吨炼油以及大规模的交通和基础设施建设等重点工程项目的陆续启动,将滨海新区带入高度发展时期。经济的高速增长将进一步增大资源环境压力和碳排放压力。特别是目前滨海新区的重化工、高耗能产业比重过大。根据《天津市空间发展战略规划》和《天津南港工业区分区规划(2009~2020)》,多个大型重化工业项目也将陆续落户滨海新区,以煤炭为主的能源结构在短期内难以改变,碳基燃料的消耗量存在增长幅度加快的可能,滨海新区的碳排放强度目标存在难以实现的压力。

(3)低碳技术存在挑战

"十一五"期间,滨海新区的跨越式发展迅速起步,短短数年内经济发展取得了令人瞩目的成绩,大飞机、千万吨炼油等大项目纷纷上马。但是滨海新区的经济发展是建立在大批高能耗工业项目基础之上的。然而,滨海新区的功能定位是我国北方对外开放的门户、高水平的现代制造业和研发转化基地、北方国际航运中心和国际物流中心。因此,滨海新区不能完全放弃冶金、化工等支柱产业而一味发展碳排放较低的第三产业。基于此,滨海新区未来低碳发展的重中之重是破解高耗能产业的高碳排放技术瓶颈。从技术方面来看,我国还缺乏实际可行的具有核心竞争力的绿色技术和绿色装备。如何尽早地把低碳理念与地区的发展目标与规划结合起来,在源头上避免低碳技术的挑战,是滨海新区应对气候变化挑战和发展低碳经济的必然选择。

(4)低碳发展制度不完善

低碳经济作为一种新的发展模式,目前尚处于探索阶段。滨海新区低碳发展的制度体系还不完善,宏观政策环境也有待优化。走低碳发展的道路,必须探索建立起节约能源、保护环境和应对气候变化的政府引导、市场主体、公众参与的长效机制,从政府、企业和社会三个层次推动低碳转型。

3. 外部机遇因素分析

(1)全球应对气候变化的迫切需求

气候变化是当今国际社会普遍关注的全球性问题,低碳经济正逐渐掀起一场涉及生产模式、生活方式、价值观念和国家权益的全球性革命。

(2)中国政府既定的低碳发展战略

中国政府积极营造良好的低碳经济发展外部环境和强有力的配套政策支持,明确将发展低碳经济纳入国民经济和社会发展规划当中。同时,滨海新区聚集了国家级开发区、保税区、高新区、出口加工区、保税物流园区和中国面积最大、开放度最高的保税港区,是全中国综合配套改革试验区,具有先行先试的政策优惠。滨海新区作为排头兵,肩负着探索低碳发展路径的历史责任。

(3)国际低碳发展取得丰富成果

英国、日本、丹麦等国已经初步形成具有各自特征的发展模式并出台了相关的低碳城市发展规划。

(4)深化节能减排对低碳发展的需求

从本质上讲,我国的节能减排政策与低碳发展战略是一脉相承的,核心都是提高碳基能源的利用效率、减少污染物和温室气体的排放总量。滨海新区要在"十二五"期间进一步推进节能减排工作,则必须充分发挥结构节能的作用,立足于工业能源消耗大户,优化产业结构,发展低碳经济成为滨海新区的必然选择。同时,加强滨海新区城市化进程中的生活节能环节、借机发展低碳社会也将成为滨海新区"十二五"期间节能减排的重要抓手。

(5)国内城市积极打造低碳名片

目前,北京、上海、天津、广州和保定等城市纷纷打造自己的低碳名片,提出发展低碳城市、低碳工业园等发展理念。这些理论研究和实践经验都将为滨海新区的低碳发展提供参考。

4. 外部挑战因素分析

(1)政府缺乏低碳发展的实际经验

低碳经济作为一种全新的发展模式,目前尚处于探索和研究阶段。如何因地制宜地选择适合本地区的低碳发展模式并将该战略落实到具体的社会经济活动中,这是滨海新区政府即将面临的难题。与以往的以碳基燃料消耗为主的高碳经济相比,低碳发展不仅需要技术上的突破,更需要社会管理理念和运行机制的改革。滨海新区政府需要群策群力,一方面大力依靠高校和科研机构的理论创新能力,另一方面则要积极地从循环经济等发展模式中吸取经验,以此来弥补缺乏低碳发展经验的不足。

(2)公众对低碳概念的认同感较差

低碳的概念不仅涉及能源和产业领域,更是与交通、建筑、生活方式等密切相关,与普通公众的生活紧紧相连。低碳社会的构建,需要广大公众的积极参与和共同努力。然而,目前普通公众对低碳社会概念的理解还存在偏差和误解。低碳生活方式与高水平生活质量在本质上并不存在矛盾,但是这种关系仍需政府和科研宣传部门的大量工作。

六、滨海新区发展低碳经济的对策建议

(一)滨海新区低碳经济的发展目标

通过低碳城市建设和低碳产业的发展,加快滨海新区的经济增长,力争到 2015 年末,使滨海新区率先在全城域达到国家低碳城市建设指标体系标准。低碳产业实现产值 8000 亿元以上,占工业总产值的比重达到 40% 左右。万元 GDP 能耗较 2010 年降低 20%,年均下降 4.4%。

1. 低碳城市建设目标

(1)低碳社区建设

低碳社区是低碳城市建设中最基本的空间单元,同时也是构建宜居友好的人居环境体系的基础。低碳社区建设,着重在两个方面取得明显进展:在住房建设方面,认真总结中新生态城建设经验,制定并在全城域范围内推行低碳建筑标准;在社区公共设施方面,按照节能、节电、节水等

低碳标准,建设社区中心、社区医疗、社区管理服务、文体等基本的商业服务等设施,以及餐饮、旅游、休闲场所等。初步形成符合国际化标准的低碳型的公共服务体系。

(2)低碳园区建设

低碳园区是构建低碳城市和发展低碳产业的重要载体。低碳园区的建设,着重于构筑低投入、高产出、低消耗、少排放、能循环、可持续的低碳园区体系。

按照"减量化、再利用、再循环"的资源利用模式,力争在"十二五"期末基本建成以航空航天、生物医药、新能源新材料、电子信息、汽车机械和装备制造、现代冶金、石油化工和海洋化工、轻工纺织八大优势产业为重点的 20 条资源能源高效利用的循环经济产业链。以泰达开发区、临港工业区、南港工业区、空港经济区、海河下游冶金工业区开发建设为载体的 5 个循环经济示范区。初步形成以风力发电、太阳能光伏、LED 照明、电动汽车行业为主的新能源产业聚集区。

(3)低碳城市运行体系建设

进一步推进城市运转体系低碳化、完善化。综合交通体系更加完善,道路交通运行能力不断提高。城市防灾设施建设不断加强,水、电、气、热和垃圾、污水处理等基础设施更加完备,污水处理能力及中水、雨水回收利用能力不断提高。可再生能源与常规能源相互衔接、相互补充的能源供应模式及清洁、高效、安全、可持续的能源供应系统和服务体系不断完善。大力推进区内绿色照明示范工程建设,特别是在校园、生态城、工业园及交通等四个模块中推广应用。到 2015 年,推广使用 LED 灯具 200 万盏,实现年节约用电 10 亿度。搭建以社区为基本单元的网格化数据系统平台,以城市规划建设和土地利用的空间数据为基础,整合人口、经济、社会和生态环境数据,对城市安全、交通和市政设施等城市部件、事件实施全时制、全方位、全过程的监测、处理和反馈,进而不断提高城市智能化管理水平。

(4)低碳城市生态系统建设

坚持生态优先的原则,充分尊重自然、保护和改善生态环境,建立人工环境和自然环境融合的生态格局。力争 2015 年全城域绿地率和林木覆盖率达到 45% 以上。

2. 低碳产业发展目标

重点发展风力发电、绿色储能、太阳能光伏产业。培育壮大 LED、电动汽车、智能电网等产业。辅助发展高效节能环保产业以及其他新能源产业。

力争到 2015 年,风电生产领域初步建立起完善的风电技术及产品服务体系,实现产值 500 亿元左右,占全国市场份额的 30% 左右。到 2020 年,形成配套完善的风电技术及产品服务体系,成为中国最大的分店设备制造中心,最大的风电产品出口基地、最完善的风电研发和检测中心,并实现产值 800 亿元,占全国市场份额的 35% 左右;绿色储能生产领域初步建立起完善的绿色电池技术创新体系、产品服务体系。到 2020 年,产业规模占全国储能电池市场份额 35%,占全球市场的 12%。建立起完善的绿色电池技术创新体系与产品服务体系,成为中国电池研发中心和新技术、新产品示范和应用中心;太阳能光伏发电生产领域初步建立起完善的太阳能电池技术研发、产品服务体系。到 2020 年,基本建成国家级太阳能工程研发中心和光伏产业人才培养基地,实现产值 500 亿元;LED生产领域到 2015 年力争在外延、芯片等产业环节上,形成核心技术和自主知识产权,建立相对完整的产业链和半导体产业群;节能环保领域以资源回收利用,能源节约,污染治理等领域的技术研发和产品制造为重点,打造节能环保产业集群;以高端服务业和生产性服务业为重点,大力发展低碳金融服务、信息服务、技术及产品系统集成服务等,逐步将滨海新区打造成为中国低碳服务业中心。

(二)滨海新区发展低碳经济的具体思路

围绕建设低碳城市、发展低碳产业这两个关键,滨海新区发展低碳经济的具体思路如下:

1. 大力推动低碳城市建设

滨海新区全力推动低碳城市建设的关键在于:抓住典型,全面推进中新天津生态城的建设。以中新天津生态城为龙头,率先在全新区范围内推广中新生态城建设模式。

(1)全面推动中新天津生态城的建设

作为中国和新加坡两国政府在国家层面上推动的生态城建设项目，中新天津生态城是完全按照"可复制、可操作、可推行"模式建设的。它不仅填补了目前中国国家级生态城建设的空白，而且还将确立未来我国生态城市、低碳城市建设的参照标准，成为中国建设低碳城市的样本。

因此，滨海新区在推动低碳城市建设中，要紧紧抓住这一典型样本，倾全力推动中新天津生态城的建设。在加快中新天津生态城基础设施和各项硬件建设的同时，特别要注意，充分利用好中新天津生态城是中国和新加坡两国政府合作建设的独特机制的优势和天津滨海新区综合配套改革试验区的机制，不断形成制度上、技术标准、产品评估认证的领先优势，抢占国内低碳城市和低碳产业发展的先机和制高点；同时，利用国内首家高水平的生态城市国际论坛设立在新区的契机，努力把握低碳城市和低碳产业发展的话语权，发挥滨海新区在低碳城市和低碳产业发展上顶层设计的作用，使其在全国乃至全球具有影响力。

(2)积极在全新区推广中新生态城建设模式

中新天津生态城作为滨海新区的一个特殊功能区和"十大战役"的重要组成部分，如何发挥好其示范带动作用对滨海新区能否抓住低碳城市建设和低碳产业发展的契机，占领新一轮经济浪潮的制高点，并以此为突破，转变经济发展方式，将起到至关重要的作用。因此，滨海新区在全力抓好中新生态城建设的过程中，不断总结其经验模式，并以此为龙头，率先在全新区范围内推广中新生态城建设模式，使之成为滨海新区大力推动全域低碳城市建设的重要抓手。从滨海新区城市建设发展的实际情况看，中新生态城建设模式的推广工作可从以下几方面着手：

① 低碳城市规划。滨海新区低碳城市建设涉及节能环保产业(指高碳行业)、可再生能源、能源管理、水资源和垃圾管理、循环回收、绿色交通、绿色建筑、清洁环境，相关的教育和技能培训，以及服务/软件开发外包和金融等。因此，首先要对滨海新区发展低碳经济做全面规划、对各种产业园区、低碳社区等做合理布局。从而推动滨海新区经济、社会、自然

协调发展。

②大力建设低碳园区。加大循环经济示范区、生态工业区、低碳商务区、产业共生网络的建设力度。通过低碳园区的建设使滨海新区及早形成具有低碳排放特征的工业、产业体系。将低碳园区建设纳入滨海新区国民经济和社会发展计划,作为调整滨海新区区域经济结构、推动产业升级的重大战略措施。具体为:

一是建设循环经济示范区与生态工业示范区,重点建设滨海新区的航空航天产业链,天津开发区的汽车制造、电子信息、生物医药和食品饮料产业链,海河下游现代冶金产业链、北疆电厂电水盐联产循环经济产业链、临港工业区装备制造产业链、南港工业区石化循环经济产业链、天津港物流产业链和滨海农业产业链、产业共生网络链。二是加快响螺湾和于家堡中心商务区建设,突出金融服务、商务商贸等核心功能,重点发展现代金融、现代商务、高端商贸、信息服务以及相关配套服务业,初步建设成为滨海新区现代服务业的聚集区和对外形象标志区。三是建设海港物流区,重点发展天津港东疆绿色生态保税港区、天津国际陆港,继续加快天津港散货物流中心、集装箱物流中心、保税区空港国际物流区等六大物流基地建设。

③大力建设低碳社区。以中新生态城、滨海旅游区等为依托,推行绿色建筑、绿色交通和低碳技术。以"转变生活方式,倡导低碳生活"为目标,在社区居民中积极推广低碳理念。

④积极推广低碳建筑,构建节能低碳型建筑体系。第一,将高反射率、隔热效果好、环保型的建筑表面材料纳入建筑规范和推荐产品名录。采用高反射率的地表材料是减轻城市热岛效应直接而又廉价的方法,结合树木种植,可有效地降低市区温度,减少能量消耗,降低烟雾形成,提高城市空气质量。第二,以财政资助手段,加快建筑屋顶遮荫降温改造,以减少空调使用量。第三,提高玻璃幕墙保温隔热标准,限制其面积比例,加快制定和完善建筑玻璃幕墙使用有关规定。

⑤积极构建低碳城市体系。正如上文所述,低碳园区和低碳社区分别承载着低碳城市建设中的生产方式转变和生活方式转变。然而,低碳

城市不仅仅是低碳园区与低碳社区简单的"低碳化",而是由一套使低碳园区与低碳社区产生有机联系的体系,从而将各种类型的低碳园区与低碳社区通过这套体系,在相互联系的基础上占据低碳城市空间中的每一位置。该体系包括低碳交通、低碳建筑、低碳生活、低碳能源、具有低碳特征的产业体系、低碳市政设施与基础设施等等。

2. 加快发展低碳产业

滨海新区在全力推动低碳城市建设过程中,要特别注重对建设低碳城市中所形成的新市场需求进行整合,并以此为导向,加快发展低碳产业。

(1)整合城市低碳化过程中所形成的市场需求

"十二五"期间,滨海新区经济社会发展的具体目标:综合经济实力显著增强,地区生产总值超过 10000 亿元,年均增长 17% 以上;地方财政收入超过 1500 亿元,年均增长 20% 以上;全社会固定资产投资五年累计 2 万亿元以上;服务业增加值占生产总值的比重力争达到 40%;全社会研发经费支出占生产总值的比重达到 3.5%;节能减排完成全市下达任务;建成区绿化覆盖率达到 45%。另外,根据《滨海新区节能工作实施方案》,到 2011 年,新区万元 GDP 能耗较 2009 年下降 8%。到 2015 年,万元 GDP 能耗较 2010 年降低 20%,年均下降 4.4%。全区建立起较完善的节能法规和标准体系、政策保障体系、技术支撑体系、监督管理体系和技术服务体系,形成市场主体自觉节能的机制。面对低碳经济、循环经济这种必然发展的趋势,必将为滨海新区乃至全国、全球任一区域带来巨大的新增市场需求,如果能将这些新增需求进行有效整合,那么将形成数以千亿元的市场规模。

(2)大力发展低碳产业

① 抓顶层设计(引领+标准)

一是,整体解决方案。

未来,低碳产业的发展不单单是低碳技术、低碳产品间的竞争,发展低碳经济,缓解气候问题,依靠的是低碳技术和低碳产品的集成应用。因而,高附加值、低能耗的整体解决方案被视为抢占未来市场制高点的利器。

在滨海新区,低碳产业领域中值得重视的是,领军企业已开始在这方面有所动作,如力神公司提出"储能整体解决方案"等。滨海新区在发展低碳产业中要特别注意引进和培育这些在低碳领域具有"整体解决方案"设计的企业,给其以倾力的优先支持。此外,目前在我国,如何整合集成低碳产品和技术也是实现低碳产业规模化发展的关键。国内外现存在大量成熟的低碳产品和技术,但缺乏系统集成应用的解决方案。因此,谁能在集成化应用方面走在前列,谁就能在全国低碳产业发展中取得领先地位。

滨海新区在发展低碳产业过程中,也要特别注意发展低碳技术和产品的整合集成,大力吸引低碳技术、产品综合服务供应商和生产商聚集新区,以此,不仅助推了现代生产性服务业的发展,同时也顺应了海外低碳产业向国内转移的趋势,形成新区招商引资的新高潮。

二是,制定标准。

针对不同的市场需求设计出相应的技术标准、产品标准,制定相关的检测、鉴定等标准,以及新技术、新产品的系统集成,从而为顶层设计的发展创造条件。

上海世博会便是低碳技术、产品集成设计的典范,是新技术、新产品系统整合应用的最佳案例。在滨海新区,中新天津生态城在生态城市、绿色建筑等方面已经形成国内首套具有自主知识产权的、系统化的标准体系,并按照标准设计实施,这在客观上形成了低碳产品应用市场。如果将中新天津生态城的一揽子规划标准进一步转化为国家低碳产业和低碳产品标准,就可以抢先占领国内低碳产业链条的高端,从而带动低碳产业在滨海新区的聚集和发展。

②抓关键产业

滨海新区发展低碳产业要抓住三种类型的行业:

一是,市场规模大、发展潜力好,并且滨海新区已经具备很好的产业基础,其短期发展可能性高,如风电、LED等领域。

统筹滨海新区资源,以完善产业发展环境、增强产业竞争力为主线,在现有基础上,重点发展2.5兆瓦级以上风电整机、海上风机,加大对风机叶片、控制系统、齿轮箱、发电机、轴承等关键零部件核心技术、整机设计技术、海上风电技术的研发;积极开拓国内外风电市场;积极发展检测、认证、技术交易、知识产权保护、产品设计和发电场建设、运营、维护等专业化服务。加大风电设备研发投入,提高关键零部件制造水平和生产工艺,完善产业服务体系,提升产业层次、积极参与国际合作;LED 产业重点发展 LED 外延片生产、芯片制造等产业链中高端技术,发挥下游封装企业的规模优势,不断扩大产品市场规模。大力推进区内绿色照明示范工程建设,特别是在校园、生态城、工业园及交通四个模块中推广应用。

其他领域,如电动汽车行业,清源公司开发电动汽车的车型种类及数量、工程化设计水平以及技术成果产业化方面所取得的业绩在国内首屈一指,且清源公司的电动汽车动力系统关键零部件试验室,通过了国家实验室认可委员会的资质认定,可以为行业提供产品准入所需的评价试验。因此,滨海新区应抓住典型,倾力支持。另外,落户滨海新区的 IGCC 项目(北疆电厂)作为我国在清洁煤电技术方面的探索者和践行者,承载着我国清洁煤电技术的希望,滨海新区应抓住该项目所具备的优势,继续推进,力争将滨海新区打造成清洁煤电技术集成及提供 IGCC 项目整体解决方案的集聚地。

二是,有一些基础,且未来发展前景好的产业,如太阳能、绿色储能等领域。

依托滨海新区在晶硅电池领域的产业基础,以及太阳能薄膜电池领域的科研优势,太阳能光伏发电领域重点发展晶硅电池、薄膜电池、支持发展聚光电池、BIPV 系统集成。积极引进和培育太阳能电池生产商和零部件配套商。加速聚光太阳能电池规模化应用,实现滨海新区太阳能电池产业在聚光电池、BIPV 系统集成等领域的突破;以动力电池和多种能源综合利用为基点,绿色储能领域重点发展移动高功率电池和固定大容量储能电池两个应用市场,锂离子、镍氢及铅酸、超级电容器三个产品类别,原材料及零部件,绿色储能产品应用及技术服务等两个领域。特别是,以汽车动力电池为重点突破,加强新型动力汽车示范应用;积极引进高端项目和龙头企业,加强自主创新体系建设,促进新型储能电池综合应用。

三是,要发展那些未来发展潜力好、产品附加值高的产业。

目前,滨海新区尚不具备发展这些产业的条件,但要对此进行密切关注,积极创造发展条件,使之转变为下一轮产业竞争中滨海新区所具备的优势。如智能电网、氢能及氢燃料电池、生物、纳米材料等领域。

③抓低碳产业的招商引资

一是,瞄准国外掌握先进低碳技术和产品的企业、顶尖项目,进行招商引资。

利用整合后的、巨大的市场新需求,积极吸引国外在低碳经济各领域中拥有关键技术、关键产品的国际领先企业进驻滨海新区,从而使滨海新区成为中国接轨国际先进技术和产品的合作平台。

二是,瞄准国内领先企业,进行招商引资。

针对滨海新区所需,利用包括天津市在内的整个环渤海地区市场的新需求,积极引进国内在这些领域中发展较好的企业,吸引其技术研发部门进驻滨海新区,进而将滨海新区打造成低碳领域中的国内领先企业自主研发基地和创新平台。

(三)保障措施

1. 切实强化对发展低碳经济的组织领导

成立滨海新区低碳经济业发展领导小组,领导小组由新区主要领导担任组长,区政府相关部门和主要功能区的领导共同组成,负责对滨海新区低碳城市建设和低碳产业发展过程中重大事项的指导、协调和决策,从全区层面上保障低碳经济的发展。

成立"滨海新区低碳经济发展专家咨询委员会",邀请国内外低碳领域顶尖专家学者和企业家对滨海新区发展低碳经济的战略方针、低碳城市建设和低碳产业发展等重大问题进行研究和提议。

2. 认真制定进取型的低碳发展规划

目前,滨海新区已制定了"十二五"社会经济发展规划,并正在陆续制定各子项发展规划,在此基础上,还要下大力气,进一步制定一个整体的进取型的低碳发展规划,该规划不仅要将低碳城市建设规划与低碳产业发展规划有机结合为一体,还要切实地提出对低碳化形成的新市场需求进行有效整合的规划。进一步明确低碳产业及各领域的发展重点和空间布局,通过全区层面的统一规划,有步骤、分措施地推进滨海新区低碳经济的快速发展。

3. 出台精确制导的支持政策

在实施规划中,要精细化地、分门别类地研究,针对每一类企业制定切实可行的精确制导的支持政策。

滨海新区应根据全域内低碳城市建设情况、低碳产业各领域内大、中企业(也包括具有典型性的小企业)在创立期、成长期、壮大期的不同特点、发展困难和实际需求,有针对性地提供“精确制导、一区一策、一行一策、一企一策”的扶持举措。特别要注重对风电、太阳能、LED、储能、电动汽车等低碳产业各领域制定专门的发展规划、低碳技术及产品研发指导意见、税收减免政策等;对低碳领域中(尤其是新能源领域中)具有创新意识的科技型中小企业进行扶持,滨海新区应为这些企业提供科技政策、科技金融、企业诊断、市场开拓、资源共享等全方位服务,并且要不断完善面向这些中小企业的电子商务平台、低碳技术和低碳产品发布平台、低碳投融资对接平台等。

4. 积极创建低碳经济发展的投融资环境

加大低碳经济资金投入力度,优化投资结构,加快金融体制改革和金融创新,成立低碳城市建设与低碳产业发展的投资基金,探索创立风险投资、股权投资基金、科技型企业债券融资、BOT等多元化融资方式。全面开放低碳经济投融资市场,广泛吸纳产业风险资金进入,形成政府、银行、企业、个人等多元化的低碳经济发展的投融资格局。

5. 优化人才技术环境,加快人才培养和引进

结合滨海新区现状,紧紧围绕低碳城市建设和低碳产业发展的重点领域、重点产品和技术,以及重大科技项目、重点工程,主要引进三类人才:

一是高端人才。推行“项目＋人才”为主的人才引进方式。

二是技术骨干。通过政策引导,重点引进国内低碳产业科研院所和企业科技研发的中坚力量;国家和省市重大计划和工程的技术带头人,经验丰富的一线技术人员。

三是,吸纳、培养经验丰富的一线技术工人。经验丰富的一线技术工人是落实低碳城市建设和低碳产业发展中规划设计及计划实施的中坚力量。既能保证低碳经济发展中各项政策措施得到如实执行,又不拘于传统,能够根据周边环境适当创新,从而使得相关政策实施效果翻倍。因此,滨海新区发展低碳经济,必须围绕上述三类人才开展人才培养、吸纳工作。

6. 完善发展低碳经济相关配套法规建设

我国在促进低碳经济发展的政策法律体系方面仍处于薄弱的状态,因此,滨海新区要利用自身所具有的特殊优势,力争走在全国前列,加大研究力度,积极探索发展低碳经济相关配套法规方面的道路,力争有所突破。

借鉴发达国家关于低碳经济的立法,滨海新区可尝试在以下三个方面寻求突破:

一是,碳税方面。近几年,英国,美国、日本、德国、丹麦、挪威、瑞典等发达国家对燃烧产生的二氧化碳的化石燃料开征国家碳税,如英国对与政府签署自愿气候变化协议的企业,如果企业达到协议规定的能效或减排就可以减免80%的碳税。

二是,财政方面。政府对有利于低碳经济发展的生产者或经济行为给予补贴,是促进低碳经济发展的一项重要经济手段。英国对可再生能源的使用采取了一系列财政补贴措施。英国政府对电力供应者提供了一定补贴。丹麦在能源领域采取了一系列措施推动可再生能源进入市场,包括对绿色用电和近海风电的定价优惠,对生物质能发电采取财政补贴激励。

三是,税收方面。实施税收优惠政策是发达国家普遍采用的措施。美国政府规定可再生能源相关设备费用的20%~30%可以用来抵税,可再生能源相关企业和个人还可享受10%~40%额度不等的减税额度。

欧盟规定对可再生能源不征收任何能源税,对个人投资的风电项目则免征所得税等。

另外,也可在消费行为方面尝试出台一些规范消费者消费行为的法律法规。

7. 建立低碳经济发展评价体系

低碳经济发展评价体系是为了度量低碳经济发展过程中,所处的发展阶段、政策落实情况、存在的差距及问题,以及用于政策效果反馈等。滨海新区低碳经济发展评价体系要紧紧围绕新区低碳城市建设和低碳产业发展这两个关键点来设置各项指标。其中,滨海新区低碳城市发展评价体系的构建,可借鉴中新天津生态城城市建设标准。低碳产业发展评价体系则要依据各产业自身特点、发展状况等有区别地制定指标。同时,既要考虑生产行为方面,也要考虑消费行为方面。

滨海新区政府应责成有关部门或通过课题招标的形式,积极编制滨海新区低碳经济发展评价报告,一方面用于反映新区低碳经济转型的努力程度;另一方面为制定低碳经济发展的科学决策提供客观依据。因此,应积极构建与滨海新区低碳经济发展水平相适应的低碳经济发展评价体系。

课题组负责人:郝寿义(天津市滨海新区人大常委会、南开大学城市与区域经济研究所、天津滨海综合发展研究院)

课题组成员:蔺雪峰(中新天津生态城管理委员会)、崔奕(天津市天港建设开发有限公司)、方兴(南开大学城市与区域经济研究所)、石坚(南开大学城市与区域经济研究所)、倪方树(南开大学城市与区域经济研究所)、李珀松(南开大学城市与区域经济研究所)

课题报告完成时间:2011 年 5 月

参考文献

庄贵阳.低碳经济:气候变化背景下中国的发展之路.北京气象出版社,2007

游雪晴,罗晖."地毯经济"离我们还有多远? [N].科技日报,2007—7—22

鲍健强,苗阳,陈锋.低碳经济:人类经济发展方式的新变革[J].中国工业经济,2008(4)

辛章平,张银太.低碳经济与低碳城市[J].城市发展研究,2008(4)

金乐琴,刘瑞.低碳经济与中国经济发展模式转型[J].经济问题探索,2009(1)

旺旭光.关于低碳经济与民爆行业发展的思考[J].工程爆破,2009(9):1—4.

刘传江,冯碧梅.低碳经济对武汉城市圈建设"两型社会"的启示[J].中国人口·资源与环境,2009(5)

刘扬.低碳经济文献综述及经济学分析[J].合作经济与科技,2010(9)

方时姣.也谈发展低碳经济[N].光明日报,2009—5—19

崔大鹏.低碳经济漫谈[J].环境教育,2009(7)

杨春平.循环经济与低碳经济内涵及其关系[J].中国经贸导刊,2009(24)

何建坤,刘滨.作为温室气体排放衡量指标的碳排放强度分析[J].清华大学学报(自然科学版),2004(6)

李忠民,姚宇,庆东瑞.产业发展、经济增长与二氧化碳排放脱钩的实证研究[J].统计与决策,2010(10)

中国现代化战略研究课题组,中国科学院中国现代化研究中心.中国现代化报告:2007 生态现代化研究[M].北京:北京大学出版社,2007

杜婷婷.中国经济增长与 CO_2 排放演化分析[J].中国人口·资源与环境,2007(2)

张雷.经济发展对碳排放的影响[J].地理学报,2003,58(4)

陈文颖,高鹏飞,何建坤.二氧化碳减排对中国未来 GDP 增长的影响[J].清华大学学报(自然科学版),2004(6)

王明哲.论中国碳减排对经济发展的影响[J].现代商贸工业,2010

（24）

　　张健华. 碳减排的经济影响分析[J]. 中国金融,2009(24)

　　金涌等. 低碳经济:理念·实践·创新[J]. 中国工程科学,2008(9)

　　鲍健强,朱逢佳. 从创建低碳经济到应对能源挑战[J]. 浙江工业大学学报(社会科学版),2009(6)

　　潘家华. 怎样发展中国的低碳经济[J]. 绿叶,2009(5)

　　龚建文. 低碳经济:中国的现实选择[J]. 江西社会科学,2009(7)

　　蔡林海. 低碳经济大格局——绿色革命与全球创新竞争[M]. 北京:经济科学出版社,2009

　　王亚柯,娄伟. 低碳产业支撑体系构建路径浅议——以武汉市发展低碳产业为例[J]. 华中科技大学学报(社会科学版),2010(4)

　　陈文婕,颜克高. 新兴低碳产业发展策略研究[J]. 经济地理,2010(2)

　　杨志. 低碳经济——中国用行动告诉哥本哈根[M]. 北京:石油工业出版社,2010

　　彭水军. 污染外部性、可持续发展与政府政策选择[J]. 厦门大学学报(哲学社会科学版),2008(3)

　　李咏涛,李峰. 经济增长与环境保护的库兹涅茨曲线分析[J]. 经济理论与经济管理,2009 (2)

　　胡鞍钢,郑京海等. 考虑环境因素的省级技术效率排名(1999－2005)[J]. 经济学(季刊),2008(4)

　　齐绍洲,罗威. 中国地区经济增长与能源消费强度差异分析[J]. 经济研究,2007(7)

　　韩玉军,陆旸. 经济增长与环境的关系[J]. 经济理论与经济管理,2009(3)

　　涂正革. 环境、资源与工业增长的协调性[J]. 经济研究,2008(2)

　　安德鲁索,雅各布森. 产业经济学与组织[M]. 王立平等译. 北京:经济科学出版社,2009

　　杨志. 产业经济学[M]. 北京:中国人民大学出版社,1985

苏东水. 产业经济学[M]. 北京:高等教育出版社,2000

臧旭恒,徐向艺,杨蕙馨. 产业经济学[M]. 北京:经济科学出版社,
2000

Keeler E. ,Spence M. and Zeckhauser R. The Optimal Control of Pollution[J]. Journal of Economic Theory,1971(4)

Stiglitz J. Growth with Exhaustible Natural Resources: Efficient and Optimal Growth Paths[J]. Review of Economic Studies(Symposium),1974(41)

Pyke, F. , G. Becatini and W. Sengenberger (eds) (1990) Industrial Districts and Interfirm Cooperation in Italy[J]. International Institute for Labour Studies, Geneva

Harrison, B. Industrial districts: old wine in new bottles? [J]. Regional Studies, 1992, Vol. 26, No. 5

Porter , M. E. The Competitive Advantage of Nations[M]. Macmillan, London, 1990, P73

Stern,N. ,S. Peters,V. Bakhshi,A. Bowen et al. Stern Review:The Economics of Climate Change. London. HMTreasury,2006

Ramakrishnan Ramanathan. An Analysis of Energy Consumption and Carbon Dioxide Emission in Countries of the Middle East and North Africa[J]. Energy,2005,30(15)

Tapio P. Towards a Theory of Decoupling: Degrees of Decoupling in the EU and the Case of Road Traffic in Finland Between 1970 and 2001 [J]. Journal of Trans—portPolicy, 2005, (12)

SCHMALENSEE R, et al. World Carbon Dioxide Emis—sions: 1950—2050[J]. Review of Economics and Statistics,1998(1)

GALEOTTI M,LANZE A. Richer and Cleaner? A study oncarbon dioxide emissions in developing countries[C]//pro—ceedings from the 22nd IAEE Annual International Confer—ence,1999

ANKARHEM M. A Dual Assesment of the Enyironmental

Kuznets Curve: The Case of Sweden [R]. Umea Econmic Studies, Umea University, Sweden, 2005

GRUBB M, et al, The relationship between carbon dioxide emissions and economic growth[R]. Oxbridge study on CO_2 — GDP relationships, Phase I results, 2004

McKinsey Global Institute. The Carbon Productivity Chal—lenge: Curbing Climate Change and Sustaining Economics Growth[R]. 2008

FRIEDL B, GETZNER M. Determinants of CO_2 emissions ina small open economy[J]. Ecological Econmics, 2003(1)

Salvador Enrique Puliafito, JoséLuis Puliafito, Mariana Conte Grand. Modeling population dynamics and economic growth as competing species: An application to CO_2 global emissions[J]. Ecological Economics, 2008(65)

Michael Dalton, Brian O'Neill, Alexia Prskawetz, Leiwen Jiang, JohnPitkin. Population aging and future carbon emissions in the United States[J]. Energy Economics, 2008(30)

滨海新区具体产业发展模式研究

滨海新区新型金融产业研究

【摘要】本文针对新区的新型金融产业做了研究,界定"滨海新区新型金融产业"的概念,并分析了滨海新区实体经济和金融产业的发展状况。梳理了国内外可供借鉴的理论和实践经验,从理论高度论证了金融业发展和实体经济发展的关系,提出了滨海新区新型金融产业的定位和主要发展思路,要充分考虑"实体经济的需要"与"金融体系自身的完善"两个驱动力,并提出相关建议。

一、引言

2006 年 4 月 26 日,国务院颁布了《关于推进天津滨海新区开发开放有关问题的意见》(国发〔2006〕20 号文),正式批准天津滨海新区进行综合配套改革试点。2009 年 10 月 28 日,《天津滨海新区综合配套改革试验金融创新专项方案》正式获得国家批准。鼓励天津滨海新区进行金融改革和创新,在金融企业、金融业务、金融市场和金融开放等方面的重大改革,原则上可以安排在天津滨海新区先行先试。

国家一系列意见和方案的出台,拉开了滨海新区新一轮建设的大幕。金融产业作为第三产业中的核心环节,一方面要给滨海新区进一步的建设提供"血液",另一方面要努力做好金融改革的创新基地。当然,金融改革的创新基地绝不会只是仅仅满足本地经济的发展,应该有更大的视野——环渤海、北方、全国、甚至更大。但是,一旦将视野扩展,竞争就不可避免。在国内,大力发展金融产业的城市不止天津一家,北京和上海已经在这个进程中处于领先地位,并且因为其不可复制的自身优势,他们在某些金融领域的优势还将继续保持。天津滨海新区金融产业的创新发展就是要在这样的环境下进行,一方面满足本地实体经济发展,不能一味对传统金融挖潜,另一方面和其他金融重镇竞争,也需要一些"新点子",所以滨海新区的金融产业发展贵在一个"新"字上。发展新型金融产业,是滨海新区金融产业的出路。

什么是新型金融产业?对于天津滨海新区来说,新型金融产业就是有别于我国主流的货币市场的银行贷款和资本市场的上市融资等传统金融产业,能够充分利用现有政策优势,不仅创造性地解决滨海新区开发开放过程中产生的资金需求,并且能够发挥滨海新区北方经济中心的辐射带动作用,在国家层面产生重大影响力的金融产业。本研究报告在充分调研的基础上,立足金融基础理论知识,结合滨海新区实体经济和金融产业的发展现状,借鉴国内外著名金融中心的有益经验,对滨海新区的新型金融产业的发展思路和保障措施提出相关合理建议,希望能为滨海新区的金融发展贡献一份力量。

二、滨海新区实体经济与金融产业的发展

本章将对现行滨海新区实体经济的发展状况进行总结和对比,从中分析实体经济对金融产业的需求规模,再对金融产业的发展现状进行归纳,进而探索出滨海新区金融产业的适宜发展道路。

(一)滨海新区实体经济发展现状及对金融产业的需求

本部分从滨海新区实体经济发展现状出发,分析滨海新区实体经济发展特点、与其他类同经济区域比较的特性,进一步明晰服务业,特别是新型金融产业发展所依赖的基础环境。

1.滨海新区实体经济发展现状分析

(1)滨海新区实体经济发展特点

　　滨海新区开发建设的 16 年来,经济发展整体呈现了增长趋势,特别是 2006 年 4 月 26 日,国务院颁布了《关于推进天津滨海新区开发开放有关问题的意见》,正式批准天津滨海新区进行综合配套改革试点,这标志着滨海新区已经由城市发展战略纳入国家总体发展战略,滨海新区的实体经济发展也相应呈现出了以下特点:

　　滨海新区改革推动了总体经济迅猛发展。

　　新区以国家批准为全国综合配套改革试验区、获准设立渤海产业投资基金和东疆保税港区等一系列政策措施的实施为契机,展现了快速发展的勃勃生机。

　　根据天津市统计局和滨海新区管理委员会公布的信息,从表 1 中我们可以看出,滨海新区 2006 年完成的生产总值是 2001 年的 2.5 倍,按可比价格计算,平均每年递增 20.1%。滨海新区对全市经济的支撑作用逐步提升,生产总值占天津市 GDP 比重由 35.7% 增加到 45.2%,提高了 9.5 个百分点,对全市经济的贡献率达到了 52.7%。更重要的是,以高能耗的制造业为主的滨海新区,2006 年 GDP 万元产值能耗下降了 4.5%。

表 1　滨海新区 GDP、工业总产值情况

年份	GDP(亿元)	占全市比例	工业总产值	占全市比例
1993	112.36	20.85%	—	—
2003	1046.30	35.70%	2133.21	48.81%
2004	1323.00	33.87%	3030.75	48.99%
2005	1608.60	36.05%	3996.73	55.75%
2006	1960.50	45.20%	5200.52	58.38%
2007	2364.08	47.10%	6282.83	59.82%
2008	3102.00	48.80%	7077.22	54.26%

　　2007 年改革方案出台,这是滨海新区发展历程中具有重大意义的一年。新区全年完成生产总值 2364.08 亿元,增长 20.5%,占全市的比重达到 47%。工业总产值、服务业增加值、财政收入、固定资产投资、天津港货物吞吐量等各项增长都高于 20%。2010 年上半年,滨海新区完成生

产总值 2231.28 亿元,比去年同期增长 25.2%,占到天津市 GDP 比重的一半以上。

滨海新区支柱产业发展加速,高新技术产值占比大幅提高。

目前,新区已经形成了以电子信息、汽车和装备制造等为代表的八大支柱型产业。2007 年,滨海新区完成工业总产值 6283 亿元,其中高新技术的产值占到总产值的 47%。

在 2010 年上半年,八大支柱产业的发展势头更为迅猛,如航空航天产业,形成了"三机一箭一星"的产业格局和制造、研发、设计等整体发展产业体系;电子信息产业聚集了中芯国际、曙光等知名企业,成为亚洲最大的高性能计算机生产基地;石化工业领域,天津石化百万吨乙烯千万吨炼油装置投产,标志着新区石化产业在结构调整和产业升级上取得重大突破。

滨海新区产业结构呈现"二、三、一"发展格局。至 2007 年,新区完成生产总值 2364.08 亿元,按可比价格计算,比 2006 年同期增长了 20.5%。第一、二、三产业各自增长情况如表 2 所示。产业结构呈现出"二、三、一"发展格局,第二产业发展势头强劲,成为推动新区经济增长了绝对主导力量。

表 2　2007 年一、二、三产业发展情况

2007 GDP(亿元)	产业分类	生产总值(亿元)	同比增长(%)
2364.08	第一产业	7.15	3.9
	第二产业	1694.84	17.9
	第三产业	662.09	28.6

从演进路径看,滨海新区产业结构演进也是一个优化和高级化的过程。新区三次产业结构由 1994 年到 2007 年的演进过程如表 3 所示。滨海新区已初步形成了制造业和现代服务业良性互动的现代产业体系,但新区产业结构演进过程中仍存在第三产业比例过低的问题,在很大程度上制约了滨海新区的发展。

表3 滨海新区产业结构演化过程

年份	第一产业占比%	第二产业占比%	第三产业占比%
1994	1.99	67.92	30.09
2007	0.3	71.7	28.0

(2)滨海新区与国内其他经济特区发展状况比较

深圳特区、浦东新区、滨海新区在我国探索改革开放之路的不同时代背景下承担了不同的角色。我们将总结滨海新区自身优势和劣势,为滨海新区谋划更好的发展道路。

整体发展背景。滨海新区与浦东一样,其辐射环渤海经济圈也要依托天津,更为不利的是,环渤海经济圈的市场分割和一体化的行政阻力更大,较周围其他城市滨海新区的极点作用并不显著,辐射作用也相对较弱。因此,深圳特区对珠三角的带动效果要优于浦东新区对长三角的带动作用以及滨海新区对环渤海经济圈的作用。

总体而言,"九五"期间,滨海新区以低于浦东新区经济增长水平3%的速度发展;"十五"期间,滨海新区经济相对于浦东新区有了长足发展,高于浦东新区平均水平42%(289.659亿元);在2006－2007年期间,虽然增长速度较"十五"期间有所减缓,但仍高于浦东新区平均水平16%(307.9亿元)。2010年1～2月滨海新区、浦东新区、深圳特区主要经济指标比较情况如表4所示。

产业结构比较。综合上述深圳、浦东及滨海新区产业发展现状及特征比较可以看出:从三次产业结构比看,浦东新区产业结构演替跨度大,且更具合理化和高度化。其次是深圳特区,滨海新区最为缓慢。由1994年到2007年的13年中,浦东新区三次产业结构中第三产业占比增加了21.2个百分点(详见表5)。

从工业结构看,滨海新区工业发展与深圳、浦东相比具有明显的优势。其增速远远高于浦东和深圳,且重化工业发展特征明显。而浦东新区的现代制造业和深圳的高新技术产业则发展趋势明显。

表 4　2010 年 1～2 月滨海新区、浦东新区、深圳特区主要经济指标比较

	滨海新区		浦东新区		深圳特区	
	绝对值	增长%	绝对值	增长%	绝对值	增长%
地区生产总值(亿元)	3810.67	23.5	4001.39	10.5	8201.23	10.7
全部工业总产值(亿元)	8223.99	11.6	7038.19	6.7	15484.08	1
全社会固定资产投资(亿元)	2502.66	49.2	1420.77	16.2	1709.15	16.5
社会消费品零售总额(亿元)	451.25	31.8	859.63	14.4	2598.68	15.4
外贸出口总额(亿美元)	197.14	-31.8	576.5	-16.9	1619.79	-10.6
直接利用外资合同数(亿元)	315	-12.3	780	-	1498	-50.8
直接利用外资合同金额(亿美元)	104.94	5.7	55.29	0.3	35.58	-51.1
财政收入(亿元)	739.01	16	1356.01	5.8	880.82	10.1

表 5　滨海新区与浦东新区、深圳特区的产业结构演进对比

年份	产业结构	浦东新区 (占总产值比例%)	深圳特区 (占总产值比例%)	滨海新区 (占总产值比例%)
1994	第一产业	1.10	2.43	1.99
	第二产业	67.70	55.62	67.92
	第三产业	31.20	41.95	30.09
2007	第一产业	0.1	0.09	0.3
	第二产业	47.5	50.92	71.7
	第三产业	52.4	48.99	28.0

　　对比第二、三产业,"九五"期间滨海新区第二产业产值高于浦东新区平均增长水平 26%,而第三产业则低于浦东新区平均水平 76%;在"十五"期间,滨海新区第三产业发展速度较"九五"期间有所提高,但仍低于浦东新区平均增长水平 16%。这也说明滨海新区在产业结构演进中存在问题,第三产业发展缓慢,生产总值主要靠第二产业拉动。

　　经济外向程度比较。从经济外向度看,三区都具有典型的外向型经济发展特征,且引资规模都呈现出向第三产业聚集的趋向。这与国际产业转移新的发展趋势相吻合。所不同的是受世界经济增长放缓、人民币升值和国内政策影响,三区外贸盈余与逆差波动幅度不同。

　　2.滨海新区实体经济对金融产业的需求分析

　　作为国家发展整体策略的一部分,滨海新区的开发开放带来了从基

础设施建设、产业格局更新以及配套设施完善等全方位的建设和改革。

（1）基础设施建设的带动效应

滨海新区的开发开放在提升软性服务的同时，必然会完善一大批基础设施的建设，而根据滨海新区的发展规划，新区开发建设专项资金由市政府设立，开发建设专项资金来源包括：中央财政专项补助资金、滨海新区各区政府和管委会安排的配套资金、投资收益和存款利息、其他资金。可见，只靠政府出资是难以满足整体需求的，因此基础设施的全面开工必然带动资金需求链条的加速运转，需要金融产业在传统融资模式的基础上开拓新的融资渠道、针对不同项目特征提供适宜的融资工具，才能满足庞大的资金需求。以收费性交通网络建设为例，传统的政府拨款或银行贷款模式资金占用时间过长，资金回收率慢，单一或少数出资方往往不具备承接能力。如果引入银团贷款或资产证券化等金融手段，一方面可以解决融资方的资金需求难题，另一方面也拉动了金融产业的良性发展。

（2）十大战役的规模效应

2009 年 8 月滨海新区工委副书记、管委会副主任宗国英在新闻发布会上首次提出：天津滨海新区将加快响螺湾和于家堡中心商务区、南港工业区、东疆保税港区等十大工程建设。这就是俗称的"十大战役"，总投资约 1.5 万亿元人民币，其中基础设施投资 5600 多亿元。

十大战役按地理位置将滨海新区的开发规划进行了划分，更全面地总结了滨海新区的开发策略要点，这其中除了大规模的融资需求外，对于不同区域、不同项目的发展特点，对金融产品的多样性同样存在巨大需求。

滨海新区的开发将重点关注能大量吸纳就业、技术含量高、产品有市场、节能降耗、有利于环境保护、能够出口创汇等有良好产业发展前景的中小企业，无论是在中心生态城还是中心渔港等区域，将有大量有旺盛资金需求的中小企业落户，完善的风险资本投资环境、小额贷款公司、银行信托产品以及对成熟中小企业的上市扶持，都是市场亟需的。特别是十大战役的提出，更是将类似需求规模化聚集，因此，滨海新区未来的发展中，对新型金融业存在全方位多样化的需求。

3.环渤海经济圈对金融产业的需求

考虑到滨海新区在环渤海经济圈的重要地理区位,本课题同时考察了环渤海经济区对于金融产业的需求问题。

(1)环渤海的产业发展状况

环渤海区域内除北京明显呈现"三、二、一"的产业结构以外,其余省市都是第二产业产值最高,为"二、三、一"的产业结构。这得益于环渤海地理区位和自然资源等多方面的优势。

第二产业特别是制造业对环渤海区域的经济发展起着举足轻重的作用。从整体上看,该地区制造业中重工业比重较高、轻工业比重较低,外向型、出口型制造业发展虽领先于中西部内陆地区但明显落后于东南沿海地区。局部分析,三省两市的轻重工业的发展有很大的不同,山东省在轻重工业发展上表现最为均衡,均实现高速增长,工业发展呈现强劲势头;而河北、天津和北京,重工业发展要明显高于轻工业,其特点还在不断强化;辽宁具有传统优势的重工业受国有企业整体困局影响发展较缓慢,而轻工业的高速增长为该省工业经济注入了活力。

(2)环渤海经济圈发展产生的金融需求

环渤海经济圈乃至整个北方地区在未来的发展规划中都很注重如下工作方向,这种实体经济的动向也为滨海新区新型金融产业的发展提供了很好机会。

中国经济正在步入转型的中期,在此阶段,制造业的升级将成为一个必然的趋势。这一进程不仅将得到政策的推动,也会受到正在加速的城镇化需求以及正在转向内需市场的企业供给这两股力量的带动。企业技术改造,新产品开发和品牌创建,能源资源综合利用、技术工艺系统集成,提高产品质量、技术含量和附加值,重点行业企业跨地区兼并重组,这些都需要金融资金的支持。

新兴产业大发展。"十二五"规划纲要提出,要把战略性新兴产业培育发展成为先导性、支柱性产业。由于战略性新兴产业在不同发展阶段具有不同特点,在产业链的不同环节也各有其特点,分别适合于不同的融资模式,这就要求形成多元化的金融渠道,建立健全相应的融资体系,以支持战略性新兴产业发展。

服务业。我国北方现代服务业整体发展相对滞后,生产性服务业发展不足。《国务院关于加快发展服务业的若干意见》中指出要"引导和鼓励金融机构对符合国家产业政策的服务企业予以信贷支持,在控制风险的前提下,加快开发适应服务企业需要的金融产品"。如何发挥金融支持作用,大力发展现代服务业,是金融系统近年的重要工作内容之一,这需要采取更加积极的措施创新金融服务模式,畅通服务业企业融资渠道。

(二)滨海新区金融产业发展现状及未来发展道路

本节将在对滨海新区及天津市的金融产业发展现状进行总结的基础上,结合新区的发展特点,分析滨海新区发展新型金融产业的必要性,提出新区金融产业未来适宜的发展道路。

1.天津市及滨海新区金融产业发展现状

目前天津金融业已基本建成与现代经济社会发展相适应的多层次、多元化金融机构体系、市场体系和服务体系;整体金融业规模逐渐壮大,业务品种不断增多,资产质量明显改善,金融生态环境持续优化,服务功能全面提升。

(1)现设金融机构情况

银行业。天津市共有中外资银行业金融机构70家(中资机构51家,外资机构19家)。其中银行类58家,包括中资银行40家(2家政策性银行、5家大型商业银行、10家股份制商业银行、8家城市商业银行、1家农村商业银行、5家农村合作银行、5家农村信用联社、1家邮储银行、1家住房储蓄银行、2家新型农村金融机构),外资银行18家;非银行类12家,包括中资非银行类机构11家(金融资产管理公司办事处4家、信托公司2家、财务公司3家、金融租赁公司2家,外资财务公司1家)。

保险业。我市共有各级各类保险机构578家,其中,保险总公司4家,分公司35家,支公司及营销服务部452个,各类专业中介机构87家(代理57家,经纪21家,公估9家)。此外,还有兼业代理机构3077家。

证券业。我市共有证券公司1家(渤海证券),证券营业部73家,证券服务部21家,分别占全国证券营业部、证券服务部的2.32%和

2.24%。天津地区的证券业网点总数为 94 家,在全国各地区排名第 18 位,占全国证券营业网点的比例为 2.3%。基金公司 1 家(天弘基金),证券投资咨询机构 2 家。2008 年新设资信评估机构 1 家(全国共五家,天津为中诚资信评估有限公司)。天津地区的证券业网点总数为 94 家,在全国各地区排名第 18 位,占全国证券营业网点的比例为 2.3%,其中有 15 家证券营业部和 9 家证券服务部系本地证券公司渤海证券设立,其他 58 家证券营业部和 12 家证券服务部为异地证券公司在天津设立,涉及 42 家异地证券公司。

期货业。天津共有期货公司 6 家,期货营业部 12 家。现有期货交割库 18 家,涉及天然橡胶、白糖、大豆、豆油、棕榈油等品种,其中 2008 年新设白糖交割库 1 家,交割库和涉及交割品种数量均为全国第一。

基金业。天津市共有 6 家股权投资基金管理机构;船舶产业投资基金和渤海产业投资基金二只产业投资基金;此外,还有基金和基金管理公司 131 家,累计注册(认缴)资本总额 394 亿元;创业风险投资机构和投资管理机构 112 家,累计注册(认缴)资本总额 102 亿元人民币。

风险投资机构。天津创业风险投资机构的规模,呈多极化分布。注册资本金在 1000 万—5000 万元区间的企业多达 59 家,注册资本金达到 12.14 亿元,注册资本金在 5 亿元以上的企业达到 4 家,注册本金达到了 45.11 亿元。

典当业。1991 年,天津第一家国有典当企业——恺丰典当行正式挂牌营业。随后,民营典当行如雨后春笋般出现,2007 年,天津共有典当企业 58 家,实现增加值 0.17 亿元。

(2)金融产业现存的主要问题

在金融产业整体规模和数量增速发展的同时,天津市及滨海新区的金融业发展仍存在很多问题:

融资渠道单一。截至 2009 年底,全市仅有 46 家上市公司的 51 支股票在境内外资本市场上市交易,包括 30 家沪、深上市公司,7 家境外上市公司,3 家香港红筹上市公司,以及 10 家具有天津资产背景的境外上市公司。多数企业在解决资金问题时的首选还是银行贷款,但众多中小企业又面临资信证明欠缺无法贷款的难题,多层次资本市场融资的贯通有待解决。

创投机构资本结构不均。截至 2008 年底,天津创业风险投资机构的规模多在 5000 万元人民币以下,其数量占机构总数的 64%,注册资本金占总额的 11.97%。四家 5 亿元人民币以上注册资本金的机构,注册资本数占全部机构注册资本金的43.64%,行业集中度较高。创投机构呈现这种两极化的资本模式,在一定程度上使被投资项目的选择受到局限,出现部分小创投不敢投资、大创投不屑投资的中间地带,而这部分又往往是银行贷款困难的新兴项目或者中小企业。

农村金融发展尚待完善。2007 年 12 月滨海农村商业银行成立,整体农村金融的网络体系刚刚初步整合,从业务规模到产品种类都存在局限性,农业小额贷款总量不高,村镇银行刚刚起步,覆盖网络较为狭窄,村镇金融需求得不到较好满足。

行业贡献率低。截至 2007 年,滨海新区金融业实现增加值 28.49 亿元,占第三产业产值比重的 4.3%,2006 年,浦东新区第三产业增加值的构成中,金融业占到了 26.95%。过去的十年里,经济发展形势、金融机构及业务发展虽然实现了历史性跨越,但是金融业在滨海新区第三产业中的比重还相当不足。新区内第三产业内部,仍是传统型服务业占据绝对优势。

2.天津市及滨海新区金融产业的未来发展方向

综合国家政策的方针以及滨海新区自身开发的特点,本研究认为:发展能够创造性地解决目前和未来资金需求问题,并且能够产生重大影响的金融产业,是滨海新区金融改革的最佳道路,这是由滨海新区开发开放的时代背景决定的,也是由滨海新区自身的项目特点决定的。

(1)发展新型金融产业是由滨海新区开发开放的时代背景决定的

2009 年 9 月,经国务院同意,国家发展和改革委员会批复《天津滨海新区综合配套改革试验金融创新专项方案》,提出滨海新区的整体定位是"依托京津冀、服务环渤海、辐射"三北"、面向东北亚、努力建设成为我国北方对外开放的门户、高水平的现代制造业和研发转化基地、北方国际航运中心和国际物流中心,逐步成为经济繁荣、社会和谐、环境优美的宜居生态型新城区。"

滨海新区比邻政治中心和经济中心的北京,2009 年天津、北京在银行、证券、保险等传统金融行业方面差距较大,这也决定了新区的金融产业不适宜争大争强走横向扩张路线,而应该考虑与北京形成错位发展,利用自身具备的政策优势,发展有特色的、有针对性的新型金融产品。

此外,滨海新区走新型金融产业的道路也是和国家整体战略调整息息相关的。深圳特区的发展恰逢我国改革开放的浪潮;浦东新区的开发标志着中国的经济改革和对外开放,从区域性试验转入了全面展开和深化的阶段;作为环渤海地区的港口地带,滨海新区的开发开放恰逢我国经济结构的战略转型期,国家加大第三产业结构比例,大力发展绿色环保产业的转型方向也决定了滨海新区的产业发展的侧重导向。滨海新区新建立的排放权交易所正是将绿色环保和金融服务这两大国家转型重点进行了良好结合。可以说,走新型金融产业路线,是整体时代背景赋予滨海新区的历史使命。

(2)滨海新区的自身项目特点决定了发展新型金融产业的必要性

滨海新区的发展方针是在充分发挥自身地理优势、资源优势、环境优势的前提下,最大程度结合国家优惠政策,有区域、有计划地进行分片式开发。不同区域内项目及发展规划的不同特点也决定了滨海新区的金融产业必须走新型金融产业的路线,这样才能更好地支持整体滨海开发开放。

以东疆港保税区为例,为打造成为我国北方国际航运中心和国际物流中心,传统资金渠道以及固有的金融模式面对如此大规模的、带有创新性的新区建设就显得心有余而力不足。因此只有充分利用国家优惠政策,搞好产业投资基金试点,发展风险对冲基金、契约型股权投资基金、船舶融资租赁以及离岸金融业务等新型金融模式,才能最大程度地发挥金融产业的支撑作用。

(3)传统金融产业和新型金融产业的关系

传统金融业在一定程度上还是滨海新区经济发展的基础,从数字上来看,滨海新区,甚至整个天津,还主要是依靠传统的信贷融资。所以,以银行为代表的传统金融业目前依然起到基石的作用。然而,这样的融资形式也存在一定的问题:首先这种单一的融资形式满足不了天津滨海新区快速发展中对金融业提出的各种各样的新需求;其次,这种融资模式也存在很大的风险,受国家货币政策的直接影响太大;另外,发展传统金融显然无法成为金融改革创新基地。所以在传统金融之外,需要大力发展新型金融产业,这是经济高速发展的必然需求,也是充当金融改革创新基地的重要内容。

　　发展新型金融产业也不能矫枉过正,完全忽略传统金融的发展。毕竟目前很多的新型金融产品都是由各种传统的金融形式演化过来的,并且这种趋势还将继续持续下去。另外,那些看似独立的金融创新,在具体业务开展中往往需要和传统金融业进行合作。所以强大的传统金融业是新型金融产业发展的条件,滨海新区新型金融产业的发展,需要灵活掌握新型金融产业和传统金融产业的关系。

三、国内外可借鉴的理论和实践经验

　　本部分主要介绍国内外一些城市地区的金融业发展现状及先进发展经验,为新区的发展规划提出参考建议。

(一)理论经验

　　金融业发展在区域经济增长中至关重要,目前国内外对于金融服务业的研究,主要有以下几个方面:

　　1.金融服务业的内涵

　　根据何德旭(2004)的归纳,金融服务主要包括:(1)信贷服务,这是最传统、最主要的金融服务形式,同时还是金融企业最主要的盈利来源;(2)证券服务,包括一级市场的发行服务和二级市场的交易业务等;(3)交易服务,金融机构提供的这类服务实际上类似于为支票账户使用者进行会计服务;(4)保险服务,这类服务可以通过某种金融工具将客户的风险转移或分散;(5)资产管理服务,包括决定风险或回报偏好、监督资产表现、改变持有资产组合等内容;(6)信息和咨询服务,金融资讯一般可以分为金融信息、价值评估和投资建议这样三个层次。以上归纳非常详尽,目前仍然具有很强的适用性。

2.金融发展水平与经济增长的关系

现代经济观点认为金融发展对经济发展有积极的促进作用。部分经济学家认为金融发展是经济增长的一个必要条件,如 Shaw(1973)、Goldsmith(1969)为代表的结构论认为金融变量的数量及结构影响经济增长,所以金融发展的指标及金融资产的结构是经济增长的重要影响因素。对于金融发展与经济增长因果关系的争论,可以将金融发展区分为需求跟随型、供给引导型和互为因果关系。综合的观点认为金融发展和经济增长互为因果关系(Patrick,1966、1996)。供给引导型的金融发展在经济增长的初期处于主导地位,一旦经济发展进入成熟阶段,需求跟随型的金融发展将成为主流。Gupta(1984)、Jung(1986)分别使用 Granger 因果检验法,对发达国家和发展中国家的实证检验证实了这一理论的相关性。

3.金融结构与经济发展的关系

金融发展不仅意味着金融体系的规模相对于实体经济而扩张,而且还意味着金融体系内部构成(即金融结构)的变化。研究重点在于寻找合适经济增长的金融结构(Allen 和 Gale,2000)。目前有四种观点(Dolar 和 Meh,2002):

(1)中介型观点。也称为关系型金融系统,认为中介和公司之间的密切关系有利于解决信息不对称问题造成的低效率(逆向选择的道德风险),更有利于发现好的项目、动员资源、监督管理者和管理风险。

(2)市场型观点。也称为距离型金融系统,认为市场在分散和管理风险方面更有优势,这类系统更适合支持连续创新型公司,有利于经济长期增长。认为中介型系统有以下缺点:第一,在为公司提供金融服务过程中,可能利用金融中介拥有内部信息抽取信息租金(Rajan,1992);第二,金融中介倾向投资于低风险的项目,不利于技术创新和长期经济增长;第三,实力强大的金融中介有可能串通管理者共同对付局外人,实施阻止竞争、进行公司控制等不利于增长的活动;第四,尽管金融中介能避免信息收集和处理方面的重复劳动,但在克服不确定性和创新方面不足。

（3）金融服务观点。中介型和市场型这两种类型金融服务系统的服务功能从本质上说是一致的，只是存在程度差别（Boyd 和 Smith，1996；Allen 和 Gale，2000）。Levine（2000）研究表明，金融系统类型对增长的影响并无明显差别，但金融系统提供服务数量和质量却是非常重要的。

（4）法律和金融观点。也称为法律型观点，Laporta 等（1997，1998，1999）认为法律环境及其对合同的保护作用是金融系统发挥作用的前提和关键。Levine（2001）应用 45 个国家 1950—1993 年的数据实证研究表明：金融系统类型对增长影响的区别并不明显，而法律环境对此却影响显著。

4.经济发展阶段与最优金融结构的关系

处在一定发展阶段的经济体中的最优金融结构应当是：金融体系中的各种金融制度安排的构成及其相互关系与要素禀赋结构所内生决定的实体经济的产业、产品、技术结构和企业的特点相互匹配。随着要素禀赋结构的提升、实体经济产业和技术结构的变迁，该经济体的最优金融结构也会内生地相应演变（林毅夫，2006）。

迄今为止，国内外学者对于金融服务业发展问题已作了较多研究，从不同角度探讨了深化金融改革，推动金融发展的途径的对策。

（二）国内金融产业发展经验

本部分总结了国内金融发展领先区域在金融机构和金融产品上的发展现状及优势。

1.深圳

深圳政府在 2006 年《关于加快深圳金融业改革创新发展的若干意见》中确立了深圳"产业金融中心"、"金融创新中心"、"金融信息中心"、"金融配套服务中心"的地位。

（1）深圳金融中心的金融机构现状

2008 年 4 月，深圳市第四届人民代表大会常务委员会第十八次会议通过的《深圳经济特区金融发展促进条例》中，提出要使深圳形成以具有国际竞争力的大型金融机构为核心，以中小型金融机构、专业服务机构和配套服务企业为基础的金融市场主体格局。

深圳目前除发展传统金融机构以外,还积极鼓励培育和创设社区银行、艺术品银行、银行信贷资产交易中心、养老金保险公司、责任保险公司、保险公司专属的保险代理公司、保险资产管理公司、汽车金融公司、货币经纪公司等新型金融机构,同时外资金融机构规模也不断扩大。

深圳金融中心针对总部经济发展提供了一系列的优惠政策,包括资金专项、财政资助、总部用地与规划、政府服务等。

(2)建立深圳金融中心的具体措施

2008年4月深圳市第四届人民代表大会常务委员会第十八次会议通过的《深圳经济特区金融发展促进条例》中提出市政府应当制定阶段性目标,形成银行、证券、保险、基金和期货等业务种类齐全的金融机构聚集区。主要的措施如下:

①支持金融衍生产品市场发展,探索发行市政债,推进资产证券化;

②支持创业投资和私募股权投资基金发展,完善中小企业融资和担保体系;

③推动深圳资本市场与境外资本市场合作,吸引境外企业、境外上市产品到深圳上市或再上市,为深港构建联通境内外的统一资本市场创造条件;

④支持总部在深圳的金融机构参与政府组织的债券发行、银团贷款和国有资产重组;

⑤香港人民币业务于2003年在深圳顺利启动,2004年2月,包括人民币存款、兑换、汇款、银行卡业务四项内容的清算安排正式启动;

⑥鼓励出口信用保险和中小企业保险的发展,加大对重点产业出口信用保险的保费扶持力度,逐步提高扶持比例,扩大扶持范围;

⑦设立房地产信托投资基金,支持以独立机构或依托信托公司的方式,大力发展房地产信托投资基金。

(3)深圳建立金融中心的地理优势

深圳依据其地理位置的便捷,开通了深港金融领域合作。其中以开放深港外汇自由行、深港设大宗商品期货交易所最具代表性。由于毗邻香港,深圳在金融人才交流、与国际资本对接和金融市场培育上具有其他城市不可替代的优势。

2. 上海

上海集中了股票市场、银行间同业拆借市场和债券市场、外汇市场、票据市场、期货市场、金融期货市场、黄金市场,此外,许多全国性金融机构的主要营运中心、交易中心、票据中心、离岸业务中心、授信评审中心、数据处理中心、研发中心等,都汇聚于上海。

(1)上海金融业的发展现状

截至 2008 年底,上海共有金融机构近 900 家,其资产规模约占全国的 9%,其中外资金融机构 395 家;外资法人银行、外资法人财产险公司、中外合资基金管理公司的数量均占全国的 50% 以上。证券、保险机构资产规模、盈利能力等均位居全国前列。作为金融信息机构,新华社金融信息平台上海总部落户陆家嘴,为金融信息消费者提供结算、定价等信息参考,为金融业整体发展提供及时有效的金融信息,从而实现信息共享,促成交易。在 2002—2007 年期间,上海证券交易中心的股票、债券发行额占全国直接融资总额比重的 90% 以上。上海期货交易所交易量占全国期货市场份额的比重超过 60%。同时信用评级、资产评估、融资担保、投资咨询、会计审计、法律服务等中介服务机构也在上海不断规范发展。

(2)金融产品创新

上海金融业积极拓展各类金融业务:推动私人银行、券商直投、离岸金融、信托租赁、汽车金融等业务的发展,开展商业银行并购贷款业务,为企业并购活动提供资金支持,鼓励个人购买商业养老保险,适时开展个人税收递延型养老保险产品试点。

2007 年,公司债、锌期货、人民币外汇货币掉期、远期利率协议、黄金延期交收品种 Au(T+N)、黄金信托等一批重要的金融产品和业务顺利推出,黄金期货于 2008 年 1 月成功上市,进一步丰富了上海金融市场产品和业务种类;截至 2008 年底,上海共有银行信用卡中心 10 家,已形成完整的信用卡产业链,是我国的信用卡业务中心。

浦东新区除了房地产信托投资基金、消费金融公司等外,推出 3 项金融创新政策,分别涉及外资股权投资、融资租赁和航运金融。

（3）电子交易得到大力发展，促进各类金融信息系统、市场交易系统互联互通，从而降低交易成本，提高交易效率。

3.北京

京发〔2008〕8号文件《中共北京市委北京市人民政府关于促进首都金融业发展的意见》中，提出首都金融业的定位和工作目标，即国家金融决策中心、金融管理中心、金融信息中心和金融服务中心。除此之外，各种政府机构在北京的成立也为首都金融的建设带来难以匹敌的优势。中央政府机构（包括财政部、发改委、中国人民银行、商务部等）的存在使北京成为全国经济决策和宏观调控的中心；"一行三会"（中国人民银行、中国银监会、中国证监会、中国保监会）使北京成为金融监管中心；国家统计局、国家信息中心、国务院发展研究中心、社科院等权威信息发布机构、研究机构和北大等经济领域知名学府使北京成为全国最大的经济和金融信息中心。

（1）北京金融机构的发展现状

北京金融业的各项指标均在全国首列，并创下法人金融机构数量、金融资产量、金融对经济的拉动系数、单一行业对国税贡献率四项全国第一。截至2008年10月，在京的金融机构总数已达4649家，其中法人金融机构633家，金融机构数量位居全国前列，这其中包括大量的外资金融机构。金融业已成为首都经济的支柱产业和第一大产业。北京的金融业在地区生产总值中的比重已接近国际金融中心城市的水平。

（2）金融创新的发展及应用

北京充分发挥科技保险创新试点城市的政策优势，建立高技术企业新产品研发、科技成果转让的保险保障机制。

随着文化产业的兴起，北京支持文化创意产业集聚区内的文化创意企业和开发建设企业上市融资。促进金融机构和评估机构开展文化创意产业无形资产评估，推进无形资产质押贷款，并健全和完善风险投资退出机制。

针对中小企业融资难问题，北京实施中小企业创业投资引导基金试点，积极推进中小企业在中小企业板、创业板、证券公司代办股份转让系统及境外资本市场的上市和挂牌工作,推进中小企业集合发债。

4. 香港

香港特别行政区是全球第四大国际金融中心、第六大外汇交易中心、国际性银团贷款中心、亚太第二大基金管理中心。

(1)香港的金融机构现状和优势

银行业是香港金融市场的主体,香港本地银行和外资银行分行都能获得平等待遇。自 1995 年以来,在香港的认可银行机构中,境外注册机构的占比在逐年上升,在持牌银行中,其占比基本上维持在 80％左右。

香港是亚洲主要的保险中心,保险市场具有高度开放性,进入退出机制比较完善,市场竞争程度较高。截至 2008 年 4 月,在香港经营长期业务的 231 家保险公司中,六成以上是海外公司。

证券市场是香港金融市场的一个重要领域,存在数量庞大和运转高效的证券机构。香港证券市场提供经纪业务的公司主要有三类,包括以机构为主要服务对象的十几家大型欧美投资银行的亚洲公司、以中小客户为主要服务对象的 400 多家香港本地中小型经纪行及部分银行。

香港的投资基金公司发展迅速,数量之庞大仅次于日本,起到吸收境内外资金、分散风险、保护投资者利益、维护证券市场稳定等重要作用。

(2)香港的金融产品现状和优势

金融中介服务在香港金融服务贸易中占主导地位。从服务种类看,金融中介服务一直以来占据着香港金融服务贸易的主导地位。出口贸易方面,1999－2007 年,香港金融中介服务出口额由 188.6 亿港元上升至 960.0 亿港元,占金融服务出口的比重由 98.2％提高到 99.0％;投资银行服务出口额占比很小,而且呈下降趋势,由 1.8％降至 1％。进口贸易方面,1999－2007 年,香港金融中介服务进口额由 57.1 亿港元上升至 218.4 亿港元,占金融服务进口的比重保持在 99.7％以上;投资银行服务进口额占比非常小,不足 0.5％。其中金融中介服务包括:中央银行服务、存款服务、授信服务及财务租赁服务;股票经纪服务、商品经纪服务、股票交易程序及结算服务;投资组合管理服务、信托服务、保管服务、财务顾问服务、外币兑换服务、金融市场营运服务,以及其他金融中介的支持服务。投资银行服务包括:合并及收购服务、机构财务及创业资金服务,以及有关服务。

(三)国外著名金融中心有益经验

本节从国际金融产业发展的一线城市和地区入手,总结经验、开拓思路。

1.芝加哥

芝加哥地处美国中部,位于全球24时区的中心,不仅是连接欧洲市场和亚洲市场的东西向纽带,还是连接北约国家的南北纽带,促进了芝加哥与美国东西海岸、欧洲、亚洲等主要市场之间的商务往来。

(1)芝加哥的金融发展与定位

芝加哥是世界三大金融中心之一,拥有多个世界重要金融交易所。此外,芝加哥也是美国一些大银行和大金融机构的总部和分支机构所在地。它拥有300多家美国银行、40家外国银行分行和16家保险公司。这些银行和金融机构在商业贷款数额上名列美国全国前3名。

(2)芝加哥在建立多元化经济结构过程中值得借鉴的经验

明确发展目标,制定详细城市规划。芝加哥在发展经济的同时注重历史特色的保护,在招商引资的同时提供配套的经济及金融政策扶持,综合全面的发展计划是构建多元化结构成功的前提。

芝加哥在城市转型过程中的成功经验。

其一,通过分析自身产业结构和城市税收结构,重点发展第三产业,同时扶助制造业,实现以服务业为主的经济多元化。

其二,确立长期发展目标,持之以恒地促进金融业和旅游会展业的发展。芝加哥充分利用了自身拥有多个金融交易所的地位,以交易所为依托发展有特色的金融交易。

其三,在传统制造业中,扶助有优势的、已经建立了产业链的产业,放弃夕阳工业。

其四,大力吸引投资,注意引进新兴高科技工业中的研究、开发、管理部门,但不一定是整个生产基地,以提升城市的素质和知名度。同时注重发挥院校的研究优势。

其五,建立健全物流中心和交通体系,加强芝加哥作为国际、国内货运中心的位置。

(3)芝加哥发展过程中的成功案例

波音公司案例

波音飞机公司的总部本来在西雅图,但是 2000 年,当芝加哥政府得知波音公司为了接近市场而有意迁往美国中部地区时,向波音公司提出多项优惠条件,最终击败竞争对手圣路易斯市,成功地使波音总部迁入芝加哥。

波音总部的迁入为芝加哥带来了 300 多位高级市场管理、项目开发专家,但是波音公司的生产基地仍然在西雅图。由此可见芝加哥吸引波音公司的动机并不仅为了解决就业问题,而是为了进一步提升城市的素质和知名度。

福特公司案例

1998 年,福特公司以现有工厂能源效率不高、交通运输不便为名,提出迁厂的动议。芝加哥市政府为了留住福特,在 2000 年 9 月和福特汽车公司达成协议。芝加哥将以 1.15 亿美元的政府投资来帮助福特改善发展条件,包括 4350 万美元改善福特工厂周围的街道交通状况,2300 万美元培训福特工人,1800 万美元整理福特厂房旁边的土地供福特扩建,以及 240 万美元帮助福特提高现有工厂的能源效率。同时,市政府同意每年减少福特公司 150 万美元的税务负担。通过一些相关的政策和措施,芝加哥政府最终成功挽留了福特公司。

2.伦敦

伦敦是英国的首都、第一大城及第一大港,也是欧洲最大的都会区之一兼世界四大世界级城市之一,与美国纽约、法国巴黎和日本东京并列。

(1)伦敦金融业发展中的成功经验

英国金融业 40% 以上的产值在伦敦创造,金融业在伦敦经济总量中的占比接近 20%。伦敦作为金融中心的重要性主要体现在:从事近一半的欧洲投资银行业务;管理全欧洲近 80% 的对冲基金资产,约合 3600 亿美元;进行全球 42% 的外国股票交易;伦敦证交所管理的外国资产规模约 2600 亿英镑,几乎是纽约的两倍;从事超过 70% 的国际债券交易;掌握 60% 的欧洲债券初次发行业务;拥有全球最大的场外衍生品交易量(43%)和第二大交易所衍生品交易量;是世界最大的外汇交易中心;是世界最大的海运和航运保险市场,占据全球 23.7% 的海事保险市场;是世界黄金交易中心,日均交易量在 100 亿—130 亿美元之间;进行世界 90%的金属期权和期货交易。在发展成为世界级金融中心的过程中,伦敦有以下经验值得学习:

注重吸引高素质的专业人才。普华永道公司 2007 年进行的一项研究对全球 11 个城市在 21 世纪提供的商机进行了比较。伦敦在人力资源智能资本排名一项位居世界第一,技术创新指标排名第二。

提供灵活有效的监管环境。根据英国《2000 年金融和市场服务法》,伦敦进行金融监管的基本原则是:重视成本与效益的经营观念,加速金融服务业的改革,重视金融管理及金融服务业国际化的本质,维护英国的竞争地位,维持公司合理竞争的价值。

金融创新。在面临世界范围的金融危机之时,伦敦并没有限制金融创新,而是创新和监管并行。

多样化服务。伦敦金融城提供的服务几乎涵盖了金融的各个领域——银行、投资银行、证券、保险、金融衍生品、外汇、保险和再保险、大宗商品、航运、会计服务、法律咨询和管理咨询等。

鼓励自由竞争。由于金融机构众多,特别是外国机构云集,市场竞争异常激烈,保证了金融服务的高效率和高质量。

伦敦的产业结构转型及生产性服务行业的发展。伦敦能成为世界重要金融中心,一方面离不开自身的发展,另一方面,城市整体产业结构定位,也为伦敦金融的蓬勃发展提供一方沃土;同时,伦敦生产性服务行业的良好基础和发展态势,也对金融的健康发展起到了催化剂的作用。

伦敦产业结构调整的最突出特征,是大量商业服务业岗位替代了原有制造业。自 2008 年起,预计在未来 15 年经济增长中,商务和金融领域增长的贡献率将是最大的;全伦敦新增的 63.6 万个就业岗位,一半以上由这两大领域提供。

第一,伦敦生产性服务业发展具有深厚的历史底蕴和良好的外部条件。英国产业结构和产业分布的调整给伦敦生产性服务业的发展提供了有利的外部条件。

第二,生产性服务业的空间分布出现"多极化、等级化、功能化"特征。为了实现需求多样化和控制运营成本,伦敦现已形成"城市中心、内城区、郊外新兴商务区"的多极化、等级化、功能化空间布局模式。

第三,追求创新成为生产性服务业持续发展的动力。一方面表现为同类或相关行业的集聚,产业集聚有助于产业创新和技术传播。另一方面表现为行业规则的制度性变革和新技术的应用。

(2)金丝雀码头——伦敦金融区的典范

金丝雀码头是英国首都伦敦一个重要的金融区和购物区,坐落于伦敦道格斯岛的陶尔哈姆莱茨区,位于古老的西印度码头和多克兰区。20世纪80年代,伦敦市政府成立了码头区开发公司,在金丝雀码头彻底废弃的情况下全面改造该地区,使金丝雀码头成为金融、商业、出版行业乃至教育产业的云集地。

金丝雀码头在建成的最初几年内,地产商向某些商业巨头提出一年免租金的优惠政策。同时,以优惠的租金价格吸引新闻媒体机构进驻,利用24小时连续运作的新闻机构为此地聚敛人气。

3.东京

东京是日本最大的工业城市,资本在50亿日元以上的公司,90%集中在东京,全国各大银行的总行或主要分行都设在东京。东京兼具金融、工业、政治、文化等综合城市功能,并逐渐确立了其全球三大金融中心之一的地位。

(1)金融市场

东京金融市场主要由东京短期资本市场、东京长期资本市场、东京外汇市场、东京美元短期拆放市场组成,其中:

短期资本市场包括短期拆放市场和票据买卖市场,这两个市场是金融机构之间对每天营业活动中发生的临时性资金不足和资金过剩进行调节的市场。

长期资本市场包括股票市场和债券市场。东京的股票市场和债券市场是规模仅次于纽约的世界第二大市场。

外汇市场：日本银行作为财务省大臣（财政部长）的代理人参加市场，以政府外汇资金特别会计为后盾。

（2）东京金融发展概述

东京是以国内为依托发展起来的金融中心。20世纪80年代，日本经济总量占世界第二位，东京金融市场成为世界三大国际金融市场之一，东京成为重要的国际金融中心。20世纪90年代以来，日本经济泡沫的破灭，东京国际金融中心地位有所下降。

东京是政府主导推动形成的金融中心。20世纪80年代，日元的国际化、金融自由化政策，为东京国际金融中心建设做出了重要贡献；90年代，东京国际金融中心地位有所下降，为重振其金融中心地位，日本于1998年实施了以金融自由化、国际化的金融改革。2007年6月，日本政府公布年度经济政策，强调加强东京证券交易所建设，允许其提供更加多样的金融产品，力图重振东京国际金融中心地位。

（3）东京生产性服务行业的发展模式

"多中心、分层次"的空间发展战略支持生产性服务业发展。东京采用了老中心区与多个新中心区分层次并进的策略来适应经济结构快速转变的需求。

政府行为成为生产性服务业的空间分化的外部动力。在东京成为国际城市的过程中，政府行为起着至关重要的作用。政府承担着许多原本可由私人部门从事的活动。同时，国家权力的集中带来相关服务产业集聚。此外，在历次规划中，东京多次提出在首都圈分散中枢管理的职能，建立区域多中心城市复合体。

转变战略方向促进生产性服务业稳定发展。从20世纪80年代开始，受到生产成本增加、日元升值等影响，东京中心城区的制造业出现大规模的外迁。东京发挥自身人才和科研优势，重点发展知识密集型的"高精尖新"工业，实现产、学、研融合。

4. 硅谷

　　硅谷起初仅包含圣塔克拉拉山谷,主要在圣塔克拉拉县和圣何塞市境内,之后逐渐扩展,也包括周边如圣马刁县,阿拉米达县的一部分。由于集中了美国 96％的半导体公司,电子工业的基本原材料是硅,所以被称为"硅谷"。

　　(1)硅谷现状

　　硅谷的发展形成了三层相关行业。第一层是从事研究、发展和制造集成电路芯片的公司,第二层是从事商业生产或制造消费品的公司,第三层是一批业余计算机爱好者。这三层行业彼此平行,但相互衔接,相互促进,形成硅谷生产的正常循环。

　　另外,随着高级技术工业的发展,投资顾问、法律专家、财税专家和银行家也接踵而至,在硅谷组成庞大的服务网。

　　硅谷有斯坦福大学、加州大学等五所著名学府,还有众多企业和国营的研究机构,智力资源密集度居美国之首。

　　2006 年,硅谷总共有 225 300 个高技术职位。在硅谷,集结着美国各地和世界各国的科技人员达 100 万以上,美国科学院院士在硅谷任职的就有近千人,获诺贝尔奖的科学家就达 30 多人。2008 年硅谷人均 GDP 达到 83000 美元,居全美第一。硅谷的 GDP 占美国总 GDP 的 5％,而人口不到全国的 1％。

　　(2)硅谷发展成因

　　硅谷的崛起是美国战后国防导向的科技政策的产物。硅谷的成功也离不开斯坦福大学。二战结束后,为满足财务需求,同时给毕业生提供就业机会,斯坦福大学采纳 Frederick Terman 的建议开辟工业园,创办了第一个高新技术开发区——斯坦福研究园,即硅谷前身。Terman 同时为民用技术初创企业提供风险资本。惠普公司是最成功的例子之一。

　　硅谷拥有庞大的风险资金和成熟的风险投资机制,美国一半的创业资本公司都在硅谷——300 多家风险投资公司,每年投入近 100 亿美元的风险投资。1990 年至 1998 年,硅谷风险投资额年增长率达 300％,1999 年硅谷吸引的风险资金达 130 亿美元,占全世界风险投资的 1/6,并且 90％以上来自于民间。多年来,硅谷风险投资额始终占据全美风险投资额 1/3 左右的份额。

(3)硅谷银行

硅谷银行成立于 1983 年,注册资本金仅为 500 万美元,截至 2003 年 6 月,该银行拥有 43 亿美金的资产,遍布 14 个州的 27 家分支机构。美国超过 50％的创业投资公司都是硅谷银行的客户。

硅谷银行创业投资的基本理念:

第一个基本理念是选择合适的投资领域和阶段。硅谷银行的投资领域侧重于信息与电子技术行业、软件与网络服务行业、生命科学行业。

第二个基本理念是制定出明确的投资原则。硅谷银行选择企业遵循的原则是:① 要有明确的发展方向以及合理的企业定位;②有价值、有发展前途的产品或服务,产品、服务的理念符合经济发展趋势;③有效的管理结构,能发挥作用,为公司服务;④管理层有良好的背景或经验;⑤有合理的发展计划及财务预算;⑥有齐全的财务报表及会计系统。

第三个基本理念是选择关键的进入时机——在创业投资公司之后投资。

硅谷银行的运作机制:

硅谷银行从四个方面构造创业投资的运作机制:一是确定有效的投资方式;二是确定合理的阶段组合;三是建立有效的风险控制方法;四是采用多种退出方式。

综上,硅谷的发展主要为高新技术产业,硅谷的源动力则依赖于斯坦福、加州大学等著名学府的高素质的人才。天使投资和风险投资满足了硅谷发展的主要资金需求。

硅谷精神:

硅谷的成功不仅在于其硬件设施的卓越性,更依赖于其发展过程中形成的硅谷精神。硅谷人在分享成果的同时,也共同承担风险。诚实守信是一个人在硅谷立足的根本。

本节所列举的几大城市,在金融发展方面,对于滨海新区各有其可供借鉴之处。芝加哥是美国中西部金融中心,与纽约并存,不得不与纽约错位发展,芝加哥更注重期权期货等金融衍生产品的交易;伦敦与金丝雀码头金融区的发展,以及东京的"多核多圈层"发展结构,在地理位置上都更类似滨海新区的区位情况;而硅谷作为高科技产业发展的典型代表,金融业的支持功不可没。所以,以上列举的国外可供借鉴的实践经验,对于滨海新区的金融业发展,都起到了抛砖引玉、开阔思路的作用。

四、滨海新区金融产业发展的总体思路和目标

中央对滨海新区提出的要求——依托京津冀、服务环渤海、辐射"三北",面向东北亚,努力建设成为我国北方对外开放的门户、高水平的现代制造业和研发转化基地、北方国际航运中心和国际物流中心。这在需要金融产业资金支持的同时也为金融产业的发展提供了机会。而随着竞争的升温,滨海新区的政策优势正在逐步减弱。所以,滨海新区的金融发展战略一定要发挥自身优势锐意进取。

(一)滨海新区金融产业发展的目标

发展新型金融产业,可以通过金融中心的集聚力、辐射力和带动力,增强天津金融业的自主创新能力和金融核心竞争力,通过资金融通和资本运作,实现资源的优化配置。而发展新型金融产业又要经历一个金融机构逐渐增多、金融市场逐渐完善、金融集聚和辐射效应逐渐增强、金融创新和金融生态环境优化的复杂过程。

2006年5月,《国务院关于推进天津滨海新区开发开放有关问题的意见》批准天津滨海新区为全国综合配套改革试验区,明确提出"鼓励天津滨海新区进行金融改革和创新,在金融企业、金融业务、金融市场和金融开放等方面的重大改革,原则上可以安排在天津滨海新区先行先试"。2008年3月,《国务院关于天津滨海新区综合配套改革试验总体方案的批复》要求天津"建设与北方经济中心和滨海新区开发开放相适应的现代金融服务体系,办好全国金融改革创新基地,建立更具活力、更加开放的金融体制,增强对区域经济的金融服务功能。"

天津市认真贯彻落实中央关于加快滨海新区开发开放的决策部署,研究制定《滨海新区综合配套改革试验金融创新专项方案》(下称《专项方案》),并于2009年6月正式向国家发展改革委报送专项方案。经国务院

同意,该《专项方案》已于 10 月 26 日由国家发改委正式批复,原则同意天津市按照《专项方案》开展工作,加快推进金融体制改革和金融创新,力争取得积极成效。

(二)滨海新区金融产业发展的总体思路

天津滨海新区金融产业的发展,首先要突破天津的局限,站在国家战略的角度,除了服务本地实体经济外,一方面,应尽力避免单纯为了追赶世界其他金融中心城市或最新金融产品和技术,不顾实体经济的需求。另一方面,要根据滨海新区自身优势,把握机会,为金融创新和发展创造环境。发展的总体思路一定要充分考虑"实体经济的需要"与"金融体系自身的完善"两个驱动力。

1.金融产业的发展要考虑实体经济的需要

以产业聚集带动金融聚集,以优势项目、大项目带动金融发展,成为特殊发展模式下能够有效实现金融突破的路径。金融业的发展,首先是解决经济建设中的资金筹措问题。大项目陆续进入滨海,不仅带来大量的项目资金流入,也带动了金融机构对滨海新区的关注。另外,每个处于不同成长阶段的企业,都需要不同的金融支持,科技金融、中小企业融资问题要成为重点关注的对象。

2.避开恶性竞争同时注意把握机会

在国家统一的金融市场规则主导下,在金融市场基础设施已基本布局完毕的情况下,各地方政府强调发展区域金融产业,已不是仅仅强调货币、外汇、证券市场的功能,而是强调扩大传统的存贷款市场和个别产品的交易,并吸引金融机构在当地落户。

与北京和上海相比,天津滨海新区金融资源总量不大,现有金融资源主要集中于银行金融机构,非银行系统的金融公司及规模有限的其他金融服务机构,处理金融业务量及市场覆盖面有限。加之资本市场缺失,可选择融资的工具受到较大局限,有特色的创新品种不多,金融支持能力与市场配置需求间存在较大差距。因此,如果模仿上海或北京模式,实现难度较大。滨海新区需要打破思维惯式,首先是进行创新型路径设计,然后才是对创新项目的实施推进。

　　一方面新区要利用本身以及国家政策赋予的优势，另一方面要不失时机地把握国内外的各种机会，争取重大突破。比如人民币国际化就为东疆保税港区开展离岸金融业务提供了很好的时机；融资租赁业务的迅猛发展，已经成为天津滨海新区重要的融资渠道之一，进一步做大做强不但为本地的产业发展提供很好资金支持，而且可以辐射整个环渤海地区；天津作为北方的国际航运中心，物流金融的开展可以把滨海新区推进航运中心和经济中心建设很好地结合在一起等。

　　3.营造金融产业发展的环境

　　完善金融产业发展环境主要包括制度建设、市场推动、激励机制等方面。

　　政府推动作用。首先，政府需要有发展新型金融产业的意识；其次，政府要为新型金融产业发展提供综合型的配套政策，促进产业发展的良性循环。

　　良好的信息沟通机制。发展新型金融产业，需要金融机构、企业以及政府之间有很好的沟通，从而优化配置市场资源。

　　完善的市场激励机制。金融业本身是一种服务业，人才在这个行业的发展中发挥关键的作用，尤其是新型金融产业的发展，需要具有创新能力的优秀金融人才。金融创新的基地必然需要金融创新人才的聚集，因此，需要针对新型金融产业的创新型人才进行特殊的奖励和支持，鼓励和吸引创新型金融机构参与到滨海新区金融产业发展中。

五、滨海新区金融产业发展的政策建议

　　滨海新区金融产业的发展应充分考虑两个方面的"需求"——一是实体经济发展对于金融产业发展的需求，要大力发展适合天津及周边地区产业的金融产品；二是金融体系自身完善的需求，要充分利用"优势"完善金融产业体系，搞好金融业发展的基础建设工作。

（一）滨海新区新型金融产业结构的发展思路

　　目前滨海新区银行证券等传统金融行业与北京、上海等城市相比并不具有发展优势，不过融资租赁、股权（产业）投资基金已展现出一定的发

展势头和行业聚集效应。

滨海新区融资租赁业已经形成的以重工机械、船舶、飞机租赁业为特色的产业格局,为设备制造商和企业特别是中小企业解决了"销售难"与"融资难"的问题。另外,在滨海新区融资租赁业务的发展过程中,融资租赁业的创新招法、政府扶持的相关政策保障措施等,不仅起到了促进作用,而且积累了宝贵经验。

作为滨海新区金融产业发展又一支力量的股权(产业)投资基金,从2005、2006年起步至今,也做出了一定的成绩:开展了渤海、船舶两只产业投资基金的试点工作,在基金注册及管理方面的建设初具规模,成立了全国第一家股权投资基金协会,同时举办四届"中国企业投资融资洽谈会"。诚如中国新闻网2011年3月20日《天津成为中国私募股权基金中心城市》的报道所言——副市长崔津渡3月19日称,截至目前,该市注册的股权投资基金及基金管理企业超过1000家,已成为以私募方式募集股权投资基金、物权投资基金和对冲基金构成的基金中心城市。

因此,未来滨海新区的金融产业应利用已有平台和政策优势,让现有机构具有显著盈利能力,扶持产业发展,形成良性循环,为实体经济发展带来外部资源,并持续保证新型金融产业的发展优势。

2011年5月10日《国务院关于天津北方国际航运中心核心功能区建设方案的批复》正式下发,这些新的试点支持政策无疑将给滨海新区带来新的契机。

世界范围内看,航运业的发展与金融业的发展息息相关;股权资本正逐渐成为航运金融市场的一个发展主力,而股权投资基金正是目前滨海新区的优势所在。滨海新区应以"北方国际航运中心"为建设目标,而以"大力发展融资租赁、股权投资基金"为抓手,发挥政策优势,真正做到科学地调整产业结构。

(二)重视金融信息产业的发展

金融业中有"信息为王"的理念,因此,金融信息产业已经成为发展非常迅速、盈利空间巨大并且具有很强聚集效应的产业。滨海新区应积极整合,引进相关机构,形成强有力的金融信息产业,使之成为与新型金融产业齐头并进发展的配套产业。

　　本报告所提及的"新型金融产业"应主要服务于现有传统的、主流的金融机构所不能满足的"真空地带",在这一"服务"过程中应同时关注三方面的建设问题:一是金融机构自身产品的充实与完善,应依托滨海新区"先行先试"的有利政策;二是相关金融中介机构的建设,包括律师事务所、会计师事务所、信用评级机构等;三是金融信息产业的完善,以及金融信息平台的搭建,这一平台应集资金融通过程中尽可能全面的信息,使运营成本、信息搜索成本最小化。

　　对于金融信息产业的完善,如果能在新区建立起类似彭博新闻社(Bloomberg)一样的,为各类经济、金融信息提供汇总交流的空间,必会大大促进滨海新区整体金融环境的建设和提升,也能更好地发挥滨海的核心定位。

　　在金融信息平台建设的初创阶段,不能仅依赖于专业化企业的投入,政府应该发扬排头兵精神,发挥各方面优势;而在平台形成一定规模后,政府应鼓励其形成独立的组织结构,完善管理,引导这一信息平台架构自身清晰的公司化运营模式。

　　对于滨海新区金融信息平台的利用,可以借鉴美国主流商业报刊《Inc.》的有关经验,《Inc.》借助自身的媒体优势,每年发布 Inc. 500 和 Inc. 5000 排行榜,类似于福布斯榜单,有所不同的是,福布斯的关注点主要是大公司,而《Inc.》关注点主要是成长性的公司。

(三)创新金融综合经营模式

　　在风险管理完善的基础上,金融综合经营不仅来自实践需求,也是金融产业的竞争力。目前,天津市和滨海新区内相关金融企业已经有良好的实践基础。滨海新区应从海泰集团等"担保＋投资"的企业实践中,总结、提炼和推广"结构化融资"的科技金融创新模式,增强滨海新区新型金融服务的综合性和竞争力。

　　海泰担保公司依托天津滨海高新区,通过贷款担保、直接股权投资、履约担保、工程担保、诉讼保全、财务咨询、投资顾问等业务,帮助企业解决流动资金贷款担保问题。这样的综合型金融服务既有利于通过担保挖掘优质项目、培育项目源,同时对于企业初创阶段的信息来源给予了保证,为企业尤其是中小企业,提供支持。

如果可以增强金融服务企业经营模式上的综合性,满足实体经济不同阶段的不同需求,增加金融产品创新,拓宽金融服务企业的服务范围与能力。

同时需要强调的是,滨海新区应放眼北方乃至东北亚。对于滨海新区金融产业的发展,应从两个方面给予认识:一方面,加强天津地区实体经济建设;另一方面,有些项目投向未必进入滨海或者天津市,但是优质的项目落户滨海,久而久之就会对滨海新区金融产业的发展产生带动效应。

(四)建立新型金融产业人才高地

"新型金融产业"将是天津金融发展战略的"锋刃",而一个区域内的金融产业发展通常要调动该区域内与之相关的所有要素,即形成一定的产业发展体系。具体到金融产业,应当包括下列部分:基础理论研究体系、应用研究体系和产品开发体系等。这些组成部分之间是互相支撑的关系,产品开发的失败很可能归因于应用研究体系的低水平,而应用研究的低水平则很大程度上是因为其与高水平基础理论研究的互动结合不够紧密。所以,如果高水平的金融研究机构的建设和金融人才的培养不足,将可能直接导致滨海新区金融发展的滞后。

本报告认为"金融机制"和"金融人才"在很大程度上制约了天津金融产业的发展,无论发展何种具有优势的产业、开发何种新型的金融产品归根结底都需要"人"。因此,解决天津金融发展瓶颈的根本途径是筹建金融人才培训基地,引进高水平的"金融人才培养项目",以及提高现有项目的管理水平。争取自己培养出一批适合本土发展、同时在国际上具有领先优势的金融人才,而不仅仅是依靠人才的引进解决现有问题。

人才是所有产业竞争力中最重要的要素,天津滨海新区新型金融业的发展离不开高端金融人才的培养。与国内主流金融产业发达的地区(上海、北京)相比,滨海新区对于新型金融人才的问题要摆到战略高度来认识,应当紧紧抓住金融先行先试的政策优势和后危机时代新金融理论出现端倪的机遇,展开与以欧洲学者为代表的"后危机时代金融新理论"

学派及实践界的迅速合作,建立集"高端人才培养、学派思想引领、宏观战略咨询"功能于一体的"中欧金融科学院",聚集国际上新金融学派的领军学者,培养适合新型金融产业发展的高端人才和新金融思想策源地。

课题组负责人:张维(天津大学管理与经济学部)

　　课题组成员:金曦(天津财经大学经济学院)、熊熊(天津大学管理与经济学部)、张永杰(天津大学管理与经济学部)、张小涛(天津大学管理与经济学部)、邹高峰(天津大学管理与经济学部)、朱彤(天津财经大学经济学院)、安雅慧(天津财经大学经济学院)、张旭东(天津财经大学经济学院)、曾薇(天津财经大学经济学院)、齐雯(天津财经大学经济学院)、方圆(天津财经大学经济学院)、王晓钰(天津财经大学经济学院)、赵卿(天津财经大学经济学院)、沈辰群(天津财经大学经济学院)、苏立鑫(天津财经大学经济学院)

　　课题报告完成时间:2011 年 6 月

参考文献

夏斌.对我国金融中心建设的几点思考[J].中国金融,2009(18)

　　周立群,邓向荣.对我国金融中心建设的几点思考[M].社会科学文献出版社,2009

　　夏斌.谁才是合适的中国金融中心[N].经济参考报,2009-8-6

　　夏斌.中国金融战略:2020[M].人民出版社,2011 年

　　萧海龙.风险投资会在哪里落户?[J].创业邦,2010 年(2)

　　邹海涛.关于天津滨海新区发展融资租赁业的思考[J].财会月刊,2010(30)

　　徐小青,樊雪志.村镇银行试点的成效、问题与建议[J].中国发展观察,2010(3)

　　吴琼.天津滨海新区开展物流金融业务问题研究[D].天津财经大学硕士学位论文,2008

　　刘洁.我国小额贷款公司运营模式分析及政策建议[D].上海师范大

学硕士学位论文,2010

陈晶莹.区域金融创新体系研究[J].改革与战略,2008(11)

中国人民银行货币政策分析小组.2009年中国区域金融运行报告,2010—6

袁宜.上海国际金融中心的竞争力——对驻沪金融机构的问卷调查[J].上海经济研究,2005(5)

2009年天津市国民经济和社会发展统计公报.http://news.enorth.com.cn/system/2010/03/31/004569180_02.shtml

2003—2007年天津市国民经济和社会发展统计公报.http://www.stats.gov.cn/tjgb/index.htm

武力超.天津滨海新区经济增长金融支持研究[J].城市观察,2009(2)

陈杰(人民日报记者).滨海新区:国家战略——倾听中国经济"第三极"开发开放的足音.人民网天津视窗 http://www.022net.com/2010/6—7/495671172768164.html

胡跃平,朱虹.渤海弄潮舞龙头——天津滨海新区创业创新促发展[N].人民日报,2010—10—18

吕明元,柳凯.天津滨海新区与上海浦东新区产业结构演进的比较[J].天津商业大学学报,2009(29)

石森昌,高彧.天津滨海新区金融集群形成分析[J].城市,2007(4)

李彩良,杜纲.天津滨海新区金融创新的系统分析及对策[J].天津大学学报,2009(5)

滨海新区分行业全部国有及规模以上工业总产值(2008年).天津统计年鉴,2009年第22篇

林毅光.充分发挥金融在产业结构调整中的促进作用[J].金融论坛,2003—4

高春亮.文献综述:生产者服务业概念、特征与区位[J].上海经济研究,2005(11)

陈殿,李金勇.生产性服务业区位模式及影响机制研究[J].上海经济研究,2004(7)

李安定,金艳平,朱永行.论上海现代服务业发展与金融支持[J].上海金融,2006(2)

刘晶晶,陈肖,于甜甜.我国产业结构调整中金融支持的实证分析[J].经济理论研究,2008 年(6)

刘艳.天津滨海新区金融改革创新初探[J].经营管理者,2010(3)

王爱俭.打造滨海新区金融改革创新基地为全国金融"大棋局"注入活力.金融时报,2007—10—1

薛波.深化金融改革创新助推滨海新区发展融[J],2006(1)

夏江山.天津滨海新区金融改革创新的调查与思考[J].现代经济信息,2010(22)

王玉荣,吕萍.滨海新区产业发展特点、问题及对策[J].中国科技投资,2007(9)

黄森华.关于北京金融功能区建设的初步探索[J].北京行政学院学报,2006(2)

陶冶.北京发展国际金融中心战略分析[J].中国流通经济,2006(3)

谢贞莲.CME 的会员制度及席位的投资价值[J].期货日报,2009—11—19

朱国华,陈炳辉.世界主要期货交易发展策略比较研究.上海期货研究所第三期公开招标项目部分研究成果.www.shfe.com.cn/jrysp/41/11.pdf 2008—8—11

慕刘伟.典型国际金融中心的中小企业融资体系构架及其对我国的借鉴意义[J].理论与改革,2005(4)

郭刚.欧盟区域金融政策与区域经济发展[D].吉林大学硕士论文,2006 年

钟婷.伦敦金融服务各部门发展前景分析.上海情报服务平台 http://www.istis.sh.cn/list/list.aspx? id=1871,2005—7—1

鹿野嘉昭.日本的金融制度[M].中国金融出版社,2003

魏思思.纽约及伦敦金融中心对北京建设国际金融中心的启示[J].时代金融 2010(2)

张卫华.纽约是怎样成为世界金融中心的[J].经济,2007(1)

郭宝强.从费城到纽约——美国金融中心的变迁及其原因[J].华东师范大学学报,2000—11

马卫峰,赵福昌.发展衍生品市场助推国际金融中心建设——纽约、伦敦双城之争的分析与启示[J].财政研究,2008(6)

雷强,苏立峰,倪权生.伦敦、纽约和东京银行业比较——基于金融产业集群的视角[J].亚太经济,2009(5)

潘英丽.论金融中心形成的微观基础——金融机构的空间聚集[J].上海财经大学学报,2003(2)

李玉江,徐光平.人力资本空间集聚对产业集群发展的影响[J].山东师范大学学报(人文社会科学版),2008(3)

Barry Eichengreen. Capital Account Liberalization: What Do Cross Country Studies Tell Us[J]. The World Band Economic Review, 2001, 15(3):341—365

Eswar S Prasad, Kenneth Rogoff, Shang Jin Wei. Effects of Financial Globalization on Developing Countries: Some Empirical Evidence[J]. International Monetary Fund, 2004

马丽娟.当代金融中介理论发展的特殊性与拓展空间[J].中央财经大学学报,2007(5)

王卫红.广东高新区与美国硅谷的比较研究[J].国际经贸探,2006(11)

张铮,高建.硅谷银行创业投资的运作机制[J].中国创业投资与高科技,2004(4)

武岩,慕丽杰.借鉴硅谷银行模式拓宽高科技中小企业融资渠道[J].经济研究,2009(7)

毕廷延.斯坦福何以成为硅谷动力之源——探寻斯坦福大学创新创业教育之道[J].中国教育报,2009—12—23

Allen, F. and D. Gale. Innovations in financial services, relationships and risk sharing[J]. Management Science,1999

Beck，T. and R. Levine. Industry growth and capital allocation [J]. Journal of Financial Economics. 2002(64)

Boyd，John H. and Smith，Bruce D. The Evolution of Debt and Equity Markets in Economic Development[J]. Economic Theory. 1998，12(3)

Boyd John，Bruce Smith. Intermediation and the Equilibrium Allocation of Investment Capital：Implications for Economic Development [J]. Journal of Monetary Economics，1992(30)

N. R. Pandit，G. A. S. Cook and P. G. M. Swann. The Dynamics of Industrial Clustering in British Financial Services[J]. The Service Industries Journal. Volume 21，Issue 4 October 2001

Bencivenga Valerie and Bruce Smith. Financial Intermediation and Endogenous Growth[J]. Review of Economic Studies，1991(58)

Duta Jayasri and Sandeep Kapur. Liquidity Preference and Financial Intermediation[J]. Review of Economics Studies. 1998(65)

Rajan，R. ，Zingales，L. Financial Dependence and Growth[J]. American Economic Review，Vol. 88，No. 3，1998，pp. 559－586

范方志,张立军.中国地区金融结构转变与产业结构升级研究[J].金融研究,2003(11)

何德旭.关于金融服务业的一个比较分析[J].金融理论与实践,2004(7)

李毅学,汪寿阳,冯耕中.一个新的学科方向——物流金融的实践发展与理论综述[J].系统工程理论与实践,2010(1)

吴超,李西江.加快推动天津物流金融业务发展的思考[J].华北金融,2010(4)

滨海新区文化产业发展研究

【摘要】本研究对滨海新区文化创意产业发展的现状和特征进行了深入分析,对现时期滨海新区发展文化创业产业的必要性和重要意义进行了详尽阐述,并力图在科学发展观指引下,立足于滨海新区经济社会发展功能定位,结合新区近期发展目标,提出 2011—2015 年新时期发展文化创意产业的战略思路和目标,以及战略重点和主要任务。

一、2006—2010 年滨海新区改革发展的成就回顾

(一)2006—2010 年滨海新区文化创意产业发展的现状与特点

2006—2010 年,借助现代服务业的较快发展,滨海新区文化创意产业崛起且发展迅速。

1.规模初具,为新时期发展奠定基础

在政府推动、企业运作、民间支持等综合因素推动下,滨海新区文化创意产业发展具有了一定基础。截至 2010 年底,新区文化产业同比增速为 38%,文化企业达 4000 余家,总资产近 900 亿元,实现营业收入 500 亿元,利润总额近 60 亿元,增加值达 220 亿元左右,占 GDP 比重为 4.4%。如果对其做一总体判断的话,滨海文化创意产业总体上处于初期至中期的快速发展阶段。

2. 初步形成了创意设计、软件研发、动漫游戏、旅游广告会展为主的立体化产业结构

创意设计特色初现。经过 20 多年的发展,滨海新区的创意设计依托雄厚的现代制造业基础和民俗文化资源,在开发区、保税区、大港、汉沽、中新生态城等区域已形成工业设计、服装设计、版画设计、艺术设计等创意设计集群,集合了一批如应大集团等著名品牌,截至 2010 年 3 月底仅生态城注册的各类文化创意类企业已达 33 家,占到了生态城注册企业数量的 30%;泰达国际创意中心是开发区从科技创新角度打造了多年的平台,主导方向是工业设计,具备完善的政策扶植环境;汉沽作为版画艺术刻字之乡,1996 年被文化部命名为版画艺术刻字之乡,作为文化拳头产品,带动了相关产业的飞速发展。在"十一五"时期,滨海新区聚集了A320 空客、石油化工、造船、电力等一批国家级重大工业项目,而且版画、布贴画等民俗文化资源集聚程度也进一步加深,引起国际市场的关注。

软件研发与服务具备一定优势。2006—2010 年,依托滨海雄厚的科技产业基础,滨海新区软件研发与服务迅猛发展,形成了软件服务外包、高性能计算机、信息安全、数字内容、安防监控等多个优势领域,凸现出强大的行业聚集效应。在空间上则形成了开发区、保税区、滨海高新区三大集群,仅开发区一处即集合了 100 家软件企业,2008 年该产业总产值达到了 100 亿元,2009 年仅开发区的软件设计与服务外包产值就超过 16亿元,且集聚了国际国内众多著名的企业,如腾讯数码(天津公司)、阿里巴巴、卡巴斯基(天津公司)、东软集团、德信科技、美国 CSC 等公司。滨海高新区从 1998 年即已成为国家级软件产业基地、国家 863 计划软件孵化器、国家软件出口基地、国家软件与服务外包示范园区,汇集了全市60% 以上的软件企业和 53% 的系统集成企业。2008 年高新区软件与服务外包产业实现销售收入超过 100 亿元人民币,出口额达 1.4 亿美元。

动漫游戏成为核心产业。近年来,滨海新区已经聚集了全市近90%、约 40 余家动漫企业;内容涉及漫画、动画、游戏、动漫培训等领域。2010 年,滨海高新区和中新生态城被文化部授予"国家级动漫示范基地"。2009 年,滨海高新区动画企业原创动画作品 11 部,共计 4412 分

钟。其中 1 部动画电影(71 分钟),10 部动画片(4412 分钟),《小男生扬帆》和《草莓乐园》被国家广电总局评为 2009 年第四季度全国优秀动画片。

旅游、会展和广告规模初具。近年来,新区旅游经济规模约占天津市旅游业的四分之一,旅游增长率高出天津市旅游业平均速度 5 个百分点,成为天津市旅游业发展的重要组成;形成了近代海防、现代大工业、海洋生态等具有一定吸引力的旅游体系;2010 年,邮轮母港、极地海洋世界、游艇俱乐部等陆续建成,初步形成了旅游产品生产制造与交易基地。

3.以体制机制创新为突破口,凸显发展特色

注重体制创新,健全文化产业发展机制。2010 年 5 月,新区区委、区政府召开"宣传文化工作会议",出台了《天津市滨海新区争当文化大发展大繁荣排头兵的实施方案》,围绕系统完善文化产业跨越式发展体系,以务实高效创新为宗旨,积极构建文化产业发展促进机制和管理架构,成立了由区长任组长的滨海新区文化产业发展领导小组和区委常委、宣传部长任总指挥的"滨海新区争当文化大发展大繁荣排头兵指挥部",为新区文化产业大发展提供了坚强的组织保障。搭建文化产业投融资平台,成立滨海新区先锋文化传媒投资有限公司,注册资本 1 亿元人民币,主要从事新区文化产业投融资服务和项目运作;并筹建了滨海新区文化创意产业协会,以此凝聚各方面力量和智慧为新区文化产业发展提供智力支持。

创新政策体系,培育文化产业发展的良好环境。区委宣传部与区文广局进行广泛调研、专家论证、征询意见和联合会签等多种形式,起草出台了《滨海新区加快文化产业发展的支持意见》、《新区文化产业投资指导目录》和《滨海新区金融支持文化产业振兴与发展繁荣的实施意见》,加大对文化产业政策、资金和金融支持力度。新区还注重搭建促进产业发展的服务平台,以新区政府和区委宣传部名义,举办了首届国际工业设计成果展交会,使新区制造业与国内外 50 多家工业设计机构洽谈对接,为企业产品升级换代提供了持续后劲。同时基本完成国家动漫产业综合示范园公共技术服务平台建设,成立了天津海泰数字版权交易服务中心、开发区文化创意产业联盟,为驻区文化企业提供高端优质服务。

支持资源优化创新,确立"一区多园"空间架构。新区宣传部领导同志多次考察调研,专题研究文化产业发展重点、定位、布局等问题。确定了"依托现有文化产业资源,科学整合产业布局"的战略,制定下发了《滨海新区国家级文化产业示范园区"一区多园"专业集聚园认定和管理办法(试行)》,重点发展创意设计业、影视动漫业、广告会展业、文化用品制造业和文化旅游业,加快文化产业集聚园和区域性特色文化产业集群建设。

创新大项目战略,支持文化产业立体发展。依托新区高端高质高新产业优势,全力推进"重大文化产业项目带动战略"。宣传部召集文广局、科委、金融办等部门专题研究落实兆讯传媒上市问题,与企业领导沟通情况,解决难题。

积极构建金融支持体系,助推文化产业跨越发展。2010 年,新区政府出台了《滨海新区金融支持文化产业振兴与发展繁荣的实施意见》,拨付了 1000 万元设立"滨海新区文化产业发展引导资金",对符合新区政府重点支持和扶植方向的重大项目、具有创新性的技术与专利以及著作权等知识产权的项目、文化产业公共技术服务平台、文化集团总部建设、原创影视动漫网游作品、新区文化元素的 17 个文化项目给予扶植、补贴和奖励,充分发挥了政府财政资金的主导作用。

(二)当前文化创意产业发展存在的问题

1.总量与规模偏小,对国民经济拉动有限

尽管新区文化创意产业发展非常迅速,但是发展的总量和规模都仍然偏小,产业能级仍需提升。截止到 2010 年,滨海新区创意设计、软件开发、影视动漫、旅游会展等主要文化创意产业的增加值达到了 220 亿元左右,占 GDP 比重为 4.4%,反映出的产出价值较小,未能最大限度地发挥拉动作用。

2.管理体制政出多门,掣肘发展

在我国传统体制下,文化作为一种事业一般由国家宣传机构和文化管理部门进行管理,而产业活动一般由经济管理部门进行管理。但新兴崛起的文化创意产业横跨一二三产业和意识形态领域,致使管理体制出现了内部冲突:宣传文化部门和经济部门均主抓文化创意产业发展,各自为政,各发各的文件,各建各的园区,造成了一定的重复和浪费;同时,政策界限的模糊以及管理体制的冲突,使企业经常无所适从,造成了一定内耗,对产业发展形成了掣肘。

3.文化市场发育程度欠缺,市场不够成熟

滨海文化市场发育尚未成熟,缺乏特大型会展贸易活动,不能有效形成文化产品的生产、供给、消费循环,上下游各个环节尚未形成产业链式发展;文化产业发展的市场层,即行业协会、民间机构功能发挥存在缺失,在产业信息交流、市场咨询等辅助性服务上存在不足。

4.政策支持不足,发展资金短缺

尽管新区政府出台了一系列支持性政策,用以培育市场。但是实际情况反映出,有些支持政策尚未完全落地,各项政策的实施细则还有待完善,政策突破力度还不够。如文化产业发展基金、动漫产业发展基金、中小企业支持基金等,有的尚未出台,有的政策出台而资金尚未到位,大量中小文化企业发展举步维艰。在专项优惠政策方面,文化产业优惠政策多参照高新技术和软件行业,缺少支持文化产业发展的专项优惠政策;对文化企业来说,贷款贴息、房租补贴、税收优惠是最直接的有效扶持,但目前针对文化企业的贷款贴息力度较小,税率征收标准偏高,某些税收优惠享受期限较短,优惠政策认定门槛偏高;在投融资方面,对中小型文化企业的资金扶持力度不足,尤其是企业项目前期研发及后期市场开拓等投入不足;对公共技术服务的支持上存在重硬件、轻软件的现象,即重视一次投入,忽视营运升级、技术升级等持续性支持;文化企业以包含版权在内的知识产权等无形资产认定、确权、抵押、投资等方式进行的融资力度不够;知识产权的第三方认定和评估尚未形成有效机制,企业无法实现以无形资产融资,间接影响了文化企业开拓市场的信心。

5.文化创意人才相对缺乏,配套措施尚未落实

滨海新区文化创意产业人才的总量、结构、素质、能级不能适应文化产业快速发展的要求。从数量看,文化创意人才不仅大大少于发达国家,也远远少于浦东和深圳地区;从结构看,市场营销经理、文化策划师、客户服务经理、多媒体设计师四类人才处于"极度紧缺";从能级看,缺少高端

人才、领军人才和复合型人才。同时,在文化人才政策配套上也存在一些问题,如对文化企业进行人才培训的补贴未能落到实处,对文化高端人才的户籍、子女入学、住房、交通等配套政策均需完善。

6.配套政策有待细化,发展环境有待进一步完善

在公共服务方面,公共技术服务平台在对企业政策咨询、项目申报手续等政府服务方面有所欠缺,对公司上市、市场推广、版权服务、财务策划、企业架构设计、功能测试等企业需求还未纳入公共服务范畴;在企业成果转化销售奖励方面,目前多以专利等硬性指标为衡量标准,缺少以企业专业技术的成功应用等实际效用衡量标准,导致获得产业化成果奖励的文化企业较少。

二、2011—2015 年新时期滨海新区文化创意产业发展环境分析

(一)滨海新区文化创意产业发展的历史新机遇

1.将文化产业作为支柱产业培育提供了巨大机遇

《人民日报》撰文指出,在未来一段时期(2011—2015 年),中国将极力促进"东中西"区域文化产业大发展,环渤海是中国北方重要的文化产业发展区域之一。而近日出台的《2011—2015 年天津市文化发展规划纲要》提出:"要快速提升文化产业,进一步增强文化实力和竞争力,形成文化事业和文化产业'双轮驱动''两翼齐飞'。"规划提出"要实施重大文化项目带动战略,优化文化产业结构,全面加快文化产业发展"。还指出,新时期国家级滨海新区文化产业示范园区、国家动漫产业示范园等一批重点项目将开工建设,为天津文化产业发展打造一批重要载体;同时还要培育文化创意等战略性新兴产业发展。因此,滨海新区将迎来大力发展文化创意产业的重要机遇。

2.新时期为进一步开发开放提供了重大政策机遇

2010 年 4 月滨海新区通过了《中共天津市滨海新区委员会关于全力打好开发开放攻坚战、努力成为贯彻落实科学发展观排头兵的实施意见》,确定了"依托中新生态城,以建设国家动漫产业示范园为核心,形成

集动漫研发、培训、生产制作、展示交易、衍生产品开发及国际合作交流功能于一体的文化创意产业中心；积极推进国家文化创意产业示范区的规划设计进度，争取尽快落实；整合新区级媒体资源，成立滨海影视集团公司、滨海网络有限公司和滨海时报传媒公司，推进滨海电视台上星；积极争取国家级数字出版基地落户滨海新区，建设中国北方印刷基地，形成不同印刷种类优势互补的文化创意产业链"等一系列任务。国家、天津市以及滨海新区三级政府提出的 2011－2015 年发展目标均为滨海文化创意产业迎来了大发展的政策机遇期。

（二）滨海新区发展文化创意产业的优势分析

滨海新区文化创意产业要在 2011－2015 年新时期获得重大发展，必须走出一条发挥比较优势、突出特色优势之路。

1. 发挥特殊区位和基础优势，走比较优势之路

一是发挥"临海近都"的特殊区位带来的优势。滨海新区雄踞环渤海经济圈的核心位置，与日本和朝鲜半岛隔海相望，直面东北亚和正在迅速崛起的亚太经济圈，是国际国内文化创意的"进海口"和"出海口"；同时是环渤海经济带和京津冀城市群的交汇点，以滨海新区为中心，方圆 500 公里范围内分布着 11 座 100 万人口以上的大城市；背靠超大级城市北京和天津，是中国北方连接亚欧大陆桥的东部起点，拥有无限的发展机遇；同时滨海新区陆域面积相当于两个浦东新区、2.7 个深圳经济特区，区域内拥有大量未垦土地和滩涂资源，海域蕴涵着石油、天然气、原盐等丰富的海洋资源。

二是既有的文化创意产业基础优势可支撑其快速发展。经过 20 多年发展，滨海新区初步建立了新闻出版、广播影视、图书音像、文化创意、工业设计、动漫游戏、会展、休闲旅游与娱乐等具有一定竞争力的文化产业体系；目前，新区已聚集了近 4000 家规模庞大的文化企业和经营单位，聚集了 3.2 万余文化创意从业人员，创造了 220 亿元的增加值，其软件产业创造了年均 38.5％的"滨海速度"，形成了发展势头迅猛的创意设计和动漫游戏产业集群。这就为 2011－2015 年新时期滨海新区打造新兴创意产业和特色文化产业联动发展的产业模式、培育新的产业格局奠定了

基础。

2.发挥特色资源与特殊政策优势,走特色发展之路

(1)特色文化资源优势。滨海的特色文化资源可分为近代工业文化资源、近代海防军事文化资源、现代大工业文化资源和海洋文化资源四类体系。该区拥有153公里海岸线,具有深厚的"海湾文化"底蕴,又是近代洋务运动的发端地区,也是近代最早开埠的通商口岸,文化资源优厚;该区域聚集着中国近代民族工业的发源地——天津碱厂等大企业,拥有北洋水师大沽船坞、美国塘沽火油公司、开滦矿务局塘沽码头等大批工业遗存;还拥有国家级大沽口炮台文化遗址,以及飞镲、版画刻字艺术等物质与非物质文化遗产体系;已建成的汉沽航母军事主题公园和逐步完善的官港生态游乐园等项目为新区构建特色文化资源体系、发展新兴文化创意门类形成了强力支撑。

(2)特色政策优势资源。作为国家综合配套改革试验区,滨海新区被赋予了"先行先试"的特色政策,由此形成了思想解放、政策灵活、体制机制创新力度较大的创业环境。目前,滨海新区管理资源重组,体制改革取得重大突破;正在实施的"十大战役"有"七大战役"与文化创意有关,中新生态城国家动漫产业综合示范园、于家堡金融商务区、响螺湾商务区等项目为布局新区文化创意产业空间结构奠定了基础;尤其是第一批金融改革创新20项重点工程已经完成,显示了巨大的开发开放、引领发展的优势。这一切为滨海新区文化创意产业突破原有框架、走"先行先试"的特色发展之路提供了可能。

3.立足产业链空间,走错位发展路径

前述滨海新区位于国内沿海区域"犄角竞争"的核心,北部大连定位于"国际软件服务外包基地",北京大力发展互联网信息、数字新媒体、咨询服务、清洁技术等产业;杭州定位于国家级动漫产业生产基地,上海则重点发展国际会展、文化旅游、时尚设计等。所以滨海新区必须走错位发展之路。滨海新区区域内具有现代化特征明显的大工业体系,因此文化创意产业应向一二三产业的上下游拓展空间;滨海的科技创新和转化能力位于国内前沿,因此,文化创新与科技创新对接发展是其主要方向之

一;滨海有成就斐然的金融创新成果,各类股权投资基金和创业风险投资基金达到 355 家,融资租赁业务规模占全国 20％以上,因此文化创新与金融创新对接成为国内融资基地也是其重点方向;该新区还具有丰富的历史文化和海洋文化资源,因此,特色文化旅游则应成为吸引人流、聚集人气、对国民经济做出新贡献的产业之一;同时考虑滨海新区面向环渤海大经济圈的日韩两国,因此,借助北京的超级文化创意产业优势,嫁接国际文化创意市场,充分发挥引进和输出文化产品的功能应是题中应有之意。见表 1。

表 1 天津滨海新区文化资源整合方向

分类	文化资源体系	特色	评价
近代历史文化遗迹类	大沽口炮台遗址、潮音寺、黄海学社、塘沽协定签署旧址、天碱遗址、北洋水师大沽船坞、塘沽南站遗址、水线路渡口遗址、北塘炮台、曹锟旧居、中共塘沽建党旧址	近代海防文化、近代工业文化是其典型特色,优势突出,在华北、东北地区不多见	一级,整合方向为历史文化旅游、近代海防旅游等
自然生态文化景观类	海河、蓟运河、潮白新河、永定新河、独流减河、青静黄河、子牙新河、东丽湖、大港水库、黄港水库、宁车沽水库、钱圈水库、沙井子水库、萱城湖、官港森林公园、海岸线、古林古海岸遗址、岛屿、古潟湖、滩涂	河、海、湖、滩、湿地资源品种齐全,特色突出,在国内大城市中不多见,但整合开发不够	一级,整合方向为文化旅游,主要以河、海、湖、滩开发海洋旅游、生态旅游、康体旅游等
文化传统民俗类	刻字版画艺术、花会宝辇表演、潮音寺、金秋外滩狂欢节、北塘海会	具有非物质文化遗产,版画特色最突出	二级,大力发展版画节庆娱乐
现代大工业类	空客 A320 基地、大推力火箭生产基地、临空产业园、临港产业园、大港油田、长芦盐场、大港发电厂、天碱工业	现代大工业特色突出,以空中客车、大火箭为最,	一级,发展方向是大工业创意设计、工业旅游
现代城市文化资源类	中新生态城、泰达国际会展中心、蓝湖中心、响螺湾、于家堡 CBD、天津保税区、经济技术开发区、滨海文化产业园、吹填造陆区域、京津城际高速铁路、津滨城市轻轨、滨海国际机场、天津港东疆港区、塘沽城际高铁站、于家堡交通枢纽	现代城市规模初具,城市轮廓线分明,特色是现代街区和生态居住,有一定吸引力;缺点是在建项目较多	一级,整合方向是现代设计、动漫产业、新媒体业、文化金融、休闲旅游、会展、主题旅游

续表

分类	文化资源体系	特色	评价
现代休闲娱乐类	东疆休闲旅游区、基辅号航母主题公园、极地海洋世界、海河外滩公园、游艇俱乐部、邮轮母港、发现王国主题公园、大港世纪广场、宋庆龄儿童世界、古林古海岸贝壳堤博物馆、油田博物馆、科技馆、国家海洋馆(项目在建)、华梦酒文化博物馆	休闲景观以海洋生物观赏、军事主题公园、沙滩浴场、游艇、古海岸为主要特色,但缺乏大的、具非凡吸引力的娱乐项目	一级,整合方向是参与性、体验性、休闲性旅游,以及工业旅游、海洋旅游等
农林牧渔园林类	汉沽茶淀玫瑰香葡萄基地、大港10万亩冬枣园、中心渔港、大顺园林、天津孟庄园葡萄酒庄	农业主要为葡萄酒业、出海打渔为特色,缺乏整合和创新	二级,整合方向是农业创意设计、生态旅游

注:该表出自对滨海新区调研的结果,作者整理。

三、2011－2015 新时期滨海新区文化创意产业发展战略研究

(一)制定战略的指导思想

新时期滨海新区文化创意产业的发展战略要以邓小平理论和"三个代表"重要思想为指导,全面贯彻党的"十七大""促进文化大发展大繁荣"的精神,切实贯彻落实科学发展理念,紧紧围绕天津市第九次党代会提出的"建设文化强市"的目标,以及 2008 年 3 月国务院批复的《天津滨海新区综合配套改革试验总体方案》的"建设国家级滨海新区文化创意产业示范园区,整合开发天津市乃至环渤海地区文化资源,使之成为新兴文化创意产业发展的策源地和示范区"以及"成为引领中国文化产业跨越发展的首善之区"的目标,进一步落实胡锦涛在 2010 年初提出的滨海新区要"进一步加大开发开放"的要求,在原有的基础上,进一步解放和发展文化生产力,加快转变滨海新区文化创意产业发展方式,建立健全统一、开放、竞争、有序的现代文化市场体系,走出一条体现滨海新区独特魅力的特色发展之路。

(二)制定战略的原则

1. 坚持先行先试

借助中央赋予滨海新区的"先行先试"政策优势和国家大战略的开放

性政策平台,大胆创新文化创意产业发展模式,促使滨海新区文化创意产业向高端化、高新化、高质化的经济增长方式转变。

2.坚持科技领先

主要考虑发挥滨海新区强大的科技研发优势,衔接国际文化科技前沿,实施科技领先发展战略,大力推行滨海新区文化创意产业向数字化、网络化、移动化、3D化、3G化发展,尤其重视数字载体的建设,使之成为科技领先的新兴文化创意产业策源地。

3.坚持大项目拉动

努力发挥大项目有效配置资源、产出效益大、相关带动明显的作用,坚持以内部结构调整为主线,坚持高端、高质原则,积极引进国际国内文化创意产业特大项目,加快资金、人才、技术等产业要素的聚集,提升产出效益水平,加快对滨海新区整体文化创意产业和相关产业的带动,推动产业规模化发展。

4.坚持集群化发展

发挥园区的产业聚集效应,以及浓厚的产业氛围、公共服务平台的孵化作用和政府政策施惠便利作用,大力实施产业集群发展战略,尤其在创意设计、软件服务、数字内容和动漫游戏、数字新媒体、文化金融服务等新兴行业上鼓励集群发展,同时大力扶植中小文化企业借助集群共享资源、降低成本、壮大实力;通过产业集群完善生产链,增强整体实力和竞争力,实现滨海新区文化创意产业跨越式发展。

5.坚持国际化道路

发挥滨海新区文化创意产业后发优势,实施国际化发展战略,坚持与国际高端文化创意产业接轨,通过"引进来"、"走出去",推动滨海新区与国际文化资源进行优化配置,在创意设计、动漫游戏、软件外包、数字新媒体、文化金融等领域,引进国际先进的文化管理体制和文化科技,积极开拓国际文化市场,增强滨海新区文化创意产业国际影响力,实现引领国内和区域文化创意产业发展的目标。

6.坚持统筹兼顾

第一是要统筹搞好规划,抓紧做好滨海新区文化创意产业中长期规划,引导各功能区的产业布局,避免恶性竞争,加强各功能区的融合,抓紧引进建设一批国际水准的文化精品项目和产业基地;第二是要搞好统筹建设,协调好各功能区按照大文化、大交通、大规划的思路,加快文化项目和景点的综合服务设施建设,达到滨海新区文化硬件上水平;第三是做好统筹管理,健全文化法规,出台积极的促进文化创意产业发展政策,为新区文化创意产业可持续发展提供保证。

(三)新时期的战略发展目标

1.总体战略目标

2011-2015 新时期要利用特殊的保税政策,建成"国际文化港";大力发挥工业设计与现代创意设计特色,打造"未来创意之都";经过五年建设,要陆续建成"三中心"、"五基地",即文化内容生产交易中心、文化创意会展中心、文化金融服务中心,以及国家级动漫产业示范基地、创意设计产业基地、高端娱乐演艺基地、数字出版基地和文化旅游装备制造业基地,简称"一一三五文化工程";2015 年末期要形成结构优化、科技领先、富有活力、带动作用明显的文化创意产业体系;初步建成与国际接轨、面向环渤海的新兴文化创意产业策源地、示范区以及引领环渤海地区和国内文化产业发展的首善之区。

2.具体战略目标

到 2015 年底,滨海新区文化产业增加值年均增长 35％以上,高于地区 GDP 增长速度(16％),高于天津城市文化产业总体发展速度(30％);2010-2012 年增长速度应不低于 35％,2013-2014 年增长速度不低于 38％,2015 年增长速度不低于 35％;2015 年核心层和外围层占文化产业比重达 70％以上;2015 年底文化产业增加值实现占地区生产总值 7％,成为滨海新区国民经济的支柱产业。

(四)新时期的战略布局与战略任务

1.布局原则与总体构想

2011-2015 新时期的滨海新区文化创意产业的布局应遵循市场导向原则、高成长原则、产业关联原则、技术进步原则、综合效益等诸原则,确定其产业布局和空间布局格局。

滨海文化产业在产业布局和空间布局上将围绕发挥既有优势、特色发展、与国际接轨、高新高端高质的思路展开,积极构建"滨海开放型创新型特色文化产业带",在五年内逐步形成区域特色鲜明、结构合理、与滨海新区定位更加匹配的、辐射力强、带动作用明显的文化产业发展格局;在新时期将重点发展新兴文化产业和特色文化产业两大部类产业,包含创意设计、动漫游戏、软件服务、新媒体数字内容和文化金融服务,以及文化休闲旅游和演艺娱乐业、广告会展在内的七大产业;到 2015 年末期,将形成"5+3"的产业发展格局。在空间布局上,逐步形成"一轴一带"、"一区多园"格局。

2. 产业布局战略

(1) 新兴文化产业布局

——创意设计业。创意设计业是国际文化产业第三轮洗牌展露的新兴产业,是知识产业、信息产业与高科技文化在高端的结合应运而生的战略价值产业,归属于《国家文化产业振兴规划》重点发展产业的第一部类,是经济结构调整中一二三产业升级换代的源头。

新时期的滨海创意设计业应走一条与现代制造业接轨、工业设计与科技创新设计接轨的特色道路,重点发展工业上游产品设计、工业科技产品设计,支持发展促使生产性制造业配套环境更加完善的创意设计;在艺术设计上,继续打造版画设计等集群;该产业同时服务于国内、环渤海与滨海地区城市创新运动和大众文化消费多样化趋势,应积极培育城市外观与结构设计、建筑设计、印刷与包装设计、时尚设计以及大型文化项目的设计与策划等新兴集群。

在实施步骤上,逐步引进国际前沿的各类著名设计公司以及国内知名设计企业,通过园区内公共服务平台完善产业链,稳步提升设计企业的竞争力,促使其产品通过滨海文化产品交易平台进入国际市场,努力在 2015 年左右成为国际工业设计、艺术设计、时尚设计的策源地之一,跻身国际设计业前列。

——软件研发服务业。该产业是国际文化产业最新发展的产业之一,来源于文化产业与创意产业的合流发展;严格地讲,它归属于创意产业第二部类,但因其与文化的接轨使其直接具有了丰富的文化内涵,最直接的就是文化产品的载体生产;该产业是产出价值最大的、最有前途的战略产业之一;国际金融危机期间,该产业具有抵御危机、逆势上扬的特点。

在 2011－2015 新时期内,滨海新区软件设计与服务应遵循发挥优势、突出特色、与国际接轨的原则,适应全球软件服务外包呈爆发性增长需要,充分运用毗邻北京、位于环渤海核心位置的区位条件,做大做强四大行业,一是软件服务外包集群,以腾讯数码、中软赛博、联盟计算机、思捷思电脑、蓝泰科技、掌中万维、掌信彩通、文思信息、渣打银行数据中心、通邮中国为核心;二是网络信息安全软件集群,以国家计算机病毒应急处理中心、卡巴斯基、飞塔信息科技为核心;三是 IC 设计企业集群,以飞思卡尔强芯、南大强芯、瑞博强芯、数字太和为核心;四是信息集成系统软件集群,以易泰达科技、先特电子、远洋信息、蓝泰科技、中创龙科、强泰科技为核心;同时积极培育工业设计软件、科技项目运行软件设计;重点拓展包括文化信息管理、政府信息管理、企业信息管理等在内的一切软件设计与服务。

在实施步骤上,积极引进国际成熟软件设计技术,认真对接国际国内软件服务市场,利用园区构建软件设计与服务公共平台,完善软件设计与服务的生产链,通过产业集群提升竞争力,优化资源配置,改善投资环境,形成一批具有国际竞争力的软件企业和品牌,到 2015 年底初步形成"滨海新区软件设计与服务基地"。

——数字内容和动漫游戏业。动漫游戏业因其载体科技含量高,归类于创意产业第三部类,严格地讲,它应归属于软件设计研发类,但是由于列入国家重点支持发展行列,因此单独列项;数字内容因目前文化产业的载体发展趋势是三网合一,实质是高科技融入文化产业导致的创新产业,也因其与大众文化消费息息相关,数字内容生产成为重点发展门类之一。

在新时期,应继续发挥滨海新区强大的科技创新能力,依托滨海高新区既有的动漫产业的雄厚基础和生态城国家动漫综合示范园的引领作用,对接国际动漫游戏消费市场,实现滨海新区动漫产业立体化发展态势:一是重点发展动画、漫画、手机和益智网络游戏的设计、生产、传播和销售,做大做强既有的动漫画、手机游戏、网络游戏等产业品牌;二是进军影视动漫;三是大力发展数字内容,包括手机出版物、网络游戏、数字报纸、互联网期刊、电子图书、在线音乐等新媒体内容出版;四是大力发展数字媒体应用技术,建立动漫画和影视后期制作设备及技术公共服务平台,为动漫画和影视后期制作、广告制作等企业提供低成品、高附加值的设备和技术平台服务;五是积极拓展动漫教育培训等市场;六是潜心培育动漫衍生品生产;七是积极争取中央"动漫游戏审批权"落户生态城国家动漫综合示范园,大力推进动漫产品交易平台建设。

在战略推进步骤上,从体制机制上整合生态城动漫基地、滨海高新区二大园区的特色优势,发挥国家动漫产业综合示范园、中国天津 3D 影视创意园区、国家影视网络动漫试验园、国家影视网络动漫研究院、国家数字出版基地、中国旅游产业园、国家滨海广告产业园等一批国家级项目落户滨海的优势,以及发挥保税区保税政策优势,积极引进国际知名动漫企业和成熟动漫生产技术,打造动漫后期制作平台;重点支持原创内容生产,拓展国际外包项目的承接范围,大力培育动漫游戏龙头企业以及产品交易平台,构建完整生产链条,促使动漫游戏业成为产出价值最大的文化产业核心行业;到 2015 年左右建设成为"国家级动漫产业综合示范区"、"动漫外包基地"、"动漫产品研发交易中心",成为环渤海地区动漫游戏和数字内容生产中心。

——数字新媒体业。该产业是国际文化产业发展的新兴领域,来源于数字科技渗入文化产业引发的革命,是未来发展的方向,也是文化产业的高端领域,因而是《国家文化产业振兴规划》重点支持领域。

在 2011—2015 新时期,滨海新区文化产业应率先在结构调整上引领国内发展,因此,借助强大的科技创新能力,积极发展数字新媒体应成为题中应有之意。一是适应国际网络、广播电视、移动通信三网合一的数字新媒体趋势,滨海新区应积极引进国际知名媒体企业,整合原有媒体资源,组建"滨海网络广播电视台",以此为基础,率先研发三网融合技术,重点发展互联网信息业,以及移动多媒体、网络媒体、流媒体数据传播等;二是积极发展电视互联网、物联网等新媒体,2015 年底建成与国际接轨的"环渤海新媒体研发基地"。

在实施步骤上,要突破原有行政体制,大力整合广播电视等优势资源。

——文化金融服务业。目前国内文化产业发展的一大瓶颈是缺少资金支持,致使产业要素集中缓慢,尤其是中小文化企业科技创意突出,但缺乏市场转化支持资金,因而拓展艰难,抑制了产业的规模化发展,金融创新与文化产业的对接因此显得异常重要。目前国内尚有北京、上海、深圳三市涉及该领域。鉴于滨海新区的引领职能,借助正在实施的滨海金融创新工程,理应尝试构建文化金融服务产业链。

在 2011—2015 新时期,滨海新区应发挥金融先行先试的优势,实现文化产业与金融业的对接,面向环渤海区域,大力发展文化金融服务业,一是大力发展文化产权交易,成立滨海文化产权交易所,积极发展文化金融产品;二是鼓励渤海银行等金融机构参与文化产业发展,以文化资产的抵押、质押向文化企业进行贷款融资;三是积极引导风险投资基金、公募基金和私募基金投资文化企业,到 2015 年底,形成"滨海文化金融服务业基地"。

(2)特色文化产业布局

——演艺娱乐业。演艺娱乐是大众参与性最好的产业之一,具有聚集人气、吸引人流、物流、资金流的多项功能。2011—2015 新时期要利用滨海深厚的海湾文化底蕴、民俗文化基础,大力发展具有浓厚地域特色的相声、戏剧、现代演出业;努力挖掘津味相声、妈祖崇拜、精卫填海神话等地方特色文化内容,打造滨海文化演艺带;充分发挥"引进来""走出去"的功能和保税区特殊的保税政策,积极引进国际著名的"红磨坊"、"太阳大马戏团"等演艺公司,引进国际文化艺术演出大公司内容创作、科技制作、整体营销的演艺生产模式,积极构建类似"拉斯维加斯城"模式的大规模演艺娱乐场所;到 2015 年左右,建成"可试验、可复制"的"文化保税区"和"国际文化港",为滨海现代化建设补位,成为引领环渤海演艺产业发展的龙头。

——文化休闲旅游业。文化休闲旅游与国民经济发展阶段有着密切的关系。国际旅游组织测算显示,一国或一地区人均 GDP 达到 3000 美金以上,大众的休闲旅游时代即将来到,同时文化消费也进入排浪式发展时代。由于滨海新区的文化休闲旅游率先得到发展,有着较好的基础,因而列入特色文化产业部类。

在 2011—2015 新时期,适应国际休闲旅游浪潮来临趋势,发挥地处环渤海中心的地缘便利,滨海新区的文化旅游要走出一条与现代大工业、艺术演出、娱乐业、体育赛事对接的特色之路,大力整合优势旅游资源,重点发展:一是近代历史文化游,重点挖掘近代化工、近代军事、近代工业、近代海防等景区建设,包括塘沽大沽炮台军事博物馆、制盐制碱等近代化工项目、近代造船场等;二是现代大工业游,包含 A320 空客、大港油田、开发区摩托罗拉手机、一汽丰田、康师傅方便面印象馆、三维成像科技博物馆、中新药业产业基地、美特加斯、天津港、北疆电厂等;三是休闲旅游,包含汉沽妈祖文化园、新加坡井天置业高尔夫、保税区的滨湖文化广场(包含虚拟体验馆、体育休闲中心、游泳馆、乒羽馆、商业影院、KTV、游艺中心)、泰达当代艺术博物馆、大港文化艺术中心、中心商务区,响螺湾、于家堡、汉沽马会俱乐部(争取之中)等;四是生态游,包含中新生态城湿地保护主题公园、空港生态娱乐园、风力发电、太阳能发电试验项目、官港生态游乐园等;五是体验游,包含航母军事主题公园、现代动漫画游戏制作、制盐、酿葡萄酒、版画、布艺等;六是海洋游,包含东疆休闲港湾、游艇俱乐部、龙舟赛事、中新渔港、鲤鱼门、北塘海洋餐饮、出海打渔等项目。

在战略总体目标上,按照高品位规划、高规范引进、高效率管理的思路,建设集时代性、科技性、知识性、趣味性、表演性、大众参与性于一体的,国际领先、国内一流的"滨海生态休闲旅游度假区"。

实施步骤上,大力发展演艺、游艇、高尔夫、酿酒、博彩等高端娱乐业,进一步打破原有体制,整体规划、包装、宣传新区旅游资源和项目,从大旅游概念出发完善食宿行游购娱等基础设施,鼓励大企业申报工业园旅游项目,积极承接国际性会展、艺术商演、体育赛事;建立网上宣传、销售信息平台;推动建立"滨海旅游集团";延伸旅游产业链,构建"旅游装备制造业基地";到 2015 年底形成面向国际、辐射东北亚、覆盖环渤海的"滨海休闲娱乐生态旅游带"。

——广告和会展业。广告和会展业是覆盖范围最为广泛、对相关带动作用最为明显的产业之一,也是产出价值较大的产业,是国家直接支持的文化行业之一。因滨海新区的广告和会展业具有相当的优势而列入特色文化产业部类。

在 2011—2015 新时期,借助滨海新区世界关注度较高、科技创新能力强大、产业集中度较高的优势,适应国际产业升级和城市创新趋势,一是积极引进国际前沿广告媒体集团,大力发展互联网广告和流媒体广告等现代广告业;二是满足天津市、滨海新区和环渤海地区国际化需要,以滨海国际会展中心为核心,积极承接各种国际化会议,并整合新区已建和在建的展馆、博览馆、博物院等资源,建设多种类型的文化会展中心,开展文化、商业、金融、旅游、工业等展览。

在战略实施步骤上,塑造良好的市场形象,积极发展广告和会展中介组织,打造滨海国际会展企业,支持既有会展企业向集团化、网络化、专业化、品牌化、国际化转型;针对区内企业,制定补贴和税收优惠政策,鼓励其积极参加会展经营;针对区外企业,除制定优惠税收政策和关税政策外,以完善的法律与知识产权保护制度,吸引区外企业参加滨海会展;并逐步建立广告和会展人才引进和培养机制,如通过专业交流或在高校设置专业课程方式,逐步引导会展配套服务系统(咨询、市场调查、信息发布、风险评估等)的建立与完善,逐步建立与滨海产业结构相协调的广告和会展产业布局。见图 1。

3. 空间布局战略

在 2011—2015 新时期,滨海新区文化创意产业的空间布局发展按照协调发展、错位发展、保护文化生态等原则,围绕"国家级新兴文化产业策源地和示范区"和"三大中心和五大基地"的建设目标,逐步形成"一区多园"、"一轴一带"的空间格局,逐步建成与滨海新区定位更匹配、辐射力更强、带动作用更明显、特色更鲜明的空间布局。

(1)构建"一区多园"的空间格局

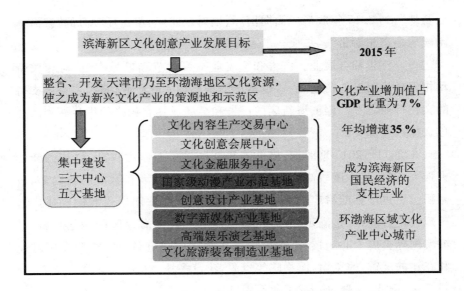

图 1　新时期天津滨海新区文化产业目标及布局

在 2011—2015 新时期滨海新区将着力推进"一区多园"建设,主要由两大部分组成:一是依托已经落户滨海的国家动漫产业综合示范园、中国天津 3D 影视创意园区、国家影视网络动漫试验园、国家数字出版基地、中国旅游产业园、国家滨海广告产业园等一批国家级示范园区,构建"国家级文化产业示范园区群";二是培育"国家级标准"的"准国家级文化产业示范园区群",主要依托坐落于开发区、保税区、高新区、滨海旅游区四大功能区内的文化创意创业园、智慧山文化创意园、航母军事文化主题公园、东疆文化休闲港湾等一批综合实力雄厚、定位准确、产业链完整的国有与民营产业园区,发挥聚集优势,重点布局动漫产业、创意设计、数字新媒体、艺术演出、数字出版、休闲旅游、文化科技等新兴产业的研发、设计和制造,由此形成"一区多园"("一区"为整个滨海新区)、"四区融合,联动发展"("四区"为四个功能区)的空间格局。

(2)实施"一轴一带"空间总体布局

——创意产业发展轴。在 2011—2015 新时期,滨海新区要以开发区、保税区、高新区为核心,构建一条横跨新区的文化创意产业发展轴。

在这个轴上,分布着若干文化创意产业组团:在开发区构建以创意设计、现代演艺、互联网络、文化产品制造为主的文化产业综合业态;在中新生态城和高新区构建影视动漫、文化内容创意、文化生产制作、广告会展、文化金融、教育培训、版权交易、衍生产品开发及国际交流合作为主的文化产业综合业态;在保税区构建广告传媒、数字印刷出版、影视后期制作、演艺娱乐等特色文化服务产业集群;以于家堡金融区和开发区金融街为核心,形成文化金融服务产业综合业态;在塘沽、汉沽片区建设以视觉艺术设计、建筑设计、时尚设计为主的创意设计综合业态,以及版画生产、休闲娱乐等综合业态。

——滨海休闲旅游产业带。以"十大战役"中的滨海旅游区、北塘片区和中心渔港等区域为核心,重点打造具有北方沿海特色的生态旅游目的地和高品位的时尚休闲度假区;重点发展东疆休闲港湾、"新北塘"高端国际会议、商务服务、餐饮娱乐中心;并初步建成我国北方规模最大的游艇运动中心和邮轮母港,以及旅游装备制造业基地。

在滨海休闲旅游产业带上的组团包括:

依托开发区核心区和滨海新区 SMD 现代街区,以及在建的一批博物馆、展览馆等,逐步扩展到响螺湾、于家堡等新建国际商务区,打造滨海新区时尚休闲活动组团。

塘沽区建设集近代军事工业文化、近代海防军事文化、近代海盐文化、近代制碱文化、近代海洋物流文化于一域的近代工业文化特色旅游组团。

以滨海旅游区为载体,以国际军事游乐港、东疆休闲港湾、影视主题公园、环渤海中心渔港、北塘渔人码头形成以主题公园组团。

大港依托官港生态游乐园和大港文化广场,大力发展工业旅游、海洋旅游、湿地旅游等主题旅游。包括以现代航空航天、计算机、石油工业、造船等为主题的工业游项目;以海洋休闲沙滩、贝壳堤为主的海洋与湿地旅游项目以及突出生态休闲娱乐的官港精品游等。

中新生态城主要打造生态旅游区;带动相关如动漫主题公园、演艺业、会展业、餐饮业、娱乐业、旅游衍生品共同发展,2015 年底建成滨海旅游产业组团。

4.新时期的重点战略任务

(1)重点建设国家级示范园区

在 2011—2015 新时期,滨海新区要建设多家国家级综合示范园区。

——"生态城"国家动漫产业综合示范园。中新生态城动漫园是文化部与天津市政府共建的国家级动漫产业综合示范园,将重点发展文化动漫创意产业。在 2011—2015 新时期,生态城动漫园将建成集动漫、动画、游戏、动漫影视制作及后期衍生的研发中心,生产制造中心和人才培训、展示交易、国家标准制定中心的国家级动漫产业综合示范园。动漫产业园将建设创意策划区、研发孵化区、综合服务区、高端设备集成和智能衍生品集成基地、高端办公区、人才培育及动漫主题公园七大功能区;还将打造成为"主题公园式"的高新技术产业基地,努力建设成为中国乃至世界最有影响力的动漫示范园区。

——国家影视网络动漫试验园。该园是 2010 年国家广电总局授予的国家级文化产业创新基地,坐落于高新区。在 2011—2015 新时期,该区重点发展包括影视传媒、数字内容和休闲娱乐在内的三大支柱产业,八大重点项目包括国家影视网络动漫研究院、国家影视动漫数字版权交易会、天津动漫游戏节、影视传媒总部基地、影视与动漫衍生品开发平台等。到 2015 年,拥有 3～5 个上市文化企业,培育 10 个以上在国内有规模、有品牌影响的知名企业,形成 500 家以上文化企业聚集的企业集群。

——中国天津 3D 影视创意园。该园是国家广电总局与天津市合作共建的国家级文化产业园区。国家广电总局利用滨海新区的区位、政策、科技、教育和人才等优势,将在中新生态城建设中国天津 3D 影视创意园区,将聚集国内外立体影视创意和技术研发企业,成为国内最大的集 3D 影视创意、摄制生产、技术研发、产品交易、休闲旅游等于一体的园区。

——国家数字出版基地。该基地是 2011 年 1 月国家新闻出版总署与天津共建的国家级数字出版基地,落户滨海空港经济区,规划面积 3.5 平方公里,建筑面积 260 万平方米,将建设成为全国领先、国际著名的数字出版产业聚集区;天津国家数字出版基地将通过资源整合,建设综合数据库平台、技术研发平台、企业孵化平台、综合交易平台及复合媒体发布平台五大产业平台,将建设成为国内一流的集原创、研发、生产、孵化、培训、交易、运营为一体的综合数字出版产业基地和中国北方印刷基地。

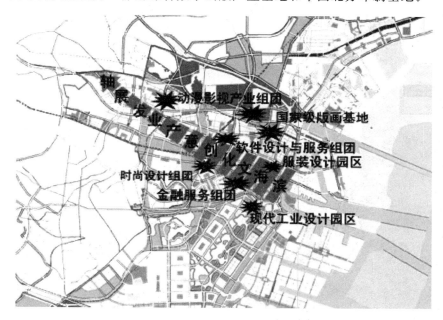

图 2　滨海新区文化创意产业发展轴

　　——国家滨海广告产业园。该园区是与国家广电总局共建的现代广告产业园,落户滨海高新区。主要是依托滨海科技创新能力和数字化趋势,建设具有现代移动媒体广告、平面媒体广告、立体广告、广告载体服务等兼具综合服务功能和专业特色的国家级广告产业园区;在 2011—2015 新时期,将培育若干广告龙头企业,吸引境外和国内有实力的广告企业落户园区,不仅支持滨海新区发展,而且成为引领环渤海和中国广告产业发展的龙头。

　　——中国旅游产业园。中国旅游产业园是国家旅游局批准建立的国家级旅游园区。总规划面积 99 平方公里,将重点打造成"一心四区"的新型产业园区。"一心"即中心商务游憩区,将重点引进旅游科技、旅游传

图 3 滨海新区文化休闲旅游产业带

媒、旅游规划咨询、旅游金融保险等新兴旅游企业,将建设旅游总部大厦、旅游科技企业研发孵化基地等;"四区"分为文化商业游憩区、企业总部区、主题公园区、旅游装备制造基地。文化商业游憩区将兴建滨海休闲走廊、国际时尚演艺中心等;企业总部区将打造第二总部基地,建设北方总部会所、内海休闲中心;主题公园区将兴建海洋特色的国际时尚、超级欢乐的主题公园旅游区,将建成娱乐基地、度假基地、休闲基地,将建设国家海洋馆、俄罗斯风情园、军港之夜、中国非博园、中国式迪斯尼主题乐园等;旅游装备制造基地将建设成为中国旅游装备制造组装及各类旅游专业市场集聚区;在 2011—2015 新时期将建设成为高端新型旅游目的地。

——智慧山文化创意产业园。该园区位于高新区内,规划面积 6.7万平方米,是天津首个文化创意与高新技术密切结合的知识经济集合体,是以文化创意产业为主导,以高新技术产业为支撑,以多元复合商业为配套的第四代新兴文化产业园;将大力推进动漫网游及数字化内容制作、影视传媒与衍生品、艺术创作与交易、创意设计、广告会展与传媒资讯、康体文化产品等八大类产业,在 2011－2015 新时期将建设成为天津最高端、最具规模的文化创意产业孵化基地。

　　——泰达国际创意创业中心。园区建成于 2010 年,占地 11 万平方米,建筑面积 13 万平方米。该园区在 2011－2015 新时期将建设成为创意设计、工业设计、动漫及网络设计、广告会展、集成电路、网络营销、数字媒体、影视杂志等文化产品的生产制造基地,将成为天津滨海新兴战略型、科技创新型企业。目前已建成集成电路设计服务中心、泰达新艺术区、软件服务及外包平台、信息交流平台等。

　　——东疆港湾休闲产业园。该园区成立于 2010 年,是依托于东疆湾景区的滨海休闲文化产业园区,分为海上运动娱乐区、沙滩文化娱乐区,在 2011－2015 新时期将建成为津味文化演艺基地、真人 CS 影视拍摄基地、以浮码头为依托的帆船帆板俱乐部、龙舟训练基地等,将打造为"东北亚海上旅游枢纽母港"、"中国北方高端休闲旅游岛"。

　　(2)推进三大文化产业基地发展

　　——开发区:打造创意设计、工业设计产业基地。在 2011－2015 新时期将重点发展工业设计、移动互联网数字内容、新媒体、文化创意产品的设计与生产制造等产业,通过与北京、深圳著名设计公司的合作,提升文化创意项目数量、质量,扩大产业规模;并建立金融合作体系,为产业发展提供资金保障;通过全国性的论坛等活动,聚集产业领军人物和专业人才;充分利用产业联盟和协会组织,依靠政策资金和金融合作体系,建立创意项目对接平台,成为为领军企业配套的良性产业链和可持续发展的产业集群。

　　在 2011－2015 新时期,借助开发区将积极引进高端商贸、物流、信息、技术服务、会展及其他细分市场业态,大力促进文化与金融创新对接,积极发展文化金融服务业,充分挖掘开发区基金企业高度密集优势,强化金融资源的引进和聚集;用足用好服务外包示范基地的政策功能,加速发展软件服务外包、技术交易、产权交易等要素市场。

——高新区:构建数字内容的产业链。高新区以构建数字内容产业公共平台为目标,构建数字内容创意、生产、出版、传播、销售的产业链。策划召开国际性的"数字内容产业"年会或论坛,打响以 BPO 基地为核心的"数字内容创意工厂"品牌;力争在 2011 年内推出 3~5 个品牌响亮、具有持续市场开发潜力的动漫形象,聚集一批具有较高知名度的国内国际创作团队和企业,形成较完备的数字内容产业链,五年内成为国内乃至全球重要的数字内容产业中心。

——保税区:保税政策促建创意平台。空港经济区于 2002 年 10 月批准设立,其产业定位除了以航空制造、电子通信等为特色的先进制造业之外,还要重点发展高新技术科技研发,总部经济和商贸文化会展业。此外,经济区还要借助保税政策优势,建设"国际文化港";与动漫和影视制作专业公司合作,建立动漫和影视后期制作设备和技术公共服务平台,为动漫和影视、广告后期制作企业提供全方位服务。

四、新时期滨海新区文化创意产业发展的政策创新

(一)创新体制机制

1.健全新型领导体制和推进机制

在已成立的"滨海新区文化创意产业发展领导小组"基础上,加大领导重视的力度,将文化创意产业的发展作为"一把手"重要工程来推动;着力构建"党委统一领导、政府组织实施、宣传部门协调指导、行政主管部门具体落实、有关部门密切配合"的新型领导体制模式,以及发展改革、财政、金融、税务、工商、人力资源和社会保障、统计、科技等部门继续加大扶持力度的工作机制;在新时期要加快审定滨海新区文化创意产业发展规划和制定政策措施,推进滨海新区文化管理体制改革和产业整合;组织文化精品工程战略的实施,推动国内外文化交流与合作;成立专家委员会,为滨海新区发展提供智力支持;全面发掘滨海文化创意产业的资源优势,大力提升文化创意产业在经济总量中的占比,使之在 2015 年末期成为新区的支柱产业。

2.出台各项政策与法规

尽快出台《滨海新区文化创意产业"十二五"时期规划》、《进一步支持滨海新区文化创意产业发展的金融政策》、《关于民营资本准入滨海文化创意产业领域政策》、《关于深化滨海新区文化创意产业体制改革意见》、《国家级文化产业园区认定办法》等一系列规划和文件,以政策矩阵支持文化创意产业科学发展、规模发展。

3.进一步深化文化体制改革

积极推进国有文化企业的股份制改造,加大产出效率;允许国有资本逐步退出艺术演出、文化旅游、网吧等市场化娱乐特征明显的行业,允许民营、外资等多种资本进入文化产业政策允许领域;以产业协会协调行业发展关系;放宽民营资本准入机制,降低民营资本准入门槛,鼓励民营资本参与文化创意产业发展,成为市场主体之一。

(二)推进产业升级

1.加快新一轮资源整合

适应国际文化创意产业集团化发展趋势,以市场需求为导向,资产为纽带,以品牌为核心资源,打破地区、部门、行业和所有制界限,对新区体制下原有广播电视、软件设计、出版印刷、艺术演出、文化旅游等优势文化资源进行整合,组建"滨海新区文广集团"和"滨海文化创意产业集团",同时进行跨媒体、跨行业、跨区域的资产整合,通过联合、兼并、收购、重组等手段壮大实力,聚集国际领军人才、良性项目、优秀资本、先进技术等产业要素,使之成为集报刊、图书、电视、网络、出版等多功能为一体的综合性文化创意产业集团,可考虑在中国香港、上海同时上市,实现资产规模的迅速扩张和产业内容的大幅度延伸;构建优势互补的资本链、产品链、渠道链和品牌链,实现规模化经营,促进滨海文化创意产业与国际接轨,实现跨越式发展。

2.推动产业结构优化升级

鼓励文化创意产业与农业、制造业、生产服务业、生活服务业、商贸旅游业对接,以文化创意带动各个产业的升级;通过文化创意融入传统产业,为产品和服务注入新的产业要素,提升产业附加值;支持发展与宏观经济结构升级换代息息相关的软件服务、信息服务、创意设计、网络服务等产业,通过科技创新提升产品载体和手段的创新,为文化产品升级换代提供物质要素;全面创新产业发展模式,提升文化产品和服务的科技价值,推进滨海文化创意产业与一、二、三产业共同发展;鼓励有条件的企业创办文化创意产业园区,不断拓展上下游产业链;鼓励滨海文化企业走出去,进行跨地区、跨行业联合重组,尽快壮大企业规模,提高集约化经营水平。

3. 搭建多种创新性平台

建议搭建滨海国际文化交流中心,广泛聚集海内外新兴文化业态,增强滨海新区的文化集聚与辐射功能,使滨海新区成为世界优秀文化的展示场、国际文化产品的集散地和创意文化的研发制作基地。

4. 建立滨海文化企业联盟

通过联盟,把各个不同行业聚集在一起,统一组织参加文化活动和国际交流,提升对外部影响力和对外招商能力。同时重视产业发展和周边环境的关系,着重培育滨海文化创意产业环境氛围,包括生活环境、教育环境、福利环境,提升滨海文化人才吸引力和创造力。

(三)金融扶持政策

1. 设立专项基金

建议设立滨海新区文化创意产业发展专项基金,由滨海新区财政注资引导,同时鼓励金融资本依法参与;并设专门机构管理基金,实行市场化运作,通过股权投资等方式,推动资源重组和结构调整;组建滨海文化创意产业投资集团,发挥国有资本在发展中的导向作用。

2. 制定优惠政策

(1)建议执行天津市财政局、市商务委《关于印发天津市出口发展基金管理办法的通知》(津财建—〔2006〕4号)规定,认真落实企业文化产品和服务出口优惠政策。

(2)建议制定出台关于民营文化企业税收政策,采用免税、减税、贴息、补助、奖励等方式支持民营文化企业发展,激发社会投资文化创意产业活力。

3.拓宽融资渠道

(1)建议建立滨海无形资产评估体系,为渤海银行等金融机构处置文化类无形资产提供保障。对于具有优质商标权、专利权、著作权的文化企业,可通过权利质押贷款等方式,逐步扩大收益权质押贷款的适用范围,允许企业以并购项目申请融资。

(2)建议出台并购融资与无形资产抵押政策,支持开展对滨海文化创意产业上下游企业的供应链融资,支持开展并购融资,促进产业链整合;对具有稳定物流和现金流的滨海文化企业,可进行应收账款质押和仓单质押贷款;对于租赁演艺、展览、放映等相关设备的企业,可发放融资租赁贷款。

(3)推广滨海高新区的海泰担保公司与天津农村合作银行开发出的担保产品,支持文化企业拓展融资途径。建议设立相应的补偿基金,对帮扶文化创意产业的担保公司给予支持;出台担保公司支持文化创意产业发展的规范政策和指导意见,引导担保企业积极支持文化创意产业发展。

(4)放宽准入条件,鼓励风险投资基金、私募股权基金等风险偏好型投资者进入新兴文化业态。

(四)加强文化创意人才培养

滨海文化创意产业的发展,需要有一支为数众多、视角新颖、观念超前、能力过硬的人才队伍,尽快建立适应文化创意产业特点的人力资源吸纳与培养机制,对滨海文化创意产业发展具有战略意义。

1.构筑"滨海文化创意产业人才高地"

凝聚文化创意产业创新发展的领军人物。以特殊政策为先导,以滨海文化创意产业大发展为契机,着力做好文化创意、文化经营、文化经纪人等高级人才的引进,为有特殊才能的文化人才来滨海发展提供相应的特殊通道,做到引人、引智、引项目、引企业的相互结合。

2.与高校联手培养新型专业人才

围绕中新生态城动漫教育基地,加强高校文化创意产业人才培养,设置"文化创意产业管理"、"文化资源研究"等相关专业,并开设本科及研究生专业,以适应时代发展和产业更新对人才的需求。

3.建立"滨海文化创意实训基地"

充分发挥滨海职业教育的优势,融合高校资源,建立"滨海新区文化创意实训基地",对从事文化创意产业的有关人员,按不同类别进行系统性专业研习、观摩和实际训练,使之成为文化创意产业人才培养的孵化器。目前,天津市教委和科委已在滨海高新区组建大学软件园。天津市大学生的实训都可以在这一平台上实现,实训的大学生可与企业实行订单式培养模式。

附:滨海新区2011—2015年人才规划(节选)

加大体制机制创新力度,打造人才特区

充分发挥滨海新区国家综合配套改革试验区"先行先试"的政策优势,破解发展瓶颈、创新体制机制、优化发展环境,为突破我国人才发展体制性障碍,激发人才活力,为我国人才政策创新和体制机制改革进行率先探索,积累经验,走在前列。

1.以独特亮点促进人才引进

充分发挥滨海新区"先行先试"的政策优势,在滨海新区范围内进一步突破现有户籍政策对引进人才的瓶颈约束,通过为在新区发展创业的各类人才解决户口准入、家属随迁和子女入学等问题,加强新区经济发展的软环境建设,为吸引更多、更好的项目落户新区,解决新区企业用工难的问题和构筑新区和谐劳动关系创造条件。

2.用特色模式加速人才培养

"十二五"时期,要紧密围绕新区的发展战略,探索适合滨海新区发展需要的人才培养模式。改变以培训代替培养的传统的"T"模式,探索人才"D—T—T"培养模式,即从滨海新区对人才的需求出发,通过专业化理论培训与实训基地培训相结合的方式,培养一大批适应滨海新区发展需要,既有丰富理论知识("T1"),又有很强实际工作能力("T2")的人才队伍。

3.用特别方式强化人才奖励

在物质奖励方面,探索以试点方式逐步推行股权和期权奖励,鼓励管理、资本、技术等生产要素参与收益分配。首先可以在开、保、高三个功能

区鼓励有市场前景的知识产权以技术投资入股并参与利润分配;探索各类专家工作津贴、延长退休年龄和适当提高退休费等制度。在精神奖励方面,通过建立"滨海新区杰出人才奖"、"滨海新区科技进步奖"和"滨海新区创业人才贡献奖"等奖项,给予人才相应的精神鼓励。

4.以特效机制选拔任用人才

一是构建及时发现人才的机制。不断创新发现人才的渠道,既通过自上而下的考核筛选,又通过自下而上的竞争发现和选拔人才。二是创新不拘一格的选拔人才的机制。让优秀、拔尖人才优先进入新区行政体制;要敢于破格提拔,以业绩、能力、贡献为导向,注重以能力和业绩为依据选拔人才;三是建立不求全责备任用人才的机制。对人才力争做到信其所能、用其所长、任其所宜、才尽其用。

5.用特定标准规范人才评价

克服人才评价中重学历、重资历,轻能力、轻业绩的倾向;从规范职位分类与职业标准入手,加快建立完善以业绩为依据,由品德、知识、能力和业绩等要素构成的人才评价指标体系,并针对不同的行业特点、不同的职位和职业要求,制定出分类分层次的人才评价序列。

(五)保护知识产权

1.研究制定文化创意产业知识产权保护和促进办法

在2011—2015新时期,滨海新区将围绕打造滨海新区知识产权龙头、促进产业结构优化升级、加快自主知识产权实施转化三个重点,深入推进知识产权主体培育、自主知识产权创造、自主知识产权运用、知识产权保护、知识产权支撑体系建设、知识产权科学管理六大工程,将在制定配套政策、落实专项任务、巩固企业知识产权主体地位、加快知识产权的聚集和转化、大力营造知识产权保护氛围、不断提高知识产权服务能力等六方面取得新突破,创建全国专利示范园区;应积极鼓励知识产权评价机构发展,建立健全知识产权信用保证机制。

2.开展对知识产权保护的新型保险研究

新型知识产权保险包括演艺、会展、动漫、游戏、各类出版物的印刷、复制、发行和广播影视产品的完工险、损失险、团体意外伤害保险等适合文化企业特点和需要的新型险种，一方面弥补现行信用担保体制在支持文化创意产业融资方面的不足，另一方面利用这种方式提升知识产权保护意识。

3.通过知识产权的地方政府立法

扩大知识产权的保护范围，细化知识产权的保护措施，强化知识产权保护的制度环境，鼓励知识产权所有者积极进行专利软件著作权的申报与交易。

附1：深圳市知识产权局完善知识产权地方立法

（节选，2006 年 5 月 22 日）

——完善知识产权地方立法。尽快启动我市知识产权发展与保护等重要法规的制定工作，解决知识产权的价值认定、损害判定、竞业限制、权利滥用、技术秘密保护等问题。修订《深圳经济特区企业技术秘密保护条例》。

——集中力量查处打击大案要案。开展专项行动，重点打击重复性、群体性、顽固性的知识产权侵权违法行为，形成强大的震慑力。重点查办涉外、恶意侵权、上级督办等大案要案。

——加强企业自我维权的意识和能力。组织和加强知识产权培训，提高企业高层管理人员的知识产权意识，引导企业将知识产权纳入企业发展战略和经营管理体系。参照国际惯例，为中小企业提供知识产权工具箱（TOOL－KITS)，提高企业尊权维权的能力。

——提高执法工作透明度。每年 4 月 26 日在知识产权日发布我市知识产权白皮书。公开执法程序，处理知识产权案件严格按照行政处罚程序、标准和要求进行，行政处理决定书依照有关程序接受公众查询。

——鼓励中小企业申请发明专利。发挥专利申请资助示范导向作用，鼓励中小企业申请发明专利，并按规定予以支持，引导广大中小企业重视知识产权的创造与积累。

——鼓励企业对专利发明人的激励。专利权持有单位在专利技术转让或者许可他人实施后，可以在收益纳税后提取不低于 30%，或在实施发明专利后，在专利有效期内每年可以从实施发明专利所得税后收益中提取不低于 5%,作为发明人或设计人的报酬,或者参照上述比例,给予发明人或者设计人一次性报酬,提高研发人员的积极性。

——加强服务,进一步降低企业维权成本。引进国际知识产权知名机构,与本地骨干中介机构相互促进,真正形成高水准的专业化服务格局。加强行业协调服务,支持行业协会、商会及各类工商组织制定行业知识产权保护公约。在全市企业信用系统中,记录企业及其主要负责人的知识产权侵权违法行为。

附 2:深圳市知识产权局地方立法列选

《深圳经济特区加强知识产权保护工作若干规定》(深圳市人民代表大会常务委员会公告第 71 号);

《深圳市知识产权许可操作指引》([深知]2008164 号);

《深圳市互联网软件知识产权保护若干条例规定》(深圳市市政府四届一三八次常务会议审议通过,2009 年 6 月 30 日公布,2009 年 8 月 1 日起施行)。

(六)加强文化创意产业统计体系创新

为适应国际创意融入文化产业的大趋势,原有统计体系已不能适应当代文化产业与创意融合发展的需要,因此,改革原有文化产业统计体系,构建新型文化创意产业统计体系势在必行。滨海新区应破除旧有观念,改革创新,依据滨海新区"十二五"时期文化产业发展的目标定位,学习北京、上海、杭州、深圳等地经验,将创意设计、城市设计、咨询策划、网络媒体等新兴行业纳入文化创意产业统计体系,在此基础上实行统计,以掌握世纪发展状况,为政府制定促进政策提供依据。如此,滨海新区文化产业在 2015 年末期成为支柱产业的目标有望按计划实现。

附 3:北京、深圳、杭州等城市文化创意产业统计范围

北京在 2005 年将文化产业发展目标定为"国际化文化创意产业城市",因此,依据该定位制订了 9 大行业、27 中类、88 小类的文化创意产业统计指标体系;上海主要发展以创意为主的文化产业,目标是"成为亚洲和全球最有影响力的创意产业中心城市",其在文化部和国家统计局《文化及其相关产业》统计标准基础上增设了"研发设计"等部类属下的指标;

杭州与北京同,突出文化创意产业发展,构建了一套比北京更为宽泛的统计体系,特色是将创意产业指标全面融合到了文化产业体系内;深圳城市主要发展创意设计,也在原有体系基础上增设了"创意设计"中的"城市设计"属下的所有指标,详见表2。研究表明,各地(还有广州、南京、长沙、厦门等)文化(创意)产业统计体系增设的范围集中在研发设计、城市设计、软件设计、咨询策划、计算机服务上,符合新兴文化产业发展大趋势。

表2 北京、上海、杭州、深圳城市拓宽文化产业统计口径情况

城市	增设文化产业统计指标情况	测评结果
北京	增设"软件服务"属下的基础软件6211、应用软件6212、其他软件6290、其他电信服务6019;"设计服务"属下的建筑设计7672、城市规划7673、其他设计7690,以及"计算机系统服务"等统计指标	从2004年始使用该体系,测评结果为:2004—2007年文化创意产业增加值占GDP比重为10.1%、10.2%、10.3%、10.6%,2010年为1692亿,比重12.3%,已成为重要支柱产业
上海	增设工业设计属下的10个中类行业及其21个小类、"建筑设计"属下的工程勘察设计、建筑装饰、室内设计、城市绿化4个中类行业及其5个小类行业;"咨询策划"属下的市场调研、证券咨询等9个中类行业及其12个小类行业统计指标	依据该体系测评,2008年上海创意产业实现增加值1048亿元,占GDP比重为7.66%,实现支柱产业目标,2010年为1619亿元,比重为9.6%,成为重要支柱产业
杭州	增设信息软件类、产品设计类、建筑景观设计类、时尚消费类、咨询策划类5大部类指标;在相关层增设了大文化产业中的教育、卫生部分,增加了"公共医疗卫生事业"属下的社区卫生机构、民营卫生机构,以及"健康产业"、"体育产业"的部分指标	依据该体系测评,2007年,杭州实现文化创意产业增加值490.23亿元,占全市GDP的11.95%,2010年实现增加值702亿元,比重为11.8%,已成为重要支柱产业
深圳	增设"设计服务"属下的室内装饰工程设计、住宅小区规划设计、风景园林工程设计、包装装潢设计,以及体育健身、体育旅游、体育竞赛表演、体育培训等一系列指标	依据该体系测算,深圳文化产业增加值在2010年已达到637亿元,占当地GDP比重为6.7%,接近支柱产业

五、推进滨海新区文化创意产业大发展的对策建议

(一)构建文化保税区、文化科技实验区、文化金融新三区

滨海要发展文化创意产业,首先就要利用"先行先试"的政策条件,在

进一步开发开放的新时期,向中央申请在滨海新区构建"文化内容保税区"、"文化科技实验区"以及"文化金融区",以此作为新时期发展的突破点。

所谓内容产业,是指包括各种媒介上所传播的印刷品内容(报纸、书籍、杂志等),音响电子出版物内容(联机数据库、音响制品服务、电子游戏等)、音像传播内容(电视、录像、广播和影院)、影视及表演作品内容、用作消费的各种数字化软件等。欧盟"Info2000计划"中把内容产业的主体定义为"那些制造、开发、包装和销售信息产品及其服务的产业"。当前,以网上的数字化内容为核心正在形成一个新型的产业链,其源头是具有自主知识产权的内容创作和知识生产,包括文化、艺术、科技、教育课程、游戏娱乐等,中游是为了内容存储、传递、转换和服务的技术开发和硬件、软件研制生产;而下游则包括内容产品的营销、贸易和服务等。建议以天津滨海新区为平台,以保税政策为引导,打造文化内容产业的加工、制造、展示、交易和进出口一体化的"国际文化保税区"。

(二)打造滨海文化节庆活动

全方位打造滨海文化主题节庆活动,扩大滨海文化影响力,助推文化产业快速发展。一是聘请文化名人精心策划和打造代表滨海海洋文化、近代历史、现代工业文化特色的综艺节目,打造和荟萃滨海文化艺术精品,如"大沽风云"、"妈祖崇拜"、"精卫填海"、"小站练兵"等,以精湛的整体编排和独到的文艺形式,全面展示、宣传和弘扬滨海新区的历史文化和现代风貌;以恢宏的文艺汇演把游客汇集起来,通过以逸待劳的休闲方式观赏、感悟、领略和品味滨海。

(三)多方展示滨海文化精品

以滨海休闲度假场所为载体,在文化内容上进行深度开发。如开办相声节、读书笔会、名家书画展卖、举办异域文艺演出等,与国内外演艺团体合作,以"走出去、请进来"的双向模式,深度开发和丰富滨海新区文化市场内容,打造具有创新意义的精品剧目,增添创新型文化元素,以多样化的方式展示滨海文化精品资源,把滨海的文化品位提高到一个新的高度。

（四）打造富有特性的主题公园

美国洛克菲勒天津有限公司已经入驻滨海新区,该公司以"汽车大世界"汽车文化娱乐主题公园项目正在与滨海新区洽谈之中。本项目将以多项世界级的参与性、体验性极强的汽车休闲娱乐内容为主,以辅助性旅游设施及服务为辅,建成亚洲唯一的汽车文化主题公园。可以吸引全国自驾"玩车族"来津娱乐休闲,培育现代汽车文化体系,成为新世纪又一个国际级休闲产业基地。

课题组负责人:于景森(天津市滨海新区区委宣传部)、张长海(天津市滨海新区区委宣传部、天津市滨海新区文广局)

课题组成员:王琳(天津社会科学院)、谢思全(南开大学经济学院)、康军(天津市图书馆)、席艳玲(南开大学经济学院)、赵恩成(天津滨海综合发展研究院)

课题报告完成时间:2011年6月

参考文献

胡锦涛.文化体制改革要在创新中深化,学习时报[N].2010－8－30

胡锦涛.高举中国特色社会主义伟大旗帜,为夺取全面建设小康社会新胜利而奋斗[M].北京:人民出版社,2007

李长春.积极推进文化创新,为建设创新型国家作出贡献[N].经济日报,2006－5－23

李长春.认真学习贯彻胡锦涛总书记重要讲话精神,更加扎实有力地推进文化体制改革,新华网[EB/OL].http://www.news.cn,2010－7－27

新华社.全国文化体制改革工作会议举行 李长春强调深化文化体制改革,新华网[EB/OL].http://www.news.cn,2011－05－04

蔡武.大力弘扬改革创新精神,夺取文化体制改革的新胜利[N].中国文化报,2010－08－19

倪鹏飞.中国城市竞争力报告N8[M].社会科学文献出版社,2010

倪鹏飞.中国城市竞争力报告 N7[M].社会科学文献出版社,2009

倪鹏飞.中国城市竞争力报告 N6[M].社会科学文献出版社,2008

张晓明,胡惠林等.中国文化产业发展报告(2011)[M].社会科学文献出版社,2011—3

张晓明,胡惠林等.中国文化产业发展报告(2010)[M].社会科学文献出版社,2010—3

张晓明,胡惠林等.中国文化产业发展报告(2009)[M].社会科学文献出版社,2009—3

张京城.中国创意产业发展报告(2011)[M].中国经济出版社,2008

张京城.中国创意产业发展报告(2010)[M].中国经济出版社,2008

张京城.中国创意产业发展报告(2009)[M].中国经济出版社,2008

姜锦铭,以新的思路谋划文化改革发展,新华网[EB/OL]. http://www.news.cn 2011—05—01:11:01

邢军.文化产业战略与发展模式创新[R/OL]. http://www.sh1838.com,2011—01—08

沈露莹.上海文化大都市战略与文化产业发展[J].上海经济研究,2008(9)

张贺.北京市文化体制改革:打造文化产业战略投资者[N].人民日报,2010—01—11

高起祥:发展文化产业与北京产业结构调整的战略选择[EB/OL]. http://www.sdci.com.cn,2005—07—05

宋红艳,楼文高.上海文化产业发展的 SWOT 分析与战略选择[J].出版与印刷,2006(4)

王攀,王传真."十二五"期间将实施文化产业"倍增计划",新华网[EB/OL]. http://www.news.cn,2011—05—15

陈璠.天津"十二五"规划:文化产业将成天津支柱产业[R/OL].天津北方网,http://www.enorth.com.cn.2011—04—01

康一.天津:建设富有独特魅力和创造活力的文化强市[R/OL].天津北方网,http://www.enorth.com.cn 2011—03—25

约瑟夫·奈.软力量:世界政坛成功之道[M].东方出版社,2005

张贺.深化文化体制改革,推动文化科学发展[N].人民日报,2010—08—5

张贺.文化生产力强劲释放——文化产业成为经济新增长极[N].人民日报,2011—04—29

定军.2010年天津滨海新区经济总量将超过浦东新区[N].21世纪经济报道,2010—10—27

刘牧雨.北京文化创意产业发展——理论与实践探索[M].中国经济出版社,2007

牛文元.中国新型城市化战略的设计要点[J].中国科学院院刊,2009(2):130

周玮.文化部命名第三批国家级文化产业示范园区和首批试验园区[R/OL].中央政府门户网站 www.gov.cn,2011—02—28

张铃枣.提升国家软实力的政府职能探析[J].管理观察,2009(1)

孙福良,张栖英.中国创意经济比较研究[M].学林出版社,2008

国际知识产权联盟.美国经济中的版权业:2004报告[M].新华出版社,2005

沈望舒.实现首都文化创意产业强势化[N].北京日报,2006—02—21

滨海新区新型服务业发展战略研究

【摘要】本文首先分析了新型服务业的内涵及其聚集发展的城市特征,进而又分析了我国新型服务业发展的现状和未来趋势,并在全面分析滨海新区发展新型服务业的基础、机遇、挑战以及影响因素的基础上,提出了新时期滨海新区促进新型服务业加快发展的策略建议。

一、新型服务业的内涵

(一)服务业范畴

服务业是一个范畴十分广阔的概念,从传统的农业产品、工业产品销售流动到现代科学技术的研究应用,从基本的道路交通运输,到现代卫星通信技术,都属于服务业的范畴。服务业既是包括了物流配送、交通运输、信息咨询、中介服务、金融保险、技术研发与服务等面向生产领域的相关服务,也包括商品销售、社区服务、物业管理、旅游休闲娱乐、文化娱乐、教育培训、医疗健康等面向居民生活领域的服务,还包括了义务教育、市政公用设施、公共卫生等社会事业发展方面的服务。从统计意义上来看,在各产业门类中,除去农业、采掘业、工业、建筑业之外,其他相关行业在统计上都属于服务业的概念。

服务业的发展是现代经济的重要特征,是一个社会走向现代化的重要标志。服务业的发展程度与经济发展的整体水平相互促进、相辅相成。传统工农业生产没有达到一定的层次,尤其是制造业没有达到一定的发展水平,服务业很难快速发展;一个国家或者一个地区的服务业发达程度,必然依托于其服务的以制造业为基础的物质生产制造产业,当然后者既可以是本地化的产业,也可以是像香港、新加坡等地的发展路径,通过整合全球物质生产制造产业的资源。反之,传统物质生产制造部门要想进一步提升,又必须依赖服务业的快速发展。尤其是当前我国正处在工业化、城镇化、市场化、国际化快速推进的发展阶段,人民生活水平持续提高,改革开放不断深化,对服务业的发展提出了新的要求。

(二)新型服务业范畴

随着经济社会的快速发展,尤其是第三次产业革命之后,知识经济时代快速到来,服务业的领域不断拓宽、范围不断扩大,新的产业形态不断出现,使得服务业的发展方式和产业门类发生了很大的变化,信息经济、虚拟经济、创意经济、会展经济、休闲旅游经济等新的服务业态层出不穷,创造了巨大的经济价值,并且对于社会发展和传统工农业发展的产业组织形式产生了巨大和深刻的影响。

新型服务业是指为满足工业化进程、社会生产分工细化以及与区域内产业发展相互支撑的需求所形成的运用现代科学技术、新型服务方式,以及新型经营形态对传统服务业进行延伸和改造以及衍生和分化出的服务业。具有快速、适时发展的特点。

从新型服务业的内涵来看,在不同区域、不同时间点上新型服务业既是现代服务业又是新型服务业。现代服务业是指随着经济和社会的发展,为了满足需求和引导消费,依托现代的新技术、新业态和新的服务方式等发展起来的,知识、科技含量相对密集的服务业。而新型服务业指在一定的时空条件下,适应技术和需求的发展需要,不同于传统服务业的处于新生、成长或蜕变期的服务产业。新型服务业的概念是相对的,在不同的区域,不同的地点它可能是新型服务业,也可能是现代服务业,总之它是经历孕育期、新生期、成长期的"朝阳产业"。

（三）新型服务业特征

产业融合化。由于信息技术、高新技术作用于其他产业，使得两种或多种产业融为一体，并逐步催生出新的产业属性称为产业融合。产业融合的作用能够提升产业链的竞争力，实现各产业的协调发展。制造业分工高度专业化，产业链重组，追求规模经济、范围经济等诸多因素是推动产业融合发展的基础力量；技术创新、制度创新和管理创新则是产业融合发展的润滑剂。产业融合发展是社会生产力进步和产业结构优化的必然趋势，是现代产业经济发展的一种新特征。服务业与农业和制造业的关系正在越来越密切，如今已经由制造经济时代转向了服务经济时代。随着信息技术这种新型技术的运用，它的强大功效已渗透到各个产业，产生很大的影响。在当代发达的市场经济下，新型服务业提供的既是非实物形态的服务，往往同时也是物质生产性的劳动。由此，融合了生产和服务的生产方式的新型服务业正在为第一产业、第二产业以及第三产业提供服务。

信息化。新型服务业的发展主要由经济网络型服务带动，信息的生产、处理和传递出现在包括知识、技术在内的生产智力产品的大多数行业。这些行业为国民经济的各个领域和部门"注入"知识、信息和技术。按照传统的比较优势理论，一国或地区的产业是否具有竞争力，取决于其是否具有比较优势。信息的比较优势是指各国或地区在信息的生产、传播、反馈和使用能力上的差异以及一国或地区所获得信息的数量、质量、时效和稀缺程度。随着信息技术的快速发展，新型服务业竞争的信息比较优势日益突出，如非中介服务、虚拟化服务，将成为服务业国际竞争力的重要构成要素。

规则化。整个世界经济的发展正处于一个巨大的流量经济漩涡中，现代电信和传递技术使时间、空间和距离的概念逐渐模糊，一个美国老妇人的会计核算业务可能正在通过远程网络信息系统由一位印度会计师完成，世界服务贸易的发展推动了服务贸易合作的发展，服务的不可储存性和运输的传统特性由于采用远距离信息传递的服务方式而发生了改变。在这样的环境下，新型服务业对法律、统一的服务标准的依赖程度不断深化,那么制定统一的规则,使新型服务业规范化,协调好各方的立场尤为重要。

高成长性。新型服务业不仅提供劳务非生产性服务,而且提供生产性的服务,服务方式比较简单,技术含量或高或低;不仅为生活服务还为生产服务,且服务层面广泛;不仅为第一产业、第二产业服务而且为第三产业服务,且服务对象全面。使其具有很高的成长性。

高增值性。新型服务业不仅能够直接满足消费者的需求创造价值,而且随着分工的细化,有效地控制经济成本,提高了经济效率,直接或间接地提高了经济效益,达到间接增值,所以说新型服务业的增值能力要比第一产业和第二产业更强。

区域性。新型服务业的出现是工业化和城市化发展的必然产物。为满足工业化进程、区域内产业的发展,新型服务业与区域产业固有的特色相结合,相互支撑,快速、适时的发展。

二、服务业集聚发展的城市特征

(一)国际现代服务业的发展现状与发展趋势

第二次世界大战结束以后,世界主要发达国家的经济发展产业重心开始陆续转向服务业,产业结构的调整也呈现出从"制造型经济"向"服务型经济"转型的趋势。根据联合国公布的世界发展报告,截至 2000 年,全球服务业增加值占全球生产总值的比重已经超过 60%,OECD 成员国的比重超过了 70%。劳动力在服务业的就业比重,OECD 成员国普遍达到 70%左右的水平,欧美少数发达国家甚至超过了 80%。

服务业呈现出新经济的特点。以计算机技术为核心的信息技术推动了以信息为基础的各类服务贸易的发展,并且在信息流动的基础上促进了其他服务贸易和货物贸易的发展。以金融、保险、房地产和商务服务为主的现代服务业在增加值中的比重明显提高。现代服务业的就业比重提高不断加快。知识密集的服务业发展最为迅速。服务业的新经济特点成为未来产业发展的重要趋势。

服务业成为新技术的重要促进者。服务业是新技术最主要的使用者,企业和个人对新技术的普遍应用为新技术的发展创造者提供了丰厚的回报,对新技术的发展起到了重要的推动作用。服务业指引新技术发展的方向,服务部门所产生的新需求是现有技术研究和开发的方向,是新技术所追求的目标,对新技术的发展起到了重要的拉动作用。服务业是新技术最主要的推广者,特别是从事技术服务和支持的相关服务业,促进了各种新技术的融合、发展与普及。

服务业与制造业融合发展已经成为全球经济发展的重大趋势。世界各国对服务业的投入不断加大,主要表现为制造业的中间投入中对服务业的投入大量增加,产业融合趋势愈加明显。当前制造业与服务业融合的突出特点是,制造业企业活动不断通过外包的形式带动现代新兴服务业的发展,现代服务业加速向现代制造业生产前期研发与设计、过程管理、融资、物流、销售、售后服务、信息反馈等全流程渗透,现代制造业内部逐渐由以制造为中心转向以服务为中心。

服务业国际转移成为资源配置全球化的重要趋势。在资源配置全球化快速发展并不断深化的背景下,跨国公司开始了新一轮的全球产业布局调整。制造业的国际转移仍然是产业布局调整的重点,然而服务业向新兴市场国家转移的情况近年来也是愈发明显,成为了重要趋势。这一国际转移趋势主要表现在三个方面。首先是项目的服务外包,也即是跨国企业将非核心业务委托外包给他国企业;第二是跨国公司业务离岸化,也即是跨国公司将部分服务业企业转移到成本更低的国家;第三是接受服务业转移的国家,其相关服务业企业与跨国公司建立战略发展合作关系,在物流、咨询、信息服务等领域,为跨国公司在新兴市场国家开展业务提供配套服务,主动承接国际转移。第一个方面主要是服务业的跨国贸易,而后两个方面则表现为服务业的资本流动。

随着我国加入 WTO,国际服务业加快了向中国转移的趋势,一大批国际跨国公司、大型企业集团纷纷在中国开展或扩大业务。根据《2009年世界投资报告》的统计,目前全球外资流入的总存量中,服务业占到了70%。就目前的趋势来看,国际服务业向中国转移,将不断呈现出以我国东部沿海为核心区域,并且不断向中心部辐射的趋势。

(二)伦敦新型服务业聚集发展的金融城模式

伦敦是国际金融中心,金融业和金融区的发展对于大伦敦地区和英国经济发展具有重要作用。伦敦的大都市区分为伦敦城、内伦敦和外伦敦地区,伦敦商务区主要集中在伦敦城和内伦敦西的西斯敏斯特教堂地区两个相对独立的中心区,面积大约 1400 平方米。大伦敦地区的 GDP 占英国 GDP 的 1/5,伦敦金融区的 GDP 占伦敦 GDP 的 14%,占整个英国 GDP 的 2%,其中伦敦金融和商业服务部门的产出占总产出的 40%。伦敦金融服务业集群在模式上形成了城市中心、内城区、郊外新兴商务区的多点发展模式,金融区发展不仅突出了现代中心城市对管理决策、金融控制和要素集聚的要求,同时更加强调产业集群功能的可持续发展,强调金融产业发展的综合功能。

金融创新成为推动伦敦金融服务业集群发展的重要动力。伦敦金融服务业集群的规模庞大,500 多家银行中,外国银行有 470 家,拥有的资本总额达 1000 多亿英镑;800 多家保险公司中,170 多家是外国保险公司分支机构,是世界上最大的国际保险中心;每年外汇成交总额约 3 万亿英镑,是世界最大的国际外汇市场,还是世界上最大的欧洲美元市场;石油输出国的石油收入成交额有时一天可达 500 多亿美元,占世界欧洲美元成交额的 1/3 以上;伦敦股票交易所为世界 4 大股票交易所之一。作为全球金融中心,伦敦主要是靠金融创新和保险技术创新,以及与金融相关产业的全球标准来维持金融中心的全球领导地位。在国际金融体系一体化的发展下,金融服务业的功能被日益扩展,金融业作为工业的金融服务者和信贷提供者的传统角色,已经被扩展到或者在一定程度上被市场上的现货贸易或期货贸易所替代了。为此,金融创新的发展非常迅猛,新的金融工具、金融市场和金融技术,比如金融期货、金融买卖特权和金融交易不断出现。在金融服务工具和技术不断创新的情况下,金融服务业集群发展的内在动力不断得以加强。

(三)纽约新型服务业聚集发展的曼哈顿模式

纽约的服务业集聚是以金融商务服务业为主导产业的集群发展模式。纽约市服务业的快速发展,有效地提高了服务产品的供给能力,也刺激了面向全球的市场需求,从而诱导了曼哈顿金融商务服务业集群的形成。

良好的外部环境和要素支撑助推金融商务服务业集群发展。金融服务业在曼哈顿聚集发展受多方面因素影响。首先,曼哈顿的中心地位由来已久,经济集聚是曼哈顿不断向前的动力,曼哈顿一直享有投资家优先考虑的地位,巨额的公共和私人投资不仅投放于街道、码头等基础设施,还投放于高级住宅区和办公大楼,这使得曼哈顿一直保持先进和现代的设施,为现代服务业集群创造了良好的外部条件。其次,曼哈顿存在大量提供金融服务和消费金融服务的人群。曼哈顿的居民无论在教育程度还是在收入水平方面,都远远高于同属纽约市的其他城区。在曼哈顿的居民中,大多为经理人员和专业技术人员,都是受过高等教育的人士,他们成为金融服务供求的主要客体。此外,曼哈顿的收入水平也保证了金融服务的消费。

政府的积极规划和适时调控发挥了关键的引导作用。现代服务业产业集群的发展需要构建外在形态,形成有效载体,城市政府的作用就在于规划和引导产业集群的发展,为企业主体营造良好的环境。在曼哈顿金融服务业集群的发展过程中,纽约市政府进行了积极规划和有力调控。为了解决曼哈顿 CBD 因产业不平衡而产生的矛盾,纽约市政府对格林威治街和第五大街采取了一些调控手段,改善投资环境,引导其平衡健康发展,加强纽约商务贸易中心功能,增强吸引力。到 20 世纪 70 年代中期,改造后的曼哈顿 CBD 焕发出勃勃生机,这为金融商务服务业集群发展创造了适宜的环境。

(四)东京新型服务业聚集发展的新宿模式

城市发展模式为东京现代服务业集群发展提供了广阔的空间。东京城市中心区的发展既不同于美国纽约为代表的中心区就地膨胀发展模式,也不同于伦敦城市为代表的中心区抑制发展模式,而是形成了市中心区膨胀化发展和外围地区多点截留双元战略。城市的不同发展模式影响了现代服务业集群的发展方向。东京的每个区并不是在城市的每个功能上都居于主导地位,它们的主导地位分别集中于某些行业,即金融、批发、信息相关产业和专业服务产业,这些服务行业已经成为东京大都市区城市功能转型和集群的重要特征,从而使东京的现代服务业集群呈现多样化、多层次、网络化的结构特征。

以产品研发和技术创新为特色,生产性服务业快速聚集发展。与纽约、伦敦不同的是,东京在第三产业迅速发展的同时,仍是日本工业最发达的城市之一。随着日本经济从"贸易立国"逐步向"技术立国"转换,东京"城市型"工业结构进一步调整,以新产品的试制开发、研究为重点,重点发展知识密集型的"高精尖新"工业,并将"批量生产型工厂"改造成为"新产品研究开发型工厂",使工业逐步向服务业延伸,实现产业融合,这就是东京现代服务业集群形成的主要特点。

政府政策支持和专业人才优势是金融服务业集群发展的重要因素。政府为东京的城市发展制定了框架,将东京定位于全球金融和商务中心,并将东京及其附近地区改造成以知识和信息为基础的产品基地,东京湾地区由原来的出口导向产业带改造成一个商贸中心。政府还通过政策来支持东京服务和基础设施建设,从而推动东京商务功能的发展。政府从政策上强调核心区商业功能聚集的重要性,提倡功能混合,并采取具体的措施来扶持东京商务功能的发展。对于人口集中、交通拥挤的问题,东京都市区政府在规划中采取了区域方法控制政策,扶持具有高附加值的金融服务业的发展。此外,政府的政策信息源作用和拥有的审批权,也促进了各种政府办公机构和大公司总部集中于东京。东京良好的信息技术基础设施为金融、银行、保险、物流、知识密集型制造业的发展提供了重要条件,从而促进生产者服务业的迅速发展。

(五)小结

现代服务业集群的形成与发展和制造业集群不完全相同,现代服务业集群对外部环境、制度背景、相关产业发展以至城市政府管理水平的要求更高。这就意味着,现代服务业集群的形成高度依赖于城市经济发展所缔造的经济基础、社会结构、产业网络、人才积聚等基础条件,而且现代服务业集群对外部知识、信息等要素的使用更多,对全球市场的依赖更大。

三、我国新型服务业的发展趋势

(一)我国服务业发展现状

在经济增长过程中,服务业到底扮演了什么角色,这一直是经济学家所关注的。传统的经济发展理论认为,经济增长过程本身是一个结构转换的过程,随着人均 GDP 的增加,服务业在 GDP 中的比重逐步上升。但是,这种观点受到了不少国内学者的批评,因为大多数年份我国服务业的增长速度明显慢于 GDP 的增长速度。在我国目前的经济发展状况下,由于收入分配差距过于显著,导致相当一部分人处于最基本生活需求的边缘,因此,这部分人对服务业的需求还没有达到相应的临界点,收入差距导致服务业的需求不足。而从另一方面来看,由于存在着一个绝对数字庞大的相对富裕阶层,这个阶层支撑着一些奢华性的服务业畸形发展,中低收入阶层所需求的质优价廉的基本需求性服务业无法得到充分的发展,因此,服务业的有效供给相对不足。这样,我国巨大的收入差距影响了服务业的发展,导致我国的服务业比重在收入快速增长的同时,并没有获得明显的提高。

我国服务业发展的差距,一是服务业比重偏低;二是服务业结构扭曲和升级速度缓慢,特别是以信息化为代表的现代服务业发展缓慢;三是服务贸易国际竞争力弱。究其原因,既有基础薄弱、服务消费供给不足的因素,也有服务消费意识淡薄和消费能力低下的因素,而更主要的原因在于:经济发展战略思维的固化和调节政策的失灵。2006 年我国 GDP 中第三产业占 37%,即便统计普查后可能会上调 10 个百分点,也远低于印度、巴西、俄罗斯等发展中大国的水平。我国多年来"重物质生产体系,轻服务消费"的思维方式是导致我国服务业发展滞后的重要原因。服务业是我国的弱项,但同时也说明服务产业的发展有着广阔的空间,而且发展服务业和服务消费,是促进我国消费发展和内需扩张的一个重要领域。

我国服务业发展存在严重的地区间不平衡问题,主要体现在:从增加值来看,东部地区既是我国经济最发达地区,也是我国服务业总量最大的地区;从就业来看,东部地区服务业吸纳就业人口最多;服务业发展的层次存在明显的梯度差异,最发达的上海、北京、广州的工业化任务基本完成,产业结构已经演变为"三、二、一"格局。而且,在这些发达地区,服务业的发展正在向现代服务业转变,如信息咨询服务业、商务服务业、计算机应用服务业、现代金融业等新兴服务行业增长迅速,已成为服务业发展的主力军。中西部欠发达地区除教育和旅游发展条件较好外,整体来看服务业发展层次较低,发展后劲不足。

(二)我国新型服务业发展方向

我国新型服务业发展不足,除了主观认识上的原因和城市化率低、收入水平较低等客观原因之外,另一个重要的原因是体制环境没有理顺。与人打交道的服务业较之与物打交道的狭义制造业对制度环境的要求更高。要促进服务业特别是知识含量高的新型服务业快速有序发展,就必须改革与创新既有的服务业体制,培育健康规范的制度环境。

1.加快服务业市场化取向的改革步伐,充分发挥市场竞争机制的作用

市场经济是公平竞争的经济。要公平竞争,各市场主体就必须站在一个起跑线上。我国应当分步骤放松对现代服务业中投资项目的行政审批,推进投融资体制改革,以此打破市场壁垒,实现要素的自由流动。应当改变服务业部分行业垄断经营严重、市场准入限制过严和透明度低的状况,按市场主体资质和服务标准,逐步形成公开透明、管理规范和全行业统一的市场准入制度。积极鼓励非国有经济在更广泛的领域参与服务业发展,在市场准入、土地使用、信贷、税收、上市融资等方面,对非国有经济实行与国有经济同等的待遇,形成与国有经济企业相竞争的局面,增强市场机制的作用,提升服务业产业的竞争力。

2.优化和完善法规制度与政策措施构成的软环境

完善的制度和良好的内外部环境是现代服务业快速有序发展和竞争力不断提升的重要基石。美国学者迈克·波特在阐述国家竞争优势理论时指出,一国在某一产业的国际竞争力,表现为一国能否创造一个良好的商业环境,是该国企业获得竞争优势的能力。除了现代通信设施、便捷的交通网络、优美和谐的人居环境等硬件环境,还要重视以法律法规、政策措施、机制体制为重点的软环境。我国香港特别行政区历来奉行"大市场,小政府"的理念,多年来致力于人才、教育、市场制度和监管等商业环境的优化,降低政府公共服务、社会诚信等带来的社会交易成本,努力营造公开的商业环境和开明的经济政策,进行适度的监管,提供公正的法律制度,并从中介、码头、金融等领域退出,为民间资本提供发展空间。新加坡港则通过诱人的税收政策以及缜密的法律体系赢得了不少航运客户的青睐。这些国家和地区的许多做法为我们在建立完善的服务业法律体系和政策措施以及优化市场环境等方面提供了不少可以借鉴的经验。

3.创新服务业引导资金的使用,充分发挥其弥补服务业领域"市场失灵"的作用

国家服务业引导资金是指在中央预算内基本建设投资或国债安排的专项用于支持服务业重点领域建设项目等的补助性资金,目的是调动地方和企业发展服务业的积极性,引导多渠道资金对服务业的投入。国家服务业引导资金的设立,对于促进我国服务业的快速发展、优化服务业结构和提升服务业竞争力具有重要的意义。要用好"服务业引导资金",一个重要的前提就是正确界定和区别对待市场化服务和公共服务。对于市场化的服务领域,要坚持推进市场化、社会化、产业化的发展方向,政府主要依据产业发展的内在规律和趋势,提供相关信息,营造体制环境,明确政策导向,规范企业行为,加强必要的监管措施。而公共服务领域,正外部性较强,是"市场失灵"的领域,如果没有政府投资,要么供应不足,要么因为"无利可图"导致民间资本不愿意介入,这个时候,应介入政府资金。在市场经济条件下,特别是在民间资本不断壮大的情况下,政府资金的这种介入并不是要对所有公共服务领域的事务"包办一切",其性质应是补贴性资金,政府部门不必大规模介入服务投资领域,而只是在一些"市场失灵"领域起到示范和引导作用,最终目的是通过营造良好的投资环境,以政府投入为引导资金,带动民间资本投入,从而拓宽这些领域的融资渠道,促进这些领域的快速发展。

4.逐步消除城市化的制度障碍,加快城市化进程,以此推动服务业的快速发展

城市化的进程主要取决于经济发展状况和工业化发展的阶段,但也与政府政策及制度环境息息相关。我国严重的二元经济固然与历史形成的城乡社会经济发展差距相关,但严格的城乡分离的制度与政策也在很大程度上强化了二元经济格局。因此,要适度加快我国城市化进程,就必须推进改革,加强制度创新。城市化是一个系统工程,需要通盘考虑,未来一段时间,要对包括户籍制度、就业制度、土地制度、社会保障制度、行政管理制度、城镇建设投融资体制、市镇设置的法律制度等直接影响城市化的制度安排进行改革和创新,以城市化来带动服务消费增长和服务就业总量的提高,从而推进服务业的快速发展和服务业结构的转换。

5.依据不同服务行业的特征制定合理的市场准入门槛

市场准入门槛对于一个产业的发展具有重要作用,它不仅决定了一个产业的产业组织形式,同时也决定了一个产业的平均企业规模,是政府规制一个产业的重要手段。市场准入门槛过低,会导致过度竞争,无序经营;准入门槛过高,会导致垄断经营,效率低下。确定合理的市场准入门槛,对于一个产业健康发展具有重要作用,根据不同的产业发展的特点,制定相应的市场准入门槛是一个产业顺利成长的保证。对于律师、会计、咨询等小规模经营的行业,应该提高准入门槛,避免无序竞争。而对于邮电、运输等行业,则要降低准入门槛,促进竞争。需要指出的是,降低门槛不是放宽服务质量,而是对不同所有者资本一视同仁,均可进入服务业市场。此外,要尽可能简化目前繁杂的前置工商登记审批制度,加强对企业经营过程的监管。目前的工商登记审批制度手续繁杂,周期漫长,但是对审批后的企业的监管无力。今后应简化审批手续,同时,对于注册成立的企业要严格按照市场准入标准和行业经营标准进行监管,提高其服务质量。

6.转变政府职能,发挥行业协会在服务业发展中的积极作用

我国的改革已经进入攻坚阶段,下一步改革的重点是如何转变政府职能的问题。就服务业而言,转变政府职能的重要内容就是一些原来由政府承担的对服务企业管理、监督、服务等职能,要逐步转移给行业协会和中介机构。政府要引导服务企业在自愿的基础上建立行业协会,在市

场准入、信息咨询、规范经营行为、实施国家和行业标准、价格协调、调节利益纠纷、行业损害调查等方面发挥自律作用,切实维护和保障行业内企业的合法权益。强化政府、中介组织、行业协会和现代服务业企业之间沟通联系以及服务业行业间的协调配合。

7.完善服务业开放体制与政策,提高服务业的对外开放水平

提高服务业对外开放水平,是提高服务业国际竞争力的重要途径。我国进入加入世界贸易组织的后过渡期以后,服务业发展面临新的外部环境。一方面,发达国家服务业向我国转移,给我国在全球范围内选择服务商提供了机遇,为此,需继续开放服务市场,有序承接国际现代服务业转移;另一方面,我国有条件的服务业投资商也应走出去,到海外投资,加入世界服务体系的合作与竞争,在开放中实现互利共赢。这是一种双向互动的趋势。在双向互动中,既要积极参与又要积极应对,建立应对诸种新挑战的机制,以寻求扩大对外开放与保障产业安全的平衡点。

8.改革与创新职业教育体制,为服务业的快速高质发展提供合格人才

发展现代服务业的关键不在于先进的装备以及体现在装备中的技术,而是合格的人才。现代服务业的发展要求社会提供大量懂技术、会经营、善操作的人才,这些人才的输送仅仅依靠现有的办学模式是满足不了的。我们必须改变轻视职业教育的做法,树立职业教育必须面向市场的理念,坚持以就业为导向,建立新的机制和办学模式。比如,建立院校与企事业单位合作进行人才培养的机制,实行根据企事业用人"订单"进行教育与培训的新模式,而不能简单地由学校"闭门造车"。总之,要从认识上把加强服务业人才培养放到重要的位置,并努力创新服务业的人才培养体制,努力造就一大批高层次、高技能、通晓国际规则、熟悉现代经营和管理的服务业专门人才。

四、滨海新区新型服务业的发展现状

(一)滨海新区服务业发展基础

"十一五"期间,滨海新区服务业发展势头强劲,增加值由 2006 年的 582.21 亿元增加到 2009 年的 1233.37 亿元,年均增长 20.4%,在三次产业中的比重由 2006 年的 29.7%增加到 2009 年的 32.4%。新区在航运、物流、金融、科技服务、旅游、商贸流通等服务领域发展较快,为下一步新型服务业的快速发展奠定了良好的基础。

1.航运物流产业

"十一五"期间,滨海新区航运物流的服务能力显著增强,以天津港和滨海国际机场为基础、以保税区和东疆港保税区为龙头的北方国际航运中心和国际物流中心的建设取得重要进展。天津港货物吞吐量从 2006 年的 2.58 亿吨增加到 2009 年的 3.81 亿吨,年均增长 13.8%,已经成为世界第五大港口;集装箱吞吐量由 2006 年的 594.9 万标准箱增加到 2009 年的 870.4 万标准箱,年均增长 13.5%;港口等级达到 30 万吨级,建成了规模最大、开放度最高的东疆保税港区,成为设施先进、功能完善、管理科学、运行高效的现代化国际深水港,成为面向东北亚、辐射中西亚的集装箱枢纽港,我国北方最大的散货主干港,环渤海地区最大的综合性港口。机场旅客吞吐量由 2006 年的 276.65 万人次增加到 2009 年的 578.03 万人次,年均增长 27.8%。2009 年天津机场的货邮吞吐量达到 16.7 万吨。

2.金融产业

"十一五"期间,滨海新区积极推进金融改革创新、完善金融体系、加快金融产品及制度创新、扩大企业直接融资渠道、开展离岸金融业务。设立了渤海产业投资基金、船舶产业投资基金,注册了 385 家股权投资基金。成立了天津股权、金融资产、排放权等一批创新型交易市场。注册了民生租赁、长江租赁、渤海租赁等 20 家融资租赁公司。滨海新区正在成为全国新金融改革、探索和实践的示范区。金融业增加值由 2006 年的 13.34 亿元增加到 2009 年的 80.1 亿元,年均增长 19.8%。

3.旅游会展业

规划建设了 100 平方公里的滨海旅游区,中心渔港加快建设,滨海鲤鱼门顺利开街,国际邮轮母港、极地海洋世界基本建成。改扩建了航母主题公园、大沽炮台、大沽船坞等项目。国家海洋博物馆、游艇俱乐部、宝龙公园等项目抓紧推进。滨海新区举办的高水平会展日益增多。2009 年滨海新区共举办展会 25 次,展览总面积 35.20 万平方米,累计吸引参观人数 31 万人次。展会内容从手机、汽车、化工等新区主导产业扩大到生物医药等新兴产业。成功举办了第二届夏季达沃斯论坛、世界各地 300 多家领军企业领导人参加会议。此外,还举办了"第六届亚欧财长会议"、"天津国际航空航天展洽会"、国际汽车贸易展览会等有影响力的会展。

4.服务外包产业

滨海新区以开发区、保税区和高新区三个示范区为依托,逐渐在软件开发、集成电路设计、信息安全服务、国际物流、医药研发等领域形成优势,在信息技术应用、金融后台服务、动漫游戏、数据库软件等领域具有较好基础。先后引进了东软集团、软通动力、药明康德、腾讯、微软、大宇宙、文思、飞思卡尔、卡巴斯基、以色列安道斯等一批国内外知名服务外包企业,培育了南大强芯、南开创元、天地伟业数码等拥有自主品牌的优势企业。越来越多的企业选择在滨海新区设立各级总部。中冶天工总部和宝钢北方销售总部等项目已经竣工,中国移动天津滨海新区运营中心、鞍钢国际大厦、滨海国际企业大道总部经济型项目等正在加紧建设。响螺湾商务区、于家堡金融服务区、开发区现代服务业产业区(MSD)、渤龙湖总部经济区、北塘中小企业总部等一批总部经济集聚区建设加快推进。

5.科技服务产业

截止到 2009 年,新区已经拥有 50 多个国家级和省部级研发中心,50 多个大型企业研发中心和 62 家企业博士后工作站。组织实施了 100 项高新技术产业化项目,初步形成了电子信息、先进装备制造、新能源新材料、生物医药、航空航天、海洋科技六大高新技术产业领域。滨海高新技术产业开发区软件园在"我国高新技术产业开发区投资环境竞争力"调查中名列榜首。协和干细胞、天祥质量技术服务、华汇工程等科技服务型企业和猛犸科技、金宇信息、星际空间、视讯软件等软件开发企业发展迅速。2009 年,高新技术产值占工业总产值的比重达到 48%,研发投入占 GDP 的比重达到 2%以上。以开发区、保税区和滨海高新区为代表的高科技研发转化基地正在成为我国重要的自主创新研发基地。

6. 商业商贸

随着新区经济的快速发展和居民收入的逐步增加,商贸流通业蓬勃发展,消费品市场繁荣活跃。一是流通规模不断扩大。截至 2009 年底,全区商品购销总额达到 3788.75 亿元;商贸流通业增加值达到 413.87 亿元(批发零售＋住宿餐饮),占全区 GDP 的 10.9%,占第三产业的 33.6%。消费品市场持续活跃,社会消费品零售总额由 2006 年的 213.83 亿元增加到 2009 年的 451.24 亿元,年均增长 28.3%。二是服务设施不断完善,多层次的商圈格局基本形成。到 2009 年,全区亿元商品交易市场总数超过 15 个,年交易总额达 175.64 亿元。东疆保税港交易市场建设取得较大进展,现已建成亦禾工程机械交易市场、东疆国际航运交易市场、东疆国际船舶交易市场等七大类产品交易市场。

(二)滨海新区新型服务业发展的机遇

进入"十二五"时期,滨海新区临来了快速发展的机遇期,未来五年是滨海新区加快开发开放、实现国家赋予的功能定位的关键时期,同时也是优化提升产业结构,提高经济发展的质量和效益,加快服务业发展的关键时期,滨海新区服务业发展的机遇大于挑战。新区面临的机遇主要表现在以下几个方面。

1. 经济社会文化进入全面快速发展时期

滨海新区在"十一五"时期完成了开发开放满足国家整体战略布局、成为全国综合配套改革试验区、建立行政区三个巨大飞跃。"十二五"时期,滨海新区迎来了全面开发建设的新阶段,为滨海新区充分发挥海港、空港优势,增强服务和辐射功能,带动商流、人流、物流、资金流全面融通,促进服务业的发展提供了宝贵的机遇。

2. 产业基础不断强化

随着空客 A320、大乙烯、大推力助推火箭等一大批工业大项目、好项目的落户,滨海新区工业基础更加雄厚,结构和水平有了质的提升,服务业发展所依托的产业基础不断优化,将对滨海新区生产性、消费型和公共性等各类服务业的发展产生强有力的带动作用。

3. 政策环境逐渐完善

滨海新区高度重视现代服务业的发展,陆续出台了《天津滨海新区鼓励支持发展现代服务业的指导意见》、《滨海新区关于加快北方国际航运中心建设的若干意见》(试行)。同时,国家发改委批准了《天津滨海新区综合配套改革试验金融创新专项方案》。这些为滨海新区现代服务业的发展提供了良好的政策环境。

(三)滨海新区新型服务业发展的挑战

在一系列机遇的同时,滨海新区新型服务业发展仍然面临着诸多严峻挑战。

1. 对外开放压力加大

从国际来看,世界经济复苏仍然存在不确定因素。一些主要经济体失业率居高不下,发达国家金融体系的脆弱等,都有可能使经济复苏的形势出现反复,甚至二次探底。贸易摩擦形势严峻。金融危机以来,国际贸易保护主义日益加剧。贸易保护主义对于后危机时代我国的对外贸易,是一个很大的压力。人民币升值的压力很大。升值预期通过国际间热钱流动会强化国内价格上涨的压力,现行汇率政策将做进一步调整。

2. 区域竞争愈加激烈

我国经济稳定回升的基础还不稳固,一些深层次矛盾特别是结构性矛盾仍然比较突出。区域间竞争将更加激烈,深圳特区、浦东新区等国内先进地区正在推动新一轮的改革发展,重庆两江新区综合配套改革也开始全面启动,滨海新区的发展面临着更加激烈的外部竞争环境。

3. 服务业规模结构有待提高

服务业所占比重明显偏低,金融、物流、科技等生产性服务业与制造业快速发展不相适应;高端服务业较少,知识技术层次较低;交通仓储、商贸、餐饮等传统服务业还是滨海新区服务业的支柱产业,知识、人才密集型的服务业比重较低,发展滞后。

4. 二三产业有待协调

滨海新区生产性服务业与制造业协调发展模式还不够完善,一方面,生产性服务业发展相对滞后,不能满足制造业专业化发展的需求;另一方面,制造业对生产性服务业的带动作用也没有得到充分发挥。一些大型国有制造业企业依然处于"大而全、小而全"的自我服务阶段,不能通过生产性服务业实现外包;外资企业大多属于全球生产组织体系,产业链条向前端和后端的服务性产业延伸受到抑制。

5. 改革开放任务艰巨

新区制约服务业发展的体制性和结构性障碍尚未彻底消除,政府工作中还存在着比较严重的重制造、轻服务,重功能区、轻城区的思想偏差,在机构设置和工作重心的摆布上还没有把服务业的发展提到应有的高度。新区在金融、航运、贸易等领域改革任务依然艰巨,开放程度有待进一步提高,距离实现对外开放的门户和综合配套改革试验区的历史使命还存在较大差距。

五、影响新型服务业发展的因素分析

当前,我国正处于工业化和城镇化加速发展时期,加快发展服务业至关重要。如果在整个 GDP 增长结构中,第三产业比重上升 1 个百分点,相应第二产业比重下降 1 个百分点,单位 GDP 能耗就将降低 1 个百分点。根据中央历次重要会议决议精神,以及"十一五"、"十二五"规划的发展蓝图,我国不断加大加快服务业,尤其是新兴服务业的发展步伐,大力调整产业结构。我们需要对于影响制约新型服务业快速发展的诸多因素,从而进一步理清新型服务业改革、发展与结构调整的重点。

(一)新型服务业与完善城市功能

新型服务业必须尽快融入现代城市的综合功能。城市的功能由"城"和"市"两部分组成的。"城"的功能主要是由道路、交通、楼宇、建筑、空气、绿地和水等人文景观和自然景观所构成。"市"的功能则是由商业、餐次、旅游、金融、服务等行业市景所组成。现代人随着教育程度和生活水平的提高,对现代化城市的功能提出了人与自然、人与环境、人与社会全面协调、可持续地发展。要求环境更优雅、生活更舒适、交通更便捷、工作更有效率。现代人造就了现代化城市,现代化城市要求其重要组成部分——现代服务业必须与其发展相适应。因而现代服务业必须融入现代化城市规划之中,从而会有效地解决现代化城市功能中的矛盾和问题。现代化城市采用合理组团、分层规划的办法,建设金融商贸区,规划中心商业区、副中心商业区及社区商业中心,从而达到合理组织商流、物流、人流、车流的目的。不仅使城市布局更加合理,而且使城市功能齐备,更富活力。以交通为例,大阪的商业已经改变了历史上按道路条状发展的概念,而在 20 世纪 80 年代就着手现代化商圈的建设,把城市商业由条状发展转向块状发展,继而又从块状的平面发展转向了地上与地下结合的立体发展,从而解决了交通拥堵的问题。大阪市区 800 多万人口,与上海市中心区人口差不多,大阪的面积也与上海相似,然而大阪的地面交通井然有序,大阪的商圈吸纳了大量人流、物流和车流。

现代化的商业服务业提倡商圈和组团式的商业规划,把大型购物中心、大卖场、专业化商业购物中心、专卖店、超市组合规划,集中开发,相应配套建设餐饮、娱乐、综合服务功能,同时配套足够的地面和地下停车场。欧美、日本等发达国家的社会停车就是通过商业服务业的发展而缓解的。城市停车位的建设是现代化城市建设中不可或缺的。西方发达国家在商业规划中早在 20 世纪 60 年代就明确提出商业营业面积与停车面积1∶1配置的强行规划方案。上海近几年建设的大型购物中心如港汇广场、新上海商业城、正大广场、百联西郊购物中心、南方商城、世纪联华、家乐福、易初莲花、农工商、大润发、乐购、易买得、百安居、好美家、宜家家居、欧倍德、好饰家、东方家园以及各种家具城等现代化商业设施,构筑了现代化城市的风景线,再加上金融、餐饮、会展中心、文化体育等现代服务业的建设,在硬件上除了满足现代人的购物、休闲、娱乐、金融的需求外,同时还缓解了城市的交通压力,满足城市功能发展,起到吸纳人流、车流、物流,减少城市负荷的作用。

(二)新型服务业与现代科技

新型服务业必须以现代科学技术为支撑,通过创新增强综合竞争力。

现代服务业由于服务范围扩大，经营领域拓宽，市场竞争激烈，必须提高运行效率、加大资源配置、劳动力组织的有效性，因而必须采用最新的信息技术，对成千上万种商品实行单品管理、全过程管理，没有计算机支持，安全可靠的信息系统是无法实现的。现代服务业还必须对客户加强管理，以提高服务功能。客户管理是一项更为复杂的系统工程。成千上万的客户分成不同消费层次和群体，消费者随市场变化而瞬息万变，仅靠传统的经验和判断无论如何都不能把握市场的脉动。

新型服务业承担着人类物资财富的流动任务，是当代分销业的主力军。在物流与分销领域除了重点应用物流组织、分销技术外，还要广泛应用供应链、分销链、运输链、冷藏链技术，以确保商品的安全、准确、质好、新鲜、及时到达经销商和消费者手中。在欧美、日本，大型超市的生鲜食品能实现配送中心每天"零时、零库存"管理，如果没有现代管理技术支持是无法实现的。以美国的沃尔玛为例，为了实现全球采购，实现高效率、低成本运行，早在20世纪90年代就发射了企业专用卫星，运用强大的信息平台，实现了全球商业巨无霸的目标，名列世界500强之首。沃尔玛诞生在20世纪60年代，最初是一个家庭企业、折扣商店。随着市场竞争的深化，威顿先生采用了连锁经营、物流配送以及先进的信息科技，从而使一个处于商业业态变革初期的沃尔玛迈入现代商业之首的位置。

（三）新型服务业与产业链整合

新型服务业必须紧密联接社会经济发展中的上下游环节，不断创新产品、提高发展效率、创造市场需求。现代商业与传统商业的最大区别在于它在人类生产、供应、消费链条中已经不再局限于批发业、零售业的一两个环节，而是向生产领域、设计领域、产品研发领域的上游延伸。例如沃尔玛、宜家等企业都有大量的产品开发设计系统，占有大量设计专利，拥有自营商品品牌，同时还拥有原材料和生产基地、能源供应链、强大的采购系统、信息系统、分销系统、多个配送中心。他们不仅在企业的上游与多家供应商保持紧密合作关系，同时还在企业的下游不断地开发新的市场，创造新的消费领域，创造自己的优质客户，从而创造了独特的服务方式，形成强大的竞争能力。

总部设立在瑞典的著名企业宜家家居,其创始人英格瓦把母公司设立在自己家乡的一个农村小镇上,1943年以销售日用杂品为主;1945年开始通过广告销售自己的产品;1963年开始组织家具设计,开创组合式家具产品的开发工程;1965年在斯德哥尔摩开设了宜家商场,开创了仓库式展销厅,顾客自选售货方式;1973年开始将市场扩展到北欧以外,如瑞士、德国,进入20世纪70年代,宜家的家具从组合柜扩展到椅子;1985年宜家在美国开设市场,供应商品给美国人,因为美国的需求又很多样化,促使宜家创造更多新产品,因而创造了新颖、舒适、低价的手推车、沙发、咖啡桌;到1997年,宜家除提供一般家居用品外,又开发了儿童系列家居产品,开发旨在培养儿童运动能力和创造能力的产品。20世纪90年代宜家的设计师们深入实际,创造、开发、生产了美观实用的储物系列产品。2002年宜家又开始新一轮设计革命,推出了回归自然系列产品,满足人们户外娱乐休闲的产品系列。宜家是个典型的与时俱进的现代商业服务业典范,特别开发了系列产品适合年轻的消费者和富有创意的组合家居用品。不仅通过自己的研发系统向原材料、精深加工、产品设计领域拓宽,与1650家供应商合作,占领了商品买卖的上游,而且不断通过自己的产品创新拓宽市场,先后打开了欧洲、美国、中国内地、日本以及中国的港台等22个国家和地区的市场,创造了宜家的顾客和消费群。在销售产品过程中,宜家又及时了解顾客需求,收集大量消费者信息,进一步衍生出新的宜家产品。从宜家的发展过程我们可以发现,现代商业已经是拥有设计专利、品牌专利,拥有自主知识产权的企业,同时也拥有多元化市场和多层次客户群的企业。现代商业服务业在采购链、供应链、分销链的运行中,可以无限地向生产领域和消费领域延伸。

(四)新型服务业与知识经济发展

新型服务业必需以知识经济为依托,拥有一支优秀的企业家队伍、高素质的管理团队和各种技术专长的专家群体,以及训练有素的员工队伍。进入21世纪,人类进入了知识经济时代,现代服务业集聚了一大批具有受过良好教育,拥有现代文化素养,具有专业训练的人力资源。国内外涌现了各种各样的投资公司、咨询机构、会计师事务所、审计师事务所、法律顾问室、律师事务所、经纪人、中介公司、评估公司、企业形象设计、产品设计、包装设计、广告传播等。林林总总的以输出知识、经验、创意和智慧的头脑公司应运而生。现代服务业尊重知识,尊重人才。在资源配置上以智力资源、无形资产为第一要素。企业的用人机制、用工机制、分配机制,完全适应市场竞争原则,优胜劣汰。企业内部实行有效激励,鼓励员工献身的敬业精神,同时,更注重员工的开拓创新能力,从而实现个人的价值。

新型服务业把人力资源当作第一资源,除了招聘、选拔、使用之外,更注重培养、培训。企业要做到与时俱进,必须成为学习型组织。特别是企业家队伍、管理团队、专业人员都必须掌握最新资讯,具有国际化的视野。现代商业、服务业企业,在市场日益开放的环境下,要充分利用自身的资源优势,有明确的细分目标市场,创造差异化的产品和服务,追逐世界领先企业,确立发展的脉络和理念,创造独特的企业文化和操作流程,使之成为经营特色,形成核心竞争能力。现代服务业是由现代人组成的,为实现战略目标,必须具有雄心大略,富有激情,敢于创新,有能力率领团队创造美好未来。

(五)新型服务业与现代企业制度

新型服务业的组织架构大多采用现代企业制度,实现资本多元化,以资本推动企业的扩张,资本成为企业发展的主要动力。现代服务业随着市场需求的推动,有无限扩张经营领域和规模的冲动,因此现代商业企业一定要依资本约束的形式来限定自己的发展速度和规模。

新型服务业逐渐由市场间接融资转向直接融资,其主要方式一是股权融资,可实现境内外上市,获得持续性的融资渠道,解决企业发展的长期资金缺口,同时必须转换企业机制,实行强有力的法人治理,尝试员工的长期激励。二是依靠债务融资,包括向银行贷款,发行企业债券,虽然发债券对企业融资成本较低,但是目前情况下融资难度较大,银行借贷仍是企业主要的负债方式,具有简单、便捷的优点。三是信托计划筹资,通过信托公司向社会发行信托凭证,将社会资金通过信托方式投入到商业运营和建设中去。四是发行商业专项基金,吸引基金投资者,把社会闲散资金集中起来,支持现代商业发展。五是产权分割出售、回租经营,把商业房产开发商与经销商捆绑在一起,分散投资风险。

新型服务业是从传统商业服务业逐渐发展、延伸而来的,有着不可分割的联系。但是,现代商业服务业又与传统商业服务业存在着本质的差异。现代服务业的一项重要标志就是实行现代企业制度,严格的法人治理结构。为实现股东利益最大化,必须坚持国际通用会计准则,及时、准确披露信息。企业必须合法、依规经营,建立股东会、董事会、经营管理层之间有效激励,相互制衡的机制。实现科学决策、民主决策、健康发展、可持续发展的良好局面。

六、滨海新区新型服务业的发展对策

(一)滨海新区新型服务业发展思路

根据上文的分析研究,滨海新区发展新型服务业,一定要围绕中央对滨海新区的功能定位,以建设我国北方对外开放的门户、高水平研发转化基地、北方国际航运中心和国际物流中心为统领,坚持依靠综合配套改革创新服务业发展思路,坚持依靠科技创新推进服务业结构升级,坚持依靠扩大开放和区域合作壮大服务业规模,坚持依靠优化发展环境聚集人流、物流、资金流和信息流,从而实现新区服务业的重点突破、协调推进和跨越式发展。

1. 强化规划布局导向功能

科学的规划是经济社会发展的纲领和灵魂,能够产生巨大的经济效益、社会效益和环境效益。其核心在于合理布局,在于能在规划的指导下,加快形成适应社会生产力永续快速发展需要的城乡体系布局、功能布局。与制造业相比,现代服务业对土地能源等资源的占用较少,但对集聚发展的要求较高。应当从滨海新区地理区位、交通架构、城镇布局、产业集聚、人口分布、运行机制等实际情况出发,坚持市场优化和集聚效应原则,围绕增强城市综合服务功能、提升服务能级,形成市域内空间布局中心凸现、重点突出、层级分明、业态聚集、功能完善、特点鲜明的服务业发展格局,努力实现布局科学性。

滨海新区服务业的市域总体空间布局应当形成滨海新区中心城区、

功能区、中心镇和社区四个相互依赖的层级和由服务业核心高地、服务业发展轴带、特色功能服务业集聚区组成的服务业发展格局,形成层级结构分明和完整的全域服务业空间布局主架构。

2.破除体制机制障碍

服务业发展是一个许多内部化非交易的服务活动向外部化交易转化的过程,因此,服务业与高度市场化有着天然的联系。国际经验表明,放松管制对于服务业的发展具有重要意义。20世纪80年代以后,许多曾经存在相当垄断的发达国家服务市场都经历了放松规制的过程,德国、法国和西班牙电信行业的总要素生产力因其法规改革提高了40%。滨海新区总体上是一个市场化程度较高的地区,但服务业改革、开放步伐相对缓慢,市场化程度不高,竞争不够充分,垄断经营严重依然是某些服务业发展最重要的制约因素之一。其结果是国有垄断企业的既得利益得到保护,在没有竞争压力的情况下,行业发展的活力与动力丧失,服务业特别是现代服务业供给能力的扩张受到制约。此外,一些供应不足的行业,价格明显高出国际市场,不仅服务质量远远不能满足消费者需求,市场供求状况和企业的成本效益也难以真实反映。这既损害消费者的利益,也影响服务业资源的配置效率。

为实现滨海新区服务业的跨越式发展,应当切实打破垄断、提高服务业的市场化程度。首先,要按照公平、公正和公开的原则,认真清理服务业的市场准入规定,调整市场进入条件和标准,放宽市场准入。除国家法律、法规禁止进入的领域,其他服务领域各类资本均可进入。积极推动服务企业的体制改革,通过兼并、联合、上市、重组、加盟等方式形成一批投资主体多元化的大型服务业龙头企业和跨地区发展企业。允许民营资本以独资、合资、收购、参股、联营、特许经营等多种形式,进入我国入世后服务贸易承诺的9大类48个小类和CEPA(内地与香港更紧密经贸关系安排)17个子项所涉及的服务业领域;允许各类企业根据需要自主调整经营范围和方式,参与服务市场竞争。其次,改革政府管理体制,打破部门的行政性垄断,特别是社会事业领域中的部门化行政垄断。生产经营性事业单位要在产权制度改革的基础上加快建立和完善现代企业制度。文化、科技、体育、社会公益等事业单位,要按照市场化运作模式,采取委托经营、公司制改造、吸引社会资本投资等多种方式,逐步建立起适应市场竞争需要的产权制度和经营机制。卫生、教育中的非公共卫生、非义务教育部分要探索引入市场机制,实行社会化经营和管理。政府公益性行业要实行管办分离。继续推进机关、学校、企事业单位后勤服务部门向社会化服务企业的转移,或改制成为独立法人企业。加快行业协会同业公会、商会等民间组织的建设,充分发挥其在制定行业准则,规范内部行为,服务经营活动,协调内外关系,维护合法权益方面的积极作用,保障行业整体利益。

3. 营造适宜的发展环境

良好的制度与政策环境,是实现滨海新区服务业的跨越式发展的重要条件。新区应当在不断加深对服务业发展重要意义认识的基础上,用好先行先试政策,采取切实有效措施,营造服务业发展的良好环境。

进一步转变政府职能,为社会提供更好的公共服务。当前,国家之间、区域之间的竞争日趋激烈,包括基础设施、政府服务等在内的发展环境越来越成为决定资金、技术、人才等要素流向的一个关键因素,成为一个国家、一个城市综合竞争力的重要内容,而后者则更具根本性、决定性。自成立以来,滨海新区政府在转变政府职能,打造服务型政府方面成效明显,但在公共服务方面,政府既有"越位"的方面,也有"错位"和"缺位"的问题。一方面,政府包揽了一些本该由社会机构承办的事务,社会力量缺乏发展的必要空间,尤其是行业内服务体系发育严重不足,公共服务体系的发育严重滞后;另一方面,尽管各项经济指标在全国名列前茅,但在全国一级城市中社会事业发展水平较低,人口—社会关系较为滞后。在社会发展方面尚有许多亟待加强的地方。因此,应当按照社会主义市场经济的客观要求,按照科学发展观的要求,不断进行政府的自我变革,加快服务型政府的建设进程,尽快实现由生产型财政向公共服务型财政的转型,为社会提供良好的公共服务。

强化服务业发展的组织领导。把促进服务业发展作为落实科学发展观、争当科学发展排头兵的重要工作,切实研究和解决服务业发展中的问题。抓紧完善服务业常设管理工作机构,做到机构、编制、人员、职责、经费五落实,并建立、完善相应的工作制度。服务业常设管理工作机构要加强与其他职能部门、行业管理部门和行业协会的协调与配合。各部门、各行业机构要积极支持和配合综合职能部门开展工作。要研究制定科学的服务业发展指标并将服务业发展列入政绩考核指标。如前所述,服务业在 GDP 中的占比有其局限性,同时,服务业的发展与区域的自然禀赋、产业发展等密切相关,因此,建议不将服务业在 GDP 中的占比作为主要考核指标,而着重考核服务业增加值增长速度、以常住人口计算的人均服务产品拥有量、服务密度、服务业固定资产投资总额占比、服务业实现地方税收占比等指标。各级政府要进一步加强对服务业统计工作的领导,加强服务业统计管理和人员力量,改进服务业统计制度和统计方法,增加服务业统计信息的发布频率和内容,切实加强服务业统计工作。

改善服务业发展的政策环境。由于各种原因,目前服务业发展的政策环境还不够公平,影响服务业的进一步发展。应当按照"三个有利于"的标准,本着凡是别的省市能干的新区也能干,凡是国家没有明令禁止的都可以干,凡是过去规定不能干但现在已不合乎实际情况的也可以试着干的原则,用足用好国家和天津市给予的政策空间。一方面积极向上争取,允许制造业先发地区在某些政策上反哺服务业,向服务业适当倾斜。另一方面,认真梳理现行政策规定,研究新的扶持政策,实行分类指导,对重点行业实施重点扶持。重点研究新区权限范围内的行政事业性基金、收费项目减免政策和地方财政扶持政策,加强对服务业投入的引导和扶持。逐步调整和形成有利于服务业发展的用地、用水、用电、用气政策。各行业管理部门和行业协会要主动配合,在各自职责范围内做好相应的服务工作。

优化服务业发展的投资环境。遵循服务业发展规律,在城市发展和建设规划中,给服务业的拓展升级预留足够的发展空间。优先将重大服务业基础设施建设列入各级政府投资计划;积极支持和帮助有发展前景的大型服务企业通过上市、发行企业债券、合资合作、融资租赁以及产权交易等方式向资本市场直接融资。加快发展金融保险业,鼓励业务创新,拓宽金融服务领域,促进银行、证券、信托、保险等现代金融业发展。鼓励发展创业基金和风险投资基金。积极创造条件壮大地方金融机构,加大对中小服务企业的资金支持和对外扩张。加快制定和完善规范服务业市场主体行为和市场秩序的地方性法规和政府规章,调整和修订不利于服务业发展的法规和规章,进一步加强执法队伍建设,强化依法监管。严禁向服务业企业乱收费、乱检查、乱评比、乱设限。

4.注重发挥人力资源的作用

在全球化时代,国际社会的一个普遍共识是,社会政策应该被看作是对人力资本与社会资本的投资,人力资本与社会资本的提高有助于对瞬息万变的经济环境作出积极的响应,对提高竞争能力有着极为重要的作用。发展型社会福利模式的主要倡导者 J. Midgley 强调,社会福利应当投资到具有促进人力资本、就业、社会资本、劳动技能以及低成本高效益的社会项目上,并致力于消除社会成员参与经济的障碍。以 P. Taylor－Gooby 等为代表的新福利主义者认为,在充分就业、再分配以及提供费用较高的普遍福利已经成为不可能的情况下,社会福利支出只有用于人力资本的投资和增加个人参与经济的机会才会有可行性。2003 年,C. Pierson 和 N. Eilison 提出的国家竞争力理论,也强调政府要营造一种灵活的、以提高人力资本为目标的制度框架,从而增加国家的竞争力。1998 年,欧盟在回顾了社会政策与经济效益之间的关系后提出的一系列改革措施中,就有公共支出向投资人力资本方向倾斜的内容。2000 年 3 月欧盟首脑达成的“里斯本战略”,提出为使欧盟成为世界上最具竞争力和最有活力的知识经济,在社会政策中应当突出适应时代需要的教育和培训,使公民具备在知识社会生活和工作的技术,并为经济的未来发展准备必需的人力资源。

由于服务业大多具有面对面服务的特性,服务业的价值主要来源于服务业从业人员的技能。与制造业相比,服务业特别是现代服务业对劳动者素质的要求更为全面,服务业对素质高、知识面广的人才,特别是那些在解决疑难问题、沟通、协调和合作方面得到特殊训练的人才的需求更为迫切。服务业外商投资,偏好的也是人力资源充足,人才素质较高的国家与地区。滨海新区现代服务业发展不快,与新区高素质服务业人力资源的缺失密切相关。因此,应当在重视发展劳动密集型服务业,发挥其吸纳就业的载体功能的同时,建立和完善服务业人力资源培养和引进的有效机制。首先,要通过各种方式,大力引进高层次、高技能、通晓国际惯例、熟悉现代管理的高级服务业人才。进一步完善服务业人才、智力和项目相结合的柔性引进机制,畅通服务业人才引进绿色通道。建立健全人才评估体系和激励机制,通过有力的措施吸引、留住、用好人才,努力创造让各类人才充分施展才干的良好环境。其次,加强教育培训工作,加快形成服务业专业人才队伍。加强对服务业管理人才、专业技术人员的进修培训,积极发展职业教育培训和岗位技能培训,提高服务业从业人员的业务水平。建立境外培训基地,或与服务业发达国家与地区进行合作,共同推进人才培训的国际交流合作。充分发挥高等院校、科研院所以及各类社会机构的作用,加快服务业相关学科的建设,增设紧缺专业,培养急需人才。再次,要建立和完善服务业人力资源自由流动的市场机制,为资本型、技术型、知识型服务业的发展提供人才支撑。

5. 推进服务业对外开放

服务领域的对外开放对于实现服务业的跨越式发展具有十分重要的意义。世界银行在其发表的《量化发展国家服务开放的影响》的研究报告中指出:服务业的对外开放对经济发展具有十分重要的意义。通过外国直接投资来实现更激烈的竞争的方法减少服务壁垒,可以带来更多的福利增长。服务开放可以增加所有部门的经济活动,并提高资本和劳动力的实际回报率。全面服务开放带来的总福利增长可以达到最初消费的5%以上。这些收益大部分来自金融、企业服务和电信市场的开放。它们的开放可以使所有经济部门降低成本并全面提高效率收益。联合国的相关研究也验证了这一结果。联合国贸发会议发布的《2004 世界投资报告》认为,服务业外国直接投资在带来增量资金、增加就业的同时,将会显著提升东道国相关行业的水平并间接提高包括工业的生产效率,提升东道国的出口竞争力。因为服务业与制造业跨国资本流动的不同点之一,就是制造业可以把技术、销售、生产环节按照比较优势原则和成本最低原则异地分设,即把营销、研发环节等价值链的高附加值部分留在本国,而把低附加值的生产环节转移到资本输入国,而服务业业务的开展需要直接通过客户来实现,因此,绝大多数服务业项目必须是集技术核心、管理经营、服务内涵为一体的整体引进,同时还要根据消费环境的不同而有所创新,因此,服务业资本的跨国流动会比制造业产生更加明显的示范和带动作用。

滨海新区抓住了国际制造业资本转移的机遇,在打造现代制造业基地方面取得了明显成效。在国际服务业资本加速向发展中国家和地区转移,我国加入 WTO 并进入后过渡期,CEPA 开始实施,我国与新西兰、智利、南非等23个国家的自由贸易区谈判已经启动的今天,滨海新区应当抓住机遇,把服务业作为下一轮对外开放的重点,加快推进商业、贸易、旅游、金融、保险、教育、文化、卫生、中介等服务领域的对外开放,通过完善法律法规,加大人才培育和基础设施建设力度,强化服务业利用外资项目的储备、包装和推介工作,积极引进适应新区制造业发展的境内外知名服务机构,吸引境内外大公司在新区设立研发中心、采购中心、分销中心、物流中心以及其他分支机构,努力改变服务业利用外资明显滞后、结构不尽合理的状况。在引进资本的同时,要通过引入新的经营方式、新的服务理念和新的服务产品,增加服务业的有效供给,提升服务业的整体层次和竞争能力。同时,也要加快"走出去"的步伐,鼓励具有比较优势的服务企业走出去,到国际市场上开拓经营,参与服务贸易领域的国际合作与竞争,更加有效地利用国际国内两种资源、两个市场。而具有一定技术和资本基础的制造业的向外转移,也会间接地提升我市的服务业发展的规模和水平。因为国内企业向外输出资本会对与此相关的融资、法律、咨询等中介服务提出新的要求,并带动服务贸易的出口。

(二)滨海新区新型服务业发展重点领域

今后五到十年是滨海新区新型服务业大发展的机遇期。通过对全球新型服务业的发展趋势和服务业集聚发展城市特征的分析,结合我国目前服务业的发展趋势和新区的实际情况,本研究认为滨海新区发展服务业重点是:

优先发展金融、科技信息服务业两个"先导"产业。金融业和科技信息服务业是最具创新空间的现代服务业,具有良好的产业关联效应和渗透能力。选择这两个产业作为先导产业,目的是提高现代服务业体系的整体层次和高端服务业比重,提高传统产业的融资效率和科技创新效率,对服务业增加值带来1%～2%的间接拉动作用。

稳步提升现代物流、商贸服务业、房地产业三个"支柱"产业。现代物流业、商贸服务业和房地产业是滨海新区传统优势产业,三个行业增加值总和占服务业整体比重超过50%,是现代服务业增加值的主要来源。选择这三个行业作为支柱产业,目的是继续发挥对服务业增长的支撑作用,对服务业增加值的贡献率保持在40%左右,增加值增速保持在10%—20%。由于用地规模和产值基数水平等约束,这些产业在保持平稳增长的同时,进一步着力提高产业质量,业务种类和企业发展模式由传统服务业全面向现代服务业转变。

加速推进旅游业、文化创意产业、会展业、教育业四个"成长"产业。旅游业、文化服务业、会展服务业和教育培训业在滨海新区现代服务业增加值比重在5%以下,但具有良好的产业基础和巨大的市场需求。选择这些产业作为成长产业,目的是进一步挖掘增长潜力,培育新的增长点和形成新的优势产业。

突出总部经济、离岸金融和服务外包三个新型产业形态。新型服务业态是滨海新区服务业的特色,是党中央国务院为滨海新区定位后,极具发展潜力和竞争力的产业形态。这些服务业态主要包括总部经济、服务外包和离岸金融,对于这些新兴产业形态一定要突出发展、大力发展。

加快发展医疗卫生行业、体育业和社区服务业三个社会公共服务业。医疗卫生行业、体育业和社区服务业是重要社会公共服务业,是改善居民生活质量的重要保障。虽然目前经济效益并不显著,但社会效益明显。发展这三个产业,目的是进一步满足居民日益增长的相关需求,在适合产业化的部门进一步提高经济贡献。

以先导产业引领产业结构高端化,以支柱产业提升产业结构高质化,以成长产业带动产业结构高新化,以完善的社会公共服务为保障。到

2020年,形成金融业、科技信息服务业、现代物流业、商贸服务业和旅游业五大优势产业。

(三)滨海新区新型服务业整体发展战略

按照滨海新区新型服务业的发展思路和确定的新兴服务业发展的重点领域,本研究确定了滨海新区新型服务业的具体发展战略。

1.加快建设国际航运中心和国际物流中心

以天津港和天津滨海国际机场为龙头,着力发展航运服务、现代物流、国际贸易等航运服务业,形成联通五大洲、辐射中西亚的现代航运物流体系。

港口和机场建设。加快天津港深水航道载体建设和码头建设,扩大吞吐能力,优化货物运输结构,建成国际化深水大港、东北亚地区国际集装箱主枢纽港和中国北方最大的散货主干港。同时,加快建设中国北方国际航空物流中心和大型门户枢纽机场,吸引更多航线航班落户滨海国际机场,建成辐射中国北方的保税国际物流中心和国际货物大进大出的绿色通道。

发展海铁联运,形成多式联运体系,加快无水港建设,实现货运的"无缝"对接。推进港口功能、保税功能和口岸功能的延伸和拓展,形成对内的扇形辐射;引进大型船务公司,加强与世界各港口的往来,发展中转运输,形成对外的扇形辐射。

以国际贸易与航运服务中心为依托,发展船务代理、货物通关等一体化服务,构建一流的国际口岸。推进物流服务专业化,鼓励发展第三方、第四方物流,积极培育具有供应链设计和物流战略规划能力的物流企业,形成开放型、社会化、信息化的物流网络体系。

利用天津港保税区和东疆港保税港区政策,建设汽车、棉花、电子、钢材、食用油医药和医疗设备等大型保税物流中心。建设现货、期货和电子等多种形式的保税市场。积极探索国际贸易的市场化路径。

深化口岸监管制度创新,构建集口岸通关、航运物流、金融保险、电子商务和政策发布于一体的口岸信息化平台,建立便捷的大通关体系。推进船籍注册业务发展,争取成为世界重要的方便船籍注册地。

2.创新发展金融服务业

围绕北方经济中心和综合配套改革试验区的使命,深入推进新区金融领域的创新发展,积极承接国家在金融企业、金融业务、金融市场和金融开放等方面的重大改革试验,建成全国金融改革的创新基地。

完善私募基金服务体系,深入改革私募基金注册登记制度,吸引更多的私募基金登陆新区,推进私募基金交易市场的建立,为私募基金的上柜交易提供平台。加快天津股权交易所建设,尽快建成全国性非上市公众公司股权交易市场,形成业务覆盖全国的市场体系架构。积极研究推出基金、债券、信托产品、理财产品等交易品种。

充分利用新区金融改革先行先试的政策优势,积极推进金融租赁业务的开展,拓展金融租赁业务范围。开展商业物业投资基金投资信托基金(REITS)试点,探索不同的经营模式,建立房地产物业长期持有、租赁经营和直接融资模式。

推进清洁能源交易市场试验,改进和完善交易所的市场体系。积极争取国家碳交易、国家温室气体排放权交易试点,推动主要污染物排放权交易试点等。开展各类节能减排综合咨询服务,推出各类综合服务。支持交易所开展市场推广和营销,实现跨区域服务。

推行金融机构综合经营,鼓励金融机构开发新产品和新业务。争取承接存贷款利率和保险费率的市场化改革,探索金融领域的市场价格形成机制。推进外汇管理改革,探索在东疆保税港区开展离岸金融业务。积极开展企业债券和地方政府债券发行工作。

3.做大做强总部经济

加大政策支持力度,完善配套服务,吸引更多企业在滨海新区设立总部、地区总部或部门总部,逐步使新区成为企业总部聚集地。

吸引更多企业在滨海新区设立总部和二级总部,重点吸引企业研发中心、营运中心、销售中心、资本运作中心等生产性服务业环节集聚到滨海新区,使滨海新区成为大型企业开展创新活动的中枢、中小企业业务扩展的后勤服务保障基地。

通过行业协会总部促进现代服务业的规范发展,积极参与行业标准等规则制定工作。

加快中心商务区等商务设施建设，完善五星级酒店等商务配套服务项目建设，优化生活空间和宜居水平，提高对总部经济的服务、支撑能力。

4.大力发展服务外包

紧紧抓住国际服务业转移和国际服务外包市场迅速扩张的机遇，以欧洲、美国、日本为主要目标市场，积极承接跨国公司的服务外包业务，做大做强一批服务外包企业，加快建成国家级服务外包基地。

以开发区服务外包产业园、保税区空港经济区服务外包园、高新区软件与服务外包产业园为重点，建设具有国际水平的现代服务外包基地。重点发展金融后台、生物医药、软件开发、动漫游戏、信息服务、国际物流、信息安全等服务外包领域。

立足新区外资企业集聚的基础，积极开展离岸外包业务，引进金融后台、技术研发、软件开发、物流采购等跨国公司运营中心，承接跨国公司总部和研发中心的服务外包业务。

在加快发展业务流程外包（BPO）基础上，推进信息技术外包（ITO）和知识流程外包（KPO），促进滨海新区服务外包业产业结构升级，全面提升国际竞争力。

建设国家级服务外包基地和人才培训基地，开展多种形式的服务外包人才培训，鼓励国内外服务外包高级人才来滨海新区创业。

5.大力开拓旅游和会展业

以滨海"大旅游"发展为理念，立足京津冀，面向环渤海，把旅游业培育成新区经济的战略性支柱产业，构建面向全球、特色鲜明、精品集聚的天津旅游发展龙头板块，中国滨海旅游产业示范区，东北亚海上旅游枢纽和国际邮轮母港。把滨海区打造成为面向全球，特色鲜明，精品集聚的国内一流、国际知名的旅游目的地。

重点建设和提升五大核心项目组团（滨海旅游区、北塘片区、东疆港、中新生态城、中心城区、官港生态旅游区），着力建设各重点项目组团，扩大丰富旅游产业链条。以"休闲度假游"、"海滨观光游""现代工业游"和"文化历史游"四大优势主题，加快建设旅游设施。建设一批新的大型旅游项目,策划举办一批有特色的旅游节庆,并努力打造成为国际品牌,使滨海新区能够吸引人、留住人、人气旺,成为活力、时尚、美丽的海滨新城。

推动大旅游、大交通、大配套建设,新建一批星级酒店、经济型酒店、特色餐饮酒店和高档商业设施,提高旅游接待能力,提升硬件水平。统筹旅游管理、健全旅游法规、制订旅游标准,完善公共服务。

以滨海新区生态城市博览会为契机,以滨海国际会展中心为载体,以产业化、市场化、专业化、品牌化、国际化为导向,以良好的区位、交通优势和先进的会展业硬件设施为依托,把滨海新区会展业培育成发展快、辐射广、带动力强的新兴产业,使新区成为在国内外具有较大影响,特色鲜明的环渤海区域会展名城。

加快项目建设、培育品牌展会。积极承办高层次国际、国内会议。在提升新区现有会展活动的举办水平基础上,不断引进和培育一批国际化程度高,产业带动力强的优秀品牌展会,同时发展各类专业展览。

完善会展服务体系,做大做强会展产业链条,大力促进交通运输、旅游、食宿、通信、翻译、广告、印刷包装、展览工程等会展配套服务业的发展,协调好会展产业链各环节的分工与协作。使会展业真正成为体现滨海新区城市特色、提升综合服务功能的新兴产业。

6.努力推进科技与信息服务业

依托开发区、保税区、高新区三个科技创新服务园区,针对航空航天、电子信息、汽车船舶、生物医药、新能源新材料等战略性新兴产业,提供技术支持、信息咨询、知识产权转让等多种形式的服务,实现智力资源和科技成果的快速转化,提高滨海新区企业的自主创新能力和科技成果转化应用能力。

构建以企业为主体的产学研技术创新联盟,加快创新成果的转化和应用。加快科技企业孵化器、科技评估、科技招投标、技术产权交易、科技研发、技术推广、工业设计和节能服务等专业化的科技服务机构发展,逐步形成与一二产业发展水平相适应的科技服务支撑体系。促进滨海新区成为先进技术的承接地和扩散地,高新技术的原创地和新型战略性产业的研发、转化和扩散基地。建立科学技术研究与高等教育发展紧密结合的知识创新体系。打造新型信息产业,创建物联网的自主创新高地。发展网络增殖服务,抓住基于下一代互联网、第三代移动通信网所带来的产业发展机遇,积极推进"三网融合"。使滨海新区在发展新兴信息产业方面走在全国前列,成为信息化、智能化高度发达的"智慧名城"。

7.培育壮大文化创意产业

以开发区服务外包产业园和滨海高新区国家级软件出口基地为依托,重点发展为高新技术服务的工业设计、服务和会展等相关的创意产业,提高滨海新区创意成果转化能力。

支持以中新生态城国家级动漫产业园为中心的文化创意产业群,发展动漫、影视、广告、数字媒体、民间艺术等文化产业。

8.提升商贸流通服务业

以京津冀合作为契机,以政策优势和载体优势为依托,大力发展商务流通,增强滨海新区商务流通对中国北方地区的辐射能力,把滨海新区打造成为体系完备、服务完善的商贸示范区和中国北方商贸中心和东北亚国际贸易中心。

打造"两个中心",增强辐射能力。适度发展大型购物中心,积极引进国际著名商业连锁企业,加快发展连锁经营和新型业态。增强商贸企业的实力和规模,培育主业突出、核心竞争力强的大型商贸流通企业,培育世界级商贸集团。提升商业的集聚、辐射能力和现代化水平。大力发展专业市场等生产性商贸服务业,加快推进与市民生活密切相关的生活性商贸服务业发展。规范发展拍卖、旧货、典当、租赁等特种商贸服务业,重点增加餐饮、娱乐、休闲等高品位、特色化商贸服务内容。打造具有全国知名度的商业旺区,形成新区商业品牌,增强对异地消费者的吸引力。构建有特色的北方购物天堂,形成中国北方重要的商贸中心。通过新区邮轮母港和为邮轮服务的消费社区建设,打造具有异域风情的国际商贸中心。进一步增强新区商贸服务业对中国乃至国际的辐射能力。

优化商圈结构,健全市场体系。围绕城市居民区,重点建设塘沽居民区、开发区中心区、大港城区、油田城区、中心渔港、中新生态城、南港生活区等七大商圈,形成完善的商圈布局,商圈联动,共同发展。依托七大商圈,积极建设大交易市场,探索发展大宗商品现货与期货等大型专业化市场,形成交易量大、辐射面广、结构完整、层次合理的商品市场体系。

发展商业网点,推进便民服务。大力发展社区商业,完善社区服务体系。建立区级、镇街、社区三级商业网络体系,提高农村城镇便民商业网点覆盖率。完成社区商业建设和改造工作,形成以中型商业网点为骨干,以小型网点为主体的居民日常生活消费社区服务网络。在居民区周边统一规划建设"业态齐全、设施达标、连锁经营"的便利店、早点快餐店及废旧物资回收点等便民商业网点。

课题组负责人:孙洋(天津滨海综合发展研究院)、邢春生(天津市滨海新区纪委、天津滨海综合发展研究院)

课题组成员:李垣煜(天津滨海综合发展研究院)、杨钊(天津滨海综合发展研究院)、徐刚(天津滨海综合发展研究院)、蒋宁(天津滨海综合发展研究院)、贺然(天津滨海综合发展研究院)、吴建新(天津滨海综合发展研究院)、武晓庆(天津滨海综合发展研究院)、王利(天津滨海综合发展研究院)

课题报告完成时间:2011 年 6 月

参考文献

(美)格鲁伯,沃克.服务业的增长:原因和影响[M].上海三联书店,1993

裴长洪.中国服务业发展报告[M].社会科学文献出版社,2005

雷鸣.天津市服务业发展探析[J].中国城市经济,2010(6)

孙永波,于清.现代服务业发展的困境与对策[J].国家行政学院学报,2009(2)

马鹏,李文秀,方文超.城市化、集聚效应与第三产业发展[J].财经科学,2010(8)

管驰明,高雅娜.我国城市服务业集聚程度及其区域差异研究[J].城市发展研究,2011(2)

闫星宇,张月友．我国现代服务业主导产业选择研究[J]．中国工业经济,2010(6)

盛垒．新型服务业的全球发展态势[J]．改革与开放,2007(4)

王元京．加快新型服务业发展的思路[J]．财经问题研究,2004(4)

王元京．新型服务业的判定标准[J]．经济研究参考,2003(7)

姜晖．创意经济与新型服务业[J]．华东科技,2008(10)

吕政,刘勇,王钦．中国生产性服务业发展的战略选择[J]．中国工业经济,2006(8)

朱晓青．北京现代服务业发展现状及其核心产业群探讨[J]．北京社会科学,2007(4)

黄维兵．现代服务经济理论与中国服务业发展[M]．成都:西南财经大学出版社,2003

徐光跃．滨海新区现代服务业发展的探讨[J]．中国教育研究与创新,2006(11)

宋立瑛．论新兴工业与现代服务业融合发展在东北地区产业结构中的战略意义[J]．东北亚论坛,2006(6)

白仲尧,依绍华．服务业与综合国力的关系[J]．财贸经济,2004(4)

李冠林,任旺兵．用科学发展观推进服务业全面发展[J]．宏观经济管理,2004(10)

郑吉昌．我国产业结构的调整与服务业的发展[J]．现代管理科学,2004(6)

王小鲁、樊纲．中国地区差距的变动趋势和影响因素[J]．经济研究,2004(1)

顾乃华．我国服务业发展状况地域差异及其影响因素的实证分析[J]．财贸经济,2004(9)

李善同．凸现新经济特点——世界服务业发展趋势[J]．国际贸易,2002(3)

江小娟,李辉．服务业与中国经济:相关性和加快增长的潜力[J]．经济研究,2004(1)

胡左浩.服务特征的再认识与整合服务营销组合框架[J].中国 48 流通经济,2003(10)

王家新.对我国产业结构进行战略性调整的探讨[J].财贸经济,2003(4)

李江帆.新兴工业化与第三产业的发展[J].经济学动态,2004(1)

曹建海,李海舰.论新型工业化的道路[J].中国工业经济,2003(1)

张庆华.国外服务业现状[J].科学时报,2003(12)

李辉.我国地区服务业发展影响因素研究[J].财贸经济,2004(7)

邬义钧.论产业结构优化升级与所有制结构调整[J].中南财经政法大学学报,2003(3)

栾福茂.国外振兴老工业基地的经验[J].经济理论与经济管理,2002(3)

张敏.关于东北老工业基地调整和改造的建议[J].统计与咨询,2003(3)

陈庆修.经济结构调整应把握的几个要点[J].国家行政学院学报,2003(1)

王述英.西方第三产业理论演变述评[J].湖南社会科学,2003(5)

朱晓青,林萍.现代服务业的界定与发展研究[J].北京行政学院学报,2004(4)

冯年华.知识产业与区域经济可持续发展[J].现代经济探讨,2003(4)

魏江.知识密集型服务业与创新[M].科学出版社,2004

任旺兵.我国服务业发展的国际比较与实证研究[M].中国计划出版社,2005

Christiane Hipp, Knowledge — Intensive Business Services in the New Mode of Knowledge Production[J]. AI&Soc,1999,13

Muller, E. , Zenker, A. Business services as actors of knowledge transf —ormation:the role of KIBS in regional and national innovation systems[J]. Research Policy,2001,30

Gu Naihua. Several considerations about the basic connotation and the developing policy of modern service industry[J] . Study and Exploration, 2007,(3)

关于依托天津滨海新区临空产业区发展航空产业实施方案的调研报告

【摘要】本报告从航空产业的特征和内涵入手,系统分析了全世界先进地区的航空基地发展的基础和特点,在此基础上,对滨海新区航空产业发展进行了优劣势分析。结合航空业发展的先进理论和实践与滨海新区的实际相结合,提出了依托天津滨海新区临空产业区发展航空产业实施方案的具体建议。

一、课题研究背景

航空产业是高技术密集的战略性产业,代表着一个国家的综合实力和科技水平,具有明显的高端高质高新特征,聚集效应、带动效应、引领效应十分突出。发展航空产业有利于促进信息化与工业化相互融合,有利于推动产业结构优化升级,有利于形成现代产业体系。世界发达国家和地区、有条件的发展中国家和地区,都在竞相发展航空产业,积极抢占经济和科技发展的制高点,赢得综合实力和科技水平竞争的主动权。正是从这个意义上,胡锦涛总书记在《党的十七大报告》中明确要求,要"提升高新技术产业,发展信息、生物、新材料、航空、海洋等产业"。

《党的十七大报告》中要求"更好发挥经济特区、上海浦东新区、天津滨海新区在改革开放和自主创新中的重要作用",这是天津滨海新区被列入国家"十一五"发展规划之后,中央对滨海新区提出的要求。最近,胡锦涛总书记在天津考察工作时明确提出,滨海新区要成为深入贯彻落实科学发展观的排头兵,天津要努力在贯彻落实科学发展观、推动经济社会又好又快发展方面走在全国前列,在保障和改善民生、促进社会和谐方面走在全国前列。认真贯彻落实党的十七大精神和胡锦涛总书记的要求,紧紧抓住滨海新区开发开放的宝贵机遇和国际航空产业转移的有利时机,依托滨海新区临空产业区加快发展航空产业,是更好实施高新技术产业带动战略、做强做大第二产业的迫切需要,是建设高水平的现代制造业和研发转化基地、推进北方经济中心建设的内在要求,是推进滨海新区龙头带动、中心城区全面提升、各区县加快发展三个层面联动协调发展、实现天津科学发展和谐发展率先发展的战略举措。

空客 A320 总装线项目的入驻,为天津临空产业区航空产业的发展提供了宝贵的契机,注入了强大的动力。要坚持主动发展、顺势发展、持续发展,充分把握航空产业发展的内在规律,坚持高标准规划、高水平建设、高效能管理,以深化改革、扩大开放为根本途径,高度重视提高自主创新能力,有效发挥自身优势,着力提升产业能级和技术水平,千方百计抓好项目带动,不断强化产业聚集,努力做到"站在高起点、抢占制高点、达到高水平",依托临空产业区实现天津航空产业又好又快跨越式发展。

二、航空产业集群的主要特征和分阶段发展规律

(一)航空产业集群的内涵

所谓的航空产业,主要指飞行器及其所载各种设备、各种地面设备的制造,以及相关的研发、销售和服务产业,通常包括生产企业、修理企业和独立的或隶属于生产企业的研究部门、设计部门、销售部门、试验与试飞基地(中心)和管理部门。可以说,航空产业是一个横跨制造业和服务业、技术高端、产业链条长、产品和服务类别较多的集群化的综合性现代产业。

航空产业的主要行业有:整机制造、零部件制造、航空新材料、航空机载设备、航空维修、飞机改装、货运、航空旅游、服务及培训、航空科技研

发、航空技术服务等,是以整机制造为龙头,以零部件、航空材料及相关设备生产(包括空管设备、机载设备、特种设备、维修设备、计算机系统等)为配套,以航空维修、改装、加装、培训等服务为延伸的完整产业链。

(二)航空产业集群的特征

1.高技术性。航空产品的研制以空气动力学、微电子、激光、计算机集成制造、仿真等高技术为基础。同时,航空产业的需求又是推动微电子技术、自动控制、计算机、新材料和先进制造工艺等技术飞速发展的主要动力之一。

2.高带动性。航空高技术的发展可以通过向一般民用产品转移,带动其他产业的发展,如冶金、机械制造、材料化工、精密仪器、通讯电子、造船、计算机、工业自动化等领域的科技进步;产业的渗透及二次应用的领域也非常广泛,主要包括通信、数据处理、环境保护、能源开发、医药和消费品生产、工业制造与加工以及运输等领域。

3.高投资。航空产业以高技术为支撑,以科研院所、大学和企业的高技术研究开发成果为基础,是技术密集和资本密集型产业,需要大量的顶尖科技人员,对研发投入的要求很高。

4.高风险。航空产品研制的周期长;若飞行失败,昂贵的器械会毁于一旦,造成极大的损失;高技术产品和服务的时效性很强,跟不上更新换代步伐,就会被市场淘汰,前功尽弃。因此,航空产业要想盈利,就必须有一定的规模,使产品达到足够的数量,超过盈亏平衡点。只有这样,高投入才会得到高回报,高附加值所带来的高利润才能变成现实。

5.高效益。航空产品的效益具有整体性。由于航空技术产品和服务的高附加值,以及对传统产业改造的辐射作用和对其他产业的渗透性和交叉融合性,因而能够带来巨大的直接经济效益,同时它还有巨大的军事、社会效益。

(三)航空产业集群价值链的构成

以迈克尔·波特的价值链理论为基础,如表1所示,可将航空产业集群价值链分解为八个环节:人力资源管理、研究与开发、采购、进料后勤、生产经营、发货后勤、市场营销、服务。这里,我们着重分析五个环节:研究与开发环节、物流环节、生产环节、市场营销环节、服务环节。

表 1　航空产业集群价值链

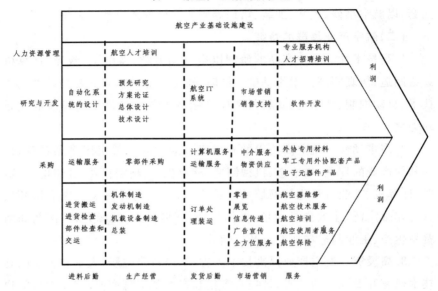

1. 研究与开发环节。这是航空产业集群价值链的基础和开端环节。指对飞行器的研究和开发,主要包括对航空器的研究和开发,包括预先研究、方案论证、总体设计、技术设计、试制和试验、设计定型、工艺定型和批生产、发展和改型等。

2. 物流环节。这是航空产业集群价值链的供给和支撑环节。由于航空产业具备技术新、批量小、难度大的特点,其物流环节的特点是"多、高、少、急"。所谓多,指航空专用和新型物资品种规格、生产协作点多;所谓高,指航空物资性能、质量可靠性、技术标准高;所谓少,指需要数量少;所谓急,指航空型号为指令性计划,进度要求紧,通常备料周期短。航空物流管理包括物资计划、电子元器件管理、新型材料科研试制管理、专用非标准机电产品外协试制管理、物资进出口管理、物资消耗定额管理、物资储备定额管理、物资储运、物资统计以及现代化管理方法和电子计算机在物流中的应用。

3. 生产环节。这是航空产业集群价值链的中心和物化环节。飞机制造的主要对象包括机体制造、发动机制造、机载设备、总装 4 个环节。

(1)机体制造。机体的关键制造技术包括机翼整体壁板喷丸成形技术、装配连接技术、大型整体构件制造技术、数控集成制造技术等。飞机机体包括五个主要组成部分,即:机翼、机身、动力装置、起落装置和稳定操纵机构。其中涉及的关键操作有毛坯制造和零件加工。

(2)发动机制造。发动机关键制造技术包括特种加工技术和先进焊接技术。特种加工技术包括激光加工技术、电子束加工技术、离子束加工技术、电解加工技术、精密电火花加工技术(采用多轴、多坐标电火花加工中心)、磨粒流加工技术。先进焊接技术包括电子束焊接技术(大型真空电子束焊接机)、真空钎焊技术、扩散连接技术、惯性摩擦焊技术。

(3)机载设备制造。飞机机载设备关键制造技术主要有:微电子工艺;超精密加工技术,包括超精密切削技术(车削、铣削)、超精密磨削和镜面磨削、超精密复合加工、超微细光刻技术等;微型制造技术;自动化加工技术,包括计算机辅助设计/制造和柔性制造技术。

航空仪表。主要有驾驶导航仪表、发动机仪表、辅助仪表。"驾驶导航仪表"包括空速表、高度表、各种导航仪和自动驾驶仪等。"发动机仪表"包括喷气发动机涡轮轴转速表和喷气温度表等。

电气设备。主要包括电源和用电设备两部分。主电源系统由发电机、调压控制保护电器和蓄电瓶等组成。此外还有升压器、交流器等作为二次电源或辅助电源。用电设备主要包括照明、信号设备、各种电动仪表、无线电设备、电气加热设备和电动机等。用电设备包括:飞机照明设备,如座舱灯、荧光灯和着陆灯等;信号设备,如航行灯、起落架、襟翼和减速板信号灯及某些警告灯等;电气加热设备,如全静压管(空速管)、机翼前缘、发动机进气口、气密座舱的玻璃等处的加热设备、座舱和飞行服的加热设备。电动机,如用来操纵调整片、全动尾翼、转动炮塔和带动油泵的电动机。

无线电设备。它一般包括无线电通信联络设备、雷达和无线电导航设备等。

通信联络设备。飞机上所用的通讯设备包括:指挥联络电台、远距离通讯电台及机内通话装置等。

机载雷达。现代飞机常用的有全景雷达、测距雷达、雷达询问器、雷达回应器、护尾器、火力控制雷达、地形跟踪和地形回避雷达以及无线电高度表等。

飞机高空设备。高空设备包括气密座舱、氧气设备和高空补偿服等。

飞机安全、救生设备。其中有:防冰设备、防火设备、灭火设备、抗荷服、降落伞、水上救生设备、弹射座持和弹射座舱等。

(4)总装。包括:先将许多零件装配成一些比较简单的构件,如翼梁、翼肋和隔框等,然后再把它们装配成比较复杂的部件,如机翼、机身和尾翼等。最后再把若干部件总装成整架飞机。总装过程比较复杂而且工作量很大,常用的装配连接方法有铆接、焊接、胶接和螺接等。此外,还有一些新的连接方法如电子束焊和扩散连接技术等。

4.市场营销环节。这是航空产业集群价值链的价值实现环节。国际化的航空产业市场营销体系主要表现在营销战略、渠道和广告促销策划等方面。因此,合理的航空产业销售市场结构模式应该以航空产品为主体、经销商为主导、全方位服务为特点、用户为核心,把整机、零部件制造企业、经销商、产品用户、维修服务、金融服务、保险服务和工商管理容纳联系在一起,具有零售功能、展览功能、信息传递功能、广告宣传功能和全方位服务功能。

5.服务环节。这是航空产业集群价值链的延伸和增值环节。

(1)航空产业维修。航空维修产业是指机载设备维修、飞机机体维修和发动机维修,具体包括飞机、发动机整机及其部、附件的维修,也包括维修配套的检测设备和地面装备,对飞机进行延寿、改装、改进等。航空维修包括大修、中修或检修、特殊修理、定检、特检延寿、改进、改装等方式。

(2)航空技术服务业。航空技术服务产业包括产品测试、认证、IT技术服务系统、人才培养等。

(3)航空旅游、服务及培训业。集航空科技教育、航空培训、航空娱乐为一体的综合性航空博物馆,包括各种航空设备展览;开放飞机生产线;发展工业游览;航空培训及服务机构,包括飞行员培训和其他航空特种技能等人才培训基地。

（4）航空产品使用者服务业。航空器使用者服务产业包括劳务费用、购买或租赁属于别国或国际组织的航空器、通信和电视传送保障、租赁或分租通信信道、制造、解读和处理地球图像、导航和地形测绘保障等部门。

（5）航空保险业。航空保险产业包括与航空活动相关的各种保险活动,比如投保人支付的保险金、出现保险事故时保险公司支付的保险赔偿费等。保险费主要包括航空器保险、损失保险、终止合同保险、航空器内搭乘的人员和试验用动植物保险以及提前终止轨道运行保险等。

（四）航空产业集群发展的阶段性特征

航空产业具有典型的集群发展特征。在市场经济条件下,航空产业集群以市场为导向、以核心企业为主导、以资金和技术为纽带,产学研一体、上下游产品衔接、配套企业聚合,以多种组织形式形成一个高增值、广集聚、强辐射的有机整体,集中分布在特定区域,并在规模经济、外部性和利润最大化等经济规律的作用下呈现出明显的阶段性特征,一般分为裂变、聚集、扩散三个阶段。

1.航空产业集群裂变阶段的特征。逐步形成以大型航空企业为龙头,以航空核心企业为驱动力和吸引力的企业组织系统。核心企业裂变成功,最终形成规模大、创新和竞争力强、与外界联系较广的大企业,这些大的核心企业在集群式供应链系统起到衔接和聚合作用。此阶段航空产业集群化发展的表现形式主要有三种:线型组织是航空核心企业通过自身的优势将上游供应商和下游需求商联系在一起;星型组织是在航空核心企业通过自身的品牌、销售网络或设计上的优势,将生产制造装配运作的所有环节外包出去,这些核心企业通过对核心环节的强力控制将网络中其他单元企业的产品提供给客户来为自己服务;树型组织是线型组织的发展,是以核心企业为中心,将相关的环节外包出去,被外包的企业再将相关的业务细分后分包给再下一层次的分包商。

2.航空产业集群聚集阶段特征。形成以核心企业群供应链、以配套的中小企业群为外设的总线型结构。在此阶段,航空核心企业是该网络组织的中心企业单元,这些核心企业都在以自己为中心的局部范围内形成一个个"局域网"。与裂变阶段相比,核心企业的绝对主导地位有所下降;而与之配套的相关中小企业则由原来单纯的被支配地位变得越来越具有自主性和主导作用。

3.航空产业集群扩散阶段特征。航空产业扩散阶段的特征是创新体系和区域品牌的形成,主要表现为外散性的膨胀,核心产品的强化,拓展原有的生成空间,在其内部产生分化,将强势产业和产品升级或提升,弱势的则向外层扩散转移,形成迁移。

从空间上看,航空产业集群表现为第一阶段的相对孤立、零星、分散状态,第二阶段的小区域聚集状态,以及第三阶段的更大空间的重新集中布局状态。

三、国内外航空产业发展的基本情况与主要经验

发达国家航空产业已经呈现出成熟的集群化发展特征,我国航空产业也依托临空产业区向集群化发展。这一过程既是一个市场机制发挥基础调节作用的自然过程,同时也是政府自觉发挥主导作用的结果。其共同特点是,政府宏观引导和支持,企业主体积极竞争与合作,并以竞争力强的大型企业为核心,按照产业链、价值链、利润链有机组合,通过专业化生产和服务、规模化经营和扩张,在特定区域集中发展。

(一)法国图卢兹航空产业发展情况

1.航空科技人才、科研机构聚集。图卢兹拥有众多的科技人才,有400多所科研单位,10500个科研人员,与其息息相关的尖端科研机构航空中心、国家气象中心、国家研究中心的总部都设在图卢兹。这些科研人员和电脑专家是组成现代航空产业不可或缺的"流水线操作工"。同时,图卢兹是飞机技师和飞行员的培训基地。另外,图卢兹拥有仅次于巴黎的大学城,10多所高等院校的在校学生人数达到了总人口数的1/10,还有法国最重要的三所航空大学和图卢兹民用航空学校等,如此高数量的知识阶层也是图卢兹处于科技前沿地位的重要原因之一。这些大学和院校的毕业生大都成为空中客车公司或欧洲其他航空公司的航空技术人员和飞行员。比如空中客车公司就在 ENSICA 大学设置了飞行器工程师

学位和航空器材硕士学位,每年为学习成绩优异者提供奖学金,毕业生定向分配到空中客车公司工作。

2.航空产业以欧洲空中客车公司为主导。图卢兹的航空产业是以主导企业欧洲空中客车公司为中心发展起来的。在当今世界飞机制造业中,欧洲空中客车公司处在国际市场领先地位,是拥有100座以上机型开发制造能力的两家主要公司之一。空客及其周围的500个支持企业的网络,构成了图卢兹的航空产业集群。

3.获得了国家和区域政策的大力支持。空客服务于只有一个竞争对手的高度专业化的全球市场,其集群的创新动力是通过基础设施、大学研究、技术员和充裕的资金等政府提供的资源。在图卢兹飞机产业迅速崛起的过程中,国家和地方政府的政策发挥了重要的作用。政府通过对空客直接间接的大量补贴极大地促进了图卢兹飞机产业的发展。空客全部银行贷款都是由政府担保的,其中包括空客新飞机研发成本的90%。在基础设施的建设和对图卢兹技术、发展的促进方面,政府也起了很大的作用。

(二)美国威奇托航空产业发展情况

威奇托市位于美国的堪萨斯州,是美国飞机产业中心之一。雷神飞机公司、塞纳斯公司总部都设在威奇托,波音也在此生产飞机,它们同在此城竞争和发展。现在,它们的竞争已延伸到世界各地。1998年,威奇托市雇员总人数34260人,雇员平均工资为37731美元。其飞机产业在美国20大经济区中名列第4位;总企业数为70家,专利数位居第2位。威奇托生产的商用飞机、通用航空及产品的配送方面在美国处于领先地位,相关的设备、金属零部件的生产和专业化服务(银行、会计和法律)也有较强的优势;当地的供应链集中于飞机的最终组装。

美国航空企业的集团发展都是政府从产业的战略地位考虑给予了大力的政策扶持,甚至是企业按照政府的政策意向进行了集团化合并和发展。企业向集团化发展,无疑可使资金集聚、产品结构互补、技术互补、优势互补,形成规模生产能力,最终增强了企业的整体竞争实力,巩固了国内外的垄断地位。威托奇政府除了直接的科技投入外,税收优惠包括:政府下属科研机构免征所得税,向他们捐款的单位和个人可减免税;大学的研究机构可作为"教育机构"免税;从事公益性科研活动的非营利性机构可以免税,而且"公益性科研活动"界定非常宽泛;企业商业性研究活动按增加的投入可退税20%。除了对符合上述条件的科研机构进行免税外,政府还对商业性研究开发活动实行退税政策,以示扶持。

(三)加拿大蒙特利尔航空产业发展情况

蒙特利尔航空城汇集了200多家企业与4万名员工的科技中心,占加拿大航空业总生产制造的62%及生产劳动力的50%。蒙特利尔航空产业成功的主要原因在于市场机遇的识别、与关键供应商之间的深入合作、地区劳动成本优势、政府财政政策的支持和联邦开发计划。

1.完善的航空产业链。蒙特利尔航空城以四大外包设备制造商(和他们的供应商与整合商)以及在发动机制造、整修及修理、航空电子设备、起落架等方面的领先专业知识享誉世界。

表2 蒙特利尔航空产业集群中的代表企业

飞机制造商	庞巴迪宇航公司:世界第三大民用飞机制造商以及全球领先的支线喷气飞机制造商 德事隆贝尔加拿大直升机公司:大型直升机制造商
发动机制造 大修 修理	加拿大普惠公司:全球领先的民用飞机、通用飞机、支线飞机和直升机发动机制造商
模拟仿真产品和培训	CAE公司:全球领先的飞行模拟器供应商
维护、修理和整修	罗尔斯·罗伊斯加拿大公司:飞机发动机翻新和工业涡轮机电子设备开发 ACTS公司:民用飞机的维护、修理和整修 L3通讯公司:军用飞机的维护、修理和整修
航空电子	CMC电子公司:全球领先的航空电信设备专业商之一 加拿大Thales公司:民用飞机驾驶舱和飞行控制集成系统制造商
起落架	Heroux—Devtek公司:起落架设计、开发、制造、完整维护及修理的全球领先企业 Messier—Dowty公司:全球领先的起落架制造商

2.拥有众多适合市场需求的大学。蒙特利尔多家学院提供航空领域

技术培训,包括蒙特利尔航空专业学院、国家航空技术学院等。加拿大70%的航空研发都集中在魁北克省,绝大多数企业研发中心都位于蒙特利尔航空城。蒙特利尔的航空工业包含有 10 余个世界著名的公共和半公共研究中心,其中包括加拿大局、航空制造技术中心、工业材料研究所、魁北克航空创新研究联合体(全球独一无二进行产业与大学合作的机构,旨在发展具有预备竞争力的研究项目)。

3.国际组织的聚集为蒙特利尔航空产业发展提供了有利环境。国际民用航空组织(ICAO)、国际航空运输协会(IATA)、全球卫星搜救系统(Cospas-Sarsat)、国际航空电信协会(SITA)、国际商用航空理事会(IBAC)、国际航空管理教育及研究中心(ICAMER)等数个重大的国际航空组织都设立在蒙特利尔,从信息、技术、人才等方面为蒙特利尔航空产业提供了极为有利的环境。

(四)巴西坎普斯航空产业发展情况

坎普斯是巴西东南部小城市,是闻名世界的世界第四大民用飞机、第二大支线飞机制造商巴西航空工业公司总部所在地。坎普斯航空产业成功主要原因在于识别了支线飞机的增长潜力,利用了已有的技术和经验,实现了资金的融通。巴航和世界上一些一级供应商合作,共同分担研发成本和风险,并集中于飞机设计、组装和市场、销售。巴西政府对其采取了许多优惠和扶持政策,在企业有一定基础和实力后,巴西政府改变以往对国有企业给予财政优惠的政策,全面推行企业私有化。巴西飞机制造业水平的提升,得益于税收激励与政府采购等措施的同时运用。政府实施的政策包括直接的资本投资、私有化、出口补贴、研发计划及财政刺激,这对企业发展起到很大作用。同时,巴西航空工业公司为适应现代化需求,不惜用重资建立了虚拟现实设计室,在设计方面达到了世界最先进水平。

(五)国外航空产业发展的成功经验

1.区域专业化发展道路。在国外,成功的航空城都有很强的竞争力,在发展飞机产业的同时,实现了城市的跨越式发展,即在较短的时期内,完成了经济生活中的知识、技术、结构等方面的积累和进化,进入现代水平的经济发展循环中。从其发展历程来看,很重要的一点就是,选择了区域专业化的发展道路。以航空产业为发展重点形成规模化生产,占有较大的市场份额,在全国乃至全世界都有较强竞争力。

2.集群发展形成规模化效应。航空产业集群发展可以使企业的原材料采购和零部件销售规模化。"邻近效应"可以使飞机技术创新在飞机产业的企业群体内共享,群体内可产生积极的竞争。航空产业集群易于形成品牌效应,图卢兹、威奇托、蒙特利尔、坎普斯等城市由于众多规模不同的飞机企业的云集而闻名于世界,影响力是单一企业无法做到的。航空相关企业的云集可以吸引更多的外来投资和吸引人才,同时获得政策上的支持。群集存量的增加也可以使航空产业群的品牌效应增大,可以吸引更多的厂家进入,从而扩大了企业群的规模,带来了更大的品牌效应。航空产业集群还可以提高核心竞争力,通过飞机产品的模块化设计、零部件的标准化和通用化模式,各大企业集团通过寻找合作伙伴把大量的飞机零部件生产外包,自己则集中精力发展企业的核心能力,设计新的产品,共同成为先进生产方式的组成部分,从而得以共同发展。

3.空间布局合理。世界飞机产业集聚的地区,不仅使世界著名的飞机公司,例如空客、雷神、庞巴迪以及巴西航空工业公司更加壮大,而且也使产业群内大量的中小飞机企业得以蓬勃发展,产生了巨大的产业聚集效应。航空产业集群多是"中心卫星式"的,即以飞机产业的企业为集群的"核心企业",例如法国图卢兹的空客公司、美国威奇托的雷神公司、加拿大蒙特利尔的庞巴迪公司和巴西坎普斯的巴西航空工业公司等。群体内的其他企业或为核心企业生产某一产品,或是核心企业的零部件供应商,或为核心企业提供原材料、燃料或其他服务,从而形成企业群体内专业化飞机生产、协作与服务网络。

4.积极调动政府、大学、科研机构等各方面的积极性。成功的航空城在实行专业化时,运用了产业集群模式:依托飞机产业,调动区域内各种积极因素——大学、政府、培训机构、行业协会都参与到飞机制造企业的协作中去,发挥了协同效应。最终航空产业集群的形成与发展对所在城市经济发展将产生较为深刻且积极的影响,企业集群的整体效益远远大于各企业单个效应之和,结果大大提高飞机城的竞争优势。

(六)我国重点地区航空产业发展状况

1.北京市的航空产业。北京研发实力雄厚,拥有一航安技中心等多家航空科研机构,并依托机场发展临空经济。首都机场集团投资1000亿元人民币,在顺义首都机场周围建设占地100至150平方公里的"首都航空城"。北京国际展览中心新馆也在这里安家。因此,首都机场将有可能被改造为北京最大的商圈之一,具有机场作业、国际物流、保税工业、金融商业、国际会展、生态居住、国际教育、旅游休闲八大功能,同时还发展免税购物贸易、飞机维修员工培训基地、城市高科技产业、仓储运输、创汇型加工工业和农业等。

2.陕西省与西安市的航空产业。该省航空产业总资产占全国航空产业总资产的四分之一。西安市的阎良是关中航空产业链条最完整、力量最集中的地区,是全国唯一集飞机设计研究、生产制造、试飞鉴定和教学为一体的享誉国内外的"航空城"。其中,中航一集团飞机设计研究院是全国唯一的、实力最强的大中型飞机设计研究机构,拥有工程技术人员1500多名。阎良基地将主要依托陕西关中地区及阎良航空产业资源及人力资源优势,参与国际航空产业分工,重点发展中国航空科技研发、整机设计、制造、零部件配套、试飞试验与鉴定、机载设备检测与维修、航空教育培训和旅游博览等产业,最终把阎良建成中国最具实力的航空产业发展基地,建成国家航空高技术研究、设计、试验中心,国际性的航空产品加工制造中心,亚洲最大的航空旅游、会展中心,形成航空产业化链条完备、功能齐全、环境与国际接轨的专业化园区,成为"国际一流、亚洲第一"的航空产业基地。

3.沈阳市的航空产业。沈阳提出五年打造通用航空产业基地,通过合资和自主研发,生产出4种类型的飞机,即普通通用飞机、复合材料飞机、直升飞机和无人机,并使之实现市场化、产业化。沈阳有沈阳飞机工业(集团)公司、沈阳黎明航发有限公司、沈阳中体轻型飞机有限公司、沈阳兴华航空电器有限公司等航空企业和3家中国航空工业国家级的重点研究所,总资产达100亿。这些公司与美国波音公司、麦道公司,欧洲空客公司,加拿大庞巴迪公司和以色列飞机工业公司等 7 个国家的 13 家著名飞机公司开展了技术和生产合作。

4.厦门市的航空产业。厦门航空工业区始建于 1993 年,是中国唯一以民航维修为专业的工业区。厦门航空工业区占地面积 3.39 平方公里。2003 年工业区飞机零部件进出口总额超过 5 亿美元,占全国 60％以上。目前已聚集了厦门太古飞机工程有限公司、通用电气发动机服务(厦门)有限公司、厦门霍尼韦尔太古宇航有限公司、厦门豪富太古宇航有限公司、厦门汉胜秦岭宇航有限公司、通用电气发动机现场支援(厦门)有限公司、美捷特(厦门)传感器件有限公司等著名国际航空集团(公司),形成了全国最大的民航飞机维修基地。

5.珠海市的航空产业。珠海的优势很明显,这里有便于运输的港口和比较空闲的机场。南方航空公司和戴姆勒—克莱斯乐的成员公司德国 MTU 航空发动机公司各出资 50％,在珠海保税区组建了珠海摩天宇航空发动机维修有限公司,投资总额为 1.89 亿美元。南方航空公司与加拿大 CAE 国际控股有限公司在珠海合资成立珠海翔翼航空技术有限公司,飞行模拟机将达到 20 台左右,提供的各类培训服务将占到国内 30％的市场份额,有望成为亚洲乃至全球的民航飞行训练中心。

6.苏州市的航空产业。苏州工业园区出口加工区共有梅西埃、斯奈克玛、普美、新宇、史密斯、福瑞盛 6 家航空企业,形成了从外壳、传动件到起落架、发动机部件等一系列航空配件产品生产能力。

我国重点地区航空产业的发展,一般都以机场为依托,具有明显的临空指向性特征,在空间上呈现出一定的圈层结构。临空经济区内各类产业呈集聚发展态势,按照与机场联系的紧密程度,不同产业表现出不同的区位选择。

四、天津滨海新区临空产业区航空产业的 SWOT 分析

综合分析国内外各种因素和我市经济社会诸多条件,虽然我市发展航空产业起步晚、明显存在一些不足,但面对航空产业跨国转移和我国全

方位扩大对外开放、滨海新区纳入国家总体发展战略等诸多有利因素,特别是空客 A320 飞机总装线落户的现实机遇,依托临空产业区发展航空产业具备了得天独厚的优势,完全能够搭上航空产业国际化发展的列车,形成后发优势,实现跨越式发展。

(一)航空产业的国内外发展环境分析

1.全球航空业强劲复苏。经济增长是航空运输增长的原动力和主要影响因素。自 2001 年以来,伴随着世界经济的复苏,航空运输也走出低谷,并呈稳步增长态势。据多家机构预测,未来 20 年内,世界经济将以平均每年 3% 的速度增长,航空客运平均每年增长 5.2%,航空货运平均每年增长 6.2%。受此推动,世界机队将以平均每年 4.7% 的速度增长,至 2015 年,预计世界机队规模将翻一番,达到 25000 架,中国机队也将以每年超过 100 架的速度快速增长。在世界和中国机队增长过程中,窄体飞机(特别是波音 737 和空客 A320)将占主导地位。世界机队的增加还将带动 MRO(航空维修)市场的发展。预计到 2015 年,世界 MRO 市场规模将达到 547 亿美元,平均每年增长超过 4%。

2.以航空大企业国际化发展为主导的航空产业国际转移进程加快。随着全球一体化的发展,航空工业国际化进程明显加快。一是航空产品市场更加国际化。许多公司都采取了国际化发展的产品战略。例如,通用电气公司航空发动机部(GEAE)的国际市场份额达 45%。二是产业转移进程加速。基于增强企业竞争力,更便捷地进入他国市场,利用他国资源等因素,国际航空制造大企业趋向于收购其他公司,或购买一定数量的股份,或者以建立合资企业的方式,构建国际化大企业。欧洲各国的航空制造商为增加抗衡美国企业的实力,在欧洲范围内整合资源,形成一些典型的泛欧国际企业,最为突出的是 EADS 公司。公司国际化推动了产品研制和生产的国际化,通用电气公司在全球 22 个城市设有规模和参与方式不同的制造厂。三是供应商和服务更加国际化。航空产品研制和生产的国际化带动了供应商的国际化,其主要目的也是基于利用他国的财力和资源、人力或者技术方面的比较优势,同时也是开拓市场的一种手段。例如,波音 777 飞机的主要供应商除波音的下属工厂、古得里奇公司、霍尼韦尔公司以外,还有 4 个国家的 11 家公司都是其主要供应商。

3. 大力发展航空产业是推动我国产业结构优化升级的重大战略任务。近年来,我国产业结构调整升级步伐逐步加快,交通制造业产业结构升级也势在必行,这必将推进航空产业快速发展。国家已经从战略高度确立了航空产业在国防建设、经济发展中的突出地位,确立了快速推动航空产业发展的新思路。目前,已制定了加快航空产业发展的长远规划,确定了航空产业在内的应优先发展的 6 个高技术产业化重点领域。进一步推动航空产业投资体制和发展体制变革,引入非公资本进入航空产业,并适当引进国外资金和技术参与中国航空产业的发展。2006 年,温家宝总理在十届全国人大四次会议上宣布,中国将在"十一五"期间适时启动大型飞机研制项目。

4. 国内有着巨大的市场需求。国内巨大的市场需求是决定航空产业发展的原动力。2006 年,我国仅内地民航就完成运输总周转量 302 亿吨,成为仅次于美国的全球第二大航空运输国。据预测,未来 20 年中国航空市场将呈现爆炸性增长,民用客机数量将达 2194 架,市场容量大约在 1800 亿美元。空中客车公司预测,中国在未来 20 年内将至少需要 1316 架干线飞机,总价值约 1400 亿美元。全球 100 座以上大型客机中,每 12 架飞机中就有一架被中国购买。此外,我国支线航空运输供给的趋势也呈总量增加。在这种情况之下,实施网络驱动战略、消化过剩运力,拓展以干线枢纽为核心点的支线航空运输,优化航线网络,将是航空业发展的必然选择。所有这些,都必将带动整个航空业发展,使未来航空市场蕴藏无限商机。

5. 天津航空产业发展正处在难得的机遇期。随着滨海新区进一步加快开发开放,作为我国经济发展第三增长极的服务辐射功能将进一步增强,对外开放的门户作用更加突出。承载对外开放重要职能的临空经济区必将迎来难得的黄金发展期。按照国际民航业发展规律,300 万人次的年运量是一个重要标志,一旦突破就会形成规模效应,步入更为良性的跨越发展轨道。

（二）天津滨海新区临空产业区发展航空产业的优势分析

1. 区位交通优势。国际经验表明，临空经济产生与演进的机理就是机场、临空产业区和腹地区域经济的良性互动。拥有良好的区位环境、完备的空海港设施和完善的交通网络，既是发展临空经济的重要基础，也是实现高水平推进的有力支撑。天津自然地理位置优越，交通网络发达。特别是滨海新区地处环渤海经济带和京津冀城市群的交汇点，背靠"三北"，腹地辽阔，是连接国内外、联系南北方、沟通东西部的重要枢纽，是亚欧大陆桥最近的东部起点，是邻近内陆国家的重要出海口，是我国参与经济全球化和区域经济一体化的重要窗口。天津滨海国际机场是国家民航总局重点培育的两大航空货运基地和航空快件集散中心之一，与天津港相距仅 30 公里，有两条专用的大件运输通道相连。所以说，天津依托海空港发展临空经济，具有较强的对内吸引和向外输出的双重功能，有助于进一步推动临空经济的良性可持续发展。

2. 产业集聚优势。发达国家经验表明，临空经济发展既取决于便捷的交通区位环境，也需要相关产业集聚来支撑。天津作为我国北方最大的工商业城市和老工业基地，拥有雄厚的经济基础和产业配套条件，产业聚集程度高，经济发展能力强。近年来，天津坚持走中国特色新型工业化道路，加快结构调整，推进技术创新，扩大对外开放，形成了一批高新技术优势产业、一批大型企业集团和一批知名品牌。全市投资建设规模较大、技术水平较高、集聚带动作用较强的重大产业项目主要集中在临近空港的滨海新区，二十项重大工业项目中有 70％落户于此，高端化、高质化、高新化的现代制造业基地已初具规模，新区正在成为全市最大的经济增长点和促进区域发展的重要力量。

3. 项目带动优势。增强临空经济实力，提升航空产业发展水平，关键是要以重大项目为支撑，靠重大项目来带动。空中客车公司 A320 总装线落户天津滨海新区，将进一步促进高端高质高新产业发展，提升集聚优势和发展水平。作为全球第四家、亚洲第一家大型飞机总装厂，空客 A320 天津总装线年生产能力为 44 架。按现代国际航空业发展规律，一个航空项目发展 10 年后给当地带来的效益产出比为 1∶80，技术转移比为 1∶16,就业带动比为 1∶12。可以预见,空客项目不仅会极大拉动天津航空制造业及高附加值装备制造业的发展,还会带来大量的人流、物流、客流和资金流,带动交通运输、现代物流、金融保险、法律服务、教育培训、信息服务、旅游会展等现代服务业的发展,推动天津成为享誉全球的现代航空城。空客 A320 飞机总装线项目签约一年多来,其产业拉动和集聚效应已经初步显现。

4. 发展环境优势。在临空产业区发展上,天津坚持以高起点规划带动高水平建设。2010 年经国务院审议通过的《天津市城市总体规划(2005-2020)》对临空产业区的发展方向和产业布局作出了明确规划。《天津滨海新区国民经济和社会发展"十一五"规划纲要》及转发《市滨海委关于加快推进滨海新区经济功能区规划建设工作意见的通知》等一系列文件对临空产业区用地规模、布局设计、发展重点和发展目标提出了进一步的部署和安排。目前,天津临空产业区享受国家赋予滨海新区的各项优惠政策,公用设施配套条件已基本完成,与京津塘、津滨高速、津汉快速路相贯通的两环六纵十二射的交通网络已经形成,硬件环境已经可以满足重大项目的建设和发展需要。多年来,空港加工区坚持以建设航空产业特色研发转化基地为目标,始终把服务作为立区兴区之本,提升载体功能,优化运营环境,完善公共信息平台,加快大通关建设,区域发展的吸引力和竞争力明显增强,投资热点效应进一步显现。

5. 科技人才优势。雄厚的科技研发能力和高素质的人才队伍是天津临空经济发展的有力促进因素。京津地区是我国最大的科研教育区,也是我国航空工业科技人才较为集中的地区之一。天津从事航空产业的单位 39 家,工程技术人员达到 2000 多人。目前我国唯一的一所专业学科门类齐全的民航高等院校——中国民航大学,坐落在天津临空产业区。全国民航 1/7 的员工、1/3 的工程技术和管理人才来自该校,一大批毕业生成为民航工程技术和管理的中坚骨干。此外,中国民航大学还与法国国立民航大学、法国航空工业大学合作培养近百名航空安全管理人才,成为中欧航空人才培训合作项目的典范。由于空客 A320 中国总装厂建设项目需要 500 名工程师及技术人员,欧洲空客公司将在开始阶段派出

150 多人的国外技术专家团队来津,达产后 90％的工程技术人员将由中国雇员承担。这必将使天津进一步成为航空尖子人才聚集的高地。

(三)天津发展航空产业存在的差距和不足

1.天津机场客货运量的差距。载体功能亟待提升。机场是临空经济区发展的重要载体。据民航总局统计公报,2006 年,全国各机场共完成旅客吞吐量 33197.3 万人次,完成货邮吞吐量 753.2 万吨。上海、北京和广州三大城市机场旅客吞吐量占全部机场旅客吞吐量的 36.5％。其中,上海民用航空完成货物运输量 252.73 万吨,旅客发送量 2309.42 万人次。为配合 2008 年北京奥运会的召开,首都机场三期将在 2008 年第二季度启用,扩建完成后首都机场年客运量将达到 6000 万人次、货运量将达到 180 万吨,步入世界十大机场行列,为北京进一步发展临空经济提供了强大支撑。广州新白云机场争取用 5～10 年的时间打入世界级机场行列,成为东南亚—太平洋地区的综合枢纽机场,成为仅次于香港机场的世界第三航空货运站。与之相比,天津 2006 年民航货运量仅为 9.7 万吨,旅客发送量 276.7 万人次,差距是明显的。

2.临空经济发展规模有待扩大。天津临空经济区发展较快,一批重大项目业已开工建设。但与国内起步较早、较为成熟的地区相比,规模不够大,实力不够强,亟需进一步扩大。北京顺义临空经济区 1993 年便开始初步规划建设。截至 2010 年,区域内有超过 600 家投资额在千万元人民币以上的企业入驻,协议投资额近 80 亿美元。其中,航空企业达到 300 多家,投资总额近 200 亿元。国航货运公司、中国航油集团公司、中国航材集团公司、中国新华航空公司、首都机场集团等一批知名航空企业选择在临空经济区内落户。按规划要求,到 2020 年顺义临空经济区增加值将占全市生产总值的 1/10。与之相比,2006 年天津航空产业总产值仅为 3.47 亿元,实现利税 0.81 亿元。

3.高端产业发展尚处于起步阶段。飞行器的研发制造处于航空产业发展的高端。与西安、上海等城市相比,天津还没有飞行器的研制、生产和组装经验,与空客等国际大型飞机制造商的合作也刚刚开始。西安把发展民用航空产业作为事关高技术制造业前景的战略工程。2006 年,西安成立了国家航空产业基地建设领导小组,在航空大项目投融资和项目管理等方面,积极探索多元化、市场化的发展新模式。西安不仅拥有国家发改委批准建立的我国目前唯一的国家级高技术产业基地——阎良国家航空高技术产业基地,而且西安飞机制造厂下属的西飞公司是全国最大的中型飞机制造企业,与美国波音、雷神、加拿大庞巴迪宇航、法国宇航、意大利航空、德国宇航以及欧洲空客公司等世界著名航空制造企业建立了转包生产合作关系,是波音公司在中国的最大海外合作公司之一。早在 20 世纪 90 年代初,上海便与美国麦道航空公司开始了核心技术合作,提出以发展支线飞机为切入点,抓住研制生产 ARJ21 支线飞机的机遇,进一步推进零部件国产化,进一步提升自主创新能力。

(四)天津滨海新区临空产业区发展航空产业的综合评价

综上所述,与国内有关省区市相比,天津发展航空产业面临的机遇前所未有,挑战也是空前的。但总的来看,优势突出,潜力巨大,机遇大于挑战,完全可以借势发展,乘势而上,顺势而为,做强做大。

1.进一步加快滨海新区开发开放是我市发展航空产业的最大机遇和优势。党的十七大报告明确提出,要更好地发挥天津滨海新区在改革开放和自主创新中的重要作用。胡锦涛部书记在天津考察时要求,滨海新区要成为深入贯彻落实科学发展观的排头兵。这为进一步加快滨海新区开发开放指明了前进方向,提出了新的更高要求。天津市委九届二次全会认真贯彻落实党的十七大精神,把进一步加快滨海新区开发开放作为全市工作的重中之重,积极探索新的区域发展模式,推进综合配套改革,提高开放层次和水平,不论大中小、不论内外资、不论所有制,千方百计引进大项目好项目、资金和优秀人才,努力使新区成为我国对外开放的标志区和自主创新的重要基地,在区域经济发展中更好地发挥开放带动、改革示范和技术引领作用。天津市委九届三次全会进一步明确加快滨海新区开发开放的思路,即:改革开放带动、科技创新引领、高端产业支撑、服务能力提升、发展环境保障,新区开发开放呈现出良好态势。其所具有的国家战略优势、政策优势、功能优势、产业优势、区位优势和资源优势等综合优势正在显现,成为国内外客商投资的热点地区。

2.天津滨海新区临空产业区的发展有基础有条件。临空经济区是航空产业的重要载体,是发展航空经济的重要依托。天津临空产业区是滨海新区八大功能区之一。多年来,在有关方面的精心组织推动下,天津临空产业区发展取得了突出成绩,集聚了以空客 A320 系列飞机总装线为代表的一大批高新技术产业,加快了民航科技产业化基地、航空产业园、空港物流园、空港金融中心等重大项目建设,增强了民用航空技术领域的自主创新能力,一批配套项目加快跟进,初步形成了较为完整系统的临空经济产业链,这都为继续推进天津航空产业发展、建设高水平的航空研发和制造产业基地打下了良好的基础和条件。

3.发挥"后发优势"可以后来居上。发挥后发优势实现跨越发展,关键就是通过学习引进、技术提升、环境优化、管理创新,使静态的比较利益变成动态的比较优势,充分激发潜在的能力与活力,实现发展的突破与赶超。天津航空产业尽管刚刚起步,但通过与欧洲空中客车公司、中航一、中航二集团等国内外大企业、大院所的合作,已积聚了一批以 A320 系列飞机总装线等为代表的航空产业重大项目,引进了一批具备相当实力的航空科研机构,在产业结构和技术水平上已站在了发展的高端。临空产业区作为滨海新区的一部分,同样享有国家综合配套改革试验区的各项优惠措施,特别是可以在科技融资体制改革、涉外管理体制改革、土地管理创新、金融改革创新等方面先行先试,为加快航空产业发展创造了更为有利的条件。随着我国民用航空事业的大发展等一大批重大项目实施,天津组装制造的航空设备将拥有更大的市场,更多地被投入使用。

五、培育和发展航空产业的总体思路和战略举措

在经济全球化和区域经济一体化发展的大背景下,特别是空客 A320 总装线落户的现实条件下,天津航空产业集群发展可以走自己的道路,探索全新的发展模式,即以天津滨海新区临空产业区为依托,以空客 A320 为引领,以民航科技产业化基地、天津滨海国际机场、中国民航大学为支撑,着力做好航空产业发展规划,全力打造航空产业高水平、专业化、国际化发展环境,吸引国内外航空企业合理布局、聚集发展,迅速做强做大航

空组装制造业及相关配套产业、航空运输业及相关服务业,形成以航空加工组装及制造业为主体、以民航科技产业、航空运输业及相关服务业为两翼的国际化现代产业体系,建设产业链条完善、品牌优势突出、区域创新能力较强的国际化的航空产业基地。

(一)临空产业区航空产业发展的总体要求

1.坚持高起点规划高水平建设高效能管理。充分发挥规划的龙头带动和引领作用,按照国际一流标准,进一步完善临空产业区总体规划,以及各功能区规划,并严格按照规划高起点高标准高质量地进行建设和管理。

2.坚持走专业化集群化发展道路。以机场为依托,按照上下游产业相衔接、配套企业相对集中的原则确定产业发展规划、进行产业布局,以大型企业为主导,广泛聚集国内外航空产业各种要素,精心构造航空产业完整产业链。

3.坚持高端化高质化高新化发展方向。引进更多的大项目好项目高端项目,大力发展高技术含量、高附加值的加工制造业,加快发展研发、信息、商务等高端服务业和中介服务业,促进二三产业相互融合、共同发展。

4.坚持提高自主创新能力。发挥后发优势,重视学习借鉴,紧跟航空产业的前沿技术,加强对引进技术的消化吸收再创新,促进关键技术和核心技术国产化,尽快形成自主创新能力。

5.坚持节能减排和保护环境。引进项目要把好技术水平关、资源消耗关、环境保护关,积极发展循环经济。

6.坚持分阶段实施。近期主要是做好空客 A320 项目和机场改扩建工作,加快引进相关配套企业和服务企业,并进一步完善有关规划。中远期要集中提高自主创新能力,拓宽发展领域,延长产业链,培育品牌,形成完整的航空产业集群。

(二)临空产业区培育和发展航空产业的目标和功能定位

1. 总体目标

抓住国家支持东部地区加快发展和进一步加快滨海新区开发开放的宝贵机遇,充分利用空客 A320 总装线落户的独有契机,遵循航空产业集群发展的规律,坚持外向型、科技型、服务型的发展方向,全力引进国际大项目,借助国际航空研发机构和制造企业的力量,着力发展航空组装及制造、航空运输、现代物流、民航科技、研发与产业化、商贸会展、航空设备维修和生态居住等综合功能,建成高新技术产业发达、现代物流业兴旺、商贸繁荣、生态和谐、富有特色的国际临空产业区,成为中国最具实力的航空产业发展基地、国家航空高技术研究、设计、试验中心、国际性的航空产品加工制造中心、亚洲最大的航空旅游、会展中心。

经过努力,完成一批拥有自主知识产权的重点项目的建设,聚集一批国际航空跨国集团和著名航空企业,拥有一批重大制造加工项目,建设成为航空产业链完整、相关产业高度聚集、民航产品和技术达到国际先进水平的科技产业园区,成为世界民航高科技产业转移的主要承接基地。到2010年,投资布局100个航空项目,投资总额达到500亿元,到2015年,投资布局200个重点航空项目,投资总额达到1000亿元,实现工业产值2000亿元,GDP达到600亿元。

2. 主要功能

航空产业的发展有两种趋势,一是围绕大型企业形成产业集群,如图卢兹、汉堡、威奇托;二是围绕机场发展航空相关产业,如北京机场地区。天津临空产业区航空产业发展要兼而有之,以两种合力形成多功能的航空产业群,带动区域经济的发展。

(1)研发制造功能。作为核心功能,以空客总装线项目为依托,把增强自主创新能力与引进、消化、吸收、再创新紧密结合起来,建设成为产业链完整、相关产业高度聚集、产品和技术达到国际先进水平的高新技术产业园区,建设民航科技产业化基地,大力推动航空产业聚集,逐步成为产业链完整、相关产业高度聚集、飞机产量和技术达到国际先进水平的国家航空高技术产业基地。

(2)航空运输、物流和维修功能。建设完善的机场基础设施,吸引国内外航空公司增开航线、航班以及包机业务,重点发展航空客货运输、中转服务、临空商业。充分利用空港保税区和保税物流中心政策功能,建设完善的货运、通关、仓储、简单加工等基础设施,搭建航空物流信息平台,建设成为航空国际物流园区,同时重点引进国内外航空维修专业企业,为民航客货运机种和设备提供维修与养护服务。

(3)商务配套功能。以吸引为航空企业配套和时间价值指向明显的跨国公司总部、地区总部和金融保险机构为重点,建设金融、办公、会展、总部基地等商务设施和购物、餐饮、旅游以及其他娱乐设施,发展商贸、文化、法律和咨询等高附加值现代服务业。引进和建立一批国家重点实验室、研究中心和博士后流动站,成为国际性民航教育、科技、培训中心。

(三)临空产业区的航空产业链整合战略

临空产业的起步与发展和机场建设紧密相关。一方面,随着机场,尤其是大型机场客货运量的大幅增长,航线网络在全球的扩展,机场逐渐对周边地区的土地利用模式产生影响,进而导致经济结构、产业结构随之改变;另一方面,在机场自身的集聚效应、扩散效应强化下,经济空间的资源要素也自觉地向其周边地区集中。在两种力量的共同作用下,机场同周边的区域相互渗透、经济地域空间进一步融合,开始逐步演化组合成一个临空经济高度集中的区域,并最终演化成具有自我组织能力的经济区域。

天津临空产业区航空产业链整合战略,必须延伸到环渤海和东北亚范围内,确定自己的发展方向。在环渤海地区,北京拥有北航、中航一、二集团总部,航空产业研发具有雄厚的实力,沈阳、哈尔滨、西安是我国传统的航空制造产业基地,东北亚地区缺乏大飞机的制造能力,是大飞机的重要市场。因此,天津临空产业区航空产业的发展,必须依托北京地区的研发能力和周边航空企业的配套能力,重点引进国外一流航空制造和相关企业,打造国内外航空产业的对接和合作之地,成为东北亚地区大飞机的制造和服务中心。

1.以空港加工区和空港物流区为重点,打造独具特色的航空产业集群

空港相邻地区与空港交通走廊沿线地区,主要发展关联型产业。这些产业与空港运营无直接关系,主要是借助航空运输的快速性和国际航空港的航线网络的辐射效应使经济活动在更大空间范围内得到扩展,主要有临空配套工业区和高新技术产业区两种。前者主要发展科技、航空

相关产业、制造加工业等。如爱尔兰香农由贸易区把航空产业作为主要产业,包括飞机维修、飞机零部件制造、供应、分销,以及与之有关的咨询、培训、支持等业务,其中飞机维修业在国际上久负盛名。政府还在附近设立了爱尔兰国家航空研究中心。后者主要是发展以空运为依托的高新产业基地。如计算机及其附件、微电子、IT等产业制造及研发中心。一般来说,目前临空经济区都把高新技术产业作为重点研发目标。如美国北卡罗纳州研究三角园区的产业包括了生物工艺/生物制药、计算机硬件和软件、信息技术、仪器、材料科学、微电子等,爱尔兰香农自由贸易区的产业涵盖了医疗设备、软件开发等。

空港加工区于2002年10月建立,规划面积42平方公里,一期开发23.5平方公里,区内设有1平方公里国内唯一的空港保税区,实现了保税政策功能向空港的延伸。空港加工区位于滨海国际机场东北侧,是滨海新区离市区最近的经济功能区。空港加工区要以空客A320系列飞机落户为契机,遵循"以大项目为龙头、以产业链为重点、以市场需求为导向、以产业政策为促进"的原则,加大招商引资力度,引进国际先进民航技术和一批国外民航重大技术装备项目落地生产,主动承接民航科技企业的跨国转移。

一是推进飞机组装、改装企业的落户。依托我国强势的民航发展前景和广阔的飞机需求市场,依靠民航科技国际间政府合作协议,发挥天津的区位优势和丰富的民航资源特色优势,依托空客飞机组装项目落户天津,争取飞机改装(客改货)落户,与模拟机生产商建立联系,争取飞行模拟机制造项目到天津落户。

二是推进飞机维修基地建设。依托天津滨海国际机场和民航学院的基础设施,建立飞机维修基地,引进国际著名的飞机维修企业,形成飞机大修、中修检修、特殊修理、定检、特检延寿、改进、改装等能力。积极组织开展空管设备的维修、机场特种设备维修业务,实现民用航空设备的国内维修,向民航维修大国挺进。

三是培育飞机零部件和机载设备制造加工业。抓住我国机队规模快速增长的有利时机,依托大飞机组装、维修国际合作项目的引进,带动飞机零部件和机载设备加工生产。加强与国际知名飞机制造和零部件供应商的合作,成为国际飞机零部件外包加工的重要基地之一。

四是加快引进空管及机场特种设备项目。通过民航主管部门的产业政策导向,以及商务谈判和双边磋商,以市场换技术手段,实现重大技术装备"本土化"生产。重点引进通讯导航雷达生产、飞机廊桥、通信导航设备制造、机场安检设备和防爆设备制造等项目。

空港国际物流区位于机场东北侧,要重点发展仓储、运输、中转、配送、包装和流通加工等物流服务业务。如法兰克福物流城在机场附近,总面积 149 公顷,有数百家物流运输公司,这些公司将世界各地的产品运进德国,也将德国的产品送往世界各地。以机械设备为例,德国是世界最主要的机械设备出口国,世界各国使用的大量的机械设备常年需要从德国进口各种零配件,正是因为有以法兰克福机场为中心的触角遍及全球的空中运输网,加上物流城高效的配送系统,才能使德国制造的机械设备在世界各地都能得到及时的配件供应。天津空港国际物流区要借助天津机场扩建和规划建设临空产业区的发展,大力发展航空货运服务,促进中国北方最大的航空货物基地建设,形成航空货物的分拨配送中心。强化功能分区,在现有规划用地内建设空港保税物流中心(B型),建立大型交易市场,开展国际贸易及展览展销。积极拓展发展空间,在现有基础上扩大建设用地约 2 平方公里,规划建设飞机维修和技术服务功能区。

2. 紧紧围绕航空产业发展,大力发展空港配套产业

紧邻空港区的范围通常在机场周边的地区,是空港商业的活动地区,以适应空港对周边产生的服务需求,因此主要发展机场服务型产业。这个区主要为空港运营、航空公司职员和旅客提供相关的商业服务,例如航空公司的总部所在地,居住的公寓、生活服务设施、大型超市、金融机构、教育机构等。这些经济单元的增长与空港的运营水平直接相关,且一般在空港开通 5～10 年后才得到充分发展。

一是加快临空教育、居住区发展。临空产业区一般都会专门辟有住宅区,为机场工作人员及园区机构的工作人员提供生活方便。日本关西国际机场临空城等住宅区的规划体现了作为城市社区的核心价值。因

此,要合理发展地产业,为空港地区员工提供配套服务。教育方面,要加快中国民航大学发展,积极争取民航总局的支持,努力疏通和拓宽渠道,加大投资力度,持续推动学校建设,不断提高办学层次和水平,要进一步突出民航特色,集中围绕民航建设和新一代航空运输系统,把学校的发展和临空经济区的开发建设结合起来,继续扩大与国内外大型航空企业等的战略合作,为天津临空产业区持续快速发展提供强有力的人才、科技支持。

二是加快空港商务区发展。是指与机场相邻而得益的产业,主要是会展业、分销中心等。近年来,会展产业与临空经济关系日趋密切。如日本大阪机场,这几年发展最快的就是会展业,而这也是他们目前推动的重要的方向。机场周围地区的会展业通常包括展览中心、培训设施和商务会议中心。例如巴黎戴高乐机场附近的维勒班展览中心,有 164 000 平方米的展览区,每年吸引 1300 万的参观者。要加快面积 360 万平方米、总投资 200 亿元的空港加工区现代服务业示范区规划建设,主要包括商业展示、文化交流、服务外包、总部经济四个功能区,积极吸引国内外航空公司地区总部及相关航空服务企业、大型超市、便利店、餐饮机构,形成便捷的机场服务网络和体系。会展中心要在 2008 年开工建设,引进国内外一流展会。总部经济区宝钢北方销售总部、中远总部基地、中国移动大厦、中国联通大厦和服务外包区中兴通讯北方研发转化基地、软通动力服务外包基地都要在 2010 年底全部建成。

(四)临空产业区的航空产业品牌战略

在天津临空产业区航空产业发展的初期,要以空客 A320 为主导的集研发、制造、服务于一体的航空产业群,将天津临空产业区打造成为"中国的图卢兹"。

1.纵联品牌模式。天津临空产业区航空大型龙头企业,如空客 A320 总装线,可通过纵联品牌模式控制着整个产业增值过程。纵联品牌不仅能让生产者直面消费者,最直接地听取消费者对产品设计、质量、价格、服务及其形象等方面的批评和建议,能够迅速准确地反映给设计者、生产者及决策者。同时,纵联品牌还能够有效地进行商品调配、运输和市场细分,减少时间上的延误;同时减少了生产商、分销商、零售商这三者之间的摩擦成本,提升品牌的价格竞争力,建立和巩固自己品牌的市场地位。

2. 品牌联合模式。天津临空产业区航空企业可通过品牌联合,即通过与其他航空品牌合作或借助于更强大的品牌,如空客、波音、庞巴迪等国际知名企业,来提高品牌的社会接受力。品牌联合最重要的在于借助著名品牌的推荐而消除消费者心头的疑虑,接受并信任不知名的品牌。

3. 自有品牌营销模式。当航空产业集群发展比较成熟时,中小企业的生产能力、科研能力和开拓市场的能力逐步提高,中小企业开始拥有自建品牌所需的产品、资本、人力资源和市场基础等必备条件,因此天津临空产业区航空产业可采取自创品牌模式,形成以大企业为龙头,各种品牌聚集的发展模式,创造区域品牌。首先,要建立覆盖全国的营销服务网络。建立全国范围的经销、服务系统,可为消费者提供最便捷的销售服务和最快速的维修服务。其次,大力推行 4s(零部件销售、备件保障、维修服务、信息反馈)品牌专营店的建设,以便提供个性化的产品和服务。

天津临空产业区航空产业品牌发展经过形成期与成长期后,将发展成为国家级、国际级乃至世界级的著名或驰名品牌。因此,这一阶段企业应采取的品牌发展战略即为维护战略。天津临空产业区航空产业品牌维护战略主要包括自我维护、法律维护和经营维护三方面。

其一,天津临空产业区航空产业品牌发展的自我维护。航空产业品牌的自我维护主要通过产品质量战略、技术创新战略、防伪打假战略与品牌秘密保护战略等。天津临空产业区航空产业品牌的自我维护手段主要渗透在品牌设计、注册、宣传、内部管理以及打假等活动中。

其二,天津临空产业区航空产业品牌发展的法律维护。天津临空产业区航空产业品牌的法律维护包括通过在国内进而在国外及时进行商标注册,以使航空企业的名牌产品顺利销往国外。同时根据多数国家在国内知识产权立法中对《保护工业产权巴黎公约》第六条第二款"对驰名商标的特别保护",应及时申请驰名商标,以使品牌得到更广泛的保护。

其三,天津临空产业区航空产业品牌发展的经营维护。天津临空产业区航空产业品牌发展进入成熟期后,应该采用经营维护手段使著名航空品牌能得到充分利用,使品牌价值不断提升。航空企业在具体的品牌营销活动中应采取迎合消费者需求、保护产品质量以及品牌的再定位来实现航空品牌的经营维护。

(五)临空产业区的航空产业区域创新战略

现代航空产品是尖端技术的集成,其研制生产必然会带动尖端技术的发展。天津临空产业区航空产业区域创新体系是由相关社会主体如企业、高等院校、科研机构、政府部门、中介组织、金融机构等联系、互动所形成的区域社会网络,其目的是为了创造引进、使用和扩散新技术,提高天津临空产业区航空产业整体竞争力。因此,应积极鼓励研发转换,充分利用相关的科技成果,推动科技成果产业化,引领我国航空产业的技术进步,打造民用航空产业的标准化平台,推动民用航空产业技术进步跃上新水平。加强创新涉及航空企业、航空科研机构、中国民航大学、技术中介服务机构以及金融机构和市政府有关部门,在创新体系中,必须确立企业是技术创新的主体地位。这里的航空企业包括航空产业原材料或半成品供应商、航空成品的生产制造商、分包商、销售代理商、各种形式的航空企业服务商等。

1.建立以航空企业为主的产学研联合机制。以提高自主创新能力为核心,建设以企业为主体,产、学、研相结合的区域科技创新体系。鼓励国内外科研机构和企业建立研发机构,吸引研究中心、工程中心、重点实验室等机构入驻。企业选择重点科研项目和关键技术进行研发和孵化。结合国家中长期科技发展规划和关系到民航安全和发展的飞行技术与安全、空中交通管理、航空器适航维修、机场工程与设备技术、信息系统等关键领域,与国内外航空类研究院所、院校建立广泛的科技攻关联合体,开展重大专项研究工作;建立一批国家重点实验室、研发中心和博士后流动站;承担国家级重点项目和航空发展亟需突破的科技研究;设立研发机构,或建立培训中心、科研基地、中小企业孵化器等。采用灵活多样的共享模式,构建技术交流与技术交易信息平台,对科技中介服务机构开展的技术开发与服务活动给予政策扶持。加强国际合作与交流,与国际民航组织、地区民航组织、国外航空企业、航空院校开展广泛的学术和技术交流,积极联合国外航空企业和院校在基地建立研发机构、试验基地等。

表3 创新系统中航空企业的地位和作用

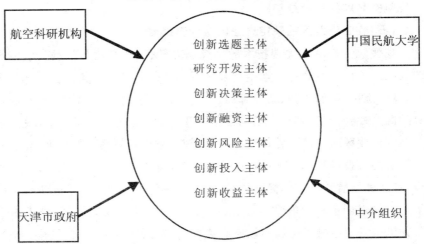

航空科研机构

中国民航大学

创新选题主体
研究开发主体
创新决策主体
创新融资主体
创新风险主体
创新投入主体
创新收益主体

天津市政府

中介组织

2.创造以航空企业为主体的创新环境。大学、科研机构应实现企业所需的教育和培训职能。包括工程师和技术人员等劳动力所必须的数量和质量两方面的培训。特别是在影响区域劳动力市场环境创新方面,大学、研究机构不但通过自身的作用向本地劳动力市场提供充裕的高素质的技术人才,而且通过本地产生的极化效应将吸引更多的劳动力到本地聚集,使本地劳动力市场的机构日趋完善。中国民航大学作为中国最重要的航空院校,应承担起区域企业孵化器的作用。依托学校、研究机构和科研条件,通过教研兼顾,自身不断衍生出技术企业,极大地影响着本地企业群的结构、竞争和企业战略;而且可以通过与企业的合作,不断转化最新的科技成果,向社会输送成熟的高新技术企业和产业化科技成果,使知识在区内重新组合,技术不断扩散,辐射和带动天津航空产业的发展。

3.促进航空产业的技术和成果转化。航空科技成果转化过程包括技术"点子"的提出、研究与开发、样品试制、批量生产、进入市场、开辟销售渠道等环节。这些环节涉及科学研究、工程设计、企业家创业、金融和经营管理等多领域的知识和专业人员。

(1)航空技术创新策略。

一是航空企业与科研单位携手,促进技术创新。航空科研单位与企业携手,使技术创新的定位直接面对市场,增强了技术的转化能力。首先,建立产学研合作研究开发中心,企业出资金,高校与科研机构出人才和技术,以形成风险共担、利益共享、优势互补、共同发展的良性机制。其次,要尽快建立产学研合作基金,设立产学研工程专项拨款。积极协调产学研工程计划、新产品试制计划、技改计划与企业技术中心计划之间的关系,特别是争取同科技攻关计划、重大成套设备试制等计划有机衔接。再次,合理解决权益分配问题。一方面要把与企业的合作向研究开发的源头方向推进,分担研究开发费用;另一方面,鼓励高校、科研机构与企业长期合作,在分配中减少先期技术转让费预付的金额,采取提成、技术入股的分配办法,减少企业的风险压力。

二是积极引进消化吸收国外先进航空技术。首先,政府应制订航空技术引进和国产化规划,对重点项目实行立项、引进国产化和技术推广的一条龙管理。在批准立项的同时,要制订消化吸收创新的计划,落实经费和责任,预测推广应用的市场。其次,在引进消化吸收过程中,要吸收高校与科研机构参加,充分发挥他们的作用。要制订和完善鼓励消化吸收创新和国产化的政策,加大这方面的投入。

三是建立航空产业中间试验基地。加强中试基地建设是加速成果转化的关键环节。航空科技成果要真正成为现实生产力,要经过中间试验阶段。天津临空经济区航空中试基地主要采取以下建设方式。首先,政府应将航空试验基地的技术改造与设备更新的基本建设投资纳入技改计划,应在指令性计划项目中留有扩大试验的拨款;银行应对有希望的项目增加中试贷款;鼓励科研机构、高校、大中型企业联合建立工业性试验基地。其次,航空科研机构,可将减拨的事业费集中起来,分期分批择优资助中试基地建设。再次,航空科研机构可与中小企业协作,以小型科研生产联合体的形式建立实验工厂,还可通过承包、租赁或入股的方式扩大自己的试验基地,中小企业也可在自愿互利的基础上,作为实验工厂并入对口的科研机构。

四是成立航空技术产权交易中心。航空技术产权交易中心实行有限责任公司运作模式,以航空技术经纪人队伍为依托,通过专业中介服务机构强化从事航空科技成果、航空科技企业的股权和航空技术产权的交易、航空风险投资资本的进退、航空专利技术的转让等专业服务。设立科技成果评定机构,建立科技成果转化准入认证制,避免盲目的、低水平的技术开发和成果转让;建立科技成果价值评估体系,确定合理的利益分配机制;完善和实施科技经济政策与法规制定相应的配套政策措施,如科技成果转化管理办法、技术市场管理办法、知识产权保护法规、科技成果推广奖励条例等,建立鼓励科技人员从事技术开发、推广的激励机制;采用协议、招标、拍卖、参股、控股等多种交易方式,以加快科技成果转化的步伐。

(2)加大对航空科技投入。

航空产业不仅投资风险大而且有很多成果不够完善,需要进行中间试验或二次开发。没有经费,很多科技成果只能是展品、样品,不能发挥有效作用。从发达国家科技成果产业化发展的经验来看,建立风险投资机制和发展创业基金是实现科技成果转化、发展新技术产业的有效手段。

一是建立风险投资基金和创业投资的资本市场。航空企业可建立自己的风险投资公司,开展风险投资业务,通过风险投资公司资金和管理的介入,使科技公司快速成长、规范运作,进而有条件进入资本市场。与此同时,政府还应加快建立航空中小企业的担保机构,帮助中小企业解决贷款难的问题。

二是实现技术入股,解决科技成果转化资金不足的问题。技术入股是航空产业科技成果产业化、产品化的重要方式。因此,可建立外方技术入股、中方技术入股、内地单位(个人)技术入股、企业技术入股等多种形式的技术入股,把持股单位或个人的经济利益与企业的兴衰捆在一起,激发入股各方的积极性和创造性,提高科技因素在经济增长中的作用,促进科技成果的转化。

三是加大政府对航空成果转化的投入。首先,中央和地方应从财政拨款中拿出一定比例的资金,作为重点项目的风险抵押,以解除金融机构贷款的顾虑。对于好的转化项目,可用贴息、风险补贴等方式资助,以鼓励企业和科研机构使用金融投资。其次,政府应根据国家的产业政策减免投资税,调动企业投资的积极性;进一步落实企业从销售收入中提取1％作为研究开发经费的规定,并鼓励航空企业提取比例高于5％。

四是航空创新产品进入市场。市场经济条件下,中介服务机构为市场化创造良好条件。中介服务机构主要包括各类信息服务机构、企业孵化器、知识产权机构、资产评估机构、投融资机构、共性技术服务机构等科技中介服务机构,这些机构为企业提供专业化服务,帮助企业获得市场机会和投资。

4.积极争取跨国公司核心研发机构。跨国公司研发投资的方向一方面与其生产布局联系在一起,另一方面则与本地区在高科技产业和研发领域的引资战略和目标有着密切联系。要抓住产业结构调整的有利时机,调整引资方向,实行生产性和研发性引资并举的措施,大力争取核心研发机构的进入。只有吸引大型跨国公司在临空产业区投资才有可能吸引更多、更高层次的研发性投资,形成产业聚集效应和竞争效应,推动外资研发机构进入临空产业区。同时,重点加强航空技术带来的相关民用产品的制造如医疗器械、电子信息、新材料等高新产业的外资引进力度,使更多的跨国公司在临空产业区进行项目投资。

六、培育和发展航空产业的具体措施与建议

要以空客A320总装线项目落户天津为切入点,充分发挥空港海港优势,加强与民航总局的全面合作,将民航产业培育为滨海新区的优势产业,把天津临空产业区建设成为亚洲民用航空产业制造和服务中心。

(一)深化国际国内合作

充分发挥空客A320系列飞机总装项目的示范效应和固有的区位优势,大规模吸纳外部要素,积极开展国际合作与交流,加快产业的国际化进程。全面加强与国家部委、大型科研机构的全面合作,特别是争取国家发展改革委员会的支持,继续加强与空客公司在飞机部件生产等方面的合作,全力争取空客后续全系列飞机在津生产,积极引进更多更好的航空产业项目落户天津,提高产业聚集度,培育产业集群,通过产业集聚实现

产业带动,增强在比较优势基础上的国际竞争能力。要支持天津航空业界同国际间的交流与合作,鼓励航空企业开展单项技术合作、技术咨询、技术交流、项目合作等多种形式的国际技术合作。要引进国内外高水平的航空产业高技术企业进入天津航空产业,特别要与国际知名航空业跨国公司和国内中航一、二集团建立战略合作关系,大力发展合作研发、合作设计、合作制造等经济技术合作,重点引进整机制造、零部件生产、航空相关产业(机场和空管)、航空材料、飞机改装和维修以及航空旅游等企业,形成以整机制造企业为核心、以材料及关键部件供应商为主力的联合舰队式的合作创新群体,聚集国内外资源,形成整体合力,走出符合天津特色的航空产业发展之路。

(二)健全招商引资服务体系

随着空客 A320 系列飞机总装线项目落户天津,航空城作为产业集聚的最佳载体,为国内航空产业零部件的配套生产和不断拓展产业链条提供了必要的空间。要抓住全球产业结构和产业布局战略性调整的机遇,依托保税区现有的招商队伍和招商资源,发挥民航行业支持优势,创新招商引资的手段和策略,强化互联网和广告媒体的作用,全面开展招商引资工作。以国际先进民航技术引进、消化、吸收和创新为重点,引进一批国外民航重大技术装备项目落地生产。瞄准国际龙头企业和国内重大民航科技攻关项目,既要注重引进先进技术,更要引进先进管理经验和高素质人才。同时,应充分利用天津滨海新区的政策优势和京津地区技术密集的优势,积极吸引更多 MRO(航空维修)、物流配送、加工制造等方面配套企业来津发展,延伸产业链条,既要注重大项目,又要注意航空中小项目的招商,逐步建立起涵盖民航科技从研发、成果转化,到产业运营等整个产业链的完整科技产业化体系。要积极设立国家级航空产业发展论坛和有关航空产业会展,扩大天津临空产业区影响。

(三)建立多元化投融资体系

建设初期,要充分发挥政府资金的引导作用,通过财政直接投入、税收优惠等多种财政投入方式,增强政府投入调动全社会资源配置的能力。可筹建"天津临空产业区科技研发基金"和"天津临空产业区产业发展基金",主要用于扶持民航重大科技研发项目和民航重点产业发展及产品研制开发。充分利用资本市场,建立企业产权交易市场,通过债券融资、集合信托、产业基金等多种方式,健全社会化多元投融资机制。逐步建立风险投资机制和风险投资撤出机制,建立风险投资基金,加大对成长中的高新技术企业的支持力度。充分利用渤海产业基金等各类基金,重点加大对航空产业发展的资金支持。通过整合科技产业化所必需的各种融资资源,形成具备民航业特色的融资体系。

(四)建设功能配套齐全的基础设施体系

机场是临空产业区建设的核心。因此,必须加快天津机场改扩建工程,尽快开始第二跑道建设,满足目前世界上最大的民用客机 A380 起降要求,构建以国内航线为主体,以东北亚航线为龙头,以欧美航线为两翼的空中航线网络。在空港加工区二期加快建设航空产业园,2008 年开工建设标准厂房,作为发展航空产业发展的重要载体。要进一步完善临空产业区对外交通体系建设,规划建设京津塘高速公路互通立交桥等工程建设,以外部交通网络形成"五纵两横"的综合交通体系。建设临空产业区内部交通网络建设,形成主干路、次干路和支路三级设置的区域路网模式,开辟快速公交走廊,结合轨道站点规划公交换乘枢纽,达到便于货物运输和人员出行的标准。建设区域供水、排水、供热、供电、通信、燃气和中水处理等市政基础设施建设,确保区域达到"七通一平"的基本要求。要制定和贯彻集约用地的原则和各项措施,设置准入条件,严把项目质量关,合理用好每寸土地,实现生产力资源最佳配置,产生最佳效益。通过产业集聚,达到土地资源最大化利用,实行供地量与投资额、投资强度、产生效益挂钩,用好每一寸土地。

(五)加强对民航科技产业的培育及高端人才的吸引

大力建设以企业为主体,产、学、研相结合的航空科技创新体系,积极推动成立天津航空工业研究院,建设成为我国航空重大科技攻关中心。加快建立民航科研成果转化机制,加大科研成果转化的政府扶持力度,强化科技孵化效果,打造一流的科技孵化园,加快建立航空产业孵化器,推动空港加工区和中国民航大学共同建设大学科技园,积极向科技部和国家民航总局申请政策,吸引研究中心、工程中心、重点实验室等机构入驻,建立航空技术、产品测试、认证中心,成为具有世界水平的创新研发基地,创建国际一流的航空科研平台。充分发挥毗邻中国民航大学的优势,依托民航专业门类齐全、高层次民航科技和管理人才聚集的条件,为产业化基地的建设和发展提供充足的经营管理人才和技术服务人才支持。鼓励企业聘用高层次科技人才和培养优秀科技人才,并给予政策支持。制定和实施吸引优秀留学人才回国工作和为国服务计划,重点吸引高层次人才和紧缺人才,重点引进和培养飞行、空管、签派、维修等关键岗位急需的高技能人才,加快航空专业技术人才队伍的建设。

(六)完善规划和政策法规配套体系

要坚持高起点规划,学习借鉴国内外的先进理念和先进做法,尽快完成临空产业区整体及综合交通等专项规划的编制,确保规划的先导性、科学性、权威性和严肃性。要加强与国家发改委、国防科工委、国家民航总局等国家部委的沟通,积极争取和抓紧制定有利于促进航空产业发展的人才、财税、补贴等各方面优惠政策,强化对航空产业投资的引导和支持,对研究开发投入以及社会的创业风险投入给予支持鼓励,为航空产业创造一流的发展环境。积极协调国家科技部,争取将天津民航产业发展列入国家级高新技术产业园区范围,享受国家的优惠政策和天津市、民航总局及空港物流加工区鼓励、扶持高新技术产业发展的有关规定,为入园企业提供更加优惠的投资政策。

(七)切实加强对临空产业区的组织领导

作为国家战略性产业,航空产业离不开政府的宏观指导和具体支持,长期稳定的宏观政策是政府支持产业发展的重要保障。区域开发和建设,健全的组织机构和投资主体至关重要。应采取"政府主导、行业辅导、市场运作"的联合管理模式。一是进一步加强对临空产业区建设的组织领导。可由滨海新区管委会牵头,吸收市发改委、商务委、财政局、国防科工委、滨海国际机场、中国民航大学、保税区和东丽区等相关部门,组成联席会议制度,共同研究制定航空产业的规划和建设和政策问题,报市委、市政府决策。二是组建"天津临空产业区开发有限公司"。可由国家大型航空工业公司、大型民用航空公司、有实力的区域开发公司和天津保税区投资公司等共同组成,设立股东会、董事会、监事会,负责基地的具体经营管理事物、项目招商引资、科研产业服务和投资融资支持等。三是组建天津航空产业协会。汇集空港加工区、航空相关企业、大学、科研机构、政府主管部门、天津机场等航空产业相关机构,建立信息交流和沟通的平台。

　　课题组负责人:曹达宝(天津市委办公厅)、冯志江(天津港保税区管委会)

　　课题组成员:王义(天津市委研究室经济调研处)、杨爱华(天津港保税区管委会办公室)、张志强(天津港保税区管委会办公室)、曹允春(中国民航大学临空经济研究所)、王禄(天津市委研究室刊编室)

　　课题报告完成时间:2007 年 12 月

参考文献

　　十七大报告辅导读本.人民出版社,2007,10

　　张高丽.在中国共产党天津市第九次代表代会上的报告,2007,5

　　张高丽.在市委九届二次全会上的讲话,2007,10

　　张高丽.在市委九届三次全会上的讲话,2007,12

　　张高丽.在进一步加快滨海新区开发开放动员大会上的讲话,2007,6

　　天津滨海新区管委会.天津滨海新区国民经济和社会发展第十一个五年规划纲要.2005,12

　　黄春平. 航天技术经济学[M].宇航出版社,1996

　　金永德.导弹与航天技术概论[M].哈尔滨工业大学出版社,2002

　　祝存清.德国航空航天工业[M].航空工业出版社,1991

　　史超礼.航空概论[M].北京航空学院出版社,1986

　　罗松保,张建明.航空航天制造技术及设备的现状与发展趋势[J].制造技术与机床,2003(6)

　　《西安装备制造业发展战略研究》课题组.西安装备制造业发展战略研究报告[J].西安石油大学学报,2005(1)

陈剑峰,唐振鹏.国外产业集群研究综述[J].外国经济与管理,2008(8)

刘衍桥,黄元斌.试论区域经营与区域品牌创建[J].经济学研究,2004(2)

邱红,任新平.区域创新体系的路径依赖[J].中原工学院学报,2002(3)

吴照云.航天产业结构及其与市场运行机制的差异性分析[J].当代财经,2004(10)

秦臻,倪艳.中国航空航天器制造业国际竞争力的实证测度[J].世界经济研究,2006(6)

James R. Wertz,Wiley J. Larson.航天任务的分析与设计[M].航空工业出版社,1992

易维坤,杜斌.航天制造技术[M].中国宇航出版社,2003

保税区管委会,天津港保税区.天津空港物流加工区国民经济和社会发展第十一个五年规划纲要

天津航空城办公室,天津临空产业区(航空城)航空产业规划研究提纲

滨海新区先进制造业发展战略研究

【摘要】在阐述国际制造业发展的趋势与基本模式的基础上，总结国际、国内发展经验，预测滨海新区制造业在未来发展中会遇到的机遇和挑战。最后，从政府的角度，对滨海新区先进制造业的发展提出了相应的建议和对策，并枚举一个实际的汽车案例加以论证。

制造业是现代文明的支柱之一，它既占有基础地位，又处于前沿关键，是工业的主体，是国民经济持续发展的基础；它是生产工具、生活资料、科技手段、国防装备等及其进步的依托，是现代化的动力源之一。

按照国家给予滨海新区建设先进制造业和研发转化基地的定位，当前滨海新区的工业发展被寄予厚望，但深入研究如何才能成为先进制造业基地的科研成果并不是很多。因此，深入研究滨海新区先进制造业发展的战略，对于更好地加快滨海新区先进制造业基地建设有着深远的意义。

一、先进制造业的特征和国际竞争的特点

(一) 需求导向

研究显示，来自科技推动而进行的创新，在美国所占比例是 22%，在

英国是 27%；来自生产需要的创新，在美国所占比例是 31%，在英国是 25%；而来自市场需求推动的创新，在美国所占比例是 47%，在英国是 48%。市场需求已日益成为保证创新活动获得成功的更为重要的因素，一定程度上可以说"需求是技术创新之母"，而"创新是先进制造业的灵魂"。

(二)模块化

模块化是指按照某种规则，一个复杂的系统或过程和若干能够独立设计的半自律的子系统或过程相互整合或分解。以日本汽车业为例，其组装企业和重要零部件供应商之间就存在一种设计上的模块化，具体表现为，对主要零部件产品，丰田公司只是确定一般的共识和界面，零部件供应商按此共识和界面自行设计产品，这大大增加了同一层级零部件供应商的竞争，降低了研发费用和生产成本，缩短了产品的周期。

(三)系统集成化

系统集成化是在系统工程科学方法的指导下，根据用户需求，优选各种技术和产品，将各个分离的子系统连接成为一个完整、可靠、经济和有效的整体，并使之能彼此协调工作，发挥整体效益，达到整体性能最优。以丰田为代表的日本汽车公司，就是通过敏捷制造，精益生产等先进的生产管理方法，提高与各级零部件供应商的合作。

(四)集群化

集群化是指在一个特定区域，集聚着一组相互关联的公司、供应商、关联产业和专门化的制度和协会，通过这种区域集聚形成有效的市场竞争，构建出专业化生产要素优化集聚洼地，使企业共享区域公共设施、市场环境和外部经济，降低信息交流和物流成本，形成区域集聚效应、规模效应、外部效应和区域竞争力。

(五)高技术化

高技术化是指先进制造业中普遍应用高新技术（包括新技术与传统技术复合）进而提高制造业的技术含量的趋势。据统计，在 1945 年工业制成品中科学工程知识的含量大约为 5%，目前则增至 16%，预计到 2020 年这一数值至少应达到 20%。高技术化的趋势可以从目前装备工业的机电一体化、人机一体化、一机多能、检测集成一体化等发展方向中略见一斑。

(六)环保化

环保化是对传统制造业高耗能、高污染的反思,也是先进制造业要求低消耗、绿色生产的必然要求。

(七)全球化

伴随着经济全球化、现代技术革命,尤其是信息技术革命的发展,先进制造业的全球化趋势不断加强。先进制造业全球化包括:产品制造的跨国化迅猛发展;价值链中与制造紧密相联的各个环节朝着全球化方向迈进;制造业企业的跨国并购、重组和整合;制造资源在世界范围内的调剂、共享和优化配置;跨国界信息基础设施的建设和维护正日益受到各国政府和企业界的重视,全球制造体系正在迅速形成等。

二、先进制造业国际竞争特点

(一)创新互动

随着国际市场的剧烈变化,国际竞争日趋复杂,企业之间已经不是以前所谓的单纯的竞争关系。先进制造企业越来越重视与强大对手以及科研院校的互动合作,在与竞争对手的互动中实现创新,进而做大市场、做强产业,实现共赢。

(二)技术制胜

科学技术是改变世界、影响历史的主要力量,是决定竞争胜负的主要因素。在当今国际竞争市场,特别是高科技市场,企业以技术(即专利权)垄断市场,即企业通过技术占领,使本企业的技术成为行业技术标准,从而达到垄断的地位。

(三)超强竞争

超强竞争是由美国管理大师达·维尼在研究竞争环境变化过程中短期竞争优势和持久竞争优势的关系时提出的,它是一种在价格和质量基础上不断升级的竞争状态,是一种创新技术诀窍、建立先机优势的竞争,是保护或侵蚀现有产品或地域市场的竞争,是凭借雄厚实力和建立更具实力联盟的竞争。

（四）层级竞争

随着制造全球化的出现，当今的制造企业已经不再是单独的企业与企业的竞争，而是不同供应链联盟之间的竞争。如何在同一产业内众多的供应链联盟竞争中脱颖而出，就需要核心企业在组建供应链联盟的时候，考虑整个供应链的竞争力，即包括原材料供应商、零部件供应商、装配制造商、批发商、零售商的供应体系拥有竞争优势。

三、先进制造业的竞争力内涵和国外发展经验

（一）先进制造业的竞争力内涵

1.规模经济

由于先进制造业属于规模经济效应明显的行业，世界级的先进制造企业在其发展过程中一般都通过纵向、横向和复合兼并或并购扩大自身经营范围和规模，以此获得内部规模经济。另外，它们通过在"母国"或国外建立自己主导的产业集群，通过吸引一批为其供应零部件的厂商，通过协同效应来实现外部规模经济。由于世界级的先进制造企业从资产规模、销售收入、从业人员以及业务范围等方面均具有规模优势，它们可以通过专业化分工和协作，采用大型、高效和专用设备，采用标准化和简单化的大批量生产方式，大批量采购、销售和运输等途径降低生产成本和交易成本，提高企业经济效率，进而提升竞争力。

2.具有高度的研发创新能力

作为顶级先进制造企业，这些跨国公司都非常重视科研工作，投入大量资金用于实验室的建设和研发人才的引进，内部设有多个研发部门。除此之外，它们也与全球相关领域的著名高校进行合作，以此获取长久的技术竞争优势，高度的研发创新能力是以巨额高效的研发资金投入来支撑的。

3.快速应用各类先进技术

世界级的先进制造企业都具有独立的研发中心，从事先进技术的研发和掌握世界先进技术的发展态势，一旦研发部门获得先进的技术或者

其他公司研发出较先进的技术,就能够迅速获取,进行产业化研究,所以能够迅速地将先进技术进行产业化,及早抢占市场,获得竞争优势。

4.系统集成能力强

著名的先进制造企业一般都是系统设计商,其按照一定的标准将产品设计、生产和营销分成不同的模块,并有不同的专业化模块供应商来提供对应模块产品。作为系统设计商,只掌握供应链中的核心环节和关键零部件的生产制造,其主要任务在于协调各模块供应商。

5.品牌的价值得以充分体现

著名的先进制造企业都非常重视自身品牌的塑造,不惜投入重金进行打造与宣传,通过品牌价值的提升,获取顾客的信任,使自己与竞争对手的产品得以差异化,进而提升自身竞争力,获取丰厚的经济利润。著名品牌既是企业无形的资产,又是企业形象的代表,是企业高质量、高效率、高效益、低成本的表现。通用电气 2010、2011 年分别位居全球最具价值品牌 500 强排行榜的第 6 和第 7 名,品牌价值约为 305 亿美元。同一时期,西门子分别位居全球最具价值品牌 500 强的第 35 和第 39 位,品牌价值约为 160 亿美元。三菱重工则分别位居第 26 位和第 21 位,品牌价值为 204 亿美元。

6.集群化发展趋势明显

20 世纪 90 年代以来,先进制造业的集群化趋势不断发展,同种产业或相关产业的制造企业在空间上有机地集聚在一起,构建市场信息交流平台,实现市场供求信息的共享,区域内企业之间通过生产协作,产品合作配套,形成优势互补,避免重复作业,并努力延伸产业链,实施大企业带动的战略,推动产业的集群化发展。特别是近几年随着发达国家人力成本的上升,先进制造企业越来越多地倾向于在发展中国家建立以自己为主导的生产基地,以此在降低劳动成本的基础上,吸引配套零部件供应商的聚集。

7.企业构筑从生产、研发到销售的全球价值链网络

21 世纪企业与企业的竞争已经不再局限于单个企业之间的竞争,而是供应链联盟或者价值链的竞争,世界级的先进制造企业都不断构建以

自己为核心的供应链联盟,通过全球采购、生产和销售,获得优质低价的资源,占领国际市场扩大规模,进一步获得规模经济,甚至垄断地位。

8.充分体现环境友好与人文关怀

当今世界,全球经济和社会发展受到了越来越严重的能源、水资源、环境和安全的挑战,作为未来制造业的发展方向,先进制造企业都非常注重环境保护与人文关怀,致力于对社会和环境产生积极健康和可持续的影响,如降低废水、废气的排放,从事绿色生产与制造,参与环境保护的宣传,在产品设计和生产中重视对人体健康的防护,满足人体对舒适性能的要求等。

(二)主要发达国家先进制造业的发展特征与经验

1.美国先进制造业的创新和发展

随着知识经济时代的到来,美国曾经一度忽视了制造业的发展,制造业的地位有所下降。近年来,美国各界逐步认识到,无论什么时代,制造业都是创造财富、提升就业机会、促进创新的重要生产部门,并把先进制造业作为未来制造业发展的重要方向。

(1)制造业在美国经济社会发展中仍占重要地位

在 GDP 中仍占有较大比重。2001 年美国制造业增加值占 GDP 的 15.01%。1992—2000 年,制造业对实际 GDP 的贡献率为 22%,若算上软件生产部分,则为 28%,是所有行业中最高的。同时,这段时间里,美国经济年均增长率为 3.6%,而制造业的年均增长率则达到 4.5%。

创造了大量就业岗位,尤其是高技能、技术密集型的工作岗位。当前,美国制造业的就业人数占全美就业人员的 14%。同时,制造业几乎提供了所有的高技能、技术密集型的工作,而且平均工资高于服务业等其他部门。2001 年,制造业雇员人均年工资 46000 美元,加上福利等,人均总支付 54000 美元,而其他行业雇员人均年工资为 39000 美元,人均总支付 46000 美元。

对其他部门的增长和就业具有较强的带动作用。OECD 和亚洲开发银行的研究表明,工业生产的快速增长也意味着其他行业的快速增长。销售给终端用户的每一美元制造产品能导致 1.43 美元的附加经济产值,比其他行业平均多一倍以上。另外,制造业更能促进其他行业的就业,是美国出口的中坚力量。过去 10 多年来美国的出口翻了两番,制造业的出口占全部出口的 62%。制造业的贸易总额(出口加进口)占制造业经济总产值的 40%,相比之下,全部非制造业对外贸易总额只有其总产值的 6%。制造业的全球化程度是其他行业的 6 倍。美国前五大出口产品分别是电脑电子设备、化工产品、机械、汽车和飞机。2002 年,这五项产品的出口值占美国商品出口值的比例为 56%。

在美国研发投入中占据主导地位。对研发的投入是科技进步的重要源泉。2000 年,制造业所从事的研发活动占全美的 75%,所提供的研发经费约为 66%,在科技创新中占据主导地位。1993—2000 年间,产业 R&D 支出以每年 8% 的速度增长,制造业的研发支出占美国全部产业研发支出的 64%。美国厂家在新技术的应用方面居于领先地位。

制造业的技术创新最为活跃。从 1963 到 2000 年将近 40 年的统计表明,制造业获得的美国专利数量,占全部美国专利总数量的 90%。这一异乎寻常的旺盛技术创新活动,主要得益于制造业的大量研究和开发投入。

(2)美国政府在先进制造业发展中的作用和目标

为制造业提供更多的高技能人才。制造业的成功在很大程度上依赖于工人的质量和技能。国内和国际企业普遍关心的问题就是经过科学训练的劳动力的短缺。根据美国人力成功中心(The Center for Workforce Success)最近一篇题为《保持美国竞争力:人才短缺威胁美国制造业》的报告指出,即使在最近的经济衰退期,仍有 80% 的厂家不仅仅缺工程师和 IT 员工,还或多或少地缺少熟练生产人员。为了确保提供充足的受过科学工程训练的工人,政府应该对学生提供更好的激励,鼓励他们进入科学和工程领域学习。

促进制造工艺的不断改进。制造工艺的改善可以提高竞争力,但同时也需要大量的投资。政府应该通过经济手段,鼓励投资;通过财政政策,如对效率高的工艺免税或对设备实行加速折旧,促使企业改善工业和设备升级。

鼓励制造业的研发和创新。R&D是技术创新的动力,由于先进的研究需要巨大的投入,而且在其变成有用的产品之前要经历很长的时间,只有政府和大的跨国公司才有财力支持先进技术的研究。政府还可以在资助更广范围科技领域内的先进技术研究方面发挥作用。一些组织,如国家科学技术研究院(NIST)、国家科学基金会(NSF)以及国防先进技术研究部(DARPA)扩展他们的研究领域,加强先进制造工艺的开发。

(3)美国促进先进制造业发展的措施

重新认识制造业在经济、社会发展中的作用。20世纪70～80年代,美国政府只对基础研究、卫生健康和国防技术提供经费支持,而对制造技术和制造业不予大力支持。20世纪70年代,美国一批学者不断鼓吹已进入"后工业社会",力图将经济重心由制造业转向服务业等第三产业。其结果是美国的经济竞争力下降,贸易逆差剧增。从20世纪80年代后期开始,特别是克林顿入主白宫之后,对产业技术的发展给予实质性的强有力支持。克林顿提出了增加对先进制造技术的研究开发资助。

出台的一系列实质性的技术支持政策主要包括:(1)制定一系列先进制造计划。美国政府于1990年、1993年和1997年分别实施了"先进技术计划(ATP)"、"先进制造技术计划"和"下一代制造——行动框架",以推动美国机械制造业的进一步发展。(2)为了强调制造业的重要性并在国家层面上协调各个制造科技计划,美国政府首次在商务部设立了主管制造业的部长助理。

围绕制造业的发展,出台了若干行政法令。兰德公司所属的科技政策研究所在《高技术制造与美国竞争力》的报告中指出:要想促进美国高技术制造业,需要从三个要素着手,第一个要素是贸易做法,包括调研贸易违规活动,适时采取措施,以便强制实施贸易协议;第二个要素是激励措施,包括研究美国应该采取什么激励措施来吸引国内外的高技术企业;第三个要素是从研发资金和人才两方面来加强创新的基础。

(4)美国推动先进制造发展的主要经验

从战略高度关注制造业的发展大计,把先进制造技术确立为国家关键技术。随着美国制造业经历了"强大——衰落——再次强大"的历程,美国各界认识到那种信息革命的来临意味着制造业衰退的看法是不全面的，并重新夺回了制造业的优势。根据兰德公司的评估报告，美国政府和产业界对关键技术的认识，随着时间的推移也在不断地加以调整。

通过重大专项计划推动产学研对关键技术的联合攻关。为抢占高科技制高点增加产业竞争力，美国十分重视以"专项计划"的方式推动关键技术的公关。"专项计划"的制定与实施由对产业发展具有宏观调控能力的政府部门牵头负责，集中优势，目标明确，产学研联合攻关。

研究和应用 21 世纪的现代制造模式。制造模式是指企业体制、经营、管理、生产组织和技术系统的形态和运作模式。20 世纪 90 年代以来，随着市场环境的变化，美国对现代制造模式展开了广泛深入的研究，提出了一系列面向 21 世纪的现代制造模式，其中最具有代表性的有：美国人提出的精益思维（LT）、敏捷制造（AM）、知识网络化企业（KNE）和网络联盟企业等。

建立工程技术中心推动高新技术在制造业的应用。美国制造业居于世界领先地位，其领先的实质就是领先将先进制造技术广泛应用到了传统制造业。美国一直采取国家扶持建立工程技术中心的措施，研究各种先进设计、制造、管理技术，并将研究成果推广、应用到制造业中。例如，美国建有 8 个国家制造科学研究中心（NCMS）、国家制造研究设计中心（ECR）、26 个工业大学合作研究中心（IURC）、7 个制造技术中心（MTC）等。

加速实现制造业信息化，赢得竞争优势。美国对制造业信息化给予了高度重视，并把制造业的信息化作为用信息技术改造传统制造业、赢得竞争优势的重大战略举措。20 世纪 90 年代，美国能源部牵头组织制定了"实施敏捷制造的技术"的五年计划（1994—1999），每年投入 1500 亿美元，把制造业信息化技术列入"影响美国安全和经济繁荣"的 22 项技术之一加以研究开发，通过制造业信息化夺回了在国际上制造业的霸主地位，为实现连续十多年的经济繁荣奠定了坚实的基础。

大力扶持中小制造企业对先进制造技术开发和应用。中小制造企业是美国经济的重要组成部分，是劳动力就业的主要场所。中小制造企业占美国制造业企业总数的 99％,创造的产值超过美国制造业产值的一半,吸纳的就业人数达到制造业总人数的 2/3。为了促进中小制造企业采用先进制造技术,促进其发展,专门制定了"制造业发展伙伴关系计划",建立面向中小企业的国家技术服务网络。

投入巨额经费支持先进制造技术的开发和应用。20 世纪 90 年代中期以来,美国调整了其产业政策与技术政策,将高新技术的实施重点和科技发展的热点转向产业技术,主要是先进制造技术领域,并从国家目标的高度相继制定了一系列先进制造技术发展计划,以振兴和提升其产业竞争力。

实施制造业劳动力优化计划(MWEP),保证先进制造业对高水平劳动力的需求。美国政府认识到,当今信息技术和经济全球化正在推动着社会变革,并深刻影响着每个劳动力的状况,创造性的脑力劳动和知识化的操作技能已成为更有价值的商品。国家制造业协会(NAM)在劳工部、教育部和教育委员会的支持下成立了劳动力发展中心和制造业虚拟大学,还创立了制造业劳动力优化计划(Manufacturing Workforce Excellent Program)。

2. 德国先进制造业的创新与发展

(1)德国制造业的总体情况

德国是老牌的制造业强国,制造业在其国民经济中占有重要地位。2001 年,德国工业总产值 4472.9 亿欧元,占 GDP 的 22.5％。汽车、机械制造、电子电器和化工是德国工业的四大支柱,其销售额约占国内生产总值的 1/4,产品在国际市场上具有较高的竞争力。2001 年,德国境内约有8.4 万家工业企业,从业人员达 852 万人,占国内就业的 22％。

(2)德国先进制造业近年来呈现的新特点

以人为本的生产理念贯穿始终。在产品制造过程的劳动生产组织中,突出以人为本的精神,全面考虑来自于企业员工的各种因素,如员工的素质、创造力、促动因素、参与能力以及产品制造过程对员工的吸引力、老年员工对产品制造过程的影响等,将员工的综合能力作为企业提高产品制造过程灵活性、创造性、有效性和效率的保障,推广以人为中心的全员负责制产品制造过程劳动组织方案。

高效的产、学、研合作。在产品制造的研究、设计、开发、生产、销售、物流管理、回收利用全过程中,全面运用循环经济原则,在保护环境、节约能源和自然资源的前提下,加强企业、高校和独立科研机构之间的合作,加强各技术门类在开发创新产品、开发创新制造过程、开发创新制造设备以及开发传统技术创新应用等方面的综合应用。

各类先进技术的充分运用。利用先进的计算机、信息和通讯技术,在企业内部各分厂、各部门、各工序之间以及合作企业之间,特别是中小企业之间建立网络化的产品研究、开发、制造过程协调机制,加强研究、设计、开发、生产、销售、物流管理、回收利用等制造过程各个环节之间的协调,提倡竞争企业之间、企业和科研机构之间在产品早期开发阶段的合作,提高德国制造业在世界市场上的总体竞争实力。

持续推进先进制造技术的研究。为确保出口产品在世界市场上的霸主地位,强化企业创新能力,提高劳动生产率,创造更多就业机会,1995年以来,在联邦政府《制造技术 2000 年框架方案》的资助下,德国制造业与高校、科研机构联合,围绕如何提高企业市场应变能力,加速创新技术推广应用,改善产品制造过程环保水平,加强中小企业之间合作等中心议题开展了 100 余项合作研究,研究热点集中在产品开发制造技术,原材料及废旧产品循环利用,制造过程物流管理以及制造过程中信息技术应用四个方面,在一定程度上反映了 21 世纪初德国制造业的技术发展方向。

3. 德国先进制造业发展经验

(1)政府的战略指导促进了德国制造业科技的不断发展

为了促进产业技术的持续发展,德国确立了三大发展目标:"绿色制造"、"信息技术"和"极端制造"。面对日趋严峻的资源和环境约束,德国推出了以保护环境为主题的"绿色制造计划"。德国目前已有 60 种类型3500 个产品被授予环境标志。其中水溶油漆自 1981 年被授予环境标志以来,出口量增加很多。2002 年,一项总投资额达 36 亿欧元的"2006 信息技术研究"计划也在德国推行。

(2)德国制造业的发展依赖于产业科技的发展

工业革命起步早的英国靠钢铁、纺织品等老工业产品获得了成功,而德国却用化工、电器、光学等新工业产品赢得了市场,德国工业的基础就是"制造科技"。

(3)科学研究为制造业的发展奠定了雄厚的基础

"德国制造"植根于科研机构,科研"沃土"源源不断地为其输送养料。300多所高等院校、数以百计的研究机构,都把产业技术作为研究重点,其中信息、光学等是重点研究项目。另外,纳米、电子技术被定为德国的创新发动机,对芯片行业、汽车和机械制造行业都有显著推动作用。在研发方面,德国已处于全球领先水平,专利数量处于世界前列。

(4)"制造科技"的平民化是制造业持续创新的一个重要源泉

德国普通公民为德国的"制造科技"做出了很大贡献,创造了许多具有突破意义的东西,如发光的口红、卫生间电动刷子和 MP3 等。从汉堡至慕尼黑,大约有 10 万名业余研究者。德国发明家协会称,每 10 项专利登记中就有一项出自百姓发明家之手。

(5)大力扶持中小制造企业对先进制造技术的开发和应用

在德国,只有 1.7% 的制造企业人数超过 1000 人,近 75% 的企业职工人数少于 100 人,因此德国绝大多数制造企业都是小企业。为了促进中小制造企业的发展,德国先后制定了"中小企业研究合作计划"和"资本参与计划",鼓励中小企业与各类科研机构开展广泛的合作研究,以改进企业的生产经营方式,加快科研成果的实际应用。

(6)政府在促进制造业发展中积极发挥桥梁作用

在德国制造业的整个发展过程中,企业是开展技术创新活动,确定企业发展方向的主体,联邦政府在其中只扮演了倡议者和催化剂的角色。如,建立企业之间、科研机构之间以及企业和科研机构之间就"21世纪的德国制造业"、"产品开发与产品制造"、"企业员工素质与技术创新"等热门问题进行对话的渠道。

4. 日本先进制造业的创新与发展

(1)日本先进制造业发展现状

进入 21 世纪后,日本制造业内部结构进行着调整。首先,制造业中具有高附加价值、高技术含量的部分,如高性能电机、工程机械、精密仪器、电子数控等仍然是 21 世纪初日本制造业保留、培育的重点;而低附加值、技术含量不高的产品生产和组装加工部分,继续加大向海外转移。科技含量高的新材料产业、光电子产业、数码家电和汽车产业中低能耗、高品质、环保型产品是今后日本先进制造业发展的重点。

(2)日本先进制造业发展特征

高新技术产业带动先进制造业的发展,形成新的经济增长点。

1996 年日本产业结构审议会的报告和 1997 年内阁会议确定的"行动计划",具体指明了 21 世纪初日本的新增长领域。就目前的发展情况看,以超大型电子产业和信息通讯业对经济的影响最大。例如半导体集成电路从 1990 到 1996 年增长幅度达 36%。同期,与信息通讯相关的产品和领域亦呈现很强的发展势头。

节能降耗成为日本制造业典型特征。"减量经营"是日本制造业战后从传统的粗放型经济增长方式向高附加值型经济增长方式转变的转折点。它包括"减"、"节"、"转"三个基本内容。"减"就是减成本,包括减少对人、财、物等的过多占用;"节"就是提倡节约能源;"转"就是调整产业结构和产品结构。

官产学研结合推进技术创新。进入 21 世纪以来,日本为了提高制造企业的技术能力,采取官民协调的方式,在法律、经济等多方面形成了十分有利的环境和条件,如 2000 年出台了《产业技术力强化法》,2002 年颁布了《国家产业技术战略大纲》以及其他一系列相关法规,推动官产学研的结合。

保持较高研发投入,提高日本先进制造业的未来竞争力。据《日本经济新闻》调查,在 2004 年度中,日本 437 家上市公司计划投入的科研经费总额达到近 8.6 万亿日元,平均比上年度增长 5.9%。近年来,日本全国每年的科研经费总额基本上保持在 15 万亿~16 万亿日元之间,占国内生产总值的 3% 以上,这一比例大大高于美国、德国、英国等发达国家。

强化制造业高度综合技术体系,确保日本制造产品的品质。日本制造业在发展过程中,已经建立了高度的生产技术和产品技术的综合技术

体系。企业为了追求规模效益采用大批量生产方式,投资主要面向自动
化技术和设备,高性能高效率设备的引入。同时日本制造业的电子化,如
机电一体化和电子部件的高度集成化,为制造业企业提供了各种控制器
件和生产设备,奠定了柔性生产的基础。

　　将传统的资本密集型产业发展为先进制造业。日本的传统资本密集
型产业包括石油化工、电子家电、汽车和船舶制造、钢铁行业等,随着高新
技术产业的发展,日本传统资本密集型产业不断应用先进制造技术,逐步
改造成为知识技术密集型的先进制造业,在世界上保持了较强的产业竞
争力。特别值得注意的是,近年来,日本立足于以机械、电子相结合的机
电一体化技术的机械电子行业,正逐步占据制造业中心地位。电子信息
行业所包括的半导体、电子家电和机械行业所包括的船舶、汽车工业等,
在与东亚各国(或地区)制造业的比较中,无论在所占比重上,还是在技术
水准与质量上,也都超过东亚其他国家和地区,目前在国际上仍有较强的
竞争力。

　　(3)日本先进制造业发展经验及启示

　　研究开发的投入是确保先进制造业可持续性发展的基础。日本的科
研经费在 GDP 中所占比重从 1990 年开始赶超美国后,至今 10 多年一直
保持较高水平,也就是说在"泡沫经济"破裂、经济陷于衰退的 10 多年中,
日本在战略上始终没有放松对科学技术研究开发的投入。从二战后日本
走过的道路来看,对技术的追求是日本成功的最重要因素。

　　建立规范的员工培训体系,提高制造业企业员工的整体素质。日本
制造业企业的竞争源于企业的核心能力,即和谐的企业文化、素质优秀的
员工队伍和先进的经营管理机制。日本企业花费了大量的时间和资金用
于员工的在职培训上,这种培训的技术知识和技能,增强了员工的适应性
和合作能力,提高了企业的效率和产品竞争力。

　　通过引进消化吸收和创新提高自主创新能力。日本产业技术发展的
主要经验之一是充分发挥后发优势,通过引进技术的消化、吸收和再创
造,大幅度提高自主研发水平。

三、滨海新区制造业的发展成就与主要问题

(一)滨海新区制造业的发展现状

1.制造业的支撑带动作用显著增强

2010年,实现工业总产值10600亿元,突破万亿大关,年均增长20%以上,占全市工业比重超过60%;完成工业增加值2800亿元,年均增长20%以上,占新区生产总值的69%,对新区生产总值贡献率达到62.38%。工业仍是拉动滨海新区和全市经济增长的重要力量。

2.重大项目建设取得显著成效

近年来,滨海新区实施龙头项目带动战略,一批具有国际竞争力的大项目、好项目落户滨海新区。百万吨乙烯、千万吨炼油、空客A320飞机总装线、丰田皇冠汽车、曙光千万亿次计算机等项目建成投产,新一代运载火箭、直升机总装基地、300万吨造修船、和谐号机车、长城汽车、太重滨海重型装备研制基地等一批项目相继开工建设,为制造业发展增强了后劲。

3.高端高质高新产业结构加速形成

滨海新区围绕构建高端化高质化高新化产业结构,加速产业结构调整和升级,坚持增强自主创新能力,积极改造传统制造业,培植壮大优势特色产业,大力发展高新技术产业,高新技术产业总产值占工业总产值的比重2010年达到48%;已拥有"天士力"、"赛象"、"力神"、"天地伟业"、"LiLin"等驰名商标,环欧半导体、药明康得、天津钢管、泰达洁净材料等一批企业申报专利获得天津市专利金奖。

4.制造业发展载体得到极大拓展,集群化发展初步形成

落实天津市城市空间战略布局,进一步拓展了开发区、保税区、高新区产业发展空间,规划布局了临港经济区、南港工业区、中新天津生态城、东疆保税港区等产业功能区,滨海新区产业布局进一步得到提升,发展方向进一步明确,形成了园区功能互补、产业相对集中的良好发展态势,极大地增强了产业发展优势,为滨海新区产业集约发展奠定了载体基础。

5.自主创新能力不断增强

截至 2010 年,已建成 50 多家国家级和市级科研机构、50 多家大型企业研发中心和 62 家企业博士后科研工作站;重点建设了国际生物医药联合研究院等 12 个国家级科技创新平台、10 家行业技术研发平台;实施了兆瓦级全纤维风机主轴开发及产业化项目等百项高新技术产业化项目;培育了一批以赛象科技、力神电池、金耀集团等为代表的自主创新龙头企业;在基因药物、信息安全产品、新一代移动通信终端、膜材料、无缝钢管等高端技术方面取得突破,开发出世界上首套特巨型子午线轮胎一次法成型机、国内首台超百亿次曙光 5000A 高性能计算机等新产品,拥有了一批具有自主知识产权的技术和产品,以企业和科研机构为主体的研发体系不断形成和完善。

6. 发展方式加快转变

天津经济技术开发区、临港工业区、北疆电厂被列入国家级循环经济示范区(单位),建成了新泉海水淡化、钢管公司高温余热发电、泰达中水循环利用等循环经济项目;加大工业节能改造力度,加强园区生态化改造,创建绿色工业产业园区,积极推动企业 ISO14001 环境管理体系认证和 ISO14000 示范创建工作,天津经济技术开发区被授予首批"国家生态工业示范园区",滨海新区石油化工产业、空港经济区航空产业以及天津经济技术开发区汽车产业、电子信息产业被授予国家新型工业化产业示范基地。

(二)滨海新区制造业发展面临的主要问题

1. 从资源基础上看,仍以资源和投资驱动为主

国家对滨海新区的发展定位是使其成为区域性,主要是环渤海地区的制造业龙头。目前滨海新区总体上已经实现了这个目标,但其基础是低成本、低科技、劳动密集型制造业。新区装备制造业仍处于资源驱动和投资驱动,其中以投资驱动为主。资源驱动的特征:企业竞争优势主要来源于基本要素如低成本的劳动力,自然资源是经济发展的关键;企业的产品都是简单的、由其他国家设计的;技术来源主要是引进、模仿和消化吸收;企业间的竞争主要是价格竞争。投资驱动的特征:生产效率是企业竞争优势的重要来源;产品和服务越来越复杂;技术来源大都是技术许可、

外国直接投资、合资企业和模仿；企业已经有对产品吸收改进的能力，多以 OEM 方式制造，出口大多由外资企业承担。

2. 从生产方式上看，规模经济效应不充分，集群化发展水平不高

滨海新区的装备制造业目前主要在通用设备制造业、专用设备制造业、电器机械及器材制造业、仪器仪表及办公用机械制造业等领域，与其他一些省份相比，行业分布相对分散，没有形成明确的聚集区，而且优势主导行业不突出。装备制造业是一种规模经济性和范围经济性都很强的产业，小而散的行业格局并不利于规模经济效应的发挥。

3. 从价值链网络看，仍以制造为主，向研发和市场端的价值获取能力低

滨海新区的装备制造企业，早期发展多以跨国企业为主，它们一般在本国研发并保持核心技术优势的情况下，在国外投资生产通用技术产品，在装备制造业领域投资兴建的项目多以占领我国市场为主，这些外资企业大多将滨海新区视为生产基地，所以它们在本地研发投入一般比较少，产品技术进步的来源和产品销售的渠道被它们牢牢地抓在手里。滨海新区的风力发电设备的制造就是典型的代表。而国有和民营企业中除去极少数企业具备较强的研发创新能力外，其他大多以技术模仿和加工组装为主。引进 FDI 和外国技术并不会自动地提高我国的科技创新能力，"以市场换技术"换来的只能是通用技术，而关键零部件的核心技术、关键技术需要依靠国内企业的自主创新，从制造环节逐步向研发、采购、销售等高附加价值环节的渗透也只能依靠国内企业的发展来实现。

4. 从研发创新方式与水平来看，追踪前沿的能力不足，创新方式传统单一

企业是技术创新的主体。目前滨海新区内制造企业的自主创新能力很弱，主要表现在：第一，大多数企业缺乏技术创新战略，技术创新机构不健全，科技活动层次大多处于低端的模仿创新，不能长期专注于培育和提高企业的核心技术能力；第二，企业平均的研发投入资金较国外跨国公司严重不足，研发投入资金来源单一；第三，企业缺乏健全的激励机制，导致从事研发投入的效率低下；第四，企业合作机制不健全，行业内的公共研

发平台较少。在全球网络化制造和开放式创新条件下,先进制造业的特点并不是加工制造本身,而是在追踪产业前沿技术的基础上,以自主核心技术为支撑,以产品设计为龙头,通过全球采购进行系统集成,获取高附加值。然而,与发达地区相比,滨海新区制造业的最大差距正是缺乏核心技术、自主知识产权和世界知名品牌。

5. 从市场网络看,真正具有品牌价值和市场影响力与控制力的企业很少

以 SEW、统一工业、巴特勒、矢崎、约翰迪尔、奥的斯等为代表的装备制造企业,为滨海新区装备制造业的进一步发展提供了新的活力。然而它们大都是来自于德国、美国、日本的外资企业,真正具有品牌价值、市场影响力和控制力的本土企业很少。本土优质品牌资源的缺失在相当程度上制约了滨海新区装备制造业的企业提高产品附加值、产品升级换代与走向国际市场的进程。装备制造业在国民经济中的地位决定了该行业的发展必须由内资企业占支配地位。做大装备制造业,必须有一批资金实力雄厚、研发创新能力强、拥有核心技术和自主知识产权的世界知名的内资品牌,国外的发展经验也证明了这一点。因此,对滨海新区的装备制造业来讲,加强产业品牌塑造,增强企业的品牌价值势在必行。

(三)滨海新区先进制造业发展的战略主题识别

1. 获取规模经济效应的产业组织优化战略

产业组织合理化是实现滨海新区经济协调、可持续发展的基础,也是提升滨海新区先进制造业竞争力的关键。对当前面临着"散"、"小"、"弱"等产业组织问题的滨海新区制造业而言,产业组织优化发展的方向至少有两个,一是借鉴国际化大型先进制造企业的经验,鼓励本土有竞争力的企业通过纵向、横向和复合型兼并扩张形成的大型企业集团,培育寡头型企业,以此实现内部规模经济;二是适应先进制造企业的专业化分工特征,围绕产业链进行纵向链式招商和本土企业培育,形成一批具有很强竞争优势且专业化分工合作的中小企业,通过中小企业的集聚形成专业化的产业集群,与寡头型大企业形成合作关系,以此实现外部规模经济和范围经济,促成区域竞争优势的发挥。

2.获取更多外部资源和外部市场的国际化战略

全球化时代背景下,国际分工在深度和广度上都有了进一步的拓展,全球资源配置得到充分体现。企业间的竞争也逐渐转化为其利用全球资源和市场的能力竞争。目前,滨海新区内的制造业企业除了跨国企业之外,其余的国际化程度总体水平偏低,竞争优势不明显,多处于低附加值的制造环节,这与改革开放初期实行的外向出口加工型经济发展政策有关。但在目前的发展条件下,转变发展方式,滨海新区的制造业应在挖掘和不断培养企业的核心竞争力的基础上,利用与国际著名的先进制造企业(如新区内的摩托罗拉、三星、丰田、西门子)合作的机会,更广泛地融入全球价值链,逐渐发展为面向全球并分布于世界各国的国际化采购、生产和销售体系,以此获取全球优质低价资源、占领国际市场,进一步提升竞争优势和国际竞争力,进而提升在全球供应链和价值链中的位置。

3.以培育核心竞争力为目的的创新化战略

滨海新区内先进制造业的创新化战略应包括:大力提高原始创新能力、集成创新能力和引进消化吸收再创新能力,努力掌握先进制造技术,提升先进制造业整体技术水平;加快工业信息化进程,全面推广应用现代化信息手段,改变工业的传统管理模式和生产组织方式,实现工业的管理创新和结构重组;逐步建立适应先进制造业发展的科研开发网络体系,发展具有自主知识产权的重大技术,从根本上提高滨海新区制造业技术水平;加快应用高新前沿技术和先进适用技术改造传统产业的步伐,鼓励企业在体制和机制创新的基础上加快技术进步,使企业成为技术创新的主体,形成具有众多品牌和核心竞争力的先进制造业研发和生产体系。

4.以保持成本优势和更好适应需求为目的的精益化战略

所谓精益化战略是指先进制造企业在生产经营中逐渐采用精益生产方式。精益生产方式是欧美学者在总结以丰田为代表的日本汽车业发展经验的基础上提炼出来的,它以消除一切浪费、降低成本、提高效益为基本目标,是制造企业解决成本问题、提高企业竞争能力的一套系统解决方案。

5.以控制流通渠道获取高附加值为目的的品牌化战略

从消费者的角度来理解,品牌是产品良好体验的承诺和传递;从产品生产企业的角度来看,品牌是预期现金流量的保证;从法律的角度看,品牌是一种独立于具体产品之外的知识产权。品牌为消费者提供了一种在充斥着林林总总产品的市场中识别产品的方法,为生产者提供了产品差异化的策略,为生产者获得顾客的信任进而获取超额利润成为可能。选择产品的某一有形或无形的特性,使产品、服务或企业与其他同类区别开来,从而形成鲜明品牌的过程,就称为品牌塑造或是品牌化。

6.以把握模块化分工机遇、发挥整合作用为目的的专业化战略

企业的模块化包括产品的模块化、价值的模块化和组织结构的模块化。产品的模块化就是把复杂的产品系统拆分成各个模块,使这些模块之间能够在标准结构中通过标准化接口实现即插即用;价值模块化就是将产品价值链上的业务能力要素(如产品研发、设计、制造、配送、市场网络管理等)分离、独立出来,形成具有核心竞争力和自组织特性的价值模块的过程;组织结构的模块化就是将一个企业组织解构成若干个小的模块化单位,并使这些模块化单位实现关系契约化。

7.以促进学习和知识交流为目的的集群化战略

产业集群促使部门之间以及不同行为主体之间建立广泛持久的联系,这种跨企业甚至跨产业的竞争与合作,对于提高区域内企业的生产效率、促进新企业的形成、指明创新方向和提高创新速率等具有重要推动作用。

8.以产业与环境、社会协调发展为目的的可持续发展战略

对制造业来说,从传统的制造模式向可持续发展模式转变已经刻不容缓。先进制造业更应该在发展中杜绝高投入、高消耗、高污染的粗放型发展模式,而走集约型、绿色化的可持续发展模式,即通过不断提高生产效率、最大限度地利用资源和减少废弃物来提升产业竞争力。随着全社会环保意识的增强,世界范围内的跨国公司与消费者目前都越发认同绿色制造这种产业与环境、社会协调发展的制造方式。

四、滨海新区制造业发展面临的形势和环境

（一）滨海新区先进制造业发展面临的国际环境

1.世界经济环境和发展模式正在发生重大调整

世界经济结构和发展模式正孕育深度调整。国际金融危机过后，世界经济结构进入深度调整时期。总体上看，世界多极化、经济全球化将进一步深入发展。美欧等西方发达国家需求结构和供给结构正在进行大的调整，提高储蓄率，降低对国外产品的需求，重新振兴和发展本国实体经济，成为这些国家经济发展的重要选择。与此同时，各种形式的保护主义抬头，特别是以绿色壁垒、技术标准、碳关税以及质量、安全和劳动条件等为主要手段的新贸易保护主义越来越普遍，对包括我国在内的广大发展中国家的对外经济产生严重影响。

2.世界科技创新和产业创新正孕育着新的突破

历史经验表明，全球性经济危机往往会催生重大的科技和产业创新。这次国际金融危机之后，世界科技和产业创新正在孕育着新的重大突破，全球有可能进入一个空前的创新密集和产业振兴时代。这既对天津工业加大自主创新提出迫切的要求，同时也为滨海新区制造业发展提供了借助于世界科技创新浪潮大力提升自身技术创新能力的难得机遇。这就要求滨海新区制造业发展必须充分利用国际创新资源和条件，着力提升自主创新能力，加快发展高端产业，形成科技和产业竞争的新优势。

3.全球经济和社会发展的资源、环境压力越来越大

全球温室气体减排的压力进一步加大。近年来，随着气候变化和环境污染的加剧，资源、环境对经济发展的瓶颈制约明显加大，减少温室气体排放总量，减缓全球气候变暖，已成为世界各国面临的共同课题。发达国家加快向低碳经济转型，我国面临着进一步推进工业化进程的历史任务，作为温室气体排放大国，在"后《京都议定书》时代"将面临着越来越大的全球减排压力。怎样在加快推进工业化、保持经济高速增长的同时，完成减排任务，实现经济发展与环境保护的兼顾，是滨海新区制造业发展面临的严峻课题。

（二）滨海新区先进制造业发展面临的国内环境

1.我国进入加快转变经济发展方式的新阶段

从国内看，"十二五"时期，工业化、信息化、城镇化、市场化、国际化深入发展，人均国民收入稳步增加，经济结构转型加快，市场需求潜力巨大，资金供给充裕，科技和教育整体水平提升，劳动力素质改善，基础设施日益完善，体制活力显著增强，政府宏观调控和应对复杂局面能力明显提高，我国经济社会发展和综合国力有条件再上新的台阶。与此同时，我国经济发展中不平衡、不协调、不可持续问题依然突出，主要是，经济增长的资源环境约束强化，投资和消费关系失衡，收入分配差距较大，科技创新能力不强，产业结构不合理，农业基础仍然薄弱，城乡区域发展不协调，就业总量压力和结构性矛盾并存，制约科学发展的体制机制障碍依然较多。

2.重化工业化与新型工业化并行成为我国工业发展的重要特征

20世纪90年代以后我国工业发展中出现明显的重化工业化趋势，实际上是我国经济技术发展、工业化和城市化推进、消费结构升级和对外开放扩大等诸多因素带来的综合性结果，符合工业化国家和新兴工业化国家经济发展的一般趋势和要求，具有客观必然性。当前我国总体上处于工业化中期阶段，继续促进重化工业的进一步发展，做优做强工业，仍是我国解决一系列重大经济、社会问题的基础和前提条件。因此，未来一段时期我国重化工业发展的潜力和空间依然较大，重化工业对国家及各地区经济和社会发展的推动作用仍将十分显著。

3.低碳经济和可持续发展成为我国工业发展的基本方向

2009年11月26日国务院公布了中国控制温室气体排放的行动目标，决定到2020年单位国内生产总值二氧化碳排放比2005年下降40%—45%。并提出要把应对气候变化作为国家经济社会发展的重大战略。加强对节能、提高能效、洁净煤、可再生能源、先进核能、碳捕集利用与封存等低碳和零碳技术的研发和产业化投入，加快建设以低碳为特征的工业、建筑和交通体系。加强国际合作，有效引进、消化、吸收国外先进的低碳和气候友好技术，提高我国应对气候变化的能力。

4.增强自主创新能力成为我国增强制造业竞争力的基本战略

后危机时代,围绕应对国际危机和世界性经济衰退,国内外诸多区域都陆续出台了加快科技创新、实现创新驱动发展的政策与措施,如北京出台了"科技北京"行动计划(2009－2012年),提出要把北京建设成为中国创新发展的核心引领区和具有全球影响力的科技创新中心;珠三角地区提出要实现自主创新能力和产业竞争力的"双提升",率先建成全国创新型区域,打造成为亚太地区重要的创新中心和成果转化基地;深圳出台《深圳国家创新型城市总体规划(2008－2015)》,首次提出要把深圳建成有国际影响力的区域创新中心等。区域间的激烈竞争要求各地依靠自主创新,打造产业优势,培育出一批自主创新品牌和大企业。与发达省市相比,天津高新技术产业发展速度慢、规模小。产业升级和国际竞争力提升面临着较大的压力。而要扭转这种格局,滨海新区的制造业责无旁贷。

5.滨海新区制造业对于实现国家对天津和滨海新区的战略定位承担重大责任

近年来,中央对天津发展给予高度重视。胡锦涛总书记对天津提出了"一个排头兵"、"两个走在全国前列"和"五个下功夫、见成效"的重要要求以及"四个着力"的工作任务,温家宝总理也多次对天津发展提出指导性意见。这一方面充分体现了中央对天津发展的高度重视和关注,另一方面也表明天津在未来国家经济发展格局中居于十分重要的地位。

五、滨海新区先进制造业的竞争力提升对策——基于企业层面的分析

(一)双向国际化发展策略

1.双向国际化发展的意涵

过去三十年滨海新区制造业的发展之一得益于逐渐嵌入全球价值链,成为全球制造业价值链的重要节点之一。这是滨海新区未来朝向先进制造业发展的有力根基。滨海新区的制造业发展必须进一步走开放型、国际化之路。滨海新区要在我国经济中继续发挥开放、引进和辐射的枢纽作用,就必须建设起现代化、国际化的制造业体系。这意味着滨海新区的制造企业必须更深地嵌入国际供应链之中,在行销、管理、质量和服

务等方面更好地与国际市场对接。

2.滨海新区制造企业的价值链攀升策略

(1)发展核心零部件加工,实现"进口替代"

无论是传统的轻纺产业,还是新兴的 IT 产业,外商在华投资的主要是劳动密集的最终组装环节和简单零部件的生产活动,附加价值较低。但是随着这些产业的发展,形成了巨大的组装能力,对零部件产业产生了巨大需求,越来越多的外商为了降低成本和提高反应速度,开始在中国国内建立本土化的零部件生产企业,这给滨海新区企业寻求价值链攀升提供了机遇。这种价值链的延伸实际上是一种在开放的条件下完成的"进口替代"。

(2)充分利用开放条件下的技术创新活动转移机遇

随着信息技术的发展和竞争的加剧,跨国公司将国际化研发作为应对激烈的国际竞争企业战略的重要手段。海外研发可以尽量贴近东道国市场,使研发活动更有针对性,降低研发风险,而且随着教育的发展,发展中国家有大量知识丰富,而工资相对廉价的人力资源,这可以大幅度地降低研发成本。海外研发还有利于迎合东道国的政策,从而改善企业形象及与东道国的关系。作为高速成长的发展中国家,中国是跨国公司设立研发机构的首选国家之一,这既得益于我国有着低成本而优质的人力资源,又得益于在华外国直接投资的巨额存量。滨海新区作为我国先进制造业生产和研发转化基地,具有吸引跨国公司研发投资的政策机遇和先发优势。

(3)实施"低端剥离"策略

滨海新区制造企业要完成向全球产业链高端转型的目的,除了强化技术、品牌和渠道以外,还必须找到一个提供生产物质形态产品的"接棒者"。这其中包括三条途径:第一条是本土企业内部整合,金融危机使得部分单一从事价值链低端环节,过度依赖外需的中小企业遭遇了巨大的打击,这实际上给相对处于价值链中高端的滨海新区优势企业,进行生产制造等非核心环节剥离提供了机会。第二条途径是价值链区域间的梯度转移,滨海新区作为东部发达地区制造业的聚集区之一,应逐渐摆脱劳动和资金密集型产业的桎梏,这就需要向更广阔的中西部地区转移低端环节,在这件事情上,必须摆脱"抱残守缺"的陈旧观念。第三条途径是在外围市场上寻找"接棒者",这就涉及双向国际化中的另一个问题,即对外直接投资。

3.滨海新区企业"走出去"进行反雁行形态投资

反雁行形态投资的涵义就是要突破传统雁行形态中产业和投资地的经验规律,由中国向处于雁首和雁身位置的国家或地区投资技术密集型、服务密集型乃至知识密集型等高附加值产业。向比自身经济发展水平更低的国家或地区投资生产。而反雁行形态投资是以分享学习效应,或是扩大市场占有率,或是参与全球竞争为主要目的,因此,反雁行形态的对外直接投资策略本质上是一种赶超策略。

进行反雁行形态投资,对中国企业而言是一种挑战。因为中国企业的竞争力水平总体上远低于发达国家和新兴工业化国家和地区,特别是在技术密集型产业内,中国企业鲜有掌握核心生产技术的,经营管理方法和手段也不够科学现代,缺乏富有竞争价值的品牌等,这些都是中国企业进行反雁行形态投资的障碍。但反言之,如果以上种种劣势都不复存在,也就无所谓反雁行形态投资了。正是因为中国目前总体上还不具备向经济发达国家和新兴工业化国家或地区投资的有利条件,才需要策略性地进行此类投资。而滨海新区作为我国先进制造业发展的示范区,更有必要在这方面先行一步。

(1)滨海新区企业"走出去"的产业选择

高新技术产业。当前电子信息、生物医药等高新技术产业的核心技术和技术生产优势还掌握在发达国家和地区的企业手中。而且为了持久保有这种竞争优势,发达国家的对外直接投资不会释放核心技术,甚至不会把高技术产品的生产转移到中国等发展中国家。我国的部分高新技术企业,虽然竞争力逐年增强,但总体而言,在国际产业分工体系中仍处于中低端位置,为了享受高新技术产业的技术扩散收益和发挥学习效应,投资于发达国家并与当地企业进行更密切的合作是一条有效途径。因此,高新技术产业是中国进行反雁行形态投资的首选产业。

知识密集型产业。相比高新技术产业而言,我国在部分知识密集型产业领域与发达国家的差距并不是很大,可以作为提高我国产业竞争能力的制高点产业来加以重点培育。而对知识密集型产业而言,因聚集而产生的知识和信息的扩散与共享效应,对企业能否把握前沿,有效创新至关重要。这类产业的企业聚集首先发生在发达国家和地区,因此,知识密集型产业是中国进行反雁行形态投资的另一可选产业。

带有强烈中国表征的产业。所谓带有强烈中国表征的产业,是指中国特有,或是源于中国,带有明显的中国符号,一旦提起马上令人联想到中国的产业,比如中药、丝绸、瓷器、中华餐饮、中医等产业。这类产业一般富有浓郁的中国文化内涵。国外消费者接受和喜爱这类产品或服务,最主要是源于对中国文化的认同与喜爱。发达国家市场需求的多样化、较高的购买能力以及对异域文化的感受欲望等都为带有强烈中国表征的产业对发达国家进行反雁行形态投资提供了市场空间。

(2)滨海新区企业反雁行形态投资的策略

学习型投资的策略。学习型投资是指为了汲取国外先进的生产技术和经营管理经验,创造新的企业比较优势而进行的投资。目前,学习型投资是我国高新技术产业对发达国家投资的一个主要目的,其成功实施的首要策略是准确的企业定位。

市场占有型投资的策略。市场占有型投资的主要目的是进入当地或临近市场,扩大产品或服务在当地市场的占有率。中国企业在发达国家进行市场占有型投资,首先,在选择产业时差异化是基本原则。也就是说,围绕中国化产业,以民族性来塑造和挖掘差异化优势。

总而言之,反雁行形态的对外直接投资在中国还处于起步阶段,任重道远,但时机已经具备,辅之以有效的策略,将可能收获越来越多的成果。

(二)创新能力提升策略

1.基于技术创新竞争视角的当代新型竞争环境的特征

(1)技术创新的知识基础趋于融合

技术创新的直接来源是基础科学研究,基础科学研究催生的直接产品是知识。在信息技术没有得到充分发展和扩散的漫长的人类历史时期,知识是分学科存在的,相互之间存在明显的边界。但近二十几年来,信息科学、生物科学等基础科学的迅猛发展和向其他知识领域的渗透,使得融合学科和边缘学科成为技术创新的主要知识来源。这对传统的企业技术创新理念和模式都提出新的挑战。

(2)技术创新竞争的范围趋向全球化

技术创新从内容上可以分为根本性创新和渐进性创新两大类,根本性创新一般会产生一个全新的竞争领域,创新者也会因此享有创新利润。市场的全球化要求技术创新的范围与之相适应,获取创新利润的驱动也使参与技术创新竞争的企业可能遍布全球。而对渐进性创新,因为竞争的焦点往往是更低的成本、差异化产品以及战略定位策略等,这实际为更多的企业参与全球化的技术创新竞争提供了可能性。特别是后发企业所具有的成本优势在渐进性创新中最可能发挥。

(3)技术创新速度加快,商业化周期缩短,竞争更趋激烈

知识和技术的快速更新与扩散,使得技术这种智力密集型产品的生命周期与其他商品一样日益缩短,技术创新的速度加快,而作为技术创新主要拉动力量的市场需求的迅速更替与变化要求技术创新的商业化周期随之缩短,也就是说,技术创新的试错机会在减少,一项无法快速有效商业化的技术创新就是无价值的。由需求所导致的创新通常被称为市场拉动型创新,多存在于渐进性创新中,这也使得渐进性创新领域的竞争更趋激烈。

(4)技术集成发展趋势使得对现有技术结合与改造的重要性凸现

可以说市场上的每种产品都是一系列不同技术的集合体。技术集成可能有两种形式,联合应用技术来开发新产品以及联合应用技术来推进产品的商业化。技术开发工作不仅包括创新,也包括通过对现有技术的结合和改造而进行的技术开发工作。近年来,技术集成的潜力越来越受到人们的关注,特别是在产品的商业化阶段,企业不仅需要产品的相关知识,还要用到一些过程技术如制造、营销、售后服务支持,技术集成几乎是商业化的必备条件。有研究表明,日本企业比美国企业更擅长的就是技术集成,为此它们重视扩大技术的应用范围。

2.后发企业技术创新策略的分析模型

(1)企业内部的创新力

创新力是企业进行技术创新的必要前提,创新力的构成是多元化的,首先是吸收或者说接受能力,作为技术创新源泉的知识创新乃至根本性的技术创新大多不会发生在企业内部,而是来自于企业外部的技术源。企业需要的是敏锐地捕捉技术市场的信息,准确地把握技术的发展方向,并结合自身的资源优势、能力要素和市场需求,形成企业的创新力。对后发企业而言,这种创新更可能是渐进型和结构型的,当然也不排除模式型创新的可能性。所谓模式型创新,是使产品要素、组织行为和技术都发生显著改变的创新,例如通讯服务中用数字设备代替拨号设备。

(2)企业外部的技术源

现代技术创新所表现出来的融合化、全球化、快速化、集成化趋势使得单个企业独自进行技术创新的可能性越来越小。瑞典技术创新研究的知名学者哈里森认为,从寻求技术诀窍到寻求合作者是当前技术创新的一个根本特征,因为即使是最大和技术最强的公司也会发现自己并不能在一些重要的技术市场领域中把握自己的技术命运。企业外部的技术源主要有国内外大学和研究机构的知识创新和技术研发活动,上游供给企业的技术研发和商业化应用活动,同行业内其他企业的技术研发活动等。

(3)市场需求的拉动力

虽然技术创新一般可以划分为市场拉动型和技术推动型,但可以说没有一项技术创新是绝对的市场拉动型或技术推动型,基本都是两种类型的混合体,只是动力大小有别而已。然而,一项技术创新的商业化应用又必须由市场需求来拉动。为此,麻省理工学院教授艾瑞克提出了一个客户驱动创新的理论,强调客户需求及客户信息反馈对企业技术创新的重要意义。也就是说,市场需求拉动力的大小对技术创新成功与否发挥很大作用。

(4)企业内部生产的配合力

从技术创新到成功商业化之间存在两个重要环节,即生产和销售。将实验室的技术创新成果顺利转化为产品的过程,需要生产部门的紧密配合,而且这种配合需要始于产品的设计之初。有研究表明,在日本的汽车企业,样机生产通常是置于开发过程的中心部位来完成的,这样一来,样机生产既能检验设计又能暴露出在商品化之前需要解决的问题。(Clark 和 Fujimoto,1991)生产的配合力体现在设计和生产的一体化上,设计不再是独立于生产的一个环节,两者之间是相互依存的关系。

(5)企业内外部组织的支持力

技术创新对组织的依赖是与生俱来的,因为技术创新的主体是人,技术创新的主要投入除了人的智力外,还需要大量的资金,而人与资金都是以组织为载体而存在。因此,企业内外部组织的支持力是决定技术创新成功与否的又一关键因素,这也是往往把技术创新与组织创新相提并论的一个原因。组织创新相对于技术创新而言的重要意义在于为技术创新提供人才、资金、信息交流、学习与知识共享的便利。

3.滨海新区某汽车胶管企业的案例分析

案例企业天津某胶管股份有限公司成立于 1989 年,初期投资 60 万元,拥有职工 30 人。公司发展至今,已经成为中国最大的集科研、开发、生产于一体的汽车用胶管生产企业之一。产品主要分为冷却水管及总成,燃油胶管及总成,R134A 空调胶管及总成,AEM 空气管四大系列 2000 多种规格。目前产品为国内外三十多家主机厂配套,国内市场占有率 45％以上。公司 2001 年获得自营进出口资格,直接为美国福特公司、哈德森公司、德国大众公司、澳大利亚通用霍顿公司等著名汽车厂商供货。

(1)以设备和技术引进构筑技术创新的基础

案例企业技术发展的第一步是从引进国外先进技术和生产设备开始的,这与其后发企业的身份特征密切相关。案例企业的前身是一家乡镇企业,在 1983 年,北京成立中国第一家汽车合资企业北京吉普后不久,案例企业就以低成本优势成为北京吉普的配套生产企业,为了满足合资企业对产品质量的严格要求,案例企业在资金十分匮乏的条件下,筹资 60 万美元引入国外先进的生产设备,这套生产设备在当时国内的同类企业中是最先进的,引进生产设备的同时,技术培训同步进行。

（2）以技术改进积累技术创新的能力

小幅度不间断的技术改进是支撑案例企业不断扩大客户网络,取胜于竞争对手的一个法宝。从技术的通用性上讲,汽车胶管属于通用型产品,但对不同车型而言,还是会有不同的技术要求和产品特点,而且冷却水管、燃油胶管等不同种类的产品之间的技术特征也有所差异,因此,要满足不同客户不同车型对产品的不同要求,小规模的技术改进可以说与生产过程随时相伴。

（3）以总成品生产为契机完成技术创新的阶段性飞跃

案例企业也是凭借其成本优势,或者说是产品的高性价比成为多个跨国企业的配套生产商。但案例企业在发展中并没有单纯依赖这种优势,而是把与跨国公司的合作视为提升自身技术创新能力的契机,在跨国公司寻求资源杠杆的同时,利用与这些公司的合作,巩固并扩大自己在国际供应链中的地位,逐步获得了更多的设计权利,从最初的单纯为配套厂商生产简单的胶管到目前形成冷却水管及总成,燃油胶管及总成,空调胶管及总成等多样化的产品系列。总成品对生产工艺和产品质量的要求都更高,因此,从生产散件到生产总成品是案例企业技术创新的一次阶段性飞跃。

（4）以挑剔的客户需求拉动企业内部的创新力

案例企业为了成为北京吉普的供应商付出了非常大的努力,虽然这也有客观因素使然迫不得已的方面,但真正纳入北京吉普的供应商网络后,跨国企业质量管理、技术管理、生产管理的知识溢出,以及对供应商严格的评估要求都对案例企业产生了创新的激励作用。使得瞄准高端客户逐渐成为案例企业的一条经营策略。

（5）构建多元化的技术创新合作网络增强技术创新能力

案例企业在经营策略中却一直把技术创新作为深度嵌入国际供应链的重要保证。公司从 2002 年开始和德国 Phoenix 公司进行长期的技术合作,引进德国的先进技术,进行广泛的信息沟通。同时还与国内院校,如天津大学、华南工学院、青岛化工学院以及北京化工学院等紧密合作。另外在企业内也建立了相应的研发队伍,目前拥有研发人员数十人,并拥有自己的密炼车间、研发及试验中心。公司还与福特公司等企业在产品开发方面建立了合作关系,在这些企业开发新产品时配套开发新型胶管,在某些方面某种程度上做到了与客户的同步研发。

(6)以独特的企业文化保障技术创新的人才基础

案例企业地处天津市的非中心区,前身又是一家乡镇企业,缺乏吸引人才的有利客观条件,为此,企业从创立独特的企业文化着手,以情留人,以人尽其才吸引人。在人才的选拔上,企业追求实用、耐用的原则,更看重专业而非学校背景,以脚踏实地作为选拔人才的首要标准,一旦明确将为其所用后,则从工作、生活乃至进修、深造等多个方面为企业的技术研发人员包括技术工人提供机会和便利舒适的条件。同时,遵循不求所有,但求所用的原则,与高校、科研院所等的相关研发、技术人员建立各种合作关系,构建人才上的合作网络。

4.案例企业对后发企业技术创新策略的启示

(1)需求导向型的技术创新对后发企业更具适用性

案例企业以低成本优势切入赢得初期市场后,以不间断地技术创新逐步扩大市场空间,直至与客户建立稳定的合作关系,与客户的新产品开发进行同步研发,需求导向贯穿始终。而在竞争激烈的市场上,需求导向型的技术创新对后发企业提出的第一个挑战就是如何获取第一份稳定的需求,低成本优势是否是具有普遍性的一个策略。

(2)选择具有产业基础和氛围的领域是后发企业启动技术创新的引擎

在企业技术创新力的决定因素中,位于企业外部的影响因素有两大类,一是企业外部的技术源,二是企业外部组织的配合力,而这两类因素都与是否存在坚实的产业基础相关。产业基础是长期积淀的人力资本、生产要素、资源优势的集合,是企业外部的技术源的载体,企业外部技术源的供给主体,如高校、科研院所的科研优势也与当地的产业基础紧密相连。外部组织的配合力不仅来自科研机构,还包括政府机构的政策扶持、金融机构的资金支持等,而政策扶持重点和资金支持重点也必然与优势产业相关。

(3)从寻求技术诀窍到寻求技术合作伙伴是后发企业实现技术创新飞跃的策略转型

案例企业也是从技术引进和模仿开始的,先后从德国、美国、西班牙、日本、韩国等多个国家引进一流水准的全自动流水线 17 条,以及先进的产品检测开发设备,这对其以高质量产品进入跨国企业的供应链提供了保障。在成功进入跨国企业,如日本丰田、本田、日产,美国通用、福特以及克莱斯勒,德国大众、奔驰、宝马,韩国现代,意大利赛亚以及法国雪铁龙的供应链之后,如何与这些企业建立更深一层的合作关系,成为技术合作伙伴就是企业面临的一个策略转折。

(4)通过内部组织调整和优化实现从研发设计到生产的无接缝转移

企业层面的技术创新的终极目标是将创新成果转化为产品并在市场上成功销售,而从设计室的图纸到市场上的产品的一个重要环节就是生产。研发人员只有切实在生产现场,体验那种现场感,才能对图纸到产品的转换有深刻的感性认识,也只有这样,才能实现设计到生产的无接缝转移。

(5)制定富有前瞻性的企业技术发展战略对后发企业尤为重要

以案例企业来看,在其技术发展战略中,开发符合欧洲 4 号环保标准的产品对当时的企业而言具有很大的超前性,因为当时其客户并不具有这方面的需求,胶管生产企业中,除了国外知名的大企业在关注和研发欧洲 4 号环保标准产品外,案例企业的其他竞争对手几乎都没有这方面的计划。

(三)企业的精益化管理策略

1.精益化管理的含意和特征

(1)精益化管理是一种企业理念

精益化管理追求的是零库存、无浪费、准时反应等极限目标,企业要推行精益化管理,必须对现有管理方式本着"不是最好,争取更好"的态度进行总体评估,然后明确各阶段的目标,稳步推进,逐步扩展,让精益化理念融入到企业的各个环节和活动中去,努力实现自觉更新,相互协调。

(2)精益化管理强调的是一个过程

精益化管理要求企业全体员工团结一致,群策群力进行永无止境的工作追求,持之以恒地贯彻执行精益化管理制度,循序渐进地进行改革与创新,只有这样,企业才会获取越来越强大的竞争优势。

(3)精益化管理强调以"人"为中心

精益化管理强调一专多能,强调协作精神,变过去那种上下等级森严的人际关系为上下互通,彼此尊重,相互协作的人文气氛,充分调动员工的积极性。

(4)精益化管理注重全面质量管理

精益化管理强调质量是生产出来而非检验出来的,由生产中的质量管理来保证最终质量。精益化管理重在培育每位员工的质量意识,在每一道工序进行时注重质量的检测与控制,以求尽善尽美。

2.企业实施精益化管理的关键措施

(1)注重人才培养,充分利用好人力资源

企业实施精益化管理是把传统方式中的以物为中心的管理变为"以人为中心",实现"人以精益为本"的管理。因此,实施精益化管理必须高度重视并切实抓好管理人才、技术人才、技能人才的队伍建设。这就要求企业和员工必须具备现代精益化管理的思想和理念,必须有成本责任意识,要加强岗位培训,不断完善和修订管理制度,并且要持续不断地总结,积累经验。

(2)以顾客为着力点,提高市场竞争力

先进制造企业必须是能够让顾客获得最大满意度的企业,因此,实施精益化管理要以顾客为着力点,不仅向顾客提供产品和服务,而且要把顾客看作经营管理过程的组成部分。对于顾客而言,企业精益化管理注重寻求并维护一种长期稳定的合作关系,把长远利益放在第一位,有时宁可牺牲部分短期利益。同时,企业精益化管理还要求市场营销部在市场调查时要深入到顾客,全面了解顾客需求并将有关的内容反馈到设计、生产和服务的过程中去,主动销售,顾客第一。

(四)追求更高附加价值的品牌化策略

1.品牌化的内涵及品牌建设的意义

品牌是关于某产品一系列有形和无形特性的混合体,这些特性通常以商标的形式来呈现,具体包括某一图案、文字、声音、符号等,或是它们中的两种或多种的组合。如果恰当地管理和维护,品牌能够为公司创造价值。这一点可以从不同的角度来理解:从消费者的角度来理解,品牌是产品良好体验的承诺和传递;从产品生产企业的角度来看,品牌是预期现金流量的保证;从法律的角度看,品牌是一种独立于具体产品之外的知识产权。品牌为消费者提供了一种在充斥着林林总总产品的市场中识别产品的方法,为生产者提供了产品差异化的策略。

2.滨海新区企业实现品牌化发展的路径

(1)树立品牌化经营意识

品牌在企业发展中有着极其重要的作用,企业只有建立自己的品牌才能在激烈的市场竞争中利于不败之地。为此,企业必须具备品牌化经营意识,要对企业的品牌进行正确决策、科学设计,并对品牌进行得力的保护。真正意识到品牌对企业持续经营和发展壮大的重要促进作用。

(2)进行品牌经营的科学设计

企业要成功开展品牌化经营策略就必须在强化品牌经营意识的基础上进行科学的品牌经营设计。首先,进行企业品牌分析,包括顾客分析、竞争者分析和自我品牌分析。进行完整的企业品牌分析是品牌经营的理论基础。品牌分析涉及品牌形象、品牌策略、品牌遗产、企业组织价值、品牌力等关于品牌方面的内容。

(3)正确地进行品牌战略决策

生产规模扩大化成长战略。生产规模扩大化是指生产经营要素及其产品在一个企业内进行集中,以达到合理规模和实现理想的经济效益的过程。通过实施生产规模扩大化战略,以实现名牌产品的高市场覆盖面和高市场占有率的目标,促进企业经营规模化成长。

经营集团化成长战略。企业经营集团化,就是指以生产经营品牌产品的一家或少数几家骨干企业为核心、以一批具有共同利益、以资产或契约方式作为联结纽带的企业为基础,形成一个稳定的密切的经济联合体的过程。通过实施经济集团化战略,一方面进一步扩大品牌产品生产经营规模,解决单个工厂企业不能满足日益增长的市场需求的矛盾;另一方面在面对国内外强大的竞争对手的情况下,解决单个企业势单力薄的矛盾,促进企业在竞争中壮大成长。

（4）关于品牌的定价战略决策

所谓品牌的价位战略,就是根据品牌面对的消费层次不同,相应地采取不同的质量和价格组合的谋划与方略。根据消费层次的不同,有以下品牌价位战略方案可供选择。

——高价位战略。即面对收入高的消费者群,实行高质量和高价格的组合战略,也叫高档化名牌战略。例如德国的奔驰轿车,法国的人头马、轩尼斯酒,我国的茅台酒、五粮液等,就是实施的高价位的品牌战略,满足收入高的某些消费者追求豪华、显示身份的高档消费欲望。

——中价位战略。即面对收入中等的消费者群,实行中等质量和中等价格的组合战略,也叫中档化品牌战略。例如康师傅方便面、孔府家酒等,选择的是面对中等收入的消费者群,因而市场十分广阔。

——低价位战略。即面对收入较低的广大消费者群,实行不同等级的质量与低价格的组合战略,也叫低档化品牌战略。这种战略,可实行优质与低价的组合,如美国的可口可乐、麦当劳快餐,中国北京的红星二锅头酒等,价格是较低的,但质量不低。也可以中等质量与低价相组合,还可以低等质量、低价格组合,如某些地方名牌产品（低度白酒）也很受欢迎。不过要成为大范围内的市场,即占领更广阔的市场,使自己的产品具有突出的竞争优势,那么实行中、高等的质量与低等价格相组合的战略,应是最佳选择。例如联想的板卡和微机产品,打入国际市场,同外商联手争抢国内市场,实行的就是"茅台酒的质量,二锅头的价格"的组合战略,从而创出了中国名牌,成为我国行业的排头兵。

六、滨海新区先进制造业的竞争力提升途径与对策——基于政府层面的分析

（一）滨海新区新经济平台的要素构成及政府作用分析

1.进一步打造具有综合优势的投资环境

投资环境是当前的以及预期的政策、制度和行为环境,它影响可预期

的投资回报和投资风险,改善投资环境实际是改善播种与收获的联系。滨海新区在投资环境方面已经打下了良好的基础,今后应进一步了解投资者的需求,提供更加稳定的贸易和经济政策,减少不确定因素;构建更加良好的基础设施,保证经营者能够高效运作;促进经济治理结构的改革和制度创新,更充分地发挥市场机制的作用;支持发展金融、科技、物流、商务服务等生产性服务业,为世界高水平制造业的进入提供更高水平的服务支撑体系。

2. 建立便利企业融入国际供应链的发达市场网络

天津作为我国北方重要的经济中心和港口型城市,是我国经济对外开放的主要窗口、外资进入的主要通道、对外贸易的主要口岸之一,是引进技术并引发产业技术升级的辐射源,是我国经济与国际经济接轨的枢纽之一,而这一切都得益于滨海新区的开发开放。天津经济的这一外向型特征,赋予了滨海新区发展成为"先进制造业基地和研发转化基地"的独特优势。为了更好地发挥这种优势,适应经济全球化的潮流,滨海新区制造业必将朝向深度嵌入国际供应链的方向发展。而建立发达的市场网络,使制造业企业能够方便地进行国际采购和国际行销,就成为一个不可或缺的条件。

3. 发展富含动态能力的区域创新网络

市场竞争的激化要求每个企业,特别是核心产业群落中的企业不断增强技术创新能力。而企业的创新能力不仅来自内部,也与其运营环境有关。学习型区域就为企业提供了这样一个促进企业提高学习、创新和竞争能力的区域创新网络环境。在该区域中,存在大量的科研机构(包括大学),产、学、研三方摆脱各自为战的线性创新模式(发明—开发—投产—市场),强化彼此联系,形成网络交互式合作,在充分了解市场需求的基础上进行研发、试验、推向市场。政府也不再盲目地动用行政手段扶植某一主体,而是在基础研究、应用推广、种子风险基金等方面创造良好的环境。从而构筑成由产、学、研、官共同编制的结构严密、不断扩展、逐渐完善的网络型创新区域。

4. 提供现代化的软硬件基础设施和生活环境

地区经济活动的效率一定程度上受到基础设施条件的影响,天津要建立起开放型、外向型的工业体系,建设面向世界的现代化制造业基地,基础设施的建设水平也应该与国际接轨。这就需要建设起有利于企业提高运行效率、扩大对外联系,有利于吸引人才的各类设施,包括信息网络、通讯设施、交通及仓储设施、环境保护设施、生活和文化设施等。以往有关部门往往热衷于有形的"九通一平"基础设施建设,规划建设的工业园区、生活小区也往往千篇一律,却忽视了人们最为需要的信息文化资源、人文素质改善等无形的软件建设。目前我市的信息网络虽已初步齐备,但在网页维护、资源更新、信息交流公开性等方面却普遍显露出力不从心之感。

5.完善人才培育、开发、选拔、吸引机制

国内教育的一个共同缺陷是过于重视学历教育,而对职业教育,尤其是对技术工人的培养重视不够。据统计,我国高级以上技工只占技术工人的 3.5%,而发达国家这一比例为 40%。今后几年,我国企业对技术工人的需求将增加 25%,技师、高级技师的需求量将翻番。我市也同样面临技工短缺问题。因此,各类职业技术学院需着重强化"订单教育"式的职业教育,为企业培训专门的技工和其他专业人才;高等院校不懈地坚持教育改革,并和各界一起,为社会提供连续的在职教育,赋予受教育者以适应各种竞争变化的知识和技能,扩大人才资源的规模,提高人才资源的质量。

6.建立良好的法规、政策与社会环境

从国有企业体制改革到中小企业技术、研发、人才培训平台的构建,从基础设施到生产、生活的整体环境改善,从企业间合作网络到制造业产业群落的生成和升级,再到生产者服务业群落的催生,无一离得开政府这只看得见的手的扶持。在各地纷纷施展才华争夺跨国公司大型项目、国家优惠政策和项目投资、全球性制造中心地位的竞争中,地方政府提供的优良法制、政策、社会、生活环境是塑造地区品牌、培育地方竞争力的关键法宝。这种环境因素的作用主要体现在三个方面:一是既能有效地引导企业,而又不破坏企业的独立性和竞争关系;二是能够满足城市建设和公众的要求,保证城市经济的持续发展;三是能够为居民提供安定的生活环境,而社会稳定是经济发展的基本前提。

(二)政府支持先进制造业发展的政策体系

1. 以培育和完善产业链条为核心,坚持"集群化"的发展方向

当代国际国内制造业转移的特点和趋势表明,发达完备的产业集群是增强地区"粘性",吸引国际和国内资本,增强本地产业和区域经济竞争力的关键。滨海新区制造业基地中核心产业的"集群化"发展趋势虽然有所显露,但更多的处于地域性聚集阶段,作为产业集群"灵魂"的企业间密切的交易与合作关系,上下游产业链条的完整性等都没有充分显现。从这个意义上说,滨海新区制造业基地中核心产业的集群化建设尚处在非常初级的阶段,因此,当务之急是在充分了解核心产业的产业链特征的基础上,审视目前滨海新区企业在产业链中的地位,以及对产业发展而言关键性的缺失和薄弱环节,根据比较优势和潜在优势,明确各产业链重点发展的领域和方向,以确定核心产业今后招商引资的重点,以及现有企业发展的重点,并辅之以必要的政策措施确保向以培育和完善产业链条为核心的"集群化"发展方向。

2. 政府构建"公共技术平台",提升区域技术创新环境

制造业基地的竞争力从根本上取决于核心产业的竞争力,而技术创新能力又是决定核心产业竞争力的关键因素。当代技术创新的快速性、规模性等决定了单个企业的技术创新能力存在不可逾越的"瓶颈",区域创新环境建设成为增强产业竞争力的必然选择。而政府是区域创新环境建设中一个不可或缺的角色。通过政府牵头搭建"公共技术平台",建立公共研发中心、公共技术实验室等公共技术服务机构,鼓励、支持国内外企业和科研院所来津设立各种形式的研发中心、技术中心,加大政府投入,联合有关高校和科技情报机构,建立资源共享的产业技术数据库和信息网等,都是政府必须有所为的方面。

3. 政府搭建"产业化支撑平台",提高科研成果的产业化转换能力

技术研发与技术创新对产业发展的作用需要产业化转换这一重要环节。目前滨海新区制造业基地中核心产业的发展普遍面临产业化转换能

力薄弱问题,因此,需要政府搭建"产业化支撑平台",建立多个产业中试基地,设立产业化发展基金,以及针对高新技术项目的种子基金等,建立科技成果评估、交易、仲裁、代理、培训、咨询、认证、公证等一整套中介服务机构来获得体系支撑力。建立沟通"公共技术平台"和"产业化支撑平台"的有效渠道,切实提高科研成果的产业化转换能力。

4.政府构筑"创业服务平台",为创业者提供一个完备的创业环境

制造业基地中核心产业的竞争力取决于企业的竞争力,而企业家才能是构成企业竞争力的基础,创业环境则是决定能否吸引和留住企业家才能的关键。为此,需要政府构筑一个"创业服务平台",这个平台至少应包括完善的融资服务体系,鼓励和吸引海内外投资者设立创业投资机构,建立担保代偿金和再担保制度等。同时,建立各类大型公共设备和仪器有偿使用中心,吸引国内外科研教育机构来津从事科学研究和培养行业人才等。同时可以设立产业发展专项基金,重点对一批技术先进、能形成自主知识产权、产业化前景良好的企业,在项目研发费用及创业投资方面给予补贴。

课题组负责人:白雪洁(南开大学经济与社会发展研究院、产业经济研究所)

课题组成员:杜传忠(南开大学经济与社会发展研究院、产业经济研究所)、庞瑞芝(南开大学经济与社会发展研究院、产业经济研究所)、闫文凯(南开大学经济与社会发展研究院、产业经济研究所)、付饶(南开大学经济与社会发展研究院、产业经济研究所)、李媛(南开大学经济与社会发展研究院、产业经济研究所)

课题报告完成时间:2011年7月

参考文献

王波.先进制造业发展相关论点及文献综述[J].江苏评论,2009(4)

王俊峰,张所地.先进制造技术的发展趋势研究[J].山西财经大学学报,2009(1)

吴良芹.先进制造技术及其发展[J].机械制造与研究,2009(1)

魏刚.先进制造业的投资之路[J].中国投资,2006(2)

王岳平.现代制造业发展的特点与趋势[J].宏观经济研究,2004(12)

黄锦明.我国发展先进制造业的对策研究[J].未来与发展,2008(8)

杨大庆,谭风其,舒纪铭.世界先进制造业的发展经验及其借鉴[J]北方经济,2006(2)

金碚.世界分工体系中的中国制造业[J].中国工业经济,2003(5)

冯瑞华,马延灿,黄健.英国先进制造业一揽子新政策[J]新材料产业,2009(11)

龚唯平.当代先进制造业发展的动因及新趋势[J].产业经济论坛,2007

李毅斌,钱彦文.制造企业的竞争优势和先进制造模式的应用研究[J].机械管理开发,2006(5)

黄西川,叶国挺.技术制胜:面向知识经济时代的企业战略新范式[J].现代经济探讨,2006(9)

王晓静,万太平,顾涛.论我国加快发展先进制造业的动因[J].中国市场,2010(23)

郭巍.林汉川.北京市发展先进制造业的行业评析与研究[J].北京工商大学学报,2010(6)

王国平.产业升级中先进制造业成长规律研究——以上海先进制造业发展为例[J].中共中央党校学报,2009(2)

张天维.东北地区发展先进装备制造业应借鉴国际经验[J].纵横经济,2007(10)

殷醒民.空间结构演化与长江三角洲先进制造业新一轮技术创新的联动战略[J].科学发展,2009(12)

殷醒民.上海先进制造业发展重点的战略选择:产品技术还是产业技术[J].上海经济研究,2009(10)

殷醒民.未来5～10年上海加快发展先进制造业的战略定位[J].科学发展,2009(8)

龚唯平,文雅.深圳先进制造业发展的路向与策略[J].特区经济,2009(5)

张庆宝.装备制造业应成为天津滨海新区重点发展的主导产业[J].开放导报,2007(3)

赵立华.生产性服务业是建设现代制造业基地的保障[J].经济研究,2010(3)

邓志新.产业集群的国际化与竞争力提升[J].企业管理,2009(2)

贾若祥.大型装备制造业:天津滨海新区临港产业区产业发展的新亮点[J].中国经贸导刊,2007(8)

李放,林汉川.机遇模块化的先进制造业价值网络构建研究[J].企业管理,2010(4)

李兵.工程机械企业精益化生产管理[J].工程机械与维修,2009(4)

韩晶,佛力.基于模块化的中国制造业发展战略研究——以电子信息产业为例[J].科技进步与对策,2009(19)

张建峰,姜峰,贺成柱.绿色设计——现代制造领域可持续发展的新趋势[J].机械研究与应用,2010(4)

何翠珍.绿色制造与可持续发展[J].机械制造与研究,2010(5)

任雪萍,黄志斌.企业资源利用"精益化"研究[J].江淮论坛,2010(6)

王娟.天津滨海新区企业集群的竞争优势研究[D].天津理工大学,2008

杨东峰,殷成志.外资高度集聚与加工制造业主导:沿海开发区一种典型的发展路径及机理分析——以天津泰达为例.开发区研究,2007(6)

肖高,刘景江.先进制造企业自主创新能力提升:关键途径与案例分析[J].科研管理,2007(3)

王季,刘新宇,于静.新竹高新技术产业集群的国际化路径——硅谷、新竹互惠地区工业化[J].现代管理科学,2007(4)

李静秋.中国汽车产业自主品牌发展条件及策略研究[D].南京理工大学.2007

邬滋.珠江三角洲地区专业化与制造业空间转移[J].亚太经济,2008(4)

后　　记

　　滨海新区开发开放研究项目从组织设立到编纂出版，动员了全市乃至全国社科理论界的研究力量，各级机关研究部门、高校及科研院所近千人直接参与研究，近百名专家参加审阅，本套丛书是集体智慧和心血的结晶。

　　滨海新区开发开放研究项目受到市领导及有关部门的高度重视，时任天津市委常委、宣传部长，现任天津市人大常委会主任肖怀远同志亲自为本书作序，市社科规划办和滨海新区区委、区政府对项目研究给予资助，杜鸿林、田晓同志提供了多方面的指导和帮助，谨对各级领导的大力支持表示诚挚的谢意！

　　滨海新区开发开放研究项目由天津滨海综合发展研究院组织协调，邢春生、赵恩成同志开展了大量卓有成效的工作，武晓庆、孙洋、李晅煜、杨钊、蒋宁、王利、徐刚、何艳维、尚晓昆等同志，以及天津社会科学院的张博同志参与了后期编辑整理。南开大学出版社的编辑为本套丛书的出版做了细致周到的工作。在此，对这些同志付出的辛勤劳动一并致谢！

编　者

2012.3.30

本丛书由山东省一流学科中国语言文学建设经费资助

中国现代文学研究丛书

贾振勇·主编

"非文学"论

——"文"之行动者鲁迅及其写作

刘春勇◎著

人民出版社

目　录

前　言 ………………………………………………………………………… 001

上　编　如何重新"描画"鲁迅

第一章　超越"前现代—现代—后现代"线性叙事 ……………… 003

　一、如何重新"描画"鲁迅 ……………………………………… 003

　二、理解鲁迅的几个关键词 …………………………………… 007

　三、世界历史与文学进程中的鲁迅及其价值 ………………… 011

　四、"作为方法的鲁迅"及学院派研究的未来 ………………… 015

第二章　多疑、留白与鲁迅对虚无主义的克服 ………………… 021

　一、鲁迅之"信" ………………………………………………… 021

　　　——兼论鲁迅对虚无主义的克服 ……………………… 021

　二、鲁迅的面孔与文章 ………………………………………… 040

　　　——走出符号化的鲁迅形象 …………………………… 040

　三、留白与鲁迅的文章写作 …………………………………… 057

　四、辛亥原点：鲁迅的顿挫与复苏 …………………………… 071

中 编 强力生命的回归与"文"之行动的传承

第三章 《野草》与强力之生命的回归 ·············· 095

一、强力之生命的回归:《野草》前六篇 ·············· 095

二、黯然与复苏:《希望》《过客》与"故乡三部曲" ·············· 106

三、踏过"虚无":《野草》"梦七篇" ·············· 116

四、"地火"与"大时代":《野草》后五篇及《题辞》 ·············· 130

第四章 血性生命书写与"文"之行动的传承 ·············· 144

一、"文"与中国的两次"文艺复兴" ·············· 144

二、"文"与明清之变 ·············· 159

——以顾炎武、颜习斋为例 ·············· 159

三、"文"之行动的传承 ·············· 167

——从戴东原到章太炎 ·············· 167

四、周氏兄弟对晚明资源的取舍及其分途 ·············· 177

下 编 "非文学"家鲁迅及其"文"之写作

第五章 "非文学"家鲁迅及其杂文的发生 ·············· 191

一、"非文学"家鲁迅 ·············· 191

二、留白与虚妄:鲁迅杂文的发生 ·············· 201

三、鲁迅对中国传统"文章"创造性转化的两种路径 ·············· 213

四、昆德拉·鲁迅·非虚构写作 ……………………………… 240

　　——鲁迅之"文"在当下的价值 ………………………… 240

第六章　"文"与《故事新编》的写作 ………………………… 254

一、长历史、后学与《故事新编》 ……………………… 254

二、鲁迅的"文脉"与《故事新编》的读法 ………………… 276

三、油滑·杂声·超善恶叙事 ……………………………… 287

　　——兼论《不周山》中的"油滑" ……………………… 287

四、"杂"与鲁迅的晚期写作 ……………………………… 298

　　——以《故事新编》为中心 ……………………………… 298

后　记 ……………………………………………………………… 326

前　言

　　年龄大致相仿的一些学界同行，早有相互切磋、相互砥砺、共话人文理想之志愿。所以，本丛书的构想与策划，其实已持续数年。

　　1970 年前后出生的一批中国现代文学研究者，大多受过严格的学术训练，成长于改革开放年代，有启蒙创新之情怀；在知识结构、学术视野、文学理念、价值理想、人文诉求等各方面，也呈现出相似的代际特征。经过长期的积累与历练，不少学者取得了各自的标志性成果，有的甚至作出了对学科发展具有突破性价值的成果。从总体上看，这批学者在即将知天命之年，开始步入富有创造力的学术黄金期。本丛书的策划与编选，正是基于对中国现代文学学科发展态势之判断，对这批学者的学术探索进行主动的呼应与支持。

　　经过通盘考虑、反复协商并征求多方意见，本丛书编委会决定邀请在中国现代文学研究领域实力深厚、影响较大、1970 年前后出生的高校学者作为本丛书的作者。目前，已有段从学（西南交通大学）、符杰祥（上海交通大学）、贾振勇（山东师范大学）、姜涛（北京大学）、李永东（西南大学）、刘春勇（中国传媒大学）、孟庆澍（首都师范大学）、文贵良（华东师范大学）、袁盛勇（河南大学）、张洁宇（中国人民大学）十位学者加盟。编委会认为，这十位学者，学养深厚、功底扎实、思路新颖、视野开阔、研有专长、优势突出、特色明显，其成果具有探索性、多元性、前沿性和引领性，在某种程度上能代表中国现代文学研究的发展趋势。本丛书的出版，对中国现代文学研究的整体拓展、深入、提升与创新，将大有裨益。

　　本丛书的主要学术目的或曰学术理想在于：第一，整体展示，集体发声，形成学术代际与集束效应，追索"学术乃天下公器"之人文理想；第二，凝练各自特色，展示自家成果，接受学界检验；第三，拒绝自我满足意识，砥砺前行、奋发有为。是故，经丛书各位作者协商、讨论，一致同意将丛书名定为"奔流"，取义为：致敬前贤，赓续传统；奔流不息，创造不止。

　　需要特别说明的是，理想虽然丰满，现实往往骨感。丛书的构想、策划之所以延宕数年，实乃种种因素之限制，尤其出版经费一时之难以筹措。有幸的是，恰逢山东师范大学文学院中国语言文学学科获批山东省"双一流"立项学科。在山东师范大学文学院院长杨存昌教授、党委书记贾海宁教授、一流学科带头人魏建教授以及院高层次著作编委会的鼎力支持与推动下，山东师范大学文学院决定予以积极支持。

　　正是由于山东师范大学文学院的慷慨资助，本丛书才有机会得以问世。为此，丛书各位作者对山东师范大学文学院深远的学术眼光、襄助学术发展的魄力，表示深深的敬意与由衷的感谢。同时，感谢人民出版社的大力支持，尤其感谢责任编辑陈晓燕女士的努力与付出。

　　丛书即将问世之际，感慨颇多。春温秋肃，月光如水。愿学术同好：行行重行行，努力加餐饭；月光穿过一百年，拨开云雾见青天。

上　编
如何重新“描画”鲁迅

第一章
超越"前现代—现代—后现代"线性叙事

一、如何重新"描画"鲁迅

我们常常说鲁迅嬉笑怒骂皆成文章,可是在我们的现代文化传统中,却过多地将鲁迅定格为怒骂的一面,而有意或无意地忽略了其嬉笑的一面。1935 年,一位日本漫画家堀尾纯一在鲁迅去世的前一年造访了他,并为这位伟大的中国文化巨人留下了一幅传神的漫画像。在这幅漫画像中,堀尾纯一就很准确地捕捉到了鲁迅精神中嬉笑与和解的那一面,这与我们通常理解的怒发冲冠的鲁迅形象形成了某种鲜明的对照。我们无法判定这两种鲁迅形象孰优孰劣,很显然,这两种形象在鲁迅身上应该都有,就如同我们每个人都是多面的一样,鲁迅同样也是一个多面的存在。而在此值得我们追问的一个问题是,我们为什么最后将鲁迅定格为一个单一的怒发冲冠的形象?

时至今日,将鲁迅定格为这一单一的形象很大程度上要归功于我们对北京时期鲁迅形象的理解。然而,很少有人能将北京时期的鲁迅放置在鲁迅一生的奋斗历程中去作统一的理解,而只是将北京时期的鲁迅截取出来从而放大成鲁迅的全部,换言之,我们通常理解的鲁迅有可能是一个断章取义的结果,并且不但如此,我们也极有可能用这一断章取义的鲁迅形象去理解北京之前与之后的鲁迅形象,从而造成了我们今天文化传统对鲁迅的普遍"误解",这也就是周海婴和周令飞父子经常面对鲁迅研究界所抗议的:为何总是要将我的父亲或者我的祖父打扮成20世纪最痛苦的灵魂呢?殊不知,鲁迅还有非常懂得品味生活的一面,还有非常好玩与嬉笑的一面呢?①

周海婴父子的抗议在某种层面上是有道理的。实际上相对于鲁迅一生而言,北京时期可以说是鲁迅生活的一个特别的时期,一个"丰富的痛苦"的时期,也可以说是一个"非常态"的时期。尽管我们通常认为文学家是鲁迅的第一定位,可是,当我们纵观鲁迅的一生时,我们会突然发现,"文学家"或者"作家"其实是鲁迅最不愿意以之定义自我属性的名词。直到临去世前,鲁迅对自我的定位始终是充满战斗性的"战士"一词。所谓"战士"者,小而言之是为民族,是为国家,是为救亡;大而言之,则是为文化,是为拯救国民性,是以笔为旗的永远的不断的批评实践与行动。从这两层意义上说,就是革命,既同于又不同于一般救亡图存意义上的革命,它更阔大深沉。

概言之,北京之前的鲁迅是一个昂扬的"战士",北京之后同样又复燃了此前昂扬"战士"的形象,并且较之前更加坚韧深沉。然而,北京时期却见证了鲁迅这样一个"战士"的顿挫、迷茫、苦闷、彷徨与重新寻找道路并且最终恢复与复苏的全过程。或者说,北京时期,鲁迅经历了一个绝望与向死而生的生命历程,并且在此涅槃成功。正因为是火中涅槃,就必定要经历一段重生之前的黑暗,而将这种黑暗写尽的又正是我们称之为鲁迅正宗文学的《呐喊》"随感录"与《彷徨》《野草》。在很大层面上,正是这四个系列的书写定格了我们对鲁迅的认识,而且,即便如此也在认识中狭窄化了这四个系列的书写,才最终形成了我们通常印象中单一的怒发冲冠的鲁迅形象。

鲁迅以"文学"的方式加入五四新文化启蒙运动中来,一半是"听将令"的结果,一半是辛亥时期残留的理想使然。因是之故,同

---

① 周海婴、周令飞:《鲁迅是谁?》,金城出版社2011年版,第4—5页。

五四时期高昂的启蒙热情并不同步，对此，王晓明有一个非常贴切的比喻叫作"戴着面具的呐喊"，即"对启蒙的信心，他其实比其他人小，对中国的前途，也看得比其他人糟"[①]。然而，通常对鲁迅定格的形象极容易让我们看不到这一层面。辛亥革命的失败、传统婚姻的不幸、"新青年"同人集团的解体，加之1923年的兄弟失和，鲁迅的黑暗情绪在1923年与1924年之交达到了个人的历史低谷，使得他觉得"惟'黑暗与虚无'乃是'实有'"[②]。这种极度黑暗与虚无的思想在1924与1925年之交以阅读与翻译厨川白村的《苦闷的象征》以及《野草》的书写为契机开始触底反弹。早年留日时期已融入血脉的顾炎武、颜习斋等晚明诸子的血性书写与尼采的强力意志学说，在经历了被辛亥革命失败的顿挫长久压抑之后，开始在鲁迅的生命中强力回归。因此，从内面来说，《野草》的写作不仅仅是鲁迅摆脱黑暗与虚无思想的一个过程，同时也是他对强力生命之意志的一次召唤。而自外部环境而言，这个时期的孙中山在重组国民党，国民革命风雨欲来。1925年3月以孙中山在北京病逝为契机，燃起了全国的国民革命热情。而作为"光复会"旧党的鲁迅则感到了新的历史契机的来临。《野草》及同时期写作的《彷徨》以及杂文，一面甩掉黑暗与虚无的思想，一面不断回顾高歌猛进的留日时期的辛亥革命历程，这回顾的终点写作则最终凝结成了那本著名的《朝花夕拾》。而在个人生活层面，许广平的出现及二人恋爱的开始，则从根本上促成了鲁迅这一时期思想的根本转变，即从五四时期"肩住了黑暗的闸门"[③]、专为他人而活转变为为自己而活的思想。对青年的态度，则从五四时期对奋起反抗青年的可怜与同情，甚至怀疑其奋斗的有效性一转而变为对粗砺之青年生命的期待，希望真的猛士的出现。大革命失败之后，则

[①]　王晓明：《无法直面的人生——鲁迅传》，上海文艺出版社1993年版，第59页。

[②]　鲁迅：《两地书·四》，载《鲁迅全集》第11卷，人民文学出版社2005年版，第21页。以下注释中《鲁迅全集》皆引自此版本，不再详注出版信息。

[③]　鲁迅：《坟·我们现在怎样做父亲》，载《鲁迅全集》第1卷，第145页。

从旧梦参与者的角色而转变为同情共产主义革命的"同路人"，并寄冀于"大时代"的到来。

从辛亥失败到南下之间的北京生涯，对于鲁迅而言，就像一场"战士"顿挫的噩梦，从社会奋斗的失败，到家族的四分五裂，苦闷交织着彷徨，最黑暗与虚无的时候，鲁迅说，我想自杀也想杀人，然而都不得，只能苦苦地打熬着。幸好个人的生活出现了转机，所以写完《野草》后，鲁迅说，我还想好好的活，因为除了我的母亲，还有一些人爱着我。并且也正是在这个时机，国民革命之火重燃了。所有的这些都使在噩梦中苦苦打熬着的鲁迅得以苏醒。于是，我们看到在《野草》的"梦（噩梦？）七篇"的最后一篇《死后》中，已经死去的"我"突然坐起来，放声大哭。这一细节的设置不正隐喻着鲁迅的向死而生吗？《野草》之后的鲁迅走出了自我封闭的空间，真正进入了一个开阔的人间性的社会空间当中，于是从《死后》中开始的日常的嬉笑之声重新回到了鲁迅的世界中，这嬉笑的声音就一直伴随着鲁迅到厦门，到广州，到上海，这中间虽然同样有人世间的痛苦种种，可是已经是人间性的开放性的苦痛，而非独自个人性的封闭式的痛苦了。

后期的鲁迅尽管也还是在战斗中度过，也还有怒骂，但，怒骂中却始终伴随着机智的嬉笑与开阔的精神，而不再呈现为北京时期逼仄与苦闷的精神状态了。晚期《故事新编》当中这机智的嬉笑始终行走在文字当中，营造出轻松的战斗氛围，而鲁迅则自我调侃这是一种"油滑"，是小说写作的大忌，并且自我评价《故事新编》为不成功的"速写"。① 多少年以来，我们都信以为真，就真的认为《故事新编》不成功，至少认为在鲁迅的作品中《故事新编》不如《呐喊》《彷徨》，因此，多少年来，我们提起鲁迅的小说，仍然只是《呐喊》《彷徨》。可是一位名叫花田清辉的日本剧作家却给我们

---

① 鲁迅：《故事新编·序言》，载《鲁迅全集》第2卷，第354页。

当头泼了一盆冷水，他说，"如一国一部地列举二十世纪各国的文学作品，与乔伊斯的《尤利西斯》相提并论，我在中国就选《故事新编》"，"它呈现出前所未有的新颖性，在我们日本几乎尚无人意识到"。① 日本如此，中国当然更是如此，要达成花田清辉这样的认识，则有必要将我们此前数代人所积累形成的鲁迅形象彻底翻个个儿吧？

二、理解鲁迅的几个关键词

长期以来，我们的研究者认为鲁迅与虚无主义纠缠不休，现在我们必须扭转这种观念。鲁迅所面对的绝不是虚无的问题，而是虚妄。

关于虚无，尼采（Nietzsche）的解释是："虚无主义意味着什么？——最高价值自行贬黜贬黜。"② 所谓"最高价值自行贬黜"，其实就是"上帝已死"。不过，要将虚无阐释完毕，还应该加上一句话，即虚无乃是现代人对上帝／天道隐没后所剩余那个位相之僭越的后果。"僭越"奠定了人的理性的至高无上的地位，同时使得人类进入一个漫长的"无剩余"的时代——现代。在"无剩余"的现代，几乎没有人能够跟虚无脱离干系。因为虚无不仅包含某种绝望的来临，同时也包含着看似完全相反的怀抱希望的理想主义。在这一点上，现代人鲁迅同样不能免除。留日时期所怀抱的理想主义同回国后认同于"惟黑暗与虚无乃是实有"并做绝望的反抗，实际上都在虚无主义的

---

① ［日］尾崎文昭 2013 年 3 月 27 日、28 日在中国人民大学、北京大学的讲演稿《日本学者眼中的〈故事新编〉》。

② ［德］尼采：《权力意志——重估一切价值的尝试》，张念东、凌素心译，商务印书馆 1991 年版，第 280 页，着重号为原文所加。

范畴中。但是，对虚无主义的反抗必须来自内部。这条道路，鲁迅天才般地触碰到了，他说："……看来看去，就看得怀疑起来，于是失望，颓唐得很了。……不过我却又怀疑于自己的失望，因为我所见过的人们，事件，是有限得很的，这想头，就给了我提笔的力量。"①承认人的理性的有限性，其实是对"僭越"的抵抗，或者更明白地说，鲁迅莫名地感到了上帝／天道隐没后所剩余的那个位相，他没有去"僭越"，相反将其悬置／留白起来。尽管只有两个字的区别，但是"僭越"与"悬置"所表达的是完全不同的两种世界像。"悬置"打消了"极致"——极致的希望与极致的绝望——同时也取消了"终极"，因之，这个世界只是存在于"中间物"当中，于是鲁迅借裴多菲鸣叫出了他的觉醒，"绝望之为虚妄，正如希望相同"。这个觉醒既非绝望，也非希望，而是对虚妄的感知。

那么，感到世界为虚妄的鲁迅对世界的认知又会采取怎样一种方式呢？他说，"不能以我之必无的证明，来折服了他之所谓可有"②。他又说，"但我的作品，太黑暗了，因为我常觉得惟'黑暗与虚无'乃是'实有'……其实这或者是年龄和经历的关系，也许未必一定的确的，因为我终于不能证实：惟黑暗与虚无乃是实有"③。这种以不断否定自我而为他者存留"余地"的认知方式其实就是鲁迅的多疑思维。多疑是鲁迅认知世界的最根本的方式，而其根底就在于其对世界之虚妄的感知。鲁迅的多疑思维方式总是同强烈的自我反省意识和对他者的存留"余地"紧密联系在一起。很显然，与之紧密联系的这二者都同"悬置"相关。但是，这样的不断否定自我的认知方式又并不能抵达黑格尔（Friedrich Hegel）否定之否定意义上的乐观的绝对行动之源（绝对主体），因为在否定自我之确证、为他者存留"余地"之后，鲁迅说道，"于是我终于答应他也

① 鲁迅：《南腔北调集·〈自选集〉自序》，载《鲁迅全集》第4卷，第468页。
② 鲁迅：《呐喊·自序》，载《鲁迅全集》第1卷，第441页。
③ 鲁迅：《两地书·四》，载《鲁迅全集》第11卷，第21页。

做文章了,这便是最初的一篇《狂人日记》。从此以后,便一发而不可收,每写些小说模样的文章,以敷衍朋友们的嘱托"①。"敷衍"显然不能比附为黑格尔否定之否定之后的绝对行动源。但"敷衍"又绝不是潦草了事,"敷衍"乃是对世界之虚妄像体认之后的处事方式:执着于当下,从当下往未来延展,而非相反。或者鲁迅用了"敷衍"这样一个自我贬抑的词语,同时表达了对现代虚无主义强大诱惑力的抵抗与自我的坚持。这情形有一点像中国的一句老话,"做一天和尚撞一天钟",我们经常拿这句话作贬义使用,可是我们反过来再看看鲁迅,他的虚妄的行为("敷衍""挤")不正是这样"做一天和尚撞一天钟"吗?从虚无者的角度来看,这里面有着怎样的痛苦,可是以一个虚妄者来看,这里面自有执着于每一刻的喜悦与平淡。

执着于每一刻的喜悦与平淡而不是向往一劳永逸的狂喜,正是李长之所说的鲁迅的"人得要生存"的强烈信念,这就是坚韧,也就是鲁迅所常常说的"韧"。坚韧是鲁迅所意识到的虚妄世界像在生活层面的实践,是鲁迅的实践方式。同多疑的认知方式一样,坚韧的实践方式也是建立在虚妄之上的。感到世界的虚妄与否同其坚韧的实践方式是鲁迅区别于同时代人的最为显著的标志,也是鲁迅与"左联"最根本的区别。他在"左联"成立大会上不合时宜地宣讲"韧"的战斗,其根源也在于此。关于"韧",竹内好是这么评说的:"鲁迅这种韧性生命的根源是什么?关于这个问题,有个叫做李长之的年青的文艺批评家认为就在'人得要生存'这一朴素的生活信念中。……这是个卓越的见解。但还没有充分、明确地指出鲁迅道德观点的核心。我想,大概可以到原始孔教的精神中,溯及到它的踪迹吧。"②我想这是对鲁迅极中肯的评价。不过唯一的区别在于,"人得要生存"这一

① 鲁迅:《呐喊·自序》,载《鲁迅全集》第 1 卷,第 441 页。
② [日]竹内好:《作为思想家的鲁迅》,载 [日]竹内好:《鲁迅》,李心峰译,浙江文艺出版社 1986 年版,第 161—162 页。

朴素的生活信念对原始孔教而言是顺理成章的，对鲁迅而言是要挣扎、辗转才能取得的。

然而，鲁迅毕竟是一位写作者，他必须将这样一种多疑的认知和坚韧的生活实践转化为审美，用文字的方式呈现出来贡献给世界。那么，与虚妄世界像相伴随的鲁迅的审美是怎样的呢？他说："我于书的形式上有一种偏见，就是在书的开头和每个题目前后，总喜欢留些空白……而近来中国的排印的新书……满本是密密层层的黑字；加以油臭扑鼻，使人发生一种压迫和窘促之感，不特很少'读书之乐'，且觉得仿佛人生已没有'余裕'，'不留余地'了。""在这样'不留余地'空气的围绕里，人们的精神大抵要被挤小的。""外国的平易地讲述学术文艺的书，往往夹杂些闲话或笑谈，使文章增添活气，读者感到格外的兴趣，不易于疲倦。但中国的有些译本，却将这些删去，单留下艰难的讲学语，使他复近于教科书。这正如折花者：除尽枝叶，单留花朵，折花固然是折花，然而花枝的活气却灭尽了。人们到了失去余裕心，或不自觉地满抱了不留余地心时，这民族的将来恐怕就可虑。"[①]鲁迅这里所强调的要有"余裕"，要"留白"正是其美学观的显现，而且这种"留白"的美学观是其后期杂文写作的根基。留白的写作不是剪去枝节，只留与主题相关的写作，而是相反，留白是一种散漫性的（discursive）、将一切"摆脱"、"给自己轻松一下"的写作。如果从根基的角度来看，所谓留白不正是鲁迅对上帝／天道隐没后所剩余那个位相之悬置／留白的结果吗？

以上是我所理解的打开鲁迅世界的几个关键词：虚妄、多疑、坚韧、留白。我想对这几个关键词的阐释不仅关涉对鲁迅的重新解读，恐怕对我们思考现代性也不无帮助吧！

---

① 以上几处引言均见鲁迅：《华盖集·忽然想到（一至四）》，载《鲁迅全集》第 3 卷，第 15—16 页。

三、世界历史与文学进程中的鲁迅及其价值

　　米兰·昆德拉（Milan Kundera）在其小说理论中一直致力于寻找一种超越现代小说的文学表达样式，在他看来，现代（欧洲）小说同"现代"存在某种同构关系，小说的目的在于在上帝远去之后，将"人"树立为"成为一切基础"的主体，因此在小说中，主人公必须与一切世俗之物脱离关系，甚至不能有后代，用他的术语说，就是"小说厌恶生殖"。这样的小说在米兰·昆德拉看来是构建欧洲"现代"的几个世纪的梦想，甚至在这样一种小说结构里，根本性的笑与幽默没有它们的位置。①

　　米兰·昆德拉关于文学（小说）同现代的这种关联的讨论，我们在日本思想家柄谷行人的著作里同样也能看到。在《日本现代文学的起源》里，柄谷开篇引用夏目漱石在他的《文学论》序言中关于"文学"的讨论，夏目漱石认为自从自己去了英国回来之后，总有一种"被英国文学所欺而生一种不安之感念"②。以此为开篇，柄谷整本书都在讨论"文学"作为一种建制，其实同欧洲现代"民族-国家"的建立是同一过程，或者更简单地说，"文学"是一种现代装置，并非如我们长期以来所认为的，文学自古就有。

　　因此，夏目漱石的"被英国文学所欺而生一种不安之感念"其实是东亚的第一、二代知识分子在最初接触现代"文学"时必然产生的一种陌生感。夏目漱石的这种感觉其实在中国现代之初两代知识分子那里或多或少也存在过。但两代知识分子的感受稍微有些出入，对于

---

① 以上观点参见［捷］米兰·昆德拉：《小说及其生殖》，载《相遇》，尉迟秀译，上海译文出版社 2010 年版，第 47—50 页。

② ［日］柄谷行人：《日本现代文学的起源》，赵京华译，生活·读书·新知三联书店 2003 年版，第 8 页。

第一代知识分子（如章太炎）而言，在文学接受之初就有夏目漱石的这种感受，但到了第二代知识分子，文学的建制在东亚基本形成，因此，他们对文学的制度最初几乎都是全盘接受的，并且大多数都一直这样自然而然地接受下去。但鲁迅是个例外，他对于文学的这种"不安"是后来逐渐形成的。

东亚知识分子之所以对文学有这种不安之感，在于东亚与西欧的社会与政治结构的根本不同，即民族-国家的兴起源于西欧内部的历史性需求，而东亚地区一直在"帝国"的结构中。但东亚的现代进程恰恰就是现代民族-国家结构压抑"帝国"结构的结果。并且不仅是"帝国"的结构被压抑，跟随"帝国"的一切——文化的、生活方式的——都被压抑。这样压抑的结果，就是我们所眼见的"现代"。

通常，我们的历史叙述会被民族-国家结构所慑服，并认为"前现代—现代—后现代"这样的线性叙事会一直持续下去。

但最近的世界历史叙述呈现出一种完全不同的面貌，孙隆基的《新世界史》[①]、刘禾主编的《世界秩序与文明等级》[②]以及柄谷行人近年来的一系列著作（《历史与反复》[③]《世界史的构造》[④]《帝国的结构》[⑤]等）都在致力于一种更为丰富的世界史叙述。在《历史与反复》中，柄谷行人指出，世界历史总在反复中行进，但这种反复并不是一种简单的回归的过程，而总是呈现为过去某种被压抑的结构在更高层面的复回。就目前的世界状况而言，柄谷行人认为，过去被民族-国家所压抑的"帝国"结构有一种复苏的迹象，就东亚而言，目前的状况同120余年前的甲午年极其相似，但是一种高层面的回归，很显然中国

---

① [美] 孙隆基：《新世界史》第1卷，中信出版社2015年版。

② [美] 刘禾主编：《世界秩序与文明等级：全球史研究的新路径》，生活·读书·新知三联书店2016年版。

③ [日] 柄谷行人：《历史与反复》，王成译，中央编译出版社2011年版。

④ [日] 柄谷行人：《世界史的构造》，赵京华译，中央编译出版社2012年版。

⑤ [日] 柄谷行人：《帝国的结构》，林晖钧译，心灵工坊文化事业股份有限公司2015年版。

不再是积弱的晚清帝国，而是日益强盛的"中华"。或者更简单明了地说，柄谷行人认为，中国过去被"压抑"的某种"帝国"原理正在回归之中。这种回归将会有益于世界历史的未来进程。在柄谷看来，"帝国"同现代民族–国家是截然不同的两种政治与文化系统。"帝国"是建立在"世界–帝国"体系之上的，"帝国"存在于相互的馈赠与礼让之中，具体表现为朝贡体系。与"绝对主权"所构建起采的民族–国家所不同的是，"帝国"容许"故乡"的存在，也就是在"帝国"原理中，帝国区域内的各民族各个地区的民风习俗都会自然地存在，而不会失去"故乡"。但民族–国家是建立在"世界–经济"体系之上的，这种体系会摧毁一切不相同的风俗与习惯使之一体化。并且，民族–国家相互竞争的最终结果会导致霸道的"帝国主义"。同这种霸道的"帝国主义"相对的是"王道"的"帝国"原理，在柄谷行人看来，要抵制今天的霸道的"帝国主义"，在更高层面上恢复"帝国"原理是最好的办法与救治之途。①

随着民族–国家体系的衰落，同这种体系一起构建起来的文学及其制度正在急速地衰落，文学不再成为人们生活所关注的中心，或者历史地说，文学已经完成了它构建民族–国家的历史使命。现在，被文学所压抑的某种过去属于"帝国"的书写会随同"帝国"结构一起在某种更高层面上回归。这就是"文"/文章。

"文"/文章是古典时代/"帝国"的根本书写方式，既是个人养气修身通达天地的方式，同时也是"经国之大业"（曹丕）。这种书写方式到现代以来走到了尽头，受到了"文学"的压抑。但到了21世纪，这种曾经被压抑的书写模式或许会在更高层次复回。并且只有从这样一个角度，我们才能理解为何一度如此兴盛的文学在20世纪末21世纪初渐趋衰落，并且取而代之的"非虚构"写作兴盛起来。"非虚构"是一个尴尬的命名，它存在于"文学（虚构）"巨大的阴影之

---

①　上述内容分别见于柄谷行人的《历史与反复》和《帝国的结构》两本书。

下，然而，它最终会取而代之。如果从被"压抑"的回归这个角度来讲，"非虚构"其实正是被压抑的"文"/文章在更高层面的回归。

目前正处在一个"文学"终结的时代，这谁都看得见。但在 90 多年前，鲁迅早就以他写作的转变宣告了文学的终结，而这一点却很少人能懂。

鲁迅在留日时期举双手欢呼"文学"的到来，并使自我沉浸于其中，但就在他被民族-国家的"文学"所浸泡的同时，被压抑的"文"/文章的传统经由章太炎也传到了他的意识之中。① 辛亥革命后，类似于夏目漱石的"被英国文学所欺而生一种不安之感念"的感受渐渐出现在鲁迅的意识之中，此前所建立的绝对的"文学主义"的观念逐渐开始松动，而其师章太炎的"文"/文章的观念在他的脑海中一点一点复苏。《狂人日记》在实现了他留日时期"文学梦"的同时也宣告了"文学主义"在他的世界中松动，因为《狂人日记》的写作始终伴随着写一点东西有没有用的彷徨。不过因为苦于不能忘却"寂寞青春之喊叫"（木山英雄），所以"文学梦"还要继续下去，这结果就是《呐喊》《彷徨》，但虚无与黑暗也在继续，由于它们越来越浓密，以至于喘不过气来，于是感到不得不甩掉，这就是《野草》的写作。《野草》是鲁迅甩掉黑暗与虚无的作品，同时也是鲁迅从"文学"的现代传统向古典的"文"/文章的传统更高层面回归的痕迹。在沉睡了多年之后，其潜意识中老师章太炎的"文"/文章的观念在鲁迅

---

① 参见下面一段话："首先，关于文学的概念。《文学论略》在批判六朝以来虚饰华美的文学定义之后，也批判了'某人'相当近代式的文学定义：'学说以启人思，文辞以增人感'。……与此相关，在有别于最初演讲章的文学论的'国学讲习会'的另一个特为数位关系密切的留学生所开设的讲习会上，有这样的小插曲：根据当时与鲁迅和周作人一道前去参加的许寿裳回忆说，在讲习会席间，鲁迅回答章先生的文学定义问题时回答说，'文学和学说不同，学说所以启人思，文学所以增人感'，受到先生的反驳，鲁迅并不心服，过后对许说：先生诠释文学过于宽泛。"见〔日〕木山英雄：《文学复古与文学革命——木山英雄中国现代文学思想论集》，赵京华编译，北京大学出版社 2004 年版，第 222—223 页。

的世界中全面觉醒。而标志着这个觉醒的就是 1926 年秋冬鲁迅连续写作的两篇文字《写在〈坟〉后面》和《铸剑》。这前后，一种有余裕的"留白"写作在杂文中，在叙事作品（《朝花夕拾》《故事新编》）中诞生了。并且一同回归的有幽默、诙谐与笑，而这正是半个世纪后，米兰·昆德拉想要寻找之物。在某种意义上，这就是"文"/文章的高层面的回归。

此后，鲁迅全面转向杂文的写作，他说，杂文并非从他这里开始，杂文自古就有，有文章就有杂文。[①] 这不正是某种被压抑的"文"/文章的回归吗？不过当然不是简单地重复，而是在更高层面上的回环往复。因此，正是在这个意义上，日本著名的剧作家兼学者花田清辉才说，《故事新编》是"借前近代的某种东西为媒介而超越克服了近代"[②] 的一种全新的书写方式，正是鲁迅所谓的不要以一般的"文学概论"来看待之的一种在当时甚至到现在依然是某种极先锋的叙事作品。

也正是在这个意义上，我们可以说，鲁迅是先知者。鲁迅的方向在某种意义上预示了世界史的发展方向。

四、"作为方法的鲁迅"及学院派研究的未来

（一）新生代鲁迅研究群体的崛起及其困境

2015 年见证了鲁迅研究领域新生代的崛起。两个鲁迅青年论坛先后在南京（9 月）和深圳（10 月）召开，宣告了以"70 后"为主的

---

① 鲁迅：《且介亭杂文·序言》，载《鲁迅全集》第 6 卷，第 3 页。
② 见日本学者尾崎文昭 2013 年 3 月 27、28 日在中国人民大学、北京大学的讲演稿《日本学者眼中的〈故事新编〉》。

新生代研究群体的整体洞出。加之一年前上海三联书店推出的《"70后"鲁迅研究学人论文集》①，"70后"鲁迅研究学人以罕见的集体的方式成功地发出了声音。

声音发出了，就自然有回音。最先的回音来自该书序言的两位作者，也即两位鉴定的前辈学者钱理群②和孙郁③，随后，重庆师范大学的李笑在《长江师范学院学报》④2015年第5期上发表长篇评论，对该论文集做了详尽的剖析。令人惊奇的是，无论是赞誉还是责难，三位评论者的意见都有着惊人的一致。赞誉的方面大抵是学理的加深、专业化的加强，责难则大致指出"70后"研究同社会、时代以及自我的脱节。李笑说他没有在这一代学人的文字中找到一个"共振的鲁迅"，孙郁则认为以陈丹青、刘春杰为代表的民间鲁迅研究似乎更为鲜活，所以他寄希望于学院派与民间鲁迅研究的对话与合作。这些批评的话语自然不都为责难，其中深藏着前辈学者们的殷切之情。而钱理群在其序言中一语中的地指出："作为鲁迅研究的后来者，如何面对我们的前辈？"⑤这是一句再直白不过的大白话，但却道出了问题的关键之所在。

"面对"我们的前辈谈何容易！这不仅意味着我们要有扎实的基本功，吃透前人的研究，更为重要的是我们要有属于自己时代的问题意识，或者简单地说，就是：抛开我们的职业，我们为什么研究鲁迅？很显然，这个问题要求我们把鲁迅研究当作志业而非唼饭的职

① 张克、崔云伟主编：《"70后"鲁迅研究学人论文集》，上海三联书店2014年版。
② 钱理群：《"30后"看"70后"——读〈"70后"鲁迅研究学人论文集〉》（序一），载张克、崔云伟主编，《"70后"鲁迅研究学人论文集》，上海三联书店2014年版。
③ 孙郁：《"70后"学人的鲁迅研究》（序二），载张克、崔云伟主编，《70后鲁迅研究学人论文集》，上海三联书店2014年版。
④ 李笑：《学院内的继承如何成为可能——读〈"70后"鲁迅研究学人论文集〉》，《长江师范学院学报》2015年第5期。
⑤ 钱理群：《"30后"看"70后"——读〈"70后"鲁迅研究学人论文集〉》（序一），载张克、崔云伟主编，《"70后"鲁迅研究学人论文集》，上海三联书店2014年版。

业。不过问题的更深一层面则是：同样是将鲁迅研究作为志业，我们是把研究鲁迅作为目的呢？还是作为方法？前者显然是一种实然的个别历史研究，后者则超然于个别历史研究之上而进入了普遍的应然领域，具有思想与哲学的味道。作为两种不同的研究范式，实然研究显然对研究本身与时代及自我关联的要求不如应然研究那么紧密，并且在一代又一代的前辈研究中，实然研究的领域毫无疑问会被无限地压缩。在这种情况下，我想新一代的学者除了一部分继续实然研究，要真正面对前辈，恐怕要更多地仰仗应然研究吧？换言之，当我们要面对钱理群的提问时，作为方法的鲁迅研究在未来恐怕是较为妥当的选择。

（二）作为方法的鲁迅及前辈学者的"温度"

尽管是效仿沟口雄三"作为方法的中国"在鲁迅研究领域提出"作为方法的鲁迅"这一研究范式，但这样的一种研究范式其实早已存在，并且卓有成效。其典型的代表就是日本的以竹内好开创，丸山升、木山英雄、伊藤虎丸、丸尾常喜所继承的，一直延续到尾崎文昭、代田智明、藤井省三等人的"东大"鲁迅研究这一脉。如果对他们的著作稍有研究，就会明白"作为方法的鲁迅"在他们那里意味着什么。作为木山英雄同辈人的沟口雄三在其《作为方法的中国》一文中明确地提出了"以中国为方法，就是以世界为目的"①的口号，我想在"东大"鲁迅研究这一派中，尽管没有提出类似的口号，可其著作的方法与范式同沟口其实也并没有实质性的区别，只不过"中国"在他们这里被置换成了更具体的"鲁迅"而已。沟口的"作为方法的中国"这一研究范式或许在一定程度上受到过来自以内藤湖南、宫崎

---

① 　[日]沟口雄三：《作为方法的中国》，孙军悦译，生活·读书·新知三联书店2011年版，第130页。

市定为代表的京都史学派的影响，不过，无论怎样这一研究范式在日本的"现代"研究中几乎都是以自觉的方式展开，并且习以为常，在其中，研究者大都有着强烈的自我主体意识与时代感以及宽广的历史视野，而这些则为我们大多数中国研究者所缺乏。

或许正是因为这样一种研究的范式，我们才看到无论是竹内好、丸山升还是其他学者，他们在谈论鲁迅时，其实然的研究之上始终行走着应然的问题意识，换言之，阅读他们的著作始终有一种强烈"溢出"感——这种溢出感在福柯（Michel Foucault）的著作中我们会经常见到，其书写的所指始终大于书写的能指，这恐怕要归功于"作为方法的鲁迅"这样一种研究范式的运用，即"以鲁迅为方法，旨归在世界/日本"。

当然"作为方法的鲁迅"研究范式并非只有日本的"溢出"写作这一种，在我看来，钱理群的鲁迅研究同样可以看作这一方法的实践。不过同日本学者"溢出式"研究不同的是，钱理群主要是把鲁迅当作一种方法运用到其他问题的研究中，他在不同场合提出的"接着鲁迅往下讲"①就是这个意思。同日本学者关注民族-国家与世界不同的是，钱理群自始至终关注的是自我以及个人品格的独立及养成问题，这一点显然同他所处的20世纪80年代的启蒙话语紧密相关。同一时代与钱理群类似的还有王富仁的鲁迅研究，其代表作《中国反封建思想革命的一面镜子：〈呐喊〉〈彷徨〉综论》（北京师范大学出版社1986年版）在其所处的时代，很显然有意在言外的"溢出"的一面，不得不承认鲁迅在他那里同样是作为方法出现的，同日本学者所关注的国族不同的是，王富仁始终同钱理群一样是从启蒙话语着手展开自己的论述。不过稍微不同的是，钱理群将"鲁迅作为方法"不是在其鲁迅研究著作的"溢出"中，而是将鲁迅研究的成果直接运用于

---

① 见钱理群：《鲁迅的当代意义与超越性价值——在"30后"与"70后"鲁迅研究者对话会上的讲话》，《济南大学学报（社会科学版）》2016年第3期。

社会的分析与应用之中，从某种层面上说，这更接近于行动的鲁迅，给人一种贴身肉搏的"战士"的感觉，而非将鲁迅仅仅局限于知识的认知层面。我们可以将这一研究方法称为"体验式"研究法。

从某个侧面说，日本这一批鲁迅研究者偏"左"，而钱理群偏右或许不是过分的猜想。在中国较晚起的鲁迅研究者中，孙郁的研究更接近钱理群，而汪晖则比较靠近日本的鲁迅研究。

但，在"作为方法的鲁迅"研究范式中，无论是"溢出式"还是"体验式"，都不能缺少触摸鲁迅时的"温度"。这种"温度"在"体验式"研究中有，在"溢出式"研究中同样也存在。如前所述，"溢出式"研究者大都有着过人的三要素：强烈的自我主体意识、时代感以及宽广的历史视野，这三个要素当中其实就包含着研究者的"温度"。

现在的问题是：新生代鲁迅研究者在"面对"前辈时，如何获得自己的"温度"呢？

（三）后学、长历史及新生代鲁迅研究的"温度"

其实，无论是日本鲁迅研究还是钱理群的鲁迅研究，都同他们当时所处的时空有着紧密的关联，并且这些特定的时空在他们的研究中都留下了极重的痕迹，这也就是他们的"温度"吧！新生代鲁迅研究要想有自己的"温度"，则必须在不同于他们的"空"或者"时"当中去呈现属于自己的特有的"温度"。然而，问题的复杂在于"时"的非自然尺度问题，换言之，"时"是一个规定性的问题，而非自然的时间。不过，新生代的"温度"或许就会在这个非自然尺度当中获得其独特性。

所谓新生代学术训练中的专业性与理论性的加强，我想一大部分是指"70后"的这一批人所接受的后学（后现代、后结构）训练。后学在世界范畴当中兴起是在"二战"之后的20世纪60年代末期，对于日本鲁迅研究者而言，或许尾崎文昭和代田智明受到过后学的影响，中国则因为自身的历史原因，迟至 20 世纪 80 年代末才接触到后学，而这个时期正好是"70 后"学人的大学学习期的开始，也正是这个原因，"70 后"新生代学人有着较为系统的学院派的后学训练，这也就决定着他们的鲁迅研究同前人甚至是日本前辈们有着至关重要的区别。但问题是，这样一些冷冰冰的后学学术训练如何同鲁迅研究结合在一起而具备属于新生代的"温度"呢？而且我们奇怪地发现，鲁迅的许多思路同后学有着极为相似的地方——譬如布莱希特（Bertolt Brecht）的"间离效果"理论就同鲁迅的《故事新编》写作不谋而合，类似的还有巴赫金（Bakhtin）的问题——而鲁迅的时代并没有所谓的后学问题，并且我们发现，鲁迅同后学不谋而合的部分通常是他借鉴古典——前现代资源而来的。这样的一些疑问在通常的线性思维当中是无法解决的，直觉告诉我们：撞到南墙了，有必要回头。

就我目前的理智力而言，我觉得能够使新生代找到属于自我"温度"的或许不是后学，而是长历史观念。长历史观正是我前面所说的"时"的非自然尺度的问题。换言之，在后学风靡了半个多世纪之后，我们回过头来再看历史，到了有必要打破西方线性历史观念的时候了。现代以来，风靡的历史观是以西方的"现代"为时间轴线的线性历史观，所谓"前现代—现代—后现代"这一线性叙事正是这一观念的产物。可是长历史观则认为"现代"以及与现代一起在历史中呈现的事物与制度（文学、民族-国家等）只是万物"永恒轮回"中的一环而已，很显然这是一种大循环的历史观念。只有在这样的大循环而非线性的历史观念中，我们才能理解鲁迅后期的写作同后学之间的隐秘联系——而事实上布莱希特也的确在某种层面上通过对中国古典资源的运用而构建了其超越现代的"间离"诗学。

"作为方法的鲁迅"其研究目的正是要通过对鲁迅的解读去抵达对世界的全新理解，以及在这种全新的理解下重新塑造我们自身。我所说的"温度"也就包含在这一过程当中。

第二章
多疑、留白与鲁迅对虚无主义的克服

一、鲁迅之"信"

——兼论鲁迅对虚无主义的克服

在《权力意志——重估一切价值的尝试》的第一条,尼采对虚无主义作了一个解释:"虚无主义是迄今为止对生命价值解释的结果。"[①]那么,它到底是对生命价值的一种怎样的解释呢?海德格尔(Martin Heidegger)在《尼采》的讲座中,对虚无主义做了简单的词源学的追索:"哲学上对'虚无主义'(Nihilismus)一词的首次使用可能起于弗里德里希·H.雅可比。……后来,'虚无主义'一词经由屠格涅夫而流行开来,成为一个表示如下观点的名称,即:惟有在我们的感知中可以获得的、亦即被我们亲身经验到的存在者才是现实的和存在的,此外一切皆虚无。"[②]从这个界定来看,"虚无主义"是一种感知,是"我们"的感知,其实质是"我们"的一种心理活动。"感知"什么呢?"感知""现实和存在",也就是"感知""存在"。所谓"虚无"

---

① [德]尼采:《权力意志——重估一切价值的尝试》,张念东、凌素心译,商务印书馆1991年版,第199页。

② [德]海德格尔(Martin Heidegger):《尼采》(下卷),孙周兴译,商务印书馆2002年版,第669—670页。

就是不存在。那么，"我们"是谁？什么才算是"现实与存在"呢？"现实与存在"只有在这种情况下才是可能的，即：只有被"我们"所感知或被"我们"所亲身经验。这样，"我们"就是存在者的尺度与中心。而根据海德格尔的解释，只有"摆脱了中世纪的束缚"的现代人才能成为存在者的尺度与中心。① 因此"我们"就是一切存在的基础，是一切对象化和可表象性的基础，即一般主体（Subjectum）。如此，虚无主义这样一种心理活动的发生条件必须是在人成为存在者的尺度与中心时才能出现，即虚无主义是一种现代以后的人的心理活动。

在《权力意志——重估一切价值的尝试》的第二条，尼采紧接着对虚无主义又作了如下解释："虚无主义意味着什么？——最高价值自行贬黜。没有目标；没有对'为何之故？'的回答。"② 这个"最高价值"是什么呢？"目标"又是什么呢？"目标"和"最高价值"之间到底是什么关系呢？尼采在另外一处又说，"上帝已死"③，这实际上是"最高价值自行贬黜"的另一种说法。在中世纪，上帝就是对"为何之故"的回答，是一切事物最终极的原因和目的。但进入现代以后，当人——而非上帝——成为一切存在者的尺度与中心时，人不再将上帝看成存在的唯一实体，而是将它看成是一个"人为"的设定，人从"上帝"的笼罩之中抽身而出，也就是"人通过向自身解放自己来摆脱了中世纪的束缚"④。人将自身看作主体和人将上帝看成一个"人为"的设定是同时进行的，不但如此，作为主体的人还将上

① [德] 海德格尔：《世界图像的时代》，孙周兴译，见《海德格尔选集》（下卷），孙周兴选编，上海三联书店 1996 年版，第 897 页。

② [德] 尼采：《权力意志——重估一切价值的尝试》，张念东、凌素心译，商务印书馆 1991 年版，第 280 页。重点号为原文所加，下同。我们在这里依据孙周兴在海德格尔的《尼采》中对尼采这段话的译法，对其译文稍稍改动。

③ [德] 尼采：《苏鲁支语录》，徐梵澄译，商务印书馆 1992 年版，第 5 页。

④ [德] 海德格尔：《世界图像的时代》，孙周兴译，见《海德格尔选集》（下卷），孙周兴选编，上海三联书店 1996 年版，第 896—897 页。

帝这个"人为"设定视作一种"利己"的或者对人"有用"的一个筹划，这个筹划是奠基于"计算"之上的，因此，上帝又被称作"最高价值"。因为只有对人"有用"的可"计算"的存在才可以称为"价值"，所以，将上帝看作"最高价值"只有在人成为主体之后才是可能的。而虚无主义的出场就在将这种所谓"人为"设定的"价值"看透的那一刻。

在《权力意志——重估一切价值的尝试》的第 12 节名为"宇宙学价值的衰落"的笔记中，尼采认为虚无主义的本质就在其原因当中，产生虚无主义的原因有三：对"意义／目的"追寻的失败；对"总体性"的失信；对"真实世界"信仰的摈弃。① 这实际上涉及尼采的两个根本的概念：生成和存在。在尼采看来，这个世界是一个生生不息的生成世界，它是在不断变动当中的，存在则是一个形而上学的、恒定不变的世界。虚无主义起源当中的三个因素就是与生成世界相对应的存在世界。因此，"意义／目的""总体性"和"真实世界"就是恒定不变的，居于这个生成世界之外并对这个生成世界进行规定的存在世界。作为生成世界之"目的"的存在世界是完满的、充盈的，而生成世界是不完满和非充盈的。虚无主义之诞生就在于人发现了存在世界之"完满与充盈"的虚假性与人为性，于是作为"充盈"之对立物"深渊"就现身了。虚无就在于人发现了这种深渊。作为"深渊"对立物的"完满与充盈"，其实就是那种所谓信仰之物，虚无就是对这种信仰的不信。

可是，一个关键的问题是：为什么我们觉得在"意义／目的""总体性"和"真实世界"中就会感觉"完满"与"充盈"呢？换句话说，信仰为什么要与这三个范畴联系在一起呢？实际上尼采就是这么提问的："我们对上述三范畴的信仰从何而来——我们是否试图找

① ［德］尼采：《权力意志——重估一切价值的尝试》，张念东、凌素心译，商务印书馆 1991 年版，第 424—426 页。

到使它们脱离信仰的可能！"① 尼采不仅对"信仰是什么"提出了疑问，同时也开出了克服虚无主义的药方：如果"三范畴"本身不是"充盈的"，那么，对它们的不信也就不会导致虚无。

这个问题同"信是什么"密切相关。那么，"信"是什么呢？

据郑刚《楚简道家文献辩证》研究，甲骨文与金文中的"信"字不是从"人"从"言"，而是从"身"从"言"，不仅如此，"信"在字义上也与"身"字有关，二者是同源字。"'信'的这个意义的来源应该是实，即充实，有内容，引申为确实，再引申为抽象的诚信、确实。高丽本《孟子》中有'信也者实也'的话。则其词本义与'身'字的字本义有明显联系。"②《说文解字》释"身"字为"象人之身"，郑刚认为这是不正确的："因为甲骨文的 𨉗 或 𨉘 不是一般的身体，而是大肚子里充满了东西的身体，因此它可以引申来指怀孕，即充满了胚胎。《易·艮》虞注谓'身'：'腹也，或谓妊娠也'，《广雅·释诂4》'身'：'亻身也'，即妊娠。一般的身体的形象应该是'人'字的形状而不必加一个大肚子。"③ 据此，郑刚认为："𨉗 是鼓胀、肚子充满东西的身体，也就是很重、很实的身体，引申为实、重。《诗·大明》'天命有身'意思是天命很重很实，看来是'身'字本义的痕迹。""这样一来'身'的重、实的意义最后发展为确实、可靠的抽象意思，就可以派生出'信'字的所有意义。"④ 因此，从"身"的"信"就是充实的意思。这同我们上面所说的与"虚无的深渊"相对应的"充盈"其实是一个意思。但作为人的"信仰""信念""确信"的"信"是人的

---

① ［德］尼采：《权力意志——重估一切价值的尝试》，张念东、凌素心译，商务印书馆1991年版，第426页。
② 郑刚：《仁信与孕身·楚简道家文献辩证》，载郑刚：《楚简道家文献辩证》，汕头大学出版社2004年版，第26页。
③ 郑刚：《仁信与孕身·楚简道家文献辩证》，载郑刚：《楚简道家文献辩证》，汕头大学出版社2004年版，第26—27页。
④ 郑刚：《仁信与孕身·楚简道家文献辩证》，载郑刚：《楚简道家文献辩证》，汕头大学出版社2004年版，第27页。

一种心理感受，是指人的心理的一种"充实或充盈"的状态。因此，我们断定："信"是指人的心理的一种"充实或充盈"的状态。那么，人的这种充实的心理状态是不是必须在上面三种范畴当中才有呢？或者说，"信"的方式是不是必须同三种范畴联系在一起？"信"有无其他的表达方式呢？如果以上三种范畴不能给我们带来"充实或充盈"之感，那么，我们对它们的不信，又怎么会带来虚无之感呢？如此，虚无主义岂不就可以被克服了吗？即使这三种范畴能够给我们带来某种"充实或充盈"之感，如果它们并不是能够带来这种感受的唯一之物，那么，我们代之以他物，岂不是一样能够克服虚无主义吗？

作为"信仰"的三种范畴："意义／目的""总体性"和"真实世界"是属于生成世界之外的存在世界的，换句话说，它们是"超越"（transcend）的。所谓"超越"在西方语境中一定是与外在于此世的彼世联系在一起的，因此，对它们的信仰就是对彼世的信仰。这种信仰在实际操作中显现为对某种观念，或观念之人格化的信仰，在罗马帝国后期及其后就集中体现为对上帝的信仰。现代以来，尽管上帝可能不出场或者用尼采的话说"上帝已死"，但对这三种范畴的信仰归根结底依然是对上帝的信仰，因为对上帝的信仰已经浸透在世俗伦理当中。① 由此，我们必须甄别"信"与"信仰"这两个概念。我们之所以提到信仰通常会想到以上三种范畴，是因为我们将"信"这种"充实／充盈"感程式化／固定化了，我们固执地认为"信"必须是与"仰"联系在一起的，"信"的这种充实感必须通过"仰视""仰望"上帝或者别的神性之物才是可能的。这种联系无疑与"信仰"一词通常是指对外在于此世的彼世之"信"密切相关的。"仰"必定是与某种"超越"之物联系在一起，这种联系反过来重新规定了我们的"信"，这其实是一种颠倒。在这个颠倒过程中，

---

① 这种观点可参见尼采的《敌基督者》（载《尼采与基督教思想》，吴增定、李猛、田立年等译，道风书社 2001 年版）和卡尔·洛维特（Karl Löwith）的《世界历史与拯救历史》（李秋零、田薇译，汉语基督教文化研究所 1997 年版）。

我们对"信"进行了某种程度的歪曲，具体说，就是在"信"上加了"仰"，即在"充盈／充实"感上强加了"超越"，最终的结果是：只有在"超越"中，我们才能感到"充盈／充实"，否则，我们不会得到"信"。

如此，"信"就是某种使人充盈／充实的心理感受，"信"的方式有多种，而不是一种。故而"信仰"的三种范畴其实只是"信"的诸多方式中的一种，它们的自行贬黜是导致虚无主义的根本原因，但我们可以采用其他方式的"信"来克服虚无主义。

现在，我们回到鲁迅与虚无主义关系本身。我们不妨先来看这样一段话：

> 至于对于《晨报》的影响，我不知道，但似乎也颇受些打击，曾经和伏园来说和，伏园得意之余，忘其所以，曾以胜利者的笑容，笑着对我说道：
> "真好，他们竟不料踏在炸药上了！"
> 这话对别人说是不算什么的。但对我说，却好像浇了一碗冷水，因为我即刻觉得这"炸药"是指我而言，用思索，做文章，都不过使自己为别人的一个小纠葛而粉身碎骨，心里就一面想：
> "真糟，我竟不料被埋在地下了！"
> 我于是乎"彷徨"起来。
> ……
> 但我的"彷徨"并不用许多时，因为那时还有一点读过尼采的《Zarathustra》的余波，从我这里只要能挤出——虽然不过是挤出——文章来，就挤了去罢，从我这里只要能做出一点"炸药"来，就拿去做了罢，于是也就决定，还是照旧投稿了——虽然对于意外的被利用，心里也耿耿了好几天。①

---

① 鲁迅：《三闲集·我和〈语丝〉的始终》，载《鲁迅全集》第4卷，第171—172页。

孙伏园得意忘形时说的一句话当然是无心，可是"听者有意"，鲁迅感觉被人利用，这是他的多疑。于是"彷徨"起来，站到了虚无主义的路口：是遁入虚无之门，还是克服之呢？显然鲁迅在做一种"挣扎"。然而，"'彷徨'并不用许多时"便又开始"挤"——行动。显然，在这个"挣扎"的过程中，某种东西使得他挣脱了虚无主义之牵引，重新回到行动之路上。那么，它是什么呢？文本给出的答案是尼采的《Zarathustra》（《查拉斯图特拉如是说》）。鲁迅是不是借助这本著作才得以超越虚无主义的呢？我想情况并不会如此简单，原因有二：其一，虚无主义之克服并不是一件简单的事情，借助外力克服虚无主义是不切实际的，必须是从自身内部进行决断；其二，《Zarathustra》仅仅是尼采生前出版著作中讨论如何克服虚无主义的最重要的著作，而他一生中克服虚无主义最重要的思想是在他的遗稿笔记《权力意志——重估一切价值的尝试》中，这就是他的"强力意志"学说，虽然在《Zarathustra》中曾经提到这一思想，但并不是作为重点阐述的，因此，鲁迅并不知晓，一个极有力的例证是：几乎所有尼采的重要术语如超人、虚无、永恒轮回等都在鲁迅著作中出现过，唯独没有强力意志。而正是在这一点上，鲁迅进行了自己的独特创造。下面我们尝试论之。

（一）"中间物"

"中间物"是鲁迅切身体验的哲学式表达，但其表述恐怕是受了尼采的《查拉图斯特拉如是说》的影响。在该书中有这么一段话："人之伟大，在于其为桥梁，而不是目的。"[①] 而在鲁迅提出"中间物"概念的《写在〈坟〉后面》中有一句与此极相似的话："当开首改革文章的时候，有几个不三不四的作者……至多不过是桥梁中的一木一

———————————————

① 　[德] 尼采：《苏鲁支语录》，徐梵澄译，商务印书馆 1992 年版，第 8 页。

石，并非什么前途的目标，范本。"①这段话其实是对"中间物"的一个具体的解释。从这个解释以及后面的行文来看，鲁迅的"中间物"确实是给自己的一个定位。我们历来对"中间物"的论述也都是在这个层面上进行的，如汪晖的"历史的'中间物'"和钱理群的"'中间物'意识"皆是，但殊不知在这个词语中却深藏着鲁迅对世界／存在者整体的把握②及其克服虚无主义的秘方。我们再来仔细看看鲁迅的原话：

> ……以为一切事物，在转变中，是总有多少中间物的。动植之间，无脊椎和脊椎动物之间，都有中间物；或者简直可以说，在进化的链子上，一切都是中间物。③

这句话分为两个层次。第一层是对某些时空中的事物的定位，"中间物"并不是针对"一切事物"，而是在"一切事物"中占据某种时空之物的定位。鲁迅也就是在这个意义层面上对自己进行定位。这一层是我们通常所讲的"中间物"的意思。但是鲁迅并没有就此"带住"，而是讲了下面的话："或者简直可以说，在进化的链子上，一切都是中间物。"这句话的口气非常肯定，这在鲁迅的思想中是极少有的，我认为，正是通过这一句话，鲁迅表达了某种"信"，并且在其中深藏着鲁迅克服虚无主义的秘密。这句话中隐含了鲁迅对存在者整体／生成世界的一个根本看法：存在者整体／生成世界的"无目的状态"。因为，鲁迅在下面的阐释中用"桥梁中的一木一石"与"前途的目

---

① 鲁迅：《坟·写在〈坟〉后面》，载《鲁迅全集》第1卷，第302页。
② 汪晖其实已经触及这一点："汪晖指出，鲁迅的'中间物'概念不只是标示历史地位，而且是一种把握世界的具体感受世界观。"语见［日］伊藤虎丸：《传统（儒教）文化在东亚各国现代化中所起作用及其异同——"现代化与民族化"国际学术研讨会综述》，载《鲁迅、创造社与日本文学》附录，孙猛等译，北京大学出版社1995年版，第344页。
③ 鲁迅：《坟·写在〈坟〉后面》，载《鲁迅全集》第1卷，第301—302页。

标，范本"相对应来解释"中间物"，因此，"一切都是中间物"即是非"目的"的状态。如前所述，尼采将"意义"解释为"目的"和"价值"，因此，非"目的"状态即无意义状态或无价值状态。由于对"意义/目的"追寻的失败是虚无主义产生的第一个原因，针对这一点，我们说克服它的方法在于祛除意义/目的。如果存在者整体/生成世界本身是一种无目的/意义状态，我们又去追寻什么呢？没有追寻，虚无主义又从何而来呢？对存在者整体/生成世界进行"意义/目的"的设置，如前所述，是人的一种"信"的方式的表达，即：信-仰。如果我们不采取这种"信"的方式，不去信-仰，而是寻找属于我们自己的"信"之方式，那么，我们是不是就能从根本上祛除了虚无主义呢？我想，鲁迅的"中间物"正是这样从根本上祛除了虚无主义的那种"信"。

不但如此，这种"信"还祛除了虚无主义产生的第二个原因："总体性"。所谓"总体性"或者"系统化""组织化"，其实质是指存在者整体有一个最高价值/意义/目的，它具有"统一性"的特征，把一切都贯穿起来，把一切归于一体。当人发现这种"整体性"的虚幻/人为性之后，虚无主义就会接踵而至。但如果我们认识到，世界原本便不是一个具有"总体性"/"系统化"的存在，而是一个"混沌"的生成世界，或者说，我们本来就不信"总体性"，失信就无从说起，从而就不会有失信后的虚无主义的产生。

此外，"中间物"同鲁迅对黄金世界的否定也是相一致的。所谓黄金世界就是虚无主义得以产生的第三个原因："真实世界"。"真实世界"是对现实世界的否定和超越，是一个"'超越'感性之物和生成之物（即'物理之物'）而设置起来的形而上学的世界"①，也就是尼采所说的与生成世界相对的"存在世界"。我们说过，虚无主义是现代以来的事情，与此相对，人认识到"真实世界"的虚妄性与人为

---

① ［德］海德格尔：《尼采》（下卷），孙周兴译，商务印书馆 2002 年版，第 706 页。

性也是现代以后的事情。这是因为，在现代以后，人们企图在现世实现这个"真实世界"，唯其如此，这个"真实世界"才同柏拉图的理想国和基督教的上帝之城区别开来。柏拉图认为一个"真实的世界"只存在理念当中，生活世界永远只是对这个"真实世界"的模仿，因此，生活世界只能无限接近这个"真实世界"而不可能成为"真实世界"，也就是说，柏拉图从来不曾想在现世实现一个"真实世界"。与此相似，基督教的上帝之城也是在彼岸的"真实世界"，基督徒们并不认为这个"真实世界"能够在现世实现。现代与古代的本质不同就在于现代人想在现世实现"理念世界 / 彼岸世界"。当"真实世界"存在于彼岸或者理念中时，并不能导致现代意义上的虚无主义，只有当人企图在现世实现这个"真实世界"，而突然发现它只是一个为了人的心理需要而人为设置之物时，虚无主义才会降临。"真实世界" / 黄金世界的实质是一个形而上学的超感性的世界。只有对这个超感性世界的不信才能使人真正面对这个生生不息的生成世界，"当超感性的真实世界已经沦落时，生成世界倒是显示为'惟一的实在性'，亦即惟一本真的'真实'世界"①。鲁迅的"中间物"正是他对黄金世界否定之后对生成世界 / 感性世界的执著之物。

因此，"中间物"是鲁迅对存在者整体"如何 / 怎样"的一个描述 / 规定，在这个描述 / 规定当中，存在者整体 / 生成世界显现为一种"无价值 / 意义状态"。这种描述 / 规定为鲁迅克服虚无主义准备了条件，并使他祛除了"真实世界"，回归到生生不息的生成世界当中——直面人生。

（二）在过去与未来之际：现在

生成世界是一个永恒运动着的世界，用来描述这个生成世界 / 存

---

① ［德］海德格尔：《尼采》（下卷），孙周兴译，商务印书馆 2002 年版，第 706 页。

在者整体的"中间物"也必然不是一个凝固的形而上学的概念。"中间物"状态是一个生生不息地运动着的世界状态之描述。如此就产生一个问题：这个生生不息地运动着的世界是"如何是"的呢？询问世界"如何是"是询问存在者整体的存在方式，也即是存在者整体如何持存以及如何发展的？这其中包含着决断的秘密，或者说包含着鲁迅克服虚无主义、获得行动之源的秘密。那么，世界到底"如何是"呢？鲁迅的回答是执著于现在。现在是一个时间概念，它也可以表达为瞬间，它不是一个持存物，在某种意义上可以说，它是倏忽而过的一刹那，但其实质却远远超出于这个点，它是"在过去与未来之际"的过去与未来的碰撞，因此，在现在／瞬间之中就既包含过去，也同时包含未来。在碰撞中，现在／瞬间得以达到自身，并且，瞬间决定着一切"如何是"。① 执著于现在就是把握每一个瞬间，在每一个瞬间重新开始，并且在瞬间中决断。

执著于现在是鲁迅的一个基本的"信"，早在1918年发表在《新青年》上的一首诗《人与时》中，鲁迅就表达了这种"信"。1924年《娜拉走后怎样》中，他又一次表达了对现在的执著："所以我想，假使寻不出路，我们所要的就是梦；但不要将来的梦，只要目前的梦。"②

鲁迅的"信"就在于对现在的执著，在每一个瞬间承受快乐和痛苦，并且在每一个瞬间重新开始，而决断——行动之源——就在瞬间之中。鲁迅说，"从我这里只要能挤出——虽然不过是挤出——文章来，就挤了去罢。从我这里只要能做出一点'炸药'来，就拿去做了罢，于是也就决定，还是照旧投稿了"③。这"挤"和"决定"照旧投稿，其实就是在瞬间获得的某种决断——行动。鲁迅说，这是受了《Zarathustra》的影响。那么，到底是受到这本书的什么影响呢？

① ［德］海德格尔：《尼采》（上卷），孙周兴译，商务印书馆2002年版，第304页。
② 鲁迅：《坟·娜拉走后怎样》，载《鲁迅全集》第1卷，第167页。
③ 鲁迅：《三闲集·我和〈语丝〉的始终》，载《鲁迅全集》第4卷，第172页。

现在我们回到这本书。尼采详细讲述"瞬间"是在该书的卷三第二篇"论视象与谜团"中。在这一篇中查拉图斯特拉向一群船员讲述了一个"谜团":在一个黄昏,他沿着一条险峻的山间小道向上攀行,遇见了一个下行的侏儒,他俩在一个出入口(Torweg)停留下来,这个出入口有两条道路交会,一条出去,一条回来。在这个出入口的上方写有瞬间(Augenblick)一词。查拉图斯特拉向侏儒提了两个问题,第一个问题是关于轮回的,侏儒作了回答,第二个问题是关于瞬间的,侏儒没有回答并且消失了。接着查拉图斯特拉听见了狗叫,并且在"最荒寒底月光下"看见一个年轻的牧人倒在地上,痛苦地蜷缩着身子,一条粗黑的蛇正挂在他的嘴外,查拉图斯特拉上去想帮助他将蛇从嘴里拉出来,但是怎么拉也拉不出来,反倒是蛇越咬越紧。于是查拉图斯特拉放弃了帮助,冲着牧人大喊起来:

> 于是我便大叫:"咬吧!咬吧!
> 咬下那头!咬呀!"

于是,那牧人便咬了,"他狠狠地一咬!很远的他将蛇头一下唾出"。并且跳了起来——

> 他已经不再是一个牧人,不再是人,而是一个变形体,周身透亮,还大笑着![1]

尼采的这段箴言到底是什么意思呢?据海德格尔的解释[2],其中

---

[1] [德]尼采:《苏鲁支语录》,徐梵澄译,商务印书馆1992年版,第157页。我们引用的所有引文都参照孙周兴的译文有所变动,参见[德]海德格尔:《尼采》(上卷),孙周兴译,商务印书馆2002年版。

[2] 具体解释参见海德格尔的《尼采》(孙周兴译,商务印书馆2002年版)第二章第6、7、8、24节。

讲了三个关键的概念：虚无主义、相同者永恒轮回和瞬间。整个故事发生在黄昏至午夜，没有太阳，这是一个隐喻，即虚无主义的来临及加深。攀登险峻的山道，一方面加深了虚无主义的深渊——爬得越高，深渊越深，另一方面也是在寻求虚无主义的克服。在出入口交会的两条道路分别是过去和未来的隐喻。出入口是瞬间／现在的隐喻，是对瞬间的描述和规定。瞬间是这样一种时间：过去和未来遭遇的交会点，并且过去和未来必须从现在／瞬间来理解。过去是"不再现在"，将来是"尚未现在"。而且对虚无主义的克服既不可能在过去，也不可能在未来，只能是在瞬间之中——过去与未来碰撞之际。那么，侏儒是什么呢？我们必须从他们的问答中来判断。查拉图斯特拉的第一个问题是：

> "但如有人循一条路前行——愈行愈远，愈远愈行：然则你相信这两条路永远相反么？侏儒！"①

按照通常的观念，这两条道路一条回来，一条出去，如果循其中一条愈走愈远的话，其结果这两条路当然会永远背道而驰。但尼采这里讲的是一个隐喻：两条道路即两种时间都从现在／瞬间通向永恒。"因为，如果两条道路都消逝在永恒之中，那么它们就会通向同一地方，它们在那里相交，最后就成为一条持续不断的轨道。在我们看来似乎各奔东西的两条笔直小道，其实只不过是一个不断在自身中回复的大圆圈的一段而已。笔直者是一个假相。实际上，道路的进程是一个圆圈，也就是说，真理本身——作为在真理中进行的存在者——是弯曲的。时间的自身循环，以及一切存在者的相同者在时间中的永恒轮回，乃是存在者整体的存在方式。存在者整体以永恒轮回的方式存在。"②可

---

① ［德］尼采：《苏鲁支语录》，徐梵澄译，商务印书馆1992年版，第155页。

② ［德］海德格尔：《尼采》（上卷），孙周兴译，商务印书馆2002年版，第286页。

是侏儒就是这么回答的呀！

> "一切直道皆是说谎，"侏儒蔑视地咕噜着："一切真理皆是弯曲的，时间本身也是一个圆环。"①

但查拉图斯特拉呵斥了他，显然他认为侏儒答得不对。紧接着他又向侏儒提出了第二个问题，这个问题关涉"瞬间"：

> "看吧"，我接着说下去："看这'瞬间'！从'瞬间'这出入口向后去，有一条长的永恒之路：我们后面即是一种永恒。
>
> 凡一切事物中之能行的，岂不是必走过这条路么？凡一切事物中之能有的，岂不是曾有过：作过，而且过去了么？
>
> 倘若一切皆已有过：你侏儒以为这'瞬间'是什么呢？便是这出入口岂不是也曾经——有过么？"②

这第二个问题实际上讲到了"瞬间／现在"的重要性，但是侏儒没有回答而且消失了。那么，侏儒到底是什么呢？我们暂且将这个问题搁置起来，先往下看。一个年轻的牧人倒在地上，被一条大黑蛇咬住了喉咙。这是怎么回事呢？海德格尔说，"它就是虚无主义本身"③。大黑蛇之咬就是虚无主义之咬。牧人正要被虚无主义所吞没，他痛苦万状、死死挣扎，在虚无主义之门下。于是查拉图斯特拉去帮他，想将蛇拉出来，可是徒劳无益。"这意思是说：虚无主义不能从外部来加以克服。"④因此，查拉图斯特拉大声喊叫，要牧人自己将蛇头咬掉——自己克服虚无主义。果然，牧人在"瞬间"作出了决断，他一

---

① ［德］尼采：《苏鲁支语录》，徐梵澄译，商务印书馆1992年版，第155页。
② ［德］尼采：《苏鲁支语录》，徐梵澄译，商务印书馆1992年版，第155页。
③ ［德］海德格尔：《尼采》（上卷），孙周兴译，商务印书馆2002年版，第431页。
④ ［德］海德格尔：《尼采》（上卷），孙周兴译，商务印书馆2002年版，第431页。

下子咬掉了蛇头——虚无主义通过自身得以克服。这里不仅显示了"瞬间"的重要性，而且海德格尔说："这一咬乃是对出入口本身——即瞬间——是什么这样一个问题的回答：瞬间这个出入口乃是一个决断，在此决断中，以往的历史作为虚无主义的历史才得到了辨析，同时也得到了克服。"① 那么，这个牧人是谁呢？"是那个思考和参与思考永恒轮回思想的人"②，即查拉图斯特拉本人③。现在，我们再回过头来看这个问题：侏儒是谁？侏儒就是将相同者永恒轮回学说庸俗化了的那种人，他认为存在者整体的存在方式无非是"一切都在绕圈子"，既然世事都无非是在"绕圈子"，那么，人就不必有所决断和作为。因此，侏儒是一种必然性的隐喻，他是对虚无主义的顺从，其致命之处在于放弃了"瞬间／现在"的决断，或者说他根本无视"瞬间／现在"。

综上所述，尼采的相同者永恒轮回学说是克服虚无主义的药方，其根本秘密在"瞬间／现在"之决断中，否则，就容易堕入侏儒的"一切都在绕圈子"的庸俗轮回学说当中，被虚无主义所吞没。

我认为，鲁迅吸收尼采的精华就在这个"瞬间／现在"当中。在鲁迅多疑思维中，轮回／循环观念瓦解了线性的进步／进化观念，但鲁迅从来没有陷入侏儒式的庸俗轮回观念当中，而是执著于现在，做出决断，获得行动之源。如果问鲁迅有没有"信"的话，这就是鲁迅的"信"，如果问鲁迅到底有没有支点的话，这大概就应该算是他的一个支点。如果，我们将意义与目的分开，在每一个瞬间的决断和承担当中去寻求意义，那么，这就是鲁迅所认为的意义之所在。

① ［德］海德格尔：《尼采》（上卷），孙周兴译，商务印书馆 2002 年版，第 434 页。
② ［德］海德格尔：《尼采》（上卷），孙周兴译，商务印书馆 2002 年版，第 434 页。
③ ［德］海德格尔：《尼采》（上卷），孙周兴译，商务印书馆 2002 年版，第 432 页。

（三）韧

据说一个人不在生成世界之外去寻求信-仰是难以忍受的，如尼采所说的，人在看穿了所谓"真实世界"的把戏之后，会摈弃对所谓"真实世界"的信仰，从而会承认，生成世界才是唯一的实在性的世界，"但是人们是不会忍受这个世界的，虽然人们并不想否认它"[①]。同样的一个意思，尾崎文昭用在了评价鲁迅上："不依赖任何东西，不把任何东西作为自己的支点，不断反抗（革命、忍耐）空虚，这该多么艰难！如果鲁迅拥有相当于陀思妥耶夫斯基的神那样的存在，将使他怎样地获救呵！"[②]所谓"陀思妥耶夫斯基的神"就是指基督教的上帝，理所当然是外在于这个生成世界的"意义的设置"，也就是我所说的信-仰。如前所述，我们认为，信-仰乃是诸多信中的一种形式，它是信的一种超越的形态。但是，我们在大多数时候颠倒了"信"与信-仰的关系，认为信-仰是唯一的"信"的形态，即"信"即信-仰。当我们沉浸于这种颠倒之中时，才会有上述的那种感受：人不在生成世界之外去寻求信-仰是难以忍受的。只有我们将这种颠倒的认识再颠倒回来，还"信"以本来面目，我们才不会固执地认为鲁迅应该要一个"陀思妥耶夫斯基的神"，也只有这样，我们才不会固执地认为鲁迅终其一生没有一个支点。在鲁迅翻译的鹤见祐辅的《思想·山水·人物》之"所谓怀疑主义者"中，有一段话表达了与此相近的思想："谁能指穆来的纯真为无信之徒呢？谁又竟能称法兰斯的透彻为怀疑之人呢？这两个天才，是不相信旧来的传统和形式，悟入了新的人生的深的底里的。但是，他们是在自己一人的路上走去了。所以，许多结着党的世人，便称他们为不信之人。如果这样子，

---

① [德] 尼采：《权力意志——重估一切价值的尝试》，张念东、凌素心译，商务印书馆 1991 年版，第 426 页。

② [日] 尾崎文昭：《试论鲁迅"多疑"的思维方式》，孙歌译，《鲁迅研究月刊》1993 年第 1 期。

那么，谁敢保证，无信–仰之人却是信之人，而世上所谓信–仰之人，却反而是无信之人呢?!"① 因此，当我们面对鲁迅时，我们应该思考的不是鲁迅为什么不信–仰，而是我们的所谓的信–仰是什么，它是不是一个绝对之物。

那么，鲁迅的"信"是什么呢？鲁迅的"信"就是"中间物"和对现在的执著。鲁迅对任何事物都加以"多疑"的审视，而唯独不疑"中间物"和对现在的执著。如前所述，"中间物"是对生成世界"如何"的一个描述，"对现在的执著"则是对生成世界"如何是"的规定。可是它们如何持存呢？换句话说，鲁迅如何保持与发展这个"信"呢？在信–仰的世界中，生活世界的持存必须依赖一个外在于此世但规定此世的"真实世界"。但这一定不是持存的唯一方式，因为信–仰只是"信"的诸多方式中的一种。在中国传统中，生活世界的持存方式是"道"，但"道"不是在外于此世的彼世，而是在此世的日用伦常之中的。庄子说道在屎溺，其实就是对这种持存方式最极端也是最准确的一种表达。日常就是直面生活，在生活中有欢乐、痛苦和悲哀，人只有在其中才是人，人在其中生活就有"道"，"道"就在生活之中，因而"道"不是一个形而上学的概念，或者更确切地说"道"不是一个 meta–physics 式的概念。在日常中体"道"就是要实实在在地生活，直面真的人生，既要享受生活中的快乐，也要承受生活所带来的痛苦与不幸，这样就需要持存这种"信"，持存的方法就是"韧"，或者毋宁说，"韧"就是生活本身。纵观鲁迅的一生，他对"韧"的提倡是没

---

① 原文为："谁能指穆来的纯真为无信仰之徒呢？谁又竟能称法兰斯的透彻为怀疑之人呢？这两个天才，是不相信旧来的传统和形式，悟入了新的人生的深的底里的。但是，他们是在自己一人的路上走去了。所以，许多结着党的世人，便称他们为不信之人。如果这样子，那么，谁敢保证，无信仰之人却是信仰之人，而世上所谓信仰之人，却反而是无信仰之人呢?!"我将译文稍作了改变。参见〔日〕鹤见祐辅：《思想·山水·人物·所谓怀疑主义者》，鲁迅译，载《鲁迅译文全集》第 3 卷，福建教育出版社 2008 年版，第 217 页。以下注释中《鲁迅译文全集》皆引自此版本，不再详注出版信息。

有终止过的。鲁迅第一次明确提出"韧"是在《娜拉走后怎样》中:

> 世间有一种无赖精神,那要义就是韧性。……青皮固然是不足为法的,而那韧性却大可以佩服。①

1925 年在杂文《这个与那个》中,鲁迅再次提到"韧":

> 所以中国一向就少有失败的英雄,少有韧性的反抗,少有敢单身鏖战的武人,少有敢抚哭叛徒的吊客;见胜兆则纷纷聚集,见败兆则纷纷逃亡。②

1930 年在《对于左翼作家联盟的意见》中,鲁迅又一次明确提出"韧":

> ……在文学战线上的人还要"韧"。所谓韧,就是不要像前清做八股文的"敲门砖"似的办法。……但要在文化上有成绩,则非韧不可。③

从鲁迅对"韧"的解释来看,"韧"显然是一劳永逸的反面,因而"韧"需要持久。"韧"是对"信"的持存,也因而是"信"的一个必不可少的部分。而毋宁说,鲁迅作为鲁迅的根本就在于"韧"。"韧"是鲁迅对生活本质的表达,在另外一个地方,鲁迅也表达了这种意思:

> ……欧战的时候,最重"壕堑战",战士伏在壕中,有时吸烟,也唱歌,打纸牌,喝酒,也在壕内开美术展览会,但有时忽

---

① 鲁迅:《坟·娜拉走后怎样》,载《鲁迅全集》第 1 卷,第 169 页。
② 鲁迅:《华盖集·这个与那个》,载《鲁迅全集》第 3 卷,第 152—153 页。
③ 鲁迅:《二心集·对于左翼作家联盟的意见》,载《鲁迅全集》第 4 卷,第 242 页。

然向敌人开他几枪。中国多暗箭，挺身而出的勇士容易丧命，这种战法是必要的罢。①

"壕堑战"中的做法其实就是"韧"。战争是复杂的，生活亦是复杂的，生活需要长久持存，因而，任何一劳永逸的做法都是不了解生活本质的结果，并最终会被生活所抛弃（虚无感由之产生，而放弃生活）。"韧"是执著生活的每一时刻，而不是为了某一所谓特定时刻忽略其他时刻。执著每一时刻，就是执著现在，而"信"就在其中，因为在每一刻的执著中就有充实/充盈感，这种充实/充盈感是持续的、脚踏实地的，而不是那架于深渊之上，为了达到深渊彼岸之"点"才有的充实/充盈感。"韧"就是这种充实/充盈感的持存，甚至"韧"就是充实/充盈感本身。所谓"韧"就是充实/充盈感本身，并不是说，要每一个瞬间都在承担，除了承担，还需要享受，还需要休息，甚至还需要调整，因之，它才是全面的，而不是偏至一方的。正如鲁迅在"壕堑战"中所说，除了战争，还要吸烟、唱歌、打纸牌、喝酒，甚至是办美术展览会，这些并不是对战争的逃避，而毋宁说是战争本身。因此，鲁迅在专与黑暗捣乱之外，他还有他的处世之法来显示其"韧"，那就是他所说的"老法子：一是麻痹，二是忘却"②。鲁迅将此二法称为"救助我自己"③的老法子。但这并不等于逃避，因为在此之后，他还"一面挣扎着，还想从以后淡下去的'淡淡的血痕中'看见一点东西，誊在纸片上"④。可以说"麻痹与忘却"是鲁迅"韧"的一个关键性环节，在这一环节中，鲁迅郁结于胸中的不散之气得以排解，以至于通脱之后重新开始，继续他的"战斗/生活"，如此循环/轮回，而决断就在通脱后的那一瞬间。

---

① 鲁迅：《两地书·二》，载《鲁迅全集》第11卷，第16页。
② 鲁迅：《而已集·答有恒先生》，载《鲁迅全集》第3卷，第477页。
③ 鲁迅：《而已集·答有恒先生》，载《鲁迅全集》第3卷，第477页。
④ 鲁迅：《而已集·答有恒先生》，载《鲁迅全集》第3卷，第477—478页。

在日常生活中，"韧"是根本性的，它不光是人面对困难时的生活法，同样也是人面对日常重复状态的一种处世之方，因为，太阳每一天都重新升起，生活也同样需要每一天有一个崭新的开始，这也就《大学》里所讲的"苟日新，日日新，又日新"①的深层含义。这个"新"是需要每一天，甚至每一个瞬间持续进行的，它是一种持存的状态，而不是基督教"末世论"意义上终极的"新天新地"的"新"，"日日新"就是日日持存，日日培护，也就是"韧"之所由。

综上所述，我认为，鲁迅是有"信"的，只是这"信"不是我们习惯性思维中称为信-仰的那种东西。其"信"如下：鲁迅认为这个生生不息的生成世界呈现为"中间物"状态，在这样的一个存在者整体的存在状态中，世界是循环／轮回不息的，生成世界的行动之源就在于对循环／轮回中的每一瞬间／现在的执著并持存这执著，这执著的持存就是"韧"，而生活的本质就在"韧"之中。

二、鲁迅的面孔与文章
——走出符号化的鲁迅形象

（一）鲁迅的地位

2021年是一个很重要的年份——鲁迅诞辰140周年，有很多纪念活动。关于鲁迅诞辰或者逝世周年纪念，2006年似乎是个分水岭，从那一年开始，"鲁迅"从庙堂走向了民间。而此前的纪念日似乎都有国家纪念的意味。最经典的当属1981年鲁迅诞辰100周年纪念，那种国家层面的盛大纪念活动今后恐怕再难以见到了。那么，对这个

---

① （宋）朱熹：《大学章句》，第2页，载《四书五经》（上册），中国书店1985年版。

现象如何评价呢？说法不一。我个人的意见则是，以前鲁迅的形象被过度意识形态化了，进入民间层面后反倒能够释放出更多的东西。或者换句话来说，长期以来对鲁迅的理解存在某种误区，即认为鲁迅在中国大陆之所以拥有如此高的声誉，可能是我们的党和国家对他极度推崇的缘故。人们以为鲁迅是由于官方高度认可才有今天的这么一个地位。但是我们如果回过头去看，在鲁迅 1936 年 10 月 19 日去世之后，他的葬礼是万人葬礼，他的遗体上盖的是"民族魂"，而且蔡元培对他的盖棺定论非常之高，称其为"青年人的领袖"。而那个时候共产党在陕北，刚刚经历过长征，还没有什么势力，所以，从这个角度来讲，鲁迅的高人气，是其在文坛的威望所致，与政治力量推动的直接关联并不大。今天关于鲁迅的任何话题动辄都是举国上下的话题，鲁迅的文章从中小学教材当中哪怕是撤出一篇，也都会牵动亿万人的神经。当今中国大陆知识界喜爱鲁迅的有顶级知识分子，还有很多年轻人，包括中学生中喜爱鲁迅的也大有人在，甚而对鲁迅也有深刻的理解。扼言之，鲁迅在中国大陆之所以有今天的地位，其实跟政治环境的关联并没有人们想象的那么大。

那么，鲁迅到底是怎样一个地位？在中国文化史上，如果再过一千年、两千年，他到底会占据一个怎样的位置？钱理群有过一个说法，他说在中国大学通识人文教育当中，必读的基本修养只有那么几个，即《论语》、《庄子》、《史记》、"李杜"、《红楼梦》、鲁迅。换言之，如果在中国一个人对于鲁迅没有基本常识的话，那么，就不能算受到过最基本的人文教育。鲁迅在将来的五百年或者一千年之后的文学史上所占的比重，可能就是李白"一章"的地位、杜甫"一章"的地位、苏轼"一章"的地位，而现代文学史上的其他作家可能会是"一节"或者只是提到。

鲁迅在现代中国的定位，绝不仅仅限于是中国现代文学的开创者，他更是中国现代"国语"的奠基者、中国现代"范式"的订立者。他对于现代中国的贡献相当于但丁（Dante Alighieri）对于意大利、塞万提斯（Miguel de Cervantes Saavedra）对于西班牙、拉伯雷（Francois Rabelais）对于法国、马丁·路德（Martin Luther）对于德国、莎士比亚（William Shakespeare）对于英国、普希金（Alexandre Sergeiyevich Pushkin）对于俄国的贡献。如果说，2000 年之前人类历史上有过一个以老子、孔子、苏格拉底（Socrates）、柏拉图（Plato）、释迦牟尼（Śākyamuni）为核心的"轴心时代"的话，那么，1919 年前后的五四新文化运动时代就是我们中国现代的"轴心时代"，而其核心就是鲁迅及其同人们。在现代中国，唯有他们的思想与文字才具备原创性与源泉性，源源不断地为我们提供现代思想与书写的资源。以孔夫子为代表的先秦诸子为我们造就了不朽的古代经典与思想典范。而鲁迅这一代人则为我们造就了同样不朽的现代经典和书写范式。按照本尼迪克特·安德森（Benedict Anderson）"想象的共同体"的理论①，"现代国家意识"的形成通常跟一个国家现代的第一、二代书写直接相关联，尤其是第一代书写者，他们在某种程度上奠定了一个国家的现代书写范式，并同时决定了后来所有书写者的道路。因此，各国言文一致运动的开启者即是拓荒者，如前所述，他们都是各国现代的第一人。而但丁则是第一人中的第一人，他是第一个提倡言文一致的人，也是第一个用方言写作的人。他的《神曲》成为意大利第一个"现代"共通读本，并为后来意大利形成民族国家的共通意识奠定了基础。这也就是文学之于现代的最为重要的功效。

我们的现代可以叫作"文学时代"，对应于古典的"经学时代"。决定一个时代的是共通读本。在中世纪的欧洲，《圣经》是欧洲的共通读本。它既联络个人的信仰与思想感情，同时又提供组织社会的功能，甚至还相当于法律。在中国古代，具有相似功能的是"四书五经"。在

---

① ［美］本尼迪克特·安德森：《想象的共同体：民族主义的起源与散布》，吴叡人译，上海人民出版社 2005 年版。

经学时代，每个人从出生到死亡都有非常明确的规定，甚至细微的日常行为都有仔细的规定，譬如《周礼·曲礼》讲得非常细致，到邻居家吃饭，进门应该怎么做，出门应该怎么做，都不厌其烦地讲。这些在那个时代都是共通的。这样，遵照同一部经典来行动的这一群人，就是一个共同体。但是这些经书在"现代"失效了，被边缘化了。旧的经典丧失了，取而代之的是文学成了我们现代的经典。而各国最早的那一批现代文学作品则成为经典当中的经典，成为"范式"的订立者。这就是但丁、塞万提斯、拉伯雷、莎士比亚、鲁迅……

不仅如此，鲁迅作为一个文学家，他和任何一位世界伟大作家放在一起也毫不逊色。余华曾经说，以前上学的时候很讨厌鲁迅，因为都是教科书式的阅读，老师要强迫背诵一些段落，理解鲁迅作品要标准答案，那个时候甚至不愿意阅读鲁迅，但成年以后再来阅读鲁迅时，却被震撼到了，突然之间意识到原来中国还有一位可以和托尔斯泰（Leo Nicholas Yević Tolstoy）、马尔克斯（García Márquez）放在一起毫不逊色的作家。20 世纪 90 年代，转型之后的余华的确受到了鲁迅很深的影响，《我没有自己的名字》《许三观卖血记》等作品中都能看到鲁迅的影响。

鲁迅置于世界巨匠之林能够毫不逊色，应该是因其独创性，当然，不单是因为他有《呐喊》《彷徨》这两部经典小说集。还在于他晚期创作的《故事新编》和杂文写作。鲁迅后期的写作，其实是一种"体制"外的写作，或者叫"反体制"写作。我们讲"体制"：国家体制、政治体制等，其实我们的文学也有体制，文学其实是一种制度，譬如说要写一篇小说，就自然而然想到小说应该怎么写，小说应该有人物情节，有故事有发生发展高潮结局，这就是体制，它是人的一种思维限制。诗歌应该怎么写？要分行，要跳跃。但是，我们常常听到另外一句话："原来小说、诗歌还可以这么写？"这其实就是对原有的体制和规范的一种颠覆，一种突破。后期鲁迅的写作不是一种很小的颠覆，他后来会经常说，你瞧，我现在写的东西，是在"文学概论"当中找不到的①。他说这话的时候，很自觉，同时也带着那么一点自豪。他是有意为之的，突破一种"成规"的写作，让写作更言之有物。1999年，香港《中文周刊》遴选中文小说一百强，头名是《呐喊》，而《故事新编》并没有出现在选单当中。这种认知当然还是局限在传统的理解当中：鲁迅是一个反封建的斗士，鲁迅的《呐喊》是反封建的檄文。但日本的剧作家花田清辉却说，"如一国一部地列举二十世纪各国的文学作品，与乔伊斯的《尤利西斯》相提并论，我在中国就选《故事新编》"，"它呈现出前所未有的新颖性，在我们日本几乎尚无人意识到"②。"在我们日本几乎尚无人意识到"，其实这句话同样适用于中国。直到现在我们讲到鲁迅，还是《呐喊》《彷徨》的这么讲。一百多年来，我们还是在一个固定的思维框架中去看待鲁迅。这是个问题。

（二）鲁迅的面孔

正因为有这样一种思维定式，我们通常将鲁迅的面孔定格为一个标准像：苦大仇深、怒发冲冠。其实鲁迅有很多的面孔，我们只不过是把他的某一个局部、某一张面孔放大了，然后，对他形成了一种固定的认知。陈平原先生曾说，要"走出符号化的鲁迅形象"③。赵延年

---

① "我们试去查一通美国的'文学概论'或中国什么大学的讲义，的确，总不能发现一种叫作 Tsa-Wen 的东西。这真要使有志于成为伟大的文学家的青年，见杂文而心灰意懒：原来这并不是爬进高尚的文学楼台去的梯子。托尔斯泰将要动笔时，是否查了美国的'文学概论'或中国什么大学的讲义之后，明白了小说是文学的正宗，这才决心来做《战争与和平》似的伟大的创作的呢？我不知道。但我知道中国的这几年的杂文作者，他的作文，却没有一个想到'文学概论'的规定，或者希图文学史上的位置的，他以为非这样写不可，他就这样写，因为他只知道这样的写起来，于大家有益。"见鲁迅：《且介亭杂文二集·徐懋庸作〈打杂集〉序》，载《鲁迅全集》第6卷，第300页。
② ［日］尾崎文昭 2013 年 3 月 27、28 日在中国人民大学、北京大学的讲演稿《日本学者眼中的〈故事新编〉》。
③ 陈平原：《分裂的趣味与抵抗的立场——鲁迅的述学文体及其接受》，《文学评论》2005 年第 5 期。

木刻的鲁迅像最为典型，展现的常常是怒目的一面。我印象非常深刻的一副木刻是鲁迅站在最前面，一手拿烟，怒发冲冠，横眉冷对着一群很渺小的敌人，后边站着蔡元培、宋庆龄等。这样一种理解其实是有问题的，实际生活中的鲁迅似乎并不是这样。闻一多回忆说，20世纪20年代教育部经常欠薪，拖欠教师的工资，北大的、清华的、北师大的教师都去财政部门前讨薪，一群人在那儿情绪激昂，有些在那做演讲，大骂政府，然后有一个人在一个墙角台阶上坐着打盹儿，那就是鲁迅。① 王晓明其实有一句话讲得很好，他说，五四时期鲁迅之所以成为鲁迅，不是因为鲁迅比别人喊得响、跳得高，而是因为他对中国的前途比别人要看得暗淡，对中国的信心要比别人小②。五四时期钱玄同和陈独秀他们都冲在最前面，很决绝，但鲁迅在冲之前一定会问，这冲有没有用，这才是鲁迅的真实状态。用鲁迅自己的话说，就是我所见识的人和世界是有限的，所以我不能判定我的判断就是绝对正确的，所以我要为别人留下余地。③ 所以鲁迅式的"希望"是这种要留下"余地"的"希望"。所谓"敷衍朋友们的嘱托"④，就

① "闻先生在讲演中插入了一个故事。他说，我跟鲁迅先生从未会见过，不过记得有一次，是许世英组阁的时候，我们教育界到财政部去索薪，当时我也去了，谈话中间记得林语堂先生说话最多，我是一向不喜欢说话的，所以一句也没有说，可是我注意到另外一个长胡须的人也不说话，不但不说话，并且睡觉。事后问起来，才知道那位就是鲁迅。"俪：《鲁迅追悼会记》，《清华周刊》1936年第45卷第1期。

② 原话如下："鲁迅是以一种非常独特的方式，加入'五四'那一代启蒙者的行列的，这独特并不在他的战斗热情比其他人高，也不在他的启蒙主张比其他人对，他的独特是在另一面，那就是对启蒙的信心，他其实比其他人小，对中国的前途，也看得比其他人糟。"见王晓明：《无法直面的人生——鲁迅传》，上海文艺出版社1993年版，第59页。

③ 原话如下："见过辛亥革命，见过二次革命，见过袁世凯称帝，张勋复辟，看来看去，就看得怀疑起来，于是失望，颓唐得很了。……不过我却又怀疑于自己的失望，因为我所见过的人们，事件，是有限得很的，这想头，就给了我提笔的力量。"鲁迅：《南腔北调集·〈自选集〉自序》，载《鲁迅全集》第4卷，第468页。

④ 鲁迅：《呐喊·自序》，载《鲁迅全集》第1卷，第441页。

是这种状态。鲁迅还常被塑造成中国 20 世纪最痛苦的灵魂，实际上，生活中的鲁迅是很有情趣的一个人，他很懂得生活，喜欢看电影，甚至还会很注意服饰颜色的搭配。

鲁迅还有"韧性"（他自己称为"无赖"精神）和"匪徒气"的一面，可能很多人觉得这有点匪夷所思吧？鲁迅曾经在讲座时，跟学生提到过要学习一种"青皮"劲儿。在谈到女子怎么争取经济权的时候，他说，女孩子怎么能够独立呢？一定要有经济权，经济权怎么争取呢？要向青皮学习，学习青皮的那股子"韧"劲儿，任你怎么说我还是要坚持的那种劲儿。他说，你看天津火车站的青皮，一个人刚从火车站出来，拎着行李，然后，青皮就上来说，"我帮拎，两块钱"，那个人说不用，青皮依然说，"我帮拎，两块钱"，那个人说一会儿我的朋友来帮我，青皮依然说，"我帮拎，两块钱"，那人说家很近，我自己走，青皮依然说，"我帮拎，两块钱"，最后那个人实在被纠缠不过，只得说，给你两块钱，你拎就拎吧！① 鲁迅身上其实是有这股子"韧"劲儿的。五四时期，他对所谓"启蒙"这个东西，其实是不太信任的，很怀疑，但他一旦进入之后，却是坚持得最久的那一个人。大家都走了，有的高升，有的退隐，他自个落了一个作家头衔，在沙漠里走来走去，就是讲他那个时候的孤独和坚持。② 所以他很有"韧"劲。1925 年，还跟"现代评论派"他们打笔仗的时候，他就经常讲一个事儿，他说，好，你们是正人君子，我就是"匪徒"，并且把自己

---

① "世间有一种无赖精神，那要义就是韧性。听说拳匪乱后，天津的青皮，就是所谓无赖者很跋扈，譬如给人搬一件行李，他就要两元，对他说这行李小，他说要两元，对他说道路近，他说要两元，对他说不要搬了，他说也仍然要两元。青皮固然是不足为法的，而那韧性却大可以佩服。"鲁迅：《坟·娜拉走后怎样》，载《鲁迅全集》第 1 卷，第 169 页。

② "后来《新青年》的团体散掉了，有的高升，有的退隐，有的前进，我又经验了一回同一战阵中的伙伴还是会这么变化，并且落得一个'作家'的头衔，依然在沙漠中走来走去……"鲁迅：《南腔北调集·〈自选集〉自序》，载《鲁迅全集》第 4 卷，第 469 页。

的书房取名叫"绿林书屋"，然后，为了证明自己是"匪徒"，还写了一篇《论"他妈的"》。他在《野草》当中也经常写，好，你们是人，我且要去寻找魔鬼与野兽[①]，以及"愧不如人"[②]这样的一些话。一方面显示了他对"人"的不信任，另一方面，也确实有"匪徒"气。

这些都是鲁迅鲜活的一面，但我们却很少触碰。要阅读鲁迅，要理解鲁迅，我们非常有必要从这些鲜活的面向去认识鲁迅，然后，才能逐渐接近他，而不是像教科书那样去呆板地理解。阅读鲁迅一定不能从前期作品入手。不能从《呐喊》《彷徨》、"随感录"，甚至《野草》入手，而要从《两地书》《朝花夕拾》《故事新编》以及晚期的一些很有意思的杂文入手，你才有可能知道鲁迅是一个有趣、好玩的人，他很鲜活。如果一开始阅读鲁迅，就从所谓的"反封建"、怒发冲冠、苦大仇深去认识和理解鲁迅，那注定就会失败。小孩子是不会愿意去阅读的。

（三）鲁迅的多疑以及自信与不自信

1926 年 10 月，鲁迅写了一篇非常重要的杂文，叫作《写在〈坟〉后面》。用木山英雄的话说，这篇作品是鲁迅一生的转折点[③]。在这

---

① "朋友，你在猜疑我了。是的，你是人！我且去寻野兽和恶鬼……。"鲁迅：《野草·失掉的好地狱》，载《鲁迅全集》第 2 卷，第 205 页。

② 鲁迅：《野草·狗的驳诘》，载《鲁迅全集》第 2 卷，第 203 页。

③ 木山英雄说："其实，在写作《呐喊·自序》时，其'呐喊'的根据已经消失了。因此对作者来说，在目前的主客观条件下重新审视作为已过'不惑之年'的战斗者自我，才是问题所在。散文诗《野草》的连续性课题亦在这里。而《呐喊·自序》，以越发内化了的'寂寞'为契机，将阴暗的自我从《呐喊》的混沌中引出表面来，由这一点观之，是位于《野草》形成的端绪上的。"在文章临要结尾时，他又说，"距《野草》最后一篇的创作晚半年多所写的，可以看做是散文形式的《野草》终篇的这篇文章（指《写在〈坟〉后面》）……"（[日] 木山英雄：《〈野草〉主体构建的逻辑及其方法》，载《文学复古与文学革命——木山英雄中国现代文学思想论集》，赵京华编译，北京大学出版社 2004 年版，第 25、67 页）。

篇杂文中，鲁迅对自己的前半生作了一个总结，实际上，也同时开启了他后来的道路。他在文章中说："背了这些古老的鬼魂，摆脱不开，时常感到一种使人气闷的沉重。就是思想上，也何尝不中些庄周韩非的毒，时而很随便，时而很峻急。孔孟的书我读得最早，最熟，然而倒似乎和我不相干。"①庄周韩非讲的是怎么统治人、怎样逍遥之类，其对象是中人以上；韩非子所预设的听者是秦始皇这样的人，讲的都是极其现实的问题和手段。鲁迅说他深受这两个人的毒害，实际上讲的就是"瞥清世人真面目"之后的一种痛苦的内心状态。所以才说，他身上有极重的毒气和鬼气。他上课的时候，课间，有一个学生来买他的书，将钱从口袋里掏出来，递在他手里，还带着体温。鲁迅说，他就害怕起来，怕自己的毒气和鬼气传递给了像他一样的年轻人②。为此，他就经常在文章当中用"曲笔"，不敢将自己所看到的全部都袒露出来，怕伤害了这样的一些年轻人。他说，"我的确时时解剖别人，然而更多的是更无情面地解剖我自己"③。我们常常以为，鲁迅是面对各种敌人的投枪和匕首，鲁迅自己却说，他更多的时候是把解剖刀对准他自己。那意思就是，我是从黑暗中爬出来的，所以要消灭黑暗，就要首先消灭我自己。因此，"即使是筑台，也无非要将自己从那上面跌下来或者显示老死；倘是掘坑，那就当然不过是埋掉自己"④。然后一切都要逝去，"逝去，逝去，一切一切，和光阴一同早逝去，在逝去，要逝去了"⑤。最后，他给自己做了一个定位，"以为一切事物，在转变中，是总有多少中间物的。动植之间，无脊椎和脊

---

① 鲁迅：《坟·写在〈坟〉后面》，载《鲁迅全集》第1卷，第301页。
② "还记得三四年前，有一个学生来买我的书，从衣袋里掏出钱来放在我手里，那钱上还带着体温。这体温便烙印了我的心，至今要写文字时，还常使我怕毒害了这类的青年，迟疑不敢下笔。"鲁迅：《坟·写在〈坟〉后面》，载《鲁迅全集》第1卷，第301页。
③ 鲁迅：《坟·写在〈坟〉后面》，载《鲁迅全集》第1卷，第300页。
④ 鲁迅：《坟·写在〈坟〉后面》，载《鲁迅全集》第1卷，第299页。
⑤ 鲁迅：《坟·写在〈坟〉后面》，载《鲁迅全集》第1卷，第299页。

椎动物之间，都有中间物；或者简直可以说，在进化的链子上，一切都是中间物"①。这里显然是他对自己前半生的一个总结，从某个侧面来看，甚至有点像卡夫卡（Franz Kafka）。卡夫卡是 20 世纪最伟大的作家之一，可是卡夫卡没有自信，他总是觉得自己写的东西很差。鲁迅比他稍微好一点，更积极一点。但"中间物"的定位其实同样包含了自己的东西终究要过去的意思。为什么后来鲁迅只写杂文，其实与这种观念是有很大关系的，一切都是中间物，一切都是桥梁，而不是目的。因此，杂文就是记录一个"过程"，看到什么，发生什么，想到什么，都是即刻发生的，记录下来，随写随发。将来有好的东西出来，这些就都进入历史的尘埃中，就都消失掉了。

但吊诡的是，有些人觉得自己很了不起，最后历史反过来证明不过如此。胡适就老觉得自己是个里程碑，所以拼命留下自传，"三十自传""四十自传"，到老了还要留下"口述自传"，还要把"声音"留下来。而且不仅自己写自传，还劝告朋友们，将来我们都会名垂青史，所以，要把该留下来的东西留下来，省得后人费很大劲去研究。周作人也写自传。他写他出生的时候，家里来了个穿着袍子袈裟的和尚，结果他一出生，和尚就不见了，那意思，自己大概是这个和尚转世的。这一代人当中，很少有像鲁迅这样基本不写自传的。鲁迅一生大概只有两篇字数很短的自传，那是被人逼出来的，俄国的翻译家翻译了他的《阿 Q 正传》，小说前面必须要一个作者简介，于是鲁迅就写了一篇，很简短。他从来不讲自己怎么着，这个人很谦虚，同时也很"不自信"。

但这种谦虚与"不自信"，又跟卡夫卡那种完全的绝望是不一样的，他其实又很"自信"，又很"不自信"，这也正是鲁迅值得我们玩赏的地方。他自信在什么地方？譬如说，他要写一本中国文学史，他说，一定会说出别人说不出来的话，这很自信。但他的"不自信"

① 鲁迅：《坟·写在〈坟〉后面》，载《鲁迅全集》第 1 卷，第 301—302 页。

来自什么呢？来自对"人类局限性"的认知，人类是作为人而不是神，都是有限的，所以他才说，我所接触的人和世界是有限的，所以我不能判断我对事物的判定是绝对正确的[①]，这是鲁迅的"不自信"。"自信"是在人类进入现代以后，依赖于"理性至高无上"的判断所产生的一个现代词语。人类以为凭借自己的理性，可以把世界引向至善。在以前的古典时期，人类伸手去触摸的时候，触摸到的是上帝。可是进入现代以后，那个原本属神的位置空白了，于是人类以为可以填以"理性"，认为"人"可以替代神占有那个地方。但是，鲁迅对此持有怀疑，他并不敢伸手去填充那个地方，而是始终留一个空白。这就是我们所谓的鲁迅"不自信"。这也就是鲁迅的多疑。五四时期是一个怀疑一切的时代，是一个对一切东西都要用自己的理性去试探一下的时代，但是唯独鲁迅不是这样。胡适的学生唐德刚曾说，我的老师胡适，他鼓励年轻人要怀疑一切，但是当有人要怀疑杜威和安吉尔的时候，他就很不高兴[②]。但是鲁迅不一样，在鲁迅那里可能没有一个立在那里不能怀疑的东西。所以，夏济安说，胡适之所以比鲁迅要浅薄，就在于他看不见妖魔附身，鲁迅看得见[③]。同样站在"五四"那个起点，胡适面对中国古典的时候，要整理国故，要把中国古书中的糟粕的东西都清理出来，所谓"降妖伏魔"，而自己是不是妖魔呢？大概不是。但是鲁迅跟胡适的态度不一样，鲁迅认为，既然我是从那个阵营中走过来的，则妖怪自然就附在我身上，我怎么能撇清

---

① "不过我却又怀疑于自己的失望，因为我所见过的人们，事件，是有限得很的，这想头，就给了我提笔的力量。"鲁迅：《南腔北调集·〈自选集〉自序》，载《鲁迅全集》第 4 卷，第 468 页。

② 《胡适的自传》，胡适英文口述，唐德刚编校译注，载《胡适哲学思想资料选》（下），葛懋春、李兴芝编辑，华东师范大学出版社 1981 年版，第 93 页。

③ "夏济安认为：与鲁迅比较，胡适就浅薄得多，后者虽然认为故纸堆中藏着吃人的妖怪，却自信有降妖伏魔的本领，并不像鲁迅那般看到妖怪已经附在自己的身上。"见［美］孙隆基：《历史学家的经线》，广西师范大学出版社 2004 年版，第 262 页。

呢？我自己或许就是个妖怪。这就是《狂人日记》所要表达的内容。《狂人日记》写道："我翻开历史一查，这历史没有年代，歪歪斜斜的每叶上都写着'仁义道德'几个字。我横竖睡不着，仔细看了半夜，才从字缝里看出字来，满本都写着两个字是'吃人'！"狂人劝他哥哥不要吃人。但他哥哥说以前都是这么吃过来的，狂人发出了疑问："从来如此，便对么？"① 可是最后很不幸的是，狂人发现自己也参与了吃人，即承认我也是妖怪。这是鲁迅同胡适最大的不同。

可以看出，鲁迅的写作一起步，就带着一个根深蒂固的属于鲁迅专有的面孔，即我就是一个从黑暗中走过来的人，所以，要消除所谓的黑暗，首先要消除我自己，只有我与黑暗一同逝去，新的世界才有可能打开。

（四）鲁迅的文章写作及其转变

那么，鲁迅到底是在什么层面上成其为鲁迅的呢？这是个非常重要的问题，也正因为如此，回答这个问题，也非常难。木山英雄的《〈野草〉论》给了我们很大的启发。

王晓明说，五四时期鲁迅是"戴着面具的呐喊"②。"横眉冷对"，这在王晓明看来是面具，面具下面的鲁迅其实是另外一副模样。当《呐喊》开始写作的时候，鲁迅其实对这些冲锋陷阵已经没有留日时期那么有兴致了，认为捣毁"铁屋子"的可能性很小，所以他很犹疑。但因为答应了朋友们的邀请，又因为那个时候的主将是不主张消极的，所以要"且听将令"，尽量"摇旗呐喊"，为了让那些在"寂寞里奔驰的猛士""不惮于前驱"③，但是实际上在很坚决的"冲"的"面具"的声音下面，鲁迅自己的声音是"冲……冲……冲啊"这样

① 　鲁迅：《呐喊·狂人日记》，载《鲁迅全集》第 1 卷，第 447、451 页。
② 　王晓明：《无法直面的人生——鲁迅传》，上海文艺出版社 1993 年版，第 49 页。
③ 　鲁迅：《呐喊·自序》，载《鲁迅全集》第 1 卷，第 441 页。

的一个"犹豫"的声音。因为要"且听将令",所以他用了很多曲笔,譬如《药》的最后,在夏瑜的坟上添一个花环,"在《明天》里也不叙单四嫂子竟没有做到看见儿子的梦"①。

但,我的问题是,鲁迅的面具下面到底有没有真心?关于这个问题,《呐喊·自序》其实透露了某种信息:"本以为现在是已经并非一个切迫而不能已于言的人了,但或者也还未能忘怀于当日自己的寂寞的悲哀罢,所以有时候仍不免呐喊几声。"②"本以为"是一种"应然"的状态,但,"实然"的却不是这样的,而是从内心还想"呐喊"几声,原因是"不能忘怀于当日自己的寂寞的悲哀"。很显然,鲁迅内心其实一直有一个未完成的梦想,也就是木山英雄所谓的"寂寞之青春的喊叫"③,或者汪晖所讲的"忠诚"④。留日时期的启蒙的梦想、《新生》杂志的流产、"摩罗诗力"的向往,等等,这些所谓"当日不能忘却"的东西皆因辛亥革命的失败而被压抑下去,成为"死火",然而,在五四"身外的青春"的激荡之下,开始缓慢复苏了,"死火重温"了。因此,到了五四时期鲁迅处于一种很纠结的状态,真的像是一团将要被温热的"死火"一样,一方面他因怀疑社会改造与文化启蒙的成效而"彷徨",一方面则又因为"不能忘却"的青春的梦想而想"呐喊"几声。于是,这几声"呐喊"就化为了鲁迅的文学。但是他自始至终都处于纠结之中。就鲁迅一生对于文学的信念而言,他是不断做减法的。在日本,其实是他"呐喊"最猛烈的时期,对文学的信仰那个时候也是最坚决的,弃医从文,要用文艺疗治人的精神。然而,到了五四时期,他却对文学的功效怀疑起来,写点东西有用

---

① 鲁迅:《呐喊·自序》,载《鲁迅全集》第 1 卷,第 441 页。
② 鲁迅:《呐喊·自序》,载《鲁迅全集》第 1 卷,第 441 页。
③ [日] 木山英雄:《〈野草〉主体构建的逻辑及其方法》,载《文学复古与文学革命——木山英雄中国现代文学思想论集》,赵京华编译,北京大学出版社 2004 年版,第 55 页。
④ 汪晖:《鲁迅文学的诞生——读〈呐喊·自序〉》,载《声之善恶——鲁迅〈破恶声论〉〈呐喊·自序〉讲稿》,生活·读书·新知三联书店 2013 年版。

吗？到 1927 年广州的时候，他跟那些黄埔军校学生讲，我现在更愿意听炮火的声音，文学是无用的①。这个转变很有意思，不断在转变，到了最后几乎要把文学这个事物抛弃掉了。

在文学信念转变的同时，鲁迅的精神状况也在转变。五四时期，鲁迅的身上有极重的毒气和鬼气。一天，有一个记者来采访他，之后就非常失望，说这么一个写过《呐喊》的中国国民作家，怎么就对中国如此绝望，将中国看得这么暗淡？②这是《呐喊》时期的鲁迅，但是这样一个鲁迅到了晚期，却发生了很大的变化。1934 年写的《中国人失掉自信力了吗》，到底还是相信中国还是会有希望。《呐喊》《彷徨》几乎都是暗色调的作品，但晚期《故事新编》中却有不小的亮色。对大禹、墨子这些正面英雄的塑造，让人瞥见了真的中国的脊梁。所谓"从古以来，就有埋头苦干的人，有拼命硬干的人，有为民请命的人，有舍身求法的人……"③，"从古以来，就有……"，那意思就是，现在也还有。这样的意思在以前的《呐喊》《彷徨》里几乎是没有的。这跟他后来接触的那批人关系莫大，譬如瞿秋白、柔石，包括冯雪峰，这一批都是有良知的知识分子。鲁迅从他们身上看到一丝曙光。《理水》是在瞿秋白就义之后写成的，其中大禹的原型，在很大程度上是来自瞿秋白④。

这跟前期的那么一个有毒气与鬼气、对中国彻底失望的鲁迅很不一样，转变到底在什么地方？转变在《野草》。"野草"是什么？野草这个名字想一想很有意思，野草就是怎么烧也烧不死，"野火烧不

① "我呢，自然倒愿意听听大炮的声音，仿佛觉得大炮的声音或者比文学的声音要好听得多似的。"语见鲁迅：《而已集·革命时代的文学》，载《鲁迅全集》第 3 卷，第 442 页。
② 赵京华：《鲁迅与日本的中国研究——以橘朴为中心》，《新文学史料》2013 年第 4 期。
③ 鲁迅：《且介亭杂文·中国人失掉自信力了吗》，载《鲁迅全集》第 6 卷，第 122 页。
④ 刘春勇：《从〈非攻〉〈理水〉看鲁迅对革命前驱者的书写》，《党的文献》2015 年第 6 期。

尽，春风吹又生"。《野草》是鲁迅从非常黑暗，想自杀、想杀人的这么一个境地①，然后慢慢把黑暗甩掉，慢慢走向"我还想活下去"②这么一个过程。

木山英雄认为《野草》中有两篇非常重要的文本③，其一就是《墓碣文》，讲坟墓，讲得非常黑暗，是鲁迅一生当中最黑暗的作品。文中说，梦中，"我"来到一个坟墓，有墓碣，"于浩歌狂热之际中寒；于天上看见深渊。于一切眼中看见无所有；于无所希望中得救"。"我"转到墓碣后面，坟墓中有死尸，心肝没有了，死尸坐起来了，没有任何表情，"蒙蒙如烟然"，写这个人死因是，"抉心自食，欲知本味。创痛酷烈，本味何能知？"这个人想把自己心挖出来，然后想尝尝自己心是什么味道，结果太疼了，尝不出味道来。"痛定之后，徐徐食之。然其心已陈旧，本味又何由知？"我等一会儿慢慢吃了，心又变味了，也不是本心的味道。这个时候死尸突然说话了，"待我成尘时，你将见我的微笑！"而"我"则"疾走，不敢反顾"。④就是逃离。这个是一个非常虚无的文本，是鲁迅写得最为黑暗的一部作品。类似于

① "我也常常想到自杀，也常想杀人……"鲁迅：《书信·240924 致李秉中》，载《鲁迅全集》第 11 卷，第 453 页。
② "因为我近来忽然还想活下去了。为什么呢？说起来或者有些可笑，一，是世上还有几个人希望我活下去……"鲁迅：《书信·260617 致李秉中》，载《鲁迅全集》第 11 卷，第 528 页。
③ "在仅有 23 篇作品却包含了多种倾向的《野草》集中，《希望》和《墓碣文》是特别显著的对称的两篇。如果说《希望》的意境为实，那么，《墓碣文》则为虚，《希望》的力度由内向外，《墓碣文》乃步步逼近内面世界。无论注意其时间的线性展开，还是设想其空间性的放射状态，总之，在把《野草》作为一个整体眺望时，会感到这种对称关系一定在表现着什么。不过，这里我想思考的不是对称本身，而是于对称的两篇之间，似乎存在着属于鲁迅思想核心的东西。"[日]木山英雄：《〈野草〉主体构建的逻辑及其方法》，载《文学复古与文学革命——木山英雄中国现代文学思想论集》，赵京华编译，北京大学出版社 2004 年版，第 50—51 页。
④ 这一段引文皆出自鲁迅：《野草·墓碣文》，载《鲁迅全集》第 2 卷，第 207—208 页。

卡夫卡的名作《一场梦》①。梦中，K 看见两个人在挖一个坟墓，走近，看到墓碑上面写的就是 K，然后 K 就被埋葬了。这两篇很像，但，不一样的是卡夫卡更加绝望，鲁迅的"不敢反顾"则是向幺。所以，《野草》是鲁迅由死向生的一种逃离。用丸尾常喜的话说，是从生的连续性向生的一次性的转变②。"生的连续性"，就是转为别人，而牺牲自我，所谓"肩住了黑暗的闸门，放他们到宽阔光明的地方去"③。"生的一次性"，是我要为自己活。这是《野草》的一个转变。

　　另外一篇《希望》，同《墓碣文》处于两个极端上，一篇是黑暗的顶点，一篇则是希望的开始。1925 年元旦，鲁迅写下了《希望》。该篇里有一句大家非常熟悉的话，"绝望之为虚妄，正与希望相同"④。绝望是虚妄的，希望也是虚妄的，大家都不要太拿它当回事。后来村上春树化用了鲁迅的这句话，写在自己小说里，没有完美的希望，也没有完美的绝望。世界其实就是这样一个中间状态，就是"虚妄"的状态。此前，鲁迅对世界的理解，是从一种极端走向另外一个极端。即留日时期，他对世界所持的是一种理想，因为经过呐喊之后，这个世界会达到"至善"，这是一种极致的思想，一个绝大的希望。但是辛亥失败后，到了"五四"，他又到了另外一个极端，即绝大的绝望，将世界看成一片黑暗，这是一种虚无的状态。但是，通过《野草》的写作，他从绝望中走过来了，他最后理解到了，这个世界没有那么绝望，也没有那么有希望，它只是个中间的、一个虚妄的状态。《希望》这篇实际上是在讲"虚妄"，只有意识到世界是虚妄的中间状态，真正的"希望"才会开启。

　　鲁迅在这样一种世界观的体认之下，对待自己、对待世界就会温和许多。所以"我还想活下去"。这之后，鲁迅的叙述作品，就跟之

---

① [奥] 卡夫卡（Franz Kafka）：《一场梦》，载叶廷芳主编：《卡夫卡全集》第 1 卷，洪天福、叶廷芳译，中央编译出版社 2015 年版，第 163—164 页。
② [日] 尾崎文昭：《也还是所谓对于将来的希望》，《读书》2009 年第 10 期。
③ 鲁迅：《坟·我们现在怎样做父亲》，载《鲁迅全集》第 1 卷，第 135 页。
④ 鲁迅：《野草·希望》，载《鲁迅全集》（第二卷），第 182 页。

前不一样了。相对于《呐喊》而言，《朝花夕拾》则温和得太多了，文字中虽然也有悲凉，然而却令人感到无限温暖。

转变之后，除了叙事文本变得温和与温暖之外，鲁迅的文章中还有一种"有余裕"的东西，或者叫留白。1925 年，他在《忽然想到（一至四)》中说了下面一段话很有意思的话，他说过去中国的书，天地头很宽，有很多留白，他可以任意写点东西，最近出版的书天地头很窄，而且文字密密麻麻的，不留白，不留余地，他说，这样下去，中国人的精神就要"被挤小"了，并且，外国的教科书有一些很生动的东西，可是中国人翻译过来，就把这些个枝叶全部去掉了，就像一个人摘花，把花的叶子全部去掉，单留一朵花，毫无生气可言，这就叫没有余裕，不留白①。

我们现在语文课的作文当中，几乎每句话都要围绕主题，紧扣主题，最后甚至还要点题、升华主题等。小时候分析语文课文的中心思想的时候，就是"本文通过……表达了……"，一个小孩子如果很早就掌握了这个技巧，就会深得语文老师的心。可是这一套技巧到了分析鲁迅的文本时，似乎并不好用。鲁迅的《阿长与山海经》，中心思想到底是什么？很难讲，鲁迅的文章不是在跑题，就是在跑题的路上。这其实是鲁迅对"留白"的实践。对鲁迅而言，所谓的"留白"，不是减而是加，就像在干巴巴的一个花秆上加上叶子一样。举个例子，《我的第一个师父》，这几乎算是鲁迅最后的作品了，写得非常好。鲁迅小时候因为很金贵，家人怕他养不大，所以不到一岁就送到长庆寺的龙师傅那里，拜和尚为师算是舍给寺院了。龙师傅有好几个儿子，也都做了和尚，然后儿子的儿子，将来可能也做和尚。鲁迅小时候就觉得这很奇怪，"这时我也长大起来，不知道从那里，听到了和尚应守清规之类的古老话，还用这话来嘲笑他"②，三师兄不耐

① 鲁迅：《华盖集·忽然想到（一至四)》，载《鲁迅全集》第 3 卷，第 15—16 页。
② 鲁迅：《且介亭杂文末编（附集)·我的第一个师父》，载《鲁迅全集》第 6 卷，第 602 页。

烦了，"大喝一声道：'和尚没有老婆，小菩萨那里来！?'"[1] 文章写道，龙师傅年轻的时候是一个很漂亮的和尚，但是不好好念经，他经常跟戏班子一起耍，然后有一天戏班子演出的时候，他跟台下的观众起了冲突，结果就打起来，一个人打不过很多人，就跑，结果跑进了一个寡妇家里。然后，隔了一整段，鲁迅就写，"因此，我有了三个师兄，两个师弟"[2]。按照正常的逻辑，这句话应该是紧接着写下去的，可是，鲁迅一笔荡开，发了一大通议论，什么《不以成败论英雄》之类，总之是游离于主题之外的拉拉杂杂[3]。

鲁迅后来的文章几乎都这样，常常是从所见所闻起笔，拉拉杂杂，说到自己想要说的事情上，可能刚说几句，又跑到别的议论上去了，总之，不断地这样滑动，后来的杂文几乎都是这种方式，很好玩。不仅如此，晚期《故事新编》也同样如此。《奔月》《理水》《采薇》都是这样，似乎常常跑题。可是很好看、很耐看，鲁迅的精神在这样一些文本中变得非常开阔，我们阅读者的精神也因阅读如此"好玩"的文本而变得开阔。

这是《呐喊》所不可比拟的。

三、留白与鲁迅的文章写作

中国传统所谓的"文章"并不包括小说和戏曲。所谓"小说"，和"大说"，也即高雅之谈是一个对举的概念，"小"或者指琐碎，或

---

[1] 鲁迅：《且介亭杂文末编（附集）·我的第一个师父》，载《鲁迅全集》第6卷，第602页。

[2] 鲁迅：《且介亭杂文末编（附集）·我的第一个师父》，载《鲁迅全集》第6卷，第599页。

[3] 鲁迅：《且介亭杂文末编（附集）·我的第一个师父》，载《鲁迅全集》第6卷，第596—602页。

者包含了"不登大雅之堂"的意思，所谓街谈巷议、道听途说是也。所以，对于士阶层而言，诗词文赋才是正途，操弄小说则被视为不务正业。这种观念一直持续到晚清，而扭转这一观念的关键性人物，是梁启超。百日维新失败之后，梁启超被迫流亡到日本，一待就是十年。其间，他不仅创办了《清议报》《新民丛刊》，还创办了《新小说》。他很清楚小说在日本明治维新中的作用与功效，知道小说与现代国家的治理以及现代的兴起有莫大的关系。因此，他在1902年写作了《论小说与群治之关系》，大力提倡"小说界革命"。也正是这一年，鲁迅来到日本留学，自然就受到了梁启超的小说观念的影响。鲁迅后来的"弃医从文"，以及同其二弟周作人共同翻译《域外小说集》，其实都同梁启超的这种影响有密切关系。翻译"域外小说"，甚至成为鲁迅终生的事业，从留日时期开始，一直到持续到1936年去世。

这是当时的一个大环境，小说的兴起，跟当时的媒介紧密挂钩，跟整个的现代思想政治和现代民族-国家，以及自我的各种信息都紧密地联系在一起。因此，小说的崛起，在当时绝不仅仅是一个民间的事情，而且还成为政治行为。鲁迅回国后，曾经在教育部做过小说股主任。换言之，管理小说在当时甚至成为一项国家事务，足以见得小说在现代之初举足轻重的地位。

文学当然不仅仅包括小说，还有诗歌、戏剧和散文，但其实这里有一个非常有趣的话题。我们讲文学家、作家，可是很难把诗人放进来。诗人，似乎一直难以融入"作家"这个名称当中。诗的传统其实跟柏拉图所谓的"灵感说"相关联，它是一个属"灵"的事物，在所有文类中，诗歌具有"神性"的起源，它跟最早先的部族祭品相关联。除诗歌以外，戏剧同样具有祭祀的品格。而小说则纯粹是一种世俗的产物，是长途商品贸易成常态化之后所涌现的现代文学的类型。将这几种书写类型捏合在一起，并命名为"文学"是非常晚近的事情，在欧洲是19世纪，在中国当然是五四之后。这自然跟纸媒以及机器印刷有着不可分割的关联，甚至可以说，文学时代就是机器复制的纸媒时代，而机器复制的纸媒时代也就是文学时代。而当下，这两个时代似乎已经走到了尽头。取代它们的是微电子阅读时代。那么，在这个时代，文学的各种门类，其命运将会如何呢？据我观察，在电子阅读进入微阅读时代以后，传统的所谓现代小说则无可挽回地没落下去了，在微电子媒介中，很少能看得见小说被传播。但是诗歌却大量被转发与阅读。最著名的例子就是余秀华。而话剧，则因为是一种具有操作性的交叉艺术门类，更由于其空间的属性，在纸媒式微的时代，依然还有一定的生存空间。只有经典小说，纸媒唯一忠实的伴随者，在纸媒急剧没落的当下才真实地感受到了时移势迁的残酷现实。不过，一种通俗的超长篇幅的网络小说占据了网络阅读的很大一部分流量，其受欢迎程度，绝非传统经典小说所能企及。但，这个话题暂时不在本书的讨论范畴当中，另当别论。在中国大陆，文学作为一个时代，其没落大概始于 20 世纪 90 年代初期。1989 年海子的卧轨自杀，1992 年顾城的自戕、路遥的病逝，在某种层面上象征了中国"文学时代"的终结。

1992 年之后，余华、苏童、莫言他们自然还有更大的发展，但这些发展实际上多少都借助了电子媒介的传播，或者得益于文学的颁奖。我们并不能说获得诺贝尔文学奖之后，莫言就怎么样。但，获奖确实极大地推动了莫言作品的传播与阅读。不过，就我个人的观察而言，在现代大学生中，真正喜欢莫言作品的读者并不是很多。这种阅读状况，可能跟莫言作品语言的不澄明有关系，越过这种不澄明语言障碍的读者或许会被莫言历史书写的深刻性所吸引，但这种情况似乎并不多见。德国汉学家顾彬就一再讲莫言小说的"滞后性"。顾彬的评判标准当然是欧洲性的。在他看来，莫言的这种讲故事的小说模式已经落后于时代了，当下的欧洲小说不再以故事为中心了，而是寻求一种心灵的对话。而中国当下的作家除了讲故事，跟心灵的这种交流其实很少。日本的作家也很早进入了心灵层面的书写，而不是故事，譬如太宰治，他的《人间失格》把人的那种战栗的东西全部展现了出来。相对于传统的以讲故事为中心的小说而言，这种展露心灵的小说模式可能更加能震撼人心。

中国文学在 20 世纪 90 年代之后，其实是有过一个转变的。譬如九州系列，这种文学写作跟此前路遥的《平凡的世界》，包括更早的《红旗谱》《青春之歌》是不一样的。文学时代小说的虚构与社会有某种同构关系，虚构不仅仅局限于文字之中，而是与整个社会的形态构成某种"合谋"的关联，人们实际生活的氛围似乎和文学中的氛围一模一样。可以说，文学时代小说的虚构是一种"大虚构"。转变之后的文学则不同，不再与社会有某种血肉的关联，文学是文学，社会是社会。此时的虚构，仅仅是一种"小虚构"，一种游戏而已。甚至文学仅仅是一种社会生产的形态，一种市场化的操作。譬如九州系列，它首先是个综合体，既有文学文本，同时还有游戏产品或者其他产品开发，甚至还有实际扮演与参与的可能性。它的虚构跟文学时代的虚构完全不一样，当我们进入这个虚拟世界，参与其中时，我们会装扮成各种角色，可是一旦我们脱离这么一个虚拟空间，回到现实中的时候，这个虚拟或者虚构世界就同我们完全没有任何关联。游戏归游戏，生活归生活，彼此不掺和。这同《青春之歌》时代的生活与小说虚构合二为一的精神状态完全不一样。

转变之后的文学，除了生活和虚构的两分的类型之外，还有一种是个体抒情的文本，譬如安妮宝贝或者是野夫的作品，如《江上的母亲》，它会给你一种极深的触动灵魂的阅读感受，一种类似于太宰治的《人间失格》中的那种"战栗"，将某种黑暗的以及对生命的敬畏的东西全部给你抛出来，而不仅仅是一种讲故事的方式。

如果说，《江上的母亲》是属于"非虚构"写作中向历史与灵魂发出拷问的一类作品的话，梁鸿的《中国在梁庄》以及《出梁庄记》则是面向社会、思考社会的作品。在"小时代"风行、小说写作有意无意回避乡村题材的今天，梁鸿直面乡村经验的非虚构写作尤显珍贵。"梁庄系列"出版后，大受欢迎，其程度甚至可以用"一纸风行"来形容。与梁鸿作品热销相反，阿来以历史为题材完成的非虚构作品《瞻对》却遭遇了前所未有的尴尬。在参评2016年鲁迅文学奖时，评委们甚至不知道应该将这部作品放在哪一个栏目中，放在小说组里又不像小说，妥协的结果是放在报告文学组当中，结果它又完全不是报告文学，最后以零票落选。从某一个侧面来说，《瞻对》所遇到的尴尬，事实上并非是这部作品的尴尬，而是小说这种体制的尴尬，小说体制走到今天，实际上已经僵化了。这同时也令人回想起一个世纪之前小说兴起时在中国所遭遇的尴尬处境，那个时候写小说被视为是一种不务正业的行为，小说没有自己的位置，那个时候相当于我们今天小说位置的是古典"文章"或者古文。然而，时移势迁，那时的小说是上行，而此时的小说是下行。

从鲁迅到路遥，大约一个世纪的时间可以称作中国的"文学时代"，同时也正好是我们的"现代"，按照昆德拉的说法，文学或者小说同现代是一而二，二而一，因此，可以说，文学时代就是"现代"，"现代"就是文学时代或者是小说的时代。而此前的时代是经学时代，"四书五经"、《古兰经》、《圣经》都是各个地域唯一的经典，并且只有唯一的正统阐释，所以生活在那个时代的人都按照经书的规定生活，对于经书的阐释是唯一的，则人的生活方式也就是唯一的。换句话说，经学时代一个人一生的道路几乎都明确的。一个基督徒有非常明确的对于"我是谁，我从哪来，我要做什么，我要到哪去"的回答，可是现代人失去了这种明确回答的能力。对于现代人而言，自由与不确定性是核心词，也即现代人有丰富的可能性，这就如同文学，文学和经学不一样的地方，就在于文学没有唯一的答案，对文学作品的阐释有无限的可能性。文学的这种不确定性，正构成了它与"现代"的一种同步、一种同谋、一种同构的关系。

关于文学或者小说同"现代"之间的同构关系，昆德拉在一篇短文中讲得非常清楚。他在一篇评论《百年孤独》的短文中，讲了一个非常有趣的现象，他说他阅读了这么多小说，从拉伯雷的《巨人传》一直阅读到卡夫卡，他发现几乎所有的主人公都没有后代。[①] 然后他就追问为什么，他借用海德格尔的话说，现代将人变成唯一真正的主体，变成一切的基础。而小说其实就是为了让人成为一切的中心和基础。这就是小说最根本的功能。那么，小说如何实现这一切呢？昆德拉说，小说通过厌恶生殖来完成这一任务。什么意思呢？说得更简单一点就是，小说在塑造主人公的时候，尽量让他／她远离世俗，只有这样，这个形象才能立起来。在日常／世俗生活中，我们对于自己的先辈，所知甚少，只知道一些隐隐约约的传说，我们一代人又一代人都消失在如烟的历史中，有什么手段能让一个历史人物，或者一个虚构人物立起来呢？那就是小说。只有小说才能将个体隔开，将单个的形象固定下来，成为一个主体。所以，昆德拉说："堂吉诃德死了，小说完成了。"[②]"小说完成了"也就是主体形象树立起来了。但，紧接着，昆德拉说，这其实是一种幻象，是一种赌注，是欧洲几个世纪的一种梦想。而马尔克斯的《百年孤独》打破了这种方式，《百年孤独》中没有厌恶生殖的迹象，后代不断出现，我们甚至搞不清谁是小说中真正的主人公，他们都湮没在如烟的历史长河中。我们阅读到后面就忘掉了前面，甚至记不住《百年孤独》里人物的名字，因为名字反反复复地重复着，不断在组合。昆德拉说，这是一种丛林写作，一种反小说的小说。这是欧洲以外的一种新型的精神结构。可以用来疗治欧洲小说及其精神结构中所固有的某种"虚无主义"。

欧洲小说同"现代"的同构关系，就决定了它的"类神性书写"

---

① 参见 [捷] 米兰·昆德拉：《小说及其生殖》，载 [捷] 米兰·昆德拉：《相遇》，尉迟秀译，上海译文出版社 2010 年版，第 47—48 页。

② 参见 [捷] 米兰·昆德拉：《小说及其生殖》，载 [捷] 米兰·昆德拉：《相遇》，尉迟秀译，上海译文出版社 2010 年版，第 48 页。

的本质。所谓要把主人公变成一切的基础和唯一真正的主体，其实质，就是在"祛神"的时代，让人来填充"神"远去后的那个位置。因此，现代小说其实都是在模仿神圣世界。在神圣世界中，只有上帝才是那个唯一的真正的主体。而现在小说想让人成为这个唯一真正的主体。换言之，现代小说要将人往"类神化"方向塑造。这里就存在着一种"僭越"，人"僭越"了神的位置。可是，神其实是在时间之外的，是无限的存在，而人是在时间之内的，是有限的存在。这就在某个方面决定了这种"类神性书写"的反神性品质。什么意思呢？即一方面，在模仿神圣世界的结构上是"类神性书写"，但，由于人的有限性的存在，就注定了这种书写的"现世"性质，而神圣世界除了"现世"，还有一个"彼岸"的世界。"类神性书写"则取消了这种"彼岸"世界，这自然是"反神性"结构了。因此，从这个意义上，我们可以把现代小说叫作"反神性的类神性书写"。

关于"现代"既是"神性"的，同时又是"反神性"的，这样一种纠缠的性质，卡尔·洛维特在其名著《世界历史与救赎历史》①中有相当仔细的分析。卡尔·洛维特认为，柏拉图的"理念论"造就了古典时期人们的"现实主义"品格，因为只有理念的世界才是完美的，而现实的世界只是理念世界的一个模板，因此，人们就能很实际地接受现实世界的不完美。基督世界中同样也是这样，只有上帝之城才是完美的，完美生活的世俗世界必定是有缺陷的，因此，中世纪人们忍受现世的不完美也很自然。但我们现代社会不一样，现代社会将理念的或者彼岸的世界统统取消了，只留下"现世"的生活世界。然而，现代人又想在"现世"实现古典或者中世纪时期在"彼岸"的理想，允诺在此岸就能实现以前人类在彼岸才能实现的完美世界。于是

---

① ［德］卡尔·洛维特：《世界历史与救赎历史》，李秋零、田薇译，汉语基督教文化研究所 1997 年版。

问题就来了，无论是古典世界，或者中世纪，都有一个理念或者"彼岸"的缓冲地带，然而现代社会没有这种缓冲地带了，因此，我们现代人就难以忍受现世的不完美与各种缺陷，成为一个永远的理想主义者，永远以对抗的心态来看待现世。于是灾难性的后果迟早就会出现。在卡尔·洛维特看来，这种反基督的类基督精神结构是一种令人恐惧的"虚无主义"。

现代小说就正是在这样一种精神结构中。其中隐含着某种问题：第一是主题性，小说一定围绕一个主题，要凸显一个大写的主体。所有的描写都要围绕着这个主题展开。这样，小说的精神结构就一定是紧张的。现代小说几乎都是这样一种传统。就中国大陆而言，马原之前，也几乎都是在这样一种主题集中的传统中。20世纪80年代中前期的时候，马原的出现打破了这样一种单一的局面。他在小说叙事中，经常运用一些"元叙事"的模式，譬如讲"我就是那个叫马原的汉人，我现在正在西藏的布达拉宫的八角街附近的一个出租屋里写作，我在写一部小说，名字叫《虚构》"①，然后给读者介绍下面将发生什么故事。他作为一个叙述者不断打断小说中的故事叙事，然后，不断重复"我就是那个叫马原的汉人，我在写……"，他小说里面甚至还写一个老太太，这老太太在故事里面晃来晃去，悄无声息地就没影了，然而，故事并未结束，读者回过神来想想：这个老太太跟这个小说的主题有什么关系呀？好像没有任何关系，于是觉得这样写作不可思议。其实，马原是对经典现代小说叙事的一种故意的打破。20世纪80年代，无论是小说作者还是读者其实已经深深被"主题性集中"的小说叙事模式所"规训"了。我们其实已经习惯了那种紧扣主题的写作，所有的描写、所有的人物、所有的故事、所有的对白都必须围绕一个"中心"来展开。这样一种叙事模式所带给我们的是一种紧张的精神结构，一种封闭的思维方式。在这样一种叙事模式

① 马原：《虚构》，长江文艺出版社1993年版。

下写作或者阅读其精神一定是"狭窄"的。鲁迅曾经讲过一个有趣的问题。[①] 他说，你看国外的教科书里面讲理论的时候，还讲一些八卦，讲一些细枝末节的枝叶，然后读者的精神就很愉悦，接受起来自然就很轻松。可是，中国人把这个东西翻译过来之后，就把那些枝叶全部给删掉了，然后就留下干瘪瘪的一些内容，阅读起来很无聊。鲁迅把这种现象叫作"不留白"，没有一种余裕的心态。"现代"其实质就是一种不留白的、无余裕的状态。这其实就是一切围绕主题的后果。第二就是非和解性。小说其实质就是一种对抗性、反抗怜的现代事物，它跟这个世界是不和解的。是一种非和解的抗争模式。第三，有一种对"纯粹性"的诉求。所有跟主人公相关的世俗情节、生殖、家庭等都要删除，没有后代这个人才算完成。有了后代他就在世俗之中了，就会被时间流逝，被洗刷掉，如果没有时间，没有生殖，也就没有遗忘，这样他才会立在那里，成为一个永恒、一个主体，成为一切的基础。

主题性、非和解的反抗性、对纯粹性的诉求，以及封闭性的结构，构成了现代小说的精神实质。在这么一种反神性的类神性的书写当中，在反基督的类基督的历史事件当中，把彼岸的缓冲带去掉，然后，把彼岸的理想拿到现世当中，人无处可逃，最后就注定会出现一种虚无主义的状态。在某种层面上，虚无主义同理想主义是一体两面。昆德拉终其一生所反思的是"布拉格之春"的问题。其最经典的小说就是《生命中不能承受之轻》。正是由于"布拉格之春"才养成了昆德拉、卡维尔等一批反思性极强的写作者与思想家。在他们看来，"现代"思维，包括现代小说中，本质性地隐含了某种理想主义／虚无主义的精神结构，要走出现代思维结构所带来的灾难性后果，就必须要寻找一种克服的药方。在昆德拉看来，《百年孤独》的写作提供了某种突破这一精神结构的思路，所谓"反小说的小说"，

---

① 鲁迅：《华盖集·忽然想到（一至四）》，载《鲁迅全集》第 3 卷，第 16 页。

同时也就是一种"反现代的现代"!?

在 20 世纪的中国文学当中，也许只有鲁迅才能提供类似于《百年孤独》这样的解毒剂。但，可惜的是，后来中国文学的主流走的并非鲁迅的道路，而遵循的是茅盾《子夜》所开创的某种模式。《暴风骤雨》《红旗谱》《创业史》《青春之歌》《艳阳天》《金光大道》《平凡的世界》等，几乎都在这个创作模式中。这是一种昆德拉意义上的经典的现代小说创作模式，在中国始于鲁迅的《呐喊》，但到了 20 年代中期以后，鲁迅似乎意识到了这种模式中的某些问题，他开始扬弃了，然而，这个时候经典的中国小说正在走向繁荣，而鲁迅却全面转向了杂文和《故事新编》的写作。

留日时期，鲁迅最早是想医学救国、实物救国，后来弃医从文，想以文艺来疗治中国人的精神。《摩罗诗力说》《文化偏至论》《破恶声论》都是讲这个。那个时候，他思想中充溢着文学的理想。然而，受到辛亥革命失败的打击之后，当他拿起笔第一次写白话小说的时候，他却怀疑了。这就是《呐喊·自序》当中他和钱玄同关于"铁屋子"的对话。鲁迅在那儿抄古碑，钱玄同来找他，劝他写点东西，他就说比如说一个铁屋子，没有门也没有窗户，里面的人们都睡着了，然后我们呐喊叫醒他们，可是又不能给他们开个窗户开个门，或者又不能捣毁铁屋，这样人们死去的时候就更痛苦。但钱玄同却认为，捣毁这个铁屋子是有可能的。这个"铁屋子"的隐喻一方面显示了鲁迅同五四启蒙运动的那拨人在对中国认知上的某种"错位"，但在另一个方面，也从世界观念上，展现了鲁迅不同于其他人的特点。无论是笛卡尔以来的"现代"，还是中国的五四，启蒙知识分子们都在骨子里有"人类理性至上"的信念，因此，人类凭借理性，是可以抵达任何地方的。但鲁迅可能觉得这个不行，在他看来，我所见识的世界和人毕竟是有限的，所以我不能判定我的判断就是绝对正确的。换言之，相对于五四的其他人而言，鲁迅认识到了人的有限性。因此，他才说了下面的话，"决不能以我之必无的证明，来折服了他之所谓可有……"①与五四同人从肯定的方面获得行动的动力不同的是，鲁迅是从否定之否定的方面来获得行动的，然而，即便行动了，也还是将信将疑，于是他说，"写些小说模样的文章，以敷衍朋友们嘱托"②，从"敷衍"二字足以瞥见鲁迅的思想。

相比于五四同人，鲁迅这个人非常谦虚。这种谦虚实际上是来自他对人的有限性的认知。现代思想当中所谓的"理性至上"实际上是人对神位的僭越。鲁迅隐约觉察出这其中的不妥。所以写小说的时候大多都是战战兢兢的，他写《呐喊》其实是战战兢兢的。《狂人日记》的最开始的"序言"交代"狂人"其实已经恢复了，到一个什么地方去候补了，这已经对整个正面的故事进行了一个调侃，一个反讽和颠覆。小说正文当中狂人"呐喊"，不能吃人，可是最后怎样？他突然发现自己也参与了吃人，结尾战战兢兢地说："难见真的人！""没有吃过人的孩子，或者还有？"③所以鲁迅一边在写小说呐喊，同时他的精神又在摇摆，他跟那些具有"绝对"精神结构的五四同人是不一样的。

尽管五四时期，鲁迅与其他同人有精神上的某种错位，但由于他还有不能忘却的青春时期的梦想，并且感动于"身外的青春"④的奉献，于是"身内的青春"也便重燃了。实际上，稍后所作的《野草》中的《死火》⑤，几乎可以看作是鲁迅五四时期的一幅自画像。《死火》是什么？死火，被冰包裹着，然后有个人过来了，把死火捡了起来，放在身上，死火就"重燃"了，于是死火就面临着抉择，那就是，我要跟你走，我就会烧尽，我要是不跟你走，我就会重新冰冻，

---

① 鲁迅：《呐喊·自序》，载《鲁迅全集》第1卷，第441页。
② 鲁迅：《呐喊·自序》，载《鲁迅全集》第1卷，第441页。
③ 鲁迅：《呐喊·狂人日记》，载《鲁迅全集》第1卷，第454页。
④ 鲁迅：《野草·希望》，载《鲁迅全集》第2卷，第181页。
⑤ 鲁迅：《野草·死火》，载《鲁迅全集》第2卷，第200—201页。

无论怎样，结局都是"死"。最后的选择是，我还是跟你走吧，哪怕是烧尽。很多论者将此篇看成爱情的宣言，以为这是对许广平所讲的话。但，除了爱情，这也可以说是鲁迅五四时期的自画像。五四时期的鲁迅其实就是一个重温的"死火"。这死火是留日时期播下的，可是到了辛亥革命之后，他被冰给包裹住了，然后，到五四时期，以为"身外的青春"在涌动，于是"身内的青春"因碰撞而复苏，便开始燃烧。这"燃烧"的结果，便是写了《呐喊》与"随感录"，那里面尽管充满了"黑暗"，却也用"呐喊"完成了"苦于不能忘却的梦想"，然后，就干脆把自己烧完了，所谓"燃烧殆尽"也就是完成了自己留日时期的梦想，然后踏上真正属于他自己的征程：杂文与《故事新编》的写作。那里面有一种非主题性的、和解的东西存在。

长期以来，鲁迅在一般民众心目中通常是一个苦大仇深、怒发冲冠的形象。造成这样一种印象的主要原因，恐怕跟我们中小学教育当中选用太多鲁迅早期的文字脱不了干系。鲁迅早期的文字当中有着极深的毒气和鬼气，用他自己的话说，即"惟'黑暗与虚无'乃是'实有'"①。从某种层面来说，早期鲁迅形象甚至在很多时候定格了我们对鲁迅的总体认知。但实际上，中期转变以后的鲁迅却和蔼可亲得多，有的时候甚至会显现出其笑容可掬的一面。这样的鲁迅形象，在《朝花夕拾》、晚期《故事新编》和杂文中有大量的展现。晚期鲁迅之"文"在某种程度上实际上已经放弃了所谓"主题性"的书写，以及某种对抗性的结构，他的文字中开始有了一种和解的方式，他寻求到了一种非常适合自己的东西，即一种有余裕的、留白的书写方式。

什么是"留白"？鲁迅在几个地方提到过。他说中国的书以前的天地头都很宽，上、下都留白，读起来很舒服，可是现在的书密密麻

---

① 鲁迅：《两地书·四》，载《鲁迅全集》第 11 卷，第 21 页。

麻的一本，上、下都没地方写字，然后他说，这样下去，中国人的精神就要变小了，没有了余裕心，将来是可虑的。如前所述，他又说国外的教科书常常讲一些枝叶的东西，令人接受起来不觉得疲惫，可是一翻译过来就把这些枝叶全删去了，只留下干巴巴的内容，读起来就不好玩。① 鲁迅后来很有意识地用"有余裕的"方式去写作。当然，这跟他翻译厨川白村的著作也有很大的关系。在《出了象牙之塔》中，厨川白村说，冬日里，几个好朋友坐在一个炉子边，漫无边际地聊天，然后把这个聊天记录下来，就是好文章。② 在这之后，我们会发现，鲁迅的文章很难用一个所谓"主题"进行概括。《阿长与山海经》的主题是什么？很不好讲。他经常从一件事情滑到另外一件事情上去。这跟他前期的文章在精神结构上是不一样的。早期的《我们现在怎样做父亲》《我之节烈观》等都是紧扣一个主题，围绕中心反复论证。后期他不这么写了，完全放松。

鲁迅后期的文章在精神上完全放开了，大开大合，拉拉杂杂，甚至有的时候插科打诨，有一种精神上的"余裕"感，一种留白。这其实是他的一种世界观的转变。世界观念转变了，文章的观念就自然转变。文章美学其实同时也就是生活美学。所以，他晚期无论是在生活中还是在文章写作中，都有一种精神的"余裕"。1936 年，他在一篇《"这也是生活"……》的文章里，就表达了这种观念。他说，他病了，有一天晚上，他醒来，就跟许广平说，把电灯打开，许广平以为他

① 鲁迅：《华盖集·忽然想到（一至四）》，载《鲁迅全集》第 3 卷，第 15—16 页。
② 原文为："如果是冬天，便坐在暖炉边的安乐椅子上，倘在夏天，则披浴衣，啜苦茗，随随便便，和好友任心闲话，将这些话照样地移在纸上的东西，就是 Essay。兴之所至，也说些以不至于头痛为度的道理罢。也有冷嘲，也有警句罢。既有 Humor（滑稽），也有 Pathos（感愤）。所谈的题目，天下国家的大事自不待言，还有市井的琐事，书籍的批评，相识者的消息，以及自己的过去的追怀，想到什么就纵谈什么，而托于即兴之笔者，是这一类的文章。"［日］厨川白村：《出了象牙之塔·二 Essay》，鲁迅译，载《鲁迅译文全集》第 2 卷，第 305—306 页。

发烧发昏了，坐起来，问为什么？鲁迅说，"因为我要过活。你懂得么？这也是生活呀。我要看来看去的看一下。"①可是，许广平并没有去开灯。鲁迅说，她没有懂他。然后，他透着窗户的光亮，看四周熟悉的墙壁、熟悉书堆和窗外的夜色。他说，"无穷的远方，无数的人们，都和我有关"②。很显然，晚年这样的一种生活态度和早期的那种跟世界不相容的"抗争"的态度是不一样的。其中有一种通透感，一种和解的姿态。

这些观念后来都融进了他的《朝花夕拾》和晚期《故事新编》的写作中。我们对《朝花夕拾》的传统理解是散文，当时李长之的理解是"杂感文"。而实际上，《朝花夕拾》同《呐喊》一样，都可以被看作叙事文本。《朝花夕拾》一共由十篇文本组成，从绍兴的童年时期讲起，到出绍兴，到南京，到东京，到仙台，然后转一圈又回到绍兴的故事。这十篇文本前后勾连，既可以以单篇看待，又可以看作一个整体。其叙述的手法和整体的结构形式，后来被废名他们所继承和发展。这种叙事手法，可以称之为昆德拉意义上的"丛林叙事"，是记忆与遗忘的写作，是一种"祛除主体"的世俗写作，没有"类神性"的东西，和他前面的《呐喊》相区别。

竹内好认为，鲁迅之成为鲁迅的那个点是在《狂人日记》，也就是"回心"③。但，通过上面的分析，我们现在可以确定的是，鲁迅整个的转变，不是在《狂人日记》，而是在《野草》及《野草》之后的写作，也即中期及中期以后的鲁迅才真正成其为鲁迅。在1926年的《写在〈坟〉后面》，鲁迅在文字中把自己埋葬，然后给自己一个定位，就是"中间物"，即既不是目的，也非里程碑，就是桥梁中的一

---

① 鲁迅：《且介亭杂文末编（附集）·"这也是生活"……》，载《鲁迅全集》第6卷，第623页。
② 鲁迅：《且介亭杂文末编（附集）·"这也是生活"……》，载《鲁迅全集》第6卷，第624页。
③ [日]竹内好：《鲁迅》，李心峰译，浙江文艺出版社1986年版，第46页。

砖一石，一个过客。① 这就是鲁迅。

四、辛亥原点：鲁迅的顿挫与复苏

（一）

在过去众多对《野草》的解读当中，李长之的意见很独特：

> 我附带要说的，我不承认《野草》是散文诗集，自然，散文是没有问题的，但乃是散文的杂感，而不是诗。因为诗的性质是重在主观的，情绪的，从自我出发的，纯粹的审美的，但是《野草》却并不如此，它还重在攻击愚妄者，重在礼赞战斗，讽刺的气息胜于抒情的气息，理智的色彩几等于情绪的色彩，它是不纯粹的，它不是审美的，所以这不是一部散文诗集。——要说有一部分是"诗的"，我当然没有话说。②

正因为如此，李长之将《野草》置于"鲁迅之杂感文"这一部分，同《热风》《华盖集》《华盖集续编》和《朝花夕拾》③一起讨论。这样的观点当然有绝对化的嫌疑，不过也为我们打开《野草》提供了别一样的路径，即在纯文学的关照之外，我们有必要注意《野草》的"杂感性"特征。要理解所谓的"杂感性"，有两点很重要，即战斗性与此刻当下性。木山英雄在《野草论》当中以 1924 年、1925 年为

---

① 鲁迅：《坟·写在〈坟〉后面》，载《鲁迅全集》第 1 卷，第 302 页。
② 李长之：《鲁迅批判·鲁迅之杂感文》，载郜元宝、李书编：《李长之批评文集》，珠海出版社 1998 年版，第 89 页。
③ 将《朝花夕拾》放在"杂感文"系列中同样引人注意。

节点将鲁迅的一生分为两个时代："我们也可以提出包括了东京留学的 1924、1925 年之前和之后的两个阶段划分法。……前期为'寂寞'引发喊叫的时代,后期为现在的运动立刻成为下一个运动之根据的时代。"① 通俗地讲,就是前期喊叫多因"观念"而发,后期的战斗则具有自身此刻的当下性。《野草》虽然被视为从前期到后期过渡性的作品,但其实已经具备了"此刻当下"的战斗性特征,也就是李长之所说的"杂感性",不过,这一点长期被研究者忽略了。

但,或许有人会提出这样的疑问,即以《失掉的好地狱》为例,多数研究者不是都注意到了其战斗性的一面吗?譬如,李何林就曾认为《失掉的好地狱》是鲁迅在影射当时的北洋军阀统治,而惊人地预测了未来国民党统治的糟糕。② 这一观点后来也被孙玉石继承,"我想,李何林先生的看法是大体接近作品实际的"③。然而,木山英雄在《读〈野草〉》中断然否定了这种解读:

> 众多的研究者把这个地狱的故事与以辛亥革命为中心的中国近代史相对照来解读,也不是没有道理的。其中最有影响的是这样一种解释方案:"天神"为清朝统治,"魔鬼"为辛亥革命后的军阀统治,"人类"则为主导了北伐革命的国民党统治。对于这种解释,有人觉得鲁迅早就预见到了于这篇作品写作之际才开始的国民革命的前途,未免漂亮得太离谱了,于是,将历史向上推

① [日] 木山英雄:《〈野草〉主体构建的逻辑及其方法》,载《文学复古与文学革命——木山英雄中国现代文学思想论集》,赵京华编译,北京大学出版社 2004 年版,第 55 页。

② "当时作者所在的北方军阀统治,确实是一个人间地狱;有些绅士、学者、正人君子则在维护它,反对改革,反对不满现状,岂不是说是一座好地狱吗?但对于当时已经开始和北洋军阀在争夺这地狱的统治权的国民党右派,作者也预感到他们将来的统治,不会比军阀们更好。这预感是惊人的!"语见李何林:《鲁迅〈野草〉注解》,陕西人民出版社 1981 年版,第 125 页。

③ 孙玉石:《现实的与哲学的:鲁迅〈野草〉重释》,上海书店出版社 2001 年版,第 180 页。

进了一个阶段，而提出明朝统治、清朝统治、辛亥革命的结果这样的修改方案。然而，这些解读法的最大难点在于，与故事叙述者兼故事主角的'魔鬼'之特性完全相合的历史上的统治者，毕竟是不可能有的。①

很显然，双方争论的焦点不是在"战斗性"，因为即便是木山英雄也承认将"地狱的故事与……中国近代史相对照来解读，也不是没有道理"，而是在"此刻当下性"。所谓此刻当下性是鲁迅后期一个非常重要的特点，就是所谈论的问题始终围绕自身的经验（包括阅读经验）遭际展开，即便是谈论宏阔的问题，也是从自身的此刻当下的经验而扩展的结果。木山英雄对这一点把握得相当精准，于是他接下来便把阐释的方向引向了鲁迅自身的此刻当下，他说："特别是最后'魔鬼'向着人类的'我'顺口说出对'野兽和恶鬼'的期待等，比起可以想象的任何统治者的言辞来，其实更接近于作者自己下面这一段述怀吧。"②接着他就引用了鲁迅《写在〈坟〉后面》那段著名的自我解剖的话——"我的确时时解剖别人，然而更多的是更无情面地解剖我自己"③——将解读导向鲁迅自身而不是外在的世界。在我看来，在众多对《失掉的好地狱》结尾一句的阐释中，木山的这一解读是最有魅力和说服力的，它将鲁迅这篇短文的内在悖论性与含混性和盘托了出来。在我的阅读经验中，似乎很少有人注意到这一点。④ 关于

---

① ［日］木山英雄：《读〈野草〉》，载《文学复古与文学革命——木山英雄中国现代文学思想论集》，赵京华编译，北京大学出版社 2004 年版，第 334—335 页。

② ［日］木山英雄：《读〈野草〉》，载《文学复古与文学革命——木山英雄中国现代文学思想论集》，赵京华编译，北京大学出版社 2004 年版，第 335 页。

③ 鲁迅：《坟·写在〈坟〉后面》，载《鲁迅全集》第 1 卷，第 300 页。

④ 季中扬似乎触摸到了这一点："更为发人深省的是，鲁迅认为肩负着'启蒙'重任的知识分子往往不是站在'鬼魂们'一边，而是'人类'之一员，甚至于他自己也可能是'人类'之一员，所以'魔鬼'说：'是的，你是人！我且去寻野兽和恶鬼……。'"见季中扬：《地狱边的曼陀罗花——解析〈野草·失掉的好地狱〉中的隐喻形象》，《名作欣赏》2007 年第 6 期。

结尾的这一点，本书将在后文有更为详尽的论述和分析。在这之前，我想有必要将《失掉的好地狱》写作之时的鲁迅此刻当下性的外在方面充分揭示出来。

（二）

所谓"此刻当下性的外在方面"，并非是指鲁迅写作《失掉的好地狱》时的宏大的历史语境，而相反是指与鲁迅日常生活经验息息相关的、引起鲁迅痛感或快感的那些琐碎的个人生活语境。这些生活语境在某一个阶段中，像一张网一样构成了鲁迅生活写作（日记、书信等）与文学写作的互文性，而我们阐释的工作，就是要将这一互文性充分展现出来。换言之，我们在阐释文学文本时必须对言说者主体在这一段时期内所关注的重心是什么及为什么有充分的把握，这样才能准确地把握文学文本的言说主旨，否则不是缥缈之言，就是盲人摸象。

把握互文性的方法有多种，最简便的方法是由近及远，即文本写作的前后或者当天言说者有什么样的文本与此相关。1925 年 6 月 16 日写作《失掉的好地狱》的当天，鲁迅写了一篇名为《杂忆》的杂感文。这篇文章由 4 节组成，大致是讲光复前后及目下的中国状况，每一节所讲的内容清晰有致。第 1 节讲光复前的叫喊与复仇，并清晰地指出当时的精神资源有二，其一是以拜伦（Byron）为首的西方摩罗诗人的诗歌之力，其二是明末遗民的血之声音及光复之志。第 2 节主要讲光复后中国社会短暂的光亮，虽然那时也有坏现象，然而少且温和，并且都能及时制止，然而可惜的是这少有的光亮到了后来则颓唐下去了。第 3 节讲成长于清末与成长于民国两代人之间的精神差异："果然，连大学教授，也已经不解何以小说要描写下等社会的缘故了，我和现代人要相距一世纪的话，似乎有些确凿。"①"……还译他的剧本

---

① 鲁迅：《坟·杂忆》，载《鲁迅全集》第 1 卷，第 236 页。

《桃色的云》。其实，我当时的意思，不过要传播被虐待者的苦痛的呼声和激发国人对于强权者的憎恶和愤怒而已，并不是从什么'艺术之宫'里伸出手来，拔了海外的奇花瑶草，来移植在华国的艺苑。"① 这一节正是鲁迅此刻当下性的很好的证明，所谓文学之力与艺术之宫的针锋相对正是 1925 年困扰鲁迅的话题，同时也是鲁迅此后一系列写作的动因。第 4 节讲到了国民性的问题，发出了"卑怯的人，即使有万丈的愤火，除弱草以外，又能烧掉甚么呢？"② 的深刻洞见，并指出所谓的太平盛世则正是"因为自己先已互相残杀过了，所蕴蓄的怨愤都已消除"③ 的缘故，然而结尾，鲁迅还是诚恳地提出疗治的药方，"总之，我以为国民倘没有智，没有勇，而单靠一种所谓'气'，实在是非常危险的。现在，应该更进而着手于较为坚实的工作了"④。

这一段杂感文很自然地令人想起两个多月前鲁迅给许广平的一封书信里面的话：

> 说起民元的事来，那时确是光明得多，当时我也在南京教育部，觉得中国将来很有希望。自然，那时恶劣分子固然也有的，然而他总失败。一到二年二次革命失败之后，即渐渐坏下去，坏而又坏，遂成了现在的情形。其实这也不是新添的坏，乃是涂饰的新漆剥落已尽，于是旧相又显了出来。使奴才主持家政，那里会有好样子。最初的革命是排满，容易做到的，其次的改革是要国民改革自己的坏根性，于是就不肯了。所以此后最要紧的是改革国民性，否则，无论是专制，是共和，是什么什么，招牌虽换，货色照旧，全不行的。⑤

---

① 鲁迅：《坟·杂忆》，载《鲁迅全集》第 1 卷，第 237 页。
② 鲁迅：《坟·杂忆》，载《鲁迅全集》第 1 卷，第 238 页。
③ 鲁迅：《坟·杂忆》，载《鲁迅全集》第 1 卷，第 239 页。
④ 鲁迅：《坟·杂忆》，载《鲁迅全集》第 1 卷，第 239 页。
⑤ 鲁迅：《两地书·八》，载《鲁迅全集》第 11 卷，第 31—32 页。

将这段文字同《杂忆》两相对照，我们就能一目了然地看到两者之间的互文性关联。《杂忆》只不过是将《两地书》中的生活书写用文学的方式展开了而已。略微不同的是，书信中缺少了杂感文第3节关于两代人之差异的话题，不过，关于这一点，鲁迅其实在另外一封书信中同许广平详细谈论过——

> 至于"还要反抗"，倒是真的，但我知道这"所以反抗之故"，与小鬼截然不同。你的反抗，是为了希望光明的到来罢？我想，一定是如此的。但我的反抗，却不过是与黑暗捣乱。大约我的意见，小鬼很有几点不大了然，这是年龄，经历，环境等等不同之故，不足为奇。①

当然，同《杂忆》第3节略带愤怒与讽刺的笔调不同的是，这里对"小鬼"的态度是温和的，然而，无论语气如何，其所强调的代际区隔却是一致的。

（三）

鲁迅与五四一代②的这种代际区隔由来已久。其最初进入新文化运动的态度就是这种代际区隔的最早印证。"铁屋子"中所谓"希望之必有"同"希望之必无"的碰撞，以及以"不能以我之必无的证明来折服了他之所谓可有"的理由而"敷衍"地加入"新青年"阵营当中的史实，都从一个侧面证明了这种代际区隔的存在。仅就这篇《杂忆》

---

① 鲁迅：《两地书·二四》，载《鲁迅全集》第11卷，第80—81页。
② 本文中"五四一代"的说法取宽泛的"五四"之意，实质上就是鲁迅所谓的成长于民国的一代人，在年龄上大概指19世纪90年代以后出生的，其成长经验中并没有参与过辛亥革命的，然而在五四时期成为五四新文化的发起者或参与者的这样一拨人。

的第 3 节当中所谈的代际区隔问题就不是无的放矢，而是有所指的。

> 不知道我的性质特别坏，还是脱不出往昔的环境的影响之故，我总觉得复仇是不足为奇的，虽然也并不想诬无抵抗主义者为无人格。但有时也想：报复，谁来裁判，怎能公平呢？便又立刻自答：自己裁判，自己执行；既没有上帝来主持，人便不妨以目偿头，也不妨以头偿目。有时也觉得宽恕是美德，但立刻也疑心这话是怯汉所发明，因为他没有报复的勇气；或者倒是卑怯的坏人所创造，因为他贻害于人而怕人来报复，便骗以宽恕的美名。①

众所周知，胡适是五四时期提倡自由主义最力的一位，"宽容"作为自由主义的组成部分自然是其所提倡的重点。鲁迅的这番话很可能就是针对胡适而发的。尽管胡适系统地提出"容忍与自由"②的理论是在其晚期，但在五四时期，他就早已身体力行"宽容主义"了。1926年 5 月 24 日在《致鲁迅、周作人、陈源》的信中，胡适就强调容忍精神的重要性："让我们都学学大海。'大水冲了龙王庙，一家人不认得一家人。''他们'的石子和秽水，尚且可以容忍；何况'我们'自

---

① 鲁迅：《坟·杂忆》，载《鲁迅全集》第 1 卷，第 236 页。

② 见胡适日记 1959 年附录，载《胡适全集》第 34 卷，安徽教育出版社 2013 年版，第 566—576 页。另，在 1948 年 8 月的《自由主义是什么?》（载《胡适全集》第 22 卷，安徽教育出版社 2013 年版，第 725—728 页）一文中，胡适首次谈到容忍在政治上的重要意义，并第一次正式地把容忍纳入自由主义并视其为自由主义的一个重要组成部分。同年 9 月在北平电台广播词《自由主义》中，胡适进一步将容忍列为自由主义的四个意义之一："总结起来，自由主义的第一个意义是自由，第二个意义是民主，第三个意义是容忍——容忍反对党，第四个意义是和平的渐进改革。"并说："容忍就是自由的根源，没有容忍，就没有自由可说了。至少在现代，自由的保障全靠一种互相容忍的精神，无论是东风压倒西风，还是西风压倒东风，都是不容忍，都是摧残自由。"见胡适：《自由主义》，载《胡适全集》第 22 卷，安徽教育出版社 2013 年版，第 740 页。

家人的一点子误解，一点子小猜疑呢？"① 当然，这差不多是《杂忆》写作近一年之后的事情，并不能作为鲁迅发表这番议论的直接证据，不过，其时的鲁迅应该是对胡适的"宽容主义"有所耳闻② 才发表了这番议论。对于胡适而言，提倡自由主义与宽容精神大概是从健康的理性角度对社会的发展所作出的观念性选择吧。然而，于鲁迅而言，情形并非如此，究其根本，他是亲身经过辛亥革命的"血和铁，火焰和毒，恢复和报仇"③ 的腥风血雨，"脱不出往昔的环境的影响之故"④，所以，虽然"有时也觉得宽恕是美德，但立刻也疑心这话是怯汉所发明，因为他没有报复的勇气；或者倒是卑怯的坏人所创造，因为他贻害于人而怕人来报复，便骗以宽恕的美名"⑤。我想，这大概正是代际区隔所引起的精神差异吧！更何况其时鲁迅正身陷女师大事件而与现代评论派论战，而胡适则选择站在杨荫榆、陈源一边呢！现实的这种情况也势必会从某一个侧面加深鲁迅对他同五四一代的代际区隔的认知吧！

（四）

鲁迅同五四一代的代际区隔总体而言表现在两个根本性的方面：

---

① 胡适：《书信·致鲁迅、周作人、陈源》，载《胡适全集》第 34 卷，安徽教育出版社 2013 年版，第 426 页。

② 这一年（1925 年）2 月，胡适、章士钊互题合照诗在当时应该是颇有名的事件。章士钊先题白话新诗送给胡适，语带讽刺："你姓胡，我姓章 / 你讲甚么新文学，/ 我开口还是我的老腔。/ 你不攻来我不驳，/ 双双并坐，各有各的心肠。/ 将来三五十年后，/ 这个相片好作文学纪念看。/ 哈，哈，/ 我写白话歪词送把你，/ 总算是老章投了降。"而胡适不以为意，报之以旧体诗，语气宽厚："'但开风气不为师'，龚生此言吾最喜。同是曾开风气人，愿长相亲不相鄙。"见胡适《题章士钊、胡适合照》，载《胡适全集》第 10 卷，安徽教育出版社 2013 年版，第 289 页。

③ 鲁迅：《野草·希望》，载《鲁迅全集》第 2 卷，第 181 页。

④ 鲁迅：《坟·杂忆》，载《鲁迅全集》第 1 卷，第 236 页。

⑤ 鲁迅：《坟·杂忆》，载《鲁迅全集》第 1 卷，第 236 页。

其一是在当时对中国的前途看得比他们暗淡，其一是对"文学之力"的不懈追寻。目前学界对第一点谈论得比较多，对第二点的认知似乎尚在起步阶段。① 关于第一点，王晓明就曾指出："鲁迅是以一种非常独特的方式，加入'五四'那一代启蒙者的行列的，这独特并不在他的战斗热情比其他人高，也不在他的启蒙主张比其他人对，他的独特是在另一面，那就是对启蒙的信心，他其实比其他人小，对中国的前途，也看得比其他人糟。"② 其实大陆学界前两年曾经热议的竹内好的"回心"③ 说，大体就是指第一点而言的。不过，竹内好的那本《鲁迅》阐释的重点其实并不在这里，而是在他对第二点即"文学之力"的触碰。所谓"文学之力"并不是单纯指一种文学书写中的内部问题，而是指文学或者文章的写作并非单纯地呈现为艺术或者是文字，而是透过文字所渗透出来的行动之力，这种行动之力又是同革命与改造世界紧密相连的。所谓"摩罗诗力"就是这个意思。④"竹内鲁迅"所关注的重心自始至终就没有停留在鲁迅的"文学"之上，而是从一开始就将目光投向了鲁迅的"文学之力"，也就是他的"文学行动"上。关于这一点，我曾经在《多疑鲁迅》一书中有过说明，不妨抄在这里：

　　虽然我们前面说过，"竹内鲁迅"最著名的地方在于其以

---

① 汪卫东在其专著《现代转型之痛苦"肉身"：鲁迅思想与文学新论》一书中提出"文学主义"的观念，用以强调鲁迅留日时期通过《摩罗诗力说》等文言论文所建立起来的一种具有行动力的文学观念。这一概念的提出似乎触碰到了这一点。见汪卫东：《现代转型之痛苦"肉身"：鲁迅思想与文学新论》，北京大学出版社2013年版，第40页。此外，符杰祥试图勾连从"摩罗"到《野草》之间的精神脉络，也属于这方面有益的探索。见符杰祥：《〈野草〉命名来源与"根本"问题》，《文艺争鸣》2018年第5期。

② 王晓明：《无法直面的人生——鲁迅传》，上海文艺出版社1993年版，第59页。

③ 〔日〕竹内好：《鲁迅》，李心峰译，浙江文艺出版社1986年版，第46页。

④ 然而，目前的学界似乎都只关注到鲁迅文学之力来源于拜伦等西方资源，而严重忽视了鲁迅对晚明遗民的文章之力的继承。其实关于文学之力的这两个来源，鲁迅在《杂忆》中已经说得很明白了。

"回心"为轴，将鲁迅的文学归结为"罪"的自觉的文学，但竹内好对鲁迅最核心的解释却不是在这里。在《鲁迅》的第四章"政治和文学"中，竹内好将鲁迅归结为受孙文的"不断革命"和尼采的"永劫回归"思想影响的"永远的革命者"，这才是竹内好先生解释鲁迅的核心之所在。"把孙文看做'永远的革命者'的鲁迅，在'永远的革命者'身上看到了自己。"①

其实我们这里要着重指出的是，鲁迅关于"文学之力"的体认并由此而来的对于自身同五四一代的代际区隔的认知，正是他创作《失掉的好地狱》及其同类作品的此刻当下性的外在方面的重要因素。

如前所引，鲁迅说自己翻译爱罗先珂的《桃色的云》，"不过要传播被虐待者的苦痛的呼声和激发国人对于强权者的憎恶和愤怒而已，并不是从什么'艺术之宫'里伸出手来，拔了海外的奇花瑶草，来移植在华国的艺苑"②。他又在同一年12月《华盖集·题记》中同样提到了"艺术之宫"的话题：

> 也有人劝我不要做这样的短评。那好意，我是很感激的，而且也并非不知道创作之可贵。然而要做这样的东西的时候，恐怕也还要做这样的东西，我以为如果艺术之宫里有这么麻烦的禁令，倒不如不进去；还是站在沙漠上，看看飞沙走石，乐则大笑，悲则大叫，愤则大骂，即使被沙砾打得遍身粗糙，头破血流，而时时抚摩自己的凝血，觉得若有花纹，也未必不及跟着中国的文士们去陪莎士比亚吃黄油面包之有趣。③

---

① 刘春勇：《多疑鲁迅——鲁迅世界中主体生成困境之研究》，中国传媒大学出版社 2009 年版，第 215—216 页。
② 鲁迅：《坟·杂忆》，载《鲁迅全集》第 1 卷，第 237 页。
③ 鲁迅：《华盖集·题记》，载《鲁迅全集》第 3 卷，第 4 页。

而把持着"艺术之宫"的正是鲁迅所谓的"已经不解何以小说要描写下等社会的"①大学教授们,当然还有众多被引入歧途的青年。面对这样的局面,鲁迅所努力要做的就是要将光复前后的"文学之力"用文字不断书写出来,从而一方面将自身与五四一代的代际区隔揭示出来,重新进行自我确证,另一方面则借此"文学之力"将"艺术之宫"与"正人君子"的本来面目撕扯开,以证实其孱弱的本质。当然,1925 年的女师大事件及同现代评论派的论战,对鲁迅最大的震撼就是,他第一次亲眼看到了在民国中成长起来的这一代人——五四一代——同强权拥抱而将脚践踏向跟他们曾经一样的弱者。这些人不但把守着"艺术之宫",而且"立论都公允妥洽,平正通达,像'正人君子'一般"②,鲁迅所深恶痛绝者为此。

我想,这些大概就是鲁迅在 1925 年不断在文字中重返民国起点的根本原因吧!

从 1925 年元旦所写的《希望》开始,鲁迅陆陆续续在各种文字中提到民国及其历史:

> 我觉得仿佛久没有所谓中华民国。
>
> ……
>
> 我觉得有许多民国国民而是民国的敌人。
>
> ……
>
> 退一万步说罢,我希望有人好好地做一部民国的建国史给少年看,因为我觉得民国的来源,实在已经失传了,虽然还只有十四年!③
>
> 说起民元的事来,那时确是光明得多,当时我也在南京教育

---

① 鲁迅:《坟·杂忆》,载《鲁迅全集》第 1 卷,第 236 页。
② 鲁迅:《华盖集·题记》,载《鲁迅全集》第 3 卷,第 3 页。
③ 鲁迅:《华盖集·忽然想到(一至四)》,载《鲁迅全集》第 3 卷,第 16—17 页。

部，觉得中国将来很有希望。自然，那时恶劣分子固然也有的，然而他总失败。一到二年二次革命失败之后，即渐渐坏下去，坏而又坏，遂成了现在的情形。①

不独英雄式的名号而已，便是悲壮淋漓的诗文，也不过是纸片上的东西，于后来的武昌起义怕没有什么大关系。倘说影响，则别的千言万语，大概都抵不过浅近直截的"革命军马前卒邹容"所做的《革命军》。②

而以形象的方式书写出来的则有 1925 年 10 月写就的《孤独者》，或许在某种层面上还应该算上 1924 年 2 月写就的《在酒楼上》和 1926 年 11 月完成的《范爱农》。

不过，就所写的内容而言，1925 年 6 月 16 日所写的《杂忆》最为详尽，几乎是光复前后到作者写作当下的一份标准的民国精神简史。而写作于同一天的《失掉的好地狱》恐怕同样也应该放置在这样一个精神史的脉络中才能得到较为妥当的解读吧？

（五）

以上是我们梳理的鲁迅写作《失掉的好地狱》之时的此刻当下性的外在方面，掌握了这样一些信息，并从互文性的角度再度回到文本本身，可能会使得解读轻松许多。

所以，在我看来，《失掉的好地狱》同当天完成的《杂忆》几乎都可以当作光复前后到作者写作当下的一份民国精神简史来阅读。注意是"精神简史"而不能对照实际的社会政治史来阅读。因此，李何林及其后继者的解读显然是不可取的，其实关于这一点，

---

① 鲁迅：《两地书·八》，载《鲁迅全集》第 11 卷，第 31 页。
② 鲁迅：《坟·杂忆》，载《鲁迅全集》第 1 卷，第 234 页。

木山英雄也曾有过相同的意见："然而，这历史终归是作为寓言的历史，故将此还原到现实的历史来阅读是不成的。"① 然而，他并没有注意到《失掉的好地狱》同《杂忆》的互文性关联，因此在否认将文本比照现实政治历史的解读的同时，也否认了比照精神史解读的可能。不过他还是认为"这个地狱的故事最终当作'精神界'的寓言来阅读当更为合适"②。从这一点来讲，木山英雄有着同本文较为接近的思路，因此，在他看来，《失掉的好地狱》中的"'魔鬼'一词是作者青年时代用以翻译西洋的satum的'摩罗'的延续"③，这样的解读正印证了《杂忆》第 1 节对拜伦为首的西洋摩罗诗人的回顾，在我看来是可以接受的。实际上，李玉明也赞同这样的解读："综合文本，我认为，魔鬼象征着尼采式的'超人'，具有强力的挑战的精神特征。"④ 符杰祥则认为："对于鲁迅来说，《野草》的'诗心'与'根本'，仍然是在压抑与变形之后更具张力的'摩罗诗力'。"⑤ 尽管他没有直接论述到《失掉的好地狱》这一篇当中的"魔鬼"形象，但其对《野草》的整体把握的大致方向是可取的。而相反，在张洁宇看来，"魔鬼"就是真的"恶魔"，是鲁迅所讽刺的对象："他'美丽，慈悲，遍身有大光辉'，看起来如同天神一样完美，'然而我知道他是魔鬼'，这正是鲁迅对于身边很多伪君子、伪善的当权者和欺骗者的尖锐讽刺和揭露。有时候，越是魔鬼是越要做出美丽慈悲的模样来的，这不仅是传说和神话中常见的，其实更是人类世界的'规

---

① ［日］木山英雄：《读〈野草〉》，载《文学复古与文学革命——木山英雄中国现代文学思想论集》，赵京华编译，北京大学出版社 2004 年版，第 331—332 页。

② ［日］木山英雄：《读〈野草〉》，载《文学复古与文学革命——木山英雄中国现代文学思想论集》，赵京华编译，北京大学出版社 2004 年版，第 336 页。

③ ［日］木山英雄：《读〈野草〉》，载《文学复古与文学革命——木山英雄中国现代文学思想论集》，赵京华编译，北京大学出版社 2004 年版，第 335 页。

④ 李玉明：《〈失掉的好地狱〉：反狱的绝叫》，载李玉明：《"人之子"的绝叫：〈野草〉与鲁迅意识特征研究》，北京大学出版社 2012 年版，第 114 页。

⑤ 符杰祥：《〈野草〉命名来源与"根本"问题》，《文艺争鸣》2018 年第 5 期。

则'。"① 这样理解"魔鬼"形象实际上是误入了李何林和孙玉石的具体政治历史比照解读的陷阱中，而无视鲁迅的此刻当下的生活语境的结果。当然，我也不完全赞同木山英雄和李玉明仅仅把"魔鬼"单纯比照"摩罗诗人"的做法，恐怕这里的"魔鬼"形象除了有西洋的摩罗诗人的影子，更多的则带有光复前后的为民国前仆后继的先烈们（如秋瑾，邹容等）的影子，并且从某个侧面来说，恐怕还带有作者的几分自况在里面吧？《希望》中不是曾经明确地说"我的心也曾充满过血腥的歌声：血和铁，火焰和毒，恢复和报仇"吗？当然，有人可能会发出疑问：既然说"魔鬼"有可能是作者自身，那么叙述者／梦者"我"又怎么解释呢？其实在鲁迅的作品中，将自我分裂为多数而进行对话的场景还少吗？而这恰恰就是鲁迅所擅长的啊！只有把自我投射到梦中的"魔鬼"角色身上，我们才能看到前文所说的"代际区隔"在这一文本里是如何发生其作用的。"魔鬼"正是鲁迅所强调的成长于晚清的一代，为着光复抛洒着鲜血与生命，而后文所出现的"人类"则正是成长于民国的五四一代，说得直接一点，就是写作当时困扰鲁迅并使之深恶痛绝的"正人君子"之流的现代评论派及其周边的人物（或许也包括胡适）。对此，丸尾常喜有着卓越的洞见：

> 促使鲁迅创作这篇诗的"几个有雄辩和辣手，而那时还未得志的英雄们"又是指哪些人呢？……我认为，这是指《现代评论》的代表性论客北京大学教授陈源等人。……陈源则从最初以言论介入北京女子师范大学风潮，发展到一边装中立、公正的样子，一边露出攻击的姿态。鲁迅从其言论的背后感受到了某种杀气，这一点从鲁迅后来把他与称为"钢刀子"的军阀势力并称为

---

① 张洁宇：《"愧不如人"的神龟兽——细读〈狗的驳诘〉与〈失掉的好地狱〉》，载张洁宇：《独醒者与他的灯：鲁迅〈野草〉细读与研究》，北京大学出版社 2013 年版，第 205—206 页。

"软刀子"便可知晓。他们与军阀势力、复古势力的结合，显示出欧洲教养的脆弱，与此同时，他们作为替帝国主义全面性的展开而鸣锣开道的新动向，使得鲁迅不能不警惕。①

丸尾常喜的这番议论并非凭空而发，他还就此举了 1925 年 6 月 2 日《两地书·二六》中的鲁迅的原话来印证自己的议论，"可是从西滢的文字上看来，此辈一得志，则不但灭族，怕还要'灭系'、'灭籍'了"②。

所谓"几个有雄辩和辣手，而那时还未得志的英雄们"一段话，是指鲁迅在《〈野草〉英文译本序》所说的话，其原文如下：

> 所以，这也可以说，大半是废弛的地狱边沿的惨白色小花，当然不会美丽。但这地狱也必须失掉。这是由几个有雄辩和辣手，而那时还未得志的英雄们的脸色和语气所告诉我的。我于是作《失掉的好地狱》。③

文中所谓的"这地狱也必须失掉"，正是指"好地狱"的失去，之所以是"好地狱"，是因为那时统治地狱的"魔鬼"发大光辉，照见一切鬼众，地狱中还有光亮，还能生长小白花，这正是鲁迅《两地书·八》中所说的"说起民元的事来，那时确是光明得多"的互文性文本。不过，关于"好地狱"是在什么时段，学界的解读众说纷纭，就是下面这一段比较费解：

> "地狱原已废弛得很久了：剑树消却光芒；沸油的边际早不

---

① ［日］丸尾常喜：《耻辱与恢复——〈呐喊〉与〈野草〉》，秦弓、孙丽华编译，北京大学出版社 2009 年版，第 274—275 页。
② 鲁迅：《两地书·二六》，载《鲁迅全集》第 11 卷，第 84 页。
③ 鲁迅：《二心集·〈野草〉英文译本序》，载《鲁迅全集》第 4 卷，第 365 页。

腾涌；大火聚有时不过冒些青烟，远处还萌生曼陀罗花，花极细小，惨白可怜。——那是不足为奇的，因为地上曾经大被焚烧，自然失了他的肥沃。"①

这一段是在"魔鬼战胜天神……亲临地狱，坐在中央，遍身发大光辉，照见一切鬼众"之后，因为文中有一个"原"字，所以学界普遍把这个废弛的地狱当作天神统治时期的结果："魔鬼统治了三界以后，开始整顿地狱的秩序，地狱已经废弛了很久，这是因为在这场创世纪之战之前，三界都有天神统管，天神的暴政大约并不那么残暴，因此，当魔鬼接手的时候：'地狱原已废弛得很久了……'"②这样的解读其实矛盾重重，且不说"天神的暴政大约并不那么残暴"说不通，最关键的是根据文本，所谓"好地狱"正是指"废弛得很久"的、长着细小的惨白可怜的曼陀罗花的地狱，但如果如这段分析所言，这样的"好地狱"是在天神统治时期，那么，魔鬼又有什么好感叹"好地狱"的失掉呢？其实顺着鲁迅的文本逆推，也可以看得出，"好地狱"正是地狱在魔鬼统治时期所显的短暂光亮。因此，木山英雄下面的这段话是妥当的：

但"原已"是站在哪个时间起点上而言的呢？仅就这个词来说，我们既可以解读为"魔鬼"战胜"天神"的那个时点，也可以解读为自此以后又经过漫长的岁月，而"鬼魂们"终于醒来的那个时点。但若是前者，则"魔鬼"胜利后"鬼魂们"便马上反叛起来，其"好地狱"的时代便不存在了，所以不便采用它。如以后者来观之，有关地狱的荒废，其间一直该是支配者的"魔

---

① 鲁迅：《野草·失掉的好地狱》，载《鲁迅全集》第2卷，第204页。
② 张洁宇：《"愧不如人"的神龟兽——细读〈狗的驳诘〉与〈失掉的好地狱〉》，载张洁宇：《独醒者与他的灯：鲁迅〈野草〉细读与研究》，北京大学出版社2013年版，第206页。

鬼"仿佛与自己无关似的讲述着，虽然，这里若说有"魔鬼"的特性在，或者也说得通。①

也就是说，"地狱原已废弛得很久了"的时间是在"鬼魂们"终于醒来的那个时候，而不是在"魔鬼"战胜"天神"的那个时候。这样解读，那么"好地狱"就是在魔鬼统治的时期，而最终魔鬼发出惋惜的感叹就顺理成章了。因此，丸尾常喜才说："这篇作品里最不可思议的是，'魔鬼'虽然掌握了统治一切的'大权威'，但是对于强化其统治、恢复地狱秩序，却几乎没有采取任何行动。'魔鬼'所做的，几乎唯一的只是用它那'大光辉'照见地狱和鬼魂。"②

（六）

将以上文本的分析同本文第 4 节开头所提出的鲁迅同五四一代的代际区隔的两种表现相结合起来考察，或许将有意想不到的收获。

其实代际区隔的这两种表现在《野草》中有颇为明晰的显现，前一种的代表篇目是《秋夜》和《希望》两篇，后一种的代表篇目就是《失掉的好地狱》和《狗的驳诘》，或许在某种层面上还要包括《颓败线的颤动》。所谓因辛亥革命失败而引起的鲁迅在五四重新站起来检讨过去之历史的话题，在我们过去的研究中几乎占据着鲁迅阐释的主流。以《呐喊》《随感录》为中心对过去社会（包括对辛亥革命）的批判，这是鲁迅检讨过去历史之外部的话题，这个又是主流之主流，所谓鲁迅的反封建问题都是沿着这个话题谈论的。其实无

① ［日］木山英雄：《读〈野草〉》，载《文学复古与文学革命——木山英雄中国现代文学思想论集》，赵京华编译，北京大学出版社 2004 年版，第 332—333 页。

② ［日］丸尾常喜：《耻辱与恢复——〈呐喊〉与〈野草〉》，秦弓、孙丽华编译，北京大学出版社 2009 年版，第 274—275 页。

论是 20 世纪 80 年代之前还是之后的鲁迅研究几乎都沿着这个思路前行。到了 20 世纪 90 年代之后以及新世纪，由于"后学"的兴起，加之日本鲁迅研究的大量翻译与传播，关注的重心则逐渐从鲁迅对历史检讨的外部走向了对内在的检讨，这方面的代表有汪晖、王晓明等，所讨论的重心则从《呐喊》《随感录》时期移到了《彷徨》《野草》时期。即便是谈论到了《呐喊》，也更多的是以内部检讨为主，如竹内好的"回心"说。当然在这个方面走得更彻底的是木山英雄的"野草论"。这些研究无论有多大的差别，但有一点是始终不变的，就是以五四为鲁迅的原点来谈论鲁迅，而极少有人以辛亥革命为其原点进行研究。[①] 诚然，辛亥革命的失败确实给鲁迅带来了痛苦的经历，使之不断反省与检讨这段历史，包括自身。然而，我们更要看到的是鲁迅对辛亥革命无限的热恋，他是这场革命的亲身经历者，并且正是这场革命将鲁迅终身定型为一个"战士"，而非一个文学家。鲁迅及其同志们用他们的青春和热血编织成了一个璀璨的"辛亥文化"，而对五四，鲁迅始终是一个参与者与同路人而已，他始终不能同五四融合为一体，就像他后来始终不能同左翼真正融合在一起一样，其实五四是左翼、右翼的五四，始终不是鲁迅的五四。《秋夜》中的那些"野花草"不就从"摩罗"诗人的"瘦的诗人"那里来的吗？[②]《野草》从一开始就深切地缅怀那一段青春，而呼唤"恶鸟"的出现，然而"夜半的笑声，吃吃地"[③] 从"我"嘴里发出来，分明是在自嘲，因

---

① 伊藤虎丸的研究尽管将鲁迅的原点挪移到留日时期，然而他的逻辑始终在竹内好的框架之内，依然局限于鲁迅对辛亥革命失败之历史检讨的内部问题，即"个人的自觉"的问题。甚至他对鲁迅与尼采关系的讨论也依然在这样一个范畴当中，始终关注内部而忽视了"强力意志"的问题。符杰祥、汪卫东的论述尽管关注到文学之力与"摩罗"的关联问题，可是始终把这样一个问题局限在鲁迅世界内部，而没有从辛亥革命这个中国现代历史的原点着手进行讲述，我想在这些地方还是有商榷的空间吧！

② 符杰祥的阐释值得注意。见符杰祥：《〈野草〉命名来源与"根本"问题》，《文艺争鸣》2018 年第 5 期。

③ 鲁迅：《野草·秋夜》，载《鲁迅全集》第 2 卷，第 167 页。

为不能忘却自己的青春，所以对小飞虫们寄予同情和怜悯，并且同时鼓舞了自我青春之未灭的灰烬，然而自嘲又跟随而来。《秋夜》的这样生动的描写活脱脱地将鲁迅同五四一代的代际关联与区隔展现了出来：对中国的前途看得比较暗淡。这样的情景在随后的《希望》中再度展现出来，尽管主题有所加深，然而思路仍然是一致的。其中尤为值得我们品味的是鲁迅对"身外的青春"的态度（也就是鲁迅对五四一代的态度），从这两篇作品中我们看到的仍然是怜悯与同情，尽管《希望》中流露出失望的情绪，然而基调还是不变的。这让我想起前文所引的鲁迅在《两地书·二四》中对许广平说的那番关于"反抗之故"的话题，"但我知道这'所以反抗之故'，与小鬼截然不同。你的反抗，是为了希望光明的到来罢？我想，一定是如此的。但我的反抗，却不过是与黑暗捣乱"①。这岂不正是对鲁迅作为五四的"同路人"的最好的阐释吗？

然而，鲁迅始终不曾忘却辛亥革命中建立起来的"文学之力"与"反抗之力"，即竹内好所谓的"把孙文看做'永远的革命者'的鲁迅，在'永远的革命者'身上看到了自己"②。这"文学之力"与"反抗之力"即正是鲁迅的原点，或者可以说鲁迅不是五四的鲁迅，鲁迅是辛亥革命的鲁迅，站在我的立场上，这样表述虽然有些绝对，但对于纠正历史的偏见则是不得已的选择吧！

至于"文学之力"与"反抗之力"这个原点的建立，自然要归功于光复与革命，然而其资以建立的资源其实并不只是西洋的"摩罗诗人"传统，明末遗民的血之蒸腾的呐喊与对"文"的质朴之力的复归的提倡起到了几乎同样的作用。这在《杂忆》中已经有过明晰的"自供"，不是吗？

正是出于这永远的反抗之力，鲁迅才在 1925 年对文学之宫殿

① 鲁迅：《两地书·二四》，载《鲁迅全集》第 11 卷，第 80—81 页。
② ［日］竹内好：《鲁迅》，李心峰译，浙江文艺出版社 1986 年版，第 130 页。

化，及民国成长起来的五四一代人中的一部分"右转"（为当局者说话而压制如同曾经自己一样的弱小者）有着出人意料的激烈反应。而不幸的是，"右转"与把守"文学之宫"的似乎又是同一伙人。所以《杂忆》中第 4 节，所谓弱者不向强者去反抗，反而是向更弱者去践踏的一番关于国民性的理论①，其实就是针对这样一些人而发的。而这些杂感转化为文学的形象写作，就化在了《失掉的好地狱》当中，因此，这首散文诗（我还是愿意叫作杂感散文）除了有具体的针对对象外，同时也把《杂忆》中对国民性的思考融了进来。②

对"地狱"及其轮替的象征性书写确实是隐含着鲁迅对中国社会历史的批判，正如诸多研究者所征引的《灯下漫笔》中"想做奴隶而不得的时代"和"暂时做稳了奴隶的时代"的所谓中国"一治一乱"的历史洞见一样。③ 然而，我个人认为，这并不是此文书写的重心。如果以此为重心书写，那么，对魔鬼及其统治的"好地狱"的书写一定是不堪的，然而，实际上并非如此，反而是寄予了叹息、同情与无尽的爱惜与怜悯。"天地作蜂蜜色的时候，就是魔鬼战胜天神"④，研究者们一致同声地将"蜂蜜色"的天空当作对"远古"或者"久远"的书写，然而"蜂蜜"不是甜蜜的吗？"天地作蜂蜜色的时候"岂不就是暖色调的令人无限甜蜜而且回忆的时代？这不正可说明作者对魔鬼的喜悦与无限爱恋吗？

然而，鲁迅毕竟是多疑的，这也正是鲁迅的文字难解的地方。文本的结尾，作者的笔锋突然一转，"朋友，你在猜疑我了。是的，你是人！我且去寻野兽和恶鬼……"这正是鲁迅多疑思维的表征，尽

---

① 鲁迅：《坟·杂忆》，载《鲁迅全集》第 1 卷，第 238—239 页。

② 在诸多的研究者当中，只有朱崇科注意到了这一点。见朱崇科：《解／构"国民性"——重读〈失掉的好地狱〉》，载朱崇科：《〈野草〉文本心诠》，人民出版社 2016 年版，第 201—212 页。

③ 鲁迅：《坟·灯下漫笔》，载《鲁迅全集》第 1 卷，第 225 页。

④ 鲁迅：《野草·失掉的好地狱》，载《鲁迅全集》第 2 卷，第 204 页。

管给文本的阐释增添了麻烦，然而不也正是阅读的乐趣所在吗？

　　这段话可以拆分成前后两部分来理解："朋友，你在猜疑我了。是的，你是人！"，这是前一个部分；"是的，你是人！我且去寻野兽和恶鬼……"，这是后一个部分。都可以视作是作者鲁迅撕裂的自我与自我的对白。所谓撕裂的自我，在此文中姑且可以认为存在着"辛亥的鲁迅"和"五四的鲁迅"两个鲁迅的自我。这两个鲁迅的自我在文本的末尾有交锋，并且最终做出了对其中的一个的选择与认可。对话的前半部分是"辛亥的鲁迅"认为"五四的鲁迅"在猜疑他，那原因是"你是人！"，尽管鲁迅在这篇文本中对代表"人类"的五四"右转"的一代给予了谩骂与诅咒，然而，他毕竟是参与过五四的"人"之呐喊的阵营，虽然是"在而不属于"的"同路人"，然而因为青春的灰烬尚未灭尽的缘故，在内心还是多少有些"属于"的"同路人"吧！[1] 以此之故，他并不能同五四一代完全脱离干系，因此在这里，借"魔鬼"之口，或者说用"辛亥的鲁迅"而对"五四的鲁迅"自我提出质疑吧！而在另外一方面，反过来说，"五四的鲁迅"对"辛亥的鲁迅"也不无疑虑，中国的历史"一治一乱"的循环，即便是"魔鬼"之力也恐怕并不能使之从恐怖的循环当中脱离出来吧，所以尽管是赞叹与惋惜的"好地狱"，也终究还是"地狱"吧！"《摩罗诗力说》的神和恶魔、人的关系，在寓言中变成了如'天神'和'魔鬼'、'人类'，乃至'鬼众'（鬼魂）那样有些复杂化了，这乃是与对拜伦、尼采那样的'精神界之战士'的天才

---

[1] 丸尾常喜对此有着较为清醒的认识："创作《狂人日记》等作品的'五四'时期，世界上出现了新的'人道主义'高潮，鲁迅也敏锐地感应到，心中强化了对'人类'的信赖。鲁迅的'人类主义'，成为规定其生活方式的'进化论'的重要基础……""可是，以1925年为界，在鲁迅的文章中表现出浓郁悲痛感觉，譬如1934年发表的《答国际文学社问》……这给鲁迅的'人类主义'带来了破绽，从外部强烈地动摇了其'进化论'。"语见［日］丸尾常喜：《耻辱与恢复——〈呐喊〉与〈野草〉》，秦弓、孙丽华编译，北京大学出版社2009年版，第268页。

信仰发生动摇相呼应的。"①

这段话的后半部分"是的，你是人！我且去寻野兽和恶鬼……"既可用于看作是"辛亥的鲁迅"对"五四的鲁迅"扬弃，②也可以看作是鲁迅对五四的反思与扬弃。这样的语气常常使人联想起《野草》的上一篇《狗的驳诘》中的一句点睛的话，"愧不如人"③。事实上，这两篇的立意确实相近，是同一思考的产物。

1926年，召唤"魔鬼"的声音再次出现在鲁迅的文本中："S城人的脸早经看熟，如此而已，连心肝也似乎有些了然。总得寻别一类人们去，去寻为S城人所诟病的人们，无论其为畜生或魔鬼。"④《朝花夕拾·琐记》中的这次对"魔鬼"的召唤与《失掉的好地狱》的结尾有着等同的效果，两相比较起来，我们"会感觉到鲁迅正重新返回他的原点"⑤。而事实上，一整本《朝花夕拾》不正是鲁迅给予"辛亥原点"的招魂吗？返还原点并非仅仅重拾记忆那么简单，一切返还原点都隐含着当下行动的属性，对于谙习"复古以革新"的鲁迅来说更是如此。《朝花夕拾》的书名从一般陈述式的"旧事重提"而更改为更具积极行动性质的"朝花夕拾"，不正表明了以鲁迅重返"辛亥原点"的决心而去迎接新的革命的到来吗？此时，他才正式从辛亥革命之失败的顿挫中爬了出来，向上一个阶段告别，而去寻找"别一类"的人们。而此时，国民革命正在他身边如火如荼地进行着，另一场更"新"的革命则离他也不远了！

---

① [日]木山英雄：《读〈野草〉》，载《文学复古与文学革命——木山英雄中国现代文学思想论集》，赵京华编译，北京大学出版社2004年版，第336页。
② 关于这一点，我在《文章在兹——非文学的文学家鲁迅及其转变》（吉林大学出版社2015年版）一书当中有过较为详细的论述。
③ 鲁迅：《野草·狗的驳诘》，载《鲁迅全集》第2卷，第203页。
④ 鲁迅：《朝花夕拾·琐记》，《鲁迅全集》第2卷，第303页。
⑤ [日]丸尾常喜：《耻辱与恢复——〈呐喊〉与〈野草〉》，秦弓、孙丽华编译，北京大学出版社2009年版，第276页。

中　编
强力生命的回归与
"文"之行动的传承

第三章
《野草》与强力之生命的回归

一、强力之生命的回归:《野草》前六篇

(一)《秋夜》

《秋夜》是著名散文诗集《野草》的首篇,写作于 1924 年 9 月 15 日,载同年 12 月 1 日《语丝》周刊第 3 期。该篇并没有直接题名为《秋夜》,而是在《野草》大题目下用二级标题《一秋夜》,署名鲁迅,可见作者写作此篇时有一个系列创作的计划。

关于《野草》的创作背景,鲁迅说:"后来《新青年》的团体散掉了,有的高升,有的退隐,有的前进,我又经验了一回同一战阵中的伙伴还是会这么变化,并且落得一个'作家'的头衔,依然在沙漠中走来走去,不过已经逃不出在散漫的刊物上做文字,叫作随便谈谈。有了小感触,就写些短文,夸大点说,就是散文诗,以后印成一本,谓之《野草》。"[1]鲁迅曾告诉过他的一位朋友(章衣萍),说他的哲学都包括在他的《野草》里面。[2]

---

[1] 鲁迅:《南腔北调集·〈自选集〉自序》,载《鲁迅全集》第 4 卷,第 469 页。
[2] 衣萍:《古庙杂谈(五)》,《京报副刊》1925 年 3 月 31 日,第 105 号。

《野草》写作之前，鲁迅经历了五四新文化运动的退潮和兄弟失和，1923 年、1924 两年间，是鲁迅写作的低谷。1924 年上半年，鲁迅重启小说的写作，开始写作《彷徨》，然而，因为买房搬家等琐事又停了下来，这一年的暑期他去西安讲学，本打算写一部关于"杨贵妃"的长篇小说。但是回来之后不了了之。然后在 9 月中旬就写了这一篇《秋夜》，并开启了《野草》的系列创作。

作为《野草》的首篇，《秋夜》有几个新的写作倾向值得我们注意：

其一，有一个鲜明的战斗的主体形象嵌入。这就是该文中的"枣树"形象。这是一个以象征主义手法所书写的"坚韧"的战斗者的形象，很显然带有鲁迅自况的性质。此后的"过客""死火""这样的战士"等皆应属于此形象系列。日本学者伊藤虎丸后来将此命名为鲁迅的"黑色人"形象系列——包括魏连殳、范爱农、宴之敖、墨子、大禹等形象。

其二，不断反顾留日及辛亥革命经历。本篇当中对"小粉红花"的梦及其经历的书写即是。接下来的《希望》《雪》《死火》《失掉的好地狱》等都延续了这一书写模式。愿意提及过去的经历在某种意义上表明了鲁迅有从《呐喊》时期的一味沉浸于辛亥革命失败的苦痛经历中慢慢复苏的迹象。

其三，同情五四以来的当下青年的战斗与牺牲，并表明自我的立场。散文诗后半部分对"飞蛾投火"的小青虫们的书写正是作者对当下青年的牺牲与战斗寄予同情，并且正是因为这些"身外的青春"的战斗而"复活"了自我的青春："枣树又要做小粉红花的梦，青葱地弯成弧形了……"①

然而，散文诗的前后两部分（以"哇的一声，夜游的恶鸟飞过了"②

---

① 鲁迅：《野草·秋夜》，载《鲁迅全集》第 2 卷，第 167 页。
② 鲁迅：《野草·秋夜》，载《鲁迅全集》第 2 卷，第 167 页。

为节点）不约而同地都以"吃吃的""夜半的笑声"为收束，分别对"枣树"的战斗和"复活"的自我的青春投以"多疑"的质问，或许在某个层面上表明了辛亥革命失败的苦痛依然存在于作者的内面吧！

（二）《影的告别》

《影的告别》写作于 1924 年 9 月 24 日，载同年 12 月 8 日《语丝》周刊第 4 期，同期发表的还有《求乞者》《我的失恋》两篇，在大标题《野草》下分列小标题二、三、四加各自的题名，署名鲁迅。

《影的告别》和《求乞者》写作于同一天，两篇作品皆透露出浓郁的"惟'黑暗与虚无'乃是'实有'"[①]的思想，同一天，鲁迅在给李秉中的书信中则直接袒露了这种虚无感："我很憎恶我自己……我也常常想到自杀，也常想杀人……""我自己总觉得我的灵魂里有毒气和鬼气，我极憎恶他，想除去他，而不能。"[②]

结合鲁迅的日常自述，我们再回过头来看这首散文诗就会好理解得多。所谓"影"无非是另一个自我的化身，抑或是自我"精神"的表达也无不可。"影"要跟"人"告别，其实就是自我对自我的离弃，"天堂和地狱"那段话来自鲁迅此前翻译的俄国作家阿尔志跋绥夫（M. Artsybashev）的作品《工人绥惠略夫》，里面有所谓的"你们将那黄金时代，豫约给他们的后人，但你们却别有什么给这些人们呢？"[③]这其中自然包含了鲁迅对社会革命的质疑及其不信任，其经验当然源自他所亲历的辛亥革命的失败。然而更黑暗与虚无的思想是来自对自我的"憎恶"，所以"你就是我所不乐意的"，其后的"我不愿住""我不愿意！""呜乎呜乎，我不愿意，我不如彷徨于无地"则

---

① 鲁迅：《两地书·四》，载《鲁迅全集》第 11 卷，第 21 页。

② 鲁迅：《书信·240924 致李秉中》，载《鲁迅全集》第 11 卷，第 452—453 页。

③ ［俄］阿尔志跋绥夫（M. Artsybashev）：《工人绥惠略夫》，鲁迅译，载《鲁迅译文全集》第 1 卷，第 186 页。

表达了对自我的强烈厌恶及其决绝的离弃的态度。然而,"影"又在彷徨犹豫,"我不过一个影"似乎表明了本身无足轻重的地位,黑暗与光明都将使我"消失",我无论如何都避免不了"彷徨于无地"的尴尬,然而更尴尬的是,我不得不"彷徨"于我所不愿意的"明暗之间",并且同"我所不乐意的""你"一起"苟活"。这是"影"无论如何所忍受不了的,于是更为决绝的告别 / 离弃到来了,"朋友,时候近了"这一句以下,"黑暗"作为一个关键词五度出现,表明了"影"的最终抉择及其对"黑暗"的迷恋。

散文诗的最后一段一反前面的"否定"方式,而变为肯定的语态:"我愿意这样,朋友",这无异于在向世界同时也是在向自我宣告 / 宣战:我不能苟活,因此,我将"独自远行","不但没有你,并且再没有别的影在黑暗里。只有我被黑暗沉没,那世界全属于我自己"。① 将自我完全沉没在无他的"黑暗"里只有"很憎恶我自己"的人才能做到,其情形无异于"自杀"。

鲁迅这一段时间极度黑暗的思想要到半年之后才慢慢解开,1925年3月鲁迅写给许广平的信中再次表达了这种黑暗的思想,"我的作品,太黑暗了,因为我常常觉得惟'黑暗与虚无'乃是'实有'",然而,他随即又讲道,"也许未必一定的确的,因为我终于不能证实:惟黑暗与虚无乃是实有"。② 这已是不同于完全沉没于"黑暗"的思想了。

(三)《求乞者》

《求乞者》和上一篇《影的告别》写作于同一天,发表于同一期《语丝》周刊。其写作的具体语境我们也在上一篇中交代过了。不过有一点可以补充的是,在写作这两篇散文诗时,鲁迅应该正在翻译日

---

① 上段和本段引文皆出自鲁迅:《野草·影的告别》,载《鲁迅全集》第2卷,第169—170页。

② 鲁迅:《两地书·四》,载《鲁迅全集》第11卷,第21页。

本文学理论家厨川白村的《苦闷的象征》一书。1924 年 9 月 22 日鲁迅日记载"夜译《苦闷的象征》开手"①，几天后的 26 日，鲁迅即写作了《译〈苦闷的象征〉后三日序》。

这看似可有可无的关于写作语境的一点补充，其实极有可能是解读这一篇的关键。《苦闷的象征》于鲁迅可以说是发生了触电一样的感觉，如若不然，也不会在开手翻译三天就写一篇序言，序言中鲁迅明确交代了翻译该书的原因是"因为这于我有翻译的必要"，足以见得他当时如获至宝的状态，而一个人这样的阅读与翻译状态不影响到他同时进行的文艺创作恐怕是不可能的事情吧！

《苦闷的象征》之所以能够给鲁迅以如此强烈的认同感，究其根底是因为这是一本讲"生命力"的书——所谓"生命力受压抑而生的苦闷懊恼乃是文艺的根柢"②，就其思想传承而言，是继承叔本华（Arthur Schopenhauer）、尼采、伯格森（Henri Bergson）"生命意志"一路的，而众所周知，这正是留日时期形成鲁迅思想的核心资源之一，即"个人的无治主义"。事实上，鲁迅后来就坦诚地承认过，在他的思想中是"'人道主义'与'个人的无治主义'的两种思想的消长起伏"③。只不过是，在五四时期，"人道主义"思想占据其思想的主流，所谓"肩住了黑暗的闸门"，放孩子们"到宽阔光明的地方去"④，然而，到了《野草》写作的时期，其思想中的"个人的无治主义"又重新复苏了。《求乞者》就正是这思想复苏的一个文本。

"剥落的高墙"、"灰土"、"各自走路"的人和求乞的孩子等或许是鲁迅日常所见的秋日北京的实景，然而，在文中有着各自的象征意味。鲁迅看似有意用这几个意象将自己写作时的荒凉孤寂的内心烘托

---

① 鲁迅：《日记·日记十三（1924 年）九月》，《鲁迅全集》第 15 卷，第 530 页。
② 鲁迅：《译文序跋集·译〈苦闷的象征〉后三日序》，载《鲁迅全集》第 10 卷，第 261 页。
③ 鲁迅：《书信·250530 致许广平》，载《鲁迅全集》第 11 卷，第 493 页。
④ 鲁迅：《坟·我们现在怎样做父亲》，载《鲁迅全集》第 1 卷，第 145 页。

出来，然而，更为重要的意图应该是要用这样一些压抑、颓败、荒凉、冷漠、做作的意象将人们生活世界里的"生命力"衰颓的现象表征出来予以唾弃，"我不布施，我无布施心，我但居布施者之上，给与烦腻，疑心，憎恶"①，这活脱脱是一副尼采灵魂附体的模样。

并且不止于此，接下来的由孩子的求乞联想到了"我"的求乞，也依然还是尼采的思维。在《快乐的科学》②第3部第125节中，尼采说晚上一个疯子进到一个满是人的屋子里面，指着灯光说，呔，太阳！满屋子的人哄堂大笑，然后尼采说，其实有什么好笑的呢，我们又比疯子强到哪里去呢！这种由彼及己的联想鲁迅在很多地方都用到过，典型的就是《故乡》结尾部分讨论到"希望"的话题时，由闰土崇拜偶像而联想到自己的希望无非也是"自己手制的偶像"③罢了。这是一种深刻的自省思维，由厌恶他人，而延及"憎恶"自我，"我将得不到布施，得不到布施心；我将得到自居于布施之上者的烦腻，疑心，憎恶"④。

然而该篇的结尾并没有像《故乡》的结尾那样一味自省，而是在自省之中突然来了一个上扬，"我至少将得到虚无"⑤：尽管是"虚无"，然而却是"至少"，比那些衰颓的"生命力"总归要好一些！这似乎又有点"超人"哲学的意味了。

（四）《我的失恋》

《我的失恋》写作于 1924 年 10 月 3 日，载同年 12 月 8 日《语丝》周刊第 4 期，和《影的告别》《求乞者》同期发表，题名为《四　我

---

① 鲁迅：《野草·求乞者》，载《鲁迅全集》第 2 卷，第 171 页。
② ［德］尼采：《快乐的科学》，黄明嘉译，华东师范大学出版社 2007 年版。
③ 鲁迅：《呐喊·故乡》，载《鲁迅全集》第 1 卷，第 510 页。
④ 鲁迅：《野草·求乞者》，载《鲁迅全集》第 2 卷，第 172 页。
⑤ 鲁迅：《野草·求乞者》，载《鲁迅全集》第 2 卷，第 172 页。

的失恋》，副标题为"拟古的新打油诗"，署名鲁迅。

所谓"拟古"，是指模拟东汉文学家张衡的《四愁诗》的格式。该诗共四首，最早见于昭明太子萧统所编的《文选》①，每首都以"我所思兮在 ××"开始，以"何为怀忧心 ××"作结，故称"四愁"。

关于这首诗的写作缘起，鲁迅后来在几篇文章中都有所交代，最早在 1929 年年末写作的《我和〈语丝〉的始终》一文中说："……那稿子不过是三段打油诗，题作《我的失恋》，是看见当时'阿呀阿唷，我要死了'之类的失恋诗盛行，故意做一首用'由她去罢'收场的东西，开开玩笑的。这诗后来又添了一段，登在《语丝》上，再后来就收在《野草》中。"②1931 年《〈野草〉英文译本序》当中又作了简短的说明："因为讽刺当时盛行的失恋诗，作《我的失恋》……"③ 这两处交代得很清楚，就是因为有感于当时的失恋诗歌的盛行而作《我的失恋》加以讽刺。

这首诗的有名，还因为它在文学史上引起了一段公案，并由此诞生了一个著名的文学刊物——《语丝》。"一九二四年十月，鲁迅先生写了一首诗《我的失恋》，寄给了《晨报副刊》。稿已经排发，在见报的头天晚上，我到报馆看大样时，鲁迅先生的诗被代理总编辑刘勉己抽掉了，抽去这稿，我已经按捺不住火气，再加上刘勉己又跑来说那首诗实在要不得……于是我气极了，就顺手打了他一个嘴巴，还追着大骂他一顿。第二天我气忿忿地跑到鲁迅先生的寓所，告诉他'我辞职了'。"④1925 年鲁迅致孙伏园的公开通信就曾提及此事："……想不至于像我去年那篇打油诗《我的失恋》一般，恭逢总主笔

---

① （梁）萧统编，（唐）李善注：《文选·〈诗〉杂诗上》，中华书局 1977 年版，第 414—415 页。

② 鲁迅：《三闲集·我和〈语丝〉的始终》，载《鲁迅全集》第 4 卷，第 170 页。

③ 鲁迅：《二心集·〈野草〉英文译本序》，载《鲁迅全集》第 4 卷，第 365 页。

④ 孙伏园：《鲁迅和当年北京的几个副刊》，载《鲁迅回忆录散篇·上册》，鲁迅博物馆、鲁迅研究室、《鲁迅研究月刊》选编，北京出版社 1999 年版，第 78 页。

先生白眼，赐以驱除，而且至于打破你的饭碗的罢。"①1929年的《我和〈语丝〉的始终》再次提及此事，并详细讲述了《语丝》周刊的由来："但我很抱歉伏园为了我的稿子而辞职，心上似乎压了一块沉重的石头。几天之后，他提议要自办刊物了，我自然答应愿意竭力'呐喊'。……这便是《语丝》。"②

这首打油诗固然很好懂，但是在一个细节方面应该稍加留意，或许对于理解鲁迅的思想有所增益。因为是讽刺诗，所以在手法上运用了强烈的对比法，四节诗歌，每一节都有"爱人赠我 ××"，"回她什么：××"，所赠的一律是正统喜庆的物品：百蝶巾、双燕图、金表索、玫瑰花，而所回赠的则一律都是猫头鹰、冰糖壶卢、发汗药、赤练蛇之类不对等的令人心惊的不祥或粗犷之物。虽然我们可以辩解说这回赠的四类物品都是鲁迅平常的喜好，但我们依然可以从中瞥见鲁迅思想中某种"粗砺"的基底：即文学不应该成为"情感"或者"趣味"的小摆设，而应该是"投枪"和"匕首"。这其实是留日以来鲁迅一贯的思想，只不过因为辛亥革命失败的顿挫而隐匿了起来，到此冒了一个小头，而到了1925年则要全面复苏了。"我所要多登的是议论，而寄来的偏多小说，诗。先前是虚伪的'花呀''爱呀'的诗，现在是虚伪的'死呀''血呀'的诗。呜呼，头痛极了！"③"野草"时期之后，鲁迅全面转向"杂文"写作恐怕也难同此种思想脱离干系吧！

（五）《复仇》

《复仇》写作于 1924 年 12 月 20 日，载同年 12 月 29 日《语丝》周刊第 7 期，和《复仇（其二）》写作于同一天，同期发表。并且，

---

① 鲁迅：《集外集拾遗·通讯（致孙伏园）》，载《鲁迅全集》第 7 卷，第 286 页。
② 鲁迅：《三闲集·我和〈语丝〉的始终》，载《鲁迅全集》第 4 卷，第 170 页。
③ 鲁迅：《两地书·三四》，载《鲁迅全集》第 11 卷，第 102 页。

从这两篇开始，散文诗不再设《野草》大标题，而是直接以题名为大标题，然后副标题一律标注"野草之 ×"，署名鲁迅。

对于该篇，鲁迅在 1931 年的《〈野草〉英文译本序》中说，"因为憎恶社会上旁观者之多，作《复仇》第一篇"①。又在 1934 年 5 月 16 日致郑振铎信中说，"我在《野草》中，曾记一男一女，持刀对立旷野中，无聊人竞随而往，以为必有事件，慰其无聊，而二人从此毫无动作，以致无聊人仍然无聊，至于老死，题曰《复仇》，亦是此意。但此亦不过愤激之谈，该二人或相爱，或相杀，还是照所欲而行的为是。"②

通观鲁迅此后的一系列带有"复仇"倾向的篇目，如《复仇（其二)》《颓败线的颤动》《铸剑》等，皆是描述为他人所伤害的一个"主体"向着具体目标复仇的故事，而此篇显然不同，倒是多少使人想起《药》当中"古轩亭口"的场景，或者《阿Q正传》最后一章"大团圆"当中街头的看客场景，抑或是几个月之后创作的《示众》里面的描写。可是这三篇当中对看客的描写并没有"复仇"的意味。描写庸众生命的颓废，并向之复仇，会使人情不自禁地想起鲁迅所翻译的俄国无政府主义小说《工人绥惠略夫》里面的场景，小说的最后，绥惠略夫在剧场中无分别地向群众开枪射击，意味着向民众复仇。触发鲁迅写作此篇的具体事件或许真的如鲁迅所言，因为社会上旁观者太多，从而勾起了作者早年的苦痛记忆。然而，鲁迅写作当下的个人经历或者阅读或许更能够触醒此记忆吧！1923 年 7 月兄弟失和，以至于争吵、打骂、被驱逐，这其中肯定少不了旁／围观者。1924 年 6 月 11 日鲁迅最后一次回八道湾取书及什器，又是一顿打骂，这其中也一定少不了旁／围观者，这对于鲁迅来说是何其苦痛的创伤记忆！后来鲁迅不止一次地描写小孩子对"被侮辱者"拿着树叶做打枪状的

---

① 鲁迅：《二心集·〈野草〉英文译本序》，载《鲁迅全集》第 4 卷，第 365 页。
② 鲁迅：《书信·340516 致郑振铎》，载《鲁迅全集》第 13 卷，第 105 页。

"吧！"其实正是这种创伤记忆的生动再现。这种创伤记忆或许也同时影响到鲁迅的阅读、翻译以及创作。在写作《复仇》的前四天，鲁迅在《京报副刊》上发表了一篇他所翻译的荷兰作家 Multatulid 的散文诗，名字叫《无礼与非礼》①，就讲述了一个勤劳的萨木夜提年轻人因为世俗的原因而被庸众剥夺了劳动成果并遭毒打的故事。这些或许都成为鲁迅选择以"复仇"为主题而写作该散文诗的因子吧！

不过，除此之外，写作这篇散文诗的最重要影响应该还是来自厨川白村。散文诗中不厌其烦地对"生命的飞扬的极致的大欢喜"的礼赞，其直接来源正是鲁迅刚刚翻译完成的《苦闷的象征》②中厨川白村对"生命力"和"生的欢喜（joy of life）"的无限赞美。而在创作《复仇》当月的 5 日，鲁迅翻译了厨川白村的另一部作品《出了象牙之塔》中的一部分《观照享乐的生活》。这部作品则更直接地提倡"生命之力"和"生命享乐的大欢喜"："当生命奔逸的时候，有时跳出了道德的圈外，便和理智的命令也违反。有时也许会不顾利害的关系，而踊跃于生命的奔腾中。在这里，真的活着的人味才出现。"③从这段引文中，我们或许能看到些许鲁迅写作的来源吧！

（六）《复仇（其二）》

《复仇（其二）》和上一篇《复仇》写作于同一天，发表于同一期《语丝》周刊。其写作的具体语境我们在上一篇中也略作过交代。

该篇借用的是耶稣基督在各各他"被钉"的故事，鲁迅在重写中去掉了后面的"复活"的情节，而着意描写了耶稣基督"被侮辱"和

---

① ［荷］Multatulid：《无礼与非礼》，鲁迅译，载《鲁迅译文全集》第 8 卷，第 130 页。原载《京报副刊》1924 年 12 月 16 日，第 12 号。
② ［日］厨川白村：《苦闷的象征》，鲁迅译，载《鲁迅译文全集》第 2 卷，第 217—280 页。
③ ［日］厨川白村：《出了象牙之塔·观照享乐的生活》，鲁迅译，载《鲁迅译文全集》第 2 卷，第 338 页。

"被钉"的部分。耶稣基督"被钉"而后复活的故事《新约全书》中的四大福音书皆有描写，不过描写的方式略有出入。对照四大福音书，并依据鲁迅文本中所采用的"以罗伊，以罗伊，拉马撒巴各大尼"和"用没药调和的酒"的两处描写，基本上可以判定鲁迅重写此故事所依照的版本是《马可福音》。①

如前文所述，在写作这两篇《复仇》的前四天，鲁迅在《京报副刊》上发表的翻译作品《无礼与非礼》②讲述一个勤劳的萨木夜提年轻人因为世俗的原因而被庸众剥夺了劳动成果并遭毒打的故事，有可能是刺激鲁迅接连写作两篇《复仇》散文诗的直接动因之一。这个故事当中对庸众随声附和作恶的描写或许在某种层面上勾起了鲁迅类似的过往记忆：S 城的古轩亭口、北大讲义风潮③……于是，对庸众的厌恶附和着鲁迅这一时期对"人类"厌恶的情绪扑面而来，加之五四时期身体里被压抑着的"尼采的幽灵"因这个时期对厨川白村《苦闷的象征》和《出了象牙之塔》两个文本触电般的阅读和翻译而被释放出来，一方面是强力的生命奔腾的律动，一方面则是庸众干枯委顿无聊的"颓废相"，这强烈的两相比较，就自然促成了鲁迅对于强力生命之大欢喜的近似于"唯美"的礼赞，而唾弃相反的一种，此之谓复仇其一。

强力之生命固然使人得生命的大酣畅与大欢喜，然而终究没有逃脱被世俗秩序所"侮辱"与"损害"的命运。辛亥中牺牲的秋瑾、徐锡麟，北大讲义风潮中的冯省三，工人绥惠略夫以及自己所创作的《不周山》当中的"女娲"等反被世人"侮辱"与"损害"的形象或许在鲁迅写作完《复仇》之后纷沓而至，使得鲁迅欲搁笔而不能，然

---

① 《新约·马可福音》，第 61、62 页，载《圣经》，中国基督教三自爱国运动委员会、中国基督教协会 2009 年版。

② [荷] Multatulid：《无礼与非礼》，鲁迅译，载《鲁迅译文全集》第 8 卷，第 130 页。原载《京报副刊》1924 年 12 月 16 日，第 12 号。

③ 参见鲁迅：《热风·即小见大》，载《鲁迅全集》第 1 卷，第 429 页。

后写下了这篇《复仇（其二）》。

不过同《药》当中夏瑜对庸众"哀其不幸"的态度不同的是，《复仇（其二）》中的耶稣尽管"悲悯他们的"未来，然而始终不宽恕和仇恨"他们"的现在。而且，还自始至终"玩味"着可悲悯与可诅咒的庸众对他的侮辱与"钉杀"。在"钉杀"的那一刻，出现于前一篇的"唯美"的生命的"大欢喜"与"大醋畅"的礼赞再一次到来。

悲悯其未来，仇恨其现在，沉醉于唯美的生命"大欢喜"之中而"玩味"自我的"被侮辱"和"被损害"，这与其说是鲁迅笔下的耶稣形象，而毋宁说是他借了"被钉杀"的"人之子"的形象而书写了他过往的革命同人同他自己。"……也逐渐被社会所弃，变了'药渣'了，虽然也曾煎熬了请人喝过汁。一变药渣，便什么人都来践踏，连先前喝过汁的人也来践踏，不但践踏，还要冷笑。""……我先前何尝不出于自愿，在生活的路上，将血一滴一滴地滴过去，以饲别人，虽自觉渐渐瘦弱，也以为快活。而现在呢，人们笑我瘦弱了，连饮过我的血的人，也来嘲笑我的瘦弱了。"①

以此篇为起点，鲁迅接下来写作了令人印象更为深刻的"复仇"文学《颓败线的颤动》和《铸剑》。

二、黯然与复苏:《希望》《过客》与"故乡三部曲"

（一）《希望》

《希望》写作于 1925 年元旦，以"野草之七"的副标题刊发于 1925 年 1 月 19 日的《语丝》周刊第 10 期，署名鲁迅。关于此篇写

---

① 鲁迅:《两地书·九五》，载《鲁迅全集》第 11 卷，第 253 页。

作的缘起，后来鲁迅在《〈野草〉英文译本序》中说，"因为惊异于青年之消沉，作《希望》"①。

元旦对于鲁迅来说其实是个很重要的节日，他通常会在前一天对过往的一年做一个总结：做一年的书账。跟随"总结"而来的自然就是"开启"，所以写作于元旦这一天的《希望》或许正隐含着此意吧！

"我的心分外地寂寞"②一段应该是指辛亥革命之后，他到北京教育部任职而住在绍兴会馆的那段时光，那时他天天抄古碑，读佛经，沉浸到古代去，以忘却那痛苦的青春，所以他说他自己苍白了，很平安，然而很寂寞。"这以前，我的心也曾充满过血腥的歌声"应该指的是留日和回国初期，那时他参加了辛亥革命的"光复"，有着所谓"寂寞的青春之叫喊"，即《秋夜》中小粉花的梦。"而忽然这些都空虚了"指的是辛亥革命以后的失败所带来的苦痛，看他后来写的《范爱农》就知道，"光复"时期的鲁迅是异常兴奋且热烈参与的，可是后来发现革命失败了，于是失望并且感到空虚。"说起民元的事来，那时确是光明得多……一到二年二次革命失败之后，即渐渐坏下去，坏而又坏，遂成了现在的情形。"③辛亥革命失败后，鲁迅经历了一段灰暗的时期，然而"寂寞之青春的喊叫"并没有被遗忘，而是埋藏在心底，尽管"这样地陆续耗尽了我的青春"，但依然"以为身外的青春固在"，即到了五四时期，身外的那些年轻人，就像他留日时期一样地在呐喊，有"星，月光，僵坠的胡蝶，暗中的花"，这些都是他曾经有过的，而现在"身外的青春"的这些年轻人，也在做同样的事情。

可是这些年轻人的"呐喊"却越来越消沉，以至于"只得由我来

---

① 鲁迅：《二心集·〈野草〉英文译本序》，载《鲁迅全集》第4卷，第365页。
② 本部分以下引文除专门注释外，皆引自鲁迅：《野草·希望》，载《鲁迅全集》第2卷，第181—182页。
③ 鲁迅：《两地书·八》，载《鲁迅全集》第11卷，第31页。

肉薄这空虚中的暗夜了"。也就是"我"的一直没有被遗忘的埋在心底的青春因了"身外的青春"而重燃,现在"身外的青春也都逝去"了,那么,"我"来上阵吧!可是这个时候却听到了绝望之歌:"希望是甚么?是娼妓:她对谁都蛊惑……"这"希望之歌"就像《秋夜》当中的那个夜半吃吃的笑声一样来嘲讽"我"的"肉搏"。

行文至此,本篇的书写结构同《秋夜》非常相近,然而,《希望》又往前进了一步,否定了这"嘲笑"之声:"绝望之为虚妄,正与希望相同"。既然"绝望"是"虚妄"的,那么,希望就不至于全无,于是,"我"依然寄希望于"身外的青春",然而,最终还是没有,"青年们很平安",那么,好吧!依然"由我来肉薄这空虚中的暗夜"吧!

可是诗到终了鲁迅突然又一转:"但暗夜又在那里呢?""……青年们很平安,而我的面前又竟至于并且没有真的暗夜。绝望之为虚妄,正与希望相同!"诗的最后这一句"诗眼"式的重复,其强调的重点既没有落在"绝望"上,也没有落在"希望"上,而是落在了"虚妄"这个词上。其实"虚妄"就是生活的一个中间状态:既没有完美的绝望,也没有完美的希望,生活它就是一种"虚妄"。

(二)《雪》

《雪》写作于 1925 年 1 月 18 日,以"野草之八"的副标题刊发于 1925 年 1 月 26 日的《语丝》周刊第 11 期,署名鲁迅。

1925 年 1 月 18 日,是旧历腊月廿四,正是南方的小年。① 这一篇《雪》同随后所写的《风筝》(正月初一)、《好的故事》(正月初五)可以称作是《野草》当中的"故乡三部曲",与诗集中多数写早期留

---

① 中国北方的小年一般为旧历腊月廿三,但南方许多地方的风俗是以腊月廿四为小年,包括绍兴。

日经历不同的是，这三篇则多写儿时故乡的记忆，而主题多涉及兄弟之情。

关于《雪》的写作的缘起，有的学者认为是 1924 年 12 月 31 日北京的一场大雪所触发的[①]，有的学者则认为是 1925 年 1 月 16 日，周作人四十岁生日的当天兄弟俩同赴女师大"同乐会"而有可能彼此照面所致。[②] 这两种说法都有道理。不过还有一个因素也应该考虑进来，即这是兄弟失和之后，鲁迅慢慢从失和的极度痛苦当中缓过来而重新安置一个新家后同母亲和朱安一起正式过的第一个春节。母亲在，而兄弟失散，这情景自然而然会触发鲁迅回忆儿时情景并迫使其反躬自省。

文本中具体描写了同"雪"相关的三种意象：暖国的雨、江南的雪、朔方的雪。三种意象中，只有后两种同自我的经历相关，故而文本对"暖国的雨"只是一笔带过，并不赋予生命的具象。文本几乎花了主要篇幅描述"江南的雪"，极尽颜色的绚烂并且饱含感情，"江南的雪，可是滋润美艳之至了；那是还在隐约着的青春的消息，是极壮健的处子的皮肤"[③]。"青春"与"处子"二词则分明透露着鲁迅对少年时光的无限追忆与缅怀。"雪野中有血红的宝珠山茶……但我的眼前仿佛看见冬花开在雪野中，有许多蜜蜂们忙碌地飞着，也听得他们嗡嗡地闹着。"雪景中纷繁忙碌的动植物描写未始不是儿时情景的再现，而兄弟怡怡的场景或许时时在作者的脑海中闪现。儿时这一其乐融融的情景在文中堆雪罗汉一段的描写中达到了高潮。

然而，伤痛自然而然地浮现了，繁华终究有收场的那一刻："但他终于独自坐着了。晴天又来消释他的皮肤，寒夜又使他结一层冰，

---

① 孙玉石：《现实的与哲学的：鲁迅〈野草〉重释》，上海书店出版社 2001 年版，第 96 页。

② 李哲：《"雨雪之辩"与精神重生——鲁迅〈雪〉笺释》，《文学评论》2017 年第 1 期。

③ 该小节以下引文除专门注释外，皆引自鲁迅：《野草·雪》，载《鲁迅全集》第 2 卷，第 185—186 页。

化作不透明的水晶模样；连续的晴天又使他成为不知道算什么，而嘴上的胭脂也褪尽了。"这自然要使人联想到《秋夜》中"简直落尽叶子，单剩干子"的枣树了。刚才还"口可着冻得通红，像紫芽姜一般的小手"的可爱的孩子，这一刻忽而变得不那么亲近了，成了"对了他拍手，点头，嬉笑"的帮凶。兄弟失和之后，鲁迅对孩子"帮凶化"的描写夹杂着自我苦痛的记忆，颇耐人寻味。

散文诗的最后，作者的笔触突然一转，写到了"朔方的雪"，分明有自况的意味，其肯定的笔调令人觉得这俨然是一篇对"朔方的雪"的礼赞："在晴天之下，旋风忽来，便蓬勃地奋飞，在日光中灿灿地生光，如包藏火焰的大雾，旋转而且升腾，弥漫太空，使太空旋转而且升腾地闪烁。"这笔调分明又回到了厨川白村的强力的生之律动与欢喜上来了。

（三）《风筝》

《风筝》写作于 1925 年 1 月 24 日，旧历正月初一，以"野草之九"的副标题刊发于 1925 年 2 月 2 日的《语丝》周刊第 12 期，署名鲁迅。

1919 年鲁迅写过一组散文诗《自言自语》①，其中的一篇名为《我的兄弟》，可视作《风筝》的初版本。前者只是粗略地讲了一个故事的梗概，后者则做了大幅的修改，加进了许多形象的描述，并且惹人注意地更改了文章的题名。这一篇毋宁说更像后来的《朝花夕拾》当中的篇什，因为同样是出自《自言自语》组诗，《我的父亲》后来就改写为《父亲的病》而收录于该散文集当中。

也许是因为这个印象的缘故，后来围绕该篇的"诗与真"有过不少的争议。主要集中在两点，其一就是这个故事当中的"小兄弟"到

---

① 鲁迅：《集外集拾遗补编·自言自语》，载《鲁迅全集》第 8 卷，第 114—120 页。

底指的是周作人还是周建人的问题。一般认为"小兄弟"就是周建人："鲁迅在 1925 年写有一篇小文，题曰《风筝》……这里所说的小兄弟也正是松寿……"①"松寿"就是周建人。不过一位日本学者则推测"《风筝》里的弟弟也许是十岁前后的周作人"，而周作人为了澄清此事则专门写信给松枝茂夫予以否认。②

争议的第二点则主要集中在《风筝》中踩坏小兄弟的风筝一事到底是"诗"还是"真"的问题。对此，周作人、周建人皆予以否认："鲁迅有时候，会把一件事特别强调起来，或者故意说着玩，例如他所写的关于反对他的兄弟糊风筝和放风筝的文章就是这样。实际上，他没有那么反对得厉害……"③"不过《野草》里所说的是'诗与真实'和合在一起，糊风筝是真实，折断风筝翅骨等乃是诗的成分了。"④"而这些折毁风筝等等事乃属于诗的部分，是创造出来的。……我曾经看、也帮助他糊过放过，但是这时期大概在戊戌（1898）年以后，那时鲁迅已进南京学堂去了。"⑤有学者则认为："这还可能是实有其事。鲁迅写得那么真切，而且不止一次写到这件事，可见这事在他记忆中的印象之深了。"⑥

鲁迅确实有为了表达自己的思想而"虚构"事实的习惯，明显的例子就是《我的父亲》中记载父亲临终前让我大声喊魂的是我的乳

① 周作人：《鲁迅的青年时代·买新书》，载《周作人散文全集·12·1952—1957》，钟叔河编订，广西师范大学出版社 2009 年版，第 586 页。
② 转引自［日］丸尾常喜：《耻辱与恢复——〈呐喊〉与〈野草〉》，秦弓、孙丽华编译，北京大学出版社 2009 年版，第 210 页注释 2。
③ 周建人：《略讲关于鲁迅的事情·略讲关于鲁迅的事情》，载《鲁迅回忆录·专著·中册》，鲁迅博物馆、鲁迅研究室、《鲁迅研究月刊》选编，北京出版社 1999 年版，第 743 页。
④ 周作人：《鲁迅的青年时代·买新书》，载《周作人散文全集·12·1952—1957》，钟叔河编订，广西师范大学出版社 2009 年版，第 586 页。
⑤ 周作人：《鲁迅的青年时代·鲁迅与〈弟兄〉》，载《周作人散文全集·12·1952—1957》，钟叔河编订，广西师范大学出版社 2009 年版，第 630—631 页。
⑥ 孙玉石：《现实的与哲学的：鲁迅〈野草〉重释》，上海书店出版社 2001 年版，第 111 页。

母，而改写为《父亲的病》后，则乳母的坏角色更改为衍太太。周作人就数次对父亲临终前衍太太这一角色的描写做过说明，指出其"诗"的成分。① 因此，《风筝》中的故事大可按照"诗"的角度去理解，所可注意的是，"诗"的背后隐藏了鲁迅如何的思想。周作人说，"作者原意重在自己谴责……"② 这句话或许是解开《风筝》的一把钥匙。如上文所述，《风筝》同《雪》和《好的故事》皆是因为年关而勾连起对儿时故乡的回忆，夹杂了兄弟失和的情感在里面。因此，这一篇《风筝》正应该从这个角度去理解。极可能的是，鲁迅借写三弟松寿放风筝一事，而表达了对兄弟失和的反躬自省。所谓求宽恕而不得，"无怨的恕，说谎罢了"，岂不正是执笔时鲁迅心境的写照吗？而回过头来再思量题名由"我的兄弟"更改为"风筝"的用意，不是更为明显吗？兄弟失散了，然而牵挂依旧，这不正是"风筝"这一形象所隐含的寓意吗？

（四）《好的故事》

关于《好的故事》的写作时间有一点小小的争议，源自鲁迅本人的误记。收入《野草》中的《好的故事》篇末标明该篇写作的时间是1925年2月24日，可是该篇又明明于1925年2月9日以"野草之十"的副标题刊发于《语丝》周刊第13期，表明鲁迅标注的时间确实有误。又，鲁迅日记1925年1月28日记载，"作《野草》一篇"③。这个时间的前四天，鲁迅刚刚写作了《风筝》，而再往后的《过客》在一个多月后的3月2日才写作完成，其间并没有别的《野草》系列的作

---

① 周作人：《彷徨衍义·S城人》，载《周作人散文全集·12·1952—1957》，钟叔河编订，广西师范大学出版社2009年版，第426页。
② 周作人：《鲁迅的青年时代·鲁迅与〈弟兄〉》，载《周作人散文全集·12·1952—1957》，钟叔河编订，广西师范大学出版社2009年版，第630页。
③ 鲁迅：《日记·日记十四（1925年）一月》，载《鲁迅全集》第15卷，第549页。

品问世。又,《好的故事》的开头有"鞭爆的繁响在四近",说明还是在新年"祝福"氛围当中,查日历,1925 年 1 月 28 日是旧历正月初五,在中国有所谓"破五"的习俗,即在这一天大家都会放鞭炮以告明春节的临近尾声和新一年工作的开始。综上几个理由,可以断定《好的故事》写作于 1925 年 1 月 28 日。

综观《雪》《风筝》《好的故事》这三篇同"故乡"相关联的文本,可以看出其中的几个相似点:其一,都写了儿时的故乡;其二,都写了儿时故乡的美好;其三,都写了这儿时美好的"破碎";其四,都写了这美好被打破时的"惊异";其五,当下的现实则同这儿时的美好有着强烈的反差,或荒芜昏暗,或粗粝肃杀。

略微有些出入的是,首篇《雪》的结尾高度颂扬了隐喻着"主体"自我的"朔方的雪",从而反衬了儿时"江南之雪"的柔弱与粘连,显示了写作者昂扬的一面,然而到了《风筝》和《好的故事》,写作主体的这种昂扬的一面完全被压抑,而显示出无限留恋与祈求宽恕的哀婉。"青天上面,有无数美的人和美的事,我一一看见,一一知道",因此,我想抓住他们,"我就要凝视他们……",然而破碎了,"我真爱这一篇好的故事,趁碎影还在,我要追回他,完成他,留下他"。① 这里已经完全没有"朔方之雪"的昂扬了,只有追忆、哀怨与惋惜。

从 1925 年 1 月 18 日《雪》落笔到 1 月 28 日完成《好的故事》,其间整整 10 天时间,可以说,这三篇作品为我们很好地勾勒出了鲁迅这十天当中思想变动的轨迹。腊月二十二(1 月 16 日),周作人四十岁生日,兄弟俩无意间同去了女师大同乐会,这个或然的碰面促成了腊月二十四(1 月 18 日)《雪》的写作,将近年关的时间把鲁迅带到了儿时绚烂多彩的记忆当中,然而记忆的苦痛并没有迫使写作者即刻放低姿态,昂扬的一面依然占据了上风。大年初一(1 月

---

① 鲁迅:《野草·好的故事》,载《鲁迅全集》第 2 卷,第 190—191 页。

24 日）本该是儿时兄弟们穿着新衣服互相嬉戏祝福的时刻，可是兄弟失和的残酷现实令写作者不得不反躬自省，从而放下了昂扬的姿态，在虚构的世界中祈求宽恕，于是将若干年前的作品《我的兄弟》改写为《风筝》，以"风筝飞走了，线还在我手里"隐喻着兄弟失和之后弟兄的分离与牵挂。正月初五（1 月 28 日）新年过尽了，大家都要着手新的一年工作了，儿时新年的记忆就要暂时告一段落了，而我则要拼命地记住他，"趁碎影还在，我要追回他，完成他，留下他"。

所可注意的是，该篇以《初学记》始，以《初学记》终，《初学记》成为鲁迅写作此篇的触媒，而据说该书同样对周作人影响甚大："周作人在八道湾住宅后院书房便名之为'苦雨斋'，其典故亦可由《初学记》中有关'雨'的条目窥见一斑：'雨与雪杂下曰霰。'〈纂要〉云：疾雨曰骤雨，徐雨曰零雨，雨久曰苦雨，亦曰愁霖。"① 这也在某一方面为我们理解这一篇散文诗提供线索了吧！

（五）《过客》

《过客》写作于 1925 年 3 月 2 日，以"野草之十一"的副标题刊发于 1925 年 3 月 9 日的《语丝》周刊第 17 期，署名鲁迅。

年前因了厨川白村《苦闷的象征》和《出了象牙之塔》之"强力生命"哲学的触动而创作了《野草》中的从《秋夜》到《复仇（其二)》等颇有"战斗"姿态的篇什，虽然经历了新年祝福声中的低沉，然而，阳春三月却又呈现出了复苏的迹象，先是完成了《出了象牙之塔》的翻译（2 月 18 日），继而创作了具有"呐喊"遗风的小说《长明灯》（2 月 28 日，据日记日期②），紧接着完成了此篇《过客》，几

---

① 李哲：《"雨雪之辩"与精神重生——鲁迅〈雪〉笺释》，《文学评论》2017 年第 1 期。
② 日记 1925 年 2 月 28 日记载，"成小说一篇。"参见鲁迅：《日记·日记十四（1925年）二月》，载《鲁迅全集》第 15 卷，第 553 页。

天之后《苦闷的象征》则完成了出版。①

从《过客》的内容和其后鲁迅的文字中所涉及的讨论来看，《过客》堪称鲁迅"行动哲学的宣言"。其文字中对一切阻碍行动之事物的诅咒与打破尤其值得读者注意。"……我敢赠送你一句真实的话，你的善于感激，是于自己有害的，使自己不能高飞远走。我的百无所成，就是受了这癖气的害，《语丝》上《过客》中说：'这于你没有什么好处'，那'这'字就是指'感激'。我希望你向前进取，不要记着这些小事情。"②"感激……大概总算是美德罢。但我总觉得这是束缚人的。"《过客》的意思不过如来信所说那样，即是虽然明知前路是坟而偏要走，就是反抗绝望……但这种反抗，每容易蹉跌在'爱'——感激也在内——里，所以那过客得了小女孩的一片破布的布施也几乎不能前进了。"③"又如来信说，凡有死的同我有关的，同时我就憎恨所有与我无关的……，而我正相反，同我有关的活着，我倒不放心，死了，我就安心，这意思也在《过客》中说过，都与小鬼的不同。"④

《过客》从构思到写作，可以看到尼采《查拉图斯特拉如是说》的影响，不同的是，查拉图斯特拉是一个巨人，"过客"则是一个比较现实的、有自况意味的黑色人。散文诗大致可分为三个部分，第一部分过客来了，见到老翁和女孩，老翁不断地问过客问题："你是谁？""你从哪里来？""你要到哪里去？"。第二部分过客则反过来问老翁"前面是怎么一个所在么？"以及"走完了那坟地之后"的所在。老翁回答了第一个问题，然而回答不了第二个问题，并且劝说过客停下来歇息，这个时候散文诗就转到了第三个部分，过客说不

---

① 日记1925年3月7日记载，"下午新潮社送《苦闷之象征》十本。"参见鲁迅：《日记·日记十四（1925年）三月》，载《鲁迅全集》第15卷，第555页。
② 鲁迅：《书信·250411致赵其文》，载《鲁迅全集》第11卷，第477—478页。
③ 鲁迅：《书信·250408致赵其文》，载《鲁迅全集》第11卷，第472页。
④ 鲁迅：《两地书·二四》，载《鲁迅全集》第11卷，第81页。

行，我还得往下走。"走"是整篇散文诗的核心词。德国的汉学家顾彬曾经说鲁迅的哲学是"路的哲学"①。譬如《故乡》的最后一段，"其实地上本没有路，走的人多了，也便成了路"②。过客的生存状态就是"走"，"走"是什么？——走就是生活本身，就是存在。鲁迅曾说："希望是附丽于存在的，有存在，便有希望，有希望，便是光明。"③即"希望"是第二位的，活着是第一位的，我们首先得要活着，然后才有希望。这就是"路的哲学"。而"路"是什么？"路"是要一步一步地踏实地走的。所以，《过客》所表达的就是鲁迅的"行动宣言"：脚踏实地一步一步往前走，并且要破除一切阻碍行动之可能的事物。这就是这篇象征手法的散文诗所想要表达的内容。

三、踏过"虚无"：《野草》"梦七篇"

（一）《死火》

《死火》写作于 1925 年 4 月 23 日，以"野草之十二"的副标题刊发于 1925 年 5 月 4 日的《语丝》周刊第 25 期，署名鲁迅，是《野草》"梦七篇"之首。同一天鲁迅还创作了《狗的驳诘》，亦发表于同一期的《语丝》周刊。

关于这一篇的解读，有一个鲁迅的生活细节值得带入，就是从写作这一篇的上一个月始，鲁迅同其后来的恋人与伴侣许广平开始有书信往来，并且一个月中往来书信多达 15 篇之多。同月 12 日，许广

---

① ［德］沃尔夫冈·顾彬（Wolfgang Kubin）：《关于"异"的研究》，曹卫东译，北京大学出版社 1997 年版，第 189 页。
② 鲁迅：《呐喊·故乡》，载《鲁迅全集》第 1 卷，第 510 页。
③ 鲁迅：《华盖集续编·记谈话》，载《鲁迅全集》第 3 卷，第 378 页。

平曾与好友一起到周宅"探险",20 日女子师大课堂上鲁迅又应学生的要求带她们游览午门上的历史博物馆。而 22 日,也就是写作《死火》的前一天晚上,鲁迅在给许广平的回信中讨论了这两件事情,而且语气颇令人玩味:"张王两篇,也已看过,未免说得我太好些:我自己觉得并无如此'冷静',如此能干,即如'小鬼'们之光降,在未得十六来信以前,我还未悟到已被'探检'而去,倘如张君所言,从第一至第三,全是'冷静',则该早已看破了。""星期一的比赛'韧性',我确又失败了,但究竟抵抗了一点钟,成绩还可以在六十分以上。可惜众寡不敌,终被逼上午门,此后则遁入公园,避去近于'带队'之厄。"[①]前引的这同一封信中的两段话,前一段谈论到"探险",后一段则讨论到游览博物馆一事。从书信行文的语气可知鲁迅跟许广平已经相当熟悉,到了可以开玩笑的地步,而且鲁迅自招供地谈到了自己的"不冷静",所谓"张王两篇"中的"张"指的是张定璜,他曾经在评论鲁迅的文章当中连用了三个"冷静"来称赞鲁迅,[②]而鲁迅则自招供地说自己并非如此,这岂不是活脱脱一个"死火"的形象吗?

由此,又自然令人联想到 1919 年鲁迅发表的散文组诗《自言自语》当中的《火的冰》[③],很显然《死火》在很大层面上是自《火的冰》改写而来,这一点毋庸置疑。而《火的冰》的写作则确实跟鲁迅的私人生活相关联。1919 年 1 月鲁迅在《随感录四十》中回答了一个青年关于"爱情"的疑问,对于不幸的婚姻,他则不无悲哀地表

---

① 鲁迅:《两地书·一五》,载《鲁迅全集》第 11 卷,第 55 页。

② 张定璜在《鲁迅先生(下)》中说,"鲁迅先生的医究竟学到了怎样一个境地,曾经进过解剖室没有,我们不得而知,但我们知道他有三个特色,那也是老于手术富于经验的医生的特色,第一个,冷静,第二个,还是冷静,第三个,还是冷静。"参见张定璜:《鲁迅先生(下)》,《现代评论》1925 年 1 月 24 日,第 1 卷第 8 期。

③ 鲁迅:《集外集拾遗补编·自言自语·火的冰》,载《鲁迅全集》第 8 卷,第 115 页。

示,"只好陪着做一世牺牲,完结了四千年的旧账"①。其后所写的《火的冰》则很显然是这一思想的文学化的产物,以"火的冰"形象隐喻着将热情包裹起来的自我。而到了《死火》的写作当下,这被包裹起来的"火的冰"再次升华而成为"死火"的形象,分明因为遇着身外的"温热"而要"死火重温"了。这样一个意象,小而言之,是因为许广平出现在他的生命里,而使得他原本被包裹起来的热情得以重燃;大而言之,则同《秋夜》与《希望》中的描写一样,是因了五四"身外青春"的激荡而复燃了因革命失败而被包裹起来的"身内的青春"。这两方面的解释其实都没有什么问题,抑或鲁迅写作中本就蕴含着这两层意思也未可知。

不过在这首散文诗中,作者似乎又回到了《影的告别》的两难境遇当中。两难即意味着抉择,而每逢这样的时候,散文诗作者的选择则一定会朝着"生命之力绽放"的那一面走去,哪怕前面等待他的是万劫的毁灭。这一点则很显然带有尼采影响的余波。

(二)《狗的驳诘》

如前所述,《狗的驳诘》同《死火》写作于同一天,即 1925 年 4 月 23 日,以"野草之十三"的副标题刊发于同一期《语丝》周刊上,署名鲁迅。

《狗的驳诘》和其后的《立论》《聪明人和傻子和奴才》,此三者就其写作形式而论,在《野草》当中显得有些异类——《我的失恋》除外——颇有些像智者的箴言,有《伊索寓言》的影子在里面似的。

不过即便如此,《狗的驳诘》就其整体结构而言,在《野草》系列中依然能找到极其相近的作品。如果说上一篇《死火》在结构上神似《影的告别》的话,则这一篇像极了《求乞者》。有意思的是,前

---

① 鲁迅:《热风·随感录四十》,载《鲁迅全集》第 1 卷,第 338 页。

两篇写作于同一天，这后两篇作品亦写作于同一天，好像鲁迅的思想当中有个"圆环"似的转来转去又转回来了。

《狗的驳诘》中再一次出现"乞食者"的形象。《求乞者》当中求乞的孩子的形象或许来自鲁迅日常所见的社会现实，而这一次却是"我"梦见自己像是个"乞食者"，这或许跟鲁迅早年的某种记忆有关，据周作人讲，鲁迅早期因"科考案"而避居大舅父家里时曾被人称作"讨饭"的乞丐，"这个刺激的影响很不轻，后来又加上本家的轻蔑与欺侮，造成他的反抗的感情"①。乞食者因为狗在背后叫而叱咤它，然而却引来了狗对人类的嘲笑，"愧不如人"这一句令人印象深刻。这里面有着极深的尼采式的厌恶人类的思想。这种思想在接下来的《失掉的好地狱》中又再一次出现，"你是人！我且去寻野兽和恶鬼……"②这一句同样表达了厌恶人类的思想。其实前面的《求乞者》也同样表达了这个意思，我们在解读时只是沿着尼采的"强力之生命"的个人主义之逻辑一面去解读的，这个逻辑的另一面其实就是厌恶人类。众所周知，在上山途中遇见瘦弱者推车将倾而道路被挡住时，托尔斯泰（Лев Николаевич Толстой）会上前扶一把，而尼采则会去推倒，这个故事很形象地将这逻辑的两面呈现了出来。

如前所述，鲁迅自己就承认他经常在"人道主义"和"个人的无治主义"两种思想之间摇摆③，时而是"人道主义"同情与哀怜，时而又是"个人的无治主义"的厌恶与唾弃。这两种思想的激烈挣扎在五四前后尤为明显。写作于1919年的《一件小事》④和写作于1922年的《无题》⑤就曾先后展现了鲁迅思想当中这种挣扎的痕迹。在故事讲述的过程中，两篇作品皆无意识地流露出了厌恶（不信任）人类的

① 周作人：《鲁迅的青年时代·避难》，载《周作人散文全集·12·1952—1957》，钟叔河编订，广西师范大学出版社 2009 年版，第 581—582 页。
② 鲁迅：《野草·失掉的好地狱》，载《鲁迅全集》第 2 卷，第 205 页。
③ 鲁迅：《书信·250530 致许广平》，载《鲁迅全集》第 11 卷，第 493 页。
④ 鲁迅：《呐喊·一件小事》，载《鲁迅全集》第 1 卷，第 481—483 页。
⑤ 鲁迅：《热风·无题》，载《鲁迅全集》第 1 卷，第 405—406 页。

思想，而后又都在结尾反思了这种极端个人主义的思想而展现出"人道主义"希望的曙光。可是到了《野草》的写作，我们突然发现这种所谓人道主义式的反思忽然不见了，而尼采式的"强力生命"之"个人的无治主义"独占了上风，《求乞者》《狗的驳诘》《失掉的好地狱》无不如此。这也可以从一个侧面窥见了此时鲁迅思想的变迁吧！

（三）《失掉的好地狱》

《失掉的好地狱》写作于 1925 年 6 月 16 日，以"野草之十四"的副标题刊发于 1925 年 6 月 22 日的《语丝》周刊第 32 期，署名鲁迅。与《墓碣文》发表在同一期上。

在写作该篇的这个时间，鲁迅正在同以陈西滢为首的现代评论派打笔战。这个语境在某个层面上就决定了他写作这篇的意图。现代评论派在五四时期属于英美派，以徐志摩、胡适和陈西滢为代表。这一代人几乎都出生于 19 世纪 90 年代，同鲁迅和陈独秀他们之间有着代际差别。鲁迅和陈独秀他们都亲身经历或参与过辛亥革命的实践，对民国的建立及其挣扎的历史有着特殊的感情，同后来这拨没有亲身经过光复革命的五四一代的想法是不一样的。读鲁迅这个时期的杂感文，我们就发现，他会经常提及"民国"，告诫大家不能忘记民国建立的历史，并且反复提到民元时期的"光明"，"说起民元的事来，那时确是光明得多"[1]。《失掉的好地狱》写作的当天，鲁迅又再次撰文（《杂忆》）[2] 重复了这种观点，并且在深切缅怀辛亥一代的同时表达了对当下五四一代的不满。这就是《失掉的好地狱》写作的具体历史语境。

"有一伟大的男子站在我面前，美丽，慈悲，遍身有大光辉，然

---

① 鲁迅：《两地书·八》，载《鲁迅全集》第 11 卷，第 31 页。
② 鲁迅：《坟·杂忆》，载《鲁迅全集》第 1 卷，第 233—239 页。

而我知道他是魔鬼。"① 文中的"魔鬼"一词其实就是指的辛亥一代的革命者，鲁迅留日时期所撰写的《摩罗诗力说》中的"摩罗"就是"魔鬼／撒旦"的意思。因此，我们在散文诗的末尾就看到"朋友，你在猜疑我了。是的，你是人！我且去寻野兽和恶鬼⋯⋯"这样的表达。在鲁迅这里"魔鬼"其实是一个赞美的词，因此，当魔鬼出现时，他说"天地作蜂蜜色的时候"，蜂蜜色是暖色调，足以见得鲁迅回顾辛亥革命时的心情。当"魔鬼战胜天神""亲临地狱"的时候，这个时候的地狱是好地狱，"远处还萌生曼陀罗花"，虽然"花极细小，惨白可怜"，然而毕竟还有生长小白花的可能。后来鲁迅在《〈野草〉英文译本序》当中就把《野草》的写作比作这种小白花，"所以，这也可以说，大半是废弛的地狱边沿的惨白色小花"②。

然而他同时又说："但这地狱也必须失掉。这是由几个有雄辩和辣手，而那时还未得志的英雄们的脸色和语气所告诉我的。我于是作《失掉的好地狱》。"③ 这里所说的"当时还未得志的英雄们"其实指的就是写作当下困扰鲁迅并使之深恶痛绝的"正人君子"之流的现代评论派及其周边的人物。这些人在同鲁迅打笔仗过程中以"正人君子"自居而党阀一切，令鲁迅厌恶至极，并且更为深层的原因是，这是一帮爬上"高雅文学殿堂"而丧失了"生命之强力"的五四一代的雅人，他们根本不能理解从辛亥革命中辗转战斗过来的辛亥一代的粗砺与艰辛。于是在笔战过程中，鲁迅便针锋相对地以"匪徒"自居，把自己的书屋取名为"绿林书屋"。因此，散文诗当中的"人类"一词并非如"魔鬼"一样是个颂词，而相反隐含着讽刺在里面。"人类便应声而起""地狱门上也竖了人类的旌旗！""人类于是完全掌握了主宰地狱的大威权""这是人类的成功，是鬼魂的不幸⋯⋯"，这里面

---

① 以下引文除特别注释外，皆引自鲁迅：《野草·失掉的好地狱》，载《鲁迅全集》第 2 卷，第 204—205 页。

② 鲁迅：《二心集·〈野草〉英文译本序》，载《鲁迅全集》第 4 卷，第 365 页。

③ 鲁迅：《二心集·〈野草〉英文译本序》，载《鲁迅全集》第 4 卷，第 365 页。

的"人类"都是同"魔鬼"相反的,好地狱也就丧失在他们的手里。这令鲁迅沮丧而且厌恶,因此在末尾他才说:"是的,你是人!我且去寻野兽和恶鬼……。"

(四)《墓碣文》

《墓碣文》写作于 1925 年 6 月 17 日,以"野草之十五"的副标题与《失掉的好地狱》同时刊发于 1925 年 6 月 22 日的《语丝》周刊第 32 期,署名鲁迅。

《墓碣文》是《野草》"梦七篇"之四。之所以强调这一点是因为木山英雄先生在《野草论》中认为"梦七篇"到了《墓碣文》是一个转折点,甚至《墓碣文》是整部《野草》的一个转折点。[①] 在他看来,鲁迅写作《野草》时期的孤独和怀疑在《墓碣文》中达到了一个顶点,而此后虽然还有《颓败线的颤动》这样的延续,可是却承启了"从死和幻想中重返日常性世界"[②] 的《死后》这样的作品,即表明鲁迅思想中的"自我危机"得到了解决,并以此预示着日后鲁迅将全力投入日常性"战斗"当中,开启杂文写作的时代。[③]

同"力度由内向外"[④] 的《希望》不同的是,《墓碣文》"步步逼近

---

① 具体参见木山英雄的《〈野草〉主体构建的逻辑及其方法》第四节和第五节。[日] 木山英雄:《〈野草〉主体构建的逻辑及其方法》,载《文学复古与文学革命——木山英雄中国现代文学思想论集》,赵京华编译,北京大学出版社 2004 年版,第 1—69 页。

② [日] 木山英雄:《〈野草〉主体构建的逻辑及其方法》,载《文学复古与文学革命——木山英雄中国现代文学思想论集》,赵京华编译,北京大学出版社 2004 年版,第 62 页。

③ [日] 木山英雄:《〈野草〉主体构建的逻辑及其方法》,载《文学复古与文学革命——木山英雄中国现代文学思想论集》,赵京华编译,北京大学出版社 2004 年版,第 62—69 页。

④ [日] 木山英雄:《〈野草〉主体构建的逻辑及其方法》,载《文学复古与文学革命——木山英雄中国现代文学思想论集》,赵京华编译,北京大学出版社 2004 年版,第 50 页。

内面世界"①，是《野草》当中表现"黑暗与虚无"思想最深的一篇。诗的第一部分，"我"在梦中看到墓碑上残存的文字："于浩歌狂热之际中寒；于天上看见深渊。于一切眼中看见无所有，于无所希望中得救。"②所谓"浩歌"可以简译成《希望》当中"血腥的歌声：血和铁，火焰和毒，恢复和报仇"③，也即"寂寞青春之叫喊"④，"中寒"也就是对这样一些理想主义叫喊的不信，这当然是在经过辛亥革命失败的打击之后。所以说"于天上看见深渊。于一切眼中看见无所有"，也就是在人们表现出非常热烈的地方，对"我"而言却是"空虚"的。并且，只能在"于无所希望中得救"，"无所希望"就是绝望，于绝望中得救，这是非常虚无的一种表达，可另外一方面又表现出了置之死地而后生的想法，所以，可以认为这是鲁迅"多疑"思想的一种表现。第二句交代了"死"之缘由，即"口有毒牙。不以啮人，自啮其身，终以殒颠"，其实换成另外一句话就是"我的确时时解剖别人，然而更多的是更无情面地解剖我自己"⑤。第三句则是没头没尾的一句话"离开！"，联系鲁迅所说的"我的灵魂里有毒气和鬼气，我极憎恶他，想除去他，而不能"⑥，可以理解为"不要接近我"的意思，这其实是鲁迅经常表达的一种思想。

《墓碣文》的第二部分，"我"绕到墓碣的背后，看到了死尸，"胸腹俱破，中无心肝。而脸上却绝不显哀乐之状，但蒙蒙如烟然"。这

---

① ［日］木山英雄：《〈野草〉主体构建的逻辑及其方法》，载《文学复古与文学革命——木山英雄中国现代文学思想论集》，赵京华编译，北京大学出版社2004年版，第51页。
② 以下引文除特别注释外，皆引自鲁迅：《野草·墓碣文》，载《鲁迅全集》第2卷，第207—208页。
③ 鲁迅：《野草·希望》，载《鲁迅全集》第2卷，第181页。
④ ［日］木山英雄：《〈野草〉主体构建的逻辑及其方法》，载《文学复古与文学革命——木山英雄中国现代文学思想论集》，赵京华编译，北京大学出版社2004年版，第21页。
⑤ 鲁迅：《坟·写在〈坟〉后面》，载《鲁迅全集》第1卷，第300页。
⑥ 鲁迅：《书信·240924致李秉中》，载《鲁迅全集》第11卷，第453页。

是一个非常恐怖而且绝望的形象。墓碣阴面残存的文字记载着"死"之经过：大意是说想尝自己的本味，于是把心肝挖出来尝，可是创痛剧烈，本味不可知，而后等创痛慢慢地平复再"徐徐食之"，可是心肝又变味了，本味仍不可知。我们熟悉的鲁迅式的"这样不行，那样也不行"的尴尬的"表达"复现了。从前面的阅读经验，我们知道，跟随这种表达而来的必定是一种抉择。果然，第三句的抉择来了，"答我。否则，离开！"有意味的是，当面临着这样的抉择时，前面的散文诗篇最后所选择的必定是毁灭或者死亡，而本篇则正好相反，选择了向"生"的一面逃离，"我疾走，不敢反顾，生怕看见他的追随"。尽管在逃离过程当中，"我"受到了极大的死之诱惑，"待我成尘时，你将见我的微笑！"然而，最终义无反顾地逃向"生"的抉择正印证了我们上文所提到的木山英雄的论断，即向日常性的回归，或许鲁迅通过《野草》这一系列的写作，真的挣脱了其思想当中的某种危机。

（五）《颓败线的颤动》

《颓败线的颤动》写作于 1925 年 6 月 29 日，以"野草之十六"的副标题与《立论》同刊于 1925 年 7 月 13 日的《语丝》周刊第 35 期，署名鲁迅。《颓败线的颤动》刊发于这一期的《语丝》的第 4 版，可是该版页眉的日期在排版印刷时出现错误，本应该是 7 月 13 日，却误写成 7 月 29 日。

《颓败线的颤动》作为"梦七篇"之一，并没有以通常的"我梦见"开头，而是说"我梦见自己在做梦"①，是一种"审视"的状态。这一点颇值得注意。梦境分为前后两个部分。第一部分：梦见老妇人还年轻的时候，通过卖身赚钱来养活自己的后代，并且记录了卖身

---

① 以下引文除特别注释外，皆引自鲁迅：《野草·颓败线的颤动》，载《鲁迅全集》第 2 卷，第 209—211 页。

时候的"苦痛，惊异，羞辱，欢欣"；这段梦"将一切并我尽行淹没，口鼻都不能呼吸"，并使"我呻吟着醒来"，足以见得是一个噩梦，是梦魇。第二部分：妇人老了，她卖身抚育成人的后代有了自己的家庭和孩子，然而，他们非但不感激她，反而以她为耻，侮辱她。被侮辱和被损害的老妇人于是走出了家庭，来到了旷野，做无声的哀告。这个时候，梦醒了，作者明确地说，这是一个"梦魇"。

关于这一篇的创作动机，冯雪峰有过非常中肯的意见："作者所设想的这个老女人的'颤动'——猛烈的反抗和'复仇'的情绪，不能不是作者自己曾经经验过的情绪，至少也是他最能体贴的情绪。"[1]所谓"最能体贴的情绪"其实我们此前讲过，就是鲁迅身边"为大众而反被大众所侮辱和损害"的先驱者们——秋瑾、徐锡麟、冯省三等。"老妇人"这个形象中肯定夹杂着这些挥之不去的记忆。然而"作者自己曾经经验过的情绪"或许较前者有着更为重要的影响。这种"作者自己曾经经验过的情绪"概括起来大约有三种组成：一是对兄弟失和的记忆；二是鲁迅自身作为"先驱者"的体验，1925年鲁迅因为"青年必读书"和"咬文嚼字"事件而大受攻击，而另一面则与陈西滢、章士钊战，虽声名鹊起，但也十足地体验了先驱者的孤独；最后则是因怀疑自己的学生孙伏园对自己的利用而引起的情绪。在写作该篇的当月鲁迅在给许广平的信当中抱怨孙伏园跟陈西滢暗中联络，有出卖朋友并且利用自己的嫌疑，"每每终于发现纯粹的利用，连'互'字也安不上，被利用后，只剩下耗了气力的自己一个"[2]。

以上这些或许综合起来，构成了鲁迅刻画"老妇人"这一形象的原因。所谓"一变药渣，便什么人都来践踏，连先前喝过汁的人也来践踏，不但践踏，还要冷笑"，"我先前何尝不出于自愿，在生活的路上，将血一滴一滴地滴过去，以饲别人，虽自觉渐瘦弱，也以为快

---

① 冯雪峰：《论野草》，载《冯雪峰论文集》（下），人民文学出版社1981年版，第375页。

② 鲁迅：《两地书·二九》，载《鲁迅全集》第11卷，第92页。

活。而现在呢，人们笑我瘦弱了，连饮过我的血的人，也来嘲笑我的瘦弱了"。①

其实从《墓碣文》深重的黑暗与虚无到《死后》对于日常性的回归，这中间有两篇作品集中地将此前两种分别不同的负面情绪总结性地刻画了出来，这才使得"日常性的回归"成为可能。其一就是《颓败线的颤动》，它将鲁迅此前的"单为他人而反遭他人损害"的情绪总结性地写了出来，老妇人最后在旷野中"无词"地哀告与呼喊，其实就是这一情绪的总爆发，故而鲁迅在文尾称之为"梦魇"。另外一篇则是《这样的战士》，它将社会的虚妄以及自我战斗的无力与坚韧倾力地描绘了出来。

（六）《立论》

《立论》写作于 1925 年 7 月 8 日，以"野草之十七"的副标题与《颓败线的颤动》同刊于 1925 年 7 月 13 日的《语丝》周刊第 35 期，署名鲁迅。

在解读《狗的驳诘》的时候，我们说过《狗的驳诘》《立论》《聪明人和傻子和奴才》三篇在《野草》当中显得有些异类（《我的失恋》除外），"颇有些像智者的箴言，有《伊索寓言》的影子在里面似的"。而这三篇又以《立论》最为精短简明。然而就是在这极精短简明中，却一语中的地将中国千年的国民性刻画得惟妙惟肖，并给我们奉献了一个令人印象深刻的"今天天气……哈哈哈"的经典形象。

该文以寓言的方式刻画出了中国国民惯于以"瞒"和"哄／骗"的方式换得心安与太平的形象。十几天后的 7 月 22 日，杂感文《论睁了眼看》中则更为清晰地论述了这一观点："我们的圣贤，本来早已教人'非礼勿视'的了；而这'礼'又非常之严，不但'正视'，

---

① 鲁迅：《两地书·九五》，载《鲁迅全集》第 11 卷，第 253 页。

连'平视''斜视'也不许"①，"先既不敢，后便不能，再后，就自然不视，不见了"②，"中国的文人也一样，万事闭眼睛，聊以自欺，而且欺人，那方法是：瞒和骗"③。这样"瞒和骗"下去的后果只有一个，即"不敢正视各方面，用瞒和骗，造出奇妙的逃路来，而自以为正路。在这路上，就证明着国民性的怯弱，懒惰，而又巧滑。一天一天的满足着，即一天一天的堕落着，但却又觉得日见其光荣"④，于是，就造出大量的不敢正视现实和直面人生的"怯弱，懒惰，而又巧滑"的"今天天气……哈哈哈"的国民。

其实之前在《狂人日记》中，鲁迅就疑似用过"今天天气……"的刻画手法。当狂人固执地追问大哥："吃人的事，对么？"大哥最后无言以对，于是就说："这等事问他什么。你真会……说笑话。……今天天气很好。"⑤1924年10月30日，鲁迅则在《说胡须》中坦诚自己学会了"今天天气……哈哈哈"的处事方式，"然而，倘使在现在，我大约还要说：'嗡，嗡，……今天天气多么好呀？……那边的村子叫什么名字？……'因为我实在比先前似乎油滑得多了"⑥。

荆有麟后来在《鲁迅回忆片断·哈哈论的形成》一文中交代鲁迅这种"哈哈论"的形成，是因为1924年夏天同鲁迅一起去西安的京报社记者王小隐的为人处世方式就是哈哈论，鲁迅颇有领教。后来鲁迅对荆有麟说："我想不到，世界上竟有以哈哈论过生活的人。他的哈哈是赞成，又是否定。似不赞成，也似不否定。让同他讲话的人，如在无人之境。"⑦

———————————

① 鲁迅：《坟·论睁了眼看》，载《鲁迅全集》第1卷，第251页。

② 鲁迅：《坟·论睁了眼看》，载《鲁迅全集》第1卷，第251页。

③ 鲁迅：《坟·论睁了眼看》，载《鲁迅全集》第1卷，第252页。

④ 鲁迅：《坟·论睁了眼看》，载《鲁迅全集》第1卷，第254页。

⑤ 鲁迅：《呐喊·狂人日记》，载《鲁迅全集》第1卷，第450页。

⑥ 鲁迅：《坟·说胡须》，载《鲁迅全集》第1卷，第185页。

⑦ 荆有麟：《鲁迅回忆片断·哈哈论的形成》，载《鲁迅回忆录·专著·上册》，鲁迅博物馆、鲁迅研究室、《鲁迅研究月刊》选编，北京出版社1999年版，第191页。

鲁迅在思想深处对中国这种无可无不可的"瞒和哄"的处事方式深恶痛绝，因此才创作了此篇《立论》。1935 年当他被"左联"的一帮人弄得极为烦恼的时候，写信给胡风抱怨说，"以我自己而论，总觉得缚了一条铁索，有一个工头在背后用鞭子打我，无论我怎样起劲的做，也是打，而我回头去问自己的错处时，他却拱手客气的说，我做得好极了，他和我感情好极了，今天天气哈哈哈……。真常常令我手足无措"①。

1950 年，周作人在《天气哈哈哈》一文中考证了这种寒暄方式的来历，"清末京官向来遵守少说话多磕头主义，平时相见只说今天天气好"，"后来更进步了，说今天天气只说得半句，底下便接着哈哈一笑"，"这种新寒暄法称为'今天天气哈哈哈'"。②

（七）《死后》

《死后》写作于 1925 年 7 月 12 日，以"野草之十八"的副标题刊发于 1925 年 7 月 20 日的《语丝》周刊第 36 期，署名鲁迅。

《死后》是《野草》"梦七篇"的终结，即最后一篇，同时在象征的书写层面则宣告了鲁迅此前一味向内探寻的终结，而显示出日常性的喜怒哀乐的颜色。并且与此前凝练的诗的语言不同的是，该篇则显示出"小说化"的散文书写语言的倾向。

所谓书写向"日常性"的回归主要体现在两个方面，一为环境，一则是"主体"。"环境"方面指的是"日常性"的熙熙攘攘出现在书写当中，同想象性的向内探寻的诗性书写不一样，对于日常性的刻画则是散文化的。"主体"方面则是指书写当中的"我"或者相当于"我"的形象不再囿郁于自我内心所造的意境与思想当中，而是一切

---

① 鲁迅：《书信·350912 致胡风》，载《鲁迅全集》第 11 卷，第 543 页。
② 周作人：《饭后随笔·天气哈哈哈》，载《周作人散文全集·10·1950》，钟叔河编订，广西师范大学出版社 2009 年版，第 576 页。

思想的变动皆无不跟肉身的当下的"经验／触感"相关，并由此显示出喜怒哀乐的颜色。

以上这两点正是《死后》这篇散文诗的书写特点。作者以"我梦见自己死在道路上"①的方式尽情地展现了"环境"与"主体"两方面书写的"日常性"。作为已死然而还有知觉的"我"，被来自日常的各方面打扰，陌生的路人、虫豸、苍蝇、收殓者、书店卖书的伙计……于是作为主体的"我"的情绪随着各个打扰而起伏波动，显示出不同的喜怒哀乐的颜色。尽管其中也隐含了其一贯的"国民性"批判的调子，然而并没有《野草》前半部分书写当中所郁结的"黑暗"与出离愤怒的情绪，相反却时而带出"滑稽"的意味来。譬如临近结尾处对兜售明版公羊传伙计的描写就分明带有晚期《故事新编》当中的"油滑"成分，阅之令人忍俊不禁，其实已经是将自我"对象化"处理的结果，与此前《野草》诸篇中将自我以外的世界"对象化"的处理已经是截然相反了。以及"小衫的一角皱起来"，棺材的毛糙、蚂蚁的乱爬、青蝇的乱舔令"我"从一种触想到另一种触想的忙不迭地"移动"，则无不淋漓尽致地将一个置身于"日常性"的自我的"日常"烘托了出来。

《死后》散文化的书写，虽然给人以小说的印象，却在更生动的层面上与杂文的书写有着更为紧密的联系。作者在形象化的书写当中几乎调动了写作当下的主要的杂文资源。这一点已为众多的研究者所指出。譬如木山英雄就指出散文诗开头的"死然而有知觉"的自我形象源自四个月前所写的《春末闲谈》当中"细腰蜂"的故事。②青蝇"到我身上来寻做论的材料"和飞走时的"惜哉！"则分别来自杂

---

① 以下引文除特别注释外，皆引自鲁迅：《野草·死后》，载《鲁迅全集》第 2 卷，第 214—218 页。
② ［日］木山英雄：《正冈子规与鲁迅、周作人》，载《文学复古与文学革命——木山英雄中国现代文学思想论集》，赵京华编译，北京大学出版社 2004 年版，第 147—148 页。

文《战士与苍蝇》和鲁迅与陈西滢的笔仗。① 而倒数第二段中的"几个朋友祝我安乐，几个仇敌祝我灭亡。我却总是既不安乐，也不灭亡地不上不下地生活下来，都不能副任何一面的期望"两句则化自《野草》写作开手时期鲁迅致李秉中的一封信，"我很憎恶我自己，因为有若干人，或则愿我有钱，有名，有势，或则愿我陨灭，死亡，而我偏偏无钱无名无势，又不灭不亡，对于各方面，都无以报答盛意"②。

文末的"我死后第一次地哭"以及"我于是坐了起来"可以视作鲁迅向前一阶段"在死与梦里追寻"之写作的告别，而终于以"哭"的方式宣泄出来并由此宣告"向死"情绪的终结和"我"活过来了的隐喻式书写。"我也常常想到自杀，也常想杀人"③，"我近来忽然还想活下去了"④。这《野草》写作开手与终结时写给同一个人的前后两封信的对照，岂不是正好可以说明这一切吗？

四、"地火"与"大时代"：《野草》后五篇及《题辞》

（一）《这样的战士》

《这样的战士》写作于 1925 年 12 月 14 日，以"野草之十九"的副标题刊发于 1925 年 12 月 21 日的《语丝》周刊第 58 期，署名鲁迅。在《〈野草〉英文译本序》里鲁迅说："《这样的战士》，是有感于文人学士们帮助军阀而作。"⑤

---

① ［日］丸尾常喜：《耻辱与恢复——〈呐喊〉与〈野草〉》，秦弓、孙丽华编译，北京大学出版社 2009 年版，第 308 页。

② 鲁迅：《书信·240924 致李秉中》，载《鲁迅全集》第 11 卷，第 452—453 页。

③ 鲁迅：《书信·240924 致李秉中》，载《鲁迅全集》第 11 卷，第 453 页。

④ 鲁迅：《书信·260617 致李秉中》，载《鲁迅全集》第 11 卷，第 528 页。

⑤ 鲁迅：《二心集·〈野草〉英文译本序》，载《鲁迅全集》第 4 卷，第 365 页。

　　我们在前文解读《颓败线的颤动》时曾经说过，从《墓碣文》的黑暗与虚无到《死后》对于日常性的回归，这中间有两篇作品集中将此前两种分别不同的负面情绪总结性地刻画了出来：其一就是《颓败线的颤动》，它将鲁迅此前的"单为他人而反遭他人损害"的情绪总结性地写了出来；另一篇是《这样的战士》，它则将社会的虚妄以及自我战斗的无力与坚韧倾力描绘了出来。我们这里所说的"中间两篇作品"，并非就写作时间而论，而是从写作逻辑出发而作的议论。

　　鲁迅就其一生而言，共经历了两场思想启蒙运动和三场社会革命。所谓两场启蒙运动就是晚清的思想启蒙和五四的思想启蒙；三场革命当然是指辛亥革命、国民革命和共产党革命。从晚清到辛亥，鲁迅虽然还涉世未深，然而却实实在在地参与了那场启蒙和革命。从辛亥到五四，当鲁迅沉浸于辛亥革命的失败而苦痛不已的时候，第二场启蒙却悄然而至，跟随启蒙而来的自然就是再一次的革命。参与其中的鲁迅背负着第一场启蒙与革命失败的经历与教训"彷徨"地"呐喊"，却于无意间意想不到地"死火重温"了。然而，由于有前一次的经验与教训，鲁迅深知社会的虚妄与凶险，从而显示出与五四一代迥然不同的"韧"性的战斗姿态。这是《这样的战士》写作的大背景。就具体写作语境而言，诸多研究者都注意到从《死后》的完成到写作《这样的战士》，其间有 5 个月的时间差，隔着许多重要文本，并且发生女师大风潮、被教育部免职、"首都革命"等一系列重要的个人与历史事件。同年上海爆发的五卅运动以及即将到来的"三一八惨案"预示着下一场腥风血雨的革命迫在眉睫。《这样的战士》就是在这样的历史语境下构思完成的，如前所述，从某个侧面可以说是带有某种总结性的写作。同一时期十分接近的作品还有《论"费厄泼赖"应该缓行》[①]（1925 年 12 月 29 日），孙玉石甚至认为它们是"精

[①]　鲁迅：《坟·论"费厄泼赖"应该缓行》，载《鲁迅全集》第 1 卷，笫 286—293 页。

神上一脉相承的'姐妹篇'"①。

所谓"无物之物"与"无物之阵"是鲁迅以文学形象的方式基于自我的经历对中国社会作出的历史性总结。鲁迅深知这个社会的虚妄性以及他们对"猛士们"的各样的杀法。"他走进无物之阵,所遇见的都对他一式点头。他知道这点头就是敌人的武器,是杀人不见血的武器,许多战士都在此灭亡,正如炮弹一般,使猛士无所用其力。"②他在《论"费厄泼赖"应该缓行》中以其所亲历的血的教训讲述了从晚清到辛亥再到二次革命时期的"无物之阵"同"无物之物"以及在"无物之阵"中被"捧杀"的王金发及其他革命同人。因此,面对千年的"无物之阵","费厄泼赖"应该缓行,并且投枪定要一再举起。这就是"这样的战士",是从《秋夜》和《过客》中走过来直面真的人生和社会的"枣树"与"过客"的化身,在战叫"太平"的声音里"举起了投枪"!

值得注意的是,在鲁迅看来,所谓的"无物之阵"不但包含老派反动势力,同样也包含了从新文化阵营中转变为帮凶的新派反动势力,即帮助军阀的"文人学士",所谓的"正人君子"之流。

(二)《聪明人和傻子和奴才》

《聪明人和傻子和奴才》写作于 1925 年 12 月 26 日,以"野草之二十"的副标题刊发于 1926 年 1 月 4 日的《语丝》周刊第 60 期,署名鲁迅,和《腊叶》写作于同一天,同期发表。同《狗的驳诘》和《立论》一样,《聪明人和傻子和奴才》带有箴言的属性,有《伊索寓言》的影子在里面。

本篇故事其实很简单,毋庸再复述,只是值得我们注意的是鲁

---

① 孙玉石:《现实的与哲学的:鲁迅〈野草〉重释》,上海书店出版社 2001 年版,第 248 页。

② 鲁迅:《野草·这样的战士》,载《鲁迅全集》第 2 卷,第 219 页。

迅所用的"奴才"一词。日本学者注意到"从 1925 年开始，鲁迅除了用'奴隶'一词外，逐渐地多用'奴才'一词"，并且"鲁迅对'奴隶'的批判，进入 30 年代几乎变成了倾向于对'奴才'的批判"。①1933 年，鲁迅对"奴隶"与"奴才"作了明确的区分："一个活人，当然是总想活下去的，就是真正老牌的奴隶，也还在打熬着要活下去。然而自己明知道是奴隶，打熬着，并且不平着，挣扎着，一面'意图'挣脱以至实行挣脱的，即使暂时失败，还是套上了镣铐罢，他却不过是单单的奴隶。如果从奴隶生活中寻出'美'来，赞叹，抚摩，陶醉，那可简直是万劫不复的奴才了，他使自己和别人永远安住于这生活。就因为奴群中有这一点差别，所以使社会有平安和不安的差别，而在文学上，就分明的显现了麻醉的和战斗的不同。"②

就鲁迅对社会的参与度及其作品而论，《野草》与《彷徨》以前的作品，包括《呐喊》与"随感录"更多的是他对于社会观察的结果，虽然也痛苦于辛亥革命的失败，然而其成分主要来自同人的牺牲与个人青春之梦想的毁灭，还远未达到将自我裹挟进同社会与家庭的贴身肉搏，并由此而升华为文字的作品。而《野草》与《彷徨》及之后的杂文则正是这种"肉搏"的产物。兄弟失和的切身苦痛、与现代评论派的论战、女师大风潮等，这一系列的切身事件成为此时《野草》《彷徨》以及杂文写作的源源不断的材料。这些文字大多隐含着鲁迅因切身苦痛而辗转挣扎的"瘢痕"，因此比前期的文字更为痛切，也更犀利。1925 年对"奴隶"的批判一转而为批判"奴才"，其根源应该就在这种切身之痛当中。孙玉石对本文中"傻子"一词来历的考证，似乎印证了我的这一推测。③ 在《现实的与哲学的：鲁迅〈野草〉

① ［日］丸尾常喜：《耻辱与恢复——〈呐喊〉与〈野草〉》，秦弓．孙丽华编译，北京大学出版社 2009 年版，第 324—325 页。
② 鲁迅：《南腔北调集·漫与》，载《鲁迅全集》第 4 卷，第 604 页。
③ 孙玉石：《现实的与哲学的：鲁迅〈野草〉重释》，上海书店出版社 2001 年版，第 257—258 页。

重释》一书中，孙认为鲁迅本文创作"傻子"的灵感有可能来源于林语堂在前一期《语丝》所发表的《论骂人之难》一文，文中林语堂指出，"有人说《语丝社》尽是土匪，《猛进》社尽是傻子"①，而说这话的人正是现代评论派的那些"正人君子"。因此，可以认为，鲁迅对"奴群"认识的深入跟他和"正人君子"们的论战关系甚大，是贴身肉搏的切身体验所凝聚的结果。

不过触发鲁迅创作该篇的灵感或许更应该归功于鲁迅刚刚翻译的厨川白村的《出了象牙之塔》一书，该书的第一章"七　聪明人""八　呆子""九　现今的日本"三篇很可能就是鲁迅本篇中"聪明人""傻子"和"奴才"三个形象的来源。"七"中的"我对于这样的聪明人，始终总不能不抱着强烈的反感"，"八"中的"人类到现今进到这地步者，就是因为有那样的许多呆子之大者拼了命给做事的缘故"，"九"中的对现今日本"奴性"的人太多而呆子太少的感慨，似乎分别对应着本篇中三种形象的刻画。②略为不同的是，鲁迅则更强调"奴性"问题，并成功刻画了"奴才"这个形象。当然，这应该是加进了自我的切身体会而加以改造的结果。

1925年同本文遥相呼应的是那篇著名的《灯下漫笔》③，所谓将中国史概括为"想做奴隶而不得的时代"和"暂时做稳了奴隶的时代"的循环。不过《灯下漫笔》如果放在本篇之后写作，或许"奴隶"一词会替换成"奴才"也未可知。

（三）《腊叶》

《腊叶》写作于 1925 年 12 月 26 日，以"野草之二十一"的副标

---

① 林语堂：《论骂人之难》，《语丝》1925 年 12 月 28 日，第 60 期。

② ［日］厨川白村：《出了象牙之塔》，鲁迅译，载《鲁迅译文全集》第 2 卷，第 315—320 页。

③ 鲁迅：《坟·灯下漫笔》，载《鲁迅全集》第 1 卷，第 222—229 页。

题刊发于1926年1月4日的《语丝》周刊第60期，署名鲁迅，和《聪明人和傻子和奴才》写作于同一天，同期发表。

据鲁迅本人说："《腊叶》，是为爱我者的想要保存我而作的。"[1] 许广平则说："在《野草》中的那篇《腊叶》，那假设被摘下来夹在《雁门集》里的斑驳的枫叶，就是自况的。"[2] 那么，鲁迅所说的"爱我者"是谁呢？据孙伏园回忆，鲁迅曾当面告诉他答案："许公很鼓励我，希望我努力工作，不要松懈，不要怠忽；但又很爱护我，希望我多加保养，不要过劳，不要发狠。这是不能两全的，这里面有着矛盾。《腊叶》的感兴就从这儿得来，《雁门集》等等却是无关宏旨的。"[3] 并且他接着说，"那时先生口头的'许公'……确指的是景宋先生"[4]。景宋是许广平的笔名，因此，"爱我者"当然就是指许广平。前面在解读《死火》时，我们已经触及鲁迅同许广平的交往问题，所谓"周宅探险"、游览午门博物馆以及二人不绝如缕的通信等。此后，二人交往逐渐增多，书信来往日益频繁。值得注意的是，1925年5月27日许广平致鲁迅的书信突然谈及自我思想的形成，因过早的接触死亡，加之进女师大的第一年"也曾因猩红热几乎死去"，因此形成了两种颇耐人寻味的人生观：其一，"无论老幼，几时都可以遇到可死的机会"；其二，在遇到可死之机会之前，权当自己是一个"废物"，可利用则利用一下。[5] 许广平的这两点人生观，尤其是第一点，很可能是促使她同比自己年龄大得多的鲁迅组成家庭的一个非常重要的因素。也因此，许广平在此后的书信中不断地敦促鲁迅戒酒戒烟，多

---

[1] 鲁迅：《二心集·〈野草〉英文译本序》，载《鲁迅全集》第4卷，第365页。

[2] 许广平：《关于鲁迅的生活·因校对〈三十年集〉而引起的话旧》，载《许广平文集》第2卷，海婴编，江苏文艺出版社1998年版，第186页。

[3] 孙伏园：《鲁迅先生二三事·〈腊叶〉》，载《鲁迅回忆录·专著·上册》，鲁迅博物馆、鲁迅研究室、《鲁迅研究月刊》选编，北京出版社1999年版，第86页。

[4] 孙伏园：《鲁迅先生二三事·〈腊叶〉》，载《鲁迅回忆录·专著·上册》，鲁迅博物馆、鲁迅研究室、《鲁迅研究月刊》选编，北京出版社1999年版，第87页。

[5] 许广平：《两地书·二三》，载《鲁迅全集》第11卷，第78页。

"住"些时日。① "然而，废物利用一句话把她留住，那么，她的存在，是为人。于己，可以说毫不感着兴味，就是为了他的爱而不得不勉强听从他的规劝，对于肉体上注意，拒绝了杯中物。"②

然而，于鲁迅的一面，则多所顾忌。其一是自己有家室；其一是年纪地位的巨大差异；其一，则恐怕是因为对自我身体状况的感知而带来的对自己能"住"多久的担忧。这三点令鲁迅在这场感情中自卑不已，因而流露出踟蹰的心态。"我先前偶一想到爱，总立刻自己惭愧，怕不配，因而也不敢爱某一个人"③；"异性，我是爱的，但我一向不敢，因为我自己明白各种缺点，深怕辱没了对手"④。这些虽然是后来说的话，然而形容此时鲁迅的心态恐怕再合适不过了。因此，接下来的《腊叶》第二部分充分表明了鲁迅这种踟蹰的心态，"假使再过几年……怕连我也不知道他何以夹在书里面的原因了。将坠的病叶的斑斓，似乎也只能在极短时中相对，更何况是葱郁的呢。"⑤

同鲁迅这种心态相对应的是许广平一往无前的"勇气"。她曾以勃朗宁《神未必这样想》诗篇中年长的男人爱上青年的女性却因男人的踟蹰错过彼此的恋爱而遗憾终生的故事来激励鲁迅前行，而这诗的故事正是鲁迅一边翻译一边作为教材讲给许广平她们的厨川白村的《出了象牙之塔》中所介绍的，⑥ 被许广平活学活用了，对此，鲁迅报之以"中毒太深"作答，⑦ 然而，鲁迅自己又岂非没有"中毒"？这不

---

① 许广平：《两地书·二五》，载《鲁迅全集》第 11 卷，第 83 页。

② 许广平：《自述·同行者》，载《许广平文集》第 1 卷，海婴编，江苏文艺出版社 1998 年版，第 4 页。

③ 鲁迅：《两地书·一一二》，载《鲁迅全集》第 11 卷，第 280 页。

④ 鲁迅：《书信·290322 致韦素园》，载《鲁迅全集》第 12 卷，第 157 页。

⑤ 鲁迅：《野草·腊叶》，载《鲁迅全集》第 2 卷，第 224 页。

⑥ 参见 [日] 厨川白村：《出了象牙之塔·十五诗三篇》，鲁迅译，载《鲁迅译文全集》第 2 卷，第 330 页。

⑦ 参见于蓝：《许广平的风采》，载《许广平》，民进中央宣传部、鲁迅博物馆编，开明出版社 1995 年版，第 47 页。

禁令人想起木山英雄《野草论》最末尾的一个说法，"他的恋爱本身就像一部作品"，而"《野草》还意味着，正是这样的文学家鲁迅所完成的重要过程，其本身升华为作品了"①。

（四）《淡淡的血痕中》

《淡淡的血痕中》写作于 1926 年 4 月 8 日，以"野草之二十二"的副标题刊发于 1926 年 4 月 19 日的《语丝》周刊第 75 期，署名鲁迅，和《野草》的最后一篇《一觉》同期发表。1927 年 7 月《野草》出版时增加了副标题"记念几个死者和生者和未生者"。

《腊叶》之后，《野草》的写作又被搁置了 4 个多月鲁迅才连续动笔完成最后两篇的写作。其情形类似于从《死后》到《这样的战士》，写作的密度确实降了下来，预示着散文诗系列写作的将要收场。较之前次，本次停顿期间发生的事件更为重要，南方的国民革命风雨欲来，北伐战争即将拉开序幕，倾向于南方国民革命的冯玉祥国民军同奉系军阀张作霖开战，最终导致以日本为首的帝国主义列强的干涉，以此为契机而引起了"三一八"惨案，段祺瑞执政府向徒手请愿的学生开枪，导致了死亡 47 人、伤 150 多人的惨案，被鲁迅称为是"民国以来最黑暗的一天"②。惨案发生后，鲁迅怀着悲愤的心情接连写下了《无花的蔷薇之二》（后半部分）、《"死地"》、《可惨与可笑》、《记念刘和珍君》、《空谈》、《如此"讨赤"》、《淡淡的血痕中》，直接从与"现代评论派"的论战转到了对镇压者及其帮凶的声讨。因此，对于本篇，鲁迅在《〈野草〉英文译本序》中说，"段祺瑞政府枪击徒手民众后，作《淡淡的血痕中》，其时我已避居

---

① ［日］木山英雄：《〈野草〉主体构建的逻辑及其方法》，载《文学复古与文学革命——木山英雄中国现代文学思想论集》，赵京华编译，北京大学出版社 2004 年版，第 69 页。

② 鲁迅：《华盖集续编·无花的蔷薇之二》，载《鲁迅全集》第 3 卷，第 280 页。

别处"①。惨案之后，政府下令通缉李大钊等5人，3月25日，鲁迅赴女师大参加刘和珍、杨德群追悼会，次日《京报》披露政府通缉令中的50人大名单，鲁迅名列其中，自3月26日起，鲁迅陆续避居于西城锦什坊街九十六号莽原社、山本医院、德国医院、法国医院等多地，一直到5月2日方恢复正常生活。②鲁迅所谓的"其时我已避居别处"即指此。其时同鲁迅一同避难的许寿裳后来回忆说，鲁迅"在这样流离颠沛之中，还是写作不止"③。《记念刘和珍君》和本篇就是写作于这样的环境中。

正因为如此，这两篇文字在思想内容上有着非常相近的地方。如果说《记念刘和珍君》是以散文的方式抒发了作者对"真的猛士"被暴力的政府所"屠戮"的愤怒与悲哀的话，《淡淡的血痕中》则是以诗的方式表达了对未来使天地变色的猛士的期待，然而对造化的庸人与良民的批判、对统治的暴虐的控诉却是一致的。"真的猛士，敢于直面惨淡的人生，敢于正视淋漓的鲜血。这是怎样的哀痛者和幸福者？然而造化又常常为庸人设计，以时间的流驶，来洗涤旧迹，仅使留下淡红的血色和微漠的悲哀。在这淡红的血色和微漠的悲哀中，又给人暂得偷生，维持着这似人非人的世界。我不知道这样的世界何时是一个尽头！"④《记念刘和珍君》中这段对"庸人"批判同《淡淡的血痕中》对"良民"的批判何其相似："几片废墟和几个荒坟散在地上，映以淡淡的血痕，人们都在其间咀嚼着人我的渺茫的悲苦。但是不肯吐弃，以为究竟胜于空虚，各各自称为'天之僇民'，以作咀嚼着人我的渺茫的悲苦的辩解，而且悚息着静待新的悲

① 鲁迅：《二心集·〈野草〉英文译本序》，载《鲁迅全集》第4卷，第365页。
② 可参见陈漱渝：《搏击暗夜——鲁迅传》，作家出版社2016年版，第129—130页。
③ 许寿裳：《亡友鲁迅印象记·一九三·一八惨案》，载《鲁迅回忆录·专著·上册》，鲁迅博物馆、鲁迅研究室、《鲁迅研究月刊》选编，北京出版社1999年版，第268页。
④ 鲁迅：《华盖集续编·记念刘和珍君》，载《鲁迅全集》第3卷，第290页。

苦的到来。"① 然而，时隔 7 天之后，鲁迅一扫《记念刘和珍君》中因"猛士"被"屠戮"所带来的低沉和对未来无望的哀叹，转而在文字中呼唤使天地变色的新的"猛士"的到来。这"猛士"将"洞见一切已改和现有的废墟和荒坟，记得一切深广和久远的苦痛，正视一切重叠淤积的凝血，深知一切已死，方生，将生和未生。他看透了造化的把戏；他将要起来使人类苏生，或者使人类灭尽，这些造物主的良民们"② 。这是鲁迅对革命"大时代"的呼唤，而其时这个"大时代"已经在到来之中了。

（五）《一觉》

《一觉》写作于 1926 年 4 月 10 日，以"野草之二十三"的副标题刊发于 1926 年 4 月 19 日的《语丝》周刊第 75 期，署名鲁迅，与《淡淡的血痕中》同期发表，如果不计《野草·题辞》的话，《一觉》算是《野草》的最后一篇作品。

《〈野草〉英文译本序》中说，"奉天派和直隶派军阀战争的时候，作《一觉》"③ 。又《朝花夕拾·小引》当中讲，"听到飞机在头上鸣叫，竟记得了一年前在北京城上日日旋绕的飞机。我那时还做了一篇短文，叫做《一觉》。现在是，连这'一觉'也没有了"④ 。李何林从《小引》这段话和《一觉》最后的"忽而惊觉"的表述中断定，所谓"一觉"是"'惊觉'或'醒觉'之意"。⑤ 本篇与上篇《淡淡的血痕中》写作时间只隔两天，皆是在辗转流离中创作的。除了四处躲避追捕，直奉军阀的战火也正在身旁燃烧，开篇对于飞机掷炸弹的刻画乃是写实。

---

① 鲁迅：《野草·淡淡的血痕中》，载《鲁迅全集》第 2 卷，第 226 页。
② 鲁迅：《野草·淡淡的血痕中》，载《鲁迅全集》第 2 卷，第 226—227 页。
③ 鲁迅：《二心集·〈野草〉英文译本序》，载《鲁迅全集》第 4 卷，第 365 页。
④ 鲁迅：《朝花夕拾·小引》，载《鲁迅全集》第 2 卷，第 235 页。
⑤ 李何林：《鲁迅〈野草〉注解》，陕西人民出版社 1981 年版，第 188—189 页注释 1。

　　由于语境的相同,《野草》最后两篇在立意上就有许多相近的地方。上一篇是因了"三一八惨案"的刺激而呼唤使天地变色的"猛士",而本篇则期盼灵魂"粗暴"的青年的到来。二者在强调"生命之强力"的一面是一致的。1925 年 12 月 31 日在总结这一年的生命历程时,鲁迅就曾抒发过对"灵魂粗糙"的喜爱,"而我所获得的,乃是我自己的灵魂的荒凉和粗糙。但是我并不惧惮这些,也不想遮盖这些,而且实在有些爱他们了,因为这是我转辗而生活于风沙中的瘢痕",不但喜爱,而且还寄希望于"同类"的心领神会,"凡有自己也觉得在风沙中转辗而生活着的,会知道这意思"。① 这"猛士"与"灵魂的粗糙"其实无须过多解释,是我们在前面解读各篇时反复提到过的,即"生命之强力"思想,这思想几乎贯穿着鲁迅一生,并在《野草》时期又被厨川白村的《苦闷的象征》和《出了象牙之塔》强化了。

　　尽管仍带有类似于上一篇的愤怒,可是同诗化的书写的方式略有不同的是,本篇似乎又回到了《死后》散文化的"日常性"书写方式了。将愤怒隐含于散文化的"日常性"书写之中,这似乎成为《死后》以来《野草》乃至整个后期鲁迅写作的一个趋势,只不过其间被"三一八惨案"这样出离愤怒的事件所打断而已。这种变化一方面源于自身生活的变迁,一方面是对社会认识逐步加深的缘故,但其中厨川白村的影响不可忽略。在《出了象牙之塔》第一章《四缺陷之美》和《五诗人勃朗宁》中,厨川曾反复论述了缺陷与恶存在的意义以及善恶之辩证关系,"因为有恶,所以有善的","倘没有善和恶的冲突,又怎么会有进化,怎么会有向上呢?"②"我们的生命,是经过着这善恶明暗之境,不断地无休无息地进转着的。"③ 这些话题在 1926 年及

---

① 鲁迅:《华盖集·题记》,载《鲁迅全集》第 3 卷,第 5 页。
② [日] 厨川白村:《出了象牙之塔·五诗人勃朗宁》,鲁迅译,载《鲁迅译文全集》第 2 卷,第 311 页。
③ [日] 厨川白村:《出了象牙之塔·五诗人勃朗宁》,鲁迅译,载《鲁迅译文全集》第 2 卷,第 312 页。

以后鲁迅的文本中多有闪现，似乎也影响到了他对"黑暗"的看法。并且跟随这种转变而来的是其"战法"的调整，而对此记录最多的文本无疑是《野草》。正因为如此，我们才看到这最末一篇的《一觉》和最初一篇的《秋夜》在处理"身外的青春"的时候有着颇为醒目的变化：《秋夜》中隐喻着"身外的青春"的"小飞虫"不见了，取而代之的是"灵魂粗暴"的青年；结尾同样都是因为"身外的青春"而"梦"着什么，并且同样都有"惊觉"，然而夜半"吃吃"的嘲讽的笑声不见了，取而代之的是莫名的期待——"徐徐幻出难以指名的形象"①。

《野草》首尾这一颇有意味的呼应似乎预示着鲁迅所呼唤的某个"大时代"的到来，但这"大时代""并不一定指可以由此得生，而也可以由此得死"②。

（六）《野草·题辞》

《野草·题辞》作于 1927 年 4 月 26 日，最初刊发于同年 7 月 2 日的《语丝》周刊第 138 期，在《野草》最初几版都曾收入，标题为"题辞"，1931 年 5 月，上海北新书局印第七版时被国民党书报检查机关抽去，1938 年 20 卷《鲁迅全集》未收入，1941 年上海鲁迅全集出版社出版《鲁迅三十年集》时才重新编入。

本篇作为《野草》最后的总结性的收束，距离《一觉》的完成有一年多的时间。其间鲁迅的生活以及外界的环境发生了巨变。扼言之，鲁迅 1926 年 8 月离开北京，在上海同许广平分别，赴厦门任教，在厦门期间二人通信达 77 封之多，正式确立了恋爱关系。而此时的国民革命也正如火如荼。1927 年 1 月，鲁迅从厦门奔赴革命策

---

① 鲁迅：《野草·一觉》，载《鲁迅全集》第 2 卷，第 230 页。
② 鲁迅：《而已集·〈尘影〉题辞》，载《鲁迅全集》第 3 卷，第 571 页。

源地广州，赴中山大学任教，与许广平会合，组成了一个实质上的小家庭。然而，革命风云变化，一面北伐成功，南京政府成立，另一面则是国共合作破裂，白色恐怖到来。写作该篇的前不久，上海和广州分别发生了"四一二"和"四一五"清党运动，鲁迅目睹了新一轮的大屠杀，使他的思想发生了大触动，他坚决辞去了中山大学的教职，表示"我漂流了两省，幻梦醒了不少"①。所谓"梦幻醒了不少"应该理解为同"三一八惨案"性质不同的是，国民革命其实是五四退潮以后鲁迅所心向往之的"自己人"的革命，因之，鲁迅对这场革命心存认同，毕竟是辛亥同人及其继起者所发起的一场继续革命。然而，"血腥"的清党运动以及白色恐怖令他的"幻梦"破灭了，"我的一种妄想破灭了。我至今为止，时时有一种乐观，以为压迫，杀戮青年的，大概是老人。这种老人渐渐死去，中国总可比较地有生气。现在我知道不然了，杀戮青年的，似乎倒大概是青年"②。

这样的时代语境以及对历史及自我的"中间物"的定位合力促成了本篇的写作。在《怎么写（夜记之一）》中鲁迅说："我沉静下去了。寂静浓到如酒，令人微醺。……我靠了石栏远眺，听得自己的心音，四远还仿佛有无量悲哀，苦恼，零落，死灭，都杂入这寂静中……这时，我曾经想要写，但是不能写，无从写。这也就是我所谓'当我沉默着的时候，我觉得充实，我将开口，同时感到空虚'。"然而这"世界苦恼"却抵不过一只蚊子的叮咬，并由此得出"虽然不过是蚊子的一叮，总是本身上的事来得切实"的结论，因此"倘非写不可，我想，也只能写一些这类小事情"，并且"这些都应该和时光一同消逝"。③这令人想起《写在〈坟〉后面》的话："但仍应该和光阴偕逝，逐渐消亡，至多不过是桥梁中的一木一石，并非什么前途的目

---

① 鲁迅：《书信·270919致翟永坤》，载《鲁迅全集》第12卷，第68页。
② 鲁迅：《而已集·答有恒先生》，载《鲁迅全集》第3卷，第473页。
③ 鲁迅：《三闲集·怎么写（夜记之一）》，载《鲁迅全集》第4卷，第18—20页。

标，范本。"① 这些话化到《题辞》里就是"生命的泥委弃在地面上，不生乔木，只生野草，这是我的罪过"②。"野草，根本不深"一段其实在《一觉》中就有类似的表达："……草木在旱干的沙漠中间，拼命伸长他的根，吸取深地中的水泉，来造成碧绿的林莽，自然是为了自己的'生'的，然而使疲劳枯渴的旅人，一见就怡然觉得遇到了暂时息肩之所，这是如何的可以感激，而且可以悲哀的事!?"③"生"是鲁迅所欢喜的，然而被人当作"息肩之所"虽可感激，但也不无"悲哀"，因为被"大地"做了"装饰"的缘故。于是鲁迅一如既往地呼唤"猛士"的到来，这里的"猛士"就是"地火"。"地火"的到来实际上就是"并不一定指可以由此得生，而也可以由此得死"的"大时代"④的到来。然而，"我"现在却"不能大笑而且歌唱"，因为"天地有如此静穆"（指当下的白色恐怖），或者将来"天地即不如此静穆"（即没有白色恐怖），"我"可能也"不能大笑而且歌唱"，因为"地火"将烧尽一切，连同"我"在内。"我"将这预言说在这里，并以这《野草》作证。为了所有人，"我"希望这"地火"的"大时代"火速到来，如果不来，那就太不幸了。

这就是"我"的《野草·题辞》，现在都结束了。

---

① 鲁迅：《坟·写在〈坟〉后面》，载《鲁迅全集》第 1 卷，第 302 页。
② 鲁迅：《野草·题辞》，载《鲁迅全集》第 2 卷，第 163 页。
③ 鲁迅：《野草·一觉》，载《鲁迅全集》第 2 卷，第 229 页。
④ 鲁迅：《而已集·〈尘影〉题辞》，载《鲁迅全集》第 3 卷，第 571 页。

第四章
血性生命书写与"文"之行动的传承

一、"文"与中国的两次"文艺复兴"

从晚清到五四，由于西方文艺复兴（Renaissance）观念的输入，将此观念比对中国文化的比较史学观遂兴起，一时间"中国文艺复兴"（The Chinese Renaissance）成为思想界和学术界的时尚话题。随着对西方文艺复兴（Renaissance）历史认识的不断变化，对Renaissance 一词的翻译也不断变化，从较早期的"古学复兴"到章太炎的"文学复古"到"文艺复兴"再到胡适的"文化再生"，各自呈现出不同的面貌，其词义的内涵也随之发生着变化。[①]

1904 年，梁启超率先将起源于晚明的清代学术称为中国的"古学复兴时代"，"要而言之，此二百余年间，总可命为古学复兴时代……"[②]。1919年，胡适在《中国哲学史大纲·导言》中继承了这种

---

① 关于从晚清到五四的中国"文艺复兴"话题，参见崔春雪：《欧洲文艺复兴在中国的传播与接受（从清末到五四）》，清华大学博士学位论文，2016 年。

② 梁启超：《论中国学术思想变迁之大势》，《饮冰室文集之七》，第 103 页，载《饮冰室合集》第 1 册，中华书局 1988 年版。但《论中国学术思想变迁之大势》也并非一蹴而就，而是在 1902—1904 年经过了思路的调整，详细情况可参考崔春雪：《欧洲文艺复兴在中国的传播与接受（从清末到五四）》，清华大学博士学位论文，2016 年，第 55 页。

说法，"纵观清代学术变迁的大势，可称为古学昌明的时代"，"这个时代有点像欧洲的'再生时代'（再生时代西名 Renaissance，旧译文艺复兴时代。）"，"我们今日的学术思想有这两个大源头：一方面是汉学家传给我们的古书；一方面是西洋的新旧学说。这两大潮流汇合以后，中国若不能产生一种中国的新哲学，那就是真辜负了这个好机会了"。① 不过，从胡适的这番话里我们可以看到，他其实已经有将清代学术的古学昌明时代的时间下限挪移到五四的想法了。其实，1919 年度在胡适的帮助和影响下，北大学生刊物《新潮》的出版也算是这一思路的印证，因为《新潮》的英文名就是 Renaissance，"而以 Renaissance 为英文名无疑受到胡适的指导和影响，这个叙述也在胡适传记、口述等多种回忆资料中得以证实"②。

　　1920 年，在蒋方震和胡适二人的共同激励下③，梁启超再次昌明清代学术为"文艺复兴"时代的想法："'清代思潮'果何物耶？简单言之：则对于宋明理学之一大反动，而以'复古'为其职志者也；其动机及其内容皆与欧洲之'文艺复兴'绝相类；而欧洲当'文艺复兴期'经过以后所发生之新影响，则我国今日正见端焉。"④ 除了 Renaissance 的翻译不同外⑤，这段话几乎是胡适《中国哲学史大纲·导言》一番话的翻版，同样有将中国的"文艺复兴期"下挪到

① 胡适：《中国哲学史大纲·导言》，《民国丛书（第一编）》（2），上海书店 1989 年版，第 9—10 页。
② 崔春雪：《欧洲文艺复兴在中国的传播与接受（从清末到五四）》，清华大学博士学位论文，2016 年，第 71 页。
③ 参见梁启超：《清代学术概论·自序》，《民国丛书（第一编）》（6），上海书店 1989 年版。
④ 梁启超：《清代学术概论》，载《民国丛书（第一编）》（6），上海书店 1989 年版，第 4 页。
⑤ 此处梁启超一改 1902 年的"古学复兴"的说法，而用"文艺复兴"，大概是受了蒋方震影响的缘故，毕竟此书的原意有做蒋方震《欧洲文艺复兴史》的"序言"的打算。参见《清代学术概论·自序》。关于围绕《清代学术概论》的成书纠葛，可参考张勇：《"偶然"的背后：试说梁任公著述〈清代学术概论〉之心意》，《清华大学学报（哲学社会科学版）》2013 年第 5 期。

五四的想法。1922 年 2 月 15 日，胡适的朋友、时任燕京大学神学和史学教授的瑞士汉学家王克私（Philip de Vargas）在一个文友会上宣读了一篇名为中国文艺复兴的诸种成分（《Some Aspects of the Chinese Renaissance》）的文章，[①] 从文艺复兴的角度对五四以来的中国新文化进行了观察和探讨。胡适和丁文江都参加了这次讨论，但丁文江不赞同王克私用"文艺复兴"一词讨论五四文学革命运动，认为"文艺复兴"必须在梁启超的"清代学术"层面上使用，但胡适否定了丁的这种观点，赞成王克私的用法。[②] 不过王克私文章的整体思路并没有得到胡适的赞赏，一年之后，他在日记中表示，"此文虽得我的帮助，实不甚佳"[③]。

1923 年，梁启超在《中国近三百年学术史》中直截了当地将五四同晚明关联起来："近三十年思想界之变迁"——当然包括五四新文化运动——其"最初原动力"是"残明遗献思想之复活"。[④] 而同年 4 月 3 日，在对王克私的文章表达不满的同时，胡适"用英文作一文，述'中国的文艺复兴时代'（The Chinese Renaissance）"[⑤]。在这一天的日记中，胡适还概略地讲述了他关于"中国文艺复兴"的基本思路："中国文艺复兴当自宋起"；"王学之兴，是第二期"；"清学之

---

① 此文正式发表时的题目是 Some Elements in the Chinese Renaissance（《中国文艺复兴的诸种成分》），参见 Ph. De Vargas，"Some Elements in the Chinese Renaissance"，The New China Review，April and June，1922，pp. 1–26。又参见胡适：《英文著述一·The Chinese Renaissance》，载《胡适全集》第 35 卷，安徽教育出版社 2003 年版，第 681 页注释 1，另可参见席云舒：《胡适"中国的文艺复兴"思想初探》，《文艺研究》2014 年第 11 期，第 75 页及第 81 页注释 51。

② 参见胡适：《日记（1919—1922）·日记 1922》，载《胡适全集》第 29 卷，安徽教育出版社 2003 年版，第 518 页。

③ 胡适：《日记（1923—1927）·日记 1923》，载《胡适全集》第 30 卷，安徽教育出版社 2003 年版，第 5 页。

④ 梁启超：《中国近三百年学术史·四清代学术变迁与政治的影响（下）》，《饮冰室专集之七十五》，第 29 页，载《饮冰室合集》第 10 册，中华书局 1988 年版。

⑤ 胡适：《日记（1923—1927）·日记 1923》，载《胡适全集》第 30 卷，安徽教育出版社 2003 年版，第 5 页。

兴，是第三期"；"近几年的新运动，才是第四期"。① 这篇英文文章是胡适第一次完整地讲述他的"中国文艺复兴"观，同时已是他第一次系统地阐释五四同晚明（清学）的关联。此后，终其一生，胡适在中外各个地方以"中国的文艺复兴"为主题或演讲或撰文多达 50 余次（篇）。② 对于 Renaissance 一词的翻译，胡适人喜欢用"再生"或"再生时代／期"，"我国向来翻译为'文艺复兴'，实在有些欠当，应该叫复苏或再生时期"。③

　　不过，从 1923 年第一篇谈"中国的文艺复兴"的英文文章，到 1961 年最后一次在台北美军军官眷属俱乐部的演讲"四十年来的文学革命"④，胡适关于"中国文艺复兴"的话题虽然大体思路不变，但

---

① 　胡适：《日记（1923—1927）·日记 1923》，载《胡适全集》第 30 卷，安徽教育出版社 2003 年版，第 5—6 页。

② 　参见席云舒《胡适"中国的文艺复兴"思想初探》第 71 页的统计。关于胡适"中国文艺复兴"问题的研究可参考 ［美］格里德：《胡适与中国的文艺复兴——中国革命中的自由主义（1917—1950）》，鲁奇译，江苏人民出版社 1989 年版；胡适、唐德刚：《胡适口述自传》，安徽教育出版社 2005 年版；罗志田：《走向"政治解决"的"中国文艺复兴"——五四前后思想文化运动与政治运动的关系》，《近代史研究》1996 年第 4 期；赵利栋：《古学复兴与文艺复兴——从晚清国粹派到胡适》，《安徽史学》1997 年第 2 期；欧阳哲生：《"中国文艺复兴"的历史考辨——胡适以中国文化为题材的英文作品解析》，《近代史研究》2004 年第 4 期；董德福：《"中国文艺复兴"的历史考辨》，《江苏大学学报（社会科学版）》2002 年第 3 期；段怀清：《胡适对"现代中国的文艺复兴"理念的阐释及其评价》，《杭州师范大学学报（社会科学版）》2010 年第 1 期；席云舒：《胡适"中国的文艺复兴"思想初探》，《文艺研究》2014 年第 11 期；席云舒：《胡适"中国的文艺复兴"论著考（上篇）》，《社会科学论坛》2015 年第 7 期；席云舒：《胡适"中国的文艺复兴"论著考（中篇）》，《社会科学论坛》2015 年第 8 期；席云舒：《胡适"中国的文艺复兴"论著考（下篇）》，《社会科学论坛》2015 年第 9 期；席云舒：《胡适"中国的文艺复兴"思想研究——在首届海峡两岸"胡适奖学金"颁奖典礼上的演讲》，《关东学刊》2017 年第 10 期。

③ 　胡适：《史学·论集·中国再生时期》，载《胡适全集》第 13 卷，安徽教育出版社 2003 年版，第 149 页。

④ 　此文英文原题为 *The Literary Renaissance of the Last 40 Years in China*，参见胡适：《文学·论集·四十年来的文学革命》，载《胡适全集》第 12 卷，安徽教育出版社 2003 年版，第 482—484 页。

个中细节多有出入。据席云舒的观察，大体可分为两个阶段：其一，
"20 世纪 20、30 年代，虽然胡适对'中国的文艺复兴'的历史分期
等问题有过一些微调，但变化并不太大"；其二，"到了 40 年代以后，
他的相关思想又有了一个较大的发展。他把'中国的文艺复兴'放到
了三千年的历史框架下来论述"。① 余英时后来在《文艺复兴乎？启
蒙运动乎？——一个史学家对五四运动的反思》一文中以 1960 年 7
月胡适在华盛顿大学中美学术合作会议上的演讲"中国传统与将来"
（*The Chinese Tradition and Future*）② 为例将胡适一生所提倡的"中国文
艺复兴"思想总结为"三次文艺复兴说"："他对五四之前的中国历
史，总计区分出三次文艺复兴：第一次是第 8 与第 9 世纪中国文学的
文艺复兴，那时白话开始出现在禅僧的诗与语录中；第二次文艺复兴
出现在哲学中，这里，他主要是指第 11 与第 12 世纪新儒学的崛起；
第三次文艺复兴是第 17 与第 18 世纪的'学术复兴'，那时人文学者
开始使用'科学方法'大规模研究古籍与史籍。"③

　　但无论如何变换说法，血液里流淌着章实斋史学传统的胡适关于
"中国文艺复兴"的话题最终的指向性都非常明确，那就是五四新文
化运动以来的中国当下及其实践。因此，《中国传统与将来》的演讲
最后，胡适总结道："总而言之，我深信，那个'人本主义与理智主
义的中国'的传统没有毁灭，而且无论如何没有人能毁灭。"④ 以"中

---

① 　前引均见席云舒：《胡适"中国的文艺复兴"思想初探》，《文艺研究》2014 年第
　　11 期。
② 　英文原文见胡适：《英文著述五·The Chinese Tradition and the Future》，载《胡适
　　全集》第 39 卷，安徽教育出版社 2003 年版，第 644—666 页。汉译见胡适：《中
　　国传统与将来》，徐高阮译，载《胡适文集》第 12 册，北京大学出版社 1998 年版，
　　第 197—210 页。
③ 　余英时：《文化评论与中国情怀（上）·文艺复兴乎？启蒙运动乎？——一个史
　　学家对五四运动的反思》，载《余英时文集》第 7 卷，沈志佳编，广西师范大学
　　出版社 2006 年版，第 173 页。
④ 　胡适：《中国传统与将来》，徐高阮译，载《胡适文集》第 12 册，北京大学出版
　　社 1998 年版，第 210 页。

国文艺复兴说"来推演五四及其以来的传统与现实，所激活的不仅仅
是晚明资源，而是一个更长时段的中国历史与文化传统，在这样一种
学术路径中，人类历史的文化传统不是"被对象化"地处理，而是永
远处在"被激活"的状态，并且传统本身就在参与构建我们当下的文
化及其实践。

　　继承胡适这一学术路径的是余英时，如前文所提到的他关于五四
运动反思的文章就是这一思路的延续。不过，余英时的政治意气太过
于浓厚，不免影响了他这方面的成就，倒是他在研究古典的文章中将
这一学术思路运用到了炉火纯青的地步。他在这方面的代表作有《中
国近世宗教伦理与商人精神》①《士商互动与儒学转向——明清思想史
与社会史之一面相》② 等。

　　在这一学术路径上思考五四与晚明或晚清之关系的学人，还有两
位不得不提，其一就是在中国和日本学术界皆有影响的木山英雄，其
二则是一位不求闻达的复旦学者李振声。自 2004 年木山英雄的《文
学复古与文学革命》③一书在大陆由赵京华翻译出版以来，影响颇大，
其中尤以《野草论》④和《"文学复古"与"文学革命"》⑤两篇为最。前
一篇是《野草》研究的世所公认的名著，自不待言。后一篇则是从

①　余英时：《儒家伦理与商人精神·中国近世宗教伦理与商人精神》，载《余英时
　　文集》第 3 卷，沈志佳编，广西师范大学出版社 2006 年版，第 234—357 页。
②　余英时：《儒家伦理与商人精神·士商互动与儒学转向——明清思想史与社会史
　　之一面相》，《余英时文集》第 3 卷，沈志佳编，广西师范大学出版社 2006 年版，
　　第 162—212 页。
③　[日] 木山英雄：《文学复古与文学革命——木山英雄中国现代文学思想论集》，
　　赵京华编译，北京大学出版社 2004 年版。
④　《野草论》是《〈野草〉主体构建的逻辑及其方法》一文习惯的简称，参见 [日]
　　木山英雄：《〈野草〉主体构建的逻辑及其方法》，载《文学复古与文学革命——
　　木山英雄中国现代文学思想论集》，赵京华编译，北京大学出版社 2004 年版，
　　第 1—69 页。
⑤　[日] 木山英雄：《"文学复古"与"文学革命"》，载《文学复古与文学革命——
　　木山英雄中国现代文学思想论集》，赵京华编译，北京大学出版社 2004 年版，
　　第 209—238 页。

"文学复古"的角度研究自章太炎到鲁迅、周作人"复古以革新"的新文化传统。从篇名的"文学复古"字样即可看出是"文艺复兴"思路下的展开。文章侧重讨论了章太炎"小学保种"的及物性文字观及其文体实践对鲁迅和周作人的影响。可惜的是，文章只是点到为止，并没有深入讨论章太炎"文学复古"观念的晚明及清代来源。李振声的文章《作为新文学思想资源的章太炎》在写作思路上明显受到木山英雄的启发[1]，不过更宏大一些。文章以章太炎为历史轴线，详细讨论了自晚明顾炎武以降的"有血气生命"的治学（"文"）传统是如何通过戴震传承到了章太炎那里，以及章太炎又是如何作为五四新文化运动的思想"发动机"将这一传统传递给胡适、鲁迅和周作人，各自的影响和勾连都在哪些方面。这篇文章在解读鲁迅的"文"之实践性与行动性和胡适的文言一致运动的传统资源等方面达到了相当的高度。[2]

基于上述"中国文艺复兴"的观点，从长历史时段视角来看，中国至少有如下两次"文艺复兴"以及"文"之传统的转变：

（1）以公元8—9世纪中晚唐韩愈的古文运动、儒学复兴所开启的宋明理学时代为中国的第一次文艺复兴。

在上古时期，欧洲和中国都经历了辉煌的轴心时代（春秋战国／古希腊）和统一的大帝国（秦汉帝国／罗马帝国）时期，到了公元4世纪左右中国和西欧各自固有的文明开始衰落，在几乎相同的时间内共同经历着异族（鲜卑等北方游牧部落／日耳曼等北方游牧部落）入侵、异教（佛教／基督教）入侵和贵族（北方野蛮贵族与南方汉贵族／西方野蛮贵族与东罗马贵族）政体的崛起。异族的入侵几乎摧毁了原有的政治格局，而异教则在几个世纪之内很快取代

---

[1]　木山英雄对李振声的影响见李振声：《作为新文学思想资源的章太炎》，《书屋》2001年第7、8期合刊，第43页注释13。

[2]　前文所提到的秦燕春的博士论文《清末民初的晚明想象》受这篇文章的影响就很大。

了固有文明的控制权，并迅速与贵族政治与文化融合到了一起。①"大约公元 300 年，是个特别的转折点。佛法渗入最上层士大夫，实际上决定了中国佛教此后几十年的发展进程：它为佛教征服中国铺平了胜利之路。"②到公元 4 世纪下半叶便"在都城和东部，产生了与王室、大城市权贵和都城中的政治生活紧密相联的新佛教"③，并出现了"王室佛教"④。

正如基督教令健康活泼的生命力"颓废与堕落"⑤一样，佛教同贵族政治结合的后果同样是"生命力的颓废与衰败"，其表现就是：出世的苦行和世俗文化的过度"形式化"。佛教原本就倡导出世苦修、不事劳动，后来则发展为了修行而"舍身"。⑥而在另一方面，上层的世俗文化的"形式化"作风日益严重，发展成为一种畸形的贵族文化。在生活层面表现为"门阀制度"，豪门与寒门之间绝无通达的途径，而依托于此的书写文化（"文"）则发展成为讲求严苛的音韵、对仗、用典的"形式化"的骈体文写作。在政治层面，皇权并不能约束各路豪强贵族。

这样的生命力"颓废与堕落"的风气一路发展下来，到了唐王朝中期就形成了一种积重难返的局面，遂爆发了藩镇豪强的"安史之乱"。以此为契机，中国文化形成了一次大调整，从而促成了中国历

---

① 参见［荷］许理和：《佛教征服中国——佛教在中国中古早期的传播与适应》（李四龙、裴勇等译，江苏人民出版社 1998 年版）第 61、94、161—152 页对贵族及王室成员出家为僧人的描述。
② ［荷］许理和：《佛教征服中国——佛教在中国中古早期的传播与适应》，李四龙、裴勇等译，江苏人民出版社 1998 年版，第 95 页。
③ ［荷］许理和：《佛教征服中国——佛教在中国中古早期的传播与适应》，李四龙、裴勇等译，江苏人民出版社 1998 年版，第 181 页。
④ ［荷］许理和：《佛教征服中国——佛教在中国中古早期的传播与适应》，李四龙、裴勇等译，江苏人民出版社 1998 年版，第 222 页。
⑤ 可参见尼采的多种著作。
⑥ ［荷］许理和：《佛教征服中国——佛教在中国中古早期的传播与适应》，李四龙、裴勇等译，江苏人民出版社 1998 年版，第 464 页。

史上第一次"文艺复兴"运动。从世俗层面开启这一运动的历史性人物就是公元八九世纪之交的韩愈。

韩愈及其文人集团一方面极力反对佛教①，一方面则倡导古文运动和儒学复兴，企图通过"复古以革新"的方式从书写（"文"）和思想两个层面召回诸子时代健康鲜活的生命力，从而替换"颓废衰败"的贵族制度与宗教文化。其古文运动"名虽复古，实则通今，在当时为最便宜宣传，甚合实际之问题也"②，从而开启了宋以后数百年的近世文风；而其对儒学复兴的倡导，以及"道学"的实践则为后世朱熹和王阳明的宋明理学时代拉开了序幕，在中国经历了数百年的"佛教化"运动之后第一次实现了传统学问与文章的伟大复兴。正因为如此，陈寅恪才称赞韩愈为"唐代文化学术史上承先启后转旧为新关捩点之人物"③。

简言之，韩愈以古文运动和诗歌革新（所谓"以文入诗"）重启了先秦诸子的"文"之实践性与行动性，一扫六朝以来的柔弱绮丽的形式主义文风，而造就了一种清新刚健、贴近现实生活的"活"文体，所谓"当其取于心而注于手也，惟陈言之务去"④。在思想与信仰方面，则删繁就简，扬弃了两汉以来的以《五经正义》为中心的烦琐经学，而取《中庸》与《大学》的"直指人伦"⑤，建立"道学"，为宋代贴近生活的思想与信仰的出现开启了一条光明之路。继之而来的宋代理学中"理气"二元论的建立，所谓"天地之性"与"气质之

---

① 《谏迎佛骨表》（公元 819 年）。
② 陈寅恪：《论韩愈》，载《金明馆丛稿初编》，生活·读书·新知三联书店 2009年版，第 330 页。
③ 陈寅恪：《论韩愈》，载《金明馆丛稿初编》，生活·读书·新知三联书店 2009年版，第 332 页。
④ 韩愈：《答李翱书》，载《韩昌黎文集校注》，马其昶校注，马茂元整理，上海古籍出版社 1998 年版，第 99 页。
⑤ 韩愈：《答李翱书》，载《韩昌黎文集校注》，马其昶校注，马茂元整理，上海古籍出版社 1998 年版，第 321 页。

性"、"道心"与"人心"的两分以及人人皆可通过涵养功夫达成"气质之变化"的一套学说确实为宋以后的近世社会的世俗化奠定了坚实的基础。

不过，韩愈的"直指人伦"的道学建立却有赖于同时期的新禅宗的"入世转向"的宗教改革。①"新禅宗特提出直指人心见性成佛之旨，一扫僧徒繁琐章句之学……退之生值其时，又居其地，睹儒家之积弊，效禅侣之先河，直指华夏之特性，扫除贾、孔之繁文，原道一篇中心意旨实在于此。"②"退之首先发见小戴记中大学一篇，阐明其说，抽象之心性与具体之政治社会组织可以融会无碍……于此以奠定后来宋代新儒学之基础，退之固是不世出之人杰，若不受新禅宗之影响，恐也不克臻至此。"③从陈寅恪的论述中我们不难看出，中国后世的宋明时代之所以能从两汉以来以烦琐"经学"为重心转向以简明"四书"为重心，其根本原因是受到了新禅宗的影响。而余英时甚至认为，以惠能为起点的新禅宗的"入世转向"构成了宋明理学的根本前提。"韩愈思想的起源至今主要在儒家语境中探讨；它与佛教的联系只在普通和不严密的方式下提到。一旦显示出他的儒家之道的再阐述是源于新禅宗思想的流行，许多疑问也就消失了。"④而且新禅宗对新儒学的影响不仅局限于前提，甚至宋明理学中的核心观念"天理彼岸"问题，以及其日常的涵养功夫皆似来自禅宗。"在更深一层上，新儒学的突破

---

① 余英时曾撰文详细讲述过新禅宗的"入世转向"内涵。参见余英时：《唐宋转型中的思想突破》，曹建林译，载《人文与理性的中国》（余英时英文论著汉译集），上海古籍出版社2007年版，第51—55页。
② 陈寅恪：《论韩愈》，载《金明馆丛稿初编》，生活·读书·新知三联书店2009年版，第321页。
③ 陈寅恪：《论韩愈》，载《金明馆丛稿初编》，生活·读书·新知三联书店2009年版，第322页。
④ 余英时：《唐宋转型中的思想突破》，曹建林译，载《人文与理性的中国》（余英时英文论著汉译集），上海古籍出版社2007年版，第58页。

可以理解为新禅宗最早始于 8 世纪的入世转向的继续。事实上,在宋代的大部分时期,禅宗的突破范式在许多方面继续激励着新儒家。""二程的高足谢良佐(1050—1103)据说讲过一个故事,说程颐曾向某禅僧学养心工夫,并习得了全部方法。然后他'偷'了禅僧的方法以为己用。"①

通过以上陈寅恪和余英时的论述,我们基本上可以判定宋明理学表面上声称是孔孟儒学的复兴,可是在其根底里却是佛教世俗化的产物,这同笛卡尔以来欧洲文艺复兴以后的现代思想确有某种相似之处,而且二者走的均是背离"生命外在实践"的"内面之路"(所谓"气质变化"的内圣之学)。虽然在余英时看来,这样理解宋明理学是"过了时的传统批评"②。但我想,拿到中西比较史学的框架中来对照着重新认识彼此还是有其价值的。

(2)以自公元 17、18 世纪晚明清初顾炎武等的"学术复兴运动"至辛亥五四的新文化运动的"文"之实践性与行动性的时代为中国的第二次文艺复兴。

以韩愈为起点的中国第一次文艺复兴运动不但在积极层面与14—17 世纪欧洲的文艺复兴相似,在消极层面也绝相类。欧洲文艺复兴在积极层面反基督教、反封建(贵族)成功,并以"复古以革新"的方式续接了古希腊和古罗马的人文主义传统,从而开启了欧洲的"现代"文明。然而基督文化经过世俗化转向而化身到现代欧洲文明的内面却也是不争的事实。上帝化身为各种世俗的翻版隐身于现代文化之中,"尼采自始至终不遗余力地攻击的不是教义式的基督教,而是其世俗变形:现代市民社会和道德的'潜在'基督教。尼采思考得最多的不是'上帝死了',而是'上帝死了'的阴影般苟延残

---

① 余英时:《唐宋转型中的思想突破》,曹建林译,载《人文与理性的中国》(余英时英文论著汉译集),上海古籍出版社 2007 年版,第 62 页。

② 余英时:《唐宋转型中的思想突破》,曹建林译,载《人文与理性的中国》(余英时英文论著汉译集),上海古籍出版社 2007 年版,第 64 页。

端,是古老的基督教展现在现代世界的骗局"①。因此,到了 19 世纪末,尼采便起而高呼笛卡尔以来的欧洲现代文明是"颓废与堕落"的基督教传统的世俗翻版,而笛卡尔、康德、费希特等皆是马丁·路德的徒子徒孙,是脱掉僧侣外衣的僧侣。② 实际上,尼采对文艺复兴以来欧洲文明的批判同顾炎武、颜习斋等晚明诸子对宋明理学的批判极其相似。

宋代理学继承了传统儒家的"外王之道",同时又融会了新禅宗的涵养功夫,形成了"内圣之学"。《大学》所谓"格物致知诚意正心修身齐家治国平天下"即兼容了"内外"两个方面:"格物致知诚意正心"即是"内圣"的"修身",而"修身"的落脚点则最终指向"外王"的"齐家治国平天下"。而显然"内圣之学"的"修身"是整个思想体系的中心点和核心。实际上,无论是理学还是后来的心学,从表面上看都是将最终的落脚点放在"外王"之上,可是最后实行起来,则几乎都耽于"内圣"的"修身"。因此,从宋到明,文人皆以主敬存诚穷理为本。不过通达"内圣"的途径却成为争论的焦点,开启于"二程"而完成于朱熹的理学,以"格物致知"的"道问学"为通达的途径,走的是儒家知识主义的道路,而肇始于陆九渊、完成于王阳明的心学则以"直指本心"和"致良知"的"尊德性"为不二法门。宋代理学相对于魏晋隋唐的"出世"佛学而言,确实是历史的一大进步,可是到了后来被定为官学后,则疲相毕露,"明朝以八股取士,一般士子除了永乐皇帝钦定的《性理大全》外,几乎一书不读,学术界本身就像贫血症的人衰弱得可怜",这个时候王阳明的心学兴起,"像打药针一般,令人兴奋",以至于"做了五百年道学结束,

---

① [德]卡尔·洛维特:《尼采的敌基督登山训众》,吴增定译,载《墙上的书写——尼采与基督教》,洛维特/沃格林等著,田立年、吴增定等译,华夏出版社 2004 年版,第 13 页。

② 参见《反基督》第 61 节。[德]尼采:《反基督》,载《反基督:尼采论宗教文选》,陈君华译,河北教育出版社 2003 年版,第 168—169 页。

吐很大光芒"。① 因此，在有些场合，胡适称王阳明的心学也是中国的一种文艺复兴。② 而且据嵇文甫观察，阳明心学及左派王学并非像我们通常所认为的那样流于"狂禅"，而实际上其中就已经蕴含着开出后来晚明诸子注重"事功"的因子，"原来王颜两家之学说所以极端相反者，因为一个专讲'心'，一个专讲'事物'。但实际上，阳明所谓的'心'者，又和'事物'混一不分"，"不知不觉间早已渗入些新成分，为下一个时代开先路。在这种情形下，王学和颜学竟暗通了消息"。③

实际上，在晚明同宋明理学之关系的认定上，有两种主要意见，其一是以梁启超、胡适为代表的"反动说"，即晚明对宋明理学尤其是王阳明心学是一种全面的"反动"，余英时认为这种观点与"布哈德（Jacob Burckhardt）对意大利文艺复兴的解释有相近之处"④。本书基本上持这样一种观点，然而又部分赞同第二种观点，即以嵇文甫⑤和余英时⑥为代表的"发展转变说"，这种观点认为，晚明及清代学术确实同前一时代有极大的不同，但前一时代的思想学术却并不是一成不变的，而其中的发展变化就生出了这后一个时代思想的因子。持第二种观点的还有钱穆和冯友兰，不过他们是在旧学框架中认识二者的关系，认为清代学术和宋明理学是同一个框架结构。⑦

---

① 梁启超：《中国近三百年学术史》，载《饮冰室专集之七十五》，第3页，载《饮冰室合集》第10册，中华书局1988年版。
② 胡适：《史学·论集·中国再生时期》，载《胡适全集》第13卷，安徽教育出版社2003年版，第153页。
③ 嵇文甫：《晚明思想史论》，载《民国丛书（第二编）》（7），上海书店1989年版，第8页。
④ 余英时：《从宋明儒学的发展论清代思想史——宋明儒学中的智识主义的传统》，载《论戴震与章学诚》，生活·读书·新知三联书店2000年版，第291页。
⑤ 参见嵇文甫的《左派王学》和《晚明思想史论》，均载《民国丛书（第二编）》（7），上海书店1989年版。
⑥ 参见余英时的代表文章《从宋明儒学的发展论清代思想史——宋明儒学中的智识主义的传统》和《清代思想史的一个新解释》，均载《论戴震与章学诚》。
⑦ 分别见二人的《中国近三百年学术史》和《中国哲学史》（下卷）。

其实，晚明与宋明理学的关系，如果引进比较史学的视野或许会看得更清楚一些。余英时曾经从比较史学的角度将宋明比作马克斯·韦伯意义上的"新教伦理"时期。[①] 但笔者认为这一比较视野还可以拓展。按照余英时指出的，钱穆就曾将惠能称作中国的马丁·路德。[②] 那么，在某个侧面，其实韩愈身上就有伊拉斯谟的影子。[③] 而朱熹的"理气"二元论则同康德的"物自体"学说有极高的相似度，其实研究康德的学者一般都比较喜欢朱熹，反之亦然。从某种层面上说，康德的"物自体"其实质是"上帝"在世俗的一个重要变形，这也是尼采经常批判"物自体"学说的根源。而朱熹的"天理"说则显然来自新禅宗的"超世"理念。这二者之间的相似是显而易见的。其实无论是康德的"物自体"还是朱熹的"天理"都是绝对律令的一种世俗载体，这样一种二元世界观对世俗往往会形成一种规则与约束，因之，接下来就必然有一种一元的观念来打破这种律令的约束，在康德那里，就是其后继者黑格尔，而中国这边相应的就是王阳明。王阳明的"致良知"和黑格尔的"绝对精神"实质上都是将客观的绝对律令同自我合二为一的产物。而这样的一种思想运动的轨迹最后一定会开出一个崭新的时代来。正如同嵇文甫所言，王学和颜学不期然而暗通了消息，而尼采同黑格尔不也正是这样吗？

然而，无论有怎样的"暗通消息"，晚明同宋明时代依然是截然不同的两个时代。其最根本的区别在于一主动而一主静，而动静之分，实际上是区分时代的重要标志。以动静划分，则自轴心时代以

---

① 参见余英时：《中国近世宗教伦理与商人精神》，载《儒家伦理与商人精神》，广西师大出版社 2004 年版。

② 参见余英时：《中国近世宗教伦理与商人精神》，载《儒家伦理与商人精神》，广西师大出版社 2004 年版，第 242 页。钱穆原文出自《再论禅宗与理学》，载《中国学术思想史论丛》（4），东大图书公司 1978 年版，第 232 页。

③ 从人文主义的传统来考查，韩愈身上确实晃动着伊拉斯谟的影子，可是如果从近世思想起点的角度界定，则他又绝类笛卡尔。

来，中国史可以分作四个大时代①，如下表：

历史分期	时间段	命名	动／静	对世界的态度	生命的状态	文明形态
上古	先秦两汉	诸子实践时代	主动	积极入世	健康	固有文明
中古	魏晋南北朝隋唐	佛教征服时代	主静	出世苦行	颓废	异教入侵
近世	宋元明	儒表佛里时代②	主静（敬贯动静③）	入世修身	半颓废	第一次文艺复兴
最近世	晚明以降④	实践力行时代	主动	积极入世	健康	第二次文艺复兴

很显然，晚明所开启的是一个全新的时代，一个主动的积极入世时代，也是中国传统之"文"的实践性与行动性再次全面启动的时代。

---

① 胡适的未完稿《中国哲学小史》中认为中国哲学史分期可以有两种，第一种比较详细，第二种的分期法同此表有类似处："（1）创造时期；（2）整统时期；（3）印度化时期；（4）理学时期；（5）反理学时期。"胡适：《哲学·论集·中国哲学小史》，载《胡适全集》第 7 卷，安徽教育出版社 2003 年版，第 263—264 页。

② 梁启超：《清代学术概论》，载《民国丛书（第一编）》（6），上海书店 1989 年版，第 9 页。

③ 见《朱子语类》卷十二。另余英时在《中国近世宗教伦理与商人精神》一文中对此有详解，见余英时：《中国近世宗教伦理与商人精神》，载《儒家伦理与商人精神》，第 272—274 页。胡适也曾说，"宋儒虽兼说动静，而实偏重静。"见胡适：《哲学·专著·戴东原的哲学》，载《胡适全集》第 6 卷，安徽教育出版社 2003 年版，第 361 页。

④ 将晚明以降一直到当下的中国史当作一个大板块的历史分期法最先出自胡适。"第二分法（1）自汉初至明末清初，约自纪元前二〇〇年，至纪元一六四四年〔即明亡之年。前一年（1643）顾炎武的《诗本音》才成书，见曹序〕共一千八百多年，为中古时期；（2）自清初至现在，自顾炎武、黄宗羲到孙诒让、章炳麟，为近世时期。"胡适：《中国哲学史大纲卷中（残篇）》，载《胡适全集》第 5 卷，安徽教育出版社 2003 年版，第 771 页。

二、"文"与明清之变

——以顾炎武、颜习斋为例

首先刺激晚明诸子批判和攻击宋明理学的不是学术本身，而是亡国之痛。明朝的灭亡促使他们重新思考"文"之根本属性，对他们而言，治学或者"文"本身不是归属，治学与"文"是同血性的生命之本体以及家国天下的担当紧密联系在一起的，因此，在晚明诸子的眼中，"文"非文，"文"的最终旨归一定是血性生命的实践和家国担当的行动。

宋明理学之所以能五六百年周行不殆，靠的是三样不二法门：《四书》、居敬涵养的功夫、性理学说。于是五六百年间，养成了一种主静恶动、空谈不实的士林之风。到了明亡之时，已是积重难返，"狂禅"一派所谓"满街皆是圣人"，"酒色财气不碍菩提路"，已是堕落至极。① 晚明诸子痛感家国毁灭，沦于异族，决心扭转士风，恢复华夏旧制，复归生命的健康活泼，于是复古以革新，发起了对宋明理学的大反动。即顾炎武所言的"拨乱反正"："以一人而易天下，其流风至于百年之久者，古有之矣，王夷甫之清谈，王介甫之新说；其在今，则王伯安之良知是也。孟子曰：'天下之生久矣，一治一乱。'拨乱世反诸正，岂不在于后贤乎？"②

大反动的总的思想是恢复健康活泼的生命力和家国天下的匹夫担当，颇类于尼采的"回到苏格拉底以前"，追寻酒神狄奥尼索斯的生命沉酣。为了实现这一思想，晚明诸子有种种途径，据梁启超总结，

---

① 参见梁启超：《清代学术概论》，载《民国丛书（第一编）》(6)，上海书店1989年版，第10页。

② 顾炎武：《日知录·朱子晚年定论》（卷之十八），载《顾炎武全集》(19)，上海古籍出版社2011年版，第730页。

大概有以下四种：（一）以顾炎武、阎若璩为代表的考据门；（二）以黄宗羲、万斯同为代表的史学门；（三）以颜习斋、李刚主为代表的躬行门；（四）以王锡阐、梅文鼎为代表的天文算术门。①不过梁启超应该还遗漏了一门，即以王夫之为代表的义理门。所以算起来，应该一共有五个门类。当然，这种大分类只是取其大者而言，就小的方面来说，也并非彼此泾渭分明，而常常是呈犬牙交错的状态。以下笔者拟选择其中最具代表性的两种门类结合本书主题，作尝试性论述：

其一，考据。"复古以革新"的第一要义是复归到健康活泼之生命力的源头，具体而言就是要"回到先秦去"，其唯一的途径就是"通经"，即要知道古人的确凿想法。于是，晚明诸子首先用《经学》取代了《四书》。但为了读懂经书，则需要文字的训诂，这就是考证。而且，古字古义不仅仅存在于无声的经书当中，活的有声的方言俚语里同样存有古音古义，于是方言学、音韵学随之兴起。音韵学、方言学、文字的训诂以及版本学、校勘学、目录学等合起来就是考据学。考据学是清代学术的根基性的存在，其开创者就是"著书，不忘兵革之事"②的顾炎武。与顾炎武同时期的考据大家还有阎若璩、胡渭等。考据之学至乾嘉时期遂发展成为显学，蔚为大观。梁启超认为顾炎武的开创之功有二：其一，举起了"经学即理学"③旗帜，所谓"清代经学家信仰之中心"④；其二，建设了考据学三大研究方法，即贵创、博证、致用。⑤正是这二者才奠定了清代考据学的根基。也因

① 参见梁启超：《清代学术概论》，载《民国丛书（第一编）》（6），上海书店1989年版，第4—5页。
② 太炎：《说林·衡三老》，《民报》1906年第9号。
③ 全望祖：《亭林先生神道表》，载全望祖：《鲒埼亭集》卷十二，文海出版社1988年版，第536页。
④ 梁启超：《饮冰室专集之七十五·中国近三百年学术史》，第68页，载《饮冰室合集》第10册，中华书局1988年版。
⑤ 梁启超：《清代学术概论》，载《民国丛书（第一编）》（6），上海书店1989年版，第12—14页。

此，考证的朴学实践就不会是无头的苍蝇，不是用信手拈来的材料敷衍成文章，相反其中皆隐含着"经世致用"的理想与目标。不过比考据学的口号与方法更为重要的，是顾亭林终其一生所奉行的"行己有耻、博学于文"的血性生命书写（"文"）实践和家国天下之匹夫担当的行为。其言曰："有亡国者，有亡天下。亡国与亡天下奚辨？曰：易姓改号，谓之亡国；仁义充塞，而至于率兽食人，人将相食，谓之亡天下。""是故知保天下，然而知保其国，保国者，其君其臣肉食者谋之；保天下者，匹夫之贱与有责焉耳矣！"[1]顾亭林用一生所著述的《日知录》是其代表作品，所谓三十二卷尽藏其"平生之志与业"[2]。阎若璩、胡渭则分别从宋明理学所倚重的"人心惟危，道心惟微，惟精惟一，允执厥中"之来源的《古文尚书》和"太极图说"之来源的《河图》《洛书》入手，撰成了《尚书古文疏证》和《易图明辨》，指明其"伪"。这对于宋明理学而言，无异于釜底抽薪。阎若璩则被梁启超称为"近三百年学术解放之第一功臣"[3]，足见其影响之大。在对待宋明理学的态度上，考据一系苛责王阳明的"直指本心"的"德性之学"甚严，但对于朱子"格物致知"的"闻见之学"则较为温和。

　　其二，躬行。这一派的代表人物是北方的颜元（习斋）和李塨（恕谷）。如果说考据一系以先秦经学时代为复归对象的话，躬行一派则追溯得更为遥远，以尧舜禹为复归对象。所谓"尧舜只是躬行"，"尧舜之前何书可读"的诘问就明白地显示了此派的宗旨。从行为实践来看，这一派近墨。实际上梁启超在《清代学术概论》中就曾指出这一点："颜、李之力行派，陈义甚高，然未免如庄子评墨子所云：

① 顾炎武：《亭林诗文集·日知录（卷之十三）·正始》，载《顾炎武全集》（21），上海古籍出版社 2011 年版，第 527 页。

② 《与友人论门人书》中有"所著《日知录》三十余卷，平生之志与业皆在其中"一语。参见顾炎武：《亭林诗文集·日知录（卷之三）·与友人论门人书》，载《顾炎武全集》（21），上海古籍出版社 2011 年版，第 101 页。

③ 梁启超：《饮冰室专集之七十五·中国近三百年学术史》，第 70 页，载《饮冰室合集》第 10 册，中华书局 1988 年版。

'其道大觳'，恐'天下不堪'。(《天下篇》) 此等苦行，惟有宗教的信仰者能践之。"① 颜李学派精义约略如下：

（1）非读。"自汉以后两千年所有学术，都被他否认完了。他否认读书是学问，尤其否认注释古书是学问，乃至否认用所有各种方式的文字发表出来的是学问，他否认讲说是学问，尤其否认讲述哲理是学问，他否认静坐是学问，尤其否认内观式的明心见性是学问。"② 为何反对读书呢？原因有二：其一，读书使人忘本，不着事物，不事躬行。起初读书并不是为读书而读书，读书是为了躬行实践，然而后来的读书人都遗忘了这一点，以为读书就是目的，于是读书使人远离事物与躬行本身。"以读经史、订群书为穷理处事以求道之功，则相隔千里，以读经史、订群书为即穷理处事而曰道在是焉，则相隔万里矣。""譬之学琴然，书犹琴谱也。烂熟琴谱，讲解分明，可谓学琴乎？""今手不弹，心不会，但以讲读琴谱为学琴，是渡河而望江也。故曰千里也。今目不睹，耳不闻，但以谱为琴，是指蓟北而谈滇南也，故曰万里也。"③ 其二，读书使人柔弱。习斋言："先生辈舍身尽死，在思、读、讲、著四字上做功夫，全忘却尧、舜三事、六府，周、孔六德、六行、六艺，不肯去学，不肯去习"，"千余年来率天下人在故纸堆中，耗尽身心气力，作弱人病人无用人者，皆晦庵为之"。④ 李刚主言："颜先生所谓，读书人率习如妇人女子，以识则户隙窥人，以力则不能胜一匹雏也。"⑤ 因此，读书

---

① 梁启超：《清代学术概论》，载《民国丛书（第一编）》(6)，上海书店 1989 年版，第 29 页。
② 梁启超：《饮冰室专集之七十五·中国近三百年学术史》，第 109 页，载《饮冰室合集》（第十册），中华书局 1988 年版。
③ 颜元：《存学编（卷三）·性理评》，载《颜元集》上册，中华书局 1987 年版，第 78—79 页。
④ 颜元：《朱子语类评》，载《颜元集》上册，中华书局 1987 年版，第 250—251 页。
⑤ 李塨：《恕谷后集（卷十三）·与冯枢天论读书》，载《李塨集》（下），陈山榜等校点，人民出版社 2014 年版，第 1488 页。

之害尤胜"砒霜":"但入朱门便服其砒霜,永无生气、乞机。""但于途次闻乡塾群读书声,便叹曰'可惜许多气力';但见人把笔作文字,便叹曰'可惜许多心思';但见场屋出入群人,便叹曰'可惜许多人材'。"[1] 这些话所传达的思想像极了尼采。尼采说:"一个只会'啃'书本的学者——平庸的语言学家一天差不多能打发200本——到后来则完全丧失了独立思考能力。一旦不啃书本,他们就不会思考了。……学者——就是颓废派。"[2] 为何如此痛恨读书呢?曰家国沦陷,经验之痛也。"仆亦吞砒人也! 耗尽心思气力,深受其害,以致六十余岁,终不能入尧、舜、周、孔之道。"[3] 这是个人经验之"痛"。"不意朱子还不待人入门,要人先服其砒霜而后来此也。痛哉!"[4] 这是同情之"痛"。而这一切却都是建立在"亡国之痛"的基础上的,"读书愈多愈惑,审事机愈无识,办经济愈无力。试历观宋、明已事,可痛哭"[5]。李塨亦有相同的言论:"纸上阅历多,则世事之阅历少,笔墨之精神多,则经济之精神少,宋、明之亡,此物此志也,望贤者而勿溺。"[6]

(2) 主动。宋明亡国之痛,皆因主静之祸。故而,习斋深诋主静:"朱子'半日静坐',是半日达麽也,'半日读书',是半日汉儒也。试问十二个时辰那一刻是尧、舜、周、孔?宗朱者可以思矣。"[7] 并且开出了"药方",即主动:"常动则筋骨竦,气脉舒。""宋、元来儒

---

[1]　颜元:《朱子语类评》,载《颜元集》上册,中华书局1987年版,第249页。

[2]　[德] 尼采:《我为什么这样聪明》,载《看啦这人》,张念东、凌素心译,中央编译出版社2001年版,第35页。

[3]　颜元:《朱子语类评》,载《颜元集》(上册),中华书局1987年版,第249页。

[4]　颜元:《朱子语类评》,载《颜元集》(上册),中华书局1987年版,第249页。

[5]　颜元:《朱子语类评》,载《颜元集》(上册),中华书局1987年版,第252页。

[6]　《李恕谷先生年谱(卷二)·丁卯二十九岁》,载《李塨集》(下),陈山榜等校点,人民出版社2014年版,第1751页。

[7]　《李恕谷先生年谱(卷二)·丁卯二十九岁》,载《李塨集》(下),陈山榜等校点,人民出版社2014年版,第278页。

者皆习静，今日可言习动。"①"五帝三王周孔皆教天下以动之圣人也，皆以动造成世道之圣人也。""晋宋之苟安，佛之空，老之无，周、程、朱、邵之静坐，徒事口笔，总之不动也。而人才尽矣，圣道亡矣，乾坤降矣。吾尝言一身动，则一身强，一家动则一家强，一国动则一国强，天下动则一天下强，益自信其考前圣而不谬矣，后圣而不惑矣。"②颜习斋关于"动"与"强"的论述对晚清五四的影响极大，梁启超的《少年中国说》中显然有其回音。

(3) 唯习。圣人曰，"学而时习之"，因此，学而不习，则学亦废也。颜习斋开出的第二剂药方即是"唯习"③："杜益斋问，'习恭即静坐乎？'曰：'非也。静坐是身心俱不动之谓，空之别名也。'习恭是吾儒整修九容功夫，愧不能如尧之允，舜之温，孔之安，故习之。习恭与静坐，天渊之分也。"④"……习行礼乐射御之学，健人筋骨，和人气血，调人情性，长人神智，一时学行，受一时之福；一日习行，受一日之福；一人体之，锡福一人；一家体之，锡福一家。一国天下皆然。小之却一身之疾，大之措民物之安……"⑤

(4) 反朴。非读、主动、唯习的最终目的就是要复归健康的生命力，也即反朴归真。习斋曾言："学之亡也，亡其粗也。愿由粗以会其精。政之亡也，亡其迹也。愿崇迹以行其义。"⑥复归健康的生命，

① 《颜习斋先生言行录（卷下）·世情第十七》，载《颜元集》下册，中华书局1987年版，第686页。
② 《颜习斋先生言行录（卷下）·学须第十三》，载《颜元集》下册，中华书局1987年版，第669页。
③ 梁启超甚至说他是"唯习主义"。参见梁启超：《饮冰室专集之七十五·中国近三百年学术史》，第122页，载《饮冰室合集》第十册，中华书局1988年版。
④ 《颜习斋先生言行录（卷下）·王次亭第十二》，载《颜元集》（下册），中华书局1987年版，第665—666页。
⑤ 《颜习斋先生言行录（卷下）·刁过之第十九》，载《颜元集》下册，中华书局1987年版，第693页。
⑥ 李塨：《颜习斋先生年谱（卷下）·甲申七十岁》，载《李塨集》（下），陈山榜等校点，人民出版社2014年版，第1681页。

即是对现世的认可,从而不回避现实,而其第一步,就是回到自我身体本身。"若谓气恶,则理亦恶,若谓理善,则气亦善。盖气即理之气,理即气之理,乌得谓理纯一善而气质偏有恶哉!"[1]同一时期的王夫之讲理与气亦与习斋如出一辙:"理即是气之理,气当得如此便是理,理不先,而气不后,理善则气无不善,气之不善,理之未善也。""天下岂别有所谓理,气得其理之谓理也。气原是有理底,尽天地之间无不是气,即无不是理也。"[2]足以见得,对理气这样的一种全新的认识是晚明学术的一大趋势。

颜李皆北人,且习斋一生中还有一部分时间在关外寻找父亲遗骨,遍历荒寒,尝尽人间疾苦,故而有此躬行之学,实为血性生命在学问中的体现。概而言之,南人慧而北人朴,江浙富庶之地,藏书众多,故考据能蔚然成风,相对而言,北地荒寒清苦,更宜于成就躬行之学。

不过晚明学术在清代的传承过程中,唯独颜李之学后继无人。在阐释这一现象时,梁启超说:"颜、李之力行派,陈义甚高,然未免如庄子评墨子所云:'其道大觳',恐'天下不堪'。(《天下篇》)此等苦行,惟有宗教的信仰者能践之,然不能责望之于人。颜元之教,既绝无'来生的'、'他界的'观念,在此现实世界而惟恃极单纯极严冷的道德义务观念,教人牺牲一切享乐,本不能成为天下达道。"[3]并且梁启超还认为,颜李之学"与当时求实之思潮,亦不相吻合"[4],

---

[1] 颜元:《存性编(卷一)·驳气质性恶》,载《颜元集》上册,中华书局1987年版,第1页。

[2] 王夫之:《读四书大全说(卷十)·孟子告子上篇》,载《船山全书》(20),曾氏金陵刊,1865年,第2—3页。

[3] 梁启超:《清代学术概论》,载《民国丛书(第一编)》(6),上海书店1989年版,第29—30页。

[4] 梁启超:《清代学术概论》,载《民国丛书(第一编)》(6),上海书店1989年版,第30页。胡适在《戴东原的哲学》中也对这一点有确认,"况且当日南方的理学大师如张履祥,如吕留良,如陆陇其,都是朱学的信徒。……颜李学派所以受排斥,这也是一个重要原因。"参见胡适:《哲学·专著·戴东原的哲学》,载《胡适全集》第6卷,安徽教育出版社2003年版,第346页。

也是其不传的重要原因。梁启超作此判断的时间是 1920 年，十多年后（1936 年）胡适对此也作出了自己的判断，比较而言，胡适的意见似乎更为中肯。在胡适看来，颜李之学不传的重要原因有二：其一，颜李之学的"大本营在蠡县博野之间，因为交通上的不方便，李塨的'广布圣道，传之其人'的计划是不容易实行的。颜李始终得不到大发展，这个地域上的因子是很关重要的"①。其二，最重要的一个原因是，当时的官学依然还是程朱理学，因此靠近北京的颜李诞生之地河北的空气并没有南方自由，②而更为关键的是，颜李学派骂程朱人尽皆知，因此少有人敢触碰颜李之学，即便有点瓜葛，最后碍于朝廷也不得不放弃甚至于背叛，方苞即是最好的一个例证。"他不但没有接受李塨的恳切劝告，后来竟成了颜学的叛徒。康熙六十年（1721 年），李塨长子习仁死了，方苞写信给李塨，说这是攻击朱子的报应。"③

　　在晚明，颜李之学和顾炎武的考据之学同为最能代表中国"文"之实践性与行动性传统的两个学派。不过此后二者的传播一隐一显，却颇值得玩味。顾学的考据遂发展为一个时代的显学，其血性生命的实践性及家国担当的行动性通过戴东原而传承到了辛亥与五四的文化血脉之中。不过清代不显的颜学最后也进入五四新文化当中，而在清代流传其学说的同样也是戴东原。④

---

① 胡适：《哲学·论集·颜李学派的程廷祚》，载《胡适全集》第 8 卷，安徽教育出版社 2003 年版，第 103 页。

② 胡适：《哲学·论集·颜李学派的程廷祚》，载《胡适全集》第 8 卷，安徽教育出版社 2003 年版，第 102 页。

③ 胡适：《哲学·论集·颜李学派的程廷祚》，载《胡适全集》第 8 卷，安徽教育出版社 2003 年版，第 98 页。

④ 详见胡适：《哲学·专著·戴东原的哲学》，载《胡适全集》第 6 卷，安徽教育出版社 2003 年版，第 339—476 页。

三、"文"之行动的传承

——从戴东原到章太炎

中西方历史几乎在同一个大时段里注意到了"身体"以及与"身体"紧密连接的日常世界的重要性，这应该不只是单纯巧合的问题。"人们一定会问我，究竟我为什么要叙述这些微不足道的琐事呢。因为，假如我命中注定要担当大任，那么，就越发害了我。我的回答是，这些琐碎小事——营养、地域、气候、休养，一切自私自利的诡诈——这是超越一切的概念，比迄今人们所认为的一切重要的东西还要重要。正是在这个问题上，人们应当开始再学习。过去，人类都郑重称道的东西，都是不真实的，纯粹的臆想，确切地说，是出自病态的，有害的（最深刻意义上的）天性的恶劣本能，诸如'上帝'、'灵魂'、'美德'、'彼岸'、'罪恶'、'真理'、'永恒的生命'等等，所有这些概念……但是人们却在这些概念中寻找人性的伟大，人性的'神性'……这样一来，一切政治问题，社会制度问题，一切教育问题，都从根本上弄错了，以致人们误将害群之马当成了伟人——以致人们教诲别人要轻视'琐事'。"[1]尼采的著作中类似这样的文字不胜枚举。我之所以不厌其烦地抄在这里，完全是出于比对的方便，从而使某些东西能够一目了然。

前面我们在谈论颜李学派"反朴"一项时，曾经提到过颜习斋和王夫之几乎同时提出了"理即是气之理""离气无理"的新"理气"说，这对于晚明的时代而言，无疑是革命性的，从中可以看到同尼采的思路有一致的地方。从宋明理学对"气质"世界的否定，转变到肯定的

---

① ［德］尼采：《我为什么这样聪明》，载《看哪这人：尼采自述》，张念东、凌素心译，中央编译出版社 2001 年版，第 38 页。

一面上来，实质上就是对尼采所谓的日常琐事之意义的肯定。而健康生命的根基不在别处，就在这些"气"／琐事之中。只有从"气"／琐事中才能开出强力的意志与生命。众所周知，循着尼采的这一思路，后来就发展出了德勒兹（Deleuze）一路对"欲望"肯定的哲学。而晚明的这一新"理气"思想到了清代，就有戴东原发扬光大，奏出了振聋发聩的历史强音，对宋明理学发出了更为猛烈的批评。他说："酷吏以法杀人，后儒以理杀人，浸浸乎舍法而论理，死矣！更无可救矣！"①"人死于法，尤有怜之者；死于理，其谁怜之！"②戴东原一针见血地指出，所谓理不是什么别的东西，而是不敢正视"情欲"的一个空名罢了——这正类似于尼采所说的"颓废"，他说："举凡饥寒仇怨，饮食男女，常情隐曲之感，则名之曰'人欲'；故终其身见欲之难制。其所谓'存理'，空有理之名，究不过绝情欲之感耳。何以能绝？曰'主一无适'。此老氏之'抱一''无欲'。故周子以一为学圣之要，且明之曰，'一者，无欲也'。"③而"理祸"之大，"祸天下"也，"凡以为理宅于心，不出于欲则出于理者，未有不以意见为理而祸天下者也"④。于是戴东原大胆地肯定"气质之性"："人之谓人，舍气禀气质，将以何者谓之人哉？"⑤并进而肯定"生养之道"与人情人欲："是故圣贤之道，无私而非无欲。"⑥"凡出于欲，无非以生以养之事。"⑦"天下必无舍养身之道而得存者。凡事为皆有于欲，无欲则无为矣。有欲而后有为。有为而归于至当不易之谓理。无欲无为又焉有理？"⑧

---

① 戴震：《戴东原先生文·与某书》，载张岱年主编，《戴震全书》（六），黄山书社1995年版，第496页。
② 戴震：《孟子字义疏证（卷上）·理十五条》，中华书局1982年版，第10页。
③ 戴震：《孟子字义疏证（卷下）·权五条》，中华书局1982年版，第58页。
④ 戴震：《孟子字义疏证（卷下）·权五条》，中华书局1982年版，第53页。
⑤ 戴震：《孟子字义疏证（卷上）·性九条》，中华书局1982年版，第34页。
⑥ 戴震：《孟子字义疏证（卷下）·权五条》，中华书局1982年版，第54页。
⑦ 戴震：《孟子字义疏证（卷上）·理十五条》，中华书局1982年版，第9页。
⑧ 戴震：《孟子字义疏证（卷下）·权五条》，中华书局1982年版，第58页。

　　对欲望和生活日常肯定的思想，必定是建立在"动"的哲学之上的。尼采继承了赫拉克利特的哲学思想，信奉"一切皆流"。因此，在他的哲学论述中，有两个根本性概念，即"存在"与"生成"。对于尼采来说，"存在"就是静止的，上帝、主体、物自体、精神等皆属于"存在"的范畴，是生命"颓废"之源。而"生成"则不一样，"生成"是永远流动的，蕴含着无限生命力，"永是生动，永是展开"，"看不到结束"①。尼采"一切皆流"的无限"生成"的世界其实就是中国文化源头里"生生之谓易"②的思想。戴东原的学说正是如此，他回到了那个健康的文化之源——"易"，他说："道，犹行也。气化流行，生生不息，是故谓之道。"③"在天地，则气化流行，生生不息，是谓道。在人物，则凡生生所有事，亦如气化之不可已，是谓道。"④如此，不一而足。

　　戴氏生当乾嘉之世，考据学大兴。然而此时考据学云炎武已远，儒家知识主义的弊端渐渐显露出来。以惠栋为代表的只"求其古"不"求其是"的考据学理念盛兴，身为阎若璩嫡传弟子的戴东原则力排众议，"空所傍依，唯求其是"，以考据学为其根底而标举义理的旗帜，实则是续接了顾炎武的考据"致用"和颜李之学的躬行实用的"文"之实践性与行动性的传统。胡适评价说，戴东原的哲学就是顾学同颜李之学"结婚的产儿"⑤。而后世最为明了戴震良苦用心的是章太炎，他说："'你的天良何在，你自己问心可以无愧的么？'只这几句宋儒理学的话，就可以任意杀人。世人总说雍正待人最酷虐，却不晓得是理学助成的。因此，那个东原先生痛哭流涕，做了一本小小册

---

①　鲁迅：《野草·好的故事》，载《鲁迅全集》第 2 卷，第 190 页、191 页。

②　《周易·系辞上传》，见朱熹注：《周易本义》，第 58 页，载《四书五经》上册，中国书店 1985 年版。

③　戴震：《孟子字义疏证（卷上）·天道四条》，中华书局 1982 年版，第 21 页。

④　戴震：《孟子字义疏证（卷下）·道四条》，中华书局 1982 年版，第 43 页。

⑤　胡适：《哲学·专著·戴东原的哲学》，载《胡适全集》第 6 卷，安徽教育出版社 2003 年版，第 341 页。

子，他的书上并没有明骂满洲，但看见他这本书没有不深恨满洲。这一件事，恐怕诸君不甚明了。"①

从某个侧面而言，章太炎的"文"之实践性与行动性是借助"排满"这一历史场域而得以实现的，他借这个历史场域将其血性的生命强力和复古革新的文艺复兴（文学复古）理想展现得淋漓尽致。这同时也感染了其时作为其弟子的鲁迅。不过从1936年章太炎去世后鲁迅对其师"有学问的革命家"②的评语中，似乎依稀可以看得出，他们两人对于文学复古方法的采取可能是源自不同的晚明传统。太炎自始至终追寻的是顾炎武的传统，所谓小学的革命。而从鲁迅后来的发展来看，他更多的是选择了颜李"力行"之学的传统，虽然这种"力行"未必如颜李不读书、天天使身体处于"习"的状态，鲁迅的"力行"则是以"笔"为"投枪与匕首"的战斗，跟社会的、政治的各式的"颓废"思想和行为作堂吉诃德式的永无休止的斗争。因此，他才说《说文解字》，却一句也不记得了"③。以鲁迅的认知，他不可能不知道章太炎"小学保种"的思想。

"小学保种"的说法出自章太炎的1906年《东京留学生欢迎会演说辞》④。可以说，这四个字包含了章太炎思想的主要方面：其一为文学复古；其一为排满；其一为回应列强世界的冲击。

文学复古是自晚明以来的长远目标，即回到民族健康鲜活的文化源头，复归强力之生命。但所复归的强力之生命并非是为了拿来欣赏，而必须是投入当下的实践场域中去，这样看，文学复古最终必须到"排满"的实践中去。但文学复古并非止于"排满"，即"排满"成功之后，依然有一个文学复古的问题。此外，还有一个问题，即文

---

① 太炎：《演说录》，《民报》第6号，1906年。
② 鲁迅：《且介亭杂文末编·关于太炎先生二三事》，载《鲁迅全集》第6卷，第566页。
③ 鲁迅：《且介亭杂文末编·关于太炎先生二三事》，载《鲁迅全集》第6卷，第566页。
④ 太炎：《演说录》，《民报》第6号，1906年。

学复古在"排满"中又表现为两种"复古":其一,就是回到民族健康鲜活的文化源头;其二,还有一个"小复古",那就是以晚明为对象的复古。

众所周知,章太炎的名字本身就是一个小复古,据说来自顾炎武的"炎"和黄太冲(黄宗羲)的"太"。"章太炎自身最典型的上法晚明的姿态行为,莫过于他因羡慕顾炎武之为人,改名绛,别号太炎。"①朋友曾戏言:"君以一儒生,欲覆满洲三百年帝业,云何不量力至此,得非明室遗老魂魄凭身耶?"②又早年有诗《台北旅馆数怀寄呈南海先生》曰:"帝秦终蹈海,访武尚明夷。石隐悠游日,天王明圣时。"③1902 年在东京发起"支那亡国二百四十二年纪念会",作《支那亡国二百四十二年纪念会书》。④

小复古的动因源自家族与国族的历史记忆。"据章太炎追述,他们一家二三百年来都是'遗命以深衣殓'。"⑤"因为穿深衣就可以不必穿清代的章服入殓了。所以穿深衣是他们最后对新朝说'不'的一种方式。"⑥此为家族记忆。其次为国族记忆,清中期以后,列强入侵,文网管辖逐渐松弛,"原先被禁毁的文献""在道光、咸丰以后一步一步地复活、重现"。⑦太炎"十一二岁时,外祖父左卿偶讲蒋氏《东

① 秦燕春:《清末民初的晚明想象》,北京大学出版社 2008 年版,第 104 页。
② 章太炎:《民国章太炎先生炳麟自定年谱》,王云五主编,台湾商务印书馆 1980 年版,第 8 页。
③ 章太炎:《台北旅馆数怀寄呈南海先生》,载汤志钧:《章太炎年谱长编》上册,中华书局 1979 年版,第 79 页。
④ 章太炎:《台北旅馆数怀寄呈南海先生》,载汤志钧:《章太炎年谱长编》上册,中华书局 1979 年版,第 135 页。
⑤ 王汎森:《清末的历史记忆与家国建构》,载王汎森:《中国近代思想与学术的系谱》,河北教育出版社 2001 年版,第 81 页。
⑥ 王汎森:《清末的历史记忆与家国建构》,载王汎森:《中国近代思想与学术的系谱》,河北教育出版社 2001 年版,第 82 页。
⑦ 王汎森:《清末的历史记忆与家国建构》,载王汎森:《中国近代思想与学术的系谱》,河北教育出版社 2001 年版,第 81 页。

华录》、曾静案"①,"十九、二十岁时得《明季稗史》十七种,排满思想始盛"②。又1906年在《东京留学生欢迎会演说辞》中说:"兄弟少小的时候,因读蒋氏《东华录》,其中有戴名世、曾静、查嗣庭诸人的案件,便胸中发愤,觉得异种乱华,是我们心中第一恨事。后来读郑所南、王船山两先生的书,全是些保卫汉种的话,民族思想渐发达。"③"壬寅春天,来到日本,见着中山,那时留学诸公,在中山那边往来,可称志同道合的,不过一二个人","不料监禁三年以后,再到此地,留学生中助我张目的人,较此前增加百人。才晓得人心进化,是实有的。以前排满复汉的心肠,也是人人都有,不过潜藏心中,到今日才得发现"。④ 太炎一生以顾炎武为楷模,所谓"著书,不忘兵革之事,其志不就,则推迹百王之制,以待后圣"⑤,既是对亭林的称赞,也是对自我的鼓励。又言:"顾亭林想要排斥满洲,却无兵力,就到各处去访那古碑古碣传示后人。"⑥

由排满而小复古,由小复古而顾亭林,由顾亭林而文学复古。"夫讲学者之嬻于武事,非独汉学为然。今以中国民籍,量其多少,则识字知文法者,无过百分之二;讲汉学者,于此二分,又千分之一耳。且反古复始,人心所同,裂冠毁冕之既久,而得此数公者,追论姬汉之旧章,寻绎东夏之成事,乃实见犬羊特殊族,非我亲昵。彼意大利之中兴,且以文学复古为之前导,汉学亦然,其于种族,固有益无损已。"⑦ 由追慕与倾倒而继承炎武复古以革新

---

① 王汎森:《清末的历史记忆与家国建构》,载王汎森:《中国近代思想与学术的系谱》,河北教育出版社2001年版,第84页。
② 朱希祖:《本师章太炎先生口述少年事迹笔记》,《制言》(半月刊)第25期,第1页。
③ 太炎:《演说录》,《民报》第6号,1906年。
④ 太炎:《演说录》,《民报》第6号,1906年。
⑤ 太炎:《说林·衡三老》,《民报》第9号,1906年。
⑥ 太炎:《演说录》,《民报》第6号,1906年。
⑦ 太炎:《革命之道德》,《民报》第16号,1906年。

的"志与业"。自1906年的《文学论略》始，几经删改，至1910年方定稿的《文学总略》，是这一文学复古的成绩，其文学复古思想可以说尽在其中。《总略》开篇即言："文学者，以有文字著于竹帛，故谓之文；论其法式，故谓之文学。"①这个看似文学的总定义，却是从形式入手的，但文学的属性到底是什么呢？太炎接下来说，"然则，文字本以代言，其用则有独至"②。又说，"知文辞始于表谱薄录，则修辞立诚其首也"③。又言，"今欲改文章为彣彰者，恶夫冲淡之辞，而好华叶之语，违书契记事之本矣"④。从以上太炎的三段论述中，我们可以看出，太炎所讲的"文学"，其实就是质朴之"文"，即原初的文字与所表达的事物处于无二、无蔽状态的那个最初的书写状态，而且，干脆"文"就是日常实践之事："盖君臣朝廷尊卑贵贱之序，车舆衣服宫室饮食嫁娶丧祭之分，谓之文。八风从律，百度得数，谓之章。"⑤既然"文"最初始于用，则原初之文皆是应用，故而"不可以感人为文辞，不感者为学说"⑥。对此，木山英雄说："在这一立场之上，章将实用性的公文和考据学的疏证文体置于宋以后近世才子们富于感觉表象的文风之上，以逻辑性和物性之一致为理由视'魏晋文章'为楷模，而批判从六朝的《文心雕龙》和《文选·序》直到清朝的阮元的奢华的文

---

①　章太炎：《文学总略》，《国故论衡疏证》庞俊、郭诚勇疏证，中华书局2008年版，第247页。

②　章太炎：《文学总略》，《国故论衡疏证》庞俊、郭诚勇疏证，中华书局2008年版，第269页。

③　章太炎：《文学总略》，《国故论衡疏证》庞俊、郭诚勇疏证，中华书局2008年版，第270页。

④　章太炎：《文学总略》，《国故论衡疏证》庞俊、郭诚勇疏证，中华书局2008年版，第249页。

⑤　章太炎：《文学总略》，《国故论衡疏证》（庞俊、郭诚勇疏证），中华书局2008年版，第248页。

⑥　章太炎：《文学总略》，《国故论衡疏证》（庞俊、郭诚勇疏证），中华书局2008年版，第263页。

学观念。"① 对于太炎而言，复归质朴之文，就是打开健康鲜活的生命力。"自然本种的文辞，方为优美。可惜小学日衰，文辞也不成个样子。若是提倡小学，能够达到文学复古的时候，这种爱国保种的力量不由你不伟大的。"②

然而，毕竟时代变迁，太炎生逢列强觊觎之世，比亭林更多了一层对"世界"的思考。因此，"小学保种"应该兼含有"驱除鞑虏，恢复中华"和如何立于世界民族国家之林两个层面的思考。排满运动日趋激烈壮大，其根源固在"夷夏之辨"，但无可否认的是，列强的入侵、清政府日复一日地衰落亦是造成这一局面的重要推手。晚清排满运动中，身在日本的中国人的自我认同并非是一个单纯的汉民族认同的问题。关于这个问题，只要稍稍看一下鲁迅的名篇《藤野先生》就会多少对那个时代有一点"同情"。列强的入侵除了军事的战争和掠地索款外，文化的入侵也跟随而来，以章太炎为首的辛亥这一代知识人不可能不感到巨大的压力。1908 年，关于万国新语的论争就是一个鲜明的例证。这个时间前后，章太炎一系列重要的文章都几乎跟这种历史语境相关，《人无我论》《五无论》《四惑论》《齐物论释》莫不如是。其中尤以《人无我论》和《齐物论释》两篇同佛学相关的文章最为深奥难懂。但这两篇又恰恰是太炎最为得意的作品。简而言之，即所谓自性有二，即俱生我执与分别我执，前者为依他起自性，后者为遍计所执自性，其中，遍计所执自性较容易分辨与破除，而依他起自性甚难破除。依他起自性，因末那识（Consciousness；mentation）③ 之故，皆为幻有，但"依他起之我者，虽是幻有，要必

---

① ［日］木山英雄：《"文学复古"与"文学革命"》，载《文学复古与文学革命——木山英雄中国现代文学思想论集》，赵京华编译，北京大学出版社 2004 年版，第 221 页。

② 太炎：《演说录》，《民报》第 6 号，1906 年。

③ 此中佛学英文译名皆依林少阳著作，下同。末那识梵文为 Manas，或 Nano-vijnana，参见林少阳：《鼎革以文——清季革命与章太炎"复古"的新文化运动》，上海人民出版社 2018 年版，第 90 页。

依于真相"①，"阿赖耶识为真。即此，阿赖耶识，亦名如来藏"②。"我相所依，即此根本藏识。此识含藏万有，一切见相，皆属此识枝条，而未尝自指为我。"③"依他起之我，其难破为最甚矣。必依他起之我相，断灭无余，而圆成实自性赫然显现。"④以上为《人无我论》的核心要旨，其根本目的，就是要破除一切"我执"："一切行业，皆由我而起，我既实无，彼羯磨亦何所依止？"⑤"我执"既破，则世间一切纷争事务即能圆融解决。于是从该篇就自然开出《齐物论释》的命题，即万物唯识，皆"平等而咸适"，所以起纷争者，皆因末那识之污染，皆为幻有，幻有既破，则万物归于唯实，圆成实自生自显，则众生差别可消除，复归平等，方能"不齐而齐"⑥，只有如此，则一个良好世界的出现方为可能。

以上足见太炎之良苦用心。其实在《人无我论》最末，他就已经自白了其用心：

所以提倡佛学者，则自有说。民德颓衰，于今为甚。姬、孔

---

① 章太炎：《人无我论》，载《章太炎全集》第 4 册，上海人民出版社 1984 年版，第 424 页。

② 章太炎：《人无我论》，载《章太炎全集》第 4 册，上海人民出版社 1984 年版，第 427 页。这里的阿赖耶识，英文意译为 Store consciousness，梵文为 Alaya–vijinana，也可梵文英文结合 Alaya consciousness。"阿赖耶识得名与喜马拉雅山有关，因喜马拉雅（Hima–laya）山在梵文中为'储藏着雪的山'之意，为 Hima（雪）与 alaya（藏）之相加，亦即在自己不察之下人的内心储藏着许多所思、所为、所历。"见林少阳：《鼎革以文——清季革命与章太炎'复古'的新文化运动》，上海人民出版社 2018 年版，第 92 页。

③ 章太炎：《人无我论》，载《章太炎全集》第 4 册，上海人民出版社 1984 年版，第 424 页。

④ 章太炎：《人无我论》，载《章太炎全集》第 4 册，上海人民出版社 1984 年版，第 428 页。

⑤ 章太炎：《人无我论》，载《章太炎全集》第 4 册，上海人民出版社 1984 年版，第 427 页。

⑥ 章太炎：《〈齐物论〉释定稿》，载《章太炎全集》第 6 册，上海人民出版社 1984 年版，第 61 页。

遗言，无复挽回之力，即理学亦不足以持世。且学说日新，智慧增长，而主张竞争者，流入害为正法论，主张功利者，流入顺世外道论。恶慧既深，道德日败，矫弊者，乃憬然于宗教之不可泯绝。而崇拜天神，既近卑鄙，归依净土，亦非丈夫翰志之事（《十住毗婆沙论》既言之）。至于步趋东土，使比丘纳妇食肉，戒行既亡，尚何足为轨范乎？自非法相之理，华严之行，必不能制恶见而清汙俗。若夫《春秋》遗训，颜、戴绪言，于社会制裁则有力，以言道德，则才足以相辅。使无大乘以为维纲，则《春秋》亦《摩拏》法典，颜、戴亦顺世外道也。拳拳之心，独在此耳。①

如前所述，第二次文艺复兴的大趋势是对世俗与日常的肯定，重视所谓的身体与欲望，这一点中西皆然。从"精神／理"退回到身体与欲望，其实质是对何谓健康生命之自我的一个确认的过程。从尼采到德勒兹（Deleuze）皆依循这条道路，从颜李到戴东原亦复如此。不过西欧后来循"身体与欲望"的理路开出了福柯、德里达、拉康等对差异性的认同，从某种层面上说，德里达的异延（différance）、能指链等概念也都是在探讨世界的差异性问题，并且在此差异性的基础上将"自我"阐释成为一个在欲望的能指链上的无限"异延"。② 这里所谓的后现代哲学思路在结论上其实同章太炎基本上是一致的。但达到这一结论的手段却不尽相同，或者说是相反的。太炎的结论并非是建立在欲望和身体上，而毋宁说是对其否定的结果。基于身体与欲望之上对世界差异性的认同以及无限"异延"的自我对世界的基本认识是：这个世界是永动的生生不息的善恶之斗争的无限展开的过程，所谓圆满的解决才真正是一个幻想之物。从某个侧面说，鲁迅的思想

---

① 章太炎：《人无我论》，载《章太炎全集》第 4 册，上海人民出版社 1984 年版，第 429 页。

② 可参考法国德里达的《声音与现象》《书写与差异》《文字学》等著作。

更为接近这一点，而远离其师。这也可以解释，为什么鲁迅不追随太炎的大乘佛学而坚持选择小乘佛学，其根本点就在于小乘更为重视身体，而这一点同鲁迅的思想气质是高度吻合的。

正因为这一点，我在此的认识可能跟学界众多认可太炎佛学思想的师友不太一样。尽管在差异性以及"无我"这两点结论上有其积极意义，但就某个侧面而言，太炎对大乘唯实宗的引入实则是对文艺复兴之生命力凶猛开拓潮流的一种逆动，而这其中或许就已经隐含了他日后在这股汹涌的潮流中落伍的思想根源。

四、周氏兄弟对晚明资源的取舍及其分途

章太炎行为追晚明，所谓"著书，不忘兵革之事"，然而谈文学，则推重魏晋六朝。章门弟子受其影响，大多道德文章也都不出这两个范畴。黄侃是治六朝文章的大家，鲁迅文章直逼魏晋，所谓"托尼学说，魏晋文章"，周作人则偏好六朝无句读之文。关于这三位，还有一段趣闻，曹聚仁曾在回忆录中说："那时黄侃先生在暨大教书，他是章太炎的入室弟子，所以章师的《国故论衡》前面有他的序文。季刚自负甚高，他的散文，自以为一时无两。章师推崇魏晋文章，低视唐宋古文。季刚自以为得章师的真传。我对鲁迅说：'季刚的骈散文，只能算是形似魏晋；你们兄弟的散文才算是得魏晋的神理。'他笑着说：'我知道你并非故意捧我们的场的。'后来，这段话传到苏州去，太炎师听到了，也颇为赞许。"① 虽然是坊间之语，不过听来也不无道理，黄侃趋步太炎，撰文以六朝为宗，自以为一时无两，可是周氏兄

---

① 曹聚仁：《我与鲁迅》，载《鲁迅回忆录·散篇·中册》，鲁迅博物馆、鲁迅研究室、《鲁迅研究月刊》选编，北京出版社 1999 年版，第 802—803 页。

弟虽然用的是白话文，却把魏晋六朝的风度在文字里化到了极致。

不过在周作人倾心于六朝散文之前，他的注意力却集中在晚明小品，如前所述，1932 年左右，周作人将新文学的源流追溯到了公安与竟陵的"性灵"小品，而且顶礼膜拜似的推崇李贽，一时从者如风。虽然晚明是章门重镇，可是太炎只重遗老，不重狂禅，论文学，似乎更没有提及周作人所关注的"性灵文学"。从这个角度观察的话，虽然同是晚明，却是不同的两个话题，似乎周作人越出了其师所开拓的范畴。

然而其实不然，这看似的越界，却隐含着章太炎极深的影响，甚至对于周作人而言是终其一生的。简而言之，这里面隐含着周作人从章太炎那里继承下来的一个"异端"思想的话题。"指认明末公安三袁的小品文写作为新文学的正宗源头，无疑蕴含有为 30 年代标举'性灵'、'闲适'的小品文写作争得合法名义的意思，并与 30 年代渐成强势的以'阶级'、'政治'等关键词取代五四的'个人'、'人道'、'民主'、'科学'等知识谱系，即将政治直接美学化的倾向相抗衡。"① 李振声的这段话虽意在说明周作人晚明论的意图，却在不经意间点出了 20 世纪 20 年代中后期到 30 年代周作人转向的问题，而"异端"作为一种思想资源在其中起着至关重要的作用。兄弟失和对于鲁迅和周作人双方都是沉重的打击，又适逢五四新文化运动的退潮，20 世纪 20 年代中期，鲁迅和周作人几乎同时走到了人生的"十字街头"，是躲进"象牙之塔"，还是出了"象牙之塔"，各自皆面临着选择。众所周知，鲁迅后来是出了"象牙之塔"而转向了颇具正统意味的战斗的左翼，周作人则躲进"象牙之塔"，一面"闭户读书"一面向"异端"疾驰。这就是中国文学史上著名的杂文与小品文的分途。1932 年周作人大讲特讲晚明小品，1933 年，鲁迅终于坐不住了，写下了著名的《小品文的危机》，其中不无对二弟的苦心规劝："五四运动的时候"，"散文小品的成功，几乎在小说戏曲和诗歌之上。这

---

① 　李振声：《作为新文学思想资源的章太炎》，《书屋》2001 年第 7、8 期合刊。

之中，自然含着挣扎和战斗"，"以后的路，本来明明是夏分明的挣扎和战斗，因为这原是萌芽于'文学革命'以至'思想革命'的。但现在的趋势，却在特别提倡那和旧文章相合之点，雍容，漂亮，缜密，就是要它成为'小摆设'，供雅人的摩挲，并且想青年摩挲了这'小摆设'，由粗暴而变为风雅"。①然而，"在风沙扑面，狼虎成群的时候"，"所要的也是耸立于风沙中的大建筑，要坚固而伟大，不必怎样精；即使要满意，所要的也是匕首和投枪，要锋利而切实，用不着什么雅"②，并且"生存的小品文，必须是匕首，是投枪，能和读者一同杀出一条生存的血路的东西"③。这最末一句似乎已经是在告诉二弟，什么样的东西是值得去触碰的。其实所谓"生存的小品文"就是鲁迅正在以血之生命书写的杂文，促使这一书写的资源同样是晚明，但同周作人是"两个晚明"④。这个意思，鲁迅时隔一年后在另外一篇文章中作了补充。"现在正在盛行提倡的明人小品，有些篇的确是空灵的。枕边厕上，车里舟中，这真是一种极好的消遣品。然而先要读者的心里空空洞洞，混混茫茫。假如曾经看过《明季稗史》，《痛史》，或者明末遗民的著作，那结果可就不同了，这两者一定要打起仗来，非打杀其一不止。我自以为因此很了解了那些憎恶明人小品的论者的心情。这几天偶然看见一部屈大均的《翁山文外》，其中有一篇戊申

---

① 以上均引自鲁迅：《南腔北调集·小品文的危机》，载《鲁迅全集》第4卷，第592页。
② 鲁迅：《南腔北调集·小品文的危机》，载《鲁迅全集》第4卷，第591页。
③ 鲁迅：《南腔北调集·小品文的危机》，载《鲁迅全集》第4卷，第593页。
④ 郝庆军：《两个"晚明"在中国的复活——鲁迅与周作人在文学史观上的分野和冲突》，《中国现代文学研究丛刊》2007年第6期，第1—25页。2001年，古典文学研究学者郭预衡在《鲁迅、周作人的晚明情结》（《中华读书报》2001年10月10日）一文中首次指出，在周作人的晚明"性灵说"之外，我们更应该注意的是从顾炎武等晚明遗民到戴震到章太炎到鲁迅的"血的蒸腾"的声音。在当时众多的新文学源流说和资本主义萌芽说的声音中，这一观点具有突破性的意义。而郝庆军这篇文章继承了郭预衡的这一观点，并做了更为详细的论述，可以说在五四与晚明问题的研究上，这是一篇重量级的论文。

（即清康熙七年）八月做的《自代北入京记》。他的文笔，岂在中郎之下呢？可是很有些地方是极有重量的"①，"明人小品，好的；语录体也不坏，但我看《明季稗史》之类和明末遗民的作品却实在还要好，现在也正到了标点，翻印的时候了：给大家来清醒一下"②。这篇文字实际上补充了《小品文的危机》结尾所说的"生存的小品文"（杂文）的写作来源是什么，即来自晚明遗民的血性生命的"文"之实践性与行动性。可以说，1934 年这篇不满 800 字的《读书忌》同《小品文的危机》一起构成了一个鲁迅的"中国新文学的源流"，其分量堪比周作人的《中国新文学的源流》宣言式的讲义。

不言而喻，鲁迅这种具有"晚明遗民气"的血性生命之"文"的实践性与行动性的传统正是承章太炎而来。然而，周作人的转向晚明狂禅一路，同样带着章太炎的影子，即章太炎思想当中"揄扬异端"的传统。

其实，章太炎本身就是一个异端。1906 年他在《东京留学生欢迎会演说辞》中就这样说："有兄弟却承认我是疯癫。我是有神经病，而且听见说我疯癫说我有神经病的话，倒反格外高兴，为什么缘故呢？大凡非常可怪的议论，不是神经病人，断不能想，就能想也不敢说。说了以后，遇着艰难困苦的时候，不是神经病人，断不能百折不回，孤行己意。所以古来有大学问成大事业的，必得有神经病才能做得到。"③王汎森在其专著《章太炎的思想（1868—1919）及其对儒学传统的冲击》的第六章"对儒学传统之冲击及影响"中就曾开专节讲述章太炎"揄扬异端"的思想。在王汎森看来，太炎"揄扬异端"的思想背后"有绝烈的反传统动机"④。观《检论·儒侠》篇，其实太

① 鲁迅：《花边文学·读书忌》，载《鲁迅全集》第 5 卷，第 618 页。
② 鲁迅：《花边文学·读书忌》，载《鲁迅全集》第 5 卷，第 619 页。
③ 太炎：《演说录》，《民报》第 6 号，1906 年。
④ 王汎森：《章太炎的思想（1868—1919）及其对儒学传统的冲击》，时报文化出版企业有限公司 1985 年版，第 200 页。

炎"揄扬异端"思想的背后除了有这一层意思，还有对儒侠强力之生命及其辅佐社会之正义的礼赞。"故击刺者，当乱世则辅民，当平世则辅法"，"《儒行》十五，而题其一，'虽危起居竟信其志'，'引重鼎不程其力'，'鸷虫攫搏不程勇'者"。[1] 因此，章太炎"异端"思想的背后隐藏着同血性生命书写实践一样的"文艺复兴"的逻辑，即对健康生命的礼赞，而对于扼杀这健康生命者则给予唾弃。这种对健康生命之礼赞的"异端"思想其实不仅为周作人继承，而且鲁迅、钱玄同身上皆有其遗绪。不过周氏兄弟之所以异途，在于鲁迅除继承"异端"思想外，更继承了晚明遗民的血性生命书写之传统。如果"异端"仅仅是个人思想实践的话，则鲁迅除此，还有家国天下之担当的行动性，而这一点在周作人那里似乎是空缺的。这种空缺对于周作人来说应该是致命伤，其1939年之后落水的原因众多，但其思想中的这一点恐怕也是重要的一环吧！

　　因此，兄弟殊途的一个关键的原因是对晚明资源选择的不同。文字中，鲁迅对晚明遗民礼赞有加，他虽然极少单独提到顾炎武，但在《杂忆》[2]《读书忌》《小品文的危机》《这个与那个》[3] 等文章中，《明季稗史》《痛史》等书以及"晚明遗民"一词反复出现，则从某个侧面证明了晚明遗民对鲁迅影响的深刻。有意味的是，周作人对《痛史》一类并无太多感受，虽然也称赞过颜习斋[4]，然而对于顾炎武，则几乎是一路骂下来，兹举几例：《谈笔记》（1937年）说，"我总感到他的儒教徒气"，"卷十八李贽、钟惺两条很明白地表出正统派的凶相"[5]；《谈

① 章太炎：《检论（卷三）·儒侠》，载《章太炎全集》第3册，上海人民出版社1984年版，第439页。

② 鲁迅：《坟·杂忆》，载《鲁迅全集》第1卷，第233—244页。

③ 鲁迅：《华盖集·这个与那个》，载《鲁迅全集》第3卷，第148—157页。

④ 周作人：《颜氏学记》，载《周作人散文全集·6·1932—1935》，钟叔河编订，广西师范大学出版社2009年版，第190—194页。

⑤ 周作人：《谈笔记》，载《周作人散文全集·7·1936—1937》，钟叔河编订，广西师范大学出版社2009年版，第588页。

文字狱》（1937年）谈到遗民们对于李贽的态度时说，"两位遗老恨恨之状可掬，顾君恨书未能烧尽，王君则恨人未杀，碑未仆也。我曾说：'奇哉亭林先生乃赞成文字狱，以烧书为唯一的卫道手段乎，只可惜还是在流行，此事盖须至乾隆大禁毁明季遗书而亭林之愿望始满足耳。不佞于顾君的学问岂敢菲薄，不过说他没有什么思想，而那种正统派的态度是要不得的东西，只能为圣王效驱除之用而已。不佞非不喜《日知录》者，而读之每每作恶中缀，即有因此种恶浊空气混杂其中故也'"①，"顾王二君皆是程朱派，视王阳明如蛇蝎，其骂李卓吾不足怪"②。从前后的文字来看，周作人苛评顾炎武的一个很大的理由其实就是他反对李贽的"异端"思想与学说。

如前所述，晚明遗民之所以对程朱理学和阳明心学及其末流狂禅一派严厉批评是有一个很大的历史背景和原因的。而周作人置这段历史而不顾，完全从个人的角度去理解历史，这反过来也说明了其自身的问题所在。也因此，经过中期思想转变之后，周作人的"文"只是一种个人的生活实践场域，而全无家国天下担当的行动性可言，与其兄鲁迅可谓是歧路而分途，殊为可惜。

而鲁迅则可以说是中国第二次文艺复兴最好的继承者与拓展者。其一生的文字与思想既是第二次文艺复兴以来"文"之实践性与行动性的最优秀的结晶，同时又是这一发展运动过程中的里程碑式的存在。鲁迅以非文学，即文学行动的方式，展现了顾炎武、颜习斋等晚明诸子们所期待的质朴的血性生命的实践和家国天下之匹夫担当的复回。其继承与拓展晚明以来第二次文艺复兴的"文"之实践与行动可概略如下：

（1）强力之生命。1902年至1909年留学日本的鲁迅适逢中国和西欧两种不同地域但性质相同的文艺复兴之风合流与碰撞的时代，在

---

① 周作人：《谈文字狱》，载《周作人散文全集·7·1936—1937》，钟叔河编订，广西师范大学出版社2009年版，第671页。

② 周作人：《谈文字狱》，载《周作人散文全集·7·1936—1937》，钟叔河编订，广西师范大学出版社2009年版，第672页。

同样是具有里程碑意义的文艺复兴的继承者与拓展者的章太炎的指引下，形成了影响其一生的强力生命观——血性生命的实践和家国天下的担当。尼采的强力意志哲学与晚明诸子的血性生命的实践和家国天下的担当意识共同构筑了鲁迅文艺复兴之路的坚实基础。① 而辛亥"排满"的亲身参与，同仁们的以身殉难②，加上革命失败，使得辛亥之后的鲁迅获得了一种类似于顾炎武的"遗民"身份（可以称为"辛亥遗民"）③，起先是五四前的痛苦与沉潜，继之则于五四中"彷徨"地"呐喊"，然而终归是"著书，不忘兵革之事"，五四退潮了，顿挫之中的辛亥猛士却"死火"重燃④了，并重新发出灵魂粗砺的叫喊⑤，提请人们不要忘记民国挣扎与草创的历史，⑥ 隐藏于其生命最深处的尼采⑦同晚明⑧的生命之强力意志复又被厨川白村的一系列关于生命之强力

---

① 可参看鲁迅《坟·杂忆》第一部分鲁迅对留日时期的追述。鲁迅：《坟·杂忆》，载《鲁迅全集》第 1 卷，第 233—234 页。

② 张承志在《鲁迅路口》一文中认为，构筑鲁迅一生文学行动的动力就在于秋瑾及其他辛亥同仁的殉难，鲁迅对此一生不能忘怀，时时缅怀，时时奋进，其文字背后的"力"也正来源于此。参见张承志：《鲁迅路口》，《万象》2002 年第 12 期。

③ 这一点可以从 1925 年左右他同五四一代，尤其是同现代评论派的冲突中看出来，在冲突中，他不断反顾民国挣扎的历史。具体可参见《坟·杂忆》《野草·失掉的好地狱》《朝花夕拾》等文本。

④ 参见《野草·死火》。

⑤ "我以为如果艺术之宫里有这么麻烦的禁令，倒不如不进去；还是站在沙漠上，看看飞沙走石，乐则大笑，悲则大叫，愤则大骂，即使被沙砾打得遍身粗糙，头破血流，而时时抚摩自己的凝血，觉得若有花纹"，"而我所获得的，乃是我自己的灵魂的荒凉和粗糙。但是我并不惧惮这些，也不想遮盖这些，而且实在有些爱他们了，因为这是我转辗而生活于风沙中的瘢痕"。鲁迅：《华盖集·题记》，载《鲁迅全集》第 3 卷，第 4、5 页。

⑥ "我觉得仿佛久没有所谓中华民国"，"退一万步说罢，我希望有人妇好地做一部民国的建国史给少年看，因为我觉得民国的来源，实在已经失传了，虽然还只有十四年！"鲁迅：《华盖集·忽然想到（一至四）》，载《鲁迅全集》第 3 卷，第 16、17 页。

⑦ "但我的'彷徨'并不用许多时，因为那时还有一点读过尼采的《Zarathustra》的余波……"鲁迅：《三闲集·我和〈语丝〉的始终》，载《鲁迅全集》第 4 卷，第 172 页。

⑧ 参见《坟·杂忆》《花边文学·读书忌》《南腔北调集·小品文的危杌》《华盖集·这个与那个》等文章。

的著作① 所激活，经过《野草》的摆脱与奋进，而重新加入"兵革著书"—革命—的实践与行动的行列，矢志不渝地寻求同灵魂粗暴之青年② 的合作，意欲将文明的改造和社会的改造进行到底，并且执着地呼唤"并不一定指可以由此得生，而也可以由此得死"的"大时代"③ 的到来，哪怕到来的那一刻，自己"由此而得死"也是在所不惜。

　　（2）当下性。其实几乎所有当下性思想都跟身体哲学相关联，鲁迅也不例外。如前所述，太炎选择大乘，而鲁迅偏好小乘，他说，"割肉喂鹰，投身饲虎的是小乘，渺渺茫茫地说教的倒算是大乘"④《怎么写——夜记之一》里面有一段很有趣的话描写他在夜深无人的时候，因"世界苦恼"而又"淡淡的哀愁"袭来，然而"那结果却大抵不很高明。腿上钢针似的一刺，我便不假思索地用手掌向痛处直拍下去，同时只知道蚊子在咬我。什么哀愁，什么夜色，都飞到九霄云外去了，连靠过的石栏也不再放在心里。而且这还是现在的话，那时呢，回想起来，是连不将石栏放在心里的事也没有想到的。仍是不假思索地走进房里去，坐在一把唯一的半躺椅——躺不直的藤椅子——上，抚摩着蚊喙的伤，直到它由痛转痒，渐渐肿成一个小疙瘩。我也就从抚摩转成搔，掐，直到它由痒转痛，比较地能够打熬"，"此后的结果就更不高明了，往往是坐在电灯下吃柚子"。然后他说："虽然不过是蚊子的一叮，总是本身上的事来得切实。能不写自然更快活，倘非写不可，我想，也只能写一些这类小事情，而还万不能写得正如那一天所身受

---

① 指《苦闷的象征》和《出了象牙之塔》。

② "阿，然而他们苦恼了，呻吟了，愤怒，而且终于粗暴了，我的可爱的青年们！""魂灵被风沙打击得粗暴，因为这是人的魂灵，我爱这样的魂灵；我愿意在无形无色的鲜血淋漓的粗暴上接吻。""是的，青年的魂灵屹立在我眼前，他们已经粗暴了，或者将要粗暴了，然而我爱这些流血和隐痛的魂灵，因为他使我觉得是在人间，是在人间活着。"鲁迅：《野草·一觉》，载《鲁迅全集》第 2 卷，第 228、229 页。

③ 鲁迅：《而已集·〈尘影〉题辞》，载《鲁迅全集》第 1 卷，第 571 页。

④ 鲁迅：《三闲集·叶永蓁作〈小小十年〉小引》，载《鲁迅全集》第 4 卷，第 150—151 页。

的显明深切。而况千叮万叮，而况一刀一枪，那是写不出来的。"①注重身体感受，就一定会对"渺渺茫茫地说教"不信任和感到担忧，于是他说，"假使寻不出路，我们所要的就是梦；但不要将来的梦，只要目前的梦"②。对目标和理想的失信，也就意味着对"意义"的悬置，于是类似于德里达的异延和能指链的思想就会闪现，"以为一切事物，在转变中，是总有多少中间物的。动植之间，无脊椎和脊椎动物之间，都有中间物；或者简直可以说，在进化的链子上，一切都是中间物"③。"中间物"思想当中其实就自然隐含这种"虚我"的意识，"虚我"就是"无我"，但鲁迅同章太炎抵达"无我"的过程是相反的。鲁迅"无我"的最后归程是日常的世俗的生活，相对于任何缥缈说教所开出的世界而言，日常的世俗生活才是强力生命诞生与存在的场域。在这个层面上，鲁迅同晚明诸子尤其是颜习斋的思想是一致的。

（3）日常性。米兰·昆德拉曾经在一篇文章中讲小说反日常性的问题，并认为小说同"现代"之间是同构关系，因此，在他看来，现代及其"主体"就是反日常的。④其实昆德拉所讲的反日常的"现代"就是我所谓的欧洲第二次文艺复兴前的"新教伦理"的历史时段，相当于中国的宋明理学的时段。如前所述，统而言之是"新教伦理"时段。在这个时段里，无论中国还是西欧，反日常性是一致的。因是之故，第二次文艺复兴的一个重要任务就是要恢复被遮蔽的日常。鲁迅文字中日常性的展开始于《野草》集之《死后》这篇作品。作者以"我梦见自己死在道路上"的方式尽情地展现了"环境"与"主体"两方面书写的"日常性"。作为已死然而还有知觉的"我"，被来自日常的各方面打扰，陌生的路人、虫豸、苍蝇、收殓者、书店

---

① 鲁迅：《三闲集·怎么写（夜记之一）》，载《鲁迅全集》第 4 卷，第 19 页。

② 鲁迅：《坟·娜拉走后怎样》，载《鲁迅全集》第 1 卷，第 167 页。

③ 鲁迅：《坟·写在〈坟〉后面》，载《鲁迅全集》第 1 卷，第 301—302 页。

④ ［捷］米兰·昆德拉：《小说及其生殖》，载［捷］米兰·昆德拉：《相遇》，尉迟秀译，上海译文出版社 2010 年版，第 47—50 页。

卖书的伙计……于是作为主体的"我"的情绪随着各个打扰而起伏波动，显示出不同的喜怒哀乐的颜色。尽管其中也隐含了其一贯的"国民性"批判的调子，然而并没有《野草》前半部分书写当中所郁结的"黑暗"与出离愤怒的情绪，而相反却时而带出"滑稽"的意味来。譬如临近结尾处对兜售明版公羊传伙计的描写就分明带有晚期《故事新编》当中的"油滑"成分，阅之令人忍俊不禁，这其实已经是将自我"对象化"处理的结果，与此前《野草》诸篇中将自我以外的世界"对象化"的处理已经是截然相反了。以及"小衫的一角皱起来"①、棺材的毛糙、蚂蚁的乱爬、青蝇的乱舔令"我"从一种触想到另一种触想的忙不迭地"移动"，则无不淋漓尽致地将一个置身于"日常性"的自我的"日常"烘托了出来。《死后》文尾的"我死后第一次地哭"以及"我于是坐了起来"②可以理解为鲁迅的"旧我"的死去和"新我"的诞生。此后，鲁迅的写作完全向日常性敞开，《朝花夕拾》《故事新编》以及杂文莫不如此。在这些文字里，尤其是晚期《故事新编》和大部分杂文，令我们看到了一个健康活泼而又生动的生活世界，尽管里面也有丑恶，然而不再处于灰暗的令人窒息的世界里，而成为日常健康之生活的一部分了。《故事新编》里有许多令人忍俊不禁的滑稽场景和人物行动，一如生活本身一样有趣。全然没有《呐喊》里紧张逼促的调子。因此，日常性还意味着有余裕和留白，而《"这也是生活"……》中"你懂得么？这也是生活呀。我要看来看去的看一下"③就显示了鲁迅的这种良苦用心。接着他批判了人们对日常的轻视，"然而人们以为这些平凡的都是生活的渣滓，一看也不看"，"删夷枝叶的人，决定得不到花果"。④这看似平凡的

---

① 鲁迅：《野草·死后》，载《鲁迅全集》第 2 卷，第 216 页。

② 鲁迅：《野草·死后》，载《鲁迅全集》第 2 卷，第 218 页。

③ 鲁迅：《且介亭杂文末编（附集）·"这也是生活"……》，载《鲁迅全集》第 6 卷，第 623 页。

④ 鲁迅：《且介亭杂文末编（附集）·"这也是生活"……》，载《鲁迅全集》第 6 卷，第 624 页。

语言里，其实隐含着第二次文艺复兴思潮的所有秘密。在文章的末尾，他继而谈到了战斗的问题："其实，战士的日常生活，是并不全部可歌可泣的，然而又无不和可歌可泣之部相关联，这才是实际上的战士。"①

（4）行动。"虚我"的生成以及日常性的打开，最后一定会向质朴性的生活实践与行动回归。于是鲁迅说："我是爱读杂文的一个人，而且知道爱读杂文还不只我一个，因为它'言之有物'。我还更乐观于杂文的开展，日见其斑斓。第一是使中国的著作界热闹，活泼；第二是使不是东西之流缩头；第三是使所谓'为艺术而艺术'的作品，在相形之下，立刻显出不死不活相。"②他又说："但我知道中国的这几年的杂文作者，他的作文，却没有一个想到'文学概论'的规定，或者希图文学史上的位置的，他以为非这样写不可，他就这样写，因为他只知道这样的写起来，于大家有益。"③这里，我们看到鲁迅的对举：杂文与"所谓'为艺术而艺术'的作品"，前者是言之有物的，及物性的，后者则是相反的；前者是质朴的，后者则是情感的、奢华的。这不禁令人想起章太炎在《文学总略》中对无句读之文和有句读之文的分辨。从中可以看出鲁迅同章太炎取舍的高度一致性。关于实践与行动之"文"及其与"所谓'为艺术而艺术'的作品"的区别，鲁迅在《杂忆》一文中有两段很清晰的表述："因此我常常欣慕现在的青年，虽然生于清末，而大抵长于民国，吐纳共和的空气，该不至于再有什么异族轭下的不平之气，和被压迫民族的合辙之悲罢。果然，连大学教授，也已经不解何以小说要描写下等社会的缘故了，我和现代人要相距一世纪的话，似乎有些确凿。但我也不想湔洗，——

---

① 鲁迅：《且介亭杂文末编（附集）·"这也是生活"……》，载《鲁迅全集》第6卷，第626页。

② 鲁迅：《且介亭杂文二集·徐懋庸作〈打杂集〉序》，载《鲁迅全集》第6卷，第302页。

③ 鲁迅：《且介亭杂文二集·徐懋庸作〈打杂集〉序》，载《鲁迅全集》第6卷，第300页。

虽然很觉得惭惶。"①"当爱罗先珂君在日本未被驱逐之前，我并不知道他的姓名。直到已被放逐，这才看起他的作品来；所以知道那迫辱放逐的情形的，是由于登在《读卖新闻》上的一篇江口涣氏的文字。于是将这译出，还译他的童话，还译他的剧本《桃色的云》。其实，我当时的意思，不过要传播被虐待者的苦痛的呼声和激发国人对于强权者的憎恶和愤怒而已，并不是从什么'艺术之宫'里伸出手来，拔了海外的奇花瑶草，来移植在华国的艺苑。"②很显然，鲁迅所谓的做小说、翻译爱罗先珂的作品，其出发点皆是行动与实践的实用目的，而并非是想要走进"艺术之宫"。《杂忆》一文写作于 1925 年 6 月 16日，正是鲁迅同现代评论派酣战之时，"大学教授们"即是指陈西滢、徐志摩他们。同一天，鲁迅写了《野草》当中的《失掉的好地狱》一篇，将《杂忆》的内容以诗化的形式表现了出来。散文诗以"是的，你是人！我且去寻野兽和恶鬼……"一句作结，从而将曾经从革命中辗转挣扎过来的辛亥一代同五四一代中的陈西滢这一支区别开来，进而展现了五四以后从辛亥革命失败之顿挫中苏醒过来的鲁迅将要寻找新的"粗暴的灵魂"——"野兽和恶鬼"——予以合作的行动的决心。其后在《淡淡的血痕中》一文中，鲁迅则发起了对"猛士"的呼唤："叛逆的猛士出于人间；他屹立着，洞见一切已改和现有的废墟和荒坟，记得一切深广和久远的苦痛，正视一切重叠淤积的凝血，深知一切已死，方生，将生和未生。他看透了造化的把戏；他将要起来使人类苏生，或者使人类灭尽，这些造物主的良民们。"③

鲁迅是晚明遗民们"著书不忘兵革之事"的不二传人，是"文"之实践性与行动性的忠实的执行者，是中国第二次文艺复兴中的稀有的战士。

---

① 鲁迅：《坟·杂忆》，载《鲁迅全集》第 1 卷，第 237 页。

② 鲁迅：《坟·杂忆》，载《鲁迅全集》第 1 卷，第 236—237 页。

③ 鲁迅：《野草·淡淡的血痕中》，《鲁迅全集》第 2 卷，第 226—227 页。

下 编

"非文学"家鲁迅及其

"文"之写作

第五章
"非文学"家鲁迅及其杂文的发生

一、"非文学"家鲁迅

时下的文学创作中有一个概念叫作"非虚构",什么叫"非虚构"?我觉得这个命名比较尴尬,它应该是一个因"虚构"而兴起的命名,其内涵的关联性也应该依托于"虚构"这个词。那么,"虚构"到底是什么呢?它其实应该有一个特指。这个虚构应该是属于"现代"的一个本质性的东西,就是沟口雄三先生所讲的:现代的本质其实就在"虚构"。我们今天其实也有虚构,以前古典时期也有虚构,但这种虚构跟我们现代时期的虚构其实是有区别的。

在我看来,现代时期(即文学时代)的虚构是跟我们"此岸"的生活紧密相连的,而古典时期的虚构往往是同一种"高贵的谎言"联系在一起的——譬如柏拉图的理想国,其实质是一种"彼岸"的方式,它并不影响我们承认"此岸"的缺陷与问题。今天,我们生活中依然有虚构存在,譬如仙侠小说或者电子游戏中的虚构,但你会发现它其实跟我们"此岸"的现实生活关系并不是特别大。我们以前要求文学就是生活,生活就是文学,它真实是一体的。可是现在我们看一些年轻读者,他们很喜欢仙侠小说。这种仙侠小说像游戏一样的,进去之后就是非常的虚幻,可是出来之后人们还是该干什么就干什么，它不像《青春之歌》的"文学就是我的生活"那种浑然一体的虚构方式。所以我觉得"非虚构"这个命名其实跟"文学"是相关联的，也就是跟我们文学时代的"文学"相关联的。当然我使用的"文学"是昆德拉或者柄谷行人意义上的"文学"。

昆德拉说，文学或者小说其实和现代，是同构关系，它们之间是相互勾连的。① 柄谷行人说，文学其实是一个现代建制。② 此前是没有这么一个制度的，有了这么一个装置之后才有古代的文学这种概念，甚至可以说，一切文学都是现代文学。

以上可以说是我考察鲁迅文学的几个前提，下面我将从几个方面来做仔细的讲解。

（一）鲁迅文学观念转变的痕迹

鲁迅关于"文学"观念的表述并非一成不变，而是经过了数次转变。第一个时期是在留日时期，他那时是一个坚定的文学主义者，当时弃医从文，认为文艺能够疗治人的精神。所以鲁迅在这种情况下有非常坚定的现代文学的精神，譬如《摩罗诗力说》《文化偏至论》《破恶声论》等，这里面文学和"内面的人"是相关联的，其实就是跟主体相关联。这种坚定的文学观念到"呐喊"时期开始松动，从《狂人日记》的写作开始，他其实就已经开始对文学有没有用产生怀疑，文学到底有没有用呢？所以钱玄同来找他说：豫才写点东西吧！但鲁迅所想的是写点东西有没有用呢？这样的想法在日本时期是不会有的，这说明这个时期他已经对坚定的"文学主

---

① ［捷］米兰·昆德拉：《小说及其生殖》，载［捷］米兰·昆德拉：《相遇》，尉迟秀译，上海译文出版社 2010 年版，第 47—50 页。

② 参见［日］柄谷行人：《日本现代文学的起源》，赵京华译，生活·读书·新知三联书店 2003 年版。

义"这样一个观念产生了动摇。竹内好所讲的鲁迅的"回心"①其实就是这个意思。

　　不过，竹内好的"回心"论重点在强调《狂人日记》同留日时期的断裂，而很少注意到其间的关联，后来木山英雄在这方面讲得比较清楚。

　　但这里我还引用了几点鲁迅对文学的说法。这个时期一方面他认为文学已经开始没有用了，写点东西可能没有什么影响。可是在另外一个方面，他又似乎觉得文学还是有用的，在《忽然想到（十至十一）》之"文学家有什么用？"中，他说，"即使上海和汉口的牺牲者的姓名早已忘得干干净净，诗文却往往更久地存在，或者还要感动别人，启发后人"②。这说明鲁迅在这个阶段是在文学的无用与有用之间摇摆，我称之为"反文学的文学"。其实跟竹内好的"超克"是有相近之处的，也即后来汪晖讲的"反现代的现代性"。

　　竹内好无论怎样想要"超克"以西方为中心的现代，但依然局限于"现代"之中，对此，木山英雄有过非常精彩的评述："围绕着《狂人日记》的出发点问题，竹内好曾有极具个性的深刻理解，他认为在'我也吃过人'这个狂人的觉醒背后，可以窥见作者决定性的价值转换的自觉。但是，狂人那种觉醒也可以说不过是作者绝望的对象终至及于自身的一种表现而已。具有本质意味的毋宁说是，尽管如此作家终于介入了作品创作的行为，而在那里'寂寞'是一直存在着的。这个问题不仅仅涉及到对《狂人日记》一篇的解释，事实上是与竹内好的整个鲁迅论体系直接相关联着的，不过，我现在并不是想建立自己的体系来重新整理鲁迅。"③木山英雄的这句话既

---

①　[日]竹内好：《鲁迅》，李心峰译，浙江文艺出版社1986年版，第46页。

②　鲁迅：《华盖集·忽然想到（十至十一）》，载《鲁迅全集》第3卷，第100页。

③　[日]木山英雄：《〈野草〉主体构建的逻辑及其方法》，载《文学复古与文学革命——木山英雄中国现代文学思想论集》，赵京华编译，北京大学出版社2004年版，第22页。

在评说竹内好的鲁迅像，同时以此为媒介也讲出了他自己的鲁迅像，即鲁迅在《呐喊》和《随感录》时期那种"反文学的文学"的写作状态。很显然，木山意识到了竹内好在"回心"概念中所隐含的鲁迅对于现代的某种所谓的抵抗的问题（近代的"超克"），但他依然要用现代"文学"的方式来写作，这个时候他依然在现代"文学"的观念当中。

从"呐喊与随感录"时期一直到"野草"时期，用木山英雄的话说其实是鲁迅滑过的一个痕迹。① 在我看来，"这个痕迹"其实就是鲁迅从"反文学的文学"到"非文学"的一个过程。这个过程正是鲁迅从"惟'黑暗'与'虚无'乃是实有"② 走向对于"实有"确认的一个过程，整部《野草》忠实而完整地记录了这一过程，而1926年写作的《写在〈坟〉后面》则标志着这一过程的完成。

完后之后，鲁迅关于"文学"的观念又为之一转。表现有二：

其一，他不止在一个地方说，他"现在"所写的文字在一般的"文学概论"③ 中是找不到的。后来对于《故事新编》，他也同样这样说，"不足称为'文学概论'之所谓小说"④。

其二，与此相应地，鲁迅这个时期不断强调写作的实用性。"但我知道中国的这几年的杂文作者，他的作文，却没有一个想到'文学概论'的规定，或者希图文学史上的位置的，他以为非这样写不可，他就这样写，因为他只知道这样的写起来，于大家有益。"⑤ 甚至

---

① ［日］木山英雄：《〈野草〉主体构建的逻辑及其方法》，载《文学复古与文学革命——木山英雄中国现代文学思想论集》，赵京华编译，北京大学出版社2004年版，第3页。

② 鲁迅：《两地书·四》，载《鲁迅全集》第11卷，第21页。

③ 鲁迅：《且介亭杂文二集·徐懋庸作〈打杂集〉序》，载《鲁迅全集》第6卷，第300—301页。

④ 鲁迅：《故事新编·序言》，载《鲁迅全集》第2卷，第354页。

⑤ 鲁迅：《且介亭杂文二集·徐懋庸作〈打杂集〉序》，载《鲁迅全集》第6卷，第300—301页。

到了广州，他更干脆地说，他更喜欢听炮火的悦耳声，而不是文学，"（我）倒愿意听听大炮的声音，仿佛觉得大炮的声音或者比文学的声音要好听得多似的"①。

所以从留日时期以来，一直到他1926年中期的转变，鲁迅关于"文学"的观念是在不断地做减法。20世纪20年代中期转变以后，鲁迅其实扬弃了他在留日时期所拼命建构的"文学"观念。但，传统对于转型后鲁迅的看法还依然停留在"文学"范式当中，并没有从中超拔出来，这或许是局限所在。

我现在更愿意从"非文学"而非"文学"的角度来考察转变之后的鲁迅。如前所述，米兰·昆德拉和柄谷行人皆认为"文学／小说"同"现代"具有同构关系，而"现代"的本质就在于"虚构"，从这个角度看的话，我所说的"非文学"其实具有"非现代"——注意不是"反现代"——的性质，同时与"非虚构"有着相同的意思。也正是循着这样一个思路，我把鲁迅中期转变之后的写作梳分为三个"非文学"的面向：及时性写作面向——杂文；回忆性写作面向——《朝花夕拾》；改写性写作面向——后期《故事新编》。②

然而巧合的是，当下中国正红火的"非虚构"写作也正是从鲁迅这三个"非文学"面向展开的：及时性的如梁鸿的《中国在梁庄》③《出梁庄记》④，回忆性的如蔡崇达的《皮囊》⑤和野夫的《乡关何处》⑥，改写性如阿来的《瞻对》⑦。

---

① 鲁迅：《而已集·革命时代的文学》，载《鲁迅全集》第3卷，第442页。
② 参见本书第五章第四部分，也可参见刘春勇：《昆德拉·鲁迅·非虚构写作——鲁迅之"文"在当下的价值》，《中国现代文学研究丛刊》2016年第7期。
③ 梁鸿：《中国在梁庄》，江苏人民出版社2010年版。
④ 梁鸿：《出梁庄记》，花城出版社2013年版。
⑤ 蔡崇达：《皮囊》，天津人民出版社2014年版。
⑥ 野夫：《乡关何处》，中信出版社2012年版。
⑦ 阿来：《瞻对》，四川文艺出版社2014年版。

（二）朝向"非文学"道路的内在机制——鲁迅世界观念的转变

从"文学"到"反文学的文学"再到"非文学"的转变，表面上看来似乎只是鲁迅在写作方面的转变，然而，深究起来，我们就很清楚，这个转变的背后实质上是鲁迅世界观念的转变，而且也正是鲁迅转变的内在机制。简单地说，就是从虚无世界像向虚妄世界像①的迈进。关于这一点，我在此前的许多文章中都有过表达。所谓"杂文时代"的到来，其实就是鲁迅作为"非文学"家位置的确立。

具体来说，就是从留日时期"文学"观念的确立到"呐喊"与"随感录"时期的"反文学的文学"的写作，在滑过了《野草》这样的一个"之间"之后，最终抵达中期转变之后的三个面向的"非文学"写作这样一个过程。其实质就是以虚无主义为起始，然后虚无主义开始慢慢减弱，虚妄世界观逐渐登场，二者相互交错，然后虚妄世界观慢慢加强以致最终取代虚无世界观的一个过程。这个所谓的"取代"正是鲁迅朝向"非文学"道路的内在机制与基础。

（三）"非文学"与当下的关联及其意义

如前所述，"非文学"与当下的关联其实就是非虚构写作。文学在当下的社会与文化生活中其实已经相当尴尬，在某种意义上相当于清末民初传统经学的位置。众所周知，五四文学兴起之前，甚至兴起之后的很长一段时间，传统经学一直占据着主流的位置，经学的争论依然是中国知识人的核心问题，古文经与今文经之争、汉学与宋学之争，甚至朱子学与阳明学之争等，这些无一不被视为正经学问。看钱玄同的日记就知道，即便像他这样曾经在五四时期叱咤文坛、引领一

---

① 参见刘春勇：《鲁迅的世界像：虚妄》，《华夏文化论坛》第10辑。

代风气的先锋人物，甚至到了 20 世纪 30 年代，其日常所关注的中心依然还是经学问题，在他看来，这些才是正经之事，而鲁迅零零碎碎的"杂感"在他看来是"不务正业"的无聊①。然而，斗转星移，这些曾经如此重要的事务，一经时代的转换，瞬时化为乌有，再也不会成为社会关注的中心，而在那个时期被视为无聊的文学则堂而皇之地登堂入室，成为一个多世纪人们谈论的中心。这是为什么？无他，时代转变了，新的知识范式确立，旧的范式自然就无疾而终。如果不明白这样一个道理，在一种范式中反对这种范式则永远是徒劳的。这也就是为什么我不愿意在"近代的超克"和"反现代性的现代性"的思维模式中来谈论鲁迅的原因。简单地说，我们反思一种思维范式，其直接的途径就是跳出这一种思维范式去俯观之，然后寻求改变之途。然而，这样跳出一种范式去反思此种范式的思维方式并不是在历史的任何时期都能够产生，而必须在根本的媒介发生转型的时期——也就是根本的时代转型之时——方才能够产生。清末民初的经学与文学的交替是这样一个根本的时代转型期，其标志就是机器复制的纸媒时代的来临。可是，经过了一个多世纪之后，机器复制的纸媒时代在中国的当下正面临着终结的危机，以手机为核心的电子媒介时代已然君临天下。这意味着一个全新的时代的来临。就"文学"而言，其时代亦面临着终结的厄运。无论我们怎样为"文学"辩护，说文学自古就有也好，说当下还有各种文学的变体也好，"文学"不再成为我们社会与文化生活关注的中心已经成为不争的事实，就像当初经学所面临的问题一样。

　　"文学"的纸媒属性其实毋庸多言，就小说而言，一部长篇小说的厚度一般都是二三百页（当然也有例外，不过毕竟是少数），为什么呢？毫无疑问，这跟纸媒的制造与出版相关，一本厚至五百页的

---

① 1932 年 11 月 7 日，钱玄同在日记里这样记载："购得鲁迅之《三闲集》与《二心集》，躺床阅之，实在感到他的无聊、无赖、无耻。"杨天石主编：《钱玄同日记（整理本）》（中），北京大学出版社 2014 年版，第 889 页。

书，我们很难忍受，而且拿起来阅读也会颇为吃力。这就是出版的限制，也即媒介的限制。但随着电子媒介的出现，这种纸媒的限制被打破了。譬如今天的仙侠小说，一部仙侠小说在网上就有好几百集，好几百集又组成一季，下一季又是好几百集，然后再往下，这种书写方式在纸媒时代是不会有的。我们首先要对这样的变化保持敏感。然而，更重要的是，我们如果天真地认为这种变化仅仅是一种形式的变化，那就大错特错了。其实跟随媒介变化所带来的书写变化的同时，精神的变化一定会紧随而至。就前述仙侠小说而言，其对世界的"虚构"同我们所说的同"现代"之本质同一的"虚构"完全不是一回事。仙侠世界之中的"虚构"是一种类似电子游戏的小虚构，即"虚构的归虚构，现实的归现实"，人们一旦进入这个"虚构"世界就忘乎所以，一旦出来，就该干什么干什么。这样的虚构对我们的现实生活并不构成根本性影响。而众所周知，"文学时代"中的虚构则企图从根本上影响人们的生活，文学即生活，或者文学虚构同现实生活混淆不分。最典型的例证就是《青春之歌》，那个时代有多少人就生活在小说的虚构之中，我想经过那个时代的人最清楚。

不过要申明的是，我所谓的终结并非是说"文学"终结了，而是指文学作为一个时代终结了。那么，将来文学还有没有呢？文学还会有，文学作为一个时代的经典永远也不会终结，就像经学现在还存在一样，只不过它同经学一样将来也只会作为某一部类的研究而存在。在即将过去的纸媒时代，文学在我们的国民生活（包括国民教育）中占据如此重要的位置，其实是时代使然，在不久的将来这样的状况一定会过去，一种新的范式会取而代之。

如前所述，非虚构这个问题同"非文学"紧密相关，所以在这个意义上，我觉得鲁迅其实在那个时期以其天才式的敏锐已经感受到了某种问题，如果从这个角度来说他是一个先知先觉者，我觉得一点都不为过。

（四）世界历史进程与"非文学"家鲁迅

近些年，全球史——而不是世界史——的兴起，是知识界力图打破欧洲中心主义历史叙事的结果。无论是弗兰克（Gunder Frank）的《白银资本》，还是彭慕兰（Kenneth Pomeranz）的《大分流》都在做同样一种工作，那就是将历史叙事的重心从欧洲转移到亚太与印度洋地区。历史叙事的模式也从以欧洲为中心的线性史观转变为长历史时段的循环历史观。孙隆基的《新世界史》、柄谷行人的《历史与反复》《世界史的构造》《帝国的结构》等也都可以归于这个全球史的序列。柄谷行人在《历史与反复》中指出，反复是世界历史行进的常态，但这并不意味着历史的一种简单的回归，而通常是某种过去被压抑的结构在更高一层面的复回。就全球的当下状况来讲，柄谷行人认为，在过去的几个世纪里，被欧洲民族-国家政治经济模式所压抑的"帝国"的结构有一种反复的迹象。在柄谷行人看来，东亚当下的状况同一百二十余年前的甲午战争年代非常相似，但显然是一种更高层面的反复，目前的中国极为强盛，显然不可与当年积弱的清帝国同日而语。换言之，中国过去被"压抑"的某种"帝国"原理正在回归之中。并且，"帝国"结构的这样一种回归对世界历史的未来进程将会是有益的补充。柄谷行人认为，现代民族-国家与"帝国"是完全不同的两种文化与政治结构。"帝国"是建立在"世界-帝国"体系之上的，"帝国"存在于相互的馈赠与礼让之中，对于东亚的区域而言，就是以"中华帝国"为中心的朝贡体系。不同于民族-国家的是，"帝国"容许多元文化的存在，同时也就容许"故乡"的存在。换言之，在"帝国"结构中，帝国区域内的各个地区各个民族的风俗习惯都会自然地保存，多元共处，而不会失去"故乡"。然而，民族-国家结构则不同，它是建立在"世界-经济"体系之上的，这种体系会有一种"绝对主义"的精神结构，不容许多元的共存，而是以"主体"的方式消灭一切与"主体"不相同的风俗习惯，使之同一化。在柄谷行人看来，民族-国家之间的相互竞争最终会导致霸道的"帝国主义"，而暴力或者战争也就会尾随而来。为了防止这一切的发生，最好的补救措施就是在更高层面上复回"帝国"的结构原理。①

时下，纸媒衰落了，以欧洲为中心的民族-国家体系同样在衰落，而与这一体系一同建立起来的文学及其制度也正在走向没落，文学被边缘化已是不争的事实。也可以说，与民族-国家制度相伴相生的文学及其制度已经完成了它的历史使命，现在，被文学所压抑的某种过去属于"帝国"的书写将会随同"帝国"一起回归。这就是"文"/文章，也就是"非文学"。

关注帝国结构原理的柄谷行人最早也注意到文学与现代的关联问题。他以夏目漱石为中心，颇为细致地讨论了被民族-国家结构所压抑的"文"之书写状况。柄谷行人注意到了夏目漱石在"文"向文学转变过程中的"不安之感"，所谓"被英国文学所欺而生一种不安之感"② 可以说总括了东亚第一、二代知识分子接触到现代文学的心理。中国现代之初两代知识人也或多或少地有过这样一种心态。不过对于中国像章太炎这样的第一代知识分子来说，夏目漱石的这种感受更为强烈，但以鲁迅为代表的第二代知识分子则因为在日本或者欧美的文学制度基本上已经完成的状态下接受文学这一观念，因而他们起初对文学制度基本上都处于一种接受的状态，并没有太多类似于夏目漱石的感受。不过，鲁迅应该是个例外，他后来渐渐感到了这种夏目漱石的不安，而正是这种不安，才促使他从文学转向了"非文学"。

前文多次讲到过，留日时期鲁迅其实是一个文学主义者，并不太赞同他的老师章太炎的"大文学"观念。不过在《野草》写作之后，

---

① 上述内容分别见于《历史与反复》和《帝国的结构》两本书。［日］柄谷行人：《历史与反复》，王成译，中央编译出版社2011年版。［日］柄谷行人：《帝国的结构》，林晖钧译，心灵工坊文化事业股份有限公司2015年版。

② ［日］柄谷行人：《日本现代文学的起源》，赵京华译，生活·读书·新知三联书店2003年版，第8页。

章太炎的这种"文"的观念开始在鲁迅的意识中恢复，而此前所建立的绝对的"文学主义"的观念逐渐开始松动。1926 年的两个文本《写在〈坟〉后面》与《铸剑》则标志着鲁迅世界中"文"/文章的观念全面浮出地表。其后，鲁迅则转向了"非文学"的写作，即杂文、《朝花夕拾》与《故事新编》在一种"留白"有余裕的写作当中，幽默与笑回归了。而这正是昆德拉想要寻找之物。在某种意义上，这就是"文"/文章（非文学）的高层面的回归。

二、留白与虚妄：鲁迅杂文的发生

中国有句古话叫"人之将死，其言也善"，这里的"善"有中国人的传统理解，但是我认为还有某种对人生的通透的看法。人到死之前或许对人生有通透的看法，这里可以举两例与鲁迅相关的在临死或者将死之前的一些言论，我觉得是对人生有其通透看法的。其一是日本的学者丸尾常喜先生，他在 2008 年 5 月去世，他去世之前要参加一项会议，但是自己已经很难写字，所以他口述由他的女儿记录下来，作为准备参加会议的发言，后来尾崎文昭先生说，这些文字其实可以看作丸尾先生的临终遗言。这发言乃是引用的鲁迅在 1926 年南下厦门之前在北京女子师大所做的讲演《记谈话》当中的一段话：

> 我们所可以自慰的，想来想去，也还是所谓对于将来的希望。希望是附丽于存在的，有存在，便有希望，有希望，便是光明。如果历史家的话不是诳话，则世界上的事物可还没有因为黑暗而长存的先例。黑暗只能附丽于渐就灭亡的事物，一灭亡，黑暗也就一同灭亡了，它不永久。然而将来是永远要有的，并且总

要光明起来；只要不做黑暗的附着物，为光明而灭亡，则我们一定有悠久的将来，而且一定是光明的将来。①

这是一段我在不同场合会经常引用的话。尾崎先生说，丸尾在最后讲鲁迅的机会，特意选择了这段话，以此作为留给儿女们的告别词。② 其二是鲁迅本人，他在生命最后的 1936 年中留下许多重要的文章，其中有一篇叫《"这也是生活"……》，文章中有一段文字非常感人，也表明了鲁迅最后对生活的通透感。他说他病了很长时间——

有了转机之后四五天的夜里，我醒来了，喊醒了广平。

"给我喝一点水。并且去开开电灯，给我看来看去的看一下。"

"为什么？……"她的声音有些惊慌，大约是以为我在讲昏话。

"因为我要过活。你懂得么？这也是生活呀。我要看来看去的看一下。"

"哦……"她走起来，给我喝了几口茶，徘徊了一下，又轻轻的躺下了，不去开电灯。

我知道她没有懂得我的话。

街灯的光穿窗而入，屋子里显出微明，我大略一看，熟识的墙壁，壁端的棱线，熟识的书堆，堆边的未订的画集，外面的进行着的夜，无穷的远方，无数的人们，都和我有关。我存在着，我在生活，我将生活下去，我开始觉得自己更切实了，我有动作

---

① 鲁迅：《华盖集续编·记谈话》，载《鲁迅全集》第 3 卷，第 378 页。
② ［日］尾崎文昭：《多疑鲁迅·序二》，载刘春勇：《多疑鲁迅——鲁迅世界中主体生成困境之研究》，中国传媒大学出版社 2009 年版。

的欲望——但不久我又坠入了睡眠。①

在这段对话当中，鲁迅先生和许广平先生之间是有一些错位的，错位的关键是在对"生活之留白"的意识与否的问题。鲁迅开电灯要"看来看去看一下"，其实是没有所谓的通常意义上的目的的，就是想看一下，但是具体看什么是没有的。而广平先生她有一个"主题性"，这个"主题性"就是"为什么"，即对"为何之故"要回答。这种对"为何之故"作答的"主题性"在绘画当中或者现代性当中叫作"焦点"或"消失点"，是一种现代透视法的装置，和笛卡尔意义上的"我思"主体形而上学是紧密相关的。

鲁迅先生的这种"看来看去看一下"不仅仅表现在他的生活当中，他后期文章的写法其实与此也很有关系。早在 1925 年，他就开始有这种意识。在 1925 年的《华盖集·忽然想到（一至四)》中，他说：

> 我于书的形式上有一种偏见，就是在书的开头和每个题目前后，总喜欢留些空白，所以付印的时候，一定明白地注明。但待排出寄来，却大抵一篇一篇挤得很紧，并不依所注的办。查看别的书，也一样，多是行行挤得极紧的。
>
> 较好的中国书和西洋书，每本前后总有一两张空白的副页，上下的天地头也很宽。而近来中国的排印的新书则大抵没有副页，天地头又都很短，想要写上一点意见或别的什么，也无地可容，翻开书来，满本是密密层层的黑字；加以油臭扑鼻，使人发生一种压迫和窘促之感，不特很少"读书之乐"，且觉得仿佛人生已没有"余裕"，"不留余地"了。

---

① 鲁迅：《且介亭杂文末编（附集)·"这也是生活"……》，载《鲁迅全集》第 6 卷，第 623—624 页。

……在这样"不留余地"空气的围绕里，人们的精神大抵要被挤小的。

外国的平易地讲述学术文艺的书，往往夹杂些闲话或笑谈，使文章增添活气，读者感到格外的兴趣，不易于疲倦。但中国的有些译本，却将这些删去，单留下艰难的讲学语，使他复近于教科书。这正如折花者，除尽枝叶，单留花朵，折花固然是折花，然而花枝的活气却灭尽了。人们到了失去余裕心，或不自觉地满抱了不留余地心时，这民族的将来恐怕就可虑。①

这段话中的"余裕""余地"等其实都是"留白"的不同表达方式。"留白"的审美趣向甚至是鲁迅杂文成立的前提。关于这一点，陈方竞在其《鲁迅杂文及其文体考辨》②一文中有深刻的论述。在他看来鲁迅后来的杂文观念同其 1925 年前后倾注全力翻译的厨川白村的"有余裕"的文学观有很大的关联，并且在他另外一篇长文《鲁迅与中国现代文学批评》③中，陈方对此做了详细的考证，梳理了从夏目漱石到厨川白村的"有余裕"的文学观对鲁迅的影响和启发，并阐述了"有余裕"的文学观在鲁迅杂文成立上所起的决定性作用。他说："这是有助于我们感受和认识鲁迅'杂文'的，同时亦可见鲁迅的'杂文'与'杂感'的差异：如前所述，后者更为敛抑、集中、紧张，有十分具体的针对……前者如《说胡须》、《看镜有感》、《春末闲谈》、《灯下漫笔》、《杂忆》……题目就可见，并没有具体的针对……将一切'摆脱'，'给自己轻松一下'，而颇显'余裕'的写法，……"④"'杂文'

---

① 鲁迅：《华盖集·忽然想到（一至四）》，载《鲁迅全集》第 3 卷，第 15—16 页。
② 陈方竞：《鲁迅杂文及其文体考辨》，载陈方竞：《鲁迅与中国现代文学批评》，北京大学出版社 2011 年版，第 401—461 页。
③ 陈方竞：《鲁迅杂文及其文体考辨》，载陈方竞：《鲁迅与中国现代文学批评》，北京大学出版社 2011 年版，第 1—400 页。
④ 陈方竞：《鲁迅杂文及其文体考辨》，载陈方竞：《鲁迅与中国现代文学批评》，北京大学出版社 2011 年版，第 415 页。

较之'杂感'更近于'魏晋文章'。"① 留白或者"有余裕"的这种文章的美学其实并不仅仅是在文字中显示出轻松的调子那样简单，而毋宁说是鲁迅后期文章写作的根本。后来在 1935 年的《徐懋庸作〈打杂集〉序》当中，他有更为清晰的阐释——

> 我们试去查一通美国的"文学概论"或中国什么大学的讲义，的确，总不能发见一种叫作 Tsa-wen 的东西。这真要使有志于成为伟大的文学家的青年，见杂文而心灰意懒：原来这并不是爬进高尚的文学楼台去的梯子。托尔斯泰将要动笔时，是否查了美国的"文学概论"或中国什么大学的讲义之后，明白了小说是文学的正宗，这才决心来做《战争与和平》似的伟大的创作的呢？我不知道。但我知道中国的这几年的杂文作者，他的作文，却没有一个想到"文学概论"的规定，或者希图文学史上的位置的，他以为非这样写不可，他就这样写，因为他只知道这样的写起来，于大家有益。②

在这段话中，鲁迅谈到了文学体制外的写作——杂文——和文学体制内的正宗创作之间的关系。"文学概论"或大学的讲义所讲的当然是文学体制内的正宗——小说、诗歌之类的，作为创作的"文学"其实是一个现代概念，是一种"现代性"装置，乃至于制度。文学"创作"，是基于笛卡尔"我思"主体形而上学意义上的"自我认同"与"自我确证"的过程，因此，文学作品具有现代透视法的特点，是一种焦点（消失点）写作的结果。而杂文是一个被文学体制所驱逐的对象，是排除在"创作"之外的写作。这也正是鲁迅写

---

① 陈方竞：《鲁迅杂文及其文体考辨》，载陈方竞：《鲁迅与中国现代文学批评》，北京大学出版社 2011 年版，第 415 页。
② 鲁迅：《且介亭杂文二集·徐懋庸作〈打杂集〉序》，载《鲁迅全集》第 6 卷，第 300—301 页。

作这篇序言的原因。在鲁迅看来，杂文的写作是"以为非这样写不可，他就这样写"的结果，而不是要遵循"文学概论"的规则与形制的。鲁迅的这种"以为非这样写不可，他就这样写"的杂文写作观和前面我们讨论的"看来看去看一下"的生活观念其实是一致的。其实质都是反焦点的、反透视点的或者是反"消失点"的实践行为或者观念。很显然，杂文是一种"体制外"的写作。我们讲文学，文学其实是一种体制，一种现代性体制，而鲁迅后期的写作已经完全抛弃这种体制。他的杂文写作非常开阔。我们中国学生在中小学乃至大学写文章时一定要紧扣主题，一段跟主题无关的文字是一定要删去的。我们的亲身经历告诉我们，这样的写作，文字是紧张的，人的精神也是紧张的。我想，鲁迅对此肯定是不以为然的。在鲁迅看来，某些细枝末节，游离于主题之外的文字反而能够增加文章的生趣和文章的开阔度，而不一定要满篇围绕主题最后要点题，这样的写作会让人的精神变小，没有"余裕"了，不留白。鲁迅后期的写作是一定要讲"留白"的，这是鲁迅杂文写作的一个至关重要的特点。

在日本，称纯文学写作为"创作"[1]，但不包括杂文。同样地，鲁迅的杂文写作在大多数情况下也是被排除在"创作"之外的，对于这一点，即使鲁迅先生本人也是有自知之明的，1933 年上海天马书店出版的《鲁迅自选集》共选作品 22 篇[2]，无一篇出自杂

---

[1] 王向远：《鲁迅杂文概念的形成演进与日本文学》，《鲁迅研究月刊》1996 年第 2 期。

[2] "这本《自选集》内收《野草》中的七篇：《影的告别》、《好的故事》、《过客》、《失掉的好地狱》、《这样的战士》、《聪明人和傻子和奴才》、《淡淡的血痕中》；《呐喊》中的五篇：《孔乙己》、《一件小事》、《故乡》、《阿Q正传》、《鸭的喜剧》；《彷徨》中的五篇：《在酒楼上》、《肥皂》、《示众》、《伤逝》、《离婚》；《故事新编》中的两篇：《奔月》、《铸剑》；《朝花夕拾》中的三篇：《狗·猫·鼠》、《无常》、《范爱农》。共计二十二篇。"见鲁迅：《南腔北调集·〈自选集〉自序》注释1，载《鲁迅全集》第 4 卷，第 470 页。

文集，并且在《〈自选集〉自序》中他是这样说的，"可以勉强称为创作的，在我至今只有这五种"①，鲁迅这里所谓的"五种"是哪"五种"呢？从《〈自选集〉自序》上下文看自然是指《呐喊》《彷徨》《野草》《朝花夕拾》和《故事新编》。鲁迅把这"五种"称为"创作"，大抵也是从纯文学写作的角度而言的，这和我们今天的观念是一致的。我们后人有许多苛责鲁迅的，说他后来只写杂文不写小说，连一部称之为长篇的小说都没有，名不副实，也殊为可惜。其实关于这一点，早在 20 世纪 40 年代，高长虹就曾经这样讲过：

> 鲁迅的短篇小说虽然不很多，但在当时的小说界占压倒的优势。在这一点上，没有一个人能够提出异议来。只是，文艺界容易有的一种错觉以为必须是块头很大的作品才有很大的艺术价值，不幸普遍流行在中国的文艺界里，这种只看形式，不重内容的批评态度，对于作家的窘迫，有时叫人喘不过气来。鲁迅有时候也说，想写一个中篇小说，可是始终没有写，因此，他的文艺财产除了一集散文诗外，就是些短篇小说了。在当时那样的环境里，就是鲁迅，也不免要气短的。……
> ……
> 块头要大，件数也要多，这种社会心理，在鲁迅文艺活动的中流造成了逆流中的主流，也在青年读者间的影响常不能不让出防地来，让他的对手郭沫若来进据，除青年情绪容易为青年所领会外，绝不是没有第二个原因的。鲁迅为克服这些困难，他在思想上采取了突出的战略，为青年开路。这种企图，他大部分是成功了。大部分的青年从此觉得，鲁迅是站在自己的这边了。

---

① 鲁迅：《南腔北调集·〈自选集〉自序》，载《鲁迅全集》第 4 卷，第 469 页。

> 他为青年们开示的行为指南是：生存，自由和发展；求学的戒条是：不读线装书。他受到很多的攻击，但也获得更多的拥护。①

高长虹这一段文字讲的是鲁迅 1925 年的事情，其中"块头要大"，应该是指长篇小说的写作。对于这一点，高长虹说，"就是鲁迅，也不免要气短的"，其实也正是在这个时间的前后，鲁迅一直徘徊于长篇小说的创作，但最终选择了放弃。② 或者竟可以说，在历史的这个时间上，鲁迅站在了"十字街头"，他的纯文学创作遭遇了困境。"为克服这些困难，他在思想上采取了突出的战略，为青年开路"。所谓"为青年开路"其实就是杂文写作的开端，即从 1925 年年初就开始的以《青年必读书》和《咬文嚼字》为核心所展开的"贴身肉搏"的论战。所可注意的是，这些转变和《野草》写作几乎是同步进行的。1925 年前后，鲁迅的纯文学的"创作"确实遭遇了某种困难，因之，他向纯文学之外的杂文写作前进，但也不排除他有意放弃这种体制内的写作，关于这一点我想是和他在这一时期所形成的"留白"意识紧密相关的。

但，这里边"文学"这个词语应该如何理解呢？如果讲鲁迅是一个"文学家"，那么，鲁迅到底是一个什么样的文学家呢？他的文学是在什么地方诞生的呢？

---

① 高长虹：《一点回忆——关于鲁迅和我》，载《鲁迅回忆录·散篇·上册》，鲁迅博物馆、鲁迅研究室、《鲁迅研究月刊》选编，北京出版社 1999 年版，第 186—187 页。
② 这里指鲁迅"《杨贵妃》腹案"一事，见许寿裳《亡友鲁迅印象记》，载《鲁迅回忆录·专著·上册》，第 253 页。又见孙伏园《鲁迅先生二三事》中的《杨贵妃》，载《鲁迅回忆录·专著·上册》，第 90—93 页。又见郁达夫的纪念文章《鲁迅设想的〈杨贵妃〉腹案》，载《鲁迅回忆录·散篇·上册》，第 84 页。又见冯雪峰回忆文章《鲁迅先生计划而未完成的著作》，载《鲁迅回忆录·散篇·中册》，第 697—698 页。

早在 20 世纪 40 年代，竹内好在其名著《鲁迅》里面就在讲这个问题，他讲"回心"，其实就是在讲鲁迅文学的诞生，但这文学是带着罪感的，关于这一点，伊藤虎丸是这么讲的：

> ……我同竹内好先生一样，从《狂人日记》的背后，看到了作为鲁迅文学"核心"的"回心"。而且，我们看到了从鲁迅留学时期从事的评论和翻译的文学活动（相当于《狂人日记》中狂人要求人们改心换面的呼吁），即我称之为"启蒙文学"或"预言文学"开始，在向着竹内好先生称之为"赎罪文学"的发展中，《狂人日记》乃是其中决定性的转折点。我看这可以说是鲁迅从"预言文学"走向"赎罪文学"的过程中确立了鲁迅自己的近代现实主义。[①]
>
> 竹内好氏的《鲁迅》为我国研究鲁迅的出发点。他从《狂人日记》背后看到了鲁迅的"回心"（类似于宗教信仰者宗教性自觉的文学性自觉），并以此为"核心"确立了"鲁迅的文学可以称为赎罪文学"这一体系。[②]

竹内好讲，鲁迅在获得罪的自觉的一刹那，作为文学家的鲁迅诞生了，那么，这里竹内好讲的"文学"这个词其实是超越"创作"的，它不再是局限于创作层面的文学，而是一个很大的概念，是具有和现代的某种问题相瓜葛的这么一个概念。最近，汪晖在《鲁迅文学的诞生——读〈呐喊·自序〉》[③]一文中也专门就鲁迅文学诞生的问题做了

---

① ［日］伊藤虎丸：《鲁迅、创造社与日本文学》，孙猛等译，北京大学出版社 1995 年版，第 151—152 页。

② ［日］伊藤虎丸：《鲁迅、创造社与日本文学》，孙猛等译，北京大学出版社 1995 年版，第 175 页。

③ 汪晖：《鲁迅文学的诞生——读〈呐喊·自序〉》，载《声之善恶——鲁迅〈破恶声论〉〈呐喊·自序〉讲稿》，生活·读书·新知三联书店 2013 年版，第 90—184 页。

长篇的讨论。其实无论是竹内好、汪晖还是木山英雄，他们都在考虑这个问题，即消失点的问题。虽然汪晖在他的论文中对竹内好的"回心"有异议，他更愿意用"忠诚"这个词来阐释鲁迅文学的诞生，但他和竹内好有一个观点是相同的，那就是鲁迅在他的《呐喊》当中是以"主体的沉没"来进行他的文学的启程的。① 或者可以说鲁迅是进行否定文学的文学的写作。我在七八年前的博士论文写作《多疑鲁迅》中受到竹内好的影响非常大，我一直认为《狂人日记》中在那一刹那"获得罪的自觉"，我称之为多疑，在鲁迅获得多疑的这个契机，作为文学家的鲁迅诞生了，或者说，鲁迅作为鲁迅诞生了。但是，我后来一直在彷徨、疑惑，我在想这里面有什么问题，隐隐约约感觉到这里面是有问题的，即《狂人日记》之后鲁迅的写作是不是真的如竹内好所说就完全是"主体沉没了"。王晓明曾经在讲这个时期的鲁迅时有过一个表达，即"戴着面具的呐喊"② ，但我在想，"戴着面具的呐喊"，那么，面具外面有多少层面，面具里面到底有多少真心？这个问题一直缠绕着我，我一直苦于解答。但近期读木山英雄的文章，我发现其实木山英雄对这个问题有回答。木山英雄说，《呐喊》以及"随感录"其实是某种"观念"的写作③ ，其中虽然有主体的沉没，但是"主体"时常而会冒出来，从而引起写作者对于"焦点"的重视，譬如《狂人日记》的主体结构性紧张，以及《阿Q正传》前面的轻松写作，而到了小说的结尾，类似于《狂人日记》的主体结构性紧张又冒了出来。木山英雄认为，鲁迅在《呐喊》和《随感录》的写作时期没有进入生命的体验和贴身的肉搏当中。只有

① 汪晖：《鲁迅文学的诞生——读〈呐喊·自序〉》，载《声之善恶——鲁迅〈破恶声论〉〈呐喊·自序〉讲稿》，生活·读书·新知三联书店 2013 年版，第 145—147 页。
② 王晓明：《无法直面的人生——鲁迅传》，上海文艺出版社 1993 年版，第 49 页。
③ [日] 木山英雄：《〈野草〉主体构建的逻辑及其方法》，载《文学复古与文学革命——木山英雄中国现代文学思想论集》，赵京华编译，北京大学出版社 2004年版，第 7 页。

当鲁迅经过了《野草》的写作后，他才真正进入了生命体验与贴身肉搏的写作当中。①

>   ……总之，在一个平面上疾走而过所留下的痕迹能够描写出什么，这个'什么'即是本论文的目标。②

在木山看来，《野草》是鲁迅生命中"疾走而过所留下"的一个痕迹，在这个痕迹之后，鲁迅进入了类似竹内好所说的"回心"的那个阶段。在我看来，这其实是在讲鲁迅对"焦点或透视点"③的打破。"焦点或透视点"是主体问题的另一种表达，其实质是一种现代透视法的装置④，是笛卡尔意义上的"我思"主体形而上学。我们一般在哲学层面上使用主体的说法更为普遍，但在艺术学层面，后者则被更多地使用。关于这一点，我在《鲁迅的世界像：虚妄》⑤一文中有详细的分析。从打破"消失点"的角度来看，《野草·希望》其实不是在讲"希望"——一种有"透视点"的希望，也不是在讲"绝

---

① "《野草》此后的发展，并不是把在此获得的观念断定为'实有'并在此基础上建立起壮丽的虚无哲学，也不是逻辑地做出这些假设由此使轻快的运动得以启动。这以后的《野草》是不惜排除这些虚（无）像，向'明暗之境'里的世界展开深沉的肉搏。"见［日］木山英雄：《〈野草〉主体构建的逻辑及其方法》，载《文学复古与文学革命——木山英雄中国现代文学思想论集》，赵京华编译，北京大学出版社2004年版，第31页。
② ［日］木山英雄：《〈野草〉主体构建的逻辑及其方法》，载《文学复古与文学革命——木山英雄中国现代文学思想论集》，赵京华编译，北京大学出版社2004年版，第3页。
③ 宗白华在《美学散步》中这样讲："西洋画法上的透视法是在画面上依几何学的测算构造一个三进向的空间的幻景。一切视线集结于一个焦点（或消失点）。"宗白华：《中国诗画中所表现的空间意识》，载《美学散步》，上海人民出版社2003年版，第107页。
④ 关于这一点，可以参考柄谷行人《日本现代文学的起源》的第六章"关于结构力——两个论争"。［日］柄谷行人：《日本现代文学的起源》，赵京华译，生活·读书·新知三联书店2003年版，第135—174页。
⑤ 刘春勇：《鲁迅的世界像：虚妄》，《华夏文化论坛》第10辑。

望",而是在讲"虚妄"。鲁迅借《希望》在给我们讲生活是一个无可奈何的"虚妄"状态。无论是希望还是绝望都是有主题的,都是有现代性的,但是,虚妄是一个无可奈何的状态,是一种现实生活的状态:既没有更大的一个期望,但是也还有期望;也没有某种大的绝望,但是,也有某种可能的失望状态。这其实是生活的一个本真的状态,也就是鲁迅所说的"看来看去看一下"的那个状态,这是生活的常态。正是在《野草·希望》中鲁迅意识到了"焦点或主题"这个问题。木山英雄认为,鲁迅的转折点是在《写在〈坟〉后面》①,但我认为,《写在〈坟〉后面》其实是鲁迅从《呐喊》到《野草》写作的转折过程的最后一个终结点,他做了一个总结,然后鲁迅进入了他的杂文创作,在我看来,后期的《故事新编》并非是传统意义上的小说,而是杂文,是以某种类小说形式写作的杂文。②那么鲁迅作为文学家的意义,他在这个世界上能够跟托尔斯泰、跟卡夫卡、跟马尔克斯这样一些巨匠媲美,应该不是在所谓的《呐喊》这样的纯文学的创作上,而应该是在杂文写作上,鲁迅的杂文非常丰富。

---

① 木山英雄说:"其实,在写作《呐喊·自序》时,其'呐喊'的根据已经消失了。因此对作者来说,在目前的主客观条件下重新审视作为已过'不惑之年'的战斗者自我,才是问题所在。散文诗《野草》的连续性课题亦在这里。而《呐喊·自序》,以越发内化了的'寂寞'为契机,将阴暗的自我从《呐喊》的混沌中引出表面来,由这一点观之,是位于《野草》形成的端绪上的。"在文章临结尾时,他又说:"距《野草》最后一篇的创作晚半年多所写的,可以看做是散文形式的《野草》终篇的这篇文章(指《写在〈坟〉后面》)……"([日]木山英雄:《〈野草〉主体构建的逻辑及其方法》,载《文学复古与文学革命——木山英雄中国现代文学思想论集》,赵京华编译,北京大学出版社2004年版,第25、67页。)

② 伊凡早在20世纪50年代就提出这样一种观念,认为《故事新编》"是以故事形式写出来的杂文"。参见伊凡:《鲁迅先生的〈故事新编〉》,《文艺报》1953年第14号。

三、鲁迅对中国传统"文章"创造性转化的两种路径

(一)鲁迅的悖论及问题的提出

季剑青在《"早期现代中国"论述的谱系与可能性》[①]一文中,有一段深刻的洞见。他认为,从晚明至民初的"早期现代文学"本质上是一种消费型的文学,而以"五四"新文学为核心的"现代文学"则是一种生产型的文学。并且只有"现代文学"才能"把阅读和写作变成一种社会性的实践,作者和读者在此过程中转变成新的相互联结的主体"。接着,他征引了鲁迅在《文艺与政治的歧途》中的一段话来印证他的这个论断:"十九世纪以后的文艺,和十八世纪以前的文艺大不相同。十八世纪的英国小说,它的目的就在供给太太小姐们的消遣,所讲的都是愉快风趣的话。十九世纪的后半世纪,完全变成和人生问题发生密切关系。我们看了,总觉得十二分的不舒服,可是我们还得气也不透地看下去。这因为以前的文艺,好像写别一个社会,我们只要鉴赏;现在的文艺,就在写我们自己的社会,连我们自己也写进去;在小说里可以发见社会,也可以发见我们自己;以前的文艺,如隔岸观火,没有什么切身关系;现在的文艺,连自己也烧在这里面,自己一定深深感觉到;一到自己感觉到,一定要参加到社会去!"[②]在季剑青看来,"18世纪的英国小说,正是诸多研究者讨论中国小说的'早期现代性'的参照系,但由于缺少鲁迅的'现代文学'视野,他们并不能真正把握中国'早期现代文学'

---

① 季剑青:《"早期现代中国"论述的谱系与可能性》,《文艺理论与批评》2019年第2期。
② 鲁迅:《集外集·文艺与政治的歧途》,载《鲁迅全集》第7卷,第120页。

的性质"①。

有趣的是，季剑青的这段论述和鲁迅的这段话都是针对中国文学与革命而言的，但却在无意中令昆德拉"躺枪"了。昆德拉关于欧洲小说的"上半时／下半时"的区分，从本质上说，正是季剑青所谓的"早期现代文学"与"现代文学"的划分，同时也基本上对应了鲁迅的"十八世纪小说"和"十九世纪小说"区分法，只不过将"十八世纪"往更早一些的时期拉长罢了。在昆德拉看来，18世纪的斯特恩以及更早一些的塞万提斯以及拉伯雷的小说才是真正意义上的鲜活的小说，在这种"讲述故事"的小说中，才真正展现了生命的残酷、幽默以及生龙活虎的全貌，而19世纪以后以巴尔扎克、陀思妥耶夫斯基为代表的"描写故事"的小说则因为过于强调主题集中（"焦点透视"），而有意无意地将鲜活的生活"窄化"，从而失去了原本残酷与幽默的底色，变得过于"认真"、不好玩。而且不仅如此，在昆德拉潜意识里，他总是担心这样一种"窄化"生活的书写最后会滑向极端"一元论"的危险中。② 这同时也是柄谷行人的想法。在《日本现代文学的起源》中，柄谷行人借对夏目漱石文学的分析表达了几乎同样的想法。"这里，漱石在对于世界的'心理态度'中寻求写生文的本质。这种态度对包括自己在内的'人世'保持一定的距离，却不是冷酷的或者没有人情。《草枕》中曾使用过'非人情'这个词，就是说，存在一种既不'人情'（浪漫派）也不'没有人情'（自然主义派）的'非人情'。简单说，这就是幽默。"③ 而夏目漱石对于世界的"心理态度"是什么呢？即"写生文作家对于人世的态度并非贵人俯视低贱者的态度，也不是贤者对待愚昧者，男人对待女人，更不是女人对待男人

---

① 季剑青：《"早期现代中国"论述的谱系与可能性》，《文艺理论与批评》2019年第2期。

② ［捷］米兰·昆德拉：《向斯特拉文斯基即兴致意》，载《被背叛的遗嘱》，孟湄译，上海人民出版社1995年版，第54页。

③ ［日］柄谷行人：《日本现代文学的起源》，赵京华译，生活·读书·新知三联书店2003年版，第177页。

的态度。那是一种大人对待孩子,父母对待儿童的态度"①。很显然,无论是柄谷还是昆德拉都是主张要"跳出来",而不是"浸进去"。只有这样,才能恢复自我的复数性以及生活的丰富多彩。同昆德拉一样,柄谷行人称赞了斯特恩:"斯特恩依据'联想'心理学说所说的自我复数性,实质上是与'文'的复数性和类型的复数性相关联的。漱石所谓的'写生文'正是建立在这一认识之上。"②进而,柄谷行人批评了"小说"(即鲁迅所谓"十九世纪小说"):"值得注意的是,在现代小说得以确立的时期里,已经有人在写从根本上摧毁这个现代小说的作品了。而这就是被称作'小说'的东西。"③显而易见,柄谷行人同昆德拉一样,对"窄化"生活的书写以及可能带来的精神的"窄化"及其危险性给予了充分的警惕。有意味的是,鲁迅早在1925年就表达过同样的警惕:"较好的中国书和西洋书,每本前后总有一两张空白的副页,上下的天地头也很宽。而近来中国的排印的新书则大抵没有副页,天地头又都很短,想要写上一点意见或别的什么,也无地可容,翻开书来,满本是密密层层的黑字;加以油臭扑鼻,使人发生一种压迫和窘促之感,不特很少'读书之乐',且觉得仿佛人生已没有'余裕','不留余地'了。""在这样'不留余地'空气的围绕里,人们的精神大抵要被挤小的。""外国的平易地讲述学术文艺的书,往往夹杂些闲话或笑谈,使文章增添活气,读者感到格外的兴趣,不易于疲倦。但中国的有些译本,却将这些删去,单留下艰难的讲学语,使他复近于教科书。这正如折花者,除尽枝叶,单留花朵,折花固然是折花,然而花枝的活气却灭尽了。人们到了失去余裕心,或不自觉

---

① [日]柄谷行人:《日本现代文学的起源》,赵京华译,生活·读书·新知三联书店2003年版,第176页。
② [日]柄谷行人:《日本现代文学的起源》,赵京华译,生活·读书·新知三联书店2003年版,第189页。
③ [日]柄谷行人:《日本现代文学的起源》,赵京华译,生活·读书·新知三联书店2003年版,第189页。

地满抱了不留余地心时，这民族的将来恐怕就可虑。"①1936 年 8 月，时隔十多年之后，鲁迅在《"这也是生活"……》一文中再次表达了同样的意思："删夷枝叶的人，决定得不到花果。""第二天早晨在日光中一看，果然，熟识的墙壁，熟识的书堆……这些，在平时，我也时常看它们的，其实是算作一种休息。但我们一向轻视这等事，纵使也是生活中的一片，却排在喝茶搔痒之下，或者简直不算一回事。我们所注意的是特别的精华，毫不在枝叶。给名人作传的人，也大抵一味铺张其特点，李白怎样做诗，怎样耍颠，拿破仑怎样打仗，怎样不睡觉，却不说他们怎样不耍颠，要睡觉。其实，一生中专门耍颠或不睡觉，是一定活不下去的，人之有时能耍颠和不睡觉，就因为倒是有时不耍颠和也睡觉的缘故。然而人们以为这些平凡的都是生活的渣滓，一看也不看。"②

在《"这也是生活"……》中，鲁迅看似漫不经心地对"中心主题"的拆解，实质上是针对"两个口号论争"中"国防文学派"的"主题论"而言的，并且顺带嘲讽了"作文已经有了'最中心之主题'"的夏衍。③ 其时，"两个口号论争"正在如火如荼地进行着，19 世纪经典的小说书写模式也正在左翼作家中间声势浩大地展开着，然而，鲁迅却几乎在同一时期实践着 18 世纪甚至更为早期的"跳出来"的小说模式书写晚期《故事新编》。

质言之，书写晚期《故事新编》以及《"这也是生活"……》的鲁迅同季剑青所截取的《文艺与政治的歧途》中的鲁迅是有着某种错位与悖论的。而这一悖论尤其值得我们深思。

---

① 鲁迅：《华盖集·忽然想到（一至四）》，载《鲁迅全集》第 3 卷，第 15—16 页。
② 鲁迅：《且介亭杂文末编（附集）·"这也是生活"……》，载《鲁迅全集》第 6 卷，第 624 页。
③ 参见鲁迅：《且介亭杂文末编（附集）·"这也是生活"……》，载《鲁迅全集》第 6 卷，第 625 页，第 626 页注释 3；鲁迅：《且介亭杂文末编·答徐懋庸并关于抗日统一战线问题》，载《鲁迅全集》第 6 卷，第 561 页注释 10。

（二）鲁迅对文学及物与不及物的思考

从上述昆德拉所言的某个侧面进行观察，鲁迅在北京时期的经典小说创作实际上可以归入小说下半时的创作。其本身也是向果戈理、托尔斯泰、陀思妥耶夫斯基等昆德拉所谓的小说下半时创作者们致敬的作品。也正因为如此，我们似乎很少能在这个时期的鲁迅作品中看到他对生命之强力的书写，而大多数时候描写的则是"末人"的悲凉。从这些"悲凉"的描写当中，我们所可瞥见的则是一个因理想顿挫而苦闷彷徨的作者本身。因此，这一时期《呐喊》中所描写的，与其说是辛亥前后浙东地方状况的如实记录，毋宁说是鲁迅自身identity 的书写描摹更为贴切。

文学的及物与不及物①，始终是缠绕鲁迅的一个问题。从一开始进入文学这个领域的时候，鲁迅就是从文学的及物性这一角度切入的。那个时候在日本留学的周树人，对文学的认知一方面来自梁启超

---

① 关于文学的及物与不及物，我 2021 年 9 月 13 日写给尾崎文昭先生的信可略作参考："您信中提醒我警惕昆德拉的小说理论，也就是在讲小说的局限性的那一部分。其实，用昆德拉是一种方便的做法，真正影响我的其实是柄谷行人的理论。也即《日本现代文学的起源》这本书。但昆德拉的小说理论在某些方面其实同柄谷有着惊人的相似性。他们都一致地认为，经典小说的主题性或者说焦点叙事，将生活的丰富性给抹去了，世界也因此变得单调无趣。并且，世界变得单调无趣这件事情不仅仅表现在小说的叙事上，而是蔓延至 生活的各个方面，以及改变人的思维方式，使之单一化。因此，叙事作品，有必要借鉴经典小说以前的叙事作品的要素，就柄谷而言就是恢复被经典小说叙事所抹去的诸多'类型'。无论在柄谷或者昆德拉看来，'主题性'的经典小说叙事阉割了人与生活中本应该具有的鲜活的生命力，形成了一种呆板的单调乏味的生命之颓废状况。这在《日本现代文学的起源》第三章'所谓自白制度'里，以内村鉴三和志贺直哉为例的讨论尤为明显。进入基督教思想的志贺直哉明显感觉到野性的生命被阉割的痛苦。我在文本中所讲的'及物'与'不及物'正是在这个层面上的一个概念，尽管有与'事功'（木山老师所谓的'实力'）相重叠的一面，但，又不尽相同。因此，在这个层面上，老师最后所提到的木刻以及李贺、安德烈耶夫同鲁迅的关联应该要从鲜活的生命力方面来理解'及物性'问题，而非事功或者实力的问题。"

的"小说群治观",而另一方面,则是日本明治维新的事实触动了他。"……当我留心文学的时候,情形和现在很不同:在中国,小说不算文学,做小说的也决不能称为文学家,所以并没有人想在这一条道路上出世。我也并没有要将小说抬进'文苑'里的意思,不过想利用他的力量,来改良社会。"① 他说这番话大概是在 1933 年,那个时候,用鲁迅的话说,小说早已被抬进"艺术之宫",成为教授学者们引以为傲的事物。而其时鲁迅则全面转向了即便"文学概论"也不知为何物的"杂文"的写作了。其实,更早的时候,在 1925 年鲁迅与陈源论战的时候,鲁迅就已经觉察到了小说因"被"进入"艺术之宫"而不及物的现象了。"果然,连大学教授,也已经不解何以小说要描写下等社会的缘故了……""……我当时的意思,不过要传播被虐待者的苦痛的呼声和激发国人对于强权者的憎恶和愤怒而已,并不是从什么'艺术之宫'里伸出手来,拔了海外的奇花瑶草,来移植在华国的艺苑。"②

很显然,促使鲁迅放弃经典文学,而转向"杂文"写作的一个重要原因,如上所述,就是他发现文学进入了"艺术之宫"而变得不及物。而杂文则相反是及物性的,"他以为非这样写不可,他就这样写,因为他只知道这样的写起来,于大家有益"③。他又说,杂文不是什么新货色,古已有之。④

(三)《呐喊》作为经典文学的不及物性

但促使鲁迅这一转变的根本原因就仅仅是小说被学者教授们抬

---

① 鲁迅:《南腔北调集·我怎么做起小说来》,载《鲁迅全集》第 4 卷,第 525 页。
② 鲁迅:《坟·杂忆》,载《鲁迅全集》第 1 卷,第 236、237 页。
③ 鲁迅:《且介亭杂文二集·徐懋庸作〈打杂集〉序》,载《鲁迅全集》第 6 卷,第 300 页。
④ 鲁迅:《且介亭杂文·序言》,载《鲁迅全集》第 6 卷,第 3 页。

进了"艺术之宫"而变得不及物这样简单吗？小说乃至文学仅仅就是"被不及物"才使得鲁迅放弃经典文学写作的吗？或者，说得更赤裸一点，即鲁迅放弃经典写作有没有小说乃至文学自身不及物的原因呢？

其实是有的，原因有二：其一，鲁迅对文学所持有的态度其实并不是一成不变的，从留日时期，到1927年之后全面转向实用性的杂文写作，其间，他的文学观是屡次调整的。最开始，留日时期，他认为，文艺／文学是可以疗治人的精神的，所以立志要从事文艺。从《摩罗诗力说》到《文化偏至论》，从《域外小说集》的翻译到《新生》杂志的筹办及其流产，都可以看到他这样一种对文学的坚信力。然而，到了《新青年》时期，他的这种坚信力松动了，当初那种毅然决然的态度不见了，而之所以还能写些"小说模样的文章，以敷衍朋友们的嘱托"[1]，一方面是要"听将令"的缘故，一方面则是自己留日时期不能忘却的理想使然。"敷衍"一词是对他这一时期文学坚信力已然松动的形象写照。而到了1925年左右，就如上所述，他则刻意要写"文学概论"中所没有的杂文，显示了对旧有文学观念的改变。更有甚者，到了1927年，他则宣布，他更愿意听到的是炮火的声音，而不是文人的哼哼唧唧，"（我）倒愿意听听大炮的声音，仿佛觉得大炮的声音或者比文学的声音要好听得多似的"[2]。鲁迅这一系列对文学所做的减法，其实是他有意无意地触碰到了文学本身的不及物性所做的调整。

但更重要的原因，我以为是第二点，即其二，留日时期，鲁迅一方面因梁启超的"小说群治观"而追随文学，另一方面，则无可否认地受到了刘师培的奢华文学观的影响。因此，据许寿裳的回忆，鲁迅在回答老师章太炎"文学是什么"的提问时，才说"学说所以启人

---

① 鲁迅：《呐喊·自序》，载《鲁迅全集》第1卷，第441页。
② 鲁迅：《而已集·革命时代的文学》，载《鲁迅全集》第3卷，第442页。

思，文学所以增人感"，但，很显然章太炎驳斥了他。① 章太炎在当时所持的是文学复古（按：也可以说是文艺复兴，两种不同的翻译而已）的观念，在他看来，"文"最初是始于用的，因此原初之文皆是应用。"盖君臣朝廷尊卑贵贱之序，车舆衣服宫室饮食嫁娶丧祭之分，谓之文。八风从律，百度得数，谓之章。"② 故而他说："不可以感人为文辞，不感者为学说。"③ 在《文学总略》开篇章太炎对文学的定义是："文学者，以有文字著于竹帛，故谓之文；论其法式，故谓之文学。"④ 又进而说："今欲改文章为彣彰者，恶夫冲淡之辞，而好华叶之语，违书契记事之本矣。"⑤ 从这样一些论述中我们能看得出来，章太炎所主张的文学其实是一种及物性的"文"，即质朴之"文"，是原初的文字与所表达的事物处于无二、无蔽的那个最初的书写状态。如果化用海德格尔的话说，其实就是"去蔽"，让事物自行"打开"的一种原初的生命状态。在这样一种状态下，事物是鲜活的，充满着生命之强力，同时生命的一种残酷性也随之打开，呈现出一种"非人情"⑥的状态。这也就是尼采意义上的"酒神精神"。章太炎的"小学复古"毫无疑问是承传顾炎武而来。所谓刘师培的奢华文学观，指的是刘师培对六朝"诗赋欲丽""情灵摇荡"的文章观念的倡导与坚持。这在章太炎看来，则是对先秦及物性文章观念的背离，"知文辞始于表谱

① 《国粹学报祝辞》，《国粹学报》第 4 年第 1 号，1908 年。转引自 ［日］ 木山英雄：《"文学复古"与"文学革命"》，赵京华编译，《文学复古与文学革命——木山英雄中国现代文学思想论集》，北京大学出版社 2004 年版，第 223 页。

② 章太炎：《文学总略》，载《国故论衡疏证》，庞俊、郭诚勇疏证，中华书局 2008 年版，第 248 页。

③ 章太炎：《文学总略》，载《国故论衡疏证》，庞俊、郭诚勇疏证，中华书局 2008 年版，第 263 页。

④ 章太炎：《文学总略》，载《国故论衡疏证》，庞俊、郭诚勇疏证，中华书局 2008 年版，第 247 页。

⑤ 章太炎：《文学总略》，载《国故论衡疏证》，庞俊、郭诚勇疏证，中华书局 2008 年版，第 249 页。

⑥ ［日］柄谷行人：《日本现代文学的起源》，赵京华译，生活·读书·新知三联书店 2003 年版，第 177 页。

簿录，则修辞立诚其首也"①。以鲁迅留日时期的年纪以及阅历，他当时还不足以完全领会其师章太炎的意图，这一点从许寿裳回忆前述的师弟问答后鲁迅的反应即可了然。②章太炎这样一种对"文／文学"的不及物性的担忧，其实同昆德拉对下半时小说所引起的生活的"狭窄化"以及"不好玩"多少有些异曲同工之处。究其实质，都是对鲜活生命以及生命之强力的执著与追寻。1924年、1925年，在经过了《野草》的写作之后，鲁迅终于领会了章太炎以上的思路。这之后，他的写作则一直行走在强力之生命的行动与实践之上，直到其生命的终结。而《野草》则是这强力之生命复苏的开始。因此，从某种意义上说，《呐喊》是"颓废"的，而《野草》是"强力"的。《呐喊》的写作自始至终伴随着源自辛亥革命失败的顿挫以及苦于不能忘却的年轻时期的文学梦想，所谓"寂寞青春之喊叫"（木山英雄语）。而《野草》的写作则是建立在逐步甩掉这样一种戾气的基础之上的。并且借助于对厨川白村《苦闷的象征》的阅读与翻译，激荡于身外行将再起的国民革命风云，留日时期的"强力生命"之"死火"得以重燃。《野草》在甫一落笔之处，就显现出截然不同于《呐喊》的文风与修辞。在对辛亥题材的处理上，《呐喊》多写辛亥革命的失败之处，文辞之中有难以掩饰的失落之情，而《野草》则不然，在回忆辛亥旧事时，则显露出更多的光亮。《呐喊》与《野草》虽然在阅读上都给人一种压抑的感觉，但与《野草》中的"力"感不同的是，《呐喊》中始终充斥着无力感。这种"无力感"给阅读造成了一种旧中国的"颓废"的印象，而实际上，如前所述，与其说这种"颓废"的印象是当时中国的实录，而毋宁说它是鲁迅当时心相的写照更为确切。而这也

---

① 章太炎：《文学总略》，载《国故论衡疏证》，庞俊、郭诚勇疏证，中华书局2008年版，第270页。

② 许寿裳回忆说："……受到先生的反驳，鲁迅并不心服，过后对许说：先生诠释文学过于宽泛。"见《国粹学报祝辞》，《国粹学报》第4年第1号，1908年。转引自［日］木山英雄：《文学复古与文学革命——木山英雄中国现代文学思想论集》，赵京华编译，北京大学出版社2004年版，第223页。

正是经典小说或曰下半时小说的一个共性，即叙事者总是倾向于将自我置于"善"的一边而将"恶"乃至整个世界对象化，并且自始至终存在着一种廓清自我同对象化世界的关联而努力逃离对象化世界的焦虑。① 因此，《呐喊》中的"颓废"实质上是辛亥革命失败之后鲁迅自我形象的写照，而作品中的所谓现实描写在很大程度上其实是他这种"颓废"心相的自我投射罢了。因此，从这一层面来讲，《呐喊》属于不及物的写作。

（四）鲁迅对早期现代叙事作品以及传统"文章"的扬弃与继承

孙郁认为，鲁迅的文学或者文章之所以鲜活，是他一方面继承了中国传统文章的"内质之美"，将古典文章观念引入现代文学观念当中，同时，又因为他引进了西方"小说"的观念，在文章中加进了小说的因素，所以才能将中国传统文章从"正襟危坐"中拯救出来，从而形成了一种新的美学。孙郁将此称为鲁迅"非文章的'文章'"。② 这种说法很新鲜。在孙郁看来，鲁迅"在小说里融进了文章的观念，在文章中又含着小说的元素。所以，拥有的是小说家的文章，和文章家的小说。他自觉用文学代替文章，就比周作人从旧文章到新文章多了超感觉阈限的维度"③。

其实，这样一种看似新鲜的观点中，却还是有需要辨析的地方。

---

① 尾崎文昭先生说："如果只感觉到'空虚'与'黑暗'的实在，那么，为了把自己的意识从中剥离出来，哪怕是勉强为之，也要补充设定其对立物，不断进行没有尽头的否定的循环。"这一说法对我有所启发。见尾崎文昭 2013 年 3 月 27 日、28 日中国人民大学、北京大学的讲演稿《日本学者眼中的〈故事新编〉》。

② 孙郁：《非文章的"文章"——鲁迅与现代区文学观念的转型》，《中国现代文学研究丛刊》2017 年第 4 期。

③ 孙郁：《非文章的"文章"——鲁迅与现代区文学观念的转型》，《中国现代文学研究丛刊》2017 年第 4 期。

所可辨析者，则是，所谓"文章"也并非是一个统一体，而所谓"小说"也同样如此。经典小说（或曰下半时小说）与中国"正襟危坐"的文章其实都属于"颓废"不及物的一类。而西欧上半时小说与中国明清小说及戏曲多数则展现了鲜活的生命力，是属于及物性的那一种，鲁迅后来晚期的《故事新编》，实际上正是续接了这样一种写作传统。但，即便是明清小说也种类繁多，其中既有极鲜活的作品，亦有"不死不活"的"正襟危坐"之作。鲁迅在批评这些作品时极严苛，对有"道学气"的作品，则毫不客气地批评："桐城许奉恩之《里乘》十卷（似亦道光中作），亦记异事，貌如志怪者流，而盛陈祸福，专主劝惩，已不足以称小说。"①"（《野叟曝言》）意既夸诞，文复无味，殊不足以称艺文，但欲知当时所谓'理学家'之心理，则于中颇可考见。"② 他反而对那些饱受正统斥责然而元气淋漓的小说不吝赞叹之词，讲到《金瓶梅》时，鲁迅则力排俚俗的评价："至谓此书之作，专以写市井间淫夫荡妇，则与本文殊不符，缘西门庆故称世家，为搢绅，不惟交通权贵，即士类亦与周旋，著此一家，即骂尽诸色，盖非独描摹下流言行，加以笔伐而已。"③ 他并对该书给予了极高的评价："作者之于世情，盖诚极洞达，凡所形容，或条畅，或曲折，或刻露而尽相，或幽伏而含讥，或一时并写两面，使之相形，变幻之情，随在显见，同时说部，无以上之……"④ 他讲到《醒世恒言》中的妙处时，亦不乏赞颂之词："其述二人订婚及女母抱怨诸节，皆不务装点，而情态反如画。"⑤

① 鲁迅：《中国小说史略·第二十二篇清之拟晋唐小说及其支流》，载《鲁迅全集》第9卷，第224页。
② 鲁迅：《中国小说史略·第二十五篇清之以小说见才学者》，载《鲁迅全集》第9卷，第251页。
③ 鲁迅：《中国小说史略·第十九篇明之人情小说（上）》，载《鲁迅全集》第9卷，第187页。
④ 鲁迅：《中国小说史略·第十九篇明之人情小说（上）》，载《鲁迅全集》第9卷，第187页。
⑤ 鲁迅：《中国小说史略·第二十一篇明之拟宋市人小说及后来选本》，载《鲁迅全集》第9卷，第206页。

对于晚期《故事新编》中的"油滑"问题，王瑶是从明清以来的戏曲中的"二丑"艺术寻找根源，[①] 其实很准确地抓住了晚期《故事新编》同早期现代[②] 叙事中某种共通性的关联。相对于《呐喊》而言，晚期《故事新编》最突出的书写特点是，鲁迅放弃了《呐喊》(也许《阿Q正传》的一部分要除外) 普遍的"描写故事"的结构模式，而采用了"讲故事"叙述方式。具体表现在：其一，多用人物动作和言语带动故事叙述；其二，叙事的节奏明显加快；其三，风格一改《呐喊》的沉闷，而展现为一种澄明轻快的风格；其四，故事中时常有一种"哄笑"的艺术效果存在，幽默和笑声回到了小说的叙事中；其五，于是就造成一种鲁迅所谓的"油滑"的效果；其六，叙事作品中，作者不再将世界对象化处理，反倒是在作品中将"自我"对象处置，从而造成一种"哄笑"与反讽的效果；其七，叙事者的态度不再是对抗世界，而是采取一种同世界"和解"的方式；其八，有意识地将世俗生活（如乌鸦的炸酱面、烙大饼）带入故事之中，从而造成一种鲜活的生活世界的样貌，并同时从世俗生活的描写中令人瞥见生活的滑稽与生命的坚韧。总之，晚期《故事新编》给读者带来了欢笑，是一部昆德拉意义上的"好玩"的叙事作品。日本剧作家花田清辉称《故事新编》"是个非常优秀的独自（原创性）的先锋艺术"，"它呈现出前所未有的新颖性"。[③]

---

① 王瑶：《〈故事新编〉散论》，载《鲁迅作品论集》，人民文学出版社 1984 年版。

② 关于"早期现代"可以参看季剑青的《"早期现代中国"论述的谱系与可能性》。不过，欧美的"早期现代"论的代表学者，无论是利伯曼（Victor Lieberman）还是弗莱彻（Joseph Fletcher），都不约而同地将"早期现代"的起点定在 1500 年左右的欧洲大航海，依然是在"欧洲中心论"的框架之中。与此不同的是，日本学者冈田英弘则主张"早期现代"的起点应该为 13 世纪蒙古帝国的跨欧亚征服。冈田英弘虽然没有直接运用"早期现代"的概念，但认为世界现代史肇始于蒙古征服。见 [日] 冈田英弘：《世界史的诞生——蒙古帝国的文明意义》，陈心慧译，北京出版社 2016 年版。本书比较认同冈田英弘的观点。

③ 见日本学者尾崎文昭 2013 年 3 月 27 日、28 日在中国人民大学、北京大学的讲演稿《日本学者眼中的〈故事新编〉》。

至于晚期杂文写作的及物性，孙郁或钱理群都将鲁迅的杂文的鲜活性与独特性归结为"文学性"，或者说"小说性"，这虽然是一种可商榷的观点，看起来有某种合理性。但，中国的文章传统中除却"正襟危坐"的文章，先秦文章、魏晋文章、晚明文章中都有一种鲜活的传统，其生动性也并不亚于所谓的"文学性"或者"小说性"。所以要讲鲁迅杂文的鲜活性或者及物性，当首先从中国传统"文章"的源流中去搜寻踪迹。就我的个人阅读体验而言，鲁迅的杂文，尤其是晚期杂文，同顾炎武的《日知录》等文章的传统倒有某种精神上的契合。

章太炎曾说："自然本种的文辞，方为优美。可惜小学日衰，文辞也不成个样子。若是提倡小学，能够达到文学复古的时候，这种爱国保种的力量不由你不伟大的。"[①] 其实，无论是章太炎还是顾炎武，抑或是后来的鲁迅，在他们的骨子里面，都有一种强烈的"爱国保种"的思想存在，或者说从批评的角度言之，就是有严重的"中华文化中心"本位思想。这当然跟此三人所处的"亡国保种"的历史语境相关。因此，在他们那里，书写不可以作普通行为看待，书写之中是暗含着"极期之文"的思想的，所谓"著书，不忘兵革之事，其志不就，则推迹百王之制，以待后圣"[②]。而鲁迅说得更为直接："小品文就这样的走到了危机。但我所谓危机，也如医学上的所谓'极期'（Krisis）一般，是生死的分歧，能一直得到死亡，也能由此至于恢复。……生存的小品文，必须是匕首，是投枪，能和读者一同杀出一条生存的血路的东西……"[③] 如果说，鲁迅对中国传统"文章"有什么继承的话，则自顾炎武以降的这种"极期之文"的思想，是其继承的一个非常重要的方面。

然而，我在此更想讨论的则是另外一个问题。前引章太炎"小学

---

① 太炎：《演说录》，《民报》第 6 号，1906 年。
② 太炎：《说林·衡三老》，《民报》第 9 号，1906 年。
③ 鲁迅：《南腔北调集·小品文的危机》，载《鲁迅全集》第 4 卷，第 592—593 页。

保种"的话，除了"极期之文"的"爱国"思想，还包含着"文学复古"的思想。所谓"文学复古"，其实质，如前所述，就是要回到一种及物性的"文"，回到原初的文字与所指处于无二、无蔽的那个最初的书写状态。这才是"文章"最高的追求。为什么呢？因为在顾炎武或者章太炎他们看来，"文"非"文"，"文"其实质是一种生活的实践与行动，事关一个社会是质朴还是奢靡，事关一种文明是粗粝还是柔弱，是清新朗健还是浑浊萎靡，而最终则跟这个文明能否"保种"直接关联。这才是"文学复古"最为核心的思想，同时也是"文章"写作的根本命脉之所在，任谁要是妨碍了这个宗旨，就要推倒它，重来。1925年，鲁迅写《华盖集·题记》时内心其实就怀着这样一种"文之极期"的思路，令他不屑的是学者教授们已经将文学抬进了"艺术之宫"，而他则深不以为然，说"倒不如不进去"，"还是站在沙漠上，看看飞沙走石"①来得痛快。这个时候，鲁迅所要寻找的是"粗暴的灵魂"②。既然，小说或者《文学概论》之所谓文学已经被抬进了"艺术之宫"，那么，"以为非这样写不可，他就这样写"③的杂文，自然也就成为"极期"之"文"了。

在鲁迅看来，杂文，没有华伟的思想，没有绚丽的外表，事无巨细，杂错笔端而已。这种思路，跟他在《汉文学史纲要》中所引的萧绎在《金楼子》中对魏晋六朝的"笔"的描述倒有几分相似。"笔，退则非谓成篇，进则不云取义，神其巧惠，笔端而已。"④鲁迅中晚期的这种杂文写作思路，往上直承章太炎及物性的"文学"思想，所谓

---

① 鲁迅：《华盖集·题记》，载《鲁迅全集》第3卷，第4页。
② "是的，青年的魂灵屹立在我眼前，他们已经粗暴了，或者将要粗暴了，然而我爱这些流血和隐痛的魂灵，因为他使我觉得是在人间，是在人间活着。"见鲁迅：《野草·一觉》，载《鲁迅全集》第2卷，第229页。
③ 鲁迅：《且介亭杂文二集·徐懋庸〈打杂集〉序》，载《鲁迅全集》第6卷，第300页。
④ （梁）萧绎：《金楼子·卷四立言篇（下）》，转引自鲁迅：《汉文学史纲要·第一篇自文字至文章》，载《鲁迅全集》第9卷，第356页。

"华叶之语，违书契记事之本"①，而其真正的源头则在顾炎武的"汉学"理路。

（五）"文章"的裂变与"汉学"在晚明的复归

"文章"作为一个概念，其所指并不是一成不变的。三代及以前的"文"其实是政事、道德、文章三者合而为一的事物，"文"最初之意并非如后来的专指"书写"，而是日常的生活实践，用一个词表达就是"礼"。《论语·雍也》讲："君子博学于文，约之以礼，亦可以弗畔矣夫。"又曰："质胜于文则野，文胜质则史，文质彬彬，然后君子也。"等等，皆是例证。而且，在这个最初的"文"中，同样包含着"道"，即"文""道"是一体的。所谓"文"法天则地，天之"文"，即人之"文"，天之"道"，即人之"道"。

这种理想在刘勰的《文心雕龙》中表现得特别明显，开卷三篇"原道""征圣""宗经"，几乎篇篇都以回归"政事、道德、文章三者合而为一"的"文"为旨归。并且整部书其实都充满着这种"旨归"的焦虑感。其实，"文心雕龙"的时代正是"文"与"道"两分的时代，并且，此二者的张力变得越来越大。"文"不载"道"，"文"已经彻底成为个人之"文"正是刘勰所忧虑的。

从刘勰的时代到韩愈的时代，"文"已经完全失去了古之义。"文"所附丽的是"门阀"身份。"门阀"氛围愈浓烈，"文"之雕饰就愈考究愈烦琐，甚至到了"言之无物""无病呻吟"的状态，就当然不关"道"什么事了。韩愈所身处的时代正是这样一个"徒事雕琢""积重难返"的历史时刻。为了矫正时弊，韩愈及其文人集团发起了"古文运动"，虽名义上是要恢复春秋三代的"古文"，实则是要回到"文"

---

① 章太炎：《文学总略》，载《国故论衡疏证》，庞俊、郭诚勇疏证，中华书局 2008 年版，第 249 页。

与"道"一体的状态，所谓"文以载道"。六朝"文"饰最盛的时候，将"无韵"的书写剔除出"文"的范畴，所谓"有韵者为文，无韵者为笔"，前面讲过，"笔，退则非谓成篇，进则不云取义，神其巧惠，笔端而已"①。韩柳的"古文"虽说取法三代两汉，但实际上是直接继承了六朝的"笔"的传统。② 不过，文学史的讲法显然轻视了韩愈的历史功绩，造成一种韩愈只是改变了一种文风的历史观感。这实际上是受到后来"学案体"（尤其是《宋儒学案》）影响的后果，即认为韩愈是"以文观道"的典范，并不符合后来儒者的形象。其实，这样的理解背后恰恰含藏着中国历史中的"文"（文苑）与"道"（儒林）分途的悲哀与局限。陈寅恪对韩愈的理解则超越了这样一种局限。在陈看来，韩愈才真正是中国历史的"转捩"③式的人物。因此，韩愈既是宋代之"文"（古文与宋诗）的开启者，同样也是宋代之"学"（儒学）的开启者。

韩愈所开创的"古文运动"到晚唐已经中断。北宋之初，文风盛兴繁缛讲究的"西昆体"，科举考试也沿袭唐制，"科举考试并不鼓励古文之学；相反，它继续了唐代朝廷的文学、文献之学和文学写作的传统"④。但，北宋的社会结构已经和唐朝甚至是晚唐五代完全不同了。"门阀"制几乎消失殆尽，也即支撑这种繁缛文风的制度一起不复返了。取而代之的是社会之间的流动性（或者说通达性）更强的平民社会和市井社会的到来。而且活字印刷等技术的进展也使得

---

① （梁）萧绎：《金楼子·卷四立言篇（下）》，转引自鲁迅：《汉文学史纲要·第一篇自文字至文章》，载《鲁迅全集》第9卷，第356页。
② "至唐代，韩柳力倡古文，上法六经，下取秦汉，创造出一种以单行散句为主的新文体'古文'。与六朝的观念相比较，唐代的'古文'其实正对应于其时的'笔'……"语见王水照、慈波：《宋代：中国文章学的成立》，《复旦学报（社会科学版）》2009年第2期。
③ （唐）韩愈：《答李翱书》，载《韩昌黎文集校注》，马其昶校注，马茂元整理，上海古籍出版社1998年版，第332页。
④ ［美］包弼德：《斯文：唐宋思想的转型》，刘宁译，江苏人民出版社2001年版，第155页。

"文士"阶层的出现成为可能。欧阳修正是在这样一种背景下横空出世的。

"欧阳修是 11 世纪的一个核心人物，因为一方面他响应了范仲淹以激进的改制变革社会政治秩序的号召，一方面他坚持了这样一种观点，即将文化与道德作为个人创造的产物，通过这两方面他充分体现了这种张力。把欧阳修之后的两代人看作只是在这两者之间的作非此即彼的选择，这虽然有失简单，但并非误导。"[1]包弼德的这段话其实意味深长。欧阳修在某种意义上可以算作韩愈的一个真正意义上的承前转后的继承者。他不但续接了被中断的两百来年的"古文运动"历史，而且从里到表都同韩愈非常相似，他也是一个被"学案体"所以为的"以文观道"的典型代表，然而又是"学案"不得不提的人物。如果说韩愈是宋代之"文"与"学"的范式的草创者的话，则欧阳修是真正将此贯彻为实践而将之发扬光大的那一个"唯一之人"。

欧阳修所主持的 1057 年的科举考试，在某种程度上，改变了中国此后的文化走向。欧阳修整体方向是录取"务通经术，多作古文"（欧阳修：《条约举人怀挟文字札子〈嘉祐二年正月知贡举〉》）的人，将科举从重视"文学、文献之学和文学写作"的唐代传统引向了务实与博古通今的"古文"传统。并且，不止于此，欧阳修的科举考题的思想基础还包含着"治出于一"[2]的理念，即上古之所以强盛是因为"文"与"道"的合一，而后世的衰落则是因为此二者的分离（"治出于二"[3]）。然而，欧阳修之后的后学者却正是在这一点上出现了极大分歧，导致了宋学的不同面貌，而且在某种意义上规定了中国文化后面的道路。

---

① ［美］包弼德：《斯文：唐宋思想的转型》，刘宁译，江苏人民出版社 2001 年版，第 5 页。
② 《新唐书·志第一·礼乐一》，载（宋）欧阳修、宋祁撰，《新唐书》（第二册），中华书局 1975 年版，第 307 页。
③ 《新唐书·志第一·礼乐一》，载（宋）欧阳修、宋祁撰，《新唐书》（第二册），中华书局 1975 年版，第 307 页。

如果说 1057 年欧阳修的科举是"古文"对繁缛文风和"西昆体"的一次总决战而解决了"新旧"文风的斗争的话，那么，1057 年之后，则主要是"古文"内部的问题了。但分歧似乎更大。从原则上说，1057 年进士及第的考生都可以算作欧阳修的弟子。也因此，苏轼、苏辙、曾巩、程颢、张载皆出自欧阳修门下。即便是王安石也可以算作欧阳修的弟子。然而正是这样一些弟子，对"复古"的不同理解，造就了几个不同的"古文"面向，而形成了不同的政治与文化局面（见下表）。

鼓吹变革的宋代儒家①

	主张为旧理想注入新生机	主张有选择地改革	主张彻底改革
北宋知识分子	孙 复 司马光 苏 轼	范仲淹 1043—1044年较小规模的改革 欧阳修 散文文体和科举考试	王安石
南宋知识分子	杨 时	陈 亮 军事 陈傅良 国家机构 叶 适 国家机构 陆九渊 教育	朱 熹

在这些众多的分歧中，暂且不论北宋的政治与时局，最为显眼的却是"文"与"道"的分离。事实上，无论是苏轼还是王安石，其自身都统合了"文"与"道"的因素，可以说是继承了韩愈、欧阳修的传统。反倒是"二程"及其传人则几乎将"文"从"道"中驱逐了出去，从而造成了后世的儒林"不文"的传统。程颐所谓"文章害道"："古之学者一，今之学者三，异端不与焉。一曰文章之学，二曰训诂

---

① ［美］刘子健：《中国转向内在：两宋之际的文化内向》，赵冬梅译，江苏人民出版社 2002 年版，第 42 页。

之学，三曰儒者之学。欲趋道，舍儒者之学不可。""今之学者有三弊，一溺于文章，二牵于训诂，三惑于异端。"①而"学案"的写作及其流传似乎又加持了这一传统，从而造成了苏轼、王安石仅仅只是文人形象的印象，而让后人有意无意地忽视了他们的"道"的一面。

儒林与文苑之争，最初或起于宋学中的派别之争，后定格于元初。"后世公认的道统与文统，是在元初才形成的。在此之前，理学家与文章家各有自己的道统与文统，文章家不仅不承认理学家的文统，也不承认周、程、张、朱道统；理学家不承认文章家的道统，也不承认韩、柳、欧、苏的文统。"②其影响播于后世达千年之久。即便在今天，中国依然在这样一个两分的格局当中。1057 年科举改革造就了北宋思想的繁荣，但到南宋以后，科举则逐步走上了"程式化"的道路。③所谓的"程式化"是"古文"的程式化。原先在韩柳欧苏他们手中鲜活及物的古文到了成为场屋争相模仿的对象之后，就自然而然走向了"不死不活"的不及物性的道路上去了。理学在南宋的朱熹时代方走向成熟，南宋时期尚不足以影响古文写作，但到了元代中叶被定为"官学"以后，则逐渐出现了所谓"文""道"合一的趋势，即古文与理学的合二为一。从大格局上讲，不是古文在写作中体"道"，而是形成了理学成为古文写作的指导性原则，"在文章的现实需要上，他们追求'以性理之学，施于台阁之文'；在文章风貌上，则要塑造一种以理学为精神底蕴的文风"④。理学对古文的入侵，造成此后数百年古文写作对"文以气为主"传统的背离，使得文章失

---

① （宋）程颢、程颐：《二程遗书·卷十八》，潘富恩导读，上海古籍出版社 2000 年版，第 235 页。
② 查洪德：《理学背景下的元代文论与诗文》，河北大学博士学位论文，2004 年，第 20 页。
③ 参见祝尚书：《论宋代科举时文的程式化》，《厦门大学学报（哲学社会科学版）》2005 年第 5 期。
④ 查洪德：《理学背景下的元代文论与诗文》，河北大学博士学位论文，2004 年，第 23 页。

去了生气。元之后，终明一代，程朱理学更成为科考的"圣学"，文章写作程式化更为严重，形成了所谓"八股"之文。这个时候，中国的文章写作其实已经走到了末路，"正襟危坐"之气遍布。只有民间小说戏曲的写作才显示出生机勃勃、元气淋漓的景象。明中期自隆庆开关（1567 年）以后，实际上已经融入全球现代早期的长途商品贸易体系当中。至晚明，中国已极度依赖南美和日本的白银，经济（尤其是江南经济）上呈现出前所未有的繁荣。与此同时，"哥伦布大交换"的后果初显，玉米、马铃薯等粮食作物的传入，极大地促进了人口的增长，社会的世俗化进程以不可逆转的方式进行着。王阳明的"心学"之所以能在晚明大行其道，应该说同这一时势有着密不可分的关联。心学，尽管依旧在宋明理学的范畴内，但由于打破了"天理—人欲""道心—人心""理—气"的二元论思维模式，形成了以"良知"为中心的一元论，从而为后世的思想解放打开了方便的法门。以阳明左派的泰州学派及其后学李卓吾为先锋的晚明思想界的世俗化潮流，极大地冲击了当时士大夫的文章写作。公安、竟陵派的"性灵"小品文则显示了这种冲击的成效。而在世俗文学的写作方面，阳明左派对《三言二拍》等世情小说的创作也起到了不可小视的作用。但，尽管如此，以程朱理学为核心指导思想的古文写作依然占据主流地位。心学的冲击其实是有限的。更何况心学的核心思想其实依旧不出理学的藩篱，本质上还是一种唐宋以降的佛教"世俗化／中国化"的产物。总体来说，这一统治了中国思想界六百多年的宋明理学，在本质上是一种"内面化"（所谓"内圣"）的产物，到了明清易代之际，已经到了非要从其根底彻底清理不可的时候了。顾炎武、颜习斋、王夫之他们的出现也就正在这个历史"转捩"的时期。其中，以一己之力而转变一个时代文风的是顾炎武。其思路通俗一点讲，就是用"汉学／经学"来替换"宋学／理学"，实际上就是"复古以革新"，召唤先秦三代的清新健朗的及物性文风以及与之相伴随的强力之生命。顾炎武及其同时代人的思考直接面对的是明清易代、汉族沦于异族统治的"极期"时刻，因此，其思考就显得更为沉痛而决绝。且先不论清代学术的复杂性，从长历史时段来看，自韩愈至宋明理学一直至晚明，实为中国学术思想及文章史上一大历史时段。此一时段，可以称之为"中国第一次文艺复兴时代"，实际上是中国本土的学术文章受到印度佛教的刺激，而将佛学中国化的结果。其"生"为韩愈道学，其"住"为程朱理学，其"异"为阳明心学，其"灭"为阳明左派及其末流。晚明实则是声讨宋明理学时代的开始，至康梁变法、辛亥革命以及五四运动新文化运动，基本上都在这个反理学与反古文脉络的延长线当中。因而，自顾炎武开始，中国历史其实已经进入另外一个全然不同的长历史时段了，其间尽管有清代的反复，然而却一直持续下来，至晚清、五四则发展壮大，成浩然之势。清代其实已经完全不同于中国前面的所有朝代，在许多方面已经具备了现代国家的雏形——尽管在意识形态层面还惯性地使用着程朱理学的那一套理路，但其学已经完全没有新的发展了。倒是在底层的民间，"礼"作为日常行为守则，普及得更为深广，出现了所谓"礼教下沉"的现象。① 但在知识精英阶层，却形成了一种独立于官学的具有反抗意识的考据之学，并一直贯穿清代始终。我们往往会误以为，由于清代初期的文字狱，所以考据盛行。但实际上，考据自顾炎武以来，就并非简单地是"唯求其古"的一种技术操作，而是隐含了极深的"经世致用"的思想在其间。不仅如此，清代学术之中的"反满"思想也极尽曲折地暗含在考据的字里行间。对此章太炎曾说："'你的天良何在，你自己问心可以无愧的么？'只这几句宋儒理学的话，就可以任意杀人。世人总说雍正待人最酷虐，却不晓得是理学助成的。因此，那个东原先生痛哭流涕，做了一本小小册子，他的书上并没有明骂满洲，但看见他这本书没有不深恨满

---

① [日]伊东贵之：《从"气质变化论"到"礼教"——中国近世儒教社会"秩序"形成的观点》，周长山译，载[日]沟口雄三、小道毅主编：《中国的思维世界》，孙歌等译，江苏人民出版社 2006 年版，第 525—552 页。

洲。这一件事，恐怕诸君不甚明了。"①

（六）鲁迅对"汉学"传统的继承及其创造性转化

在《东洋的近世》一文中，宫崎市定说："如果说中世纪的训诂学是小乘式的儒学，那么，宋学就是大乘式的儒教。"②这句话很形象地抓住了汉学、宋学各自的特点与精髓。汉学重经验、重事功、重身体；宋学则相反，重超验、重冥想、重精神。如果用儒家传统的"内圣外王"来衡量的话，则宋学重"内圣"，汉学重"外王"。就鲁迅的个人气质而言，无疑更为接近"小乘式"的汉学。他曾在《娜拉走后怎样》里说："天下事尽有小作为比大作为更烦难的。譬如现在似的冬天，我们只有这一件棉袄，然而必须救助一个将要冻死的苦人，否则便须坐在菩提树下冥想普度一切人类的方法去。普度一切人类和救活一人，大小实在相去太远了，然而倘叫我挑选，我就立刻到菩提树下去坐着，因为免得脱下唯一的棉袄来冻杀自己。"③这句话无疑显露了他对"小乘佛学"的赞赏态度。他又有言，"割肉喂鹰，投身饲虎的是小乘，渺渺茫茫地说教的倒算是大乘"④，同样是对"小乘"的赞赏。1927年夏秋之际，他在《怎么写（夜记之一）》中表露了他更易于接受"小乘式"的，或曰"汉学式"的写作方式。他说，当他在厦门的夜晚，靠着石栏远眺，想写作而不得的时候，就有一股淡淡的哀愁袭来，思绪飘飘渺渺，仿若"世界的苦恼"，然而，被现实中的一只蚊子咬了一口，就什么哀愁、什么苦恼都跑到九霄云外了，余下的事情

---

① 太炎：《演说录》，《民报》第6号，1906年。《演说录》通常被称为《东京留学生欢迎会演说辞》。

② ［日］宫崎市定：《东洋的近世：中国的文艺复兴》，［日］砺波户编，张学锋、陆帅、张紫豪译，中信出版社2018年版，第107页。

③ 鲁迅：《坟·娜拉走后怎样》，载《鲁迅全集》第1卷，第168页。

④ 鲁迅：《三闲集·叶永蓁作〈小小十年〉小引》，载《鲁迅全集》第4卷，第150—151页。

就是跟蚊虫所咬的身体奋斗。"……不假思索地走进房里去，坐在一把唯一的半躺椅——躺不直的藤椅子——上，抚摩着蚊喙的伤，直到它由痛转痒，渐渐肿成一个小疙瘩。我也就从抚摩转成搔，掐，直到它由痒转痛，比较地能够打熬。此后的结果就更不高明了，往往是坐在电灯下吃柚子。"① 这是一件琐事，然而跟自己的身体直接相关，相比飘飘渺渺的世界苦恼，更为切己。于是他说，"虽然不过是蚊子的一叮，总是本身上的事来得切实。能不写自然更快活，倘非写不可，我想，也只能写一些这类小事情"② 。这一小段因琐事而引起的"怎么写"的话题，将他自己在《野草》之后的写作态度展现得活灵活现。

鲁迅晚期杂文，正是在"身体"或者"身体"的隐喻层面得以展现的，其核心词是"切己"。也即是一种经验性、日常性、琐碎性的"切己"写作。也正是在这个层面上，他的杂文同顾炎武"日知录"式的写作构成了某种共通性。

回过头再来看前引的《徐懋庸作〈打杂集〉序》，简直构成了一篇鲁迅转向"汉学式"文章写作的宣言，所谓"以为非这样写不可，他就这样写"，"言之有物"，"使所谓'为艺术而艺术'的作品，在相形之下，立刻显出死不活相"③ 。这些话，在中国文章变革的历史道路上都似曾相识，然而，又加进了新时代的内容。晚明身逢家国沦陷的顾炎武、颜习斋、黄宗羲和王夫之们痛感理学的空疏与不及物，于是倡导"经学"的回归，向实学里追寻"文"的及物性，以及生命的刚健清新。他们的家国沦陷的切肤之痛及其"文"的及物性以及行动性，虽然经过了有清一代王朝机构的强力压抑，但却始终如一股清流一般——尤其是在浙东——传承到了晚清的章太炎他们这一代人身上，又经太炎传递给了鲁迅。"别有一部分人，则专意搜集明末

---

① 鲁迅：《三闲集·怎么写（夜记之一）》，载《鲁迅全集》第4卷，第19页。
② 鲁迅：《三闲集·怎么写（夜记之一）》，载《鲁迅全集》第4卷，第19页。
③ 鲁迅：《且介亭杂文二集·徐懋庸作〈打杂集〉序》，载《鲁迅全集》第6卷，第300、302页。

遗民的著作，满人残暴的记录，钻在东京或其他的图书馆里，抄写出来，印了，输入中国，希望使忘却的旧恨复活，助革命成功。……可见那时对于光复的渴望之心，是怎样的旺盛。"① 这是鲁迅在《杂忆》中的一段话，足以证实他与晚明诸子的血脉联系。

文字之中的"痛感"是鲁迅区别于五四其他作家的一个标志性的存在。这种痛感不是泛泛地如郁达夫作品中的所谓"现代性"的痛感，全然不是，而是一种自晚明遗民遗传下来的家国沦于异族的切肤之痛，这种痛感除鲁迅文字中有之外，就是在太炎文字中存在。鲁迅文章之所以高于五四其他作家而能经久不息地打动我们的，就是这种文字的痛感，所谓"极期"之文，也就是他在《小品文的危机》里面所表达的内容。"小品文就这样的走到了危机。但我所谓危机，也如医学上的所谓'极期'（Krisis）一般，是生死的分歧，能一直得到死亡，也能由此至于恢复。"② 所谓"风沙扑面，狼虎成群的时候"③ 就是"极期"。鲁迅敏锐地感受到了家国的危亡时刻，因此他才说，"现在的中华民国也还是五代，是宋末，是明季"④。明季的"性灵小品"相对于受理学所浸染的古文，当然是活泼的，是新鲜的，但是缺乏痛感，不足以支撑"极期"时刻的"文"，而"匕首和投枪"⑤ 式的文字才是这一时刻所真正需要的。

"小品文的危机"一方面道出了他与周作人、林语堂之间的本质区别，另一方面，其实也指出了以顾炎武为首的晚明遗民的文章与思想同阳明左派及其末流为代表的晚明思想与文章之间的不同。虽是兄弟之间的对话，但，鲁迅在委婉劝告兄弟的时候，也将自个的精神自画像和盘托了出来。在鲁迅看来，即便是明季小品文也"并非全是吟

---

① 鲁迅：《坟·杂忆》，载《鲁迅全集》第 1 卷，第 234 页。
② 鲁迅：《南腔北调集·小品文的危机》，载《鲁迅全集》第 4 卷，第 592 页。
③ 鲁迅：《南腔北调集·小品文的危机》，载《鲁迅全集》第 4 卷，第 591 页。
④ 鲁迅：《华盖集·忽然想到（一至四）》，载《鲁迅全集》第 3 卷，第 17 页。
⑤ 鲁迅：《南腔北调集·小品文的危机》，载《鲁迅全集》第 4 卷，第 591 页。

风弄月，其中有不平，有讽刺，有攻击，有破坏"①。而在《读书忌》中，他则说得更为直白："……明人小品，有些篇的确是空灵的。枕边厕上，车里舟中，这真是一种极好的消遣品。然而先要读者的心里空空洞洞，混混茫茫。假如曾经看过《明季稗史》，《痛史》，或者明末遗民的著作，那结果可就不同了，这两者一定要打起仗来，非打杀其一不止。""明人小品，好的；语录体也不坏，但我看《明季稗史》之类和明末遗民的作品却实在还要好……"②

正因为有骨子里面的这种痛感，因此，才有一种强力之生命流淌在其文字之间。相对于五四那一批文人作家而言，或许也只有鲁迅的文字方才有一种"著书，不忘兵革之事"③的金戈之气。这大概也是鲁迅终其一生愿意将自我定位为"战士"的一个最根本的原因吧！流淌在鲁迅文字之间的强力之生命，应该最初萌芽于留日时期对晚明遗民文献的阅读，与此同时对西方"摩罗"诗人之强力的接受，则更进一步巩固了这一基因，而尼采的"强力意志"学说则恐怕在当时给予了青年鲁迅触电一般的感觉吧！这强力，便又在辛亥的烈火中得以淬炼，待到革命失败后，在顿挫之中，鲁迅将其掩藏了起来，如前所述，《呐喊》的文字中几乎很难瞥见这种强力之生命。而使之得以复活的是《野草》的写作。而其时，国民革命的烈火马上就要重燃，鲁迅正在一边同守卫"艺术之宫"的崛起于五四新文化运动的学者教授作战，一边呼唤"灵魂粗暴"的青年的出现。起先是使得自己的灵魂粗暴起来："……我的生命，至少是一部分的生命，已经耗费在写这些无聊的东西中，而我所获得的，乃是我自己的灵魂的荒凉和粗糙。但是我并不惧惮这些，也不想遮盖这些，而且实在有些爱他们了，因为这是我转辗而生活于风沙中的瘢痕。"④继而召唤的"灵魂粗暴"的青

① 鲁迅：《南腔北调集·小品文的危机》，载《鲁迅全集》第4卷，第592页。
② 鲁迅：《花边文学·读书忌》，载《鲁迅全集》第4卷，第618、619页。
③ 太炎：《说林·衡三老》，《民报》第9号，1906年。
④ 鲁迅：《华盖集·题记》，载《鲁迅全集》第3卷，第4—5页。

年："魂灵被风沙打击得粗暴，因为这是人的魂灵，我爱这样的魂灵；我愿意在无形无色的鲜血淋漓的粗暴上接吻。""青年的魂灵屹立在我眼前，他们已经粗暴了，或者将要粗暴了，然而我爱这些流血和隐痛的魂灵，因为他使我觉得是在人间，是在人间活着。"① 在鲁迅看来，"现在则已是大时代，动摇的时代，转换的时代"②，而且"中国现在是进向大时代的时代"③，因此，一定不能让青年摩挲"性灵小品"等"小摆设"，由粗暴而变得风雅，而相反，是要他们用"投枪"与"匕首"一样的"生存的小品文""和读者一同杀出一条生存的血路"。④

鲁迅与周作人的区别在文字的"痛感"与否，鲁迅与胡适的区别也同样是如此。只不过，鲁迅与前者的区分为，鲁迅在汉学的格局当中，而周作人在宋学的格局当中，但鲁迅与胡适都同在汉学或曰经学的格局当中。鲁迅继承顾炎武的传统而来，胡适也以乾嘉考据学的传人自居。二人在思维的日常性与琐碎性方面有许多共同之处。胡适的《文学改良刍议》基本上都是从琐碎的细节入手，是经验论方面的经典之作，而鲁迅到了晚期杂文的阶段，也基本上停留在日常性与琐碎性的经验层面。两个伟大人物的这些方面都令人情不自禁地联想到孔夫子的学问是拒绝讲心讲性的，其精髓就在日常的琐碎性当中，所谓"洒扫退让之间"。这种经验性与日常琐碎性的思想是极深的中国思维传统，后世为经学一脉所继承，其所强调的是事功的一面。顾炎武的复古主义，其实质就是要恢复这种被理学所遮蔽的经验性与日常性。在这一方面，鲁迅与胡适都有所继承。但从继承的结果来看，胡适更多的是继承了顾炎武考据方面的科学的"方法"，给人的印象是更像乾嘉考据学派的传人，这当然同时与他留学美国师从实用主义大师杜威有极大关系。同鲁迅相比，胡适对晚明以来经学思维模式的继

---

① 鲁迅：《野草·一觉》，载《鲁迅全集》第 2 卷，第 228—229 页。

② 鲁迅：《三闲集·"醉眼"中的朦胧》，载《鲁迅全集》第 4 卷，第 63 页。

③ 鲁迅：《而已集·〈尘影〉题辞》，载《鲁迅全集》第 3 卷，第 571 页。

④ 鲁迅：《南腔北调集·小品文的危机》，载《鲁迅全集》第 4 卷，第 592—593 页。

承中，所遗漏的却是支撑顾炎武他们转向这一思维模式最为核心的内容——家国天下沦陷的"痛感"。这一区别，则直接决定了二人文风的不同，鲁迅细碎而沉郁，胡适琐碎而平和。

除了以上的相似，鲁迅与胡适还有一个非常相似的地方，就是他们二人都同时关注中国正统文章之外的通俗文学，即我们所谓的古典小说（按照我们前面的议论，小说的"古典与否"其实还有待商榷）。这一共同点只要稍微查一下二人的通信，大概就能明了。在鲁迅、胡适二人极少的直接通信当中，讨论小说等通俗文学的内容在我印象中似乎占了半数以上。如前所述，鲁迅《野草》之后的写作，一方面是受到了来自顾炎武以降的"经学"传统的影响，而另一方面则从元明清以来的通俗文学小说戏曲中吸取了非常鲜活的成分。其晚期写作之所以有非凡的成就，大概跟这两点有莫大的关系。鲁迅、胡适二人之所以有如此的相同之处，在于此二人精神结构的内部，都存有一种"文艺复兴"的思想。鲁迅的"文艺复兴"思想是通过"文学复古"的方式继承而来的，这种"文学复古"的思想在留日时期埋下种子，在《呐喊》时期被压抑下去，而在《野草》之后则大放异彩。胡适的"文艺复兴"思想则直接受意大利文艺复兴思想的影响，[1] 同时又接受了梁启超"古学复兴"[2] 的一些影响，从而从学理的层面达到了与鲁迅体验层面的共同认知。二人都意识到，中国的文艺复兴，不仅要在经学的思维结构下彻底地反理学，而同时还要吸取早期现代的小说戏曲的因素。当然，胡适是在学理的层面着力构建通俗文学传统，而鲁迅则将

---

[1] 胡适留学日记 1917 年 6 月 19 日记载："车上读薛谢儿女士（Edith Sichel）之《再生时代》（*Renaissance*）。'再生时代'者，欧洲十五、十六两世纪之总称，旧译'文艺复兴时代'。"胡适：《日记（1915—1918）·卷十七归国记》，载《胡适全集》第 28 卷，安徽教育出版社 2003 年版，第 568 页。

[2] "要而言之，此二百余年间，总可命为古学复兴时代，特其兴也，斩而非顿耳，然固俨然若一有机体之发达，至今日而葱葱郁郁，有方春之气焉，吾与我思想界之前途，抱无穷希望也。"见梁启超：《论中国学术思想变迁之大势》（《饮冰室文集之七》，第 103 页），载《饮冰室合集》第 1 册，中华书局 1988 年版。

这些落实到了个人的写作实践之中。在这样一个层面上，二人确实有点"英雄所见略同"的味道。而周作人的趣味则始终停留在"士大夫"层面，而很少关注鲁迅、胡适二人在这个方面的旨趣之所在。鲁迅、周作人兄弟二人的文章之所以有分野，除了上述的"汉学""宋学"旨趣的不同，恐怕对待元明清以来的小说戏曲遗产的态度不同也是一个重要的因素。前述，孙郁模糊地意识到鲁迅与周作人"文章"的不同在于鲁迅的文章中有小说因素的侵入，但，从其论述中，可以看得出来，"小说"的所指是现代西方小说，而非中国现代早期的长篇叙事作品。这个问题我们前面已经有辩驳，兹不赘述。

综上所述，鲁迅晚期的文章写作——包括杂文与晚期《故事新编》，实质上是在综合继承了顾炎武以降的"经学"及物性的思维模式，同时融进了早期现代远距离长途商品贸易常态化之后的叙事作品——包括元明清时期的叙事作品与西欧早期现代的昆德拉意义上的"小说上半时"的作品——的优秀基因的基础上形成的一种世俗性、琐碎性、日常性、及物性的"极期"时刻的"痛感"写作。如果说鲁迅对中国传统"文章"有什么创造性转化的话，那么就在这里了。

四、昆德拉·鲁迅·非虚构写作

——鲁迅之"文"在当下的价值

截至 2015 年 9 月，由豆瓣网所举办的"豆瓣阅读征文大赛"连续进行了三届，颇为引人注目。不过，令我更为感兴趣的是这个征文大赛的栏目设置：小说组和非虚构组。这样的栏目设置或许并未引起评论界的足够重视，抑或大家只是看到了它对非虚构写作的某种促进作用，而忽略了其致命的文学史意义。从某个侧面来说，将非虚构写作与传统小说并举这样的一种栏目设置至少表明了过去以小说为主的文学一统天下的局面受到了前所未有的冲击，非虚构写作①分一杯羹的趋势越来越明显。2010年年初，作为传统文学阵地的《人民文学》杂志开设了"非虚构"栏目，显现了主流文学方对非虚构写作的接纳与吸收，著名的非虚构作家梁鸿②即因此而崛起，以一部《中国在梁庄》一炮走红。同年，野夫③的非虚构文集《江上的母亲》在台湾获得"台北2010国际书展非虚构类图书大奖"。四年后，蔡崇达的非虚构作品《皮囊》④同样获得了广泛的阅读与认可。到目前为止，可以说非虚构写作已然对传统文学格局构成了强烈的冲击。然而，有意味的是，中国当下评论界似乎对非虚构写作这一文坛现象准备略为不足。2014年第六届鲁迅文学奖评选的过程与结果就充分暴露了这样一个问题。由于体例问题，阿来的非虚构作品《瞻对》⑤先是被置于"报告文学组"评奖，后又以零票落选鲁迅文学奖。这件事情在中国文坛引起了不小的争议，争议点主要聚焦在"应该如何处置非虚构写作"以及"非虚构写作到底算不算文学"等几个关键问题上。

将非虚构作品《瞻对》置于"报告文学组"评奖，这件事情本身让我们看到了非虚构写作的某种尴尬，或者这种尴尬是传统文学的也未可知。因为，但凡尴尬一定出现在新事物到来之初，或者旧事物要退而未退之际，这时的尴尬会是一场喜剧，而事实上，《瞻对》在第六届鲁迅文学奖上的经历不就是一场喜剧吗？不过，尽管阿来收

---

① 其实非虚构写作也并非是近年才出现的新事物，早在20世纪末，张承志《心灵史》（花城出版社1991年版）的写作其实已具有非虚构的形态，而其后的张承志一系列的写作就再也未回到其初期的文学虚构范式中，而是往非虚构的更深的层次探寻了，《敬重与惜别》（中国友谊出版公司2009年版）等皆是范本。

② 梁鸿近年先后出版过《中国在梁庄》（江苏人民出版社2010年版）、《出梁庄记》（花城出版社2013年版）等非虚构作品。

③ 野夫在国内出版的散文集主要有：《尘世·挽歌》（新星出版社2010年版）、《乡关何处》（中信出版社2012年版）、《身边的江湖》（广东人民出版社2013年版）等。

④ 蔡崇达：《皮囊》，天津人民出版社2014年版。

⑤ 《瞻对》2013年8月在《人民文学》杂志刊登，并获得"2013年度人民文学非虚构类作品大奖"。阿来：《瞻对》，四川文艺出版社2014年版。

获了某种尴尬，但我以为更大的尴尬将属于传统所谓的"文学"这个物。因为从目前的状况来看，非虚构写作并非为要退而未退之物，而是典型的到来之初的新事物。在中国，非虚构写作所遭遇的这种尴尬境遇一百多年前"文学小说"也曾同样遭遇过。那个时候，"文学/小说"在面对中国强大的"文"的传统时所遭遇的尴尬，丝毫不比当下非虚构写作所遭遇的尴尬逊色。然而，众所周知，那场遭际其尴尬的苦果并非为"文学/小说"所最终吞咽，吞咽它的恰恰是其初强大的"文"。"文/文章"在后来20世纪中国的尴尬遭遇人所共知，我们耳熟能详的是某某文学家，又有谁听说过文章家呢？

我说这些无意于要说非虚构写作会在某个将来取"文学/小说"而代之，也无意于说从"文/文章"到"文学/小说"到非虚构写作构成一个从古典到现代到后现代的线性叙事模式的转换——而实际上本书后面的讲述会让我们看到非虚构写作同"文/文章"的某种内在的循环往复。在此，我所感兴趣的乃是"文/文章""文学/小说"和非虚构写作这三者中的精神构造问题，或者说得更明白一点，就是非虚构和虚构的问题。

那么，何为"虚构"？何为非"虚构"？"虚构"在文学中占据着怎样的位置？又在"现代"中占据着怎样的位置呢？

其实，同这几个问题相纠缠的还有另外一个关键问题，即"文学"与"现代"之间的相互关联到底是什么。若按照流俗的理解，文学自古就有，古代有古典文学，现代有现代文学，这样的话，"文学"这个物同"现代"这个词语就没有什么特殊的关联。[①] 但柄谷行人警示我们说，其实在这样的一种对文学流俗的理解中隐含着某种"颠

---

① 也有学者认为，"文学"同"现代"的关联在于历史叙述模式的转变："（我们从晚清开始）就告别了文苑传、艺文志等传统的文学历史的叙事体裁，转而以西方的理论、概念、方法、体系、框架、模式来梳理、评判和建构中国文学的历史。"贾振勇：《文学史的限度、挑战与理想——兼论作为学术增长点的"民国文学史"》，《文史哲》2015年第1期。

倒"①。之所有这种颠倒，是因为我们现在通常所说的"文学"乃是一个十足的现代性装置，或者说文学同现代属于某种同谋共生的关系。同我们古典时代所说的"文学"这个词不同的是，现代"文学"是一种具有某种特定透视点的装置，具有焦点叙事的意味，并且这种叙事范式带有结构力的特点，通常阅读者会透过叙事的表层去搜寻所谓叙事的深度与意义。坦白地说，以"小说"为主体的现代"文学"实质上是一种世俗化的产物，而所谓世俗化其实是废止了神圣与永恒维度的时间产物，在时间之中一切转瞬即逝，因此也就没有深度与意义。所谓具有透视点装置的焦点叙事实际上就是要在世俗的时间中去替补已经被废止的神圣与永恒的维度，从某种层面上说，这就是文学的本质功能，而同时这种功能也属于"现代"。然而困难的是，在"祛魅"的语境中，这样的替补在实质层面无法进行，于是"虚构"得以诞生。虚构正是以文学为媒介侵入现代，并成为现代的核心与本质。因此，到底是现代成就了文学，还是文学成就了现代，这是一个古老的"蛋生鸡鸡生蛋"的问题。我们现在唯一明了的就是文学同现代具有同谋的关系。关于这一点，米兰·昆德拉在其短评《小说及其生殖》②中有过精彩的论述，他说：

> 重读《百年孤独》的时候，一个奇怪的念头出现在我脑海

① 关于"颠倒"以及下面的"结构力"的观点请参阅《日本现代文学的起源》第一章和第六章。[日] 柄谷行人：《日本现代文学的起源》，赵京华译，生活·读书·新知三联书店 2003 年版。

② [捷] 米兰·昆德拉：《小说及其生殖》，载 [捷] 米兰·昆德拉：《相遇》，尉迟秀译，上海译文出版社 2010 年版，第 47—50 页。在读到此文之前，我的一个朋友对中国当代小说主人翁无子问题的论述引起了我的注意："从上述介绍中，我们似乎看到了一种近乎荒诞的现象，作家们在对于不合时宜的人物的命运进行描述时，总是把他置于一个在'种'上近于灭亡的状态中。在路遥、古华、贾平凹那里，这种灭绝的方式是以现实的方式进行的，正是这种力量的存在推动了现实的发展。"石天强：《断裂地带的精神流亡——路遥的文学实践及其文化意义》，北京大学出版社 2009 年版，第 71 页。

里：这些伟大的小说里的主人翁都没有小孩。世界上只有百分之一的人口没有小孩，可是这些伟大的小说人物至少有百分之五十以上，直到小说结束都没有繁殖下一代。拉伯雷《巨人传》的庞大固埃没有，巴奴日也没有后代。堂吉诃德也没有后代。《危险的关系》里的瓦尔蒙子爵没有，梅特伊侯爵夫人没有，贞洁的德·图尔韦院长夫人也没有。菲尔丁最著名的主人翁汤姆·琼斯也没有。少年维特也没有。司汤达所有的主人翁都没有小孩，巴尔扎克笔下的许多人物也是如此，陀思妥耶夫斯基的也是，刚刚过去的那个世纪，《追忆似水年华》的叙述者马塞尔也没有。当然，还有穆齐尔的所有伟大人物——乌尔里希、他的妹妹阿加特、瓦尔特和他的妻子克拉丽瑟和狄奥蒂玛；还有哈谢克的好兵帅克；还有卡夫卡笔下的主角们，唯一的例外是非常年轻的卡尔·罗斯曼，他让一个女佣怀了孩子，不过正是为了这件事，为了将这个孩子从他的生命中抹去，他逃到美国，才生出了《美国》这部小说。这贫瘠不育并非缘自小说家刻意所为，这是小说艺术的灵（或者说，是小说艺术的潜意识）厌恶生殖。

现代将人变成"唯一真正的主体"，变成一切的基础（套用海德格尔的说法）。而小说，是与现代一同诞生的。人作为个体立足于欧洲的舞台，有很大部分要归功于小说。在远离小说的日常生活里，我们对于父母在我们出生之前的样貌所知非常有限，我们只知道亲朋好友的片片段段，我们看着他们来，看着他们走。人才刚走，他们的位子就被别人占了——这些可以互相替代的人排起来是长长的一列。只有小说将个体隔离，阐明个体的生平、想法、感觉，将之变成无可替代：将之变成一切的中心。

堂吉诃德死了，小说完成了。只有在堂吉诃德没有孩子的情况下，这个完成才会确立得如此完美。如果有孩子，他的生命就会被延续、被模仿或被怀疑，被维护或被背叛。一个父亲的死亡会留下一扇敞开的门，这也正是我们从小就听到的——你的生命将在你的孩子身上继续，你的孩子就是不朽的你。可是如果我的故事在我自己的生命之外仍可继续，这就是说，我的生命并非独立的实体；这就是说，我的生命是未完成的；这就是说，生命里有些十分具体且世俗的东西，个体立足于其上，同意融入这些东西，同意被遗忘：家庭、子孙、氏族、国家。这就是说，个体作为"一切的基础"是一种幻象，一种赌注，是欧洲几个世纪的梦。

有了加西亚·马尔克斯的《百年孤独》，小说的艺术似乎走出了这场梦，注意力的中心不再是一个个体，而是一整列的个体。这些个体每一个都是独特的、无法模仿的，然而他们每一个却又只是一道阳光映在河面上稍纵即逝的粼粼波光；他们每一个都把未来对自己的遗忘带在身上，而且也都有此自觉；没有人从头到尾都留在小说的舞台上；这一整个氏族的母亲老乌苏娜死时一百二十岁，距离小说结束还有很长的时间；而且每一个人的名字都彼此相似，阿卡蒂奥·霍塞·布恩蒂亚、霍塞·阿卡蒂奥、小霍塞·阿卡蒂奥、奥雷连诺·布恩蒂亚、小奥雷连诺，为的就是要让那些可以区别他们的轮廓变得模糊不清，让读者把这些人物搞混。从一切迹象看来，欧洲个人主义的时代已经不再是他们的时代了。可是他们的时代是什么？是回溯到美洲印第安人的过去的时代吗？或是未来的时代，人类的个体混同在密麻如蚁的人群中？我的感觉是，这部小说带给小说艺术神化的殊荣，同时也是向小说的年代的一次告别。

在短短的一千多字中，昆德拉对文学／小说与现代以及二者同虚构的关系做了透彻的分析，同时提供了走出这一虚构的范本与方法——《百年孤独》及其写作方式。归结起来，昆德拉说了以下几点：

• 文学／小说与现代具有同构关系："而小说，是与现代一同诞生的。"并且现代可以说是"小说的年代"。

• 文学／小说之所以厌恶生殖，是因为要使主人公撇清同世俗的关联，从而使人"变成一切的中心""一切的基础"和"唯一真正的主体"。

• 然而，"个体作为'一切的基础'是一种幻象，一种赌注，是欧洲几个世纪的梦"。

• 《百年孤独》是一种"向小说的年代"告别的小说，它提供了某种走出这一幻象与梦境的写作模式：小说"注意力的中心不再是一个个体，而是一整列的个体"，记忆与遗忘的回归使得小说中的主人公不再同时间与世俗相互隔绝，同时也不再是"一切的中心"。

从文字中我们看到，昆德拉似乎在描述什么，似乎又不止于简单的描述，似乎在提供某种价值判断，又似乎在搜寻某种出路；他提供了某种"告别小说的年代"的方式，然而，又似乎对于告别小说年代之后的前景一片茫然。不过，我所感兴趣的是：为什么要告别"小说的年代"？其动因是什么？

从昆德拉对现代——"小说的年代"——的描述中，我们不难看出他的微词，他所使用的"幻象""赌注"等描述性词汇都不具备积极的意味。不过，有意味的是昆德拉在极其简短的文字中所给出的描述与议论有一种动人心魄的力量。甚至可以说，他三言两语就对"小说"下了一个定义，并同时对"现代"作出了某种本质性的规定。通过他的描述，我们知道，现代以及小说的核心功能就是要在"祛神"的时代将人构建成主体，并使之成为一切的中心与基石。这样的主体既在又不在世俗之中，既"祛神"同时又渴求成为神性之物，是一个综合的矛盾体、一个僭妄的替补。如前所述，这样一个僭妄的替补在实质层面无法进行，于是虚构便得以诞生。虚构的本质乃是世俗对神圣的模仿，是时间对永恒的僭越。而虚构所催生的小说从根本上来说其实就是一种类神性书写。

作为类神性书写的文学／小说其实同时也是反神性书写，或者说是一种反神性的类神性书写。这是一个悖论式描述，然而其中却隐含着文学／小说及其时代之危机的全部秘密。由于"现代"同文学／小说的同构关系，因此这种悖论式的描述也同样适用于对"现代"的评判。实际上，卡尔·洛维特在一整本的《世界历史与救赎历史》中始终都在处理这样一个问题。"在洛维特看来，……近代历史哲学就其想在现世历史中实现旧约的终极救赎历史而言，是基督教式的历史观；但就近代历史哲学把《圣经》中的末世期待和预定信仰转换成现世历史的未来式进步意识而言，它又是反基督教的。"①"洛维特提出的基本论点是：……近代历史哲学的思想架构取自基督教历史神学，但颠倒了历史神学的历史道义论，因而是一种反基督教的基督教世界观，因之，以超越此世为目的的历史神学滋育了以改造此世为目的的近代历史哲学。"②在现代，这样的一种反神性的类神性书写，或者说反基督教的基督教世界观，一方面试图"祛神"，另一方面又试图在世俗时间中实现神性的解决，其必然的后果就是虚无主义以及暴力的来临。小说要成就现代的"唯一真正的主体"和"一切的基础"就必须隔离一切具体而世俗的东西，从而使之"完成"，这样的状态是一种抗争的状态，是非和解的。这就是类神性书写所带来的后果，这也是文学存在的真实状况。在现世中不顾一切地剪除和隔离具体的世俗之物，从而成就"唯一真正的主体"，其最终目的，是要成就类弥赛亚的福祉，而这之中自然就隐含着虚无主义乃至暴力。尼采说虚无主义乃是"最高价值自行贬黜"③，对这句话完整的阐释应该是：最高价值的自行贬黜，并且人作为现代性主体僭越了最高价值。换言之，引起虚无主义的关键是"僭越"，而不是"缺席"。只有这样，我们才能够理解卡尔·洛维特对尼采的解读："尼采自始至终不遗余力地攻

---

① 刘小枫：《世界历史与救赎历史·中译本导言》，载〔德〕卡尔·洛维特：《世界历史与救赎历史》，李秋零、田薇译，汉语基督教文化研究所1997年版，第XXV页。
② 刘小枫：《世界历史与救赎历史·中译本导言》，载〔德〕卡尔·洛维特：《世界历史与救赎历史》，李秋零、田薇译，汉语基督教文化研究所1997年版，第XXiii页。
③ 〔德〕尼采：《权力意志——重估一切价值的尝试》，张念东、凌素心译，商务印书馆1991年版，第280页。

击的不是教义式的基督教，而是其世俗变形：现代市民社会和道德的'潜在'基督教。尼采思考得最多的不是'上帝死了'，而是'上帝死了'的阴影般苟延残喘，是古老的基督教展现在现代世界的骗局。"①很显然，作为类神性书写的文学／小说也正是尼采所要攻击的基督教的"世俗变形"之一。我想，昆德拉关于"小说年代"的微词也应该同此相关。并且以此为契机，昆德拉提出了走出小说或者现代的解决方案，那就是《百年孤独》式的写作方案：一种告别小说年代的小说，一种丛林式的写作。

然而，我要说的是，《百年孤独》也许是这样一种解决方案中最为经典的写作案例，但一定不是最早出现的。至少在我知道的作家当中，20世纪20年代的鲁迅就曾经做过这样的尝试。

到1926年、1927年为止，鲁迅在其文学世界中不断在做减法运动，从酷爱和坚信到动摇和怀疑到彻底否定，他一步步撤离和退出文学阵地。对于这样的一个结局，即便是鲁迅自身恐怕也是始料不及的吧！早年对其师章太炎质朴文学观的拒绝接受②，而转身拥抱现代"文学"观，遂以长篇大论的方式、滔滔不绝的言辞③坚定其对"主观内面之精神"与现代"文学"观念的信仰。然而，这一切在辛亥革命之后，在那个著名的蛰伏期，在《狂人日记》的写作中开始渐次崩毁。尽管《狂人日记》是鲁迅现代"文学"创作之始，然而其中却记录了他对曾经执著过的"文学"这个物的怀疑与动摇，其表征就是那

① ［德］卡尔·洛维特：《尼采的敌基督登山训众》，吴增定译，载洛维特、沃格林等著：《墙上的书写——尼采与基督教》，田立年、吴增定等译，华夏出版社2004年版，第13页。
② "鲁迅听讲，极少发言，只有一次，因为章先生问及文学的定义如何，鲁迅答道：'文学和学说不同，学说所以启人思，文学所以增人感。'先生听了说：这样分法虽较胜于前人，然仍有不当。郭璞的《江赋》，木华的《海赋》，何尝能动人哀乐呢。鲁迅默然不服，退而和我说：先生诠释文学，范围过于宽泛。"许寿裳：《亡友鲁迅印象记·七从章先生学》，载《鲁迅回忆录·专著·上册》，鲁迅博物馆、鲁迅研究室、《鲁迅研究月刊》选编，北京出版社1999年版，第231页。
③ 指鲁迅留日时期的长篇文言论文《摩罗诗力说》《文化偏至论》《破恶声论》等。

个著名的"铁屋子的呐喊"以及狂人对"我也吃过人"的自觉。竹内好将此称为鲁迅的"回心"。①我想大概是在秋瑾等同人的热血中抑或是在包括自我在内的革命先驱者之呐喊既无反对亦无赞司的苦痛现实中，鲁迅伸手触摸到了世界的某种无可奈何的虚妄性，而对虚无的"极致"主义产生了怀疑与动摇，并以此为契机意识到了替补的不可能性，从而开始了从"僭越"到"悬置"的转变。②然而，这只是开始，这并不能说明鲁迅自《狂人日记》起就有一个彻底的转变。对此，木山英雄有着清醒的认识，他说："尽管如此作家终于介入了作品创作的行为，而在那里'寂寞'是一直存在着的。"③所谓"尽管如此"是木山针对竹内好的"回心"说而言的，竹内好的"回心"相当于我上文所说的鲁迅对虚妄性的感知，在竹内好看来，鲁迅在《狂人日记》中"回心"的那一刹那，就有一个决定性的转变，而木山英雄对此加以否定。在木山英雄看来，尽管在《狂人日记》及其之后的《呐喊》等其他小说中，鲁迅对虚无的"极致"主义产生了怀疑与动摇，并意识到了替补的不可能性，但仍然坚持用小说这一"主体形而上学"的范式进行创作，这个行为本身说明了鲁迅对青春之寂寞叫喊的不能遗忘。因之，从《呐喊》之作为小说的写作实践来看，大抵还在昆德拉所谓的"厌恶生殖"的那类经典小说的范畴□。狂人没有后代，孔乙己没有后代，夏瑜、阿Q等也都没有后代。"堂吉诃德死了，小说完成了。"鲁迅笔下的这些形象鲜明的个体——也许还要加上《彷徨》里的人物——在中国现代主体之创生的过程中画下了最初的挣扎痕迹。关于"呐喊"时期的这种苦痛挣扎，鲁迅后来在《野草》的写作中用了一个极为浓缩的意象表达出来，那就是"死火"。

① ［日］竹内好：《鲁迅》，李心峰译，浙江文艺出版社1986年版，第46页。
② 相关论述请参见本书第一章第二部分，也可参见刘春勇：《理解鲁迅的几个关键词》，《文艺报》2013年9月11日。
③ ［日］木山英雄：《〈野草〉主体构建的逻辑及其方法》，载《文学复古与文学革命——木山英雄中国现代文学思想论集》，赵京华编译，北京大学出版社2004年版，第22页。

不过，鲁迅最终还是扬弃了他青春时期所建立的对虚无之"至极主义"的信仰，而选择了向虚妄的荆途中踏去。在 1925 年的《希望》中，我们看到了鲁迅虚妄世界像的最终确立：所谓"'绝望之为虚妄，正如希望相同'，在最终定型的这句话中，既没有站在绝望一边，也没有站在希望一边，而是站到'虚妄'之上"①。虚妄世界像乃是对僭妄之替补可能性的剔除，是对世界最高价值退场之后所空余位置之留白的结果。"在一个平面上疾走而过"②后，鲁迅的虚妄世界像最终在1926 年的《写在〈坟〉后面》一文中得以定型，就是那个著名的表达"中间物"。如果没有虚妄世界像的建立，"中间物"概念的提出是难以想象的。如前所述，虚妄世界像是建基在对世界最高价值退场之后所空余位置的留白基础之上的，也正是在这个意义上，可以说，"中间物"意识也就是"留白"③意识。

"中间物"/"留白"意识的提出是在 20 世纪 20 年代的中后期，稍有文学史常识的人都知道这个时期正是中国现代"文学"浩浩汤汤向其成熟期行进而吹响号角的时候。然而，正是在这个时候鲁迅扬弃了他所开创的"文学"这个物，而转向了"文"的续接与回归。

其后，鲁迅的写作大体沿着三个理路展开：(1) 及时性——杂文；(2) 回忆性——《朝花夕拾》以及杂文集中诸多回忆的篇章；(3) 改写性——《故事新编》。这三个写作理路虽略有区别，但有一

---

① 汪卫东：《鲁迅杂文与 20 世纪中国的"文学性"》，载寿永明、王晓初主编：《反思与突破——在经典与现实中走向纵深的鲁迅研究》，安徽文艺出版社 2013 年版，第 329 页。在这个地方，汪卫东的文章和著作稍微有些出入，我注意到这句话及其相关论述在《现代转型之痛苦"肉身"：鲁迅思想与文学新论》里是没有的。

② ［日］木山英雄：《〈野草〉主体构建的逻辑及其方法》，载《文学复古与文学革命——木山英雄中国现代文学思想论集》，赵京华编译，北京大学出版社 2004 年版，第 22 页。

③ 参见本书第五章第二部分，也可参见刘春勇：《留白与虚妄：鲁迅杂文的发生》，《中国现代文学研究丛刊》2014 年第 1 期。

个共同之处，就是都消解了现代"文学"所特有某种特定透视点装置的焦点叙事，同时也都消解了现代"文学"所特有"虚构性"——至于《故事新编》的"改写性"具不具备现代"文学"的"虚构性"，这是一个复杂的问题，笔者将在另外的文章详细讨论——换言之，鲁迅后期这三个理路的写作都可以称为"非虚构写作"。而事实上，如果仔细考察的话，我们会惊讶地发现，鲁迅晚期这三个理路的非虚构写作也正是当下风头正劲的"非虚构"写作的三个写作路向：（1）及时性与纪录性：梁鸿的"梁庄"系列；（2）回忆性：野夫的《乡关何处》《江上的母亲》系列、蔡崇达的《皮囊》；（3）改写性：阿来的《瞻对》。从鲁迅的扬弃"文学"而从"文"到新世纪的非虚构写作，这之间间隔了近一个世纪，而这近一个世纪也正好是中国苦痛挣扎的"现代"和"文学"时代。我要说的就是，其实早在20世纪20年代末期，鲁迅就已经提供了一种现代的解决方案，然而我们忽略了。

本部分的最后，我不得不就《朝花夕拾》做一些必要的说明。

传统的《朝花夕拾》研究① 主要集中在作品集的创作语境及其在鲁迅文学中的意义和地位（王瑶②、钱理群③），作品集在鲁迅整体创

① 就目前的统计来看，《朝花夕拾》研究在整体的鲁迅研究中属于偏冷的领域。2013年8月，李林荣发表在《东岳论丛》2013年第8期上的文章《20世纪中国文学进程中的〈朝花夕拾〉》对此做了较为详细的说明："据张梦阳先生的归纳、统计，1927—2002年有关《朝花夕拾》的代表性研究文献，仅有36篇和1部专书，加上1928—2002年间关于鲁迅散文总体情况主要研究文献11篇，总数48。这也才只能与鲁迅各体裁作品研究中偏居边缘的诗歌研究1931—1997年间的主要研究文献，在数量上勉强持平，远不足与鲁迅小说研究和鲁迅杂文研究方面规模浩繁的文献累积数量的一个两位数零头相比。但即便在同等数量的研究文献中，鲁迅诗歌研究的专书也多达10余部，《朝花夕拾》的研究专书却仅1部。参阅张梦阳编：《中国鲁迅学通史》（索引卷），广东教育出版社2002年版，第668—679页。"
② 王瑶：《论鲁迅的〈朝花夕拾〉》，《北京大学学报（哲学社会科学版）》1984年第1期。
③ 钱理群：《文本阅读：从〈朝花夕拾〉到〈野草〉》，《江苏社会科学》2003年第4期。

作中的功效以及意义（李怡[①]），《朝花夕拾》的文体及其在 20 世纪文学史进程中的位置（李林荣[②]），以及《朝花夕拾》创作的心理机制与精神结构（张显凤[③]）等几个方面。但是从《朝花夕拾》对现代主体创生的角度，或者从鲁迅对"现代"的解决方案的角度进行论述的似乎还没有看到。从我的思路来讲，《朝花夕拾》在鲁迅的整体写作中具有昆德拉意义上的"告别小说的年代的小说"的位置，只不过昆德拉还依然将《百年孤独》看作一种小说——尽管它同此前的传统小说大不相同——而我宁愿将《朝花夕拾》看作鲁迅对其师章太炎质朴文学观——传统之"文"——的一种续接与回归。在现代"文学"史的传统中，我们通常会把《朝花夕拾》归类为散文作品，但其实，同《呐喊》一样，《朝花夕拾》在鲁迅的写作中承担着叙事的功能。然而，这二者所给予读者的阅读感受显然大不一样：前者紧张、沉闷、灰暗，具有一切非和解的性质；而后者则闲适、温暖、有韵味，具有一切和解的性质。决定这两种不同阅读感受的，与其说是这二者背后的小说或者散文文体的不同，而毋宁说是支撑这两种叙事模式背后的写作观念的根本差异。《呐喊》背后的写作观念显然有着很大成分的"主体形而上学"思想，《朝花夕拾》则实际上打破了这样一种"围绕主题"的焦点叙事模式。从《朝花夕拾》的阅读中我们不难发现，叙事中的主人公不再是一个个孤立的个体，而是前后相继的一个系列中的个体，并且前一篇叙事中的主人公在后一篇叙事中就变成了次要的存在，而且很快就会被如烟的叙事所淹没。《朝花夕拾》中的这样一种叙事模式其实就是昆德拉所说的《百年孤独》式的丛林叙事。在这种叙事模式中，人物不再与世俗和时间相隔绝，也不再是一切的中心

---

① 李怡：《〈朝花夕拾〉：鲁迅的"休息"与"沟通"》，《首都师范大学学报（社会科学版）》2009 年第 1 期。

② 李林荣：《20 世纪中国文学进程中的〈朝花夕拾〉》，《东岳论丛》2013 年第 8 期。

③ 张显凤：《母亲的缺席与隐秘的伤痛——再读〈朝花夕拾〉》，《鲁迅研究月刊》2013 年第 3 期。

和基础；每个人物都在时间中生活、成长、死亡，直至被遗忘；叙事的重心也不再是永恒独立的个体，而是回忆与遗忘。可以说，在以上这几点上，《朝花夕拾》同《百年孤独》有着惊人的相似。

昆德拉说，《百年孤独》是"告别小说的年代的小说"，我们也可以说，《朝花夕拾》是鲁迅非文学的"文"之写作。如果从效果来说，《百年孤独》让西方小说乃至西方现代走出了欧洲几个世纪的幻象与梦境，从而使得西方在几百年之后能够走出反神性的类神性书写之悖论及其虚无主义的后果的话，那么，同样我们也可以说，《朝花夕拾》使鲁迅走出了相同的困境。

然而，历史总是充满着吊诡，20世纪80年代的马尔克斯或许是幸运的，《百年孤独》的成功使得他有无以数计的追随者与效仿者，而半个世纪之前的鲁迅则带着《朝花夕拾》孤独地走过20世纪30年代。我们似乎更愿意记住1936年10月上海那场浓重葬礼上的万人簇拥，而在大多数时候忘却了那个孤冷的灵魂是如何在浩荡的文学时代中踽踽独行。

又有谁是他的隔世知音呢？非虚构书写者们，抑或是张承志？

第六章 "文"与《故事新编》的写作

一、长历史、后学与《故事新编》

近年来，在学术界当中，"长历史"或"长时段"几乎成为一个热门的议题，2015 年底，美籍华人历史学家孙隆基到北京做了几次讲座，主要内容就是他新出版的《新世界史》，一共计划出版 3 卷，到他来中国讲座时，第 1 卷已经出版了。这本《新世界史》（第 1 卷）"序言"开篇的第一句话就是："目前该是将历史性质的理解通盘翻转的时候了。"[①]就学界而言，在打破旧的历史观，建构新的全球史观的实践方面，史学界与经济学界是比较成功的，而文学界还比较滞后，因此，跨学科研究是有必要的。2016 年 4 月，由刘禾主编的《世界秩序与文明等级》由生活·读书·新知三联书店出版，副标题就叫"全球史研究的新路径"[②]，其思路同孙隆基的《新世界史》颇为相似，即未来我们如何从新的视野去观照我们过去的历史。从内容上看，这两部在大陆颇有影响力的史学新著有一个共同的特点，就是要彻底翻转我们之前对世界历史的认知，打破"欧洲中心论"的视角，从"长历史时段"来重新讲述全球史以及中国史。同月，钱理群老师在中国

---

① ［美］孙隆基：《新世界史》第 1 卷，中信出版社 2015 年版，"序言"第 II 页。
② ［美］刘禾主编：《世界秩序与文明等级》，生活·读书·新知三联书店 2016 年版，第 1 页。

传媒大学青年鲁迅沙龙上现场做了一个长篇发言，在发言中他坦言，他们这一代学者的知识结构是有缺陷的，他说，"我对鲁迅可能有些东西是进入不了，比如说佛学问题"。除此之外，他还认为，历史观念如果不更新，鲁迅学如果没有新的视野，不去重新去把我们前边的一些思维方式翻转的话，那么，未来的鲁迅研究也就没有什么希望。按照钱老师的意见，我们对鲁迅的历史认知同样需要做一个彻底的翻转，需要超越过去的"前现代—现代—后现代"这样一种线性认知模式和历史观念，从更"长时段"的历史视角进入，才有可能重新打开鲁迅给我们现有的文明进程提供的某种可能性。

以我们现有的历史坐标系，有些历史问题是难以理解的。譬如"现代"问题，我们所理解的"现代"就是"五四"，我们理所当然地觉得"五四"开启了中国的现代，所谓德先生、赛先生、个人和自由等问题都出现在这个时期。但当我们放眼世界的时候，会发现有些问题并非如此，譬如日本进入现代的方式就同中国不一样。中国进入"现代"是以一种反帝制、反君主制的这样的一种方式，即辛亥革命之后，两千年的帝制没有了，然后，我们才进入了现代，在我们的意识里，根深蒂固地认为帝制一定是古典的。然而，日本明治维新之后，它建立的恰恰是一个帝制，所谓"尊王攘夷"。这个同我们对"现代"的理解是不一样的，为什么不是去除帝制，而是要把天皇请出来，然后供奉起来，然后成为一个很高的存在。那么，在中国和日本的两种"现代"之间，到底中国的是一个变态的形式，还是日本是一个变态的形式呢？日本是常态吗？抑或是中国？

然后，我们再来看看欧洲。关于欧洲的问题，美国国宝级历史学家雅克·巴尔赞（Jacques Barzun），有时也翻译成雅克·巴尊，他在非常高龄的时候，写过很厚的上下两卷本的《从黎明到衰落》的通史著作，副标题叫作"西方文化生活五百年：1500年至今"，非常细致地讲述了西方从1500年大航海一直到"二战"之后的历史，就像一部西方"现代"大百科全书一样。此书阅后令人受益匪浅之处在于，听到别人讲"现代"一词的时候，你会下意识地问一句：阁下讲的是哪一个阶段的"现代"？雅克·巴尊把 1500 年到 2000 年这 500 年的历史划分为四个阶段①。第一个阶段是从 1500 年到 1660 年，他把这个点定在 1500 年，这其实应该是一个马克思的体系，就是哥伦布的航海、新大陆发现。这是非常传统的一个现代的起点。在这个阶段，雅克·巴尊详细讲述了宗教改革的问题，也就是解决信仰的问题，宗教的以及信仰的个人化的问题。第二个阶段是从 1661 年到 1789 年，这是现代的第二个阶段，他称君主制革命时期。这个阶段非常重要的一个现象，就是西欧开始形成了君主集中制，类似于中国的宋代以后的近世体系，也即马基雅维利"君主论"意义上的君主制国家，这一时期的终结就是 1789 年的法国大革命。第三个阶段是从 1790 年到 1920 年，这个时期是各国君主制倒台、现代民主共和制纷纷建立的时期，并且同时，由于工业革命的发生，世界进入飞速发展的时期。最后一个阶段是从 1920 年到 2000 年，他称为集体主义时期，以俄国革命为样板。在这四个阶段雅克·巴尊分别仔细讲述了四场革命：宗教改革、君主制革命、法国大革命、俄国十月革命。其历史的叙述中委婉地隐含了他的个人价值立场与价值判断。对比一下列奥·施特劳斯的"现代性的三次浪潮"就很有意思，列奥·施特劳斯是从政治哲学的维度讲述"现代是什么"，他分别剖析了三个历史人物：马基雅维利、卢梭和尼采②。这两位大家，一位从纯粹历史的角度讲述"现代"，一位从政治哲学的角度讲述"现代"，彼此有重叠的部分。然而分歧是明显的，雅克·巴尊盛赞卢梭对历史的贡献，他甚至认为卢梭开启了整个现代的方向。然而，列奥·施特劳斯对卢梭并不买账，在他看来，恰恰是马基雅维利才是那个值得盛赞的人，很显然，

---

① [美] 雅克·巴尔赞：《从黎明到衰落：西方文化生活五百年》，林华译，中信出版社 2018 版，序言第 xxi 页。

② [德] 列奥·施特劳斯：《现代性的三次浪潮》，载《苏格拉底问题与现代性》，刘小枫编，刘振等译，华夏出版社 2008 年版，第 44 页。

列奥·施特劳斯所持的是"古典主义"的政治观点，雅克·巴尊则相反。列奥·施特劳斯以"古典主义"政治哲学来拷问卢梭与尼采，他甚至在文本中径直讲，卢梭应该为法国大革命负责，尼采要为后来的纳粹负责。

在历史叙述中抛出自己鲜明的价值判断，当然是有担当的思想家的应有之义。我们再回过头来看看中国。回到我们刚开始提的那个问题上来，就是无论是日本还是欧洲，他们最开始进入"现代"的方式似乎都是"君主制"，跟我们中国传统所理解的"现代"完全相反，我们是要推翻帝制，但他们是要进入帝制。这里存在什么问题呢？要理清楚这个问题，我们现在有必要引入日本京都学派对中国史的一种讲法。日本的京都学派代表性人物有三个，其中最著名的就是提出了"唐宋变革观"的内藤虎次郎，也叫内藤湖南，还有一位叫桑原骘藏，他的视野更开阔，内藤湖南几乎是从文化史的角度来讲中国的历史，而桑原骘藏则从整个世界史的角度，而且几乎是从地缘政治和内亚史的角度来讲中国史的。他有一本非常著名的历史著作，叫《东洋史》。他们的弟子是宫崎市定，我们一般都认为他是内藤湖南的传人，但实际上，宫崎市定受桑原骘藏的影响更深。

宫崎市定讲《东洋的近世》，非常不一样。我们现在对于中国史的理解依然是在旧有的框架当中。有一次，一个学生在我讲课之后就上来问："老师，我们古代不都是封建吗？"我说："是吧！？""那唐朝的女人怎么穿得那么暴露，为什么会那么开放？"这个问题怎么回答呢？我们对于中国史的理解是一种固定化的理解，也就是我们用帝制、封建制这样的一些方式去理解，有些问题会非常棘手。但，如果你去参考京都学派的这种历史学的讲法，你会发现完全不一样。其实中国史学家当中有没有这样的人？有，譬如说陈寅恪，他的思路当中其实就暗含有"唐宋变革"的命题，他有一篇很著名的文章《论韩愈》讲的就是这个思路，而且把韩愈抬到了中国历史上的一个非常高的位置。① 我们现在的历史叙述中，其实已经把韩愈完全的矮化，或者是完全的文学化，所以我们一定要去追究文学的责任。文学到底给我们历史带来一些什么样的认知，其中有些认知其实是很"灾难性"的，甚至将我们的认知"天线宝宝"化。我们现在对我们历史上的很多东西都听不懂、拎不清，文学其实需要承担很多责任，我们中学的语文教育其实是以文学为主，很少有哲学或者是历史的教育进入其中，国文其实主要是以朱自清、冰心这样一些文学者的作品为主。这样的教育就使得我们将韩愈只看作是一个古文运动（文学）的领袖，一个散文家或者诗人，但韩愈在中国历史上的地位到底是什么？我们把它忽略了。

可是无论是在陈寅恪，抑或是在京都学派的历史叙述当中，韩愈的地位都非常高。从"唐宋变革观"这个角度来讲，韩愈其实是一个"转捩"式的人物，一个文化的"转捩"者。古文运动，实际上开启了后来的宋代的"文"，而韩愈的诗跟唐诗其实也不一样的，唐诗以意象为主，韩愈的诗则似乎打破了这个成规，"草色遥看近却无"，倒更像苏轼的"横看成岭侧成峰"。宋诗主要是"以文入诗"，所以从某个侧面来讲，韩愈不仅开启了宋代的文，他同时也开启了宋代的诗，而且宋代的"理学"也脱胎于韩愈的"道学"。所以宋代人对他的评价非常之高，所谓"文起八代之衰，而道济天下之溺"②。

宫崎市定讲中国史，有一个很大的视野，他把历史分成了上古、中古、近世和最近世。秦汉以前是上古史，春秋战国类似于希腊，是所谓轴心时代，有许多原创性的思想，秦汉帝国则类似于罗马，秦汉以后大帝国就分崩离析了，其原因就是五胡乱中原，跟匈奴、鲜卑等草原部族相关，西罗马的衰亡也同样如此。在宫崎市定看来，中国中

---

① 陈寅恪：《论韩愈》，载《金明馆丛稿初编》，生活·读书·新知三联书店 2009 年版，第 332 页。

② （宋）苏轼：《潮州韩文公庙碑》，载《苏东坡全集》，黄山书社 1997 年版，第 359 页。

古史是从魏晋一直到唐的，我们的正统历史喜欢把这一个时期叫作第一次民族大融合。在西方，几乎同时期，西罗马帝国衰亡之后，日耳曼人、哥特人、汪达尔人等北方野蛮部族纷纷进入拉丁地区，造成了一个大乱世。乱世当中崛起了一个帝国——神圣罗马帝国，宫崎市定将之与隋唐帝国对举。但是我们知道隋唐帝国要比神圣罗马帝国大得多。当然，这只是宫崎市定讲述历史的一种方法，不必太当真。

然后到了宋代，就是宫崎市定所谓东洋的近世，这是世界史学中一个非常重要的命题。京都学派中国史的精髓就在这一段历史的讲述当中。有一天，我翻阅《钱玄同日记》，里边有一句话对我启发很大，钱玄同说，他有一天去拜访胡适，然后胡适就跟他讲，中国在中唐以前，是以《孝经》为中心，但到了宋以后是以《大学》为中心。以《孝经》为中心，是讲血统论的，讲门第，这其中是没有"我"的，是一种命定论；以《大学》为中心则是讲个人的修养，讲"气质变化"，讲"格物、致知、诚意、正心、修身、齐家、治国、平天下"，这里是有"我"的。[1] 胡适的这个认识很卓越，很接近京都学派所讲的"唐宋变革"的核心问题。宫崎市定认为，宋学当中的最重要的东西是"气"。所谓"气质变化论"，即人无论贵贱，皆可以通过读书和修养来变化自己的气质，这为阶层之间的通达打开了一个路径。但是，在宋以前，中国人讲命定论、血统论，你是豪门出身就是豪门，你是寒门出身永远是寒门，寒门与豪门之间是没有通达的路径的。但到了宋以后，这样一种通达的路径开通了。这是社会转型的一个重要标志。

第四部分是"最近世"。相当于《从黎明到衰落》中所处理的1920年之后的问题。在雅克·巴尊看来，"一战"之后的历史才构成我们的"最近世"，宫崎市定对于中国史"最近世"的规定则是从辛

---

[1] 杨天石主编：《钱玄同日记（整理本）》（上），北京大学出版社2014年版，第317页。

亥革命开始。当然从某个层面讲，宫崎市定的这个中国史的"最近世"，其意义相当于世界史当中的法国大革命之后的问题。这里边有一个比附，如果从"唐宋变革论"的角度来讲，从宋朝开始中国就进入了近世，相当于世界史当中的早期现代或者"近代"的话，那么，宋以后到明清的政治结构为君主集中制，它相当于法国大革命之前的欧洲君主制时期，同时也相当于明治维新之后的天皇制时期。这是一个很有意思的话题。这从一个侧面解答了我们最开始提到的"帝制与现代的关系"的问题。从我们传统的史学坐标来看待这个问题，就很难理解，在我们的意识里面，我们对"君主集中制"这个词语是抵制的，有君主集中制就不可能有解放。但在雅克·巴尊或者宫崎市定看来，最早君主集中制成立的时期，它是一种社会生产力的进步。在君主集中制成立之前，所谓封建制中的君主，只是各个封建贵族领主当中的一员而已，并没有绝对的权威。这个情况有点类似于中国宋代以前的历史，譬如唐朝时唐文宗想把女儿嫁入崔氏家族，但被拒绝了。皇族虽尊贵，但在世俗的眼里，并比不上传统的世家大族。所谓王谢崔氏，几百年来都是大家族，而李氏皇室不过二百年的历史。崔氏家族当然有理由拒绝。面对这样的状况，就连贵为天子的唐文宗也发出了这样的感叹，"我家二百年天子，顾不及崔、卢"①。这就是所谓的封建制。在这样一个制度中，权利是在中层的封建领主手中，上层的君主和底层的民众都没有什么自由的权利。这种状况在欧洲如此，在东亚同样如此。农奴对封建领主是人身依附关系，不能自由流动。但到了君主集中制时期，譬如到了宋代以后，由于封建制或者说门阀制的崩毁，农奴的依附关系被解除了。他们就可以自由流动，这个时候就有佃农产生，即我可以租种，不租了也可以走，也可以租别的，这个时候相对而言就有人身自由了，小民有人身自由，这个时候才有解

---

① ［日］宫崎市定：《东洋的近世：中国的文艺复兴》，［日］砺波护编，张学锋、陆帅、张紫豪译，中信出版社 2018 年版，第 56 页。

放。解放的不光是民众，最上层的君主也获得了解放，因为约束他的中间阶层崩毁了，这个过程就叫"反封建"，其结果就形成了君主集中制的政治结构。宋以后一直到明清，其实就是这样一个君主集中制时期。

以上东西方两种历史的讲法令我们耳目一新，刷新了我们对历史的认知。但依然有令人不满意的地方。京都学派对中国史的讲法看似新颖，但其基本建构几乎是在对所谓欧洲现代比附的基础上完成的，因此，仍然给人一种"欧洲中心论"的印象。这当然也是日本思想界所谓"近代的超克"的宿命。而雅克·巴尊的论述更不用说了，以 1500 年为"现代"的起点，其实就是赤裸裸的"欧洲中心论"的思想。大航海固然重要，但 13 世纪中叶的蒙古征服世界难道不是对于世界现代格局更为重要？至少在对现代世界格局的影响上不亚于大航海。而此外，讲欧洲的现代，就单从欧洲内部讲述依然没有摆脱传统的"欧洲中心论"的史观。实际上，在现代史上，并非只有一个欧洲，除了那个不断走向现代和不断走向文明的欧洲本土，还有一个血腥殖民的欧洲历史，还有美洲、非洲以及亚洲的被殖民的历史，抛开这些而单一地谈论欧洲发达史是没有任何意义的。

美国加州历史学派提出了一种观点叫大分流，在某种层面上超越了上述"欧洲中心论"的传统历史观念。传统的历史叙述认为，从 1500 年前后的大航海以及地理大发现之后，西方就慢慢地盖过东方了。西方通过航海、海外殖民、原始积累以及工业革命等一系列过程对东方形成了一种压倒性的优势。但从大分流的观点来看，这样的一些历史论述是存在很大的问题的。在他们看来，15 世纪到 18 世纪之间世界经济的中心不是在欧洲而是在亚洲，以中国和印度为中心。欧洲真正压倒东方的节点不过是工业革命，也就是 18 世纪中后期到 19 世纪前叶，这是一个分界点，此后，欧洲突飞猛进，而东方则停滞不前，这就叫大分流，也就是在这个时期整个世界格局才突然发生了质的变化。① 代表历史学家有彭慕兰，其著作的名称就叫《大分流：欧洲、中国及现代世界经济的发展》，此外，弗兰克的《白银资本：重视经济全球化中的东方》影响非常大。《白银资本》主要讲述 1400 年到 1800 年经济全球化当中的白银问题。基于大量的数据分析，弗兰克认为 15—18 世纪世界经济的重心在以中国为中心的东亚，西方其实一直努力想融入这样的一个世界经济体系当中。换句话说，始于欧洲的大航海，其实是一直处于世界经济边缘的欧洲人拼命想挤进早已存在的以亚洲（尤其是中国和印度）为中心的世界经济贸易体系中的一种努力而已。而在此过程当中，欧洲最终得以反转，也只不过是全球历史大循环当中的一环而已，说得更明白一点，即"现代"只是全球史的"大循环"中的一环，而非终点和目的。②

其实早在 1904 年左右，英国地缘政治学家哈·麦金德（Halford John Mackinder）就曾经试图打破"欧洲中心论"的观点，其著名的《历史的地理枢纽》是一篇视野宏阔的演讲，是基于蒙古征服史梳理而成的一篇简明扼要然而意义非凡的欧亚内陆地缘政治讲稿。在哈·麦金德看来，欧亚大陆内部是整个世界文明的枢纽地带，即世界岛，而世界岛的核心地带是东欧，他说谁统治了东欧，谁就会统治世界③。哈·麦金德认为，旧大陆的"四至"分别是：北至北冰洋，西至大西洋，东至太平洋，南边的边缘则是撒哈拉沙漠。对于古典世界的人来说，撒哈拉沙漠就跟大西洋一样，不可逾越。世界历史就是在这四个边缘之间的地带展开的。而推动整个欧亚历史发展的，最为核心的力量则是来自欧亚内陆的草原部族，贯穿欧亚大陆有一条草原带，

---

① 彭慕兰认为欧洲的煤和熟练的机械制造者集中地之间地理距离较短，而这两者在中国存在着巨大的地理距离。参见 [美] 彭慕兰：《大分流：欧洲、中国及现代世界经济的发展》，史建云译，江苏人民出版社 2004 年版，第 62—63 页。

② [德] 贡德·弗兰克：《白银资本：重视经济全球化中的东方》，刘北成译，四川人民出版社 2018 年版，第 188 页。

③ [英] 哈·麦金德：《历史的地理枢纽》，林尔蔚、陈江译，商务印书馆 1985 年版，"引言"第 14 页。

内亚的草原部族依靠马匹的机动性，横穿于东起呼伦贝尔大草原，西至匈牙利大草原的广阔地带，从而对欧亚大陆两端的河流文明进行打击，当然同时也带动了贸易。因此，从某种程度上说，内亚的草原部族和边缘的河流文明才是世界历史的发动机。众所周知，西方的大航海以及地理大发现其实都跟蒙古的世界征服密切相关。因此，整个世界的"现代"历史并不是我们所理解的一个所谓单一的从大航海开始的欧洲历史，而是世界整体史当中的"一环"而已。欧洲不是欧洲人的，欧洲是亚洲的，欧洲是被亚洲人打击出来的。起先亚洲是不需要命名的，亚洲太过强大。只有不断被亚洲内部骑马部族打击的欧洲才需要命名，欧洲如果没有命名，没有一个共同体的话，它就会被亚洲骑马民族给毁灭，所以他们联结起来，然后抵抗骑马民族，这样才诞生了一个欧洲。从这个方面来讲，欧洲是抵抗的欧洲。欧洲首先被不断打击，然后被世界边缘化，这样才被迫产生了一个大航海的问题。向大西洋进军，向西发现新大陆，向南绕过好望角，然后欧洲人才发现一个浩大生动而且早就存在着的世界贸易体系，这个世界贸易体系以印度和中国为中心，这个时候，欧洲人才勉强挤进了这个早已存在的世界体系中。以上所描述的这幅图景才构成了整个世界历史的一个很生动的景象。①

哈·麦金德认为，谁占领了这个枢纽地带，谁就能统治世界，最早是蒙古帝国，随后，接替蒙古帝国而起的是俄国。在哈·麦金德看来，俄国就是蒙古帝国的现代化身。在世界岛的枢纽地带之外，他又分了几个所谓的半月形地带，即河流文明，包括西欧、东亚、印度次大陆等传统文明地区。哈·麦金德将这些称为"内新月形地带"。在内新月形地带之外，还有外新月形地带，即海洋文明地区，包括英伦

① 麦金德称："由哥伦布一代的伟大航海家们开始的变革，赋予基督教世界以最广大的除飞翔以外的活动能力。……主要的政治效果是把欧洲和亚洲的关系颠倒过来。"参见［英］哈·麦金德：《历史的地理枢纽》，林尔蔚、陈江译，商务印书馆1985年版，第64—65页。

段 · "非文学"论

三岛、南非、日本，甚至包括美国。

总之，哈·麦金德的《历史的地理枢纽》打破了以欧洲为中心的历史叙事模式，尽管是地缘政治方面的经典著作，但对我们思考"长历史"具有重要的意义。实际上，哈·麦金德的这一次演讲对后来"二战"中纳粹德国的战略决策具有重要的意义。

哈·麦金德演讲的现实出发点，其实是英国对日益兴起的俄国的担忧。最初俄国其实几乎只是一个内陆国家，虽然濒临北冰洋，但并不能够成为出海口。因此强大起来的俄国首要的任务就是寻找出海口，波罗的海、黑海、远东，甚至还想从阿富汗和英属印度殖民地的西部寻求印度洋的出海口。俄国的这些行动很显然触犯了英国的利益。而在另一方面，这个时期铁路开始普遍使用，也使得俄国的扩张成为可能。而哈·麦金德枢纽地带的理论的实质正是建立在铁路的普及及其机动性之上的。①

与哈·麦金德的大陆理论相对立的，还有一种英美主义理论，其实质是一种以"海洋"为中心的地缘政治理论。2015年11月，孙隆基在北京大学的演讲中对此作过较为详细的介绍。我们都熟悉一个得过诺贝尔文学奖的英国作家，叫吉卜龄（Rudyard Kipling），他写过《印度之行》，在他温文尔雅的叙述当中，其实很深地隐含了英国沙文主义的要素，他用非常优美的笔调去讲英属印度，有极深的大英情结。同哈·麦金德一样，吉卜龄同样对大陆俄国的崛起有一种担忧。于是他就提出了英国和美国要联合与团结起来对抗未来的世界，这就是所谓的英美主义。然后出现了一个人，这个人跟中国还有点关系，叫荷马李（Homer Lea），他还是孙中山的参谋。他出了《无知之勇》（1909年）和《撒克逊的日子》（1912年）两本书，阐明了他的英美主义的地缘政治的理论。与哈·麦金德以大陆为中心的"世界岛"的

---

① ［英］哈·麦金德：《历史的地理枢纽》，林尔蔚、陈江译，商务印书馆1985年版，第59页。

264

理论不同的是，荷马李认为，未来世界的中心在太平洋，谁占据了太平洋的统治权，谁就会统治世界。

以上讲了这么多"新历史"的著作和问题，其目的只有一个，就是打破我们固有的对历史的僵化认知，从跨学科的角度，来重新审视"现代"的发生，从"长历史"的视野来重新思考我们所谓的现代到底为何物，从而认识到，它不过是全球大历史循环中的一段而不是全部。

然后，我们进入《故事新编》的分析中。对《故事新编》的阐释当然有很多种方法，但此刻我想做的是以《故事新编》为切入点，以它为"方法"或者"媒介"，来思考"什么是现代"这样一个问题。

首先是如何定位《故事新编》的问题。我们一提到鲁迅，几乎首先想到的就是《呐喊》《彷徨》，并且认为《呐喊》是无法超越的经典，在品评经典的时候，几乎很少人提到《故事新编》。这是一种传统的评价体，今天我们应该重新思考它。《呐喊》其实是鲁迅在很挣扎时期的作品，那个时候鲁迅并不知道自己要干什么，思路很不清晰，所以当然也可能在那个时候有很含混的时机，有很好的东西，比如说《野草》，但是《野草》之前的《呐喊》，我个人的意见认为其实并不是一个很完美的作品，艺术成就没有我们想象的那么高。

如果我们说鲁迅可以跟世界上任何一个文学巨匠相媲美的话，那么，是不是拿《呐喊》《彷徨》中的这么几个短篇就能跟世界文学巨匠相媲美呢？我想其实连鲁迅活着的时候自己心里也并没有这个底气。李长之曾经对《呐喊》《彷徨》中的小说一一做过品评，讲到哪些小说好，哪些小说是成功之作，哪些小说是失败之作等。① 后来日

---

① 李长之认为在《呐喊》和《彷徨》中，《孔乙己》《风波》《故乡》《阿Q正传》《社戏》《祝福》《伤逝》《离婚》"有永久的价值"，即使"在任何国外的大作家群里，也可以毫无愧色"，因为它们"都是完整的艺术"。而《头发的故事》《一件小事》《端午节》《在酒楼上》《肥皂》《兄弟》"写得特别坏"，原则则或是"故事太简单"，或是"独白而落于单调"，而根本原因是鲁迅"不宜于写都市"。参见李长之：《鲁迅批判》，载《李长之文集》第2卷，河北教育出版社2006年版，第62—63页。

本的竹内好继承了他的这种判断，也毫不客气地讲《呐喊》《彷徨》中的哪一篇是失败之作、很不成功等，说得很直接。所以如果仅就《呐喊》《彷徨》的成就而言，鲁迅能不能达到契诃夫这么一个程度，是需要存疑的。就我个人的判断而言，鲁迅之所以为鲁迅，其实是在其后期的杂文写作与《故事新编》，这其中隐含了鲁迅非常独特的东西。

鲁迅研究当中最难处理的问题之一就是《故事新编》。目前大陆鲁迅研究中比较优秀的成果几乎都集中在鲁迅的北京时期、厦门与广州时期，而上海时期虽然也有比较不错的研究，但总体来说，数量要少得多。这其中就包括《故事新编》研究。研究《野草》的专著层出不穷，但研究《故事新编》的专著却寥寥。

竹内好的《鲁迅》在大陆受到了非同一般的重视，甚至到了只要是研究鲁迅的必称竹内好的地步，对于这一点，许多日本研究者都疑惑不解。尾崎文昭就认为竹内好在日本其实早已经过时了，并且，他还认为中国学者对竹内好的接受在很大程度上出现一些关键性的误读。竹内好的《鲁迅》对于《故事新编》是这么讲的，他说《故事新编》他看不懂，这同他在讲《呐喊》《彷徨》时断然的态度是非常不同的。他甚至觉得鲁迅没必要写《故事新编》，是画蛇添足。但是后来他又承认："如果动真格的来探讨这本小说集，将是件不得了的事。我的笔记或许不得不全部抹杀重来。"① 什么意思呢？即按照竹内好处理鲁迅的那种方式，他是处理不了《故事新编》的。后来我跟日本的代田智明老师达成一个共识，即为什么竹内好处理不了《故事新编》呢，那是因为他的思维方式限定在 modern 的范畴当中了，然后我们相视而笑，竹内好没有超出"现代"思维。王晓明《无法直面的人生——鲁迅传》一字也不提《故事新编》也是很奇怪的。其实他跟竹

---

① ［日］竹内好：《鲁迅》，载［日］竹内好：《近代的超克》，孙歌编，李冬木、赵京华、孙歌译，生活·读书·新知三联书店 2005 年版，第 174—175 页。

内好是一样的情况，在他的思维方式中没办法处理《故事新编》，他怎么讲《故事新编》？他把鲁迅讲得一团黑暗，似乎鲁迅就是个黑暗的虚无的存在。然而《故事新编》里面却有很多亮色，有很多积极的不那么虚无的成分，放不进去的，怎么办？干脆就不讲了。

日本有一个人对《故事新编》评价非常高，跟我前面讲的思路非常像，我第一次听尾崎文昭 2013 年在北京大学讲《故事新编》讲到他的观点时，非常感慨。我对日本鲁迅研究有一种非常的亲近，这是学界很多人知道的事情。现在有些人说我是中国鲁迅研究界当中的"哈日派"，其实，我真不是故意这样的，我觉得我读日本研究者的东西，有心领神会的东西出来。我后来做了分析，我跟赵京华老师两人聊天时，赵京华就讲，日本这些东西很早就进来了，比如说，木山英雄的研究 20 世纪 80 年代就进来了，那个时候由《鲁迅研究月刊》发表，但在中国没有人搭理。为什么呢？因为读不懂，中国人一头雾水，这些日本人在说啥呀？不懂，完全没有那个意识。那个时候，中国人完全停留在什么反封建、现代化以及启蒙思想当中，对现代性、后现代这些完全不懂。而日本那套研究的理路其实是有"现代性"理论以及后学思想作支撑的。我们"70 后"的这代人到 20 世纪 90 年代刚好在大学念书，而"后现代""后结构主义""后殖民"等后学理论正好在这个时候进入校园，我们就开始接触这些理论，然后到硕士、博士阶段其实就受到比较多的这方面训练，所以，自然而然就跟日本鲁迅研究很亲近。但在我们之前的"50 后"乃至再往前的世代，在他们那里，是有某种知识结构的断裂的，所以，在我们之前，也就是 20 世纪 80 年代，对日本的一部分研究是不太理会的。香港的黎活仁有一次就讲，以前写鲁迅研究文章引用率比较高的是谁呢？王富仁、钱理群，或者夏志清、李欧梵，但到了新世纪引用比较多的是竹内好、木山英雄、伊藤虎丸，他说他就看文章的脚注，这种转变很明显。以前我们对日本鲁迅研究不太理会，现在我们慢慢地知道了他们的价值。

尾崎文昭所讲的对《故事新编》评价非常高的日本剧作家是花田清辉，他同时又是一个评论家。他说："如果一国一部地列举 20 世纪各国的文学作品，与乔伊斯的《尤利西斯》相提并论，我在中国就选《故事新编》。"他接着说："《故事新编》是个非常优秀的独自（原创性）的先锋艺术。鲁迅通过它研究了用前近代的东西作为否定性的媒介，超越近代性的方法。""它（《故事新编》）呈现出前所未有的新颖性，在我们日本几乎尚无人意识到。"① 在尾崎文昭转述花田清辉的这些话时，我当时很震惊，钦佩于花田清辉的见识之高和眼神之独到。我后来读了一些关于花田清辉的研究，发现一个很有趣的现象。

20 世纪 80 年代，王瑶先生在讲《故事新编》的时候，有一个引人注目的观点，即他认为《故事新编》中的写作手法是来自中国古典的戏曲中的"二丑艺术"，例如插科打诨等。大家一听就知道，王瑶先生这是在讲《故事新编》中的"油滑"所谓"乌鸦的炸酱面"、古人说英语等。② 后来，王瑶的弟子陈平原说，《故事新编》所用的手法是布莱希特（Bertolt Brecht）的"间离效果"③，这就很有意思。布莱希特的"间离效果"理论其实是在"二战"之前出现的，但其运用主要还是在"二战"之后，一般可以将布莱希特的"间离效果"戏剧理论称为后学。如果是这样，有趣的事情就来了，王瑶、陈平原师徒二人，一个是从前-现代，一个是从后-现代，来解释同一个事物，那这两种阐释怎么就能连接在一起呢？这里所谓的后-现代同前-现代之间到底有怎样的一种联系呢？

我在阅读相关资料时发现，花田清辉竟然是一个坚定的布莱希特理论的拥护者，其话剧的组织方式，整个编剧的方式都是布莱希特式

---

① 以上引文均见日本学者尾崎文昭 2013 年 3 月 27 日、28 日在中国人民大学、北京大学的讲演稿《日本学者眼中的〈故事新编〉》。

② 王瑶：《〈故事新编〉散论》，载《鲁迅作品论集》，人民文学出版社 1984 年版。

③ 陈平原：《鲁迅的〈故事新编〉和布莱希特的"史诗戏剧"》，《鲁迅研究》1984 年第 2 辑。

的，他将"间离效果"运用得非常纯熟，然后，他再回过头用这一套理论来看待《故事新编》，其实一切都顺理成章。这不就是用后学的方式来理解《故事新编》吗？不是跟陈平原很像吗？

但是，不，花田清辉没有提这是后-现代，而是说这是以前-现代的东西作为媒介来克服现代。那么他为什么要说是前-现代？

这其实跟布莱希特的"间离效果"理论来源相关。同时，通过这种来源的梳理，我们也能找到前-现代与所谓后-现代之间的某种隐秘联系，从而为我们理解所谓的"现代"提供某种参考。布莱希特的"间离效果"理论实际上有很深的中国来源。就是中国戏曲、梅兰芳以及元杂剧，这其中自然就包含"二丑艺术"。布莱希特有一个老师叫德布林（Alfred Döblin），起先是一位表现主义者，其后脱离表现主义而成为有独特个性的"德布林主义"者。而标志着"德布林主义"成立的作品，就是他以中国乾隆时期的题材为内容的著名作品《王伦三跳》（*Drei Spruenge des Wang Lun*）。在这部作品中，德布林用18世纪的中国题材，讽喻威廉时代德国的现实，探讨了权力与精神、无为与有为等抽象而玄奥的命题。而且有意思的是，《王伦三跳》并非一部基于虚构题材的作品，而是在阅读大量历史事实与真实材料基础上的一种"非虚构"写作。德布林虽然没有来过中国，但这丝毫不妨碍他成为一个中国迷，他阅读了大量的中国史料与著作，对中国文化包括老子、墨子等都非常痴迷。布莱希特在他二十多岁的时候，遇到了德布林，读了《王伦三跳》之后，非常有感触，于是同他老师一样也痴迷于中国文化。我有一次开会遇到一位北大德文系的老师，她当时就讲布莱希特写过老子，而且是写"老子出关"[①]，我当时吓了一跳，布莱希特写"老子出关"，鲁迅不也写过吗？然后，我跟她说鲁迅也写过，她说她不知道，并且说要找来看看。而她讲的布莱希特写

---

① ［德］布莱希特：《老子西出关著道德经的传说》，载《中国对德国文学影响史述》，卫茂平译，上海外语教育出版社1996年版，第483页。

"老子出关"我也不知道。这就是中国学科的"隔"。

回过头再来看布莱希特的"间离效果"理论，我们就能大概把握一些关键性的问题了。布莱希特实际上就是使用了中国前-近代（姑且这么说吧）的一些方法，加以变通，然后形成了他的"间离效果"理论，这样说可能是有将复杂的问题简单化的危险，但大致方向应该是没有错的。然而，这种"间离效果"理论，在20世纪八九十年代之交传到中国的时候，就成为当时时髦的"后学"了。但它里面确实有一种前-现代的东西，这个很有意思。所以，通过花田清辉以及《故事新编》这个"媒介"，我们会发现在前-现代和后-现代之间其实是有某种循环的。

现在，我们回到《故事新编》本身。《故事新编》是怎么样一种叙述结构呢？我们仔细阅读就会发现，这里面存在着一种"说书人"的叙事结构。类似于所谓"且听下回分解""花开两朵各表一枝""各位看官"等这样的一些结构，尽管鲁迅没有直接这么写，但其叙事的精神结构跟这些是相通的。在我们的"现代"小说中，这些都属于多余的话。"现代"小说是每一句话都要跟主题相关联，没有闲话的余地。而"说书人"体小说，通常到了结尾还"有诗为证"，甚至在叙事过程中，说着说着就可能说出一段跟故事不相关的叙事人自己的话。这不就是布莱希特的"间离效果"吗？很像。所以，我把它叫作"说书人场叙事"。这种说书人场叙事跟"现代"小说叙事有很大的差别，譬如，一个说书人在说三国，所谓"天下大势，分久必合，合久必分"，这句话既是讲历史，同时又是在讲当下。这种叙事里面其实隐含了一种循环的历史观，有一种"超善恶"的态度。

什么叫超善恶？用柄谷行人的话说就是，像大人很怜爱地看小孩子的那种态度[1]，其中就有"不计较"的成分；或者用我自己

---

[1]　[日]柄谷行人：《日本现代文学的起源》，赵京华译，生活·读书·新知三联书店 2003 年版，第 176 页。

的话说就是，像上帝看人类的战争一样，或者像人看两堆蚂蚁在打架一样，蚂蚁打架，谁善谁恶？我们有的只是一种怜爱，这是一种超善恶的态度。我把这种"超善恶"的循环的历史观的叙事叫作"说书人场叙事"。"五四"以后从西方进来的叙事，一般都以"我"为中心，即便是采取第三人称叙事，其实也还是在这种结构当中，我把它叫作"知识人场叙事"。"知识人场叙事"其实质是一种善恶叙事，无论是叙事者还是读者一般都会选择认同"善"的一方，然后存善去恶，这里面有一个对象化的处理，一定要把"世界"对象化。

对象化就是把世界客体化，但是，"我"不能成为那样的一个客体。现代人一直存在这种焦虑，"我"一定要逃离，或者将其改变成"我"这样。这其实同样也是一种逃离，对现实的躲避。所以，显而易见，这种取消了"超善恶"叙事态度的现代叙事模式是一种典型的线性叙事，最后的结局一定是要存善去恶，不容许恶的东西存在，那么，世界的循环也就不存在了。也因此，取消了"超善恶"叙事态度的"知识人场"叙事就失去了"说书人场"叙事模式当中的张力维度，从而显得过于"认真"与"紧张"。借用昆德拉的话说，就是"不好玩"。鲁迅晚期的《故事新编》中，有各种"插科打诨"，或者借故事主人公来讲写作者自己的话。举个例子，《奔月》中写嫦娥吞了仙丹"奔月"后，后羿回家一看嫦娥不见了，就开始嘀咕："莫非看得我老起来了？但她上月还说：并不算老，若以老人自居，是思想的堕落。"[1] 这句话其实应该算是作者"跳脱"出来的自说自话。《奔月》这部作品本身就是鲁迅与许广平恋爱中的一个小插曲。1926 年 8 月，鲁迅到厦门，其实已经跟许广平热恋，但到了这一年的 10 月，鲁迅的弟子高长虹突然对他进行谩骂，然后，鲁迅就打听，为什么突然这样啊？最后得知高谩骂他的一个重要原

---

[1]　鲁迅：《故事新编·奔月》，载《鲁迅全集》第 2 卷，第 381 页。

因是因为一个女人，即许广平。"那流言，是直到去年十一月，从韦漱园的信里才知道的。他说，由沈钟社里听来，长虹的拼命攻击我是为了一个女性……我这才明白长虹原来在害'单相思病'，以及川流不息的到我这里来的原因，他并不是为《莽原》，却在等月亮。……那时就做了一篇小说，和他开了一些小玩笑……"①"做了一篇小说"就是《奔月》。鲁迅多疑，所以《奔月》写得很凄凉。那个时候鲁迅在恋爱，很害怕别人说他老，所以在文本中，他就把自己的话带进去了，但是他借后羿之口说出来，其实跟后羿没有任何关系。

这种叙事手法在晚期的《故事新编》中经常出现，它其实是一种叙事态度，跟之前的《呐喊》《彷徨》完全不一样。这中间有一个转变，就是鲁迅前期的那些毒气和鬼气，形成了他的《野草》以前的文本，很黑暗，看不到希望，然后鲁迅通过《野草》的写作，以及《写在〈坟〉后面》和《铸剑》摆脱这种黑暗。《写在〈坟〉后面》讲的就是埋葬自我，自己筑台，把年轻人举上去，然后筑完台留下的坑，埋葬自己，埋掉自己的毒气和鬼气。可以说《写在〈坟〉后面》是鲁迅前后期的"转捩"的一篇杂文，总结了北京时期，开启了上海时代。但，几乎写作于同一时期的《铸剑》，其"埋葬"的主题，其实很少能有人瞥见。故事的结尾的"三王冢"，就是埋葬，不仅埋葬敌人，同时也埋葬自我，"我"跟敌人都是黑暗的。所以，《铸剑》里有一段非常奇怪的话，"你的就是我的；他也就是我。我的魂灵上是有这么多的，人我所加的伤，我已经憎恶了我自己！"这个话非常难懂，但结合《写在〈坟〉后面》中的"我的确时时解剖别人，然而更多的是更无情面地解剖我自己"，就可以理解了，即要消灭黑暗，首先要灭掉"我"自己，也就是埋葬自我。

---

① 鲁迅：《两地书·一一二》，载《鲁迅全集》第 11 卷，第 280 页。

通过《写在〈坟〉后面》和《铸剑》第一、二节①中对"黑暗自我的埋葬",鲁迅在某种程度上,甩掉了前期的"鬼气和毒气","得到了某种净化",从而进入一种"新鲜"的文风当中。②这种变化或许可以从《铸剑》第三、四节中鲁迅对"看客"描写的转变中略窥一斑。"看客"是鲁迅作品中经常出现的形象,但在《呐喊》《彷徨》里面,"看客"是鲁迅所憎恶的,譬如《示众》,然而到了《故事新编》中描写"看客",鲁迅似乎已经没有以前那种厌恶的情绪,没有批判他们。那些"看客"好像都嘻嘻哈哈地,《铸剑》中最后讨论哪个是王的头颅时,就是这种效果,有一种喜剧感。又有点像古希腊戏剧当中的"歌队"的出场,有一种狂欢的意味。所以后来就有人用巴赫金的狂欢理论来阐释《故事新编》。但,如前所述,其实它就是一种"说书人场"叙事,《铸剑》第三、四节,《奔月》以及后五篇的《非攻》《理水》《采薇》《出关》《起死》,都是这一种风格。

《故事新编》的首篇《补天》(收在《呐喊》中时叫《不周山》),

---

① 关于《铸剑》第一、二节同第三、四节的创作时间,可以参考丸尾常喜先生的说法:"然而,在篇末所记的 1926 年 10 月这一时间里面,与其说反映了编辑《故事新编》时记忆的模糊,毋宁说在鲁迅的记忆里存在着某种对《铸剑》的构思起过重要作用的东西这种可能性更强。也就是说,鲁迅 10 月 14 日编完《华盖集续编》写《小引》与前所引述的八句'校讫记'、同月 30 日写收入 1925 年以前(包含留日时的文言论文)的 23 篇评论的《坟》的《题记》、翌月 1 日又作《写在〈坟〉后面》时的那种心灵大激动,又促使他创作了《铸剑》。这个短篇因作者去广州的决断与《奔月》的执笔(12 月)而一时中断,翌年在广州续写,完成于 4 月 3 日。我认为这样看更接近现实。"([日]丸尾常喜:《复仇与埋葬——关于鲁迅的〈铸剑〉》,秦弓译,《中国现代文学研究丛刊》1995 年第 3 期)按照丸尾常喜的说法,可能《铸剑》第三、四节完成于《奔月》之后,而木山英雄又认为:"比《铸剑》仅仅晚两个月创作的《奔月》,似乎令人觉得作者经过《铸剑》得到了某种净化,表现出了又一种新鲜的文风。"([日]木山英雄:《〈故事新编〉译后解说》,刘金才、刘生社译,《鲁迅研究动态》1988 年 11 期)因此,根据两位日本学者的阐释,我们可以简单地得出一个结论,即《铸剑》第一、二节同第三、四节的创作风格是略有不同的。

② [日]木山英雄:《〈故事新编〉译后解说》,刘金才、刘生社译,《鲁迅研究动态》1988 年 11 期。

写得非常宏伟，很"呐喊"，鲁迅说《故事新编》中的"油滑"就是从这一篇开始。但以我个人的判断，"油滑"必须要有一种叙述态度，也即只有在"说书人场"叙事当中才会出现"油滑"，允许"杂声"的出现，允许插科打诨。但《补天》实则是"知识人场"叙事，是一种悲剧叙事，没有嘻嘻哈哈。而《铸剑》的第四节出现了嘻嘻哈哈，一种带着赶跑自我的哄笑，这足以说明，在晚期《故事新编》写作中，鲁迅的精神已经达到了一种非常宽阔的境界了。

如前所述，昆德拉说小说是"厌恶生殖"，即一定要把主人公和世俗撇开，这样他作为一个主体才能"立"起来。所以，小说中一定要把吃喝拉撒这种世俗的东西全部抹掉，这些都是杂质。[1] 可是《故事新编》当中，鲁迅却故意写吃喝拉撒，《采薇》中故意用"烙大饼"的工夫来计算时间，"约摸有烙十张饼的时候""约有烙三百五十二张大饼的工夫"……[2]《奔月》里的"乌鸦的炸酱面"等等，这些其实都是鲁迅故意为之的，造成一种"油滑"的效果。《呐喊》中虽然也写"茴香豆"，但那是围绕着小说主题出现的事物，甚至是精心安排的。但用烙大饼来计算时间，似乎跟主题扯不上什么关系，属于拉拉杂杂的部分。其实就是世俗的、"杂"质的东西，鲁迅故意把这种世俗的东西拉进来，这正是晚期《故事新编》不同于《呐喊》的写作手法。这种区分，在某种层面上，正对应着昆德拉所谓欧洲小说"上半时／下半时"的划分：小说上半时，拉伯雷、塞万提斯们的文字中充满了活力，小说所"讲述"的生活生动而有趣；然而小说下半时，巴尔扎克、陀思妥耶夫斯基们的文字里所"描写"的生活过于"狭窄""认真"而失去了生趣，"不好玩"。在昆德拉看来，巴尔扎克式的小说将生活的丰富性"窄化"了，然而，拉伯雷及其时代的小说却是上帝发笑的结果。昆德拉自始至终认为，小说这种艺术是应该让人发笑

---

① ［捷］米兰·昆德拉：《小说及其生殖》，载《相遇》，上海译文出版社 2010 年版，第 48 页。

② 鲁迅：《故事新编·采薇》，载《鲁迅全集》第 2 卷，第 410、411 页。

的，在他看来，欧洲除了有康德、黑格尔、费尔巴哈这样一种知识传统，还有属于拉伯雷、斯特恩、卡夫卡的传统。昆德拉所要追问的是我们的"现代"是如何将那么多生活的丰富的可能性慢慢抹掉的，我们的生活为何变得如此的"狭窄"，如此不好玩，没有幽默与笑声，这是为什么？昆德拉说，拉伯雷最讨厌不快活的人。①

我们小时候读《朝花夕拾》很快活，可是读《呐喊》我们很不快活，"鲁迅"也不快活，但是，我们读《故事新编》时快活又回来了。《故事新编》把可能性的东西带回来了。昆德拉非常喜欢的一个英国作家叫斯特恩，他有一本著名的小说《项狄传》，一本18世纪的英国小说，叙述一个叫项狄的人在跟别人讲故事，讲他叔叔的故事，他讲一个事儿，讲到中间，突然又被另外一个事儿给吸引了，然后就讲另外一个事儿，于是他就不断地跑题，而故事就在不断跑题中完成，最后我们可能不记得其中的任何一个故事，我们哈哈大笑。英国小说史家把斯特恩这种叙事叫作小说的前阶段，拉伯雷的小说也可以叫小说的前阶段。巴尔扎克是最正宗的小说，然而，它把许多的可能性给抹掉了，一切围绕主题，把所有不围绕主题的东西全部"剪除"，这就形成了一种精神的紧张。这种"紧张"之中其实隐含着一种灾难性的东西。

如前所述，柄谷行人在《日本现代文学的起源》中也思考过类似的问题。为了一劳永逸地解决小说"窄化"生活的这种可能，柄谷思考了一个独特的词语：非人情。即，"存在着一种既不'人情'（浪漫派）也不'没有人情'（自然主义派）的'非人情'"②。其实，无论是"人情"还是"反人情（没有人情）"，实质上都是一种"现代"的产物，要超越"现代"，就必须寻求一种"非人情"。或许，只有在这

① ［捷］米兰·昆德拉：《耶路撒冷讲话：小说与欧洲》，载［捷］米兰·昆德拉：《小说的艺术》，孟湄译，生活·读书·新知三联书店1995年版，第153—154页。
② ［日］柄谷行人：《日本现代文学的起源》，赵京华译，生活·读书·新知三联书店2003年版，第177页。

种"既非……也不是……"的"非××"的观念下，某种可能性才能被重新打开，一种幽默与令人快活发笑的生活才会出现。这也就是昆德拉所讲的拉伯雷，或者柄谷行人所讲的"文类之死灭"之前的可能性。而这也正是鲁迅给我们提供的《故事新编》的丰富性。

《故事新编》不仅仅是一个叙事文本，它还是一个对"现代"的态度，一个非常有趣之物，打开了很多的可能性，并且还提供了打开"可能性"的钥匙。

二、鲁迅的"文脉"与《故事新编》的读法

（一）

鲁迅在《〈故事新编〉序言》中说，"仍旧拾取古代的传说之类，预备足成八则《故事新编》。……不足称为'文学概论'之所谓小说"[①]。对此，尾崎文昭是这样解释的："其意思应该理解为：这个小说不是已有的'文学概论'范畴里的小说，而是很新颖的，请读者不要以过去的概念来看。"基于此，尾崎认为《故事新编》既不是历史小说也不是讽刺小说："只能认为两个都不是。应该说，这种一定要归纳到历史小说或者讽刺小说的观点本身有问题。《故事新编》应该认为是超越近代文学范畴的新文体。"[②] 高远东也有类似的看法："像 20世纪 50 年代关于《故事新编》是'历史小说'还是'讽刺小说'的讨论，我以为就是囿于教科书成见的交锋，两派主张虽尖锐对立，但提问的出发点却都错了，学术上收获不多是难免的。记得唐弢先生把

[①] 鲁迅：《故事新编·序言》，载《鲁迅全集》第 2 卷，第 354 页。
[②] 引文均转引自日本学者尾崎文昭 2013 年 3 月 27 日、28 日中国人民大学、北京大学的讲演稿《日本学者眼中的〈故事新编〉》。

这比喻为在教科书的概念里'推磨','转来转去仍然没有跳出原来的圈子'。"① 对现有的关于《故事新编》的解读，高远东认为："……或用布莱希特的'间离效果'理论，或用巴赫金的'狂欢节'理论，或用'表现主义'，或借用后现代的'解构主义'，等等，来理解《故事新编》的特性。这样的读法，兼及《故事新编》的特殊性和其文学意义的普遍性，或对照、或联想，视野宽广，联系广泛，可以揭示《故事新编》的特质及贡献，也出现一些重要的成果（其中最优秀的著作，当属郑家建《〈故事新编〉的诗学》），我以为是不错的。""然而还是有遗憾。最大的遗憾，在于这种读法对鲁迅文学产生的'小宇宙'关注不够，对鲁迅之思想和艺术追求之'文脉'把握不足，在于对已有的文学成规还是太当回事。"进而，高远东提出了关于《故事新编》的"好的读法"："我以为不仅要把《故事新编》视为一部有独特形式和趣味的小说，把它和古今中外有关作家的相关作品对照来看，建立它与古今中外文学之'大宇宙'的联系，而且也应该进入作家创作的深处，把握作家思想和艺术之创造血脉的精微流动，建立与综合体现着作家思想和艺术追求的文学生产的'小宇宙'的联系。这样才能面面俱到，既'串联'，又'并联'，所建立的阅读坐标才是完整的科学的，其对小说之'杂文化'、'寓言性'等特质的揭示才可能是令人信服的。"但高远东也意识到，"这样好的读法，说来容易做来难"②。关于《故事新编》，高远东有几篇非常了不起的文字，对解读这部奇怪的小说集有着不可或缺的贡献③，于我有过很大的启发，同样，他上面所提出的在鲁迅的"思想和艺术之创造血脉的精微流动"之"文脉"中整体把握《故事新编》这一观点对我也有不小的启

---

① 高远东：《〈故事新编〉的读法》，《中国现代文学研究丛刊》2012 年第 12 期。

② 以上四处引文皆引自高远东：《〈故事新编〉的读法》，《中国现代文学研究丛刊》2012 年第 12 期。

③ 高远东：《歌吟中的复仇哲学——〈铸剑〉与〈哈哈爱兮歌〉的相互关系解读》，《鲁迅研究月刊》1992 年第 7 期，第 37—41 页。高远东：《论鲁迅与墨子的思想联系》，《中国现代文学研究丛刊》1999 年第 2 期，第 165—181 页。

发。以下正是想沿着这样的一个思路，做一点不自量力的尝试。

（二）

关于鲁迅的"文脉"，简单地讲就是：《狂人日记》之前的留日时期，鲁迅信奉着笛卡尔意义上的具有"主观内面之精神"的主体形而上学的虚无世界像，践行"纯文学"的观念。《狂人日记》之后，一直到《写在〈坟〉后面》，这"之间"，鲁迅此前树立起来的建基于主体形而上学基础上的"纯文学"观念渐次崩毁，竹内好所谓"我也吃过人"的罪的自觉获得的那一刹那，即"回心"，是这崩毁的开始。"虚无世界像乃是对世界终极的那个消失点的僭越的结果，而笛卡尔意义上的主体我思之人的绝对精神的自信亦是这一僭越的产儿，同时这也就是鲁迅留日时期所向往的'主观内面之精神'的人。但是，于日本建立起来的这一信仰在《狂人日记》诞生的前后开始崩毁。所谓'我也吃过人'的觉醒一方面是绝望的对象及于自身的表现，但同时亦是对绝对精神之自信或者对世界终极的那个'消失点'僭越之结果的反思之始，而虚妄就此闪现。"[1] 此后，鲁迅的虚无世界像逐渐退场，虚妄世界像[2] 慢慢在他的世界中清晰起来。这两种世界像以潮退潮起的方式缓慢更替的时期，也正是鲁迅经由从《呐喊》、"随感录"到《野草》《彷徨》再到《朝花夕拾》写作的时期。《写在〈坟〉后面》是成为这一替换的终点。"鲁迅虚妄的世界像最终在 1926 年《写在〈坟〉后面》一文中得以定型，就是那个著名的表达：中间物。如果没有虚妄世界像的建立，中间物概念的提出是难以想象的。"[3] 虚妄世

---

[1]　刘春勇：《非文学的文学家鲁迅及其转变——竹内好、木山英雄以及汪卫东关于鲁迅分期的论述及其问题》，《东岳论丛》2014 年第 9 期。

[2]　参见刘春勇：《鲁迅的世界像：虚妄》，《华夏文化论坛》第 10 辑。

[3]　刘春勇：《非文学的文学家鲁迅及其转变——竹内好、木山英雄以及汪卫东关于鲁迅分期的论述及其问题》，《东岳论丛》2014 年第 9 期。

界像的建立，伴随着鲁迅"杂文时代"的开启，即我之所谓"文章的时代"，不过，现在我更愿意说"杂文时代"是鲁迅"文"的写作的时代。"文"是中国的一个古老的概念，为鲁迅的老师章太炎所强调。章太炎认为："文学者，以有文字著于竹帛，故谓之文；论其法式，故谓之文学。"① 但如前文所述，留日时期的鲁迅对这个概念并不心服。说"不心服"或者有为圣者讳的嫌疑，我倒是更倾向于另外一种揣测，即以留日时期鲁迅的学历和经历，并不足以全然领会其师太炎先生的小学文辞保种② 的本意（所谓借文学的复古以造成的文学革命③），而到了 1926 年，鲁迅在经历总总之后，慢慢生发出一种"大回心"，即向当初其"不心服"的太炎先生的教诲回归，其"文脉"的走向渐次由"文学"而退回到"文"的理路上来。同竹内好著名的以《狂人日记》所定义的"回心"比较起来，1926 年以《写在〈坟〉后面》为中心所发生的这个"大回心"似乎更值得我们注意。所谓的"由'文学'而退回到'文'的理路上来"，这里的"退回"并没有"退步"或"倒退"的意思，而且非但没有这样一些意思，甚至还含有日本学者所谓的"用前近代的东西作为否定性媒介超越近代性的方法"④。

（三）

尾崎文昭说："按张梦阳先生的整理，争论集中在三个问题。其

---

① 章太炎：《文学总略》，载《国故论衡疏证》，庞俊、郭诚勇疏证，中华书局 2008 年版，第 247 页。
② 章太炎：《演说录》，《民报》第 6 号，1906 年。
③ 关于文学复古与文学革命之关联的话题，详见木山英雄的《"文学复古"与"文学革命"》（载《文学复古与文学革命——木山英雄中国现代文学思想论集》，赵京华编译，北京大学出版社 2004 年版）。
④ 花田清辉语，他虽然是在用这句话讲述《故事新编》，但在我看来，这句话同样适用于鲁迅后期的杂文。见日本学者尾崎文昭 2013 年 3 月 27 日、28 日中国人民大学、北京大学的讲演稿《日本学者眼中的〈故事新编〉》。

一，体裁性质以及'油滑'的评价，其二，创作方法，其三，现代
小说史上的地位和作用。"① 其中，我觉得最重要的问题是体裁定性
的问题，这是个根基性的问题，也是后面所有问题得以回答的基
础。这或许也是 20 世纪 50 年代关于《故事新编》的讨论主要集中
在第一个问题上的原因。"建国后的主要讨论在第一问题上进行，
就是到底它是历史小说还是讽刺小说。可是讨论没有达到大家能共
同承认的结论。"② 如前所论，无论把《故事新编》定性为历史小说
还是讽刺小说，都还是局限在"文学概论""教科书"的范畴内，从
一开始就已经背离了鲁迅所设想和践行的《故事新编》写作。但在
当时众多的争论中，伊凡的《故事新编》是"以故事形式写出来的
杂文"③ 的观点是值得我们注意的。随着时间的推移，关于这一问题
的讨论依然存在："1987 年出版的《中国现代文学三十年》延续了
这一认识，认为虽然《故事新编》在整体上'保持着小说的基本特
质'，但其中'穿插'的'喜剧人物'以及'大量现代语言，情节
和细节'，体现的是'杂文的功能和特色'，因此，这部小说集可以
说是'杂文化的小说'。"④"杂文化的小说"这一提法虽然较历史小
说或讽刺小说的定性有了一定的进步，但依然还是在"文学概论"
的范畴中。2011 年出版的陈方竞的研究著作《鲁迅与中国现代文学
批评》在讨论这个问题时则在《中国现代文学三十年》的基础上又
往前跨进了一步。"在鲁迅的全部小说中，《故事新编》与他的杂文
之间有更紧密的联系，这更是表现方式上的，在古代神话传说题材
中置入现实生活题材的'油滑'之笔，即'古今杂糅'，与杂文的

---

① 见日本学者尾崎文昭 2013 年 3 月 27 日、28 日中国人民大学、北京大学的讲演
　稿《日本学者眼中的〈故事新编〉》。

② 见日本学者尾崎文昭 2013 年 3 月 27 日、28 日中国人民大学、北京大学的讲演
　稿《日本学者眼中的〈故事新编〉》。

③ 伊凡:《鲁迅先生的〈故事新编〉》，《文艺报》1953 年第 14 号。

④ 陈方竞:《鲁迅杂文及其文体考辨》，载陈方竞:《鲁迅与中国现代文学批评》，北
　京大学出版社 2011 年版，第 447 页。

'拉扯牵连，若即若离'，特别是'挖祖坟'、'翻老账'等古今联系、比较的运用一样，都可以追溯到绍兴民众戏剧目连戏的启示。但在我看来，《故事新编》的这种艺术表现方式，更是在杂文对此的成熟运用基础上依照'小说方式'发展起来的，与鲁迅后期杂文有更直接的联系。"① 收入该书的一篇长文《鲁迅杂文及其文体考辨》虽然主要在讨论鲁迅的杂文，但在我看来，其中的一些主要观点同样适用于《故事新编》。"在他看来鲁迅后来的杂文观念同其 1925 年前后倾注全力翻译的厨川白村的'余裕'的文学观有很大的关联，并且在他另外一篇长文《鲁迅与中国现代文学批评》中，陈方竞对此做了详细的考证，梳理了从夏目漱石到厨川白村的'有余裕'的文学观对鲁迅的影响和启发，并阐述了'有余裕'的文学观在鲁迅杂文成立上所起的决定性作用。"② 他认为："这是有助于我们感受和认识鲁迅'杂文'的，同时亦可见鲁迅的'杂文'与'杂感'的差异：如前所述，后者更为敛抑、集中、紧张，有十分具体的针对……前者如《说胡须》、《看镜有感》、《春末闲谈》、《灯下漫笔》、《杂忆》……题目就可见，并没有具体的针对，……将一切'摆脱'，'给自己轻松一下'，而颇显'余裕'的写法……"③"'杂文'较之'杂感'更近于'魏晋文章'。"④ 陈方竞所论述的"杂文"的"没有具体的针对……将一切'摆脱'，'给自己轻松一下'，而颇显'余裕'的写法"其实正是《故事新编》"油滑"手法的精髓。总体来看，陈方竞虽然没有对《故事新编》的性质作出决定性的论断，但他对

---

① 陈方竞：《鲁迅杂文及其文体考辨》，载陈方竞：《鲁迅与中国现代文学批评》，北京大学出版社 2011 年版，第 457 页。

② 参见本书第五章第二节，也可参见刘春勇：《留白与虚妄：鲁迅杂文的发生》，《中国现代文学研究丛刊》2014 年第 1 期，第 170 页。

③ 陈方竞：《鲁迅杂文及其文体考辨》，载陈方竞：《鲁迅与中国现代文学批评》，北京大学出版社 2011 年版，第 415 页。

④ 陈方竞：《鲁迅杂文及其文体考辨》，载陈方竞：《鲁迅与中国现代文学批评》，北京大学出版社 2011 年版，第 415 页。

其表现方法的论述，关于"有余裕"的写作手法同杂文和《故事新编》写作之内在逻辑的关联所做的精彩论述，尽管有继承王瑶、刘柏青①、钱理群等前人的研究成果，但不得不说在某种程度上有更大的创见。2014 年 1 月，拙文《留白与虚妄：鲁迅杂文的发生》则是沿着陈方竞的思路继续的探索，与陈方竞不同的是，我把 20 世纪50 年代伊凡的问题重新拎了出来。"在我看来，后期的《故事新编》并非是传统意义上的小说，而是杂文，是以某种类小说形式写作的杂文。"② 在陈方竞的论述基础上，我将"有余裕"的创作手法概括为"留白"。"留白"不仅是鲁迅后期杂文（包括《故事新编》）的创作手法，它甚至是鲁迅的美学原则乃至生活伦理法则，其建立的基础是鲁迅"虚妄"世界像的确立。在此基础上，2014 年我在另外一篇文章中则干脆将杂文（这里面自然也包括《故事新编》）称为与现代装置性的"文学"相对的"文章"："它开启了属于鲁迅个人的一个辉煌的未来时代：杂文时代——而我更愿意用我个人的术语'文章时代'来替换'杂文时代'。过去，我们对'杂文'这样的概念始终摸不着头脑，以为一定是鲁迅的全新创造，然而，鲁迅其实讲得很明白，杂文，其实古已有之，即古代的文章写作。"③ 如前所述，所谓回到"文章"（即"文"）的写作并不是倒退，而是"鲁迅要写故事结束以后的事情，此事意味着从混沌中出现而向混沌里消失，此种叙述结构就是近代以前的小说形式，或者说，如要克服近代绝对的观念，也许需要在第三世界里反照到这样的世界"④。

---

① 较早论述鲁迅后期"有余裕"的创作方法的是刘柏青先生。参见其著作《鲁迅与日本文学》（吉林大学出版社 1985 年版）。

② 参见本书第五章第二部分，也可参见刘春勇：《留白与虚妄：鲁迅杂文的发生》，《中国现代文学研究丛刊》2014 年第 1 期。

③ 刘春勇：《非文学的文学家鲁迅及其转变——竹内好、木山英雄以及汪卫东关于鲁迅分期的论述及其问题》，《东岳论丛》2014 年第 9 期。

④ 竹内好语，引自日本学者尾崎文昭 2013 年 3 月 27 日、28 日中国人民大学、北京大学的讲演稿《日本学者眼中的〈故事新编〉》。

（四）

《故事新编》当中的"油滑"问题其实也应该放在这样的一个"文脉"中才能理解。"油滑"根本不是一个简单的手法问题，而是使用这一手法的作者同世界的深刻交流中的一种游刃"有余"的态度，甚至是作者同世界和解的产物。当一个人身处虚无世界像中时，他同世界的关系一定是紧张的、不和解的，虚无世界像是主体形而上学的产物，是将自我主体化和世界客体化之后所产生的"世界图像"，在这样的一个"世界图像"中，人成为一切的中心和唯一的实体，用昆德拉的话说："现代将人变成'唯一真正的主体'，变成一切的基础（套用海德格尔的说法）。而小说，是与现代一同诞生的。人作为个体立足于欧洲的舞台，有很大部分要归功于小说。""只有小说将个体隔离，阐明个体的生平、想法、感觉，将之变成无可替代：将之变成一切的中心。"然而，"个体作为'一切的基础'是一种幻象，一种赌注，是欧洲几个世纪的梦"。[①] 在虚无世界像中，作为"一切的基础"的个体的人成为世界的唯一中心，即唯一的焦点（聚焦），同时也是世界唯一的"消失点"与"透视点"。作为同现代人一同诞生的小说，或文学，自然也在这一框架中，也因此，文学创作不会溢出焦点叙事的范畴，文学一定会围绕着"主题"展开。既然一切围绕着中心和主题展开，那么，同主题不相关的一切细枝末节都是不必要的，是被删除的对象。在这样一种紧张的、不留白的模式当中，"油滑"显然无处藏身，同时，"在这样'不留余地'空气的围绕里，人们的精神大抵要被挤小的"[②]。我们个人的阅读鲁迅的经验都会告诉我们鲁迅前期的《呐喊》、"随感录"大部分文字阅读起来其精神是逼狭的，没有什么余裕可言，自然就不会有"油滑"的产生。只有当鲁迅的世界像

---

① ［捷］米兰·昆德拉：《小说及其生殖》，载［捷］米兰·昆德拉：《相遇》，尉迟秀译，上海译文出版社 2010 年版，第 47—50 页。

② 鲁迅：《华盖集·忽然想到（一至四）》，载《鲁迅全集》第 3 卷，第 _5 页。

从虚无渐次转向虚妄之后，其精神才慢慢显现出同世界和解，这个时候，他的文字才开始逐渐通透明亮起来，"油滑"才成为可能。因此看来，"油滑"不可能产生在聚焦叙事的文本中，也即不可能同聚焦叙事的"文学"相容，"油滑"的产生只能在非聚焦（或非主题）叙事的非文学的"文"之中，并且它只能诞生于面对世界时的一种和解的"余裕"心中。

批评史上对"油滑"的认识同样是一个逐步深入的过程，在20世纪80年代之前，大陆在这一问题上的争论一直裹足不前，80年代打破这个格局的是王瑶、陈平原师徒二人。对此，木山英雄是这样评价的：

> 这种争论好容易在最近才似乎有了新的变化。一种观点是，认为对成为问题焦点的"油滑"应该从中国的传统戏剧，特别是作者故乡的绍剧或称作绍兴乱弹的地方戏明显的丑角演技中寻根求源（王瑶）。这种丑角，就象作者本人在《二丑艺术》（《准风月谈》）杂文中介绍的例子那样，是在演剧时抛开情节，将剧中人物的缺点作为笑料直接向观众披露或事先明告其穷途末路。另一种观点是，更加积极地援引德国剧作家布莱希特的"间离效果"说来解释，即认为《故事新编》的作者将现代性的异物纳入到历史之中，是与布莱希特对以感情同化为基础的亚里士多德（Aristotle）以来的欧洲传统戏剧观提出异议，故意用障碍观众舞台一体化的手法发挥其批评精神出于同样的目的（陈平原）。这些观点是试图叫许多论者感到困惑之处看出鲁迅的积极方法而出现的，不论其正确与否，至少可以说总算为跳出为解释而解释的老圈子提出了一条新路。①

---

① ［日］木山英雄：《〈故事新编〉译后解说》，刘金才、刘生社译，《鲁迅研究动态》1988年第11期。

师徒两人在解释同一问题上，尽管方向不同——老师是前现代的进取，学生则是向西方的后现代资源靠拢——但在有意"超克""现代"这一点上却是相同的。这两种方向相反却又有着相互联系的解决方案，其内在关联的逻辑在 20 世纪 80 年代未必有多少人能够懂得，但由于知识结构的未中断性，日本研究者在理解这一问题上似乎更加得心应手。对此，木山英雄曾这样解释：

> 布莱希特与中国未必没有某种因缘。纵不说他对墨子抱有的兴趣，关心布莱希特的人都知道，他在从纳粹德国流亡莫斯科时观看过中国京剧名角梅兰芳的演出。当时他发现京剧中有不少与自己的理论一脉相通之处，甚至还写了《中国戏剧的间离效果》（千田是也编译《戏剧可以再现当今世界吗》）的论文。布莱希特对《故事新编》在日本的理解方法也有一定的关系。对日本人的鲁迅观有着巨大影响的竹内好并未能很好评价《故事新编》，而布莱希特的爱好者花田清辉却始终积极推崇《故事新编》。花田还与从事介绍布莱希特的长谷川四郎等人合作，得心应手地将《非攻》、《理水》、《出关》和《铸剑》等四篇小说改写成了剧本（《文艺》一九六四年五月号），并实际搬二了舞台。并且，竹内在晚年也留下了似接近于花田理解方法的言论（《文学》一九七七年五月号）。①

以上引文中所提到的花田清辉是日本积极推崇《故事新编》的代表人物。他曾说："如一国一部地列举二十世纪各国的文学作品，与乔伊斯的《尤利西斯》相提并论，我在中国就选《故事新编》。"② 尾

---

① ［日］木山英雄：《〈故事新编〉译后解说》，刘金才、刘生社译，《鲁迅研究动态》1988 年第 11 期。

② ［日］尾崎文昭 2013 年 3 月 27 日、28 日中国人民大学、北京大学的讲演稿《日本学者眼中的〈故事新编〉》。

崎文昭曾经总结日本对《故事新编》研究的三大思路，其中花田清辉的思路影响最大。"先回顾和清理日本鲁迅研究界过去对《故事新编》的解释，而分为三个思路：其一，竹内好的路子，其二，花田清辉的路子，就是对它比《呐喊》和《彷徨》还要重视，认为它是具有世界最先锋水平的杰作，其三，接受中国和苏联学者观点而展开的路子。""过了几十年的时间后看他们的成果，应该认定为第二种路子最可观，突破'竹内鲁迅'的框架并打开了更丰富的鲁迅文学世界。"①花田清辉的继承者们大都延续了第二种路子。桧山久雄认为："鲁迅的作品里《野草》最为重要，他的文学的归结；（作品里的）自我批评的干燥哄笑，来自于据自己病死的预感把自己一生对象化的觉悟。'油滑'可算是对此哄笑具有信心的表明，同时也有对行动者理想化。"②木山英雄则认为："作者在序中几度流露出对'油滑'表示反省的话。然而实际上这种手法贯穿着《故事新编》的全部作品。关于此书，作者在书信中除说'油滑'之外，还多次自我评说是'玩笑''稍许游戏''游戏之作'等等。令人感到，这与其说是作者表示谦虚，毋庸说是在提醒人们对这一点引起注意。其中也许还包含着鲁迅在创作方法上的自负，故确实值得研究。"③20 世纪 90 年代以后，尾崎文昭、代田智明等也大体沿着这个思路前行。现在回过头来看，这一思路几乎可以总结为花田清辉的一句话，即"鲁迅通过它（《故事新编》）研究了用前近代的东西作为否定性媒介超越近代性的方法"④。按照木山英雄的解释，也可以认为他通过以布莱希特作为媒介，而已

---

① ［日］尾崎文昭 2013 年 3 月 27 日、28 日中国人民大学、北京大学的讲演稿《日本学者眼中的〈故事新编〉》。

② ［日］尾崎文昭 2013 年 3 月 27 日、28 日中国人民大学、北京大学的讲演稿《日本学者眼中的〈故事新编〉》。

③ ［日］木山英雄：《〈故事新编〉译后解说》，刘金才、刘生社译，《鲁迅研究动态》1988 年第 11 期。

④ 见日本学者尾崎文昭 2013 年 3 月 27 日、28 日中国人民大学、北京大学的讲演稿《日本学者眼中的〈故事新编〉》。

经触碰到鲁迅由现代性的"文学"而向前近代的"文"蜕变这一"文脉"的走向了。

三、油滑·杂声·超善恶叙事

——兼论《不周山》中的"油滑"

在现代叙事文本中，"各位看官""且听下回分解"等这样一些叙事话语的消失，所带走的不只是一种叙事技巧，而是某种前现代的精神结构。我们把这样的古典叙事称为"说书人场"叙事模式。在"说书人场"模式中，叙事过程隐含了某种"超善恶"的叙事态度：尽管故事中有所谓善恶的评判，但是由于叙事者本身同故事在空间与时间上的"间离"，叙事者在对所述故事的总体评价上是"超善恶"的。这样一种叙事模式在方法上有接近于童话之处：叙事者审视的角度不是单一地局限于善恶的世界中，而是超拔出来，然而又不像现代叙事中的"恶视"的超拔（指启蒙的视角），而是自始至终温和地审视着这一切善恶的循环往复，并且还带有对自身所处时代亦不能免于这种善恶之循环往复的自觉。因之，在"说书人场"叙事模式中，叙事者就不仅仅是在讲述一场往日的故事，也同时是在讲述自己的当下，叙事者就在自己所讲述的善恶之往复循环中。从某个侧面讲，古希腊戏剧同样也具有这样的叙事模式，用歌队的和声来净化因剧中善恶之斗争的惨烈所带来的惊恐，从而荡涤人性的混沌，使之升华。这就是诗学中所谓的"净化"叙事，从某个角度来说，我们也可以将之看作"超善恶"叙事的一部分。

但在现代叙事模式当中，"各位看官""且听下回分解"以及歌队的和声都被当作"杂声"去除在叙事之外。现代经典的叙事模式是"我……"，我们可以称之为"知识人场"叙事模式。"知识人场"叙事模式是一种"体验"式叙事模式：通常来说，叙事者同时又会是故事中的角色之一，并且很多时候是叙事作品的主人公，即便是在全知视角叙事当中，也多少存在着叙事者"选择认同"的问题（指叙事者往往认同故事中一个角色的潜在意识），换句话说，在"知识人场"叙事模式中前现代的"超善恶"叙事态度被剔除了。在这种现代叙事模式当中，叙事者总是倾向于将自我置于"善"的一边而将"恶"乃至整个世界对象化，并且自始至终存在着一种廓清自我同对象化世界的关联而努力逃离对象化世界的焦虑。① 显而易见，这种取消了"超善恶"叙事态度的现代叙事模式是一种典型的线性叙事。并且也正是因为取消了"超善恶"的叙事态度，"知识人场"叙事失去了传统叙事模式中的张力维度而显得紧张与过于"认真"了。

就戏剧而言，这两种叙事模式对现代戏剧的两大表演体系——斯坦尼体系和布莱希特体系有着决定性的影响。强调"体验"论的斯坦尼体系很显然是属于"知识人场"叙事的范畴，其所谓的"第四堵墙"理论实质上是一种经典的"善恶"叙事模式。由于对"杂声"的去除，斯坦尼体系的戏剧表演天然地会给人一种紧张感：紧凑的情节结构、不能多一句也不能少一句的对白、封闭的故事情节、舞台人物略显痉挛的表演、大剧场的构造与选用等，这些都无一不同斯坦尼表演体系对"知识人场"叙事模式的选用相关联。布莱希特体系则显然吸收了"说书人场"的叙事模式，可以说，"间离效果"理论的建立正是把被斯坦尼体系所驱逐的"杂声"重新请回来的结果。因此，我们在"间离效果"的表演中能够看得到一种类似于前现代的"超善恶"的叙事态度。过去我们一直会按照一种线性的思维方式将布莱希

---

① 在一次讲座中，日本学者尾崎文昭说："如果只感觉到'空虚'与'黑暗'的实在，那么，为了把自己的意识从中剥离出来，哪怕是勉强为之，也要补充设定其对立物，不断进行没有尽头的否定的循环。"这一说法对我有所启发。见尾崎文昭2013年3月27日、28日在中国人民大学、北京大学的讲演稿《日本学者眼中的〈故事新编〉》。

特体系理解为"后现代"叙事，其实从上述观点来看，布莱希特只不过是重新回到"说书人场"的叙事模式而已。而事实也正是这样，布莱希特"间离效果"的提出实际上是受到了来自中国古典的"超善恶"叙事模式的影响。其直接的影响来源是 1920 年他读到了德国小说家德布林充满老子智慧的中国题材的表现主义小说《王伦三跳》①，进而对中国文化反复阅读达到痴迷的地步。1935 年 5 月，布莱希特在莫斯科接触到梅兰芳的京剧表演而大受启发，翌年，他"在《娱乐剧还是教育剧》一文中，首次吐露了他的史诗剧与中国戏剧的关系，他说，'从风格的角度来看，史诗戏剧并不是什么特别新鲜的东西。就其表演的性质和对艺术技巧的强调来说，它同古老的亚洲戏剧十分类似'"②。如上一节所述，木山英雄对此也有过类似的说法。③事实上，布莱希特"间离效果"的灵感不仅仅是得自梅兰芳的京剧表演，其中还有中国元杂剧表演的影响。④在布莱希特体系的史诗剧表演中无论是运用传统戏曲当中的插科打诨，还是运用元杂剧中的"自报家门"，抑或是加进西方古典戏剧中的歌队表演，其实质都是在运用"杂声"造成一种"间离效果"，从而形成"超善恶"的叙事。从某种意义上说，这样的戏剧表演又重新回到了前现代"说书人场"的叙事模式上来了。

从上面的叙述中我们可以看出，现代的"知识人场"叙事模式同前现代的"说书人场"叙事模式之所以不同，其根底在于有没有一种"超善恶"的叙事态度，而在具体的叙事细节上则区别为是否采取"杂声"叙事手法。

"说书人场"叙事模式当中所谓"超善恶"的叙事态度，究其根

---

① 张黎：《异质文明的对话：布莱希特与中国文化》，《外国文学评论》20C7 年第 1 期。
② 张黎：《异质文明的对话：布莱希特与中国文化》，《外国文学评论》20C7 年第 1 期。
③ [日] 木山英雄：《〈故事新编〉译后解说》，刘金才、刘生社译，《鲁迅研究动态》1988 年第 11 期。
④ 张黎：《异质文明的对话：布莱希特与中国文化》，《外国文学评论》2007 年第 1 期，第 33 页。

底是对世界虚妄像的体认。"虚妄"一词虽然从词源上讲来自佛教①，但毋庸置疑是佛教对世界像之体认的结果。"佛祖有个全称判断：'佛告须菩提，凡所有相皆是虚妄。'（《金刚经》）虚妄也可以叫虚妄相，虚妄之相，非实有之相。它无非是说，我们所见到的一切世相都不过是因缘和合的假相，不是常住的实体，或者说是心造之境。物是虚妄的，心也是虚妄的。因此不能痴迷、执着之。"② 只有在这样一种世界体认中，叙事者才会从永恒的善恶斗争之中超拔出来，温和地审视这一切善恶的循环往复，并且对自身所处时代亦不免于这种循环往复有着某种程度的自觉。但现代"知识人场"叙事模式终止了这样一种世界体认，取而代之的是一种极致主义的世界像：虚无世界像。虚无世界像是对世界体认之单极化的后果：倔强地要在现世中寻求"至善"世界的实现，并因此同此世永不和解。在这样的一种精神架构当中，如前所述，叙事者总是倾向于将自我置于"善"的一方而将"恶"乃至整个世界对象化，并且自始至终存在着一种廓清自我同对象化世界的关联而努力逃离对象化世界的焦虑。由于叙事者沉浸于世界之善恶斗争中而不能自拔，从而自始至终都有一种背负着神圣使命的感觉。因之，一方面同世界始终处于一种抗争的不和解状态，另一方面则努力使自我成为一个大写的"主体"。而这里面就隐含了现代"知识人场"叙事模式要剪除"杂声"的全部秘密。这在某个层面又一次印证了米兰·昆德拉"小说及其生殖"的这一说法。

　　《野草》之后的鲁迅正是走在这样一种逃离"知识人场"叙事模

① "'虚妄'不是鲁迅生造，毋庸置疑地来自佛陀。在佛学中，这不是一个无关宏旨的术语。原始佛教之所以堪称'革命'，首先在于释迦牟尼有一个伟大的发现，那就是看到了印度宗教中最高本体'梵我'的虚妄。"见王乾坤：《文章在兹·序："虚妄"之于鲁迅》，载刘春勇：《文章在兹——非文学的文学家鲁迅及其转变》，吉林大学出版社 2015 年版，序言第Ⅲ页。
② 王乾坤：《文章在兹·序："虚妄"之于鲁迅》，载刘春勇：《文章在兹——非文学的文学家鲁迅及其转变》，吉林大学出版社 2015 年版，序言第Ⅲ页。

式的道路之上,而"油滑"便由此诞生。换句话说,鲁迅之所谓油滑其实是他后期续接到前现代的"说书人场"叙事模式的一种产物。如果现在要给油滑下一个定义的话,那么,油滑就是前现代"说书人场"叙事模式在鲁迅后期叙事作品中的借尸还魂,从肯定的方面来说,油滑就是"杂声"叙事,从否定的方面来说,油滑就是对现代"知识人场"叙事模式中的"纯化"叙事(所谓剪除"杂声")的背离与不忠,但就其根基而言,油滑的成立必须建基在一种"超善恶"的叙事态度之上,[①] 并且有对虚妄世界像之体认的自觉。

有了这样的一种认知,我们再来检验鲁迅作品中的油滑就会简便得多,当然,问题也随之而来:其一,如果以这样的一种油滑定义作为衡量的标准的话,那么鲁迅所声称的其作品中的油滑肇始于启蒙时期的作品《不周山》[②] 这样一个说法就变得极其可疑。其二,如果确定油滑不是自《不周山》始,那它又是从何时起步呢?其实这两个问题也可以凝练成一个问题:鲁迅作品中的油滑是如何炼成的?但,如果按照以上我们对油滑的定义的话,这个问题又可以转换为另外一种提问方式:鲁迅的叙事作品是如何以及何时从"知识人场"叙事模式转变为"说书人场"叙事模式的?

文学史上通常的讲法是,以知识人"我"为线索的"知识人场"叙事模式最早萌芽于清末民初的文言小说(刘鹗的《老残游记》、苏

---

① 关于这一点,日本学者尾崎文昭在一次讲座中也提到过相似的看法:"其实'油滑'不是个叙述技术,也不是叙述方法,如说叙述方法,应该提反讽、戏拟等具体技术或者方法。""'油滑'不能跟这些具体技术相提并论,所以应该认为是鲁迅的思维特点反映到叙述的结果,或者简单地说是叙述态度。因此它会包括除'认真'以外的所有现象,没法用具体的语言来概括它。"本书在某些方面受到尾崎先生这一讲座的启发。见尾崎文昭 2013 年 3 月 27 日、28 日在中国人民大学、北京大学的讲演稿《日本学者眼中的〈故事新编〉》。

② 后改名为《补天》。"本篇最初发表于 1922 年 12 月 1 日北京《晨报四周纪念增刊》,题名《不周山》,曾收入《呐喊》;1930 年 1 月《呐喊》第十三次印刷时,作者将此篇抽去,后改为现名,收入本书。"鲁迅:《故事新编·补天》注释 1,载《鲁迅全集》第 2 卷,第 366 页。

曼殊的《断鸿零雁记》等），而成长于五四白话叙事作品。就鲁迅个人而言，其最早的"知识人场"叙事作品应该肇始于他1910年的文言小说《怀旧》，成长于《呐喊》集中的诸作品，而完成于《彷徨》集。但按照竹内好的说法，鲁迅之所以成为鲁迅就是在《狂人日记》诞生的那一刹那"回心"形成了①。我所理解的"回心"如果从叙事模式与叙事态度的角度来讲，就是前现代的"说书人场"叙事模式对现代"知识人场"叙事模式的入侵，换句话说，在原本应该是"纯化"叙事的小说《狂人日记》中出现了"杂声"，也就是《狂人日记》的叙事中出现了不和谐音，这就是众多研究者②所指出的小说的文言序言和狂人"我也吃过人"的自觉。这样一种在"纯化"叙事作品中偶尔泛起的"杂声"叙事其实在《狂人日记》以后的《呐喊》诸小说和《彷徨》集中一直存在。对此，尾崎文昭先生其实也意识到了，他说："总而言之，反讽、间离效果、戏拟等等，不仅限于《起死》一篇，而且是鲁迅小说基本的结构特征，几乎在所有作品中都可以看到这些特征。在《朝花夕拾》中的被置于正文之前的争辩、置于几篇小说末尾的议论场面（《阿Q正传》《采薇》《铸剑》等）或者解放感（《孤独者》等）、近年来开始越来越受到注意的叙述者位置的巧妙设定等等，对于上述一切，都可以从这一结构特征得到解释。"③尾崎把这样的一种"杂声"叙事称为鲁迅的"多疑"（我后来的"多疑鲁迅"的立论其实也是从这一切口进入的）并加以详细论述，④可以说是一种同

---

① ［日］竹内好：《鲁迅》，李心峰译，浙江文艺出版社1986年版，第46页。

② ［日］竹内好：《鲁迅》，李心峰译，浙江文艺出版社1986年版，第46页；［日］尾崎文昭：《试论鲁迅"多疑"的思维方式》，孙歌译，《鲁迅研究月刊》1993年第1期；吴晓东：《鲁迅的原点》，载吴晓东：《记忆的神话》，新世界出版社2001年版，第177页；刘春勇：《多疑鲁迅——鲁迅世界中主体生成困境之研究》，中国传媒大学出版社2009年版，第84页。

③ 见日本学者尾崎文昭2013年3月27日、28日在中国人民大学、北京大学的讲演稿《日本学者眼中的〈故事新编〉》。

④ ［日］尾崎文昭：《试论鲁迅"多疑"的思维方式》，孙歌译，《鲁迅研究月刊》1993年第1期。

竹内好的"回心"具有同等价值的洞见。但其中的问题是他混淆了鲁迅前期叙事同后期的根本性差别。不过他所提出的"间离效果"（也就是"杂声"叙事）在《阿Q正传》和《孤独者》等小说中也都存在是值得引人注目的话题。[①]其实关于《阿Q正传》的"杂声"叙事，大陆学者中也有个别学者有这样的看法，徐麟就曾在《无治主义·油滑·杂文——鲁迅研究札记》一文中指出，油滑并非自《不周山》始，而是在《阿Q正传》中就已经萌芽了，"只是不太显眼而已"。[②]这里徐麟所说的"萌芽"和"不太明显而已"其实就是我所说的"在'纯化'叙事作品中偶尔泛起的'杂声'叙事"，而不是真正的油滑，或者确切地说是鲁迅对油滑的感知。徐麟似乎也意识到这个问题，于是他接着说："只是在《阿Q正传》中，他还不能破坏故事的叙述，但到了《故事新编》中，他就不必顾忌对于故事和人物的损坏了，于是，油滑也就油然而生。"[③]所谓"不能破坏故事的叙述"其实就是指"说书人场"叙事模式的入侵必须以不能破坏"知识人场"叙事模式为界限，反过来说，"说书人场"叙事模式对"知识人场"叙事模式的入侵如果突破这一界限的话，油滑就诞生了。也正是在这个意义上我们才能理解鲁迅所说的"油滑是创作的大敌"[④]这样一句话，因为就现代语境而言，"创作"其实就是指"知识人场"叙事，即文学叙

---

① 《阿Q正传》中的"杂声"问题比较显著。不过《彷徨》中一系列小说结尾的处理，似乎也同此相关。譬如《孤独者》讲述的是一个悲伤的故事，但小说的结尾，作者却宕开一笔，表现出某种"甩掉"后的轻松感："我快步走着，仿佛要从一种沉重的东西中冲出，但是不能够。耳朵中有什么挣扎着，久之，久之，终于挣扎出来了……""我的心地就轻松起来，坦然地在潮湿的石路上走，月光底下。"几近相似的结尾在《伤逝》和《在酒楼上》中都存在。对于悲伤的小说主体部分来说，这样的一些结尾显得不太和谐，与"杂声"接近。

② 徐麟：《无治主义·油滑·杂文——鲁迅研究札记》，《中国现代文学研究丛刊》1997 年第 4 期。

③ 徐麟：《无治主义·油滑·杂文——鲁迅研究札记》，《中国现代文学研究丛刊》1997 年第 4 期。

④ 《故事新编·序言》，载鲁迅：《鲁迅全集》第 2 卷，第 353 页。

事。① 换句话说，无论《狂人日记》《阿Q正传》《呐喊》集中的其他小说、《彷徨》集中的诸小说混有怎样的"杂声"叙事，它们也还是在"知识人场"叙事模式的范畴中。对于这一点，木山英雄有着极为清醒的认识，他在对竹内好的"回心"说提出异议时说，即便在《狂人日记》及其之后的小说中存在着怎样的"回心"，但"作家终于介入了作品创作的行为，而在那里'寂寞'是一直存在着的。这个问题不仅仅涉及到对《狂人日记》一篇的解释，事实上是与竹内好的整个鲁迅论体系直接相关联着的"②。"寂寞"是木山先生在《野草论》中经常使用的一个关键词语，其意是指鲁迅从日本时期就已经练就的一种非"超善恶"的叙事态度与虚无（即极致之理想）的世界像，即将自我置于"善"的一方而将"恶"乃至整个世界对象化，并且自始至终存在着一种廓清自我同对象化世界的关联而努力逃离对象化世界的焦虑。很显然，在这样的"寂寞"的驱使下，鲁迅就必然会走到一种"知识人场"的叙事模式里面。从这个角度来说，竹内好所谓的"回心"之后的鲁迅也依然在"知识人场"的叙事（也即主体叙事）的范畴中，尽管有所谓的"说书人场"叙事模式的入侵，但如前所述，它只存在于某个可以允许的界限中。因之，竹内好以鲁迅之"回心"为底本的"近代的超克"这一提法按照木山先生的意思依然停留在"知识人场"的叙事模式中。对于这一点，尾崎文昭同样有着清醒的认识："我们一般理解为竹内好所说的回心就回心到你所说的'现代性主体'而不是超脱'现代性主体'。因为当时的竹内好算是热心追求现代性主体而想要在鲁迅的精神变化里寻找其秘密，虽然理所当然找不到。当时竹内好的对现代性主体

① 王向远：《鲁迅杂文概念的形成演进与日本文学》，《鲁迅研究月刊》1996年第2期。

② ［日］木山英雄：《〈野草〉主体构建的逻辑及其方法》，载《文学复古与文学革命——木山英雄中国现代文学思想论集》，赵京华编译，北京大学出版社2004年版，第22页。

的理解算是很浅薄，后来（战后）可算成熟了，但是他总是现代性的信徒（时代使然），虽然对丸上真男式的西方标准的现代性提出异议。"①

在以上诸贤对鲁迅及其阐释者这样的一些谈论中，我感到了无限的魅力，身心为之喜悦。然而，即便是圣贤也会有疏忽的地方，或者说，是因为他们都太相信鲁迅的自述才会有这样共同的疏忽，即他们无一例外地都相信油滑是从《不周山》开始的，然而从我上述的理由来看，这个说法却颇有可商榷之处。

其实无论是从文本本身还是从文本的语境来看，《不周山》依然是在"知识人场"叙事模式的范畴中。文本虽然书写了一个创造且俯视众生的女娲形象，但完全没有所谓的"超善恶"的叙事角度，而是将女娲作为一个巨大的主体而推向"善"的一边，并将其创造并俯瞰的众生世界像对象化而推向"恶"的一边，从而最终完成了一个拯救世人反而被世人所逼害的"夏瑜"系列的形象。从人物形象塑造来看，两极分化极为鲜明，作者尽力用赞誉之词完善女娲的光辉形象，甚至围绕着女娲的景物描写也都宏伟壮丽：

> 伊在这肉红色的天地间走到海边，全身的曲线都消融在淡玫瑰似的光海里，直到身中央才浓成一段纯白。波涛都惊异，起伏得很有秩序了，然而浪花溅在伊身上。这纯白的影子在海水里动摇，仿佛全体都正在四面八方的逆散。②
>
> 天边的血红的云彩里有一个光芒四射的太阳，如流动的金球包在荒古的熔岩中；那一边，却是一个生铁一般的冷而且白的月亮。但不知道谁是下去和谁是上来。这时候，伊的以自己用尽了自己一切的躯壳，便在这中间躺倒，而且不再呼吸了。③

---

① 引自日本学者尾崎文昭 2015 年 9 月 16 日致刘春勇的电子邮件。
② 鲁迅：《故事新编·补天》，载《鲁迅全集》第 2 卷，第 358 页。
③ 鲁迅：《故事新编·补天》，载《鲁迅全集》第 2 卷，第 365 页。

而在书写的另一侧面极力矮化甚至丑化对象化的世界。这样的人物塑造及其相关的景物描写的手段其实是典型的"知识人场"叙事，在后期的《故事新编》中则完全没有这样的叙事手法，哪怕是在还有一些英雄保留的《眉间尺》①中也全无这样的书写手段。鲁迅在《故事新编·序言》中所谓的"止不住有一个古衣冠的小丈夫，在女娲的两腿之间出现了。这就是从认真陷入了油滑的开端"的这一"油滑"肇始说，从《不周山》文本及其语境的总体而言，恐怕是站不住脚的，充其量只能算作一个讽刺的笔法，而全无"超善恶"的书写态度，之所以让人感到"油滑"可笑，或者是因为文本中高大伟岸的善同猥小猥琐的恶相遇时所造成的巨大反差而使人产生的一种滑稽可笑的感觉吧！即便是这样，也还是同后来因指向自我而产生哄笑的"油滑"②是截然不同的两种事物。或者即便我们将这样的滑稽与讽刺当作"说书人场"叙事模式对"知识人场"叙事模式的入侵而产生的"杂声"，就像上文讲到的《狂人日记》《阿Q正传》《孤独者》等一样，我们也不能够将之称为"油滑"。因为，我们在上文已经声明过，油滑的根基必须是"超善恶"叙事态度的建立和对虚妄世界像的自我体认，除此，只是小"杂声"而已，就像《阿Q正传》。

按照木山英雄在《野草论》中的分析，③鲁迅完全甩掉"知识人场"叙事模式（即他所谓的"寂寞"之青春喊叫的叙事模式）是在《野草》的写作过程中，而对这样一个过程做最终总结的是他1926年11月11日在厦门所写的《写在〈坟〉后面》一文。在这篇关系着鲁

---

① 后改名为《铸剑》。"本篇最初发表于1927年4月25日、5月10日《莽原》半月刊第二卷第八、九期，原题为《眉间尺》。1932年编入《自选集》时改为现名。"见鲁迅：《故事新编·铸剑》注释Ⅰ，载《鲁迅全集》第2卷，第351页。

② 见日本学者尾崎文昭2013年3月27日、28日在中国人民大学、北京大学的讲演稿《日本学者眼中的〈故事新编〉》。

③ ［日］木山英雄：《〈野草〉主体构建的逻辑及其方法》，载《文学复古与文学革命——木山英雄中国现代文学思想论集》，赵京华编译，北京大学出版社2004年版，第7页。

迅一生转折的文章中，鲁迅同自我做了一次史无前例的深刻对话。他将自我抛向曾经为之厌恶且企图逃离的对象世界之“恶”中，或者更为准确地说，这一次是彻底抛向，因为自《狂人日记》起这种抛向就一直存在，不过起先一直是以一种消极的状态而存在于鲁迅的世界中，其表征就是“我误食了我妹子的一杯羹”，然而1926年前后鲁迅的这一抛向却有向积极方面转变的趋向，1927年9月在《答有恒先生》中，鲁迅承认自己是中国排摆人肉宴席的帮凶。[①] 这样一种彻底抛向的后果毫无疑问就是自我埋葬。“比方作土工的罢，做着做着，而不明白是在筑台呢还在掘坑。所知道的是即使是筑台，也无非要将自己从那上面跌下来或者显示老死；倘是掘坑，那就当然不过是埋掉自己。”[②]“我的确时时解剖别人，然而更多的是更无情面地解剖我自己……”[③] 然而，令人意想不到的是，跟随这样深刻自我剖析而来的不是绝望而对世事的某种通透：“总之：逝去，逝去，一切一切，和光阴一同早逝去，在逝去，要逝去了。——不过如此，且也为我所十分甘愿的。”[④] 有了这样的通透感其实已经表明虚妄的世界像在鲁迅世界中已经全然建立起来了，于是他才说，“以为一切事物，在转变中，是总有多少中间物的。动植之间，无脊椎和脊椎动物之间，都有中间物；或者简直可以说，在进化的链子上，一切都是中间物”[⑤]。对此，我曾经这样描述：“鲁迅虚妄的世界像最终在1926年《写在〈坟〉后面》一文中得以定型，就是那个著名的表达：中间物。如果没有虚妄世界像的建立，中间物概念的提出是难以想象的。”[⑥] 在给我的《文章在兹·序言》中，王乾坤也有几近相同的表达：“在鲁迅的词典里，

---

① 鲁迅：《而已集·答有恒先生》，载《鲁迅全集》第3卷，第474页。
② 鲁迅：《坟·写在〈坟〉后面》，载《鲁迅全集》第1卷，第299页。
③ 鲁迅：《坟·写在〈坟〉后面》，载《鲁迅全集》第1卷，第300页。
④ 鲁迅：《坟·写在〈坟〉后面》，载《鲁迅全集》第1卷，第299页。
⑤ 鲁迅：《坟·写在〈坟〉后面》，载《鲁迅全集》第1卷，第301—302页。
⑥ 刘春勇：《文章在兹——非文学的文学家鲁迅及其转变》，吉林大学出版社2015年版，第76页。

'虚妄'是'多疑'、'中间物'最实质的内容。没有这个内容，多疑就只是一个心理疾病，中间物不过是历史进化论。"① 在以虚无世界像为其底蕴的"知识人场"叙事模式中，"中间物"意识是无法产生的，只有在以虚妄世界像为其底蕴的"说书人场"叙事模式中，"中间物"意识才能得以产生。或者反过来说，只有有了"中间物"意识，"说书人场"叙事模式才可能出现，"杂声"叙事方式即油滑才有可能登场。同时，油滑又是一种"有余裕的"留白意识的产物，② 是"将一切'摆脱'，'给自己轻松一下'，而颇显'余裕'的写法"。③

虚妄世界像的建立和留白与中间物意识的最终形成敦促着以油滑为其根基的"杂声"叙事文本的诞生，这就是后来的《故事新编》的写作。那么，鲁迅的这种"杂声"叙事文本的起点到底是哪一篇呢？《奔月》，还是《眉间尺》？限于篇幅，我将另辟文字，加以探讨。

四、"杂"与鲁迅的晚期写作

——以《故事新编》为中心

（一）

我曾在《"非文学"家鲁迅》④ 一文中对鲁迅一生的"文学"观念

---

① 王乾坤：《文章在兹·序："虚妄"之于鲁迅》，载刘春勇：《文章在兹——非文学的文学家鲁迅及其转变》，吉林大学出版社 2015 年版，序言第 Ⅲ 页。

② 关于"留白"参见本书第五章第二部分，也可参见刘春勇：《留白与虚妄：鲁迅杂文的发生》，《中国现代文学研究丛刊》2014 年第 1 期。

③ 陈方竞：《鲁迅杂文及其文体考辨》，载陈方竞：《鲁迅与中国现代文学批评》，北京大学出版社 2011 年版，第 415 页。

④ 参见本书第五章第一部分，也可参见刘春勇：《"非文学"家鲁迅》，《东岳论丛》2017 年第 3 期。

做过一个"观念史"层面的梳理，但依然觉得意犹未尽。我想，从"文学"制度层面对这种变化加以说明，或者有助于我们打开晚期鲁迅为什么会以"杂"文而不是纯文学为写作重心之谜。

对于为什么选择杂文，鲁迅在 1935 年的《徐懋庸作〈打杂集〉序》中有比较明确的说明："……他的作文，却没有一个想到'文学概论'的规定，或者希图文学史上的位置的，他以为非这样写不可，他就这样写，因为他只知道这样的写起来，于大家有益。"① 显然，鲁迅在这里所主张的是一种以"行动"为旨归、现实指向性极强的"及物性"（木山英雄语）写作观。这种写作观同"为艺术而艺术"的纯文学观念格格不入，甚至背道而驰。②

> 我是爱读杂文的一个人，而且知道爱读杂文还不只我一个，因为它"言之有物"。我还更乐观于杂文的开展，日见其斑斓。第一是使中国的著作界热闹，活泼；第二是使不是东西之流缩头；第三是使所谓"为艺术而艺术"的作品，在相形之下，立刻显出不死不活相。③

与鲁迅对"及物性"写作的赞叹形成鲜明对照的是他对"文学"的

---

① 鲁迅：《且介亭杂文二集·徐懋庸作〈打杂集〉序》，载《鲁迅全集》第 6 卷，第 300 页。

② 在这一层面上，鲁迅确实接近了章太炎的"文质"观："从并非'文饰'的'文字'观出发，章把传统修辞论中与'文'相对立的'质'的立场通过强调无句读文记录性和直接指示实物的基础而彻底化了。在这一立场之上，章将实用性的公文和考据学的疏证文体置于宋以后近世才子们富于感觉表象的文风之上，以逻辑性和及物性之一致为理由视'魏晋文章'为楷模，而批判从六朝的《文心雕龙》和《文选·序》直到清朝的阮元的奢华的文学观念。"[日]木山英雄：《"文学复古"与"文学革命"》，载《文学复古与文学革命——木山英雄中国现代文学思想论集》，赵京华编译，北京大学出版社 2004 年版，第 35 页。

③ 鲁迅：《且介亭杂文二集·徐懋庸作〈打杂集〉序》，载《鲁迅全集》第 6 卷，第 302 页。

嘲讽：

> 我们试去查一通美国的"文学概论"或中国什么大学的讲
> 义，的确，总不能发见一种叫作 Tsa-wen 的东西。这真要使有志
> 于成为伟大的文学家的青年，见杂文而心灰意懒：原来这并不是
> 爬进高尚的文学楼台去的梯子。托尔斯泰将要动笔时，是否查了
> 美国的"文学概论"或中国什么大学的讲义之后，明白了小说是
> 文学的正宗，这才决心来做《战争与和平》似的伟大的创作的
> 呢？我不知道。……
>
> 但是，杂文这东西，我却恐怕要侵入高尚的文学楼台去的。
> 小说和戏曲，中国向来是看作邪宗的，但一经西洋的"文学概
> 论"列为正宗，我们也就奉之为宝贝，《红楼梦》《西厢记》之类，
> 在文学史上竟和《诗经》《离骚》并列了。①

《徐懋庸作〈打杂集〉序》的写作时间是 1935 年 3 月，其实早
在 1925 年 12 月的《华盖集·题记》中，鲁迅就曾表达过几乎相近的
意思：

> 也有人劝我不要做这样的短评。那好意，我是很感激的，而
> 且也并非不知道创作之可贵。然而要做这样的东西的时候，恐
> 怕也还要做这样的东西，我以为如果艺术之宫里有这么麻烦的
> 禁令，倒不如不进去；还是站在沙漠上，看看飞沙走石，乐则大
> 笑，悲则大叫，愤则大骂，即使被沙砾打得遍身粗糙，头破血
> 流，而时时抚摩自己的凝血，觉得若有花纹，也未必不及跟着中
> 国的文士们去陪莎士比亚吃黄油面包之有趣。②

---

① 鲁迅：《且介亭杂文二集·徐懋庸作〈打杂集〉序》，载《鲁迅全集》第 6 卷，
第 300—301 页。
② 鲁迅：《华盖集·题记》，载《鲁迅全集》第 3 卷，第 4 页。

尽管那个时候还只是叫作"短评",或者"杂感"①,还并没有形成"杂文"的概念,但其中所吐露出来的鲁迅对"纯文学"的微词几乎同十年之后如出一辙。很显然,对于鲁迅而言,1925 年的"文学"已经不是他 20 年前撰写《摩罗诗力说》时期的"力"之"文学"了,而是已经进入"艺术之宫"的高雅之物。

1925 年的鲁迅对"文学"有此感受,固然同他与"正人君子"们的论战有关——"我幼时虽曾梦想飞空,但至今还在地上,救小创伤尚且来不及,那有余暇使心开意豁,立论都公允妥洽,平正通达,像'正人君子'一般;正如沾水小蜂,只在泥土上爬来爬去,万不敢比附洋楼中的通人,但也自有悲苦愤激,决非洋楼中的通人所能领会"②,但,更深层次的原因恐怕是在"文学"作为一种现代性建制其本身的变化吧?如果 1906 年③鲁迅决计拿起"文学"武器的时候,文学还足够粗砺,足够有"力",足以为摧毁帝国体系、建立民族-国家("驱除鞑虏,恢复中华")而付诸实践的话,那么,显然到了 20 世纪 20 年代中期以后,鲁迅认为,文学的这部分功能在逐渐减少,或者已经丧失。致使这种局面出现的一个根本原因是,文学开始养尊处优,换言之,文学作为一种制度已经形成了,而维系着这个制度的一群人则正是鲁迅所厌恶的"正人君子"之流。随着时间的推移,鲁迅的这种感受也越来越清晰,从 1925 年模糊地意识到文学进入了"艺术之宫"到 1935 年形成清晰的"文学概论"之说。这十年,也恰好是"文学"作为一种现代建制在欧美的大学逐步形成,并扩延

---

① "我今年开手作杂感时……""这一回却小有不同了,一时的杂感一类的东西,几乎都在这里面。"鲁迅:《华盖集·题记》,载《鲁迅全集》第 3 卷,第 4、5 页。

② 鲁迅:《华盖集·题记》,载《鲁迅全集》第 3 卷,第 3 页。

③ 巧合的是,1906 年正好是日本近代"文学"观念得以固定的决定性的一年。"综合以上分析,可以作出如下判断:在日本,以语言艺术为中心的近代'文学'概念固定下来是在 20 世纪初到 1910 年之间。如果需要画一条线的话,可以选明治三十九年(1906)这一年。"见[日]铃木贞美:《文学的概念》,王成译,中央编译出版社 2011 年版,第 220 页。

到世界其他地方的一个过程。

其实早在1920年，梅光迪就在南京高等师范学校第一届暑期学校讲学中开设了"文学概论"课程，讲义则因听课学生记录下来，得以流传至今①。20世纪20年代，中国大陆翻译和出版的名为《文学概论》的书籍达10种之多，其中，1925年分别由汪馥泉和章锡琛翻译出版的日本学者本间久雄的《新文学概论》影响尤其大（汪馥泉译本，上海书店1925年5月出版；章锡琛译本，上海商务印书馆1925年8月出版），1927年田汉的《文学概论》中的一些主要思路即据此书而来。另外一个有力的证明是1929年9月英国著名学者、"新批评"理论的创始人理查兹（I. A. Richards）第二次来中国旅行到清华大学任教，将文学批评带入中国课堂。"1929年至1931年，理查兹任清华大学西方语言文学系教授，讲授'第一年英文'、'西洋小说'、'文学批评'、'现代西洋文学（一）诗；（二）戏剧；（三）小说'等课程。其中'文学批评'是他为三年级开设的一门必修课，这门课的学科内容还附有下面的一段说明：'本学科讲授文学批评之原理及其发达之历史。自上古希腊亚里士多德以至现今，凡文学批评上重要之典籍，均使学生诵读，而于教室讨论之。'"②又，"1928年，杨振声担任清华大学中国文学系主任，明确提出'创造我们这个时代的新文学'的办学宗旨，先后为四年级学生开设了中国新文学研究、新文学习作（高级作文的一部分）等选修课。特别是朱自清1929年春开始讲授'中国新文学研究'，影响很大。这门课程'分总论各论两部讲授。总论即新文学之历史与趋势；各论分诗、小说、戏剧、散文、批评五项，每项先讲大势，次分家研究。'……1931年秋，经胡适提议，北京大学中国文学系准备新设'新文学试作'一门课，请周作人为之筹划。周作人'为

———————————

① 眉睫：《梅光迪和他的〈文学概论〉》，《中华读书报》2012年10月17日。
② 容新芳：《I. A. 理查兹在清华大学及其对钱钟书的影响——从I. A. 理查兹的第二次中国之行谈起》，《清华大学学报（哲学社会科学版）》2007年第2期。

定科目计散文、诗、小说、戏剧各组，组又分班'，并拟请俞平伯、徐志摩、废名、余上沅分别担任各科教授。……1938 年，教育部委托朱自清、罗常培撰拟大学中国文学系科目草案，他们将'现代中国文学评论及习作'列入选修科目……这个草案于 1939 年 6 月交给大学各学院分院课程会议讨论；同年 8 月教育部根据这次会议的结果，颁布了分系必修选修科目表。至此，'新文学'可谓在大学里正式登'堂'入'室'了"①。而就在写作《徐懋庸作〈打杂集〉序》的前几个月，鲁迅亲手编订了《中国新文学大系（1917—1927）·小说二集》并为其写完序言，在这样整体的"文学"创作之回顾中，鲁迅对"文学"的思考肯定是强烈的。而在另外一面，鲁迅与现代评论派以及后来与梁实秋的论战或许加强了他对"文学"进入"艺术之宫"的感受。

20 世纪 30 年代，文学的"殿堂化"在中国已经初步完成，从某种角度而言，鲁迅对这一变化的把捉应该是准确的。而正是文学的"殿堂化"这一事实才促使他转向了以"行动"为旨归的"及物性"写作——"杂文"。或者，也可以说，"杂文"写作其实在某种层面上隐含了鲁迅对中国古典文化之"质朴"传统的有限回归。实际上，鲁迅自己也有这样的意识："其实'杂文'也不是现在的新货色，是'古已有之'的，凡有文章，倘若分类，都有类可归，如果编年，那就只按作成的年月，不管文体，各种都夹在一处，于是成了'杂'。"② 如果非要指认鲁迅到底是对古典哪种"质朴"传统的回归，我个人认为，是续接了明清之际以顾炎武为代表的"朴学"传统，鲁迅后期的所谓"杂文"写作，在某种层面上是否可以视作是"日知录"传统在现代语境中的复活呢？

---

① 罗岗：《危机时刻的文化想像——文学·文学史·文学教育》，江西教育出版社 2005 年版，第 63—64 页。

② 鲁迅：《且介亭杂文·序言》，载《鲁迅全集》第 6 卷，第 3 页。

（二）

晚期《故事新编》的写作同样也在这个"杂"中。1935 年 12 月写成的《故事新编·序言》则沿袭了年初所撰写的《徐懋庸作〈打杂集〉序》（以下简称《徐序》）中一些重要提法：

> 现在才总算编成了一本书。其中也还是速写居多，不足称为"文学概论"之所谓小说。叙事有时也有一点旧书上的根据，有时却不过信口开河。而且因为自己的对于古人，不及对于今人的诚敬，所以仍不免时有油滑之处。过了十三年，依然并无长进，看起来真也是"无非《不周山》之流"；不过并没有将古人写得更死，却也许暂时还有存在的余地的罢。①

《徐序》是替"杂文"说话，说"杂文"是在"文学概论"中找不到的，该序则讲《故事新编》不是"文学概论"中之小说，而到底是什么，不清楚。《徐序》称赞"杂文""使所谓'为艺术而艺术'的作品，在相形之下，立刻显出不死不活相"，而此序则说，"不过并没有将古人写得更死"，语气如出一辙。唯一不同的是，《徐序》通篇以正面的口吻夸赞"杂文"写作，而本序则通篇在贬抑自己。然而，那不是真正的贬抑，其实是自信的一种反语表达。②

《故事新编》后来常常被当作"杂文"来看待，或许同这两篇序言的相近性不无关系吧？最早把鲁迅的叙事作品看作"杂感"的

---

① 鲁迅：《故事新编·序言》，载《鲁迅全集》第 2 卷，第 354 页。
② "对这个《序言》里的怪说法提出最合理解释的，是日本学者桧山久雄和木山英雄等。他们说这种怪说法（自己虽说认为是不应该的，但偏偏继续了十三年不变）应该理解为鲁迅自信的反语表现。他其实很得意的。他对自己具有自我批判的毅力感到自豪。或者以自信心为了引起读者的关心而故意摆在读者面前的。"见日本学者尾崎文昭 2013 年 3 月 27 日、28 日在中国人民大学、北京大学的讲演稿《日本学者眼中的〈故事新编〉》。

是李长之，他在《鲁迅批判》中称《朝花夕拾》为"杂感"。① 但第一位将《故事新编》称作"杂文"的是20世纪50年代的伊凡，他在《鲁迅先生的〈故事新编〉》一文中称"（《故事新编》）是以故事形式写出来的杂文"②。这当然是一种极端的提法，后来我继承了这一提法，我在2014年发表的《留白与虚妄：鲁迅杂文的发生》一文中这样说："在我看来，后期的《故事新编》并非是传统意义上的小说，而是杂文，是以某种类小说形式写作的杂文。"③ 注意到《故事新编》的实验性，同时提法比较温和的是钱理群，他在《中国现代文学三十年（修订本）》中认为："他（鲁迅）要对在《呐喊》、《彷徨》为他自己与中国现代小说所建立的规范，进行新的冲击，寻找新的突破。在这个意义上，可以把鲁迅的《故事新编》看作是一部'实验性'的作品。""……在这个意义上，《故事新编》又是鲁迅打破文体界限，以杂文入小说的一次有益的尝试。"④ 陈方竞的研究则综合了伊凡和钱理群的提法，在《鲁迅杂文及其文体考辨》一文中，陈方竞直接将《故事新编》文体纳入考察对象中，这种研究方式本身似乎就表明了研究者对伊凡提法的某种认同，但他最终并没有如伊凡及我那样直截了当地承认《故事新编》为杂文写作，而是采取了类似钱理群的温和的说法，"显而易见，左鲁迅全部去小说中，《故事新编》与他的杂文之间有更紧密的联系"，"《故事新编》的这种艺术表现方式，更是在杂文对此的成熟运用基础

---

① 在《鲁迅之杂感文》中，李长之将《野草》和《朝花夕拾》都归入杂感，这一分法颇值得人寻味。见李长之：《鲁迅批判》，郜元宝、李书编：《李长之批评文集》，珠海出版社1998年版，第89页。

② 参见伊凡：《鲁迅先生的〈故事新编〉》，《文艺报》1953年第14号。转引自王瑶：《鲁迅作品论集》，人民文学出版社1984年版，第177页。

③ 参见本书第五章第二节，也可参见刘春勇：《留白与虚妄：鲁迅杂文的发生》，《中国现代文学研究丛刊》2014年第1期。

④ 以上两处引文见钱理群、温儒敏、吴福辉：《中国现代文学三十年（修订本）》，北京大学出版社1998年版，第298、300页。

上依照'小说方式'发展起来的,与鲁迅后期杂文有着更直接的联系,而在《故事新编》1934 年后创作的五篇小说中有着更为突出的表现"。①

我们注意到,在以上谈论《故事新编》同杂文密切关系的研究当中,研究者大都注意到书写语言的问题:"他在小说艺术上进行了大胆的试验:有意打破时、空界限,采取了'古今杂糅'的手法:小说中……加入了大量的现代语言、情节与细节,如《理水》'文化山'上的许多学者既以古人身份出现,又开口'OK',闭口'莎士比亚',显然将古与今熔为一炉。中国传统戏剧里的'丑角'在插科打诨中,经常突然脱离剧中的身份与剧情,用现代语言作自由发挥……"②陈方竞则在《鲁迅杂文及其文体考辨》一文中将钱的"古今杂糅"说作了更为详细的阐释,在陈方竞看来,鲁迅将杂文中惯用的"拉扯牵连,若即若离"的"联想""剪贴"或"穿插"等手法在《故事新编》中运用得得当而自如。"……这更是表现方式上的,在古代神话传说题材中置入现实生活题材的'油滑'之笔,即'古今杂糅',与杂文的'拉扯牵连,若即若离',特别是'挖祖坟'、'翻老账'等古今联系、比较运用一样,都可以追溯到绍兴民众戏剧目连戏的启示。"③

其实无论是钱理群所讲的"古今杂糅",还是陈方竞所讲的"拉扯牵连,若即若离",都同《故事新编》书写中的"杂"分不开。从阅读效果来看,"古今杂糅""拉扯牵连,若即若离"的书写方式,最后都呈现为"油滑"。众所周知,在鲁迅学史上,"油滑"在《故事新编》的解读中占有不可忽视的地位。但,从书写角度来讲,真正

---

① 以上两处引文见陈方竞:《鲁迅杂文及其文体考辨》,载陈方竞:《鲁迅与中国现代文学批评》,北京大学出版社 2011 年版,第 457 页。

② 钱理群、温儒敏、吴福辉:《中国现代文学三十年(修订本)》,北京大学出版社 1998 年版,第 299 页。

③ 陈方竞:《鲁迅杂文及其文体考辨》,载陈方竞:《鲁迅与中国现代文学批评》,北京大学出版社 2011 年版,第 457 页。

给这种"油滑"效果以支撑的其实是《故事新编》的书写语言及其讲述方式。粗略而言,这种书写语言及其讲述方式就是"杂"之语言与"杂"之叙事。

"杂"之语言,也可以称之为"杂语"。其实众多的《故事新编》研究者都注意到了这个问题,王瑶所讲的对传统戏剧中"二丑""插科打诨"艺术的继承①、钱理群所谓的"古今杂糅"、陈方竞所说的"拉扯牵连,若即若离"等都可以视作是对该问题的回应。第一篇用"杂语"命名《故事新编》书写方式的是一篇名不见经传的论文:《"杂语"与"复调"——论〈故事新编〉的语言特征》,发表在2007年第5期的《名作欣赏》上,作者朱卫兵。从标题可以看出来,作者用的是巴赫金的"复调"理论。在该论文的摘要中,朱卫东对自己的论文是这样总结的:"本文认为,鲁迅的《故事新编》在语言方面的一个重要特征就是它的'杂语性'。它通过对不同时代、不同类型、不同人物个性语言的相互混杂操演,使之成为多层面、多元化、多样性的语言盛宴,从而成为二十世纪中国杂语小说的出色范例,同时在这种'众声喧哗'的'杂语'之中,形成了一种内在的摩擦、撞击、交锋和对话,使《故事新编》成为现代中国各种不同的文化思想、意识形态和社会价值观念的'复调'展现。"②除了举出一些"杂语"的语言书写例证,这篇论文的最终结论落在了"《故事新编》成为现代中国各种不同文化思想、意识形态和社会价值观念的'复调'展现"上。这样的一个结论着实不能令人满意。但无论如何,将"杂语"作为一个整体现象予以命名总归还是这篇论文的亮点吧!朱卫兵的这篇论文很自然地让我想起郑

---

① 王瑶:《鲁迅〈故事新编〉散论》,载中国社会科学院文学研究所鲁迅研究室编:《1913—1983鲁迅研究学术论著资料汇编》第5卷,中国文联出版公司1986年版,第852—983页。

② 朱卫兵:《杂语"与"复调"——论〈故事新编〉的语言特征》,《名作欣赏》2007年第5期。

家建的《戏拟——〈故事新编〉的语言问题》①，这篇论文同样是借用了巴赫金的理论，并且处理的问题也有很大的相似性，只不过郑文避开了"复调"这个说法，而直接用"戏拟"作为分析的关键词来结构整篇。文章分为上下两篇，上篇从文本细部分析"戏拟"手法，这一部分的分析同朱文从文本层面解析"杂语"有诸多相似之处；下篇则通过实证的手法考察了鲁迅写作晚期《故事新编》时的心态与思想，这是郑文胜过朱文的地方，然而也仅止于此，更深层次的"杂语"书写的动因并没有被揭示出来。或者换句话说，无论是"杂语"例证，还是戏拟的文本细读，其实都还只是找到了鲁迅《故事新编》"杂语"写作的一个皮相，其深层的动因并没有被揭示出来。

（三）

如前所述，钱理群在《中国现代文学三十年（修订本)》中认为："他（鲁迅）要对在《呐喊》、《彷徨》为他自己与中国现代小说所建立的规范，进行新的冲击，寻找新的突破。在这个意义上，可以把鲁迅的《故事新编》看作是一部'实验性'的作品。"②这是一个极其敏锐的观察，然而又失之局限。《呐喊》《彷徨》固然是鲁迅所亲手建立起来的中国现代小说的规范，但《呐喊》《彷徨》的规范又从哪里来呢？很显然是横向移植而来的，其规范来自欧洲小说。所以鲁迅的《故事新编》不只是打破他亲手建立起来的中国现代小说规范这么简单，而是在某种程度上对现代小说的规范进行了突破。并且这个突破正是在文本的"杂语"写作之中。

---

① 郑家建：《戏拟——〈故事新编〉的语言问题》，《鲁迅研究月刊》1998年第12期。
② 钱理群、温儒敏、吴福辉：《中国现代文学三十年（修订本)》，北京大学出版社1998年版，第298页。

所谓"杂语"，如上一节中所说，是因为"知识人场"叙事的出现才被"规定"的，而在"说书人场"叙事当中，这些"杂"声的存在其实并不奇怪。对此，米兰·昆德拉有过非常精彩的论述，他说：

> "太太，一个压路滚筒从您女儿身上压过去了！——那好，那好，我正在浴缸里，把她从我的门底下塞过来，把她从我的门底下塞过来吧。"我小时候听到这个古老的捷克笑话，应不应该控诉它的残酷？塞万提斯的伟大的奠基性作品是由一种非认真的精神所主导的，从那个时期以来，它却由于下半时的小说美学，由于真实性之需要，而变得不被理解。①

昆德拉这段话中的"塞万提斯的伟大的奠基性作品是由一种非认真的精神所主导的"倒是跟我所提到的"'知识人场'叙事失去了传统叙事模式中的张力维度而显得紧张与过于'认真'"有某种契合。其实如前所述，我所谓的"说书人场"叙事在某种层面上正相当于昆德拉所说的欧洲小说的上半时②写作，即塞万提斯、拉伯雷时期，而"知识人场"叙事则相当于他所说的欧洲小说的下半时，即巴尔扎克时

---

① ［捷］米兰·昆德拉：《向斯特拉文斯基即兴致意》，载［捷］米兰·昆德拉：《被背叛的遗嘱》，孟湄译，上海人民出版社 1995 年版，第 54 页。

② 米兰·昆德拉在《向斯特拉文斯基即兴致意》一文中将欧洲小说分为上下半时和第三时。所谓上半时就是指塞万提斯、拉伯雷时期的小说，那个时候小说还没有被命名。下半时指司各特和巴尔扎克时期，这个时期小说的"逼真性"为其需求，是小说创作最正宗的时期，但是却丢失了上半时小说的许多宝贵品质。第三时则是以卡夫卡为代表的现代主义时期，在昆德拉看来，"伟大的现代主义作品为上半时恢复名誉"，但"为上半时小说的原则恢复名誉，其意义并不是回到这种或那种复旧的风格；也不是天真地拒绝十九世纪的小说；恢复名誉的意义要更为广阔：重新确定和扩大小说的定义本身；反对十九世纪小说美学对它所进行的缩小；将小说的全部的历史经验给予它作为基础"。见［捷］米兰·昆德拉：《向斯特拉文斯斯基即兴致意》，载［捷］米兰·昆德拉：《被背叛的遗嘱》，孟湄译，上海人民出版社 1995 年版，第 52、53、68 页。

期。不过如果要完全从昆德拉的小说理论出发的话，我所谓的"古典
的""说书人场"叙事和"现代的""知识人场"叙事中的两个限定词
都应该拿掉。但考虑到各自文化传统的不同，我还是想保留自己的意
见，因为相对于巴尔扎克而言，塞万提斯是早期现代，可是相对于
中国现代小说传统而言，宋元话本到底是早期现代、近代抑或是古
典，我们其实还一直存在争议①，就习俗而言，我们还是愿意将其称
为"古典"。

《故事新编》中有一种"不认真"的精神，鲁迅在自己的序言中
对此讲得很清楚，并且他将这种不认真命名为"油滑"：

> 这可怜的阴险使我感到滑稽，当再写小说时，就无论如何，
> 止不住有一个古衣冠的小丈夫，在女娲的两腿之间出现了。这就
> 是从认真陷入了油滑的开端。油滑是创作的大敌，我对于自己很
> 不满。②

"从认真陷入了油滑"，这句话其实是鲁迅前后期写作变化的一个很
切当的总结。从昆德拉的角度来解读的话，就是从小说的下半时复
回③到了小说的上半时，而这不正是昆德拉孜孜以求的目标吗？并且
这下面一句话鲁迅也说得不错，"油滑是创作的大敌"，换句话说，"不
认真"是创作的大敌。所谓"创作"，其实是有特指，一般来说，纯
文学写作为才能称为"创作"，④也即昆德拉意义上的小说下半时才
是真正意义上的"创作"，而下半时小说以"逼真"为规范，当然视

---

① 日本京都学派的"唐宋变革说"对中国历史研究的影响不容小视。
② 鲁迅：《故事新编·序言》，载《鲁迅全集》第 2 卷，第 353 页。
③ 此处所谓"复回"绝不是原模原样地"回归"，而是柄谷行人意义上的"在较高
一层次的回复"。见［日］柄谷行人：《帝国的结构》，林晖钧译，心灵工坊文化
事业股份有限公司 2015 年版，第 47 页。
④ 王向远：《鲁迅杂文概念的形成演进与日本文学》，《鲁迅研究月刊》1996 年第
2 期。

"不认真"（油滑）为大敌。末一句"我对于自己很不满"，当然如前所述，是一种自信的自谦吧！

但这些都并不重要，重要的是"不认真"（油滑）是不是真的如鲁迅所说的从《不周山》开始？我在上一节中对此是否定的："其实无论是从文本本身还是从文本的语境来看，《不周山》还依然是在'知识人场'叙事模式的范畴当中。"这个结论的得出当然是基于我对"油滑"的重新定义。①

不过，如前所述，"油滑"（"不认真"）其实是从阅读效果的角度对文本的叙述做的一种定性，而我在此想从文本书写的角度重新定性，也就是通过对《不周山》的文本书写和晚期《故事新编》的文本书写做一个对比，从而对这个问题重新作出判断。对于《不周山》和晚期《故事新编》文本书写的不同，以前我们都还只是停留在阅读感知层面，未见有技术层面的分析，笔者在此想做一尝试。《不周山》写作于 1922 年，最初收入《呐喊》，而如前所述，钱理群认为，《呐喊》《彷徨》正是《故事新编》所要冲击的小说规范，而这种规范正是昆德拉所言的小说下半时的巴尔扎克们所建立的传统。这样，我们的问题也可以简化成：《不周山》是属于小说规范的《呐喊》传统，还是要冲击《呐喊》传统的《故事新编》传统？如果换成昆德拉的方式来问，则是：《不周山》到底是小说的下半时传统还是小说的上半时传统？在昆德拉看来，小说的上半时、下半时和第三时分别对应着小说家处理故事的三种不同方式：讲述故事、描写故事和沉思故事。② 也就是说，从书写的技术层面考虑的话，我们需要判定《不周山》这个文本到底是在讲述故事还是在描写故事。那么，到底描写故事和讲述故事的区别在哪里？在昆德拉看来，就是对于"逼真性"

---

① 参见本书第六章第三部分，也可参见刘春勇：《油滑·杂声·超善恶叙事——兼论〈不周山〉中的"油滑"》，《社会科学辑刊》2017 年第 1 期。

② 李凤亮：《"第三时"的小说世界——米兰·昆德拉小说史论阐析》，《南京社会科学》2003 年第 2 期。

追求与否。而"逼真性"则是通过"场面"的描写烘托出来的。"场面成为小说构造的基本因素（小说家高超技艺之地）是在十九世纪初期。在司各特、巴尔扎克、陀思妥耶夫斯基那里，小说被结构成一连串精心描写，有布景，有对话，有情节的场面；一切与这一系列场面没有联系的，一切不是场面的，都被视为和体会为次要乃至多余，小说颇像一个非常丰富的剧本。"① 所谓"场面"描写其实就是我们通常的所谓小说的环境描写，有环境描写就一定有人物的内心，这就是心理描写，而众所周知，这两样"描写"的出现是现代小说成熟的标志。在上一节对《不周山》作文本分析时，我已经注意到这一现象，"从人物形象塑造来看，两极分化极为鲜明，作者尽力用赞誉之词完善女娲的光辉形象，甚至围绕着女娲的景物描写也都宏伟壮丽"② 。仔细阅读《不周山》我们就会发现，文本中存在大量的"场面"描写：

> 粉红的天空中，曲曲折折的漂着许多条石绿色的浮云，星便在那后面忽明忽灭的睒眼。天边的血红的云彩里有一个光芒四射的太阳，如流动的金球包在荒古的熔岩中；那一边，却是一个生铁一般的冷而且白的月亮。③

这一段和上一节所引的两段文字④ 中的仔细的"场面"描写在后来的《故事新编》篇目中几乎绝迹，除了《铸剑》开头的1—2节：

> "当最末次开炉的那一日，是怎样地骇人的景象呵！哗拉拉地腾上一道白气的时候，地面也觉得动摇。那白气到天半便变成

---

① ［捷］米兰·昆德拉：《寻找失去的现在》，载［捷］米兰·昆德拉：《被背叛的遗嘱》，孟湄译，上海人民出版社1995年版，第118页。
② 参见本书第六章第三部分，也可参见刘春勇：《油滑·杂声·超善恶叙事——兼论〈不周山〉中的"油滑"》，《社会科学辑刊》2017年第1期。
③ 鲁迅：《故事新编·补天》，载《鲁迅全集》第2卷，第357页。
④ 参见本书第六章第三部分。

白云，罩住了这处所，渐渐现出绯红颜色，映得一切都如桃花。我家的漆黑的炉子里，是躺着通红的两把剑。你父亲用井华水慢慢地滴下去，那剑嘶嘶地吼着，慢慢转成青色了。这样地七日七夜，就看不见了剑，仔细看时，却还在炉底里，纯青的，透明的，正像两条冰。"①

《铸剑》中的这一段虽然是眉间尺的母亲在向他转述其父铸剑的场面，但同《不周山》中描写故事的方式更为接近，而同后面的《故事新编》叙事方式不同。在书写语言上一个显著的特征就是，描写故事多用比喻和排比句式，形容词运用得较多，偏静态而少动感，在书写节奏上不轻快，较为凝重。

《奔月》以后的《故事新编》写作则几乎没有这样的"场面"描写，故事的推动只存在于讲述当中，或者说存在于不断的"动作"当中，而地点（不是"场面"）只是作为推动人物的行动而出现：

他穿过厨下，到得后门外的井边，绞着辘轳，汲起半瓶井水来，捧着吸了十多口，于是放下瓦瓶，抹一抹嘴，忽然望着园角上叫了起来道：
"阿廉！你怎么回来了？"②

仅此短短一段，出现了11个动词，节奏轻快，动感十足。又如《采薇》中的这一段：

心里忐忑，嘴里不说，仍是走，到得傍晚，临近了一座并不很高的黄土冈，上面有一些树林，几间土屋，他们便在途中议

---

① 鲁迅：《故事新编·铸剑》，载《鲁迅全集》第2卷，第434—435页。
② 鲁迅：《故事新编·非攻》，载《鲁迅全集》第2卷，第468—469页。

定，到这里去借宿。①

从以上引文可以看出，《故事新编》的书写语言多用动词，句式则短句居多，着实给人轻快明了的感觉。

叙事语言中动词的增多，表明故事在持续推动，而不是静止于某一场面当中不能自拔，场面描写的延宕则正是人物内心的心境的外露，这正是讲述故事同描写故事的不同，或者说，是小说的上半时同下半时的不同，或者说是塞万提斯、拉伯雷同巴尔扎克、陀思妥耶夫斯基的不同。描写故事的小说是在笛卡尔的"主体"之理性的光芒下成为可能的，既要通过"场面"的描写同时也通过人物内心的描写树立"主体之人"，因此在描写故事的小说时代，不是故事，而是角色成为小说的重心，与此不同的是，讲述故事的叙事作品关心的则永远是经验的传达，即一个古老的经验通过不断的"动作"而一代一代传承下去。"过去一旦被讲述便成为抽象：这是一种没有任何具体场面……有如一种概述，传达给我们一个事件的基本，一个历史的因果逻辑。薄伽丘之后到来的小说家是些出色的说书人，但是捕捉现在时间中的具体，这既不是他们的问题也不是他们的雄心。他们讲一个故事，并非要把它放在具体的场面上去想象。"②昆德拉所说的说书人概述式地，而非场面式地讲故事，正是一种古老的经验传递的方式，这样的论述不禁使人想起本雅明（Walter Benjamin）那篇著名的《讲故事的人——尼古拉列斯科夫作品随想录》。对于讲述故事的叙事，两位智者有着惊人的相似论述："我们再回到黑贝尔的那段小说。那段小说从头到尾透着流水账史诗的调子，我们稍作思考，就会毫不费力地看出写历史的史学家和讲历史的流水账史诗作者之间的差别。史学家必须或者这样或者那样地解释他所处理的事件；他永远不会满足于

① 鲁迅：《故事新编·采薇》，载《鲁迅全集》第 2 卷，第 417 页。
② ［捷］米兰·昆德拉：《寻找失去的现在》，载［捷］米兰·昆德拉：《被背叛的遗嘱》，孟湄译，上海人民出版社 1995 年版，第 118 页。

罗列事件，说这就是世界演进过程的模式。然而，这正是流水账史诗作者所做的。"①

　　描写故事的小说通过"场面"的描写来烘托主人公或者主要人物，以此来达到对"主体之人"的塑造，而讲述历史、传达经验并非它的重心。从这样一个角度来说，描写故事的小说是情感的②，讲述故事的叙事作品则是经验和实用的。就《故事新编》而言，尽管文本中间浸透了鲁迅孤独的情绪，但忧伤与愤怒并没有像《呐喊》时期那样成为叙事作品的重心。倒是在鲁迅的孤独与明快的叙述之间，我们看到了"行动"的可能。其实这个系列作品的名字从"不周山""眉间尺"这样的"主词"构造而全面转向"补天""理水"等这样的"动宾"式命名，其中不就隐含着作者"行动"的意图吗？无论是《非攻》《理水》中的积极行动，还是《采薇》《出关》中的退守——所谓"无为"不正是老子的"为"吗？——无不都是鲁迅深陷 20 世纪 30 年代的历史旋涡中向古代经验中去探求解决现实的"药方"。"行动"与"解决"而非哀伤，正是《故事新编》区别于《呐喊》的地方。而这也是"讲故事的人"区别于"描写故事的人"的地方。"实用关怀是天才的讲故事的人所特有的倾向。"③

　　正是讲故事的叙事作品的这种"超善恶"与经验传递的"实用性"的品质令其可以容纳平凡的、世俗的、日常的、异质的、偶然的、重复的、残酷的或者简单的存在。这也就是《故事新编》中超越书写语言层面之上的叙事结构的"杂"吧！

　　　老子毫无动静的坐着，好像一段呆木头。

　　　"先生，孔丘又来了！"他的学生庚桑楚，不耐烦似的走进

---

① ［德］瓦尔特·本雅明（Walter Benjamin）：《讲故事的人——尼古拉列斯科夫作品随想录》，载《本雅明文选》，陈永国、马海良编，中国社会科学出版社 1999 年版，第 303 页。

② 实际上，描写故事的小说正是在卢梭（Jean-Jacques Rousseau）之后才成为可能。

③ ［德］瓦尔特·本雅明：《讲故事的人——尼古拉列斯科夫作品随想录》，载《本雅明文选》，陈永国、马海良编，中国社会科学出版社 1999 年版，第 294 页。

来，轻轻的说。

"请……"

"先生，您好吗？"孔子极恭敬的行着礼，一面说。

……

大约过了八分钟，他深深的倒抽了一口气，就起身要告辞，一面照例很客气的致谢着老子的教训。

老子也并不挽留他，站起来扶着挂杖，一直送他到图书馆的大门外。孔子就要上车了，他才留声机似的说道：

"您走了？您不喝点儿茶去吗？……"①

……

一过就是三个月。老子仍旧毫无动静的坐着，好像一段呆木头。

"先生，孔丘来了哩！"他的学生庚桑楚，诧异似的走进来，轻轻的说。"他不是长久没来了吗？这的来，不知道是怎的？……"

"请……"老子照例只说了这一个字。

"先生，您好吗？"孔子极恭敬的行着礼，一面说。

……

大约过了八分钟，孔子这才深深的呼出了一口气，就起身要告辞，一面照例很客气的致谢着老子的教训。

老子也并不挽留他。站起来扶着挂杖，一直送他到图书馆的大门外。孔子就要上车了，他才留声机似的说道：

"您走了？您不喝点儿茶去吗？……"

这样几乎一模一样的重复叙事在描写故事的小说中是绝不会出现的，而像这样的重复叙事在晚期《故事新编》中却大量存在。

---

① 鲁迅：《故事新编·出关》，载《鲁迅全集》第 2 卷，第 454—455 页。

鲁迅说《故事新编》"并没有将古人写得更死",恐怕也正是意识到"讲述故事"同"描写故事"的这种本质性的区别了吧？否则，我们如何解释《故事新编》中大量出现的世俗之"吃食"呢？昆德拉在《小说及其生殖》一文中曾经直截了当地指出，现代小说的性质决定它一定会厌恶生命里"十分具体且世俗的东西"，包括厌恶"生殖"(小说里的主人公至少百分之五十以上没有后代)[①]。除了"生殖"，这个世俗当然也应该包括"吃食"，大部分小说的作者会厌恶"吃食"在主人公的世界跳进跳出，因为这些原本就无关紧要。然而，正是对这些无关紧要之物的"拉拉杂杂"构成了《故事新编》特有的品质。

> 一面自己亲手从架子上挑出一包盐，一包胡麻，十五个饽饽来，装在一个充公的白布口袋里送给老子做路上的粮食。并且声明：这是因为他是老作家，所以非常优待，假如他年纪青，饽饽就只能有十个了。(《出关》)

> "哼！"嫦娥将柳眉一扬，忽然站起来，风似的往外走，嘴里咕噜着，"又是乌鸦的炸酱面，又是乌鸦的炸酱面！你去问问去，谁家是一年到头只吃乌鸦肉的炸酱面的？我真不知道是走了什么运，竟嫁到这里来，整年的就吃乌鸦的炸酱面！"(《奔月》)

> 他看得耕柱子已经把窝窝头上了蒸笼，便回到自己的房里，在壁厨里摸出一把盐渍藜菜干，一柄破铜刀，另外找了一张破包袱，等耕柱子端进蒸熟的窝窝头来，就一起打成一个包裹。衣服却不打点，也不带洗脸的手巾，只把皮带紧了一紧，走到堂下，穿好草鞋，背上包裹，头也不回的走了。从包裹里，还一阵一阵的冒着热蒸气。(《非攻》)

> "请呀请呀！"他指着辣椒酱和大饼，恳切的说，"你尝尝，

---

① 见［捷］米兰·昆德拉：《小说及其生殖》，载［捷］米兰·昆德拉：《相遇》，尉迟秀译，上海译文出版社 2010 年版，第 47—50 页。昆德拉这里所谓的"小说"显然在更大程度上是指下半时以巴尔扎克为代表的作品，尽管他也提及了《巨人传》。

这还不坏。大葱可不及我们那里的肥……"（《非攻》）

大约过了烙好一百零三四张大饼的工夫……（《采薇》）

伯夷和叔齐都消化不良，每顿总是吃不完应得的烙饼……（《采薇》）

但到第四天的正午，一个乡下人终于说话了，这时那学者正在吃炒面。（《理水》）

"……如果我真的不是人，我情愿大辟——就是杀头呀，你懂了没有？要不然，你是应该反坐的。你等着罢，不要动，等我吃完了炒面。"（《理水》）

大员们一面膝行而前，一面面面相觑，列坐在残筵的下面，看见咬过的松皮饼和啃光的牛骨头。非常不自在——却又不敢叫膳夫来收去。（《理水》）

（四）

无论是从历史的眼光还是从当时的语境来看，《故事新编》的这种"不认真"的写作在 20 世纪 30 年代中期都会显得独特而不合时宜。然而，《故事新编》的"杂语"写作及其油滑使其成为中国少数令人发笑、让读者快活的作品。它其实就是半个世纪以后昆德拉孜孜以求的"小说"的最高范本，很可惜，昆德拉可能并不知道它的存在吧!?

小说是什么？犹太人有一个精彩的谚语：人一思索，上帝就发笑。在这个格言的启发下，我喜欢想象：弗朗索瓦·拉伯雷有一天听到了上帝的笑声，欧洲第一部伟大的小说因此而诞生。我很喜欢把小说艺术来到世界上当作上帝发笑的回声。①

---

① ［捷］米兰·昆德拉：《耶路撒冷讲话：小说与欧洲》，载［捷］米兰·昆德拉：《小说的艺术》，孟湄译，生活·读书·新知三联书店 1995 年版，第 153—154 页。

弗朗索瓦·拉伯雷发明了许多新词，它们后来进入法兰西语言和其它语言，但是这些词中有一个被遗忘了，这是令人遗憾的。这个词是不快活的人 age–laste，它来自于希腊文，意思指不笑和没有幽默感的人。拉伯雷讨厌不快活的人。他害怕他们，他抱怨那些不快活的人"对他如此残忍"，使他差一点就停止写作，并永远不再写。①

age–laste 并非就是生来如此，文化的塑造，包括小说书写的"窄化"都会造就这样的人。或许小说的下半时写作及其样板对此要负一定程度的责任。下半时小说因为"真实性"之需要而变得对塞万提斯和拉伯雷的"非认真"精神不理解，"让人物在路途中间离开小说，对塞万提斯说来是正常的，但这里（下半时小说里——笔者按）却被视为一个缺点"②。

20 世纪 30 年代中期，鲁迅在"非认真"精神的大道上疾驰而写作《故事新编》时，昆德拉意义上的小说下半时写作正在中国的土地上开花结果大行其道。其结果可想而知，age–laste 时代正在缓慢走来，鲁迅所遭际的正是这个时代到来的第一波浪潮。

在小说家与不快活的人中间，不可能有和平，不快活的人从来没有听过上帝的笑，他们坚信：真理是明白的，所有人都应该思考同样的东西，他们自己就是他们所想的那样。③

昆德拉的这段话用在 20 世纪 30 年代中期的鲁迅身上似乎不怎么需要

---

① [捷] 米兰·昆德拉：《耶路撒冷讲话：小说与欧洲》，载 [捷] 米兰·昆德拉：《小说的艺术》，孟湄译，生活·读书·新知三联书店 1995 年版，第 153—154 页。

② [捷] 米兰·昆德拉：《寻找失去的现在》，载 [捷] 米兰·昆德拉：《玻背叛的遗嘱》，孟湄译，上海人民出版社 1995 年版，第 119 页。

③ [捷] 米兰·昆德拉：《耶路撒冷讲话：小说与欧洲》，载 [捷] 米兰·昆德拉：《小说的艺术》，孟湄译，生活·读书·新知三联书店 1995 年版，第 154 页。

改动。其时，鲁迅正被一群 age-laste 所包围，处于同他们的纠葛之中：

> 我本是常常出门的，不过近来知道了我们的元帅深居简出，只令别人出外奔跑，所以我也不如只在家里坐了。①
>
> 三郎的事情，我几乎可以无须思索，说出我的意见来，是：现在不必进去。最初的事，说起来话长了，不论它；就是近几年，我觉得还是在外围的人们里，出几个新作家，有一些新鲜的成绩，一到里面去，即酱在无聊的纠纷中，无声无息。以我自己而论，总觉得缚了一条铁索，有一个工头在背后用鞭子打我，无论我怎样起劲的做，也是打，而我回头去问自己的错处时，他却拱手客气地说，我做得好极了，他和我感情好极了，今天天气哈哈哈……。真常常令我手足无措，我不敢对别人说关于我们的话，对于外国人，我避而不谈，不得已时，就撒谎。你看这是怎样的苦境？②
>
> 这一个名称，是和我在同一营垒的青年战友，换掉姓名挂在暗箭上射给我的。③
>
> 于是从今年起，我就不大做这样的短文，因为对于同人，是回避他背后的闷棍，对于自己，是不愿做开路的呆子……④
>
> 我们 ××× 里，我觉得实做的少，监督的太多，个个想做"工头"，所以苦工就更加吃苦。现此翼已经解散，别组什么协会之类，我是决不进去了。⑤

这上面的文字记录了鲁迅 1935—1936 年的境遇与心境，同左联

---

① 鲁迅：《书信·350628 致胡风》，载《鲁迅全集》第 13 卷，第 491 页。
② 鲁迅：《书信·350912 致胡风》，载《鲁迅全集》第 13 卷，第 543 页。
③ 鲁迅：《花边文学·序言》，载《鲁迅全集》第 5 卷，第 437 页。
④ 鲁迅：《花边文学·序言》，载《鲁迅全集》第 5 卷，第 439 页。
⑤ 鲁迅：《书信·360405 致王冶秋》，载《鲁迅全集》第 14 卷，第 69 页。

的不愉快合作在一定程度上是促使他如此写作《故事新编》的诸多动因之一吧？从他先后给胡风的两封信中可以感受得到他的沮丧与受挫的心理。在《故事新编》编订完成后的次年4月，冯雪峰从陕北回到上海，鲁迅与他见面的第一句话是，"这两年我给他们（即指周扬等人，笔者案）摆布得可以"①，足以见得鲁迅在"左联"中的孤立。他与周扬们之间的矛盾尽管很多是一些具体小事情的纠葛，但恐怕更为主要的原因是精神气质的不同吧？左联的成员大多数是小说的下半时所滋养出来的，有着"认真"的精神，而鲁迅从气质上不喜欢这样的 age-laste，于是才有了面对冯雪峰的抱怨。而从书写的一面则将这些心境糅化在古典的故事讲述中，这就是晚期的《故事新编》。事实上，早已有学者撰文指出这一点："参照三十年代上海左翼文坛的某些迹象，我猜阿金有周扬的影子，而小丙君则影射着田汉、穆木天。……鲁迅在这里并非完全按照现实来写，小丙君当然不是仅指田汉自己，阿金也并非是指周扬一个人。"②

下半时小说对"逼真性"的诉求，使得小说成为"描写故事"之物，"为要表达所有基本性的（基本性即对于情节极其意义的可喻性而言）东西，它要放弃所有'非基本性的'，也就是说，所有寻常、平凡的、日常的，那些偶然或者简单的气氛。"③换言之，下半时小说必须去掉上半时小说中的异质的"杂声"，将一切不符合主题之物剪除，小说的每一个人物的设计、每一场面的描写以及每一句对白都

① 冯雪峰后来的《回忆鲁迅》将这句话改写成"这两年的事情，慢慢告诉你罢"。据陈漱渝先生的《"高山安可仰 徒此揖清芬"——〈鲁迅回忆录〉序言》，又参见冯雪峰：《回忆鲁迅》，见《鲁迅回忆录·专著·中册》，鲁迅博物馆、鲁迅研究室、《鲁迅研究月刊》选编，北京出版社1999年版，第649页。

② ［日］竹内实：《阿金考》，载《竹内实文集·第二卷·中国现代文学评说》，程麻译，中国文联出版社2002年版，第147页。

③ ［捷］米兰·昆德拉：《寻找失去的现在》，载［捷］米兰·昆德拉：《被背叛的遗嘱》，孟湄译，上海人民出版社1995年版，第119页。

无不指向"意义"的聚焦。这样的写作在昆德拉看来是过于"认真"的、紧张的、不好玩的。小说写作的这种趋向最终一定会返回到人的精神结构之中,于是,最终精神的"窄化"不仅仅是一个小说书写的问题,而是构成了现代人的精神维度,其伦理与政治的一切生活都会因此受到致命的影响。要避免这种精神结构"窄化"的趋向,就有必要重新考量书写方式,在有限的尺度内恢复"讲述故事"的传统,从而使得异质性的"杂"复回到书写当中,《故事新编》或许在这个方面给我们做了一个示范。这当然又不得不令我们想到提出"有余裕"(留白)观念的《华盖集·忽然想到(一至四)》以及本节开篇所提及的《华盖集·题记》了,所谓对艺术之宫的打破,而回到书写的实用性之"杂"中来。张旭东把这篇题记看作鲁迅"杂文自觉"①的标志,看来也不无道理。

如果将 1925 年视为鲁迅"杂"之写作的起点的话,那么到了 20 世纪 30 年代,鲁迅的杂文写作和《故事新编》则是"杂"之写作的顶峰。这个过程是以鲁迅逐步放弃昆德拉意义上的小说下半时的书写结构而逐步向小说上半时(注意不是第三时)复回的过程,在某种层面上也复回到了本雅明所谓的"讲故事的人"的精神结构之中。在这样一种复回的书写当中,某种异质的"杂"之丰富性的书写及其相伴的精神的丰富性在某种层面上得以复回。而隐藏在鲁迅"杂"之书写中最大的两个秘密当属"留白"(或曰"有余裕")与"行动之可能性"(或曰本雅明意义上的"实用性")。此两个特点是"杂"之书写的两翼,缺一不可。不能兼顾者,而只得其一,则一定与鲁迅相异。周作人同其"京派"得其"留白",而将"行动之可能性"弃之不顾,则流于"隐逸"与"闲适";左翼得其"行动之可能性",而将"留白"弃之不顾,则流于"激进"与"狭窄"。然而,可惜的是,鲁迅之外

---

① 张旭东:《杂文的"自觉"——鲁迅"过渡期"写作的现代性与语言政治(上)》,《文艺理论与批评》2009 年第 1 期。

而能兼顾者寥矣。

或者，更令人好奇的是鲁迅是如何兼顾此二者的呢？在普通者看来，既"留白"（有余裕），则不行动（战斗）了吧？我此前在讲"留白"这个概念时，就遇到这样的提问：你说20世纪20年代中期鲁迅转变之后，就"留白"了，然而，鲁迅20世纪30年代的杂文岂不是战斗的吗？其实，细心的读者只要仔细读一读《"这也是生活"……》，答案就不证自明了。在这个看似平常的晚期的杂文中，却隐含了鲁迅晚期为文与为人的最大秘密。前面的第五章第二节已经对此做过详细阐释。①

然而，对于鲁迅而言，"我要看来看去看一下"的"留白"的生活并不等于"闲适"，而恰恰相反是"行动之可能性"（战斗）的必要成分，所以在接下来的文字中，他提到了他所认为的真正的"行动"之方式：

> 第二天早晨在日光中一看，果然，熟识的墙壁，熟识的书堆……这些，在平时，我也时常看它们的，其实是算作一种休息。但我们一向轻视这等事，纵使也是生活中的一片，却排在喝茶搔痒之下，或者简直不算一回事。我们所注意的是特别的精华，毫不在枝叶。给名人作传的人，也大抵一味铺张其特点，李白怎样做诗，怎样耍颠，拿破仑怎样打仗，怎样不睡觉，却不说他们怎样不耍颠，要睡觉。其实，一生中专门耍颠或不睡觉，是一定活不下去的，人之有时能耍颠和不睡觉，就因为倒是有时不耍颠和也睡觉的缘故。然而人们以为这些平凡的都是生活的渣滓，一看也不看。②

---

① 参见本书第五章第二部分，也可参见刘春勇：《留白与虚妄：鲁迅杂文的发生》，《中国现代文学研究丛刊》2014年第1期。
② 鲁迅：《且介亭杂文末编（附集）·"这也是生活"……》，载《鲁迅全集》第6卷，第626页。

在这段话中，鲁迅大书而特书"日常"的重要性，不正应和了前文所引之昆德拉的小说艺术的言论吗？而鲁迅早于昆德拉半个世纪就将这些问题付诸生活的实践之中了。在鲁迅看来，所谓的"行动"（战斗）必须是与"日常"融为一体的持久的"行动"（战斗），那些认为"行动"（战斗）只是特殊状况下的产物的思想都是对"行动"（战斗）误解之后的产物，或者说是，缺乏"留白"意识的产物。正因此，鲁迅所提倡的"行动"（战斗）是"持久"式的"壕堑战"：

> 我没有当过义勇军，说不确切。但自己问：战士如吃西瓜，是否大抵有一面吃，一面想的仪式的呢？我想：未必有的。他大概只觉得口渴，要吃，味道好，却并不想到此外任何好听的大道理。吃过西瓜，精神一振，战斗起来就和喉干舌敝时候不同，所以吃西瓜和抗敌的确有关系，但和应该怎样想的上海设定的战略，却是不相干。这样整天哭丧着脸去吃喝，不多久，胃口就倒了，还抗什么敌。①
>
> 欧战的时候，最重"壕堑战"，战士伏在壕中，有时吸烟，也唱歌，打纸牌，喝酒，也在壕内开美术展览会，但有时忽向敌人开他几枪。②
>
> 德国腓立大帝的"密集突击"，那时是会打胜仗的，不过用于现在，却不相宜，所以我所采取的战术，是：散兵战，堑壕战，持久战——不过我是步兵，和你的炮兵的法子也许不见得一致。③

对于鲁迅而言，日常虽然不直接是"行动"（战斗），然而，"日常"又无不包含在"行动"中。这种结果正是鲁迅的"杂"之书写之两

---

① 鲁迅：《且介亭杂文末编（附集）·"这也是生活"……》，载《鲁迅全集》第6卷，第625页。
② 鲁迅：《两地书·二》，载《鲁迅全集》第11卷，第16页。
③ 鲁迅：《书信·351004 致萧军》，载《鲁迅全集》第13卷，第558页。

翼——"留白"与"行动之可能性"——的完美结合,而晚期的鲁迅及其书写的全部可能性也就隐含在这一结合当中。

删夷枝叶的人,决定得不到花果。①

……战士的日常生活,是并不全部可歌可泣的,然而又无不和可歌可泣之部相关联,这才是实际上的战士。②

---

① 鲁迅:《且介亭杂文末编(附集)·"这也是生活"……》,载《鲁迅全集》第6卷,第624页。
② 鲁迅:《且介亭杂文末编(附集)·"这也是生活"……》,载《鲁迅全集》第6卷,第626页。

后　记

　　这本书最初的起意是我想出一本关于鲁迅研究方面的总结性的专著，好对自己博士阶段以来所从事的学术工作做一个总结。书的初稿成型时，恰逢贾振勇兄过来商量"70后"学人整体推出一套丛书的事，于是决定就放在"奔流"丛书中出版。回想起来，最初商议的时间是2017年，到现在都已经过去几年了。2019年3月，我第二次去尼泊尔探亲时，将初稿发给了编辑，后来各种事情的耽搁，到今年6月编辑将初审意见发来，我才根据修改意见在8月份最终定稿。其间，"奔流"丛书其他几位同人的专著都已纷纷出版，好像最后就剩下我和袁盛勇兄的两本了。

　　从初稿到定稿，虽然只相隔一年多一点的时间，可是，感觉跟过去了好几个世纪似的。一方面也许是一年多来世界发生太多太大变故的缘故吧，2019年12月31日，世界史一定会铭记这一天。那个时候还没有太多人意识到危险的来临，人们还沉浸在谈论人工智能的未来世界，期待无人驾驶进入日常生活，以及梦想未来不久的生物医学的革命可以使人类永生，可是随着2020年元旦钟声的敲响，一场席卷全球的疫情悄然来临。我也就是在这个时候离开北京取道曼谷第三次来到尼泊尔的。对于我个人而言，这一次长途旅行虽然是一次平常的探亲行动，却带来了意想不到的个人思想转型，即便没有疫情，这种转型对我而言也是个体生命中决定性的一环，更何况又有如此重要的世界性事件发生呢！

　　就我个人生命而言，我的学术研究的重心鲁迅研究一直不是一个单一的学术研究的面相，而是早就融化在我的生命当中了。因此，将近二十年对鲁迅的阐释与搜求，同时也是我个体心性成长与实践的历史，这其中自然就已经暗含了，书写不是书写而是实践的意识了。高远东提醒的鲁迅的"文"最终的指向的是实践与行动，王乾坤、孙郁的个体生命实践，以及钱理群的不知疲倦的个体书写与行动，这一切都深深触动了我的灵魂，很庆幸同他们的交往给我的生命所带来的一切，当然尾崎文昭和木山英雄一如既往地给我的文字与学术注入行动的源动力，张承志的《鲁迅路口》将我带入我长期忽视的鲁迅的行动时期——辛亥革命与留日时代。这一切促使我反省以前的文字与学术，而将重心挪移到对鲁迅一生行动与实践源头与动力之源的关注上，也就是对鲁迅一生的血性生命与"文"之实践性与行动性的源头与动力到底在何处的思考。而这一思考本身也是我个人追求血性与力之生命实践的个体心性的重要组成。2017 年在给北京大学近代文体与文章研讨会提交的《杂之于鲁迅：鲁迅晚期写作论》一文的写作过程中，我突然意识到鲁迅杂文同顾炎武《日知录》之间的某种关联性，于是触动了我对于鲁迅同晚明话题的关注，同时也激活了我对木山英雄的"文学复古与文学革命"的重新认识。复古以革新的认知又反过来促使我对鲁迅重新认知，于是就有了对鲁迅《野草》等一系列文本的重新解读、实践与行动，鲁迅对生命中沉睡的那个辛亥革命之魂的召唤始终是我关注的主题。

这一系列的转变促使我在编辑本书的同时转向了一个同以往完全不同的研究领域：晚明。2019 年 4 月，我在加德满都完成了《从长时段视角重审五四与晚明之关联——兼论"文"之实践性与行动性》这一长文的写作。从某种层面上来说，这篇文章既是对我过去研究思路的一种拓展，同时也形成了某种精神的背叛，从而逐渐将我的学术生涯引向了一条未知的道路。

正因为对晚明的考察，把我带进了迷人的 17 世纪（岸本美绪语），一方面加深了对晚明话题的思考，同时更进一步的阅读也慢慢促使我放弃了长文中过多集中于思想层面的考察，从而形成了对其背叛的想法。这也就是我开头所说的好像过了好几个世纪的感觉。真的是恍如隔世，去年这个时候差不多还沉浸在写作的兴奋当中，可是一年后却彻底不认同其中的很大一部分想法。其中的原因大概要归功于我对岸本美绪、弗兰克等人的阅读，当然，更重要的是年初我的欧洲之行。

决定同我太太去欧洲旅行一开始只是一个普通的休假之旅，绝没有想到会对我的生命形成巨大的冲击。甚至在去土耳其、意大利之前，我们完全没有想到会去伊比利亚半岛，这一切都要归因于疫情的大暴发。其实在欧洲之行以前，我对要去的地方的历史及地理知之甚少，以至于在夫人一再催促之下也不太愿意做旅游攻略。可是，旅行结束回到尼泊尔之后，我对所游之地，尤其是对葡萄牙、西班牙发生了浓厚的兴趣，究其原因，一方面是对于自我生命历程的珍视与追念，但另一方面不可否认的是，晚明话题将我的学术生命同旅行生命紧密地连接在一起。我突然意识到伊比利亚半岛同晚明的血肉联系，于是猛读。阅读同样是一个漫长的旅行，在旅途中会不断地碰到与丢失，这本专著，甚至同时写作的那篇长文大概都是被丢失的一部分吧，而且是有意为之，而波托西、阿卡普尔科、果阿、卡利卡特（古里）、长崎、马尼拉、巴达维亚、白银……这些恐怕是无意中遇到，而又必然遇到的吧？所以无意中撞开了经济史的大门，那么，思想史的地位会骤然下滑，这也会是注定的事情。总之，一切都在变化之中，而我则太喜欢这种不断地思想变化与冒险了，希望还能继续变化下去。

世界无穷大，生命太渺小，然而，多么美妙！

本书的出版，要感谢山东师范大学文学院的出版资助，感谢贾振勇兄的精心策划！与9位当前国内风头正劲的"70"后学人联袂出版，实感荣幸之至。感谢林少阳兄和孟庆澍兄在本书书名拟定过程中所提供的参考意见，感谢人民出版社陈晓燕编辑的辛勤付出！

最后，要感谢远在东京的尾崎文昭老师，本书中的几乎每一部分都凝结着尾崎老师的心血，感谢老师十年如一日的书信往来与悉心指导！

（以上文字写于 2020 年 12 月 9 日）

书即将付印。编辑问我还要不要放"后记"。我有点愕然，完全不记得还写过一篇"后记"之类的文字。时间太久了，依稀记得那时和编辑有过相关讨论，但后来书稿一改再改，"后记"这回事就被我忘得一干二净了，甚至都没有保存原稿，待编辑发来，我看完之后，才知道"原来是这么回事"。那就权当"后记"吧！不过，时间又过去这么久了，总得加上几句吧。

我记得王乾坤同我见第二面时，跟我讲，钱理群有一次问他，"乾坤，你还有十几年才退休，这么长时间，怎么办？"这是一个有意思的问题，王老师原封不动地把这个问题交给了我。这自然不是一个什么世俗问题，然而足够令我闻之胆寒且战栗。

三年前形成的想法到现在几乎没有什么变化。我的一个毕业多年的学生，似乎患了很重的病，抑或是精神方面的问题也未可知，并不经常联系，然而隔两三年，冷不丁就会来问候我一句。他喜欢日本文化与思想，又似乎是艺术学方面的毕业生。总之，我只是偶尔碰巧给他上过一堂课，但他似乎捕捉到了什么似的，仿佛觉得我是可以从精神层面交流的人。于是即便三年之久不联系，微信发来的话也照旧是多年老朋友的感觉。他的问题总是奇怪而突兀，譬如有一次，他说他真的得了很重的病，大概三五年就会不在人世了。然而过了六年，他又给我发来书房的照片，告诉我他正在阅读日本电影方面的最新著作。又有一次，也是很多年前，很久没有消息了，他突然在微信上问我："刘老师，您是不是快退休了？"我当时觉得好笑而诧异：他是不是很多年没见我了，觉得我白发苍苍了？不过转念一想，其实我离退休也无非十几年而已，于是就回答他说："是的呀，很快的，还有

329

十来年就退休了。"于是接下来又有好几年没有联系了，他又突然来问我相同的问题，我在想他是不是真的忘了我曾经认真回答过他。

反复面对这样的问题时，我有时候心里也会犯嘀咕，或许我真的有点苍老了吧，否则他缘何问个不停？抑或真如他所言，他得了很重的病？有一次他发给我他的近照，头发稀松，有些大病初愈之后的样态……我内心其实一直有点害怕同他接触，然而却又在心里很挂念这个有些奇怪的学生。他在哪里，现在如何，我其实并不了然。

我虽然心里有些害怕，却发自心底的喜欢这样一些突如其来的突兀的人与事，让我觉得人间还有一些滋味，不至于无聊到要死，就如同我愿意在帕米尔高原这样的地方一直行走下去一样。如果人生所有的事情都摆在我面前供我选择，且时间无多的话，那么，我想我会毫不犹豫地选择"阅读"与"行走"。也只有这两件事情会让我觉得这个世界如此开阔，古老而又新奇，平凡且突兀。

至于写作这件事情，如果不与自我的生命相连，不出自肺腑的话，终止也无不可。这也就是开头钱理群抛给王乾坤的问题，王乾坤又抛给了我。

再次感谢山东师范大学文学院的出版资助，感谢贾振勇兄！感谢陈晓燕女士的辛苦编辑！此外，收入本书的大部分文字以各种形式发表过，感谢其间帮助我发表的陈漱瑜、张梦阳、陈子善、赵京华、谭桂林、高远东、黄乔生、傅光明、周海波、曹振华、顾广梅、易晖、姜异新、鲍国华、崔云伟、张克、陈艳等诸位师友！罗岗、顾广梅、李音三位仁兄以微信公众号的形式帮助推广传播过这些文字，也在此一并表示感谢！

春勇

2023 年 6 月 6 日

责任编辑：陈晓燕

封面设计：九五书装

图书在版编目（CIP）数据

"非文学"论："文"之行动者鲁迅及其写作 / 刘春勇 著 . — 北京：人民出版社，
　2024.1

（奔流·中国现代文学研究丛书 / 贾振勇主编）

ISBN 978 - 7 - 01 - 024052 - 7

I. ①非…　Ⅱ. ①刘…　Ⅲ. ①鲁迅（1881-1936）- 人物研究 ②鲁迅著作研究
　Ⅳ. ① K825.6 ② I210.97

中国版本图书馆 CIP 数据核字（2021）第 246060 号

"非文学"论

"FEI WENXUE" LUN

——"文"之行动者鲁迅及其写作

刘春勇　著

人民大版社 出版发行

（100706　北京市东城区隆福寺街 99 号）

中煤（北京）印务有限公司印刷　新华书店经销

2024 年 1 月第 1 版　2024 年 1 月北京第 1 次印刷

开本：710 毫米 ×1000 毫米 1/16　印张：21.25

字数：298 千字

ISBN 978 - 7 - 01 - 024052 - 7　定价：58.00 元

邮购地址 100706　北京市东城区隆福寺街 99 号

人民东方图书销售中心　电话（010）65250042　65289539